主力行为盘口解密

(六)

翁富 著

地震出版社
Seismological Press

图书在版编目（CIP）数据

主力行为盘口解密. 六 / 翁富 著. —北京：地震出版社，2019.4

ISBN 978-7-5028-5040-1

Ⅰ. ①主… Ⅱ. ①翁… Ⅲ. ①股票投资—基本知识 Ⅳ. ①F830.91

中国版本图书馆 CIP 数据核字(2019)第 040620 号

地震版 XM4303

主力行为盘口解密（六）

翁 富 著

责任编辑：薛广盈 吴桂洪

责任校对：凌 樱

出版发行：地震出版社

北京市海淀区民族大学南路 9 号 邮编：100081

发行部：68423031 68467993 传真：88421706

门市部：68467991 传真：68467991

总编室：68462709 68423029 传真：68455221

证券图书事业部：68426052 68470332

http://seismologicalpress.com

E-mail:zqbj68426052@163.com

经销：全国各地新华书店

印刷：三河市嵩川印刷有限公司

版(印)次：2019 年 4 月第一版 2019 年 4 月第一次印刷

开本：787×1092 1/16

字数：392 千字

印张：20

书号：ISBN 978-7-5028-5040-1/F(5756)

定价：58.00 元

前 言

《主力行为盘口解密》系列专辑陆续出版后深受广大投资者喜爱，多次重印，影响之大非笔者始料所及。本系列专辑的雏形是笔者操盘过程中所思所想的记录，首辑推出时的构想是希望满足一小批专业投资者对盘口分析的需求，并希望通过自己的努力对主力行为在盘口的表现做一些规律性的总结和探索。

笔者专业投身于证券市场二十多年，深知股票买卖操作中既有投资也有投机。在分析个股时，基本面、消息面、技术分析等都要研究，而无论是基本面分析还是技术分析，笔者始终认为，不能脱离一个往往最容易被忽略的而又是最为重要的要素——人！因为股价走势是由资金决定的，而操作资金的是人。虽然现在有自动化交易，使用机器代替人进行，但交易策略、交易计划与交易软件均是由人来完成的，所以对人的分析才是分析的本质。指数每日起起落落，股价每天升升跌跌，表面上是业绩、政策、消息等因素影响导致，深层次上其实是参与者买卖行为动作背后的结果，信息影响的只是参与者思考决定买卖行为的因素，扮演重要角色的却是主力机构的买卖行为。

从另一个角度来看，分析大市或者个股的未来表现，弄清楚参与者的意愿，才能决胜千里。而参与者行列中起决定性因素的是实力机构，分析清楚它们的行为目的，就等于分析清楚了我们所需要的结果，个股的表现和发展方向往往只是主力机构交易行为的表现形式。

因此，无论是股票、期货、外汇还是其他交易品种，都是人在参与交易或者说是人为地在交易，而参与者又可以分为多种交易个体：一般投资者、机构投资者、超强实力机构。在单一个股中，超强实力机构的行为动作是影响个股未来表现和发展方向的核心因素！没有强实力机构的介入和刻意的操作，上市公司有好的业绩、优异的发展前景也只能体现在财务报表上，股价的升跌实际上并不与其有太直接的关系。也就是说，好的公司没有实力机构进驻和炒作，股价是难有好的表现的，公司业绩好、前景无限仅仅是吸引实力机构进驻和炒作的因素。从这一点可以清晰地看出，投资一只好股票、有好的回报的前提，其实是在“投资”一个进驻这只好股票的超强实力机构。

发现一匹黑马，不能仅仅只是发现一家好的上市公司，发现一匹黑马的核心是发现一个潜伏在这家公司股票里的实力机构，然后在这只股票上进行中短期（3个交易日至2年）投机或者投资。笔者以实践经验来讲，发现目标股票中有实力机构远远比发现一家好公司更重要。实力机构是让我们赚钱致富的根本。一家好公司只是充当主力运作赚钱的一个道具，也就是我们紧跟着主力运作赚钱的一个道具，这才是真正的炒股思维。

笔者在日常看盘中发现，日常交易时间中两市大约有20%的个股每天盘面上都有主力活动的痕迹，这些股票里面又大概有20%主力的活动是相当的明显，更有小部分表现得非常出格。每日盘中不缺乏主力机构拉升的个股，问题的关键在于你是否具备发现和看懂它们的专业知识和能力！

如何发现个股中有实力机构？发现个股中有实力机构后又如何分析它的操作手法、操作思路、操纵目的、操作方向呢？主力运作一只股票，操盘手在操盘过程中，无论是有意或者无意的操作都会在盘口上留下其磨灭不掉的痕迹，我们可以根据这些痕迹寻找和分析主力的操盘意图。

盘口语言是主力在运作个股做盘过程中有意或者无意泄露出来的，在盘口买卖盘挂单、单笔成交、分时走势的异常中可以辨别出主力做盘的行为目的和方向。盘口语言不是主力打电话告诉你它要拉升或者打压，也不是主力机构在电视上、广播电台中公开宣布它会如何操作某只股票，真正的盘口语言是一种无形的语言，这种无形的语言在一定条件下用专业知识是可以读得懂的，并且是可以预知了解的。

实际上，盘口中的主力行为与人们平常生活中的行为有着极其相似的地方。一种行为、一个动作出现后可以预知下一个行为动作的发生。例如，一个老烟民嘴巴叼着一支香烟，双手插进衣袋里乱摸时，不用他用语言表达，你就知道他在找打火机。大热天，一个满头大汗的小伙子在拧矿泉水瓶盖，不用他用语言表达，你就知道他下一步是喝水。从生活常识、大自然中的规律，我们可以总结出在一种行为、一个动作出现后，紧跟着会发生的行为动作，这是客观的，是有根据的。因此，研究分析主力行为是有方法和技巧的。

在股票、期货交易中，真正的盘口语言需要看盘者有丰富的经验才行，这和现代高科技产品一样，例如电视、电话等电波信号的传播，如果你没有电视机、没有先进的相关接收器，绝对是接收不了的，更无法显示与还原电波信号真正代表的信息，获取这些听不见、摸不着、看不到的信息，你就必须掌握接收或者破解信息密码的专门技术。

本书选取了大量的实战案例，运用图文对话的方式，详细介绍主力是如何运作个股，操盘手在操盘过程中的操作思路、操作手法、操作技巧，以及最详尽的操作细节，希望对读者朋友炒股技术的提高有实质性的帮助。

祝诸位投资者早日成功！

目　　录

前　言 …………………………………………………………………… 1

第一章　实战思维和理念

论股市盈利模式的重要性 …………………………………………… 2
股票操作克服害怕心理的方法 ……………………………………… 3
成功率、盈利率、亏损率三者对盈亏影响的逻辑关系 …………… 5
总仓位控制与单品种仓位控制原理 ………………………………… 8
操作风格与选股信号的确立方法 …………………………………… 11
揭秘股市看对未必赚钱的原因 ……………………………………… 15
主力行为分析推理步骤 ……………………………………………… 20
盘口语言在操盘实践中的使用 ……………………………………… 23
大资金交易对股价产生的影响以及主力起源 ……………………… 28
大资金波段做庄30%升幅现象剖析 ………………………………… 30
推高、拉高、拔高三种分时的意义 ………………………………… 33

第二章　多种选股思路

牛市选最强势品种的思路和方法 …………………………………… 38
牛市必疯炒的三大类个股 …………………………………………… 42
强势市场中的两种选股思路 ………………………………………… 44
一种强力做多分时走势 ……………………………………………… 47
解密一组主力做多盘口分时形态 …………………………………… 50
如何捕捉妖股第二波 ………………………………………………… 54
妖股阴魂不散的二次大反弹机会 …………………………………… 57
大盘盘中大跳水选强势股方法 ……………………………………… 60
恐慌性大跳水日抄底选股技巧 ……………………………………… 64

盘面拉升的暴发点与契机 …… 68
识别主力洗盘的方法与介入时机 …… 71
回调买入操作的一些技巧 …… 75

第三章　交易模型建立方向
三大基本买入交易类型 …… 80
量化交易模型建立初始研发方向 …… 81
历史走势结合盘口分析识别主力陷阱 …… 93
超短线主力的套利K线形态 …… 98

第四章　主力规律性操盘
操盘手独特风格和规律性做盘手段揭秘 …… 102
数据验证机构下单规律性操作 …… 106
主力个体行为的操盘规律 …… 109
操盘手一招鲜吃遍天神奇手法 …… 113
识别场内主力拉高方法一 …… 116
识别场内主力拉高方法二 …… 119
大量手数相同小买单吸筹与对敲的区别 …… 123

第五章　主力尾盘操纵行为
大跌市中各式各样拉尾护盘行为 …… 130
大盘大跌时尾盘恐慌砸盘机理 …… 136
大盘暴跌个股遇主力护盘拔高处理方法 …… 139
场内老庄尾盘拔高确认技巧 …… 143
个股尾盘偷袭式拉高护盘机理 …… 146
节省资金型的尾盘偷袭拉升 …… 149
强势市场尾盘偷袭拉高处理法 …… 153
首日入场主力与老主力竞价抬尾市的区别 …… 156
盘面异常背后的原因分析 …… 160
盘中逆市强势股尾盘拉高机会与陷阱之分 …… 163
日内股价先升后跌最后拉尾行为分析 …… 167
通过盘面走势分析主力操盘意图 …… 169

第六章 主力涨停操盘技巧

资金无限额做庄拉涨停手法 …… 176

主力资金配置与涨停强弱关系 …… 179

投机取巧型主力做涨停特征 …… 183

盘口一波涨停品种的机会与风险 …… 187

涨停既可套利也可用于捕捉波段启动牛股 …… 191

利好消息个股机构特殊做涨停方法 …… 195

揭秘光大证券宁波解放南路的封板套路 …… 199

涨停被砸开后确定是否有主力运作的技巧 …… 205

涨停打开的危险盘面特征 …… 209

涨停需要提防的一些不健康盘口 …… 213

庄股大量对敲下的涨停 …… 217

解读犀利游资涨停套利计划的失败 …… 221

从主力封涨停态度看其对市场的敬畏 …… 226

第七章 机构出货手段与陷阱

如何看清主力机构出货迹象 …… 232

如何回避主力自救时设置的陷阱 …… 236

机构反手出货的明显特征 …… 240

主力设置假突破陷阱的识别技巧 …… 243

全面综合分析主力撤退的方法技巧 …… 248

识别个股反弹主力出货见顶的技巧 …… 251

主力逆市反手做空之细节 …… 255

龙头股见顶盘口走势特征 …… 259

主力清仓式砸盘出货特征 …… 262

一种危险的资金撤退分时走势 …… 267

主力砸盘打压出货实例 …… 270

主力大单出小单进的操盘绝招 …… 273

第八章 趋势形态应用

神奇的稳赚上升趋势(一) …… 278

神奇的稳赚上升趋势(二) …… 280

神奇的稳赚上升趋势(三) …… 282

神奇的稳赚上升趋势(四) …………………………………………………………… 292
上升趋势中主力特殊洗盘特征 ……………………………………………………… 295
揭秘上升趋势个股逃命信号 ………………………………………………………… 299
小趋势与形态结合的分析 …………………………………………………………… 304
认识阴跌K线特征及其危害性 ……………………………………………………… 306

后　记 ……………………………………………………………………………… 310

第一章　实战思维和理念

论股市盈利模式的重要性

赚钱的操盘需要一套成熟有效的“盈利模式”

对于做实业的企业，简单地说，盈利模式就是企业赚钱的渠道，通过怎样的模式和渠道来赚钱。盈利模式是企业在市场竞争中逐步形成的企业特有的赖以盈利的商务结构及其对应的业务结构。

股票市场的盈利模式，简单地说就是从“选股到买入、持股、卖出”多个环节形成一套成熟严谨有效的操盘方法。一套盈利模式要求有足够可操作目标提供，目标品种具有较强的可操作性，有较高的成功率。实践操作最终能产生正利润。

股市每个人都需要一套或多套真正有效的“盈利模式”

没有一套盈利模式，或者还没有形成一套盈利模式，选股操作往往具有随意性，看好就买，较随便的就决定操作目标，最终结果是操作有亏有赚，这样的操纵不能做到长期稳定获利。没有自己的盈利模式就如同在城市中无正当职业在街头等候打散工者，其收入极不稳定。股市中真正的成功者需要的是长期稳定的获利，不是一两次操作赚了多少，因为投资者不会因一两次盈利后就彻底退出股票市场。大部分进了股票市场的人终将经历长达数年的操盘，长期的操盘就需要有长期稳定获利的方法，要确保长期稳定获利就需要有自己的一套有效的盈利模式。

某主力的一套赚钱操盘盈利模式

相当多投资机构开发出自己的“盈利模式”，他们从选股、买入、拉高、出货都有标准的决策条件和操作步骤。中信证券股份有限公司上海淮海中路证券营业部经常在涨停个股中出现，我们通过分析其操作的品种，结合当天这些股票的公开数据去揭开该营业部主力的成功操盘盈利模式，发现他们都是找非常强势的品种在涨幅达到7%以上，横着跌不下来时突然发动袭击，用数万手买单往上拔涨停，并将涨停板封死，次日高开或者冲高就获利走人，这就是他们最显著的操盘盈利模式。他们这套盈利模式经久不衰地为他们赚得了巨大的利润，长期观察就可以发现，他们进出操作完全是有规律性的。

股市存在有效的操盘“盈利模式”

股市是否存在真正有效的操盘“盈利模式”？笔者以负责任的态度告诉你：“有”，真有！A股发展20余年培养了数以千万计的投资者，数十万计的投资机构，相当多的机构在实践中不断总结和通过大量交易开发出各种各样的“盈利模式”，个人投资者也有不少通过长期的实践摸索出自己的操盘“盈利模式”。如果你在股票市场中不懂或者无法建立一套有效的操盘盈利模式，那金印超强牛股操作模型就是你学习的最好参考！

股票操作克服害怕心理的方法

股票市场真金白银操作，说有不怕的还真不相信，说已经很大程度上已克服恐惧心理的这还真是有不少。股票操作过程中的“害怕”可以分为以下几大类：

(1)怕不买错过机会；

(2)怕买了就跌；

(3)怕买了不升；

(4)怕升了又跌回来；

(5)怕卖了又涨上去。

大部分投资者操作和中长期持股都笼罩在这几种害怕气氛中！有研究发现职业做股票达5年以上的，外表与实际年龄有着较大的差异。30岁的年龄看上去快40了，40的年龄看上去差不多50了，估计这仅仅是少数情况。但恐慌心理的确给投资者造成巨大的压力，以致生理变化、面貌特征显得更老成。职业做股票人心智成熟度比一般人更老道，抗压能力也远超过一般人，这是因为受股票的起起落落、资产的上上下下折磨多了的缘故。

投资人外表成熟，心智稳重，抗压能力强。说了那么多这好像是好事啊？呵呵，这实际上说不上是好事，长期处于恐惧高压的环境对人的身体健康十分不利。对于职业投资者，能在轻松愉快的环境下完全投资或投机赚取市场银两，那是最好不过的，因此摆脱上面开头所列举的“五大怕”是关键。如何一一摆脱以上恐惧心理？这是有办法的，办法也永远比困难多！

一、怕不买错过机会

“怕不买错过机会”，对于掌握一套或者多套成熟选股方法的个人投资者而言，他根本不会害怕错过一两个赚钱机会。因为当一个人有了自己的成熟选股方法后，个股赚钱机会对于他而言常有。而那些害怕不买就错过机会的投资者，一般大都是没有一套自己成熟的选股方法。对于他们而言，看中了一个机会是很不容易的。如错失这次机会，就不知道什么时间再有了，因此而感到害怕。

掌握一套或多套成熟选股方法的投资者，就像一个有各种途径接工程的包工头，每年他都有自己的方法和渠道接到N个大大小小的工程项目，试问这包工头会害怕错过一单几百万的工程而没有了发财的机会吗？

掌握和没掌握一套成熟的选股方法差别非常大，产生怕不买就错过机会这种害怕心理的真正原因是自己没有一套成熟的选股系统，但凡你属这种类别，那么迫切要做的就是建立自己的选股系统，克服害怕的心理不是自己对自己说不用害怕就有效的。上山打猎身上有火枪，野猪来了杀野猪；狗熊来了杀狗熊。有效武器工具是你不害怕或者害怕中能冷静镇定的法宝，没有这样有效的法宝，你靠自己安慰是无效的。一个人有了自己的成熟选股方法系统，个股赚钱机会对于他而言常有，不用再害怕不买错过机会而无发达之日。

二、怕买了就跌

买的股票跌了首先反映在股票账户上是市值减少了，一旦卖出那么账面亏损就变为真正亏损。每一个投资者从本能上不希望自己的资本缩水，一开始都害怕所买的股票下跌。我们可以通过制定各种条件和交易策略去克服控制买了就怕跌的心理，在交易实践中总结经验。

克服怕买了就跌的心理可以从两方面入手：①仓位配置；②止损策略。

所有资金全仓买入一只股票，一旦该股下跌所带来的损失将特别明显。

(1)全部资本买入一只股票，该股跌10%，本金就减少10%；

(2)全部资本平均买入两只股票，一个跌10%，另一只无升跌本金减少5%；

(3)全部资本平均买入三只股票，一个跌10%，另两只无升跌本金减少3.3%。

以上数据说明，你所买的一只股票出现同样的跌幅，因为仓位的不同，给总资金带来的损失比例就不同。分仓买入不会降低总本金的风险度，但分仓可以降低一只股下跌给总资金带来的损失风险度。如果你老是买入一只股票怕它跌，给你带来重大损失的心理，就可以选择分仓操作，制定一个分仓操作计划，限定一只股票买入的最高额，制定这种操作策略对买入一只股票就怕它跌的害怕心理能起有效抑制作用。

止损策略也是克服恐惧心理非常重要的策略，99%的恐惧源自于对未知后果严重程度的担忧。买入一只股票怕它跌，跌是恐惧心理产生的综合因素。不知道将以什么形式跌，跌多少，会给自己带来多大的损失，这才是恐惧心理深度产生的真正原因。以什么形式跌、跌多少这两点可以通过分析研究总结出部分规律，但最终只能进行有限的预测，不可能准确预测。

一旦出现真正的下跌，将会给自己带来多大的损失？这一点作为操盘者则拥有事前防范和事前控制的主动权。出现真正下跌时给自己带来多大的损失是可以事前控制的，最简单的做法就是在买入后制定严格的止损计划。止损位一旦确定，则意味着本次可能发生的最大资本损失金额已经确定。假如以成本价往下-5%的价位作为止损位，严格绝对执行，本次的操作资本风险最大损失就是-5%或小于5%。止损位策略的制定明确了每次操作资本风险最大损失额。也就是说，操作中每一次的操作如不成功，最大损失多少已经知道的清清楚楚。这样对于股价可能出现的下跌还有什么可怕的？已知，做好心理准备，这是在做控制自身恐惧心理的工作。能控制到什么程度则看个人，要控制得好需要长时间的实践磨练。恐惧心理，如只是采用物理手段只能有限抑制和控制，不可能完全的杜绝。

以上内容分析了导致恐惧心理产生的真正原因和应对策略，说明了明确做法和方向，具体实施细节就需要个人根据自身情况审视而定！

成功率、盈利率、亏损率三者对盈亏影响的逻辑关系

广大投资者做分析时主要精力都放在研究如何选股，以及提高选股成功率上，大部分投资者都认为要想赚钱或者多赚，选股成功率是最重要的，其实这是片面的认识。选股成功率固然是重要的，但决定是否赚钱或者能否多赚，选股成功率并非是唯一的决定因素，它仅是几大决定因素的其中之一。决定是否赚钱或者多赚的重要因素有三点：选股成功率、盈利率、亏损率！

成功率，也叫选股成功率，就是所选出现的个股在操作中能赚钱次数所占的比例。例如操作100次，有60次是赚钱的，选股操作成功率是60%。

盈利率，指在所有操作次数中实现盈利的，平均后每次的盈利幅度。如操作100 次，有60次赚钱，如这60次的总盈利为240%，那么240%/60=4%。这4%就是单次平均盈利率。盈利率用百分比表示。

亏损率，全部指操作次数中出现亏损的，平均每次的亏损幅度。如操作100次，30 次亏损，这30次的总亏损幅度如为-90%，那么-90%/30=-3%。这-3%就是单次平均亏损率。

实践中实无论用什么方法，什么方式去操盘，投资者都会面临三种情况：亏损、平手盘、盈利。笔者认为操作中那些小赚小亏的，亏损0.5%的，盈利0.5%的和平手盘这3种情况，都应该统计归纳为平手盘。因为长期操作下来这些微亏损0.5%与微赚0.5%的操作，两者相加，其结果基本相当等于0，即为平盘手。这是把操作微亏损0.5%与微赚0.5%的这些操作归类为平手盘的原因。在长期操作中结果属平手的整体比例大概占20%，剩余的80%就是亏损和盈利的总占比。

实践中为什么有那么多微亏损0.5%与微赚0.5%的这些操作？买入后小拉高但股价分析上不去就撤退是一种。价格已经上去了但各种原因没有高卖，股价跌回来到买入成本附近才止盈是第二种。买入后股价先下跌后反抽，因不看好在成本价附近卖掉是第三种。这三种情况下的操作往往是平手或者微亏损或微赚的。

在100次交易当中，有20次属平手交易。如你的成功有50次的话，那么你的失败就是30次。用百分比衡量，总数为100%，20%为平手盘，50%为成功率，失败率就是30%。你认为要将成功率做到60%容易不？相当难，因为当你的成功率做到60%时，除去不可避免接近20%的平手盘，此时失败率就只有20%，要达到这样的效果是非常难的。当然只统计某阶段的操作是可以做到的，但真正的成功率是要以年为单位将所有操作次数去做统计，统计时间周期要长达一个完整的牛熊市。含牛市、震荡市、熊市三大阶段，这样统计才有实战意义。统计一个完整牛熊市的操作，成功率达到70%的人少之又少，达到60%的就已经是非一般的高手了。除非你在一个完整的牛熊市中只操作了几次，而又恰恰做得不错。想将成功率做得很高很难，赚钱除了从成功率下功夫，还可以从与盈利率、亏损率入手。

那么从盈利率、亏损率这两方面如何下功夫？这先从盈利率、亏损率对盈亏的影响原理去了解这两个因素。

下面先来看一个数据案例：

100次操作：20个平手(单次操作亏损0.5%内，盈利0.5%内和平手，这三者相加基本等于0，就是平手状态)，这20次平手操作对市值没有什么影响，相当于做无用功。其余有40次盈利，40次亏损。如这40次盈利操作平均每次的盈利率为3%，那么总盈利额40×3%=120%。40次亏损平均每次的亏损率为-2%。那么，总亏损额40×(-2%)=-80%。盈利的120%利润减去亏损的-80%=40%，这就是总的纯利润(在这不算复利)。根据这个公式可见，单次平均利润的提高和下降都影响最终收益，同样无论单次亏损幅度的提高或下降也同样影响最终收益。在成功率不变的情况下，操作平手率的比例一般变化不大，单次平均利润率的高低和单次平均亏损率的多少影响你的最终收益。

盈利率设置和控制

买入一只股票能赚多少并不是你可以决定的，但买入一只股票后它上升了能赚多少这个是你可以把握的。当你操作的股票上升证明选股成功，你必须要从这个股票中赚足够的钱，越多越好。要防止可以赚到的钱没有赚到，第一条就要设置止盈位。第二就是要定好持股策略，原则是不行的股票要走得快，非常牛的要拿得住。做到该赚的能赚到，在保证上升到手的利润保底后，让利润放大化。具体的策略只有各位根据自己的情况具体制定。

亏损率设置和控制

“选股成功率、盈利率、亏损率”这三条中，选股成功率、盈利率都是随市场变化而变化的，唯亏损率这条是可以不变。也就是说亏损率是固定的，是可以预测的。亏损多少在理论是由操盘者自己可控制的，而选股成功率、盈利率这两条操盘者自己难以控制，或者说没有控制的主动权。

亏损率控制就是风险控制，这关系到每次操作失误或者失败时的亏损幅度。出现亏损风险时要及时止损，止损的设置幅度不可一概而论，不同类型的品种波动幅度大小不同，不同的操作手段其止损的设置幅度也是不一样的，投资者得根据自己的操作情况去设置。

选股成功率、盈利率、亏损率三方面相互影响和制衡利润

假如选股成功率为：平手盘20%，盈利率40%，亏损率40%。

这样的情况就是输赢各一半，如投资者的操作每次赚时赚5%，但每次操作亏损时也亏5%(交易成本都已算在其中)，如此投资者是赚不到钱的。

一般平均盈利率要比平均亏损率高1.5倍或以上才能赚到钱。如平均亏损率为-3%，那么平均盈利率要达到4.5%，要想赚大钱平均盈利率就要提得更高。

在没有T+0的交易制度下操作A股，想将平均亏损率做到控制在-2%或以内是非常苦困难的。因为没有T+0，买入当天的盘中风险在买入后是无法控制的，当天买入被套而不能止损是一种极大的风险，这种风险大大提高了投资者的整体平均亏损率。另外单次-2%的止损率幅度太小，价格正常的波动就很容易触及，容易造成频繁错误的止损，所以在止损设置上单次止损率必须大于-2%。按上述原则，单次止损率设置必须大于-2%的情况下，操作成功品种平均利润必须在1.5倍或以上，即3.5%才能赚钱。如单次止损幅度设置为-3%，那么单次盈利率幅度就要达到4.5%。掌握了计算公式这些数小学生也能计算得清清楚楚了。

选股成功率自身就是一套选股系统，也叫信号系统。盈利率、亏损率实际上属于操作范畴，是操作系统中的工作。股要选对，还要操作好才能真正赚钱。

仓位表现长期保持一致

仓位不同，利润幅度相同，但盈亏金额就不同。如100万盈利5%和20万盈利5%，盈利幅度一样但盈利金额不一样。理论上要想长期保持盈亏额度比，就要长期保持仓位一致。另外就是买两只以上股票的仓位问题。

操作上可以有两种仓位控制方法

(1)满仓，空仓。

(2)50%，100%，空仓。

(3)100%/N个股票，空仓。

第一种以全仓仓位满仓做一只股票，操作不看好空仓。

第二种方法以50%仓位为一次操作，即单个股票仓位50%，可以只买一只也可以买2只，以50%仓位为一次操作标准。

第三种方法以33%为一次操作，即单个股仓位33%，可以只买一只也可以买2只或者3只，以33%仓位为一次操作标准。

设定一种条件后就不能中途轻易更改，随意更改就会导致因每次操作的仓位不同而出现盈利或者亏损的额度不同。没有统一的仓位数据就难以体现一致性的效果。

第一种以满仓做一只股票较极端，一般人较难接受。而且一旦所买的这只股票出现无法回避的系统性风险时可能面临单次巨额亏损。另外如被长期停牌则失去资金循环周转。

第二种和第三种方法以50%或33%仓位作为一次操作，投资者就可以根据市场环境去决定买多少只股票，从而决定总仓位的多少。如此总仓位的多少是可以根据市场环境好坏变化的。如选择用第二种方法以50%仓位为一次操作，当天买2只股，那么就算是两次操作了。这是操作一只股票算一次，而不是全部仓位算一次。

总仓位控制与单品种仓位控制原理

仓位控制是实践中一门非常重要的操盘策略！一般人对此没有太多的研究，

甚至不少散户在这领域根本没有明确的意识，以至无论市场处于什么阶段都是满仓。实际上仓位控制的多样性就算是一般高手也未必真正理解它的意义。

系统性风险与非系统性风险

在谈仓位控制前，先来了解股票市场潜在的风险。股票市场风险分为两类：系统性风险与非系统性风险。

股票市场系统性风险是指，金融活动或交易所在的整个市场因内、外部因素冲击而发生剧烈波动，危机或瘫痪，使单个金融机构和个人不能幸免，从而遭受经济损失。系统性风险包括政策风险、经济周期性波动风险、利率风险、购买力风险、汇率风险等等，这些风险是不能通过分散投资加以消除的，因此又被称为不可分散风险。又如严重危机事件、持续的高通货膨胀、特大自然灾害等都属于系统性风险范畴。

股票市场非系统性风险是指个别证券品种产生影响的风险，它通常由某一特殊的因素引起。与整个证券市场价格不存在系统全面联系，而只对个别或少数证券品种的收益产生影响，也称微观风险。具体包括财务风险、经营风险、信用风险、偶然事件风险等。另外纯粹由于个股或个人自身因素引起的个股价格变化，以及由这种变化导致收益的不确定性也属于非系统性风险。

非系统风险是一种可分散风险，可以通过投资多样化分散，同样通过仓位控制也可以分散。

仓位控制的细分

仓位控制的实质意义：控制风险。

仓位控制，控制什么风险？①大盘风险；②个股风险；③操作风险。

对风险进行分类是很有必要的，这可以让投资者清晰地了解熟悉潜在风险与制定对应的防范策略，以及研究化解风险的方法。

大盘风险指的是因市场变化导致指数波动而引发的风险。我们知道证券市场因政治、政策、突发事件和自身内在的变化导致指数波动大幅增加，对于这种风险个人是无法抵抗和避免的，能做的就是控制好仓位。将仓位控制好就能最大限度降低风险。

个股风险来自两方面：一是由于大盘的下跌影响个股股价跟着下跌出现的风险；二是个股在大盘并没下跌情况下出现逆市独立下跌的风险。

操作风险主要体现在个人操作失误或者操作错误带来的风险。投资者在操作过程中必然会出现失误或者错误，无论失误或操作错误都会给资金损失带来风险。

总仓位控制与单品种仓位控制

仓位控制又可细分为两种情况：一是总仓位控制；二是单个品种仓位控制。

其实无论是总仓位控制还是单品种仓位控制都很容易理解，但这两种不同概念在应对风险上是不同的，总仓位控制最重要意在控制大盘风险，单品种仓位控制只是用于控制个股风险和操作风险。

(1)总仓位控制

大盘风险控制是根据自己收集的各方面信息进行全面分析研究，然后评估目前市场环境整体情况如何，对风险程度进行高低分级，然后对应调整自己的持仓总仓位水平。对于大盘整体风险分级建议简单分为三级就可以了。

①安全，仓位80%～100%；②一般，仓位50%～80%；③危险，仓位为空仓。

对大盘的整体风险分析有明确的分级结论后，仓位也就有了对应的策略，在大盘整体风险为①安全时，可以仓位80%～100%操作。在大盘整体风险为②一般时，可以50%～80%仓位操作。在大盘整体风险为③危险时，应0仓位，即空仓。对于非专业人士的一般投资者，这样做风控也就可以了。

(2)单品种仓位控制

单品种仓位控制也是回避个股风险和操作风险的一个重要手段，在实践中经常看到某些股票出现莫名其妙的连续暴跌，或者某些股票在毫无征兆的情况下出现重大利空消息，导致股价出现暴跌甚至连续一字板跌停，根本卖不出去，投资者此时如重仓或者满仓持有这样一只股票，真是欲哭无泪损失惨重了。为防范这种灭顶之灾的风险，就要限制单只股票占总资产的比例。

单品种仓位控制中激进操作资产仓位配置：建议单只股票占总资产的比例最多为50%。

单品种仓位控制中一般性的操作资产配置：建议单只股票占总资产的比例为30%左右。

对于资金量在5000万以下的投资者，建议单只股票占总资产的比例为20%左右，没有必要低于这个水平，即假如在满仓操作时，没有必要同时持有超过5只个股。有的人会买上10只甚至更多品种持仓，这种投资过于分散实际上也是一种盲目操作行为，因为持仓品种过多就会变得无暇顾及。

实践中大家要搞清楚总仓位控制与单品种仓位控制的原理，掌握好仓位控制技巧，如此方能做好尽量回避风险。

操作风格与选股信号的确立方法

股票市场存在各种各样的选股操作方法，能保证长期稳定获利的方法就是好方法。每个投资者的选股与操作方法都有差别，这是个人长期在实践中因环境和遭遇等不同产生的自然差异。每个人在市场中总结的已验证成功的方法，理论上是适合自己的方法，别人的成功方法他人使用未必就一定能用好，这是因为每个人的基础、阅历、风格等其他客观条件各不相同导致的。想要成为证券市场中一位长期稳定获利的赢家，就必须研发总结掌握适合自己的方法。

技术派的选股方法很多，按个股的走势表现选股可分为：抄底型、做反弹型、做上升趋势型、追涨型等，每一类的风格各有不同。抄底型的往往不敢做追涨型的股票，因为抄底型的选股往往都是股价处于低位的，让其买入已大涨的股票他没有这个胆。追涨型做的股票都是在明显大涨后强势的，让其去买一个在下跌趋势中，不知道是否见底的股票他更怕得不敢买。每一位投资者在实践中都应该进行总结，了解自己到底属于什么类型的？什么类型的股票是自己敢做而且能做得好，这非常非常重要。

每一位成熟的投资者都应该总结研发一两套适合自己的选股和操作的方法。如果你属于一位抄底型的投资者，那么你要做的就是围绕选择低位有机会的品种作为目标，专注这一块去总结探索适合自己的一套选股方法，而不是什么样走势的股票你都去关注，都去分析研究。人的时间和精力是十分有限的，专注地做好一样做到精做到透才是正道。为了能从股票市场中赚得丰厚的利润，总结研发一套适自己的技术耗时一年、两年，甚至更长时间也是正常的，也是值得的！一旦研发成功你的资本也就跟着实现爆发式增长。

总结研发属于自己的一套选股方法该如何入手？许多股友感觉无从下手。其实并不难，第一步就是确立研究对象。技术派的研究对象是“市场常见的、较高成功率的某种特别分时走势、K线形态、趋势状态等”，这些特殊的分时走势、K 线形态、趋势状态等并不是随手可得的，这需要每一个投资者在看盘和交易过程中细心留意。下面笔者就介绍在N年前是如何发现“尾盘故意砸盘”这个特别有价值的信号的。

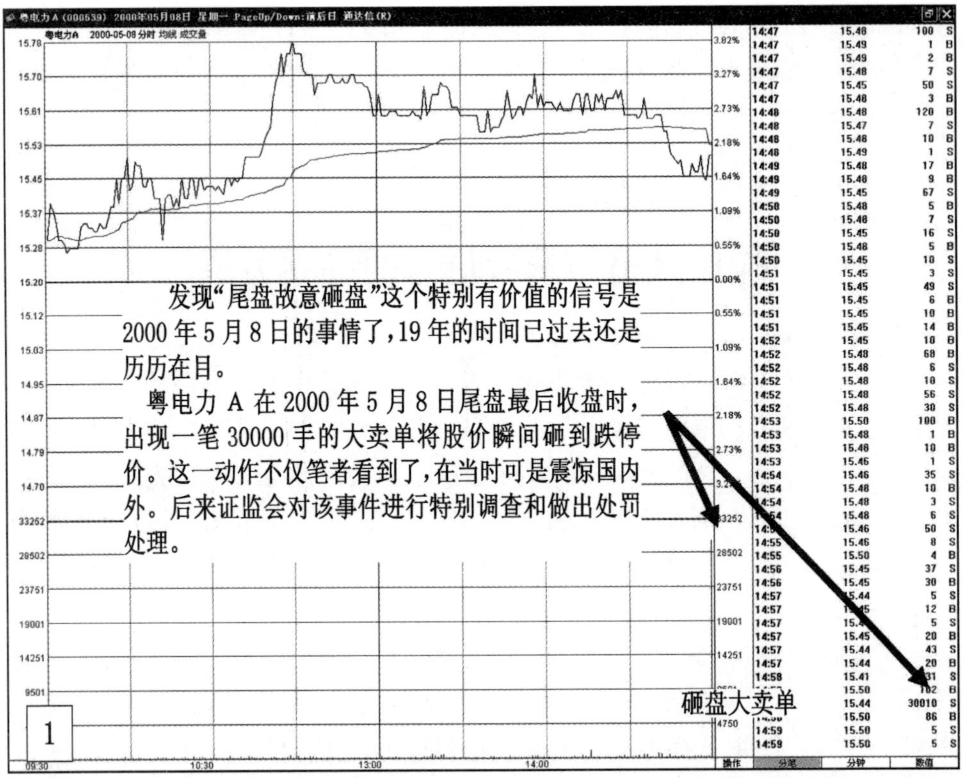
粤电力A (000539) 2000年05月08日 星期一 PageUp/Down:前后日 通达信(R)
发现“尾盘故意砸盘”这个特别有价值的信号是2000年5月8日的事情了，19年的时间已过去还是历历在目。
粤电力A在2000年5月8日尾盘最后收盘时，出现一笔30000手的大卖单将股价瞬间砸到跌停价。这一动作不仅笔者看到了，在当时可是震惊国内外。后来证监会对该事件进行特别调查和做出处罚处理。
砸盘大卖单
1

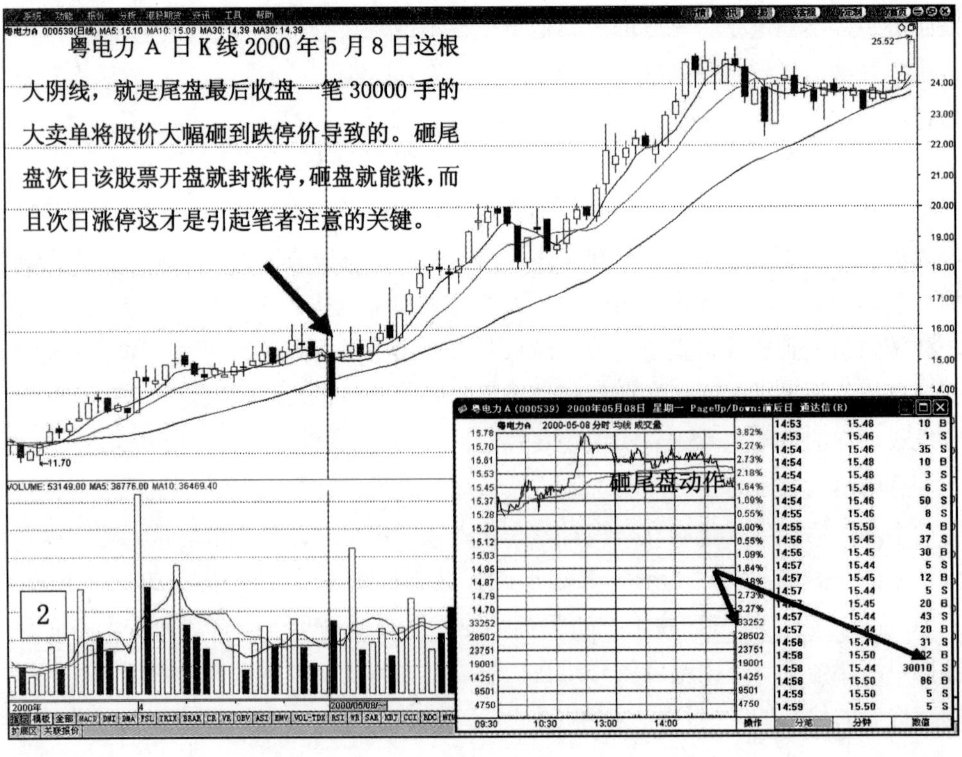
粤电力A日K线2000年5月8日这根大阴线，就是尾盘最后收盘一笔30000手的大卖单将股价大幅砸到跌停价导致的。砸尾盘次日该股票开盘就封涨停，砸盘就能涨，而且次日涨停这才是引起笔者注意的关键。
砸尾盘动作
2

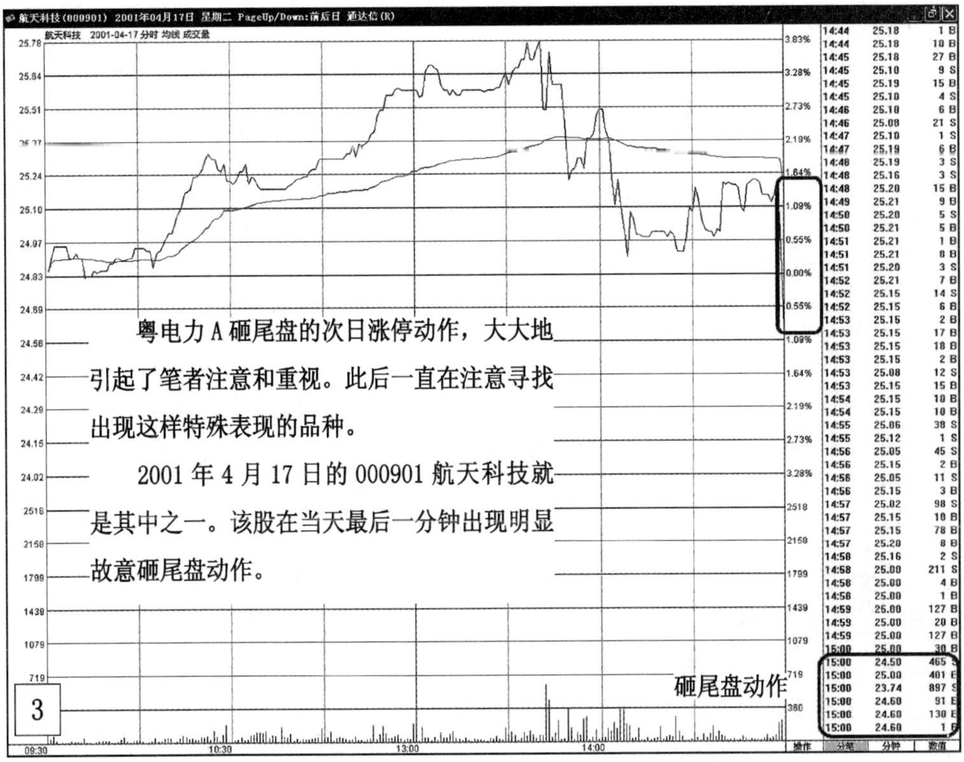

粤电力 A 砸尾盘的次日涨停动作，大大地引起了笔者注意和重视。此后一直在注意寻找出现这样特殊表现的品种。

2001 年 4 月 17 日的 000901 航天科技就是其中之一。该股在当天最后一分钟出现明显故意砸尾盘动作。

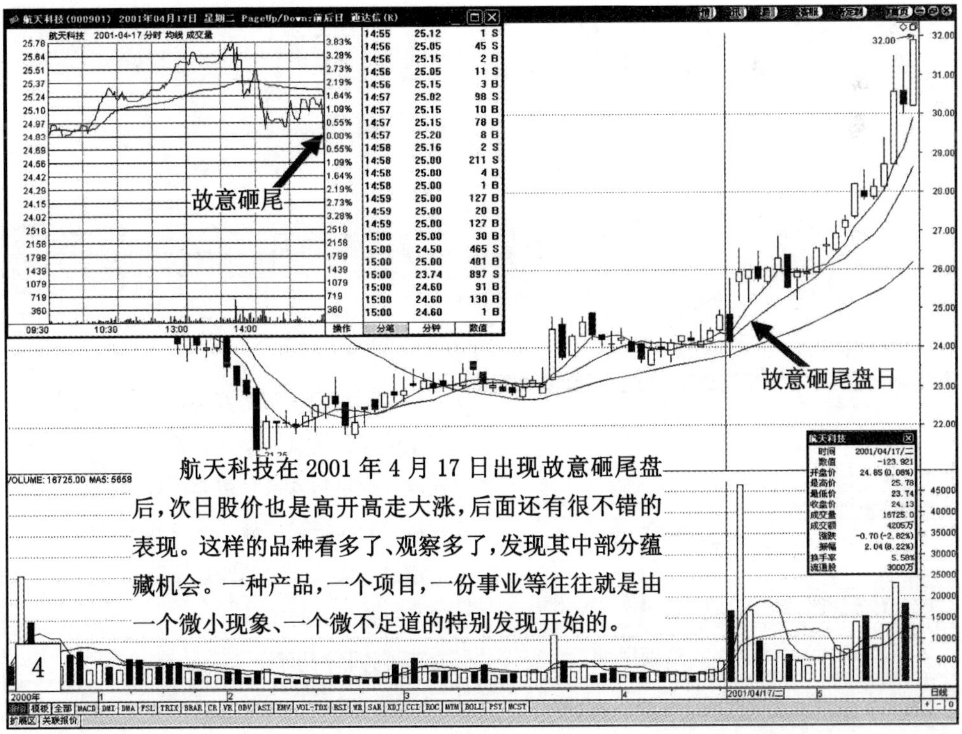

航天科技在 2001 年 4 月 17 日出现故意砸尾盘后，次日股价也是高开高走大涨，后面还有很不错的表现。这样的品种看多了、观察多了，发现其中部分蕴藏机会。一种产品，一个项目，一份事业等往往就是由一个微小现象、一个微不足道的特别发现开始的。

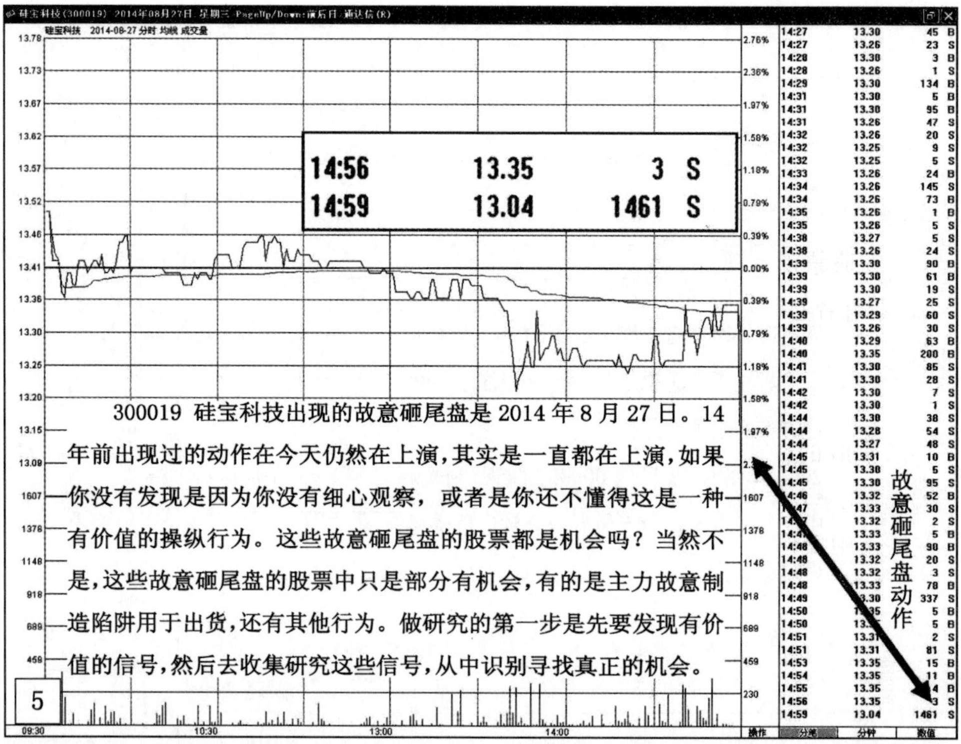

300019 硅宝科技出现的故意砸尾盘是 2014 年 8 月 27 日。14 年前出现过的动作在今天仍然在上演，其实是一直都在上演，如果你没有发现是因为你没有细心观察，或者是你还不懂得这是一种有价值的操纵行为。这些故意砸尾盘的股票都是机会吗？当然不是，这些故意砸尾盘的股票中只是部分有机会，有的是主力故意制造陷阱用于出货，还有其他行为。做研究的第一步是先要发现有价值的信号，然后去收集研究这些信号，从中识别寻找真正的机会。

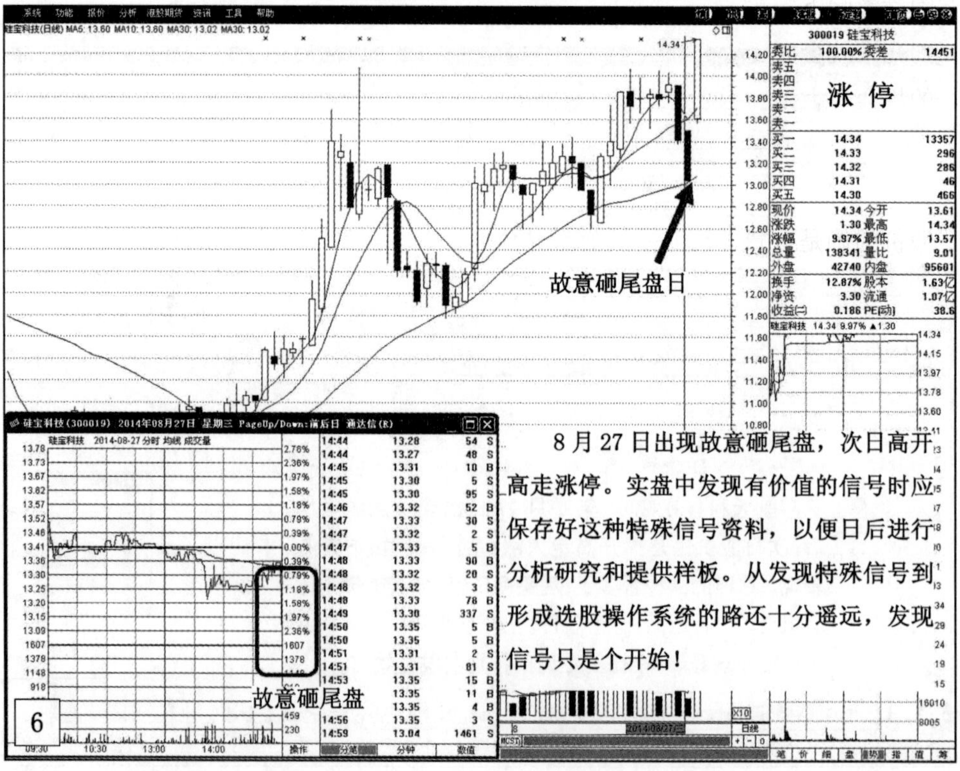

8 月 27 日出现故意砸尾盘，次日高开高走涨停。实盘中发现有价值的信号时应保存好这种特殊信号资料，以便日后进行分析研究和提供样板。从发现特殊信号到形成选股操作系统的路还十分遥远，发现信号只是个开始！

揭秘股市看对未必赚钱的原因

在股票市场中要保持长期稳定获利并非是一件易事。操作要获得较高的成功率，操盘者必须认清当前市场环境状况。在市场下跌较弱时大部分股票都会跟随市场下跌，此时入市从整体来讲操作出现亏损失败的几率大。市场上升较强势时大部分个股都跟随市场上升，此时入市从整体来讲操作成功实现盈利的几率大。

个股的操作结果分：成功、平手、失败三种情况，每种情况理论上各占33.3%几率。但在市场不好时因为整体胜率降低，所以失败的几率实际会更大。在跌市中操作也存在大量看对而不赚钱或亏损的情况出现。

所谓看对是指选择某个股票因看涨而买入，结果该股最终真的涨了。但所买该股上涨前有多种情况出现：“有的开盘就拉，有的是在横盘后才上行，也有的出现先跌后升的”。如所买个股出现开盘就拉升较容易赚到钱；如所买个股先横盘后拉升，操作赚到钱的几率就会下降，因为在股价横盘阶段投资者可能在各种因素影响下，在拉高之前就已卖出；如所买个股出现先跌后升，那操作者赚到钱的几率就会大大降低，因为在股价下跌过程中投资者因忍耐不了而早早割肉离场的机会较大，特别是在大盘处于弱状态下操作，所持股票出现下跌投资者必然会害怕，不知所持个股下跌属正常调整还是见顶下行，在下跌时拉升前卖掉是常见之事。拉升前已经割肉，后面拉的再高也就与你无关了。回头看你选所买的该股股价的确是上升了，但你的操作未必就能赚到钱。

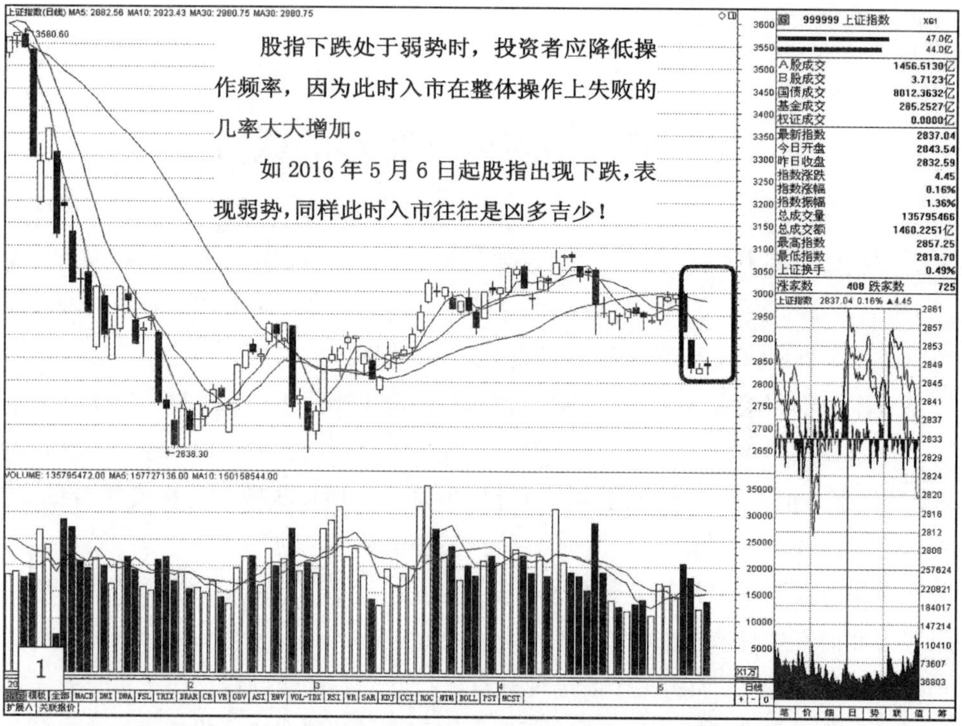
股指下跌处于弱势时，投资者应降低操作频率，因为此时入市在整体操作上失败的几率大大增加。
如 2016 年 5 月 6 日起股指出现下跌，表现弱势，同样此时入市往往是凶多吉少！
1

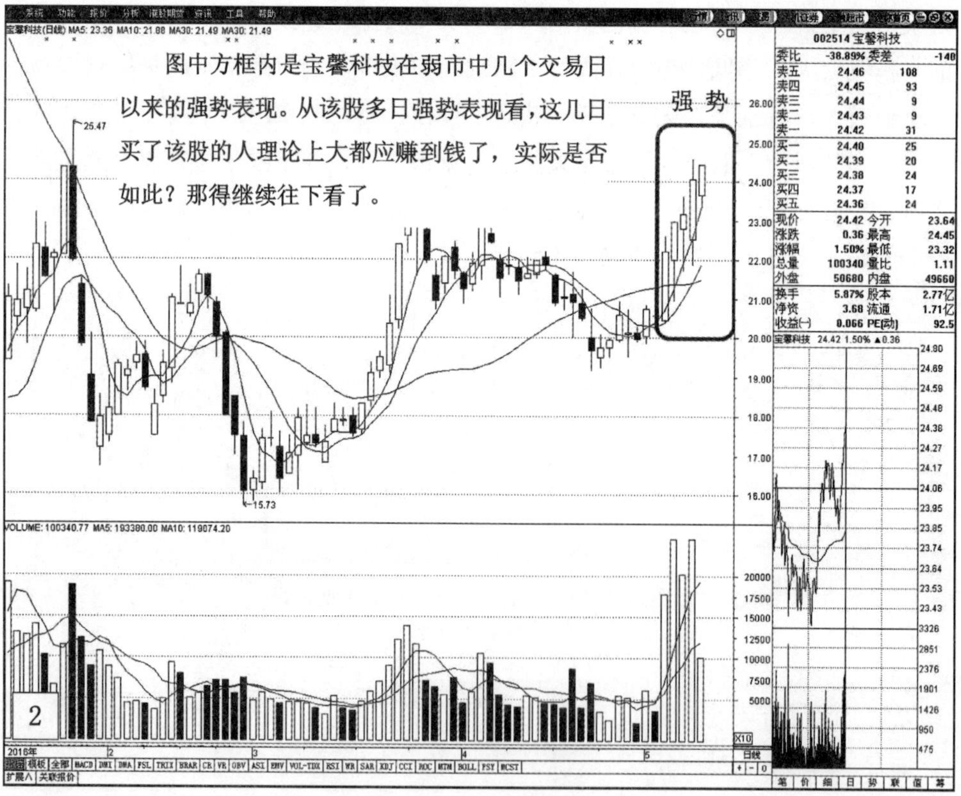
图中方框内是宝馨科技在弱市中几个交易日以来的强势表现。从该股多日强势表现看，这几日买了该股的人理论上大都应赚到钱了，实际是否如此？那得继续往下看了。
强 势
2

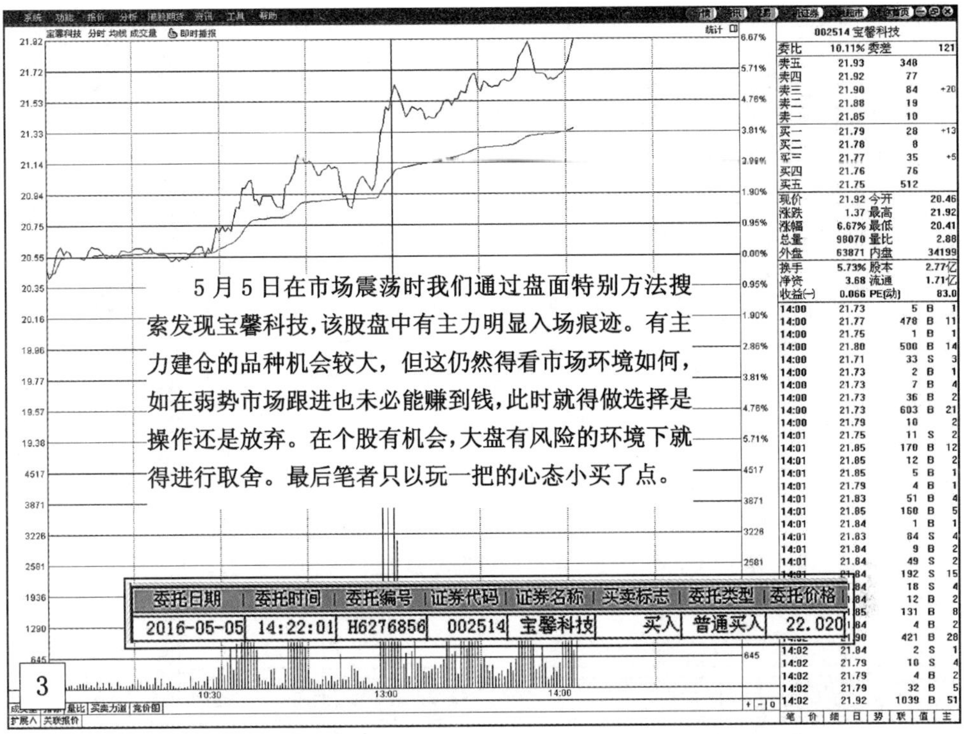
5月5日在市场震荡时我们通过盘面特别方法搜索发现宝馨科技，该股盘中有主力明显入场痕迹。有主力建仓的品种机会较大，但这仍然得看市场环境如何，如在弱势市场跟进也未必能赚到钱，此时就得做选择是操作还是放弃。在个股有机会，大盘有风险的环境下就得进行取舍。最后笔者只以玩一把的心态小买了点。
委托日期 | 委托时间 | 委托编号 | 证券代码 | 证券名称 | 买卖标志 | 委托类型 | 委托价格
2016-05-05 | 14:22:01 | H6276856 | 002514 | 宝馨科技 | 买入 | 普通买入 | 22.020
3

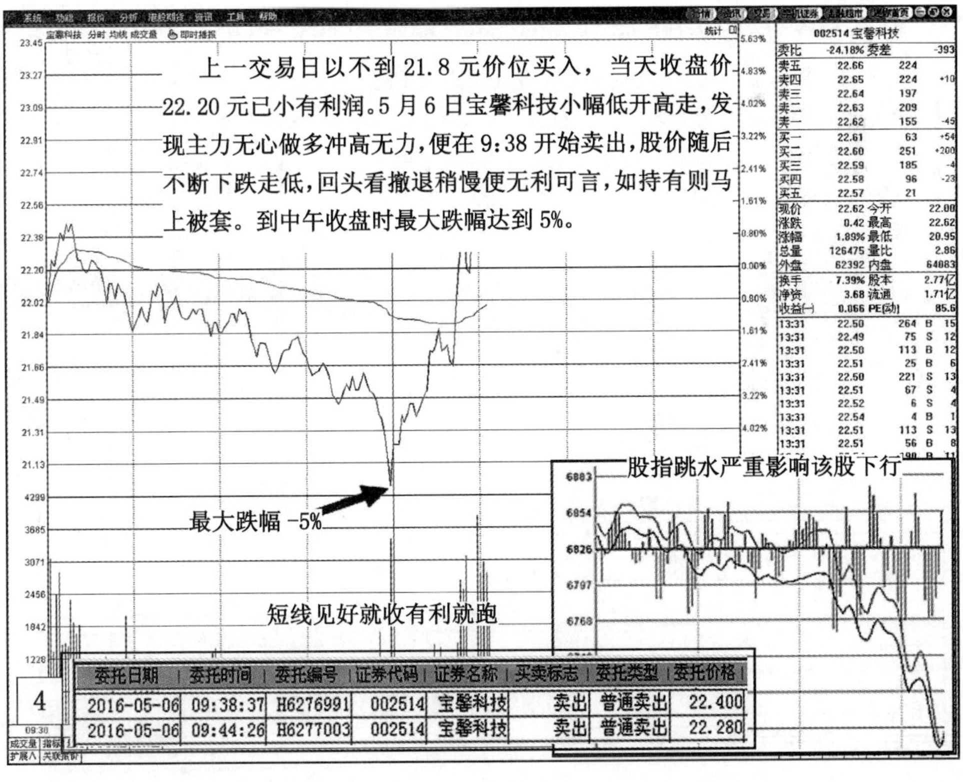
上一交易日以不到21.8元价位买入，当天收盘价22.20元已小有利润。5月6日宝馨科技小幅低开高走，发现主力无心做多冲高无力，便在9:38开始卖出，股价随后不断下跌走低，回头看撤退稍慢便无利可言，如持有则马上被套。到中午收盘时最大跌幅达到5%。
最大跌幅 -5%
短线见好就收有利就跑
股指跳水严重影响该股下行
委托日期 | 委托时间 | 委托编号 | 证券代码 | 证券名称 | 买卖标志 | 委托类型 | 委托价格
2016-05-06 | 09:38:37 | H6276991 | 002514 | 宝馨科技 | 卖出 | 普通卖出 | 22.400
2016-05-06 | 09:44:26 | H6277003 | 002514 | 宝馨科技 | 卖出 | 普通卖出 | 22.280
4

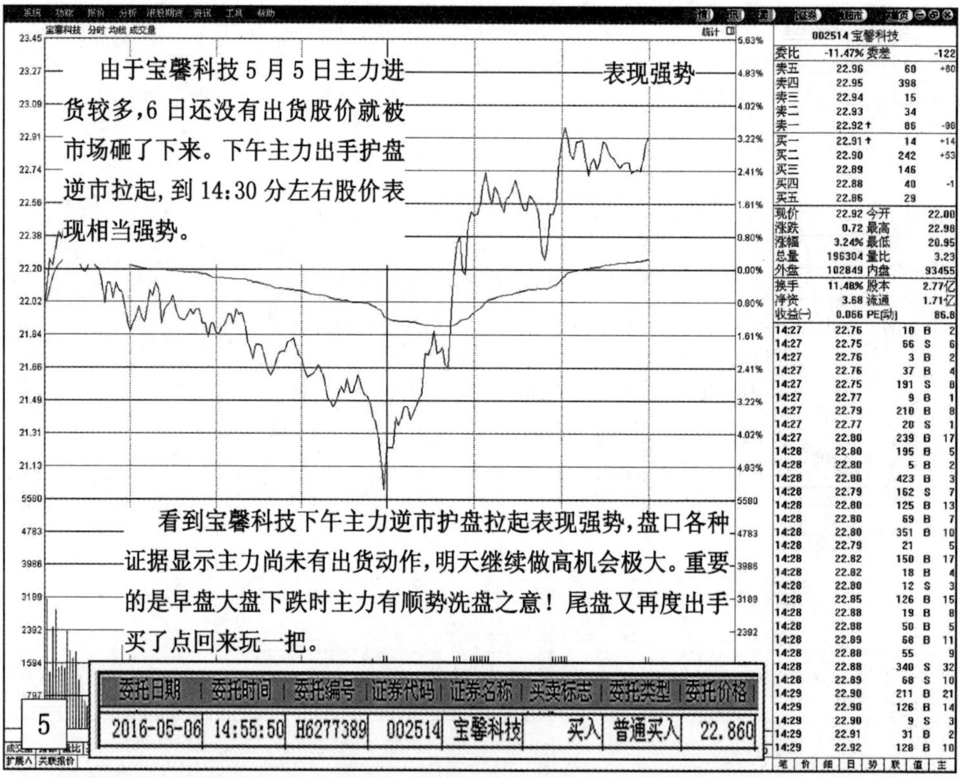
由于宝馨科技5月5日主力进货较多，6日还没有出货股价就被市场砸了下来。下午主力出手护盘逆市拉起，到14:30分左右股价表现相当强势。
表现强势
看到宝馨科技下午主力逆市护盘拉起表现强势，盘口各种证据显示主力尚未有出货动作，明天继续做高机会极大。重要的是早盘大盘下跌时主力有顺势洗盘之意！尾盘又再度出手买了点回来玩一把。
委托日期 委托时间 委托编号 证券代码 证券名称 买卖标志 委托类型 委托价格
2016-05-06 14:55:50 H6277389 002514 宝馨科技 买入 普通买入 22.860
5

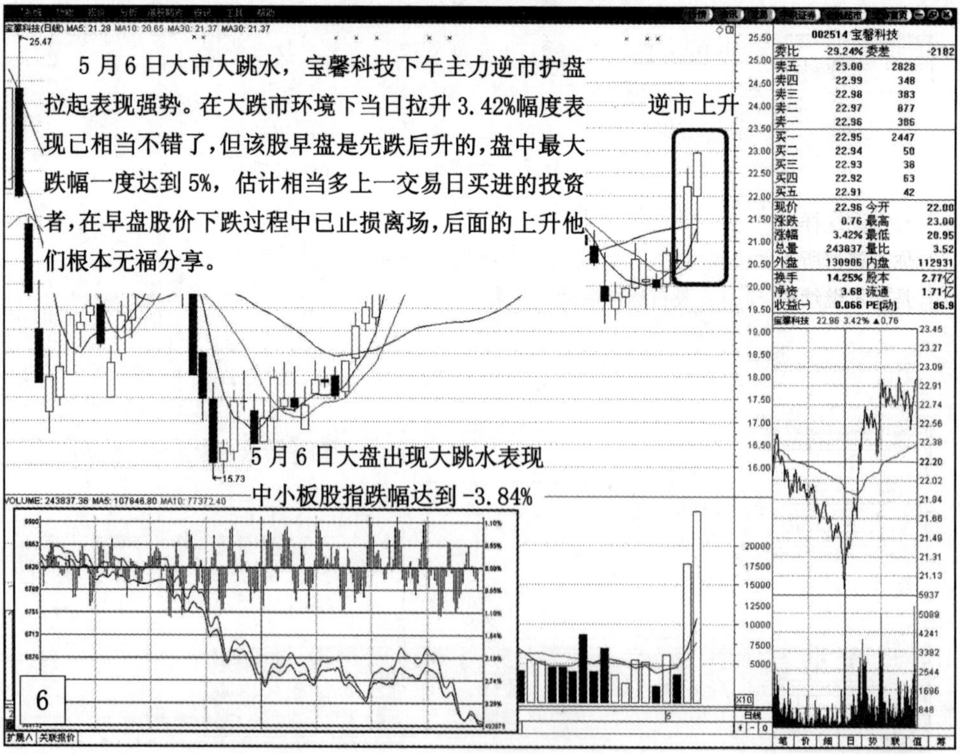
5月6日大市大跳水，宝馨科技下午主力逆市护盘拉起表现强势。在大跌市环境下当日拉升3.42%幅度表现已相当不错了，但该股早盘是先跌后升的，盘中最大跌幅一度达到5%，估计相当多上一交易日买进的投资者，在早盘股价下跌过程中已止损离场，后面的上升他们根本无福分享。
逆市上升
5月6日大盘出现大跳水表现
中小板股指跌幅达到-3.84%
6

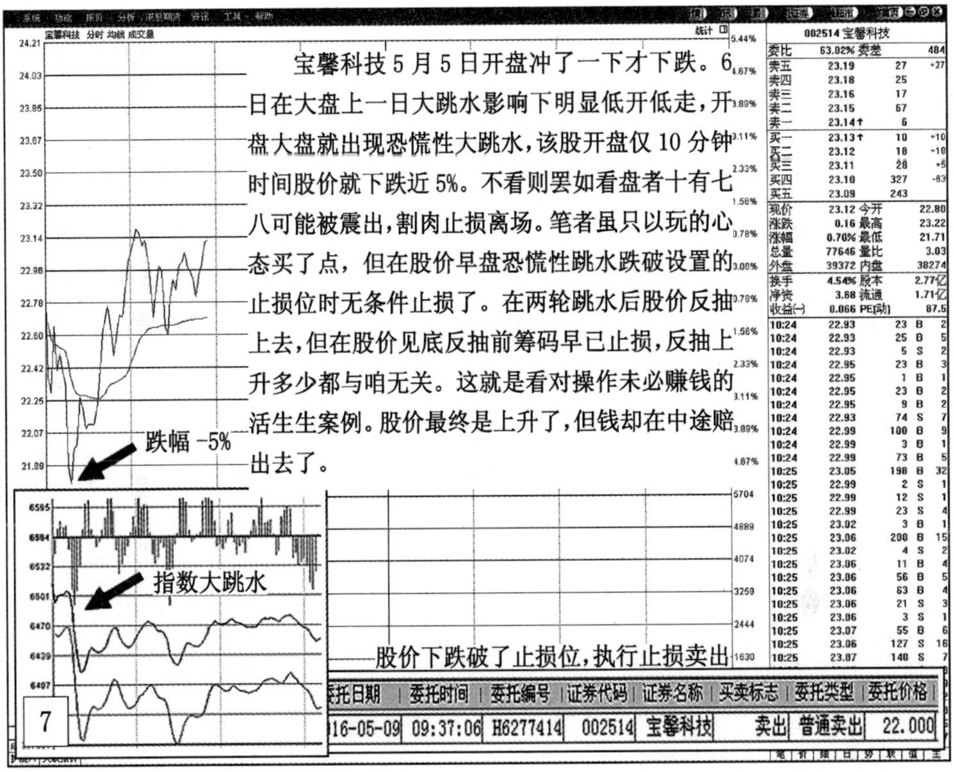
宝馨科技5月5日开盘冲了一下才下跌。6日在大盘上一日大跳水影响下明显低开低走，开盘大盘就出现恐慌性大跳水，该股开盘仅10分钟时间股价就下跌近5%。不看则罢如看盘者十有七八可能被震出，割肉止损离场。笔者虽只以玩的心态买了点，但在股价早盘恐慌性跳水跌破设置的止损位时无条件止损了。在两轮跳水后股价反抽上去，但在股价见底反抽前筹码早已止损，反抽上升多少都与咱无关。这就是看对操作未必赚钱的活生生案例。股价最终是上升了，但钱却在中途赔出去了。
跌幅 -5%
指数大跳水
股价下跌破了止损位，执行止损卖出
委托日期 委托时间 委托编号 证券代码 证券名称 买卖标志 委托类型 委托价格
2016-05-09 09:37:06 H6277414 002514 宝馨科技 卖出 普通卖出 22.000
7

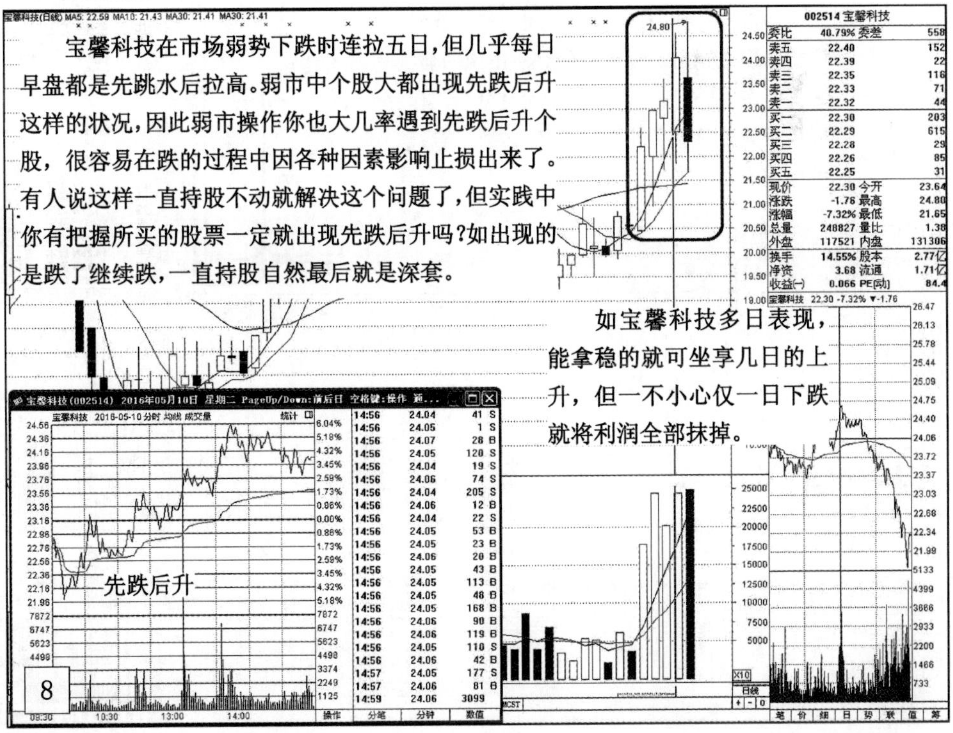
宝馨科技在市场弱势下跌时连拉五日，但几乎每日早盘都是先跳水后拉高。弱市中个股大都出现先跌后升这样的状况，因此弱市操作你也大几率遇到先跌后升个股，很容易在跌的过程中因各种因素影响止损出来了。有人说这样一直持股不动就解决这个问题了，但实践中你有把握所买的股票一定就出现先跌后升吗？如出现的是跌了继续跌，一直持股自然最后就是深套。
如宝馨科技多日表现，能拿稳的就可坐享几日的上升，但一不小心仅一日下跌就将利润全部抹掉。
先跌后升
8

主力行为分析推理步骤

推理，是逻辑学的基本形式之一，是由一个或几个已知的判断(前提)推出新判断(结论)的过程，我们熟知的推理有直接推理、间接推理、逆向推理等。

推理就是为解决所看所问所疑惑的事或课题，得出明确的结论去知识库中找证据，使用一组或多组知识证明事实真相。

在股票市场中技术派的分析推理是常用的，如盘面上看到某主力出货，如何证明主力在出货？这可从主力入场时间环节、拉高环节、出货环节等入手，向前或向后找出有力证据证实主力出货。

盘口分析，推理分析步骤和方法，笔者以益盛药业多日走势表现实盘分析讲解！推理分析首先是确定目标股票结论要素，如买单、卖单、分时走势、K线、成交量等这些都是，从当时推出结论的要素开始，向前或者向后找出证据证实结论的正确性。盘面研究分析可从个股盘面局部异常或突出表现要素入手，从寻找异常或突出表现要素开始。

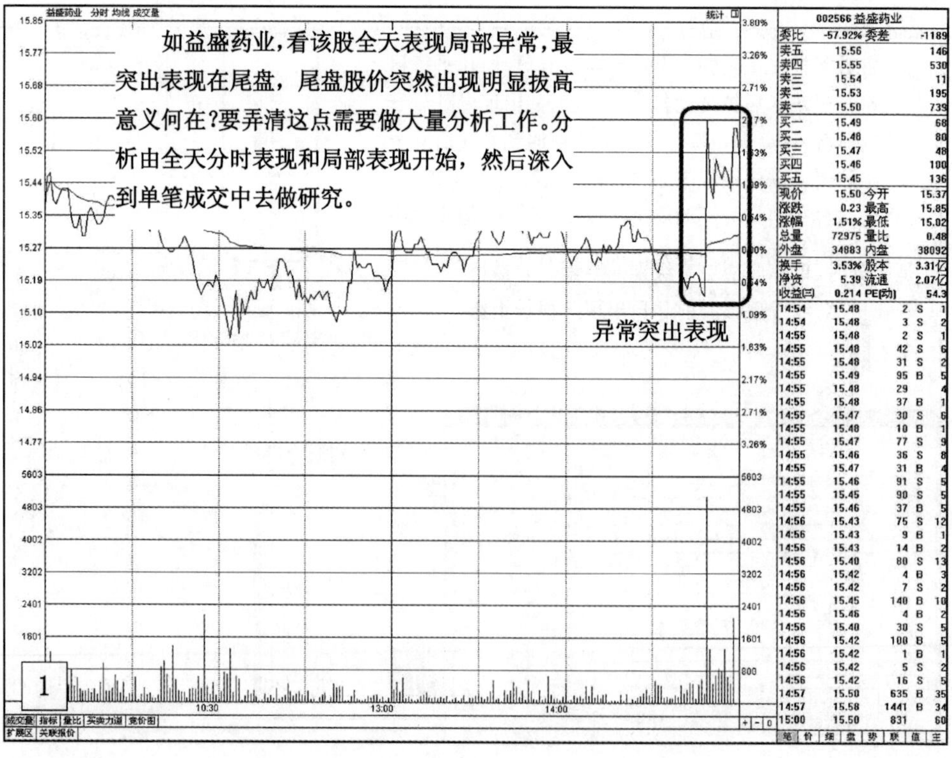

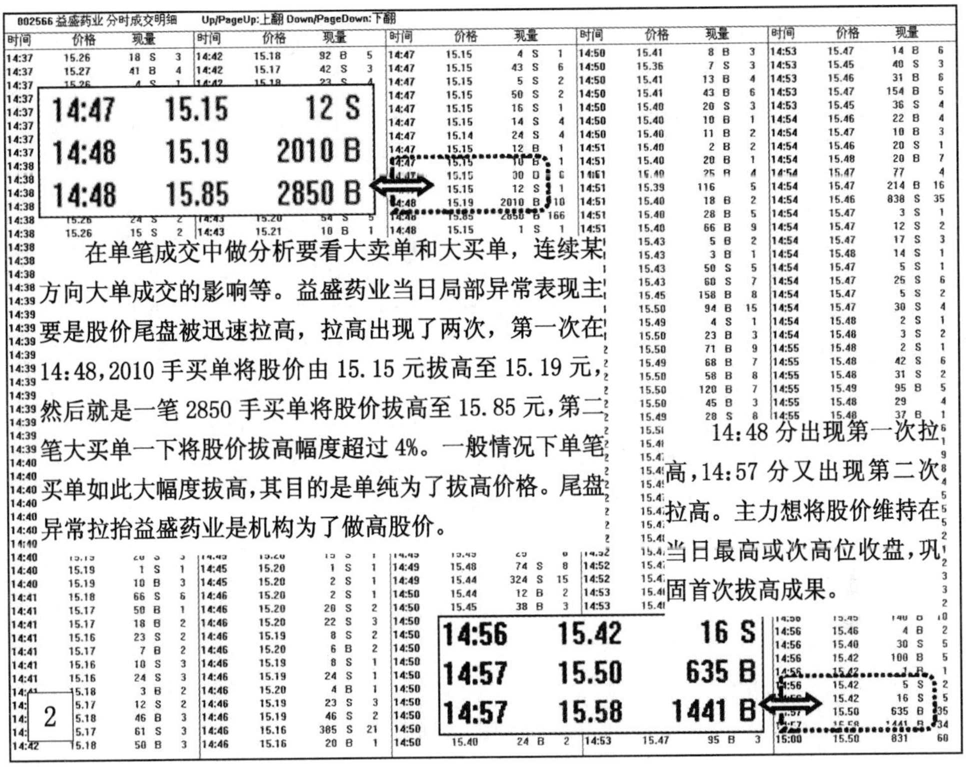

2

在单笔成交中做分析要看大卖单和大买单，连续某方向大单成交的影响等。益盛药业当日局部异常表现主要是股价尾盘被迅速拉高，拉高出现了两次，第一次在14:48，2010手买单将股价由15.15元拔高至15.19元，然后就是一笔2850手买单将股价拔高至15.85元，第二笔大买单一下将股价拔高幅度超过4%。一般情况下单笔买单如此大幅度拔高，其目的是单纯为了拔高价格。尾盘异常拉抬益盛药业是机构为了做高股价。

14:48分出现第一次拉高，14:57分又出现第二次拉高。主力想将股价维持在当日最高或次高位收盘，巩固首次拔高成果。

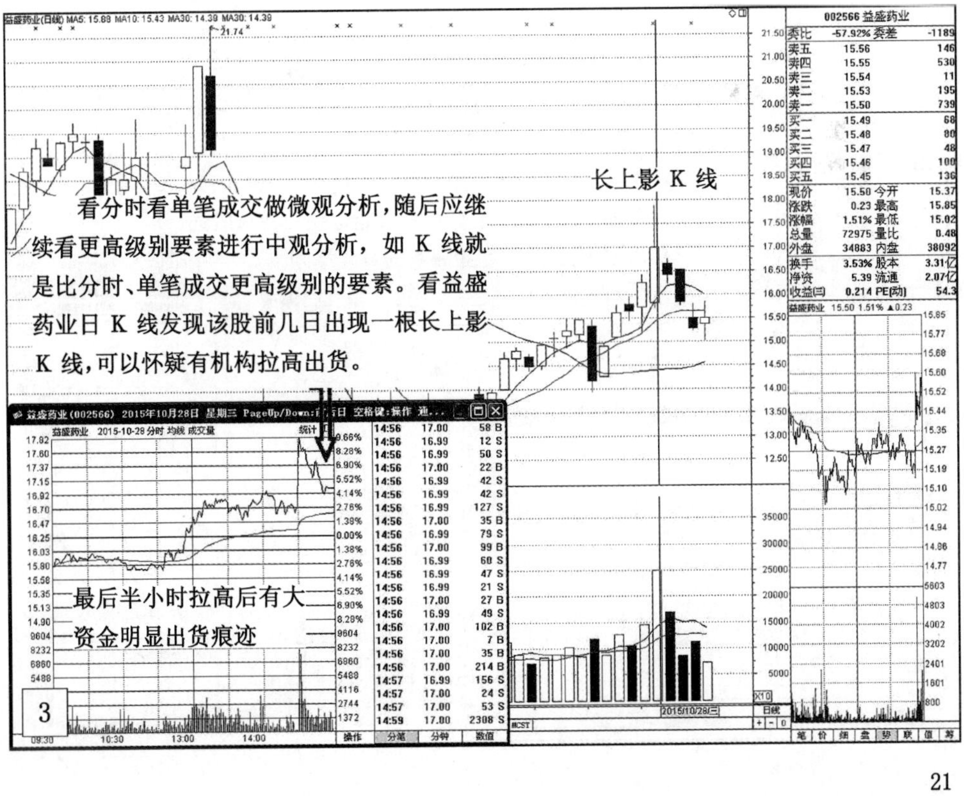

3

看分时看单笔成交做微观分析，随后应继续看更高级别要素进行中观分析，如K线就是比分时、单笔成交更高级别的要素。看益盛药业日K线发现该股前几日出现一根长上影K线，可以怀疑有机构拉高出货。

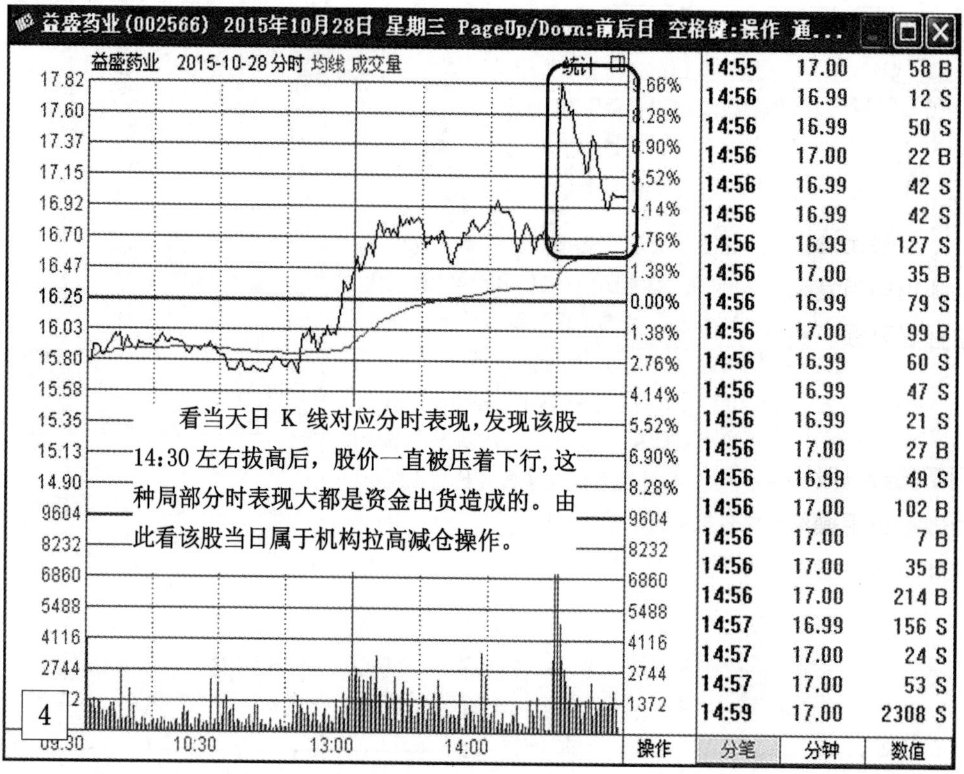
益盛药业(002566) 2015年10月28日 星期三 PageUp/Down:前后日 空格键:操作 通...
益盛药业 2015-10-28分时 均线 成交量
统计
看当天日 K 线对应分时表现，发现该股 14:30 左右拔高后，股价一直被压着下行，这种局部分时表现大都是资金出货造成的。由此看该股当日属于机构拉高减仓操作。
4
09:30
10:30
13:00
14:00
操作
分笔
分钟
数值

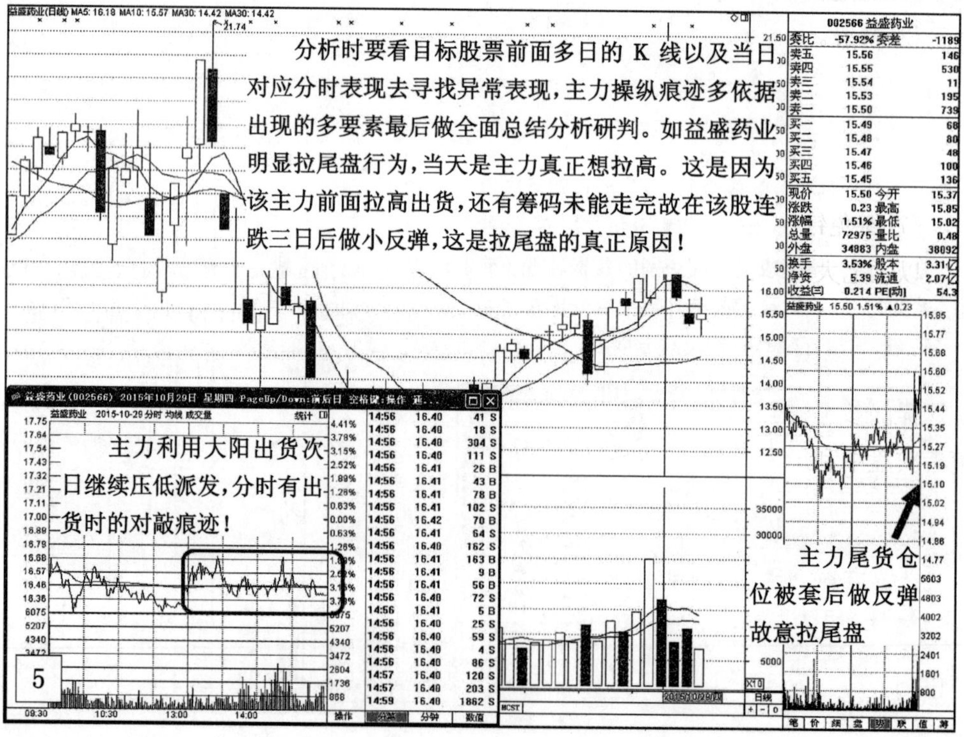
益盛药业(日线) MA5: 16.18 MA10: 15.57 MA30: 14.42 MA30: 14.42
分析时要看目标股票前面多日的 K 线以及当日对应分时表现去寻找异常表现，主力操纵痕迹多依据出现的多要素最后做全面总结分析研判。如益盛药业明显拉尾盘行为，当天是主力真正想拉高。这是因为该主力前面拉高出货，还有筹码未能走完故在该股连跌三日后做小反弹，这是拉尾盘的真正原因！
002566 益盛药业
益盛药业(002566) 2015年10月29日 星期四 PageUp/Down:前后日 空格键:操作 通...
益盛药业 2015-10-29分时 均线 成交量
主力利用大阳出货次日继续压低派发，分时有出货时的对敲痕迹！
主力尾货仓位被套后做反弹故意拉尾盘
5

盘口语言在操盘实践中的使用

股票无论投资还是投机，说简单也真是很简单，操作也就买卖两个字。说复杂那也相当复杂，围绕买卖两个字而展开的分析研究，实践耗时多年还不一定能掌握好要领。买卖二字固然简单，但这简单是经过大量复杂研究，去其糟粕取其精华，化繁为简后的简单。

证券市场影响股票表现的两大因素是：大众交易行为和主力交易行为。具体到了某一只股上，主力交易行为对个股中短期价格波动影响最大。个股出现有主力故意出手操纵股价的时候，股价表现就显得特别独立，掌握主力操纵股价的方法和招式非常重要。主力通过资金优势，操盘技术优势，直接影响和引导股价往其想要的方向发展，这种影响是直接的。我们通过分析影响价格最有效因素的主力行为去预测股价表现，就是研究主力操纵股价的方法思路和招式。

掌握主力行为盘口语言，为我们解决以下实战问题：

(1)选股选择可以买入的品种。

(2)选定目标后介入的具体时机。

(3)持股。

(4)加仓。

(5)减仓。

(6)清仓。

(7)避免错误买入将出现大几率下跌品种。

以上七大问题是每一个投资者都要面对的实践操作问题，每次操作都会产生以上这些问题，每次都要应对和做出相应的决策。掌握好主力行为盘口语言，通过分析个股中大主力的操作动向作为参考，主力进我也进，主力出我也出——能有这样的参考物作为参考，分析和决策时将会事倍功半。下面以实盘形式讲一些笔者实盘中利用盘口语言知识的操作个案。

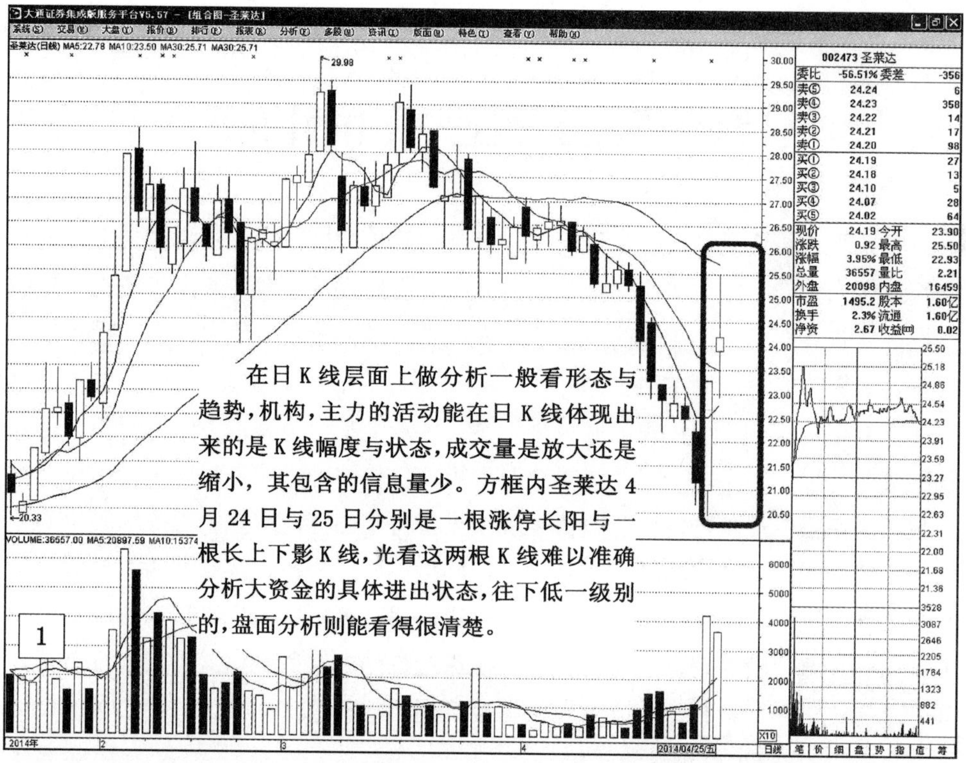

在日 K 线层面上做分析一般看形态与趋势，机构，主力的活动能在日 K 线体现出来的是 K 线幅度与状态，成交量是放大还是缩小，其包含的信息量少。方框内圣莱达 4 月 24 日与 25 日分别是一根涨停长阳与一根长上下影 K 线，光看这两根 K 线难以准确分析大资金的具体进出状态，往下低一级别的，盘面分析则能看得很清楚。

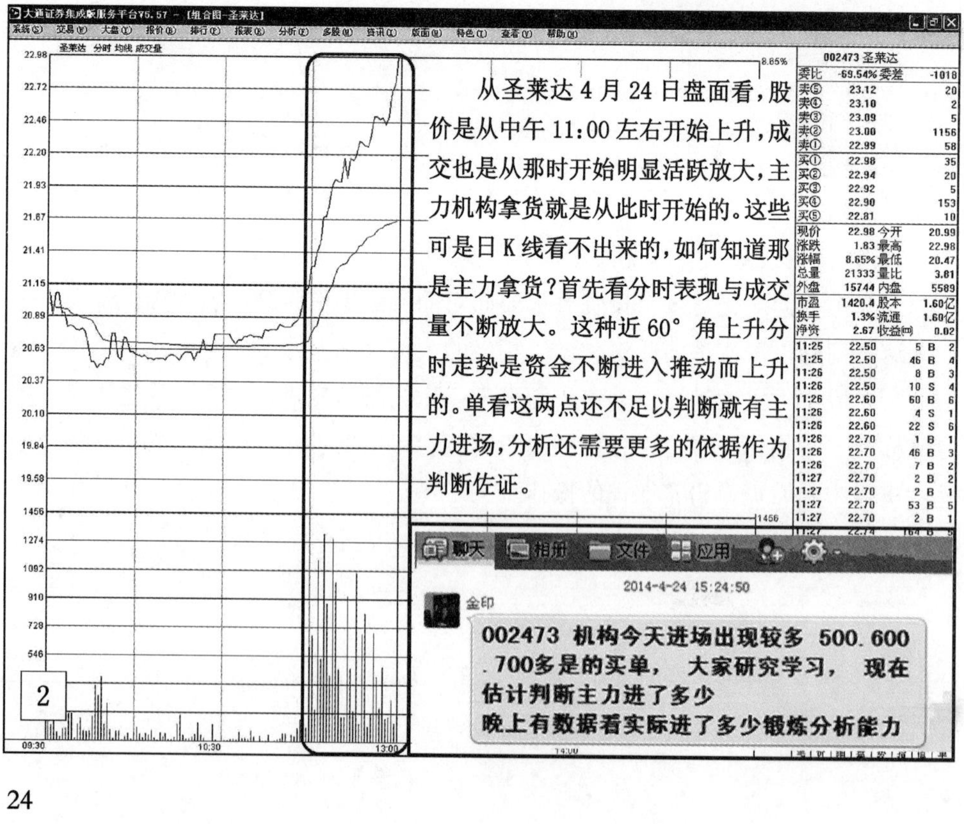

从圣莱达 4 月 24 日盘面看，股价是从中午 11:00 左右开始上升，成交也是从那时开始明显活跃放大，主力机构拿货就是从此时开始的。这些可是日 K 线看不出来的，如何知道那是主力拿货？首先看分时表现与成交量不断放大。这种近 60° 角上升分时走势是资金不断进入推动而上升的。单看这两点还不足以判断就有主力进场，分析还需要更多的依据作为判断佐证。

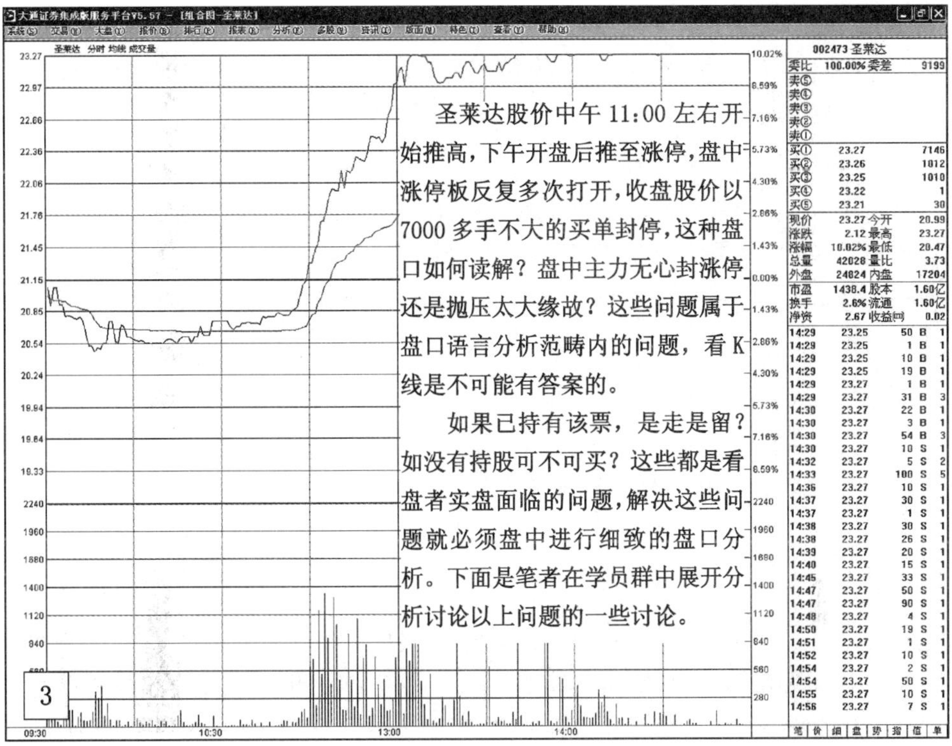

圣莱达股价中午 11:00 左右开始推高，下午开盘后推至涨停，盘中涨停板反复多次打开，收盘股价以 7000 多手不大的买单封停，这种盘口如何读解？盘中主力无心封涨停还是抛压太大缘故？这些问题属于盘口语言分析范畴内的问题，看 K 线是不可能有答案的。

如果已持有该票，是走是留？如没有持股可不可买？这些都是看盘者实盘面临的问题，解决这些问题就必须盘中进行细致的盘口分析。下面是笔者在学员群中展开分析讨论以上问题的一些讨论。

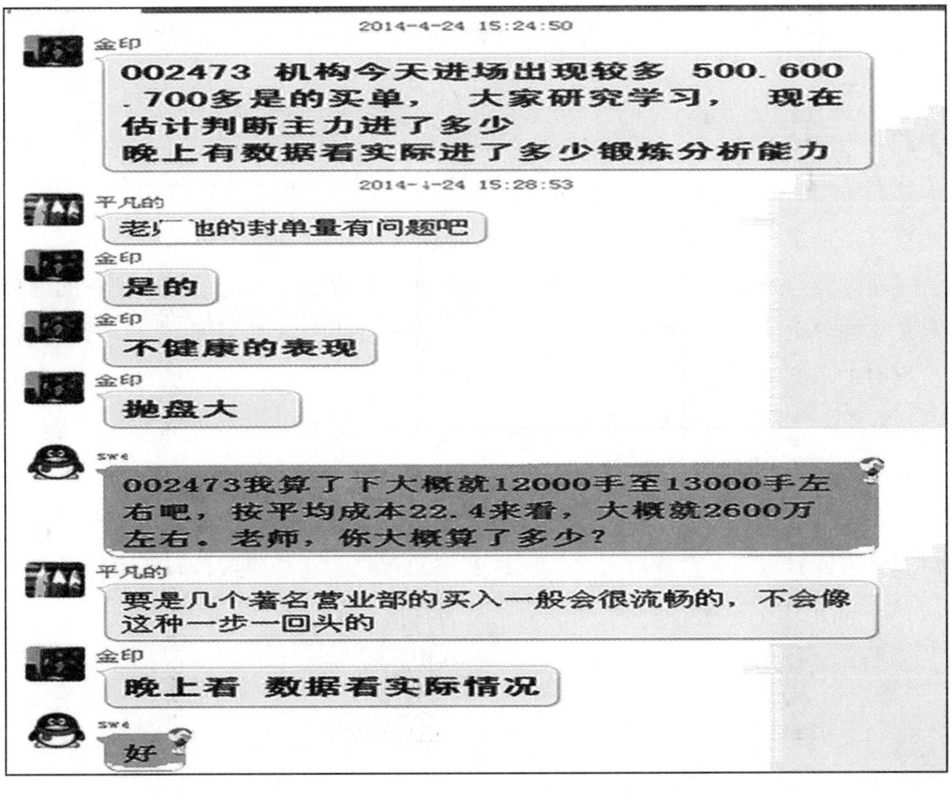

深圳证券市场中小企业板交易公开信息(2014年04月24日)

圣莱达(002473)　涨幅偏离值:11.00%　成交量:420万股　成交金额:　9421万元

买入金额最大的前5名

营业部或交易单元名称	买入金额(元)	卖出金额(元)
西南证券北京北三环中路证券营业部	36797997.73	265524.00
宏源证券乌鲁木齐北京南路证券营业部	2015347.00	0.00
海通证券天津霞光道证券营业部	1737667.00	12572123.00
首创证券北京北辰东路证券营业部	1493394.00	0.00
渤海证券重庆建新东路证券营业部	1121418.00	321841.00

卖出金额最大的前5名

营业部或交易单元名称	买入金额(元)	卖出金额(元)
第一创业证券廊坊建设路证券营业部	0.00	23534150.00
海通证券天津霞光道证券营业部	1737667.00	12572123.00
方正证券上海延安西路证券营业部	215546.00	5932824.84
广发证券上海中山西路证券营业部	0.00	3545809.00
中国银河证券成都科华北路证券营业部	11625.00	2380521.00

当天圣莱达的公开数据显示，一个潜伏在西南证券北京北三环中路证券营业部的主力大量介入。该股当天成交金额9421万元，该营业部主力拿了3679万元，占比37%，这是很高的比例。圣莱达当天中午11：00点左右开始推高，一直推至涨停就是该主力一手实施操盘的结果。

通过盘口分析发现圣莱达有主力明显介入，看盘面分时走势和成交量的分析只是盘面分析的其中两个要点，另外一重要分析要点是成交明细，通过对圣莱达拉高时的单笔交易分析，发现圣莱达拉高时单笔成交中有大量的500，600，700多手三组数字相同的买单反复有规律出现，这是判断有主力建仓的关键。这些都是盘口语言范畴知识。

在圣莱达介入做涨停时，第一创业证券廊坊建设路证券营业部、海通证券天津霞光道证券这两个营业部大量卖出达到3600万元，这是导致该股在涨停反复多次打开的原因，这两营业部机构的出货行为在盘口上是明显清晰可见。

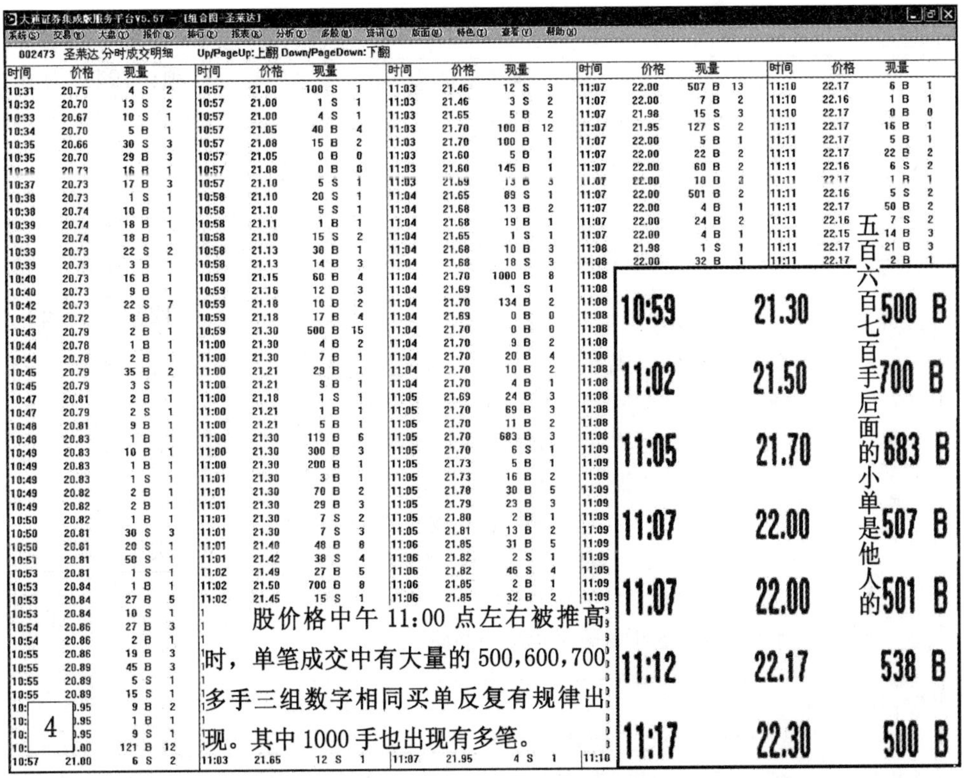
002473 圣莱达 分时成交明细
股价格中午 11:00 点左右被推高时，单笔成交中有大量的 500，600，700 多手三组数字相同买单反复有规律出现。其中 1000 手也出现有多笔。
五百六百七百手后面的小单是他人的
10:59 21.30 500 B
11:02 21.50 700 B
11:05 21.70 683 B
11:07 22.00 507 B
11:07 22.00 501 B
11:12 22.17 538 B
11:17 22.30 500 B
4

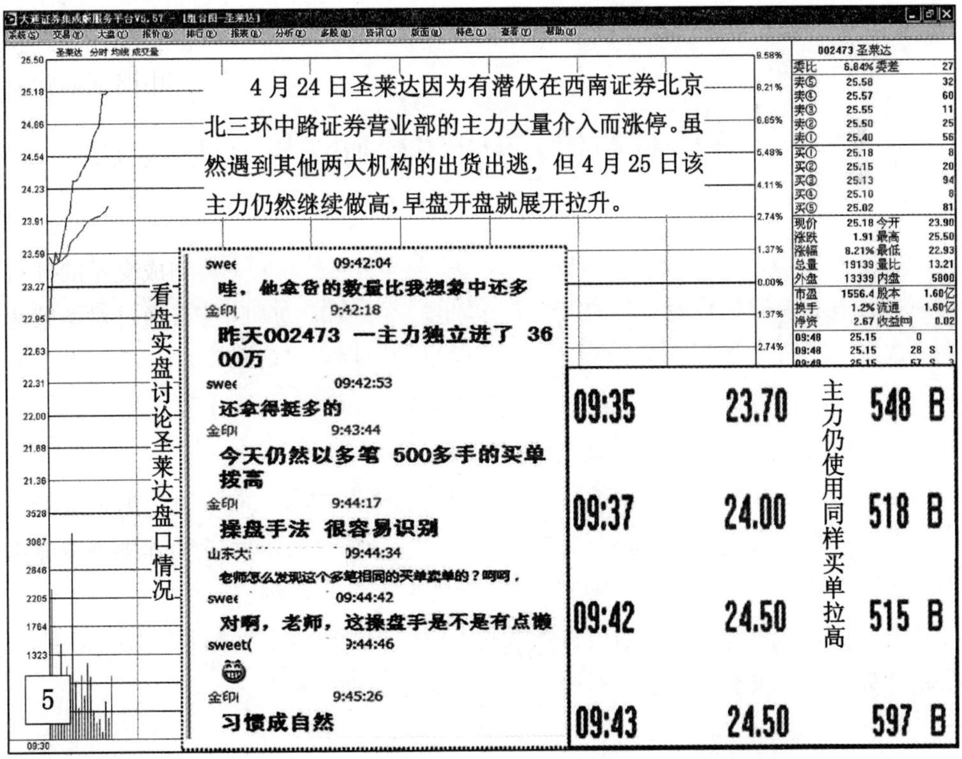
4 月 24 日圣莱达因为有潜伏在西南证券北京北三环中路证券营业部的主力大量介入而涨停。虽然遇到其他两大机构的出货出逃，但 4 月 25 日该主力仍然继续做高，早盘开盘就展开拉升。
看盘实盘讨论圣莱达盘口情况
哇，他拿货的数量比我想象中还多
昨天002473 一主力独立进了 3600万
还拿得挺多的
今天仍然以多笔 500多手的买单拔高
操盘手法 很容易识别
老师怎么发现这个多笔相同的买单卖单的？呵呵，
对啊，老师，这操盘手是不是有点懒
习惯成自然
主力仍使用同样买单拉高
09:35 23.70 548 B
09:37 24.00 518 B
09:42 24.50 515 B
09:43 24.50 597 B
5

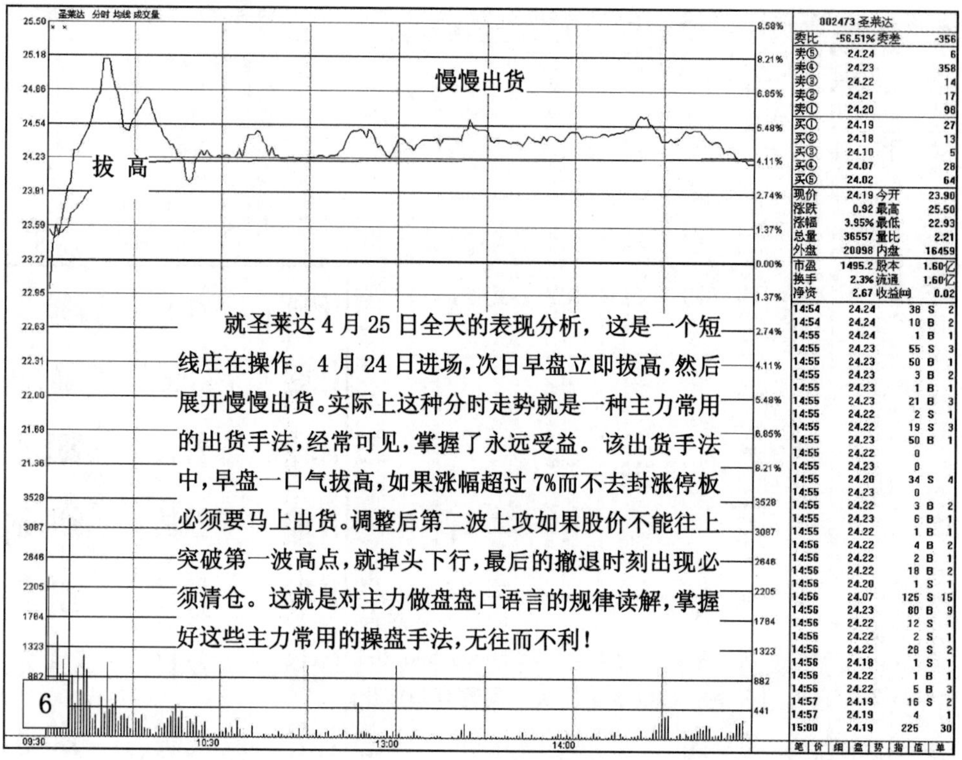

大资金交易对股价产生的影响以及主力起源

每只股票每日都有买卖，买就是进，卖就是出。从正常自然交易市场来说，普通投资者和一般机构的买和卖是没有操纵行为，属于中性自然交易。市场上说的“出货”一般是指那些资金量比较大的大户机构行为，这些资金的进出举足轻重，盘中会对股价产生影响，影响程度与进出资金量大小和操作方式等有关。市场中绝大部分普通投资者和一般机构的买卖叫交易，那些进出对股价产生明显影响的大资金也属于交易，但他们有另一种叫法叫“入货或出货”。

个股中大资金入货或出货有两种情况：“一是纯粹的市场交易行为，二是带有操纵股价交易行为。”在纯粹市场交易行为中大资金进出没有操纵价格的意识和计划，但资金量大了仍然对股价涨跌和方向产生影响。如这些大资金带有操纵价格计划和意识去交易，那么对股价的影响是就会明显增大。

是什么原因导致大资金在自然交易中对股价产生影响的？影响的基本原理逻辑在哪里？

这得从个股大资金进出属纯粹市场交易行为说起！个股在交易期间大部分时间都是处于自然正常的交易状态，这种状态中无论投资者还是机构都各自为政，操作都是以实现自己的买入或卖出为目的需求去交易，买卖时没有干预股价的想法和动作。就个体而言一般个体小资金交易对股价没有什么影响，只有大量个体小资金在交易时方向形成一致时，他们的交易才会对价格产生明显的影响。

而单个大资金个体交易，无论是买还是卖都可能会对股价产生影响，影响力大小与这些大资金的交易方式、交易速度以及资金量大小有关。

举个例子：某大户或机构准备投入2000万资金买入某只股作为投资目标，该股近一个月来日均成交金额为1亿元，如该机构操盘手在一个交易日内将这2000万全部买入该股，那么无论怎么买当天盘中都会对该股价格产生一定影响。因为这2000 万对于日均成交金额1亿元的个股来说占比较大，即使操盘手盘中慢慢小心买，资金源源不断流入也会导致股价上升。如果操盘手买得较急，那么股价盘中受其影响上行速度就会加快，分时走势角度就会加陡。如操盘手在10分钟内连续下单往上买入，那么该股分时走势就会出现大于60°角的上攻状态，在其他资金买入的共同作用下冲击涨停也是常见的事。

资金量、操作方式、买入速度这三大因素直接影响股价。笔者长期研究涨停个股以及当天龙虎榜数据发现：当某单一机构或大户当天买入量达到该股当天总成交金额5%时，该股盘中股价的上升表现就有影响。当买入量达到该股当天总成交金额10%时，盘中股价上升表现影响就非常明显。当买入量达到该股当天总成交金额20%时，股价在其影响下必大涨甚至涨停。单一大户或机构入货，即使没有任何有意识去操纵价格，因为买入量大无形中已难以避免影响到该股价格的表现。在买入金额不变，其买入时间越短速度越快影响就越大。

知道主力是怎么来的吗？股市一开始本没有什么主力，股市刚开始时里面有不少大户在交易，一些大户在交易中发现，自己资金量大了无论是进还是出对价格涨跌都有一定影响。这些大户发现了这种现象，在实践中加以总结逐步掌握了丰富的交易经验。他们发现这种交易不但能影响价格，若实施有计划操作还可以获得一定程度控制价格升跌方向和幅度的主动权，这就不得了。任何人做生意做买卖，都希望自己所做的生意能赚取安全稳定可预期的利润，这需要有可支配话语权，有可支配话语权才能轻松获得稳定可预期收益。而获得这种话语权的条件就是“优势资金+操作技巧”。

广大投资者和一般机构在股市中交易赚钱是没有主动权的，包括过去和现在都是如此。无论你的交易是投资还是投机，你买股票时都只能预测它的涨跌，但实际不能左右它的涨跌，你永远无法决定你的可预期利润，因为你根本就没有话语权和主动权。无论你所买的个股后面赚了多少，所得利润都是“被动”获得的。没有话语权，主动权就决定不了自己的操作可预期利润以及获得的时间。

在股市早期，一些大户机构在交易中发现了自己资金大、操作方式不同等能影响价格，最终总结出具有一定主动权的交易方法时，利益驱使下他们会按照自己所发现和总结的方法去做交易，慢慢地形成了做庄行为。

在还未成熟的证券市场中做庄行为很常见，随着市场发展慢慢成熟，做庄行为会被加以监管，到最后会被明文禁止。因为做庄行为对股价涨跌存在人为操纵，干扰市场正常秩序，误导广大投资者进行不公平交易，令股价严重偏离内在价值等。但在利益驱使下挺而走险者不会轻易灭绝，现西方成熟股票市场中做庄行为并没消失而是改头换面了，“做市商制”就是从做庄行为演变过来的。做市商制下的机构是由交易所牵头通过制定各种条例监管、接受公开监督的合法主力，国内新三板市场就是采用做市商制。

大资金波段做庄30%升幅现象剖析

在高控盘股票中，一旦有主力深度介入后不拉30%或更大的升幅，主力就无法顺利轻松盈利出来。影响其无法现实盈利出来有两个重要原因：①主力收集筹码时股价不断上升走高，拿到足够的筹码时股价已经上升了一大截。一路往上买入收集筹码平均成本跟着水涨船高，远远高于首日入市的价格。②拉高后出货时随着主力不断卖出，股价随之震荡下跌。主力出货一路往下卖出，把所有手上筹码全部出完时，股价离主力首日出货价已经跌去一大截，出货过程是一个不断往下卖出的过程，越往下利润实际越少。

主力收集筹码股价不断上升，所收集到的筹码平均成本不断上移。主力出货时股价随之不断下跌。未出的和在卖出的筹码，账面利润和实际兑现利润都在不断减少。拿货成本走高，出货利润下降！这两种情况双双影响主力每一次做庄的整体利润水平。光是这两原因的影响，大庄从开始入场拿货日到出货日，目标股票没有30%的涨幅，就可能出现无利可图的处境。这是主力在某个股票中投入过亿以上大资金运作普遍存在的现象。

出现这种最少上涨30%升幅现象其客观影响的原因还很多。主力选股所选择的目标品种非常重要。热门股与冷门股；有特别题材概念股与无消息股；大盘股与中小盘股等等各不同。热门股成交活跃拿货与出货都比较容易，但参与的机构众多主力较难实现为所欲为高效独立的操纵。冷门股则是拿货出货都比较困难。但主力进场后容易实施为所欲为高效独立操纵。大盘股一般日成交金额大，主力进出都容易。但大盘股中各种各样的参与机构众多，主力较难实现为所欲为高效独立的操纵和大幅拉高。选股上不同的主力根据自身情况有其全盘的考虑和选择。对于主力之外的场外者而言，没有必要问为什么主力会选择某个品种。因为主力做的是全盘考虑和选择，他们做出的自然是他们认为最适合自己的选择。

主力的利润多少自然与操盘手的运作水平有关。拿货成本低一点，拔高买入少一点，高位出的多一点，利润就会多很多。反之则相反！下面以多个例案，剖析波段庄的一些新运作手段。

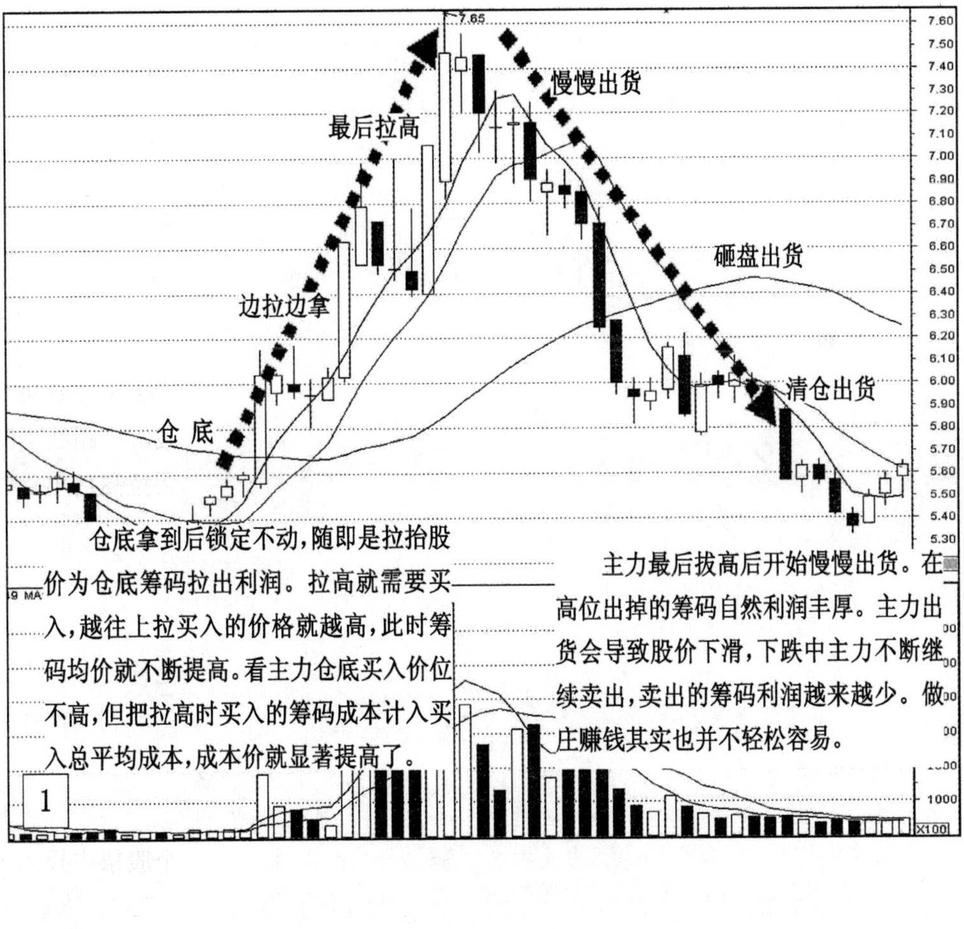

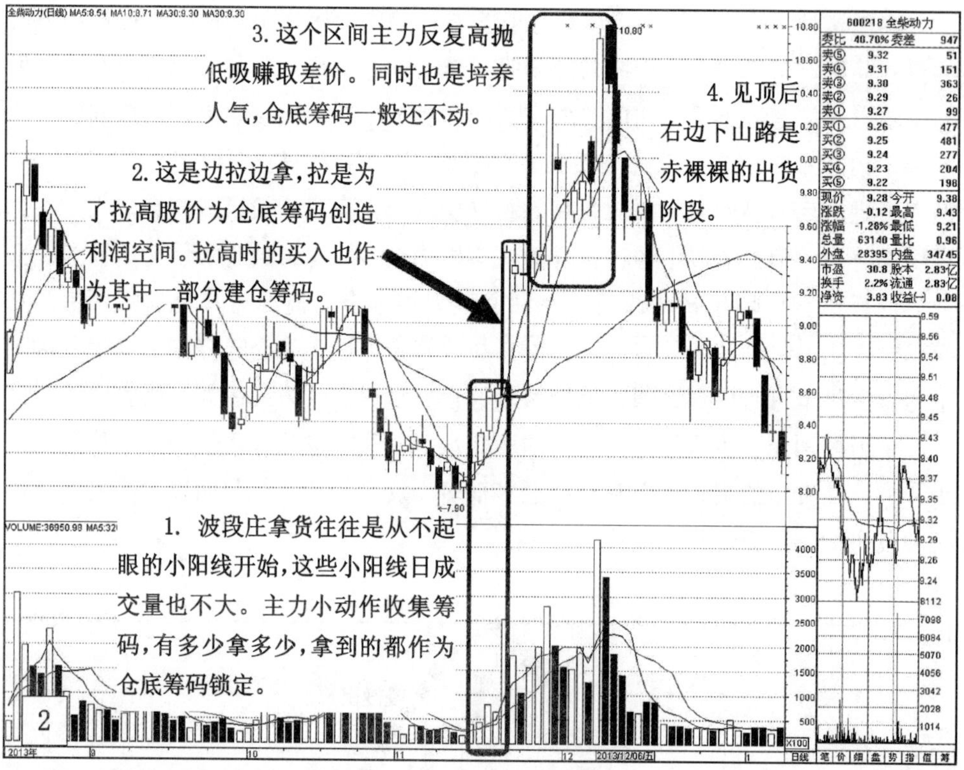
3. 这个区间主力反复高抛低吸赚取差价。同时也是培养人气，仓底筹码一般还不动。
2. 这是边拉边拿，拉是为了拉高股价为仓底筹码创造利润空间。拉高时的买入也作为其中一部分建仓筹码。
4. 见顶后右边下山路是赤裸裸的出货阶段。
1. 波段庄拿货往往是从不起眼的小阳线开始，这些小阳线日成交量也不大。主力小动作收集筹码，有多少拿多少，拿到的都作为仓底筹码锁定。
2
600218 全柴动力

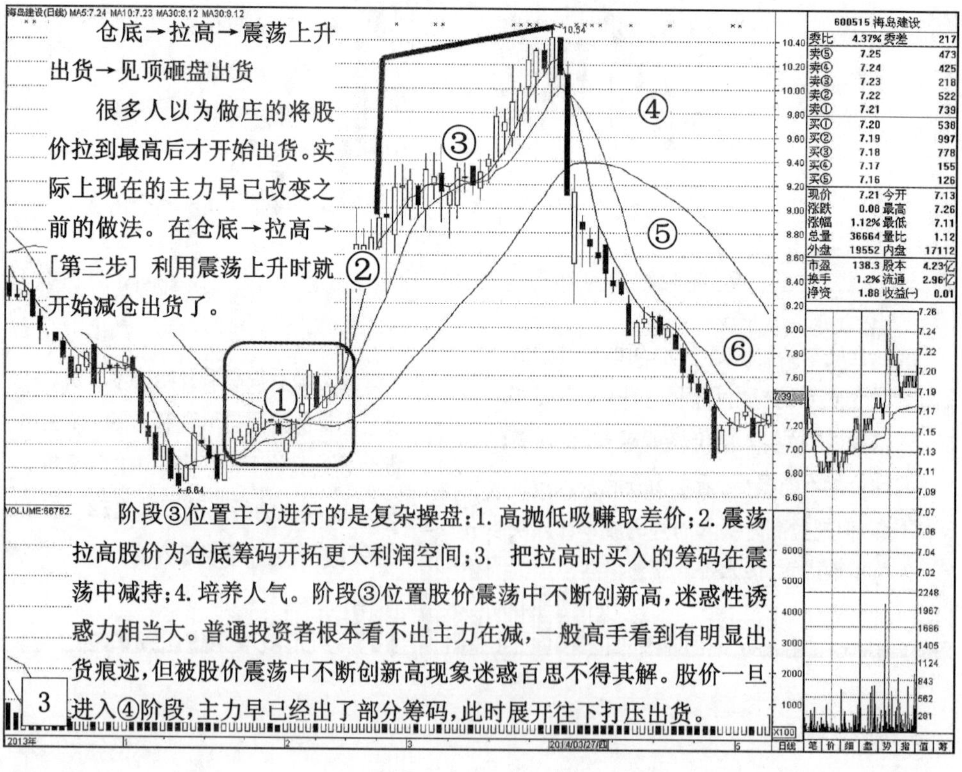
仓底→拉高→震荡上升出货→见顶砸盘出货
很多人以为做庄的将股价拉到最高后才开始出货。实际上现在的主力早已改变之前的做法。在仓底→拉高→[第三步] 利用震荡上升时就开始减仓出货了。
①
②
③
④
⑤
⑥
阶段③位置主力进行的是复杂操盘：1. 高抛低吸赚取差价；2. 震荡拉高股价为仓底筹码开拓更大利润空间；3. 把拉高时买入的筹码在震荡中减持；4. 培养人气。阶段③位置股价震荡中不断创新高，迷惑性诱惑力相当大。普通投资者根本看不出主力在减，一般高手看到有明显出货痕迹，但被股价震荡中不断创新高现象迷惑百思不得其解。股价一旦进入④阶段，主力早已经出了部分筹码，此时展开往下打压出货。
3
600515 海岛建设

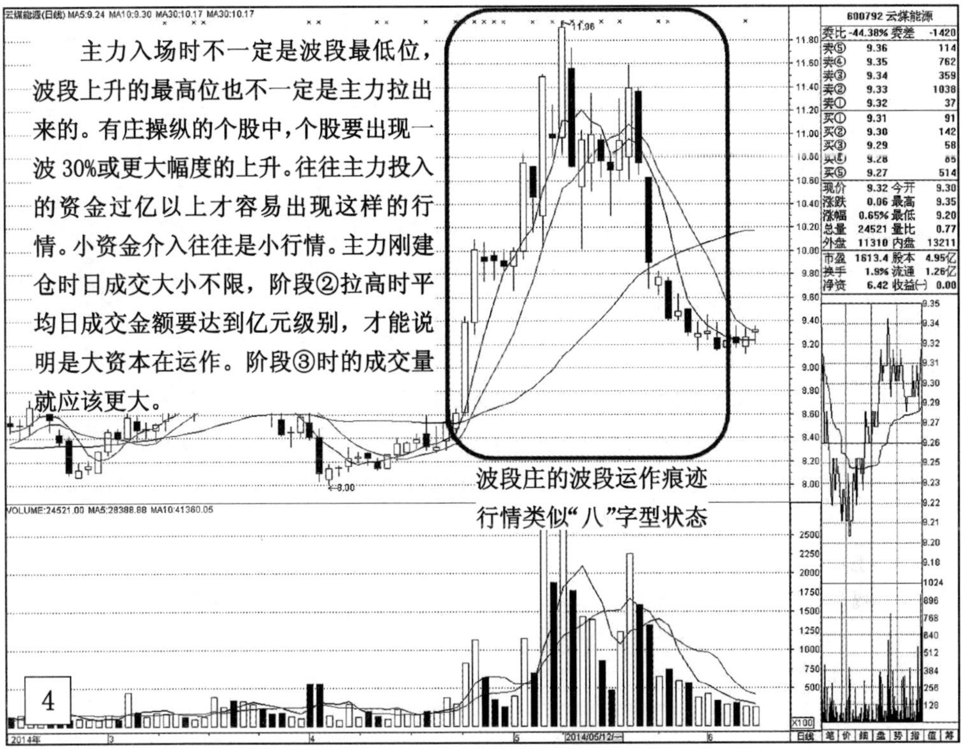

推高、拉高、拔高三种分时的意义

在研究方向上不断归纳总结由大到细、由细入微是一种常态。分门别类有利于更好更快辨别清晰所看对象。股市中无论做基本面分析还技术面分析都应进行归类总结，只有归类总结才能理清思路，看盘时做出快速反应。

技术分析看盘脱离不了个股分时走势，个股分时走势在细节上有上百种不同形态。进行分门别类整理研究，大类上实际十多种就可以囊括全部。细分后每一类别都有其不同意义，同一类别下又各有不同的含义。

就个股盘中股价上升不同的表现在分时走势上就又有N种表现。每一种表现有不同的特点和意义。常见的分时走势中按表现分，比较经典的有三种：“推高、拉高、拔高”。这三种时走势下股价同样是上升，却有不同的市场意义。下面就这三种走势讨论他们自身所包含的市场含义和主力操纵的一些信息。

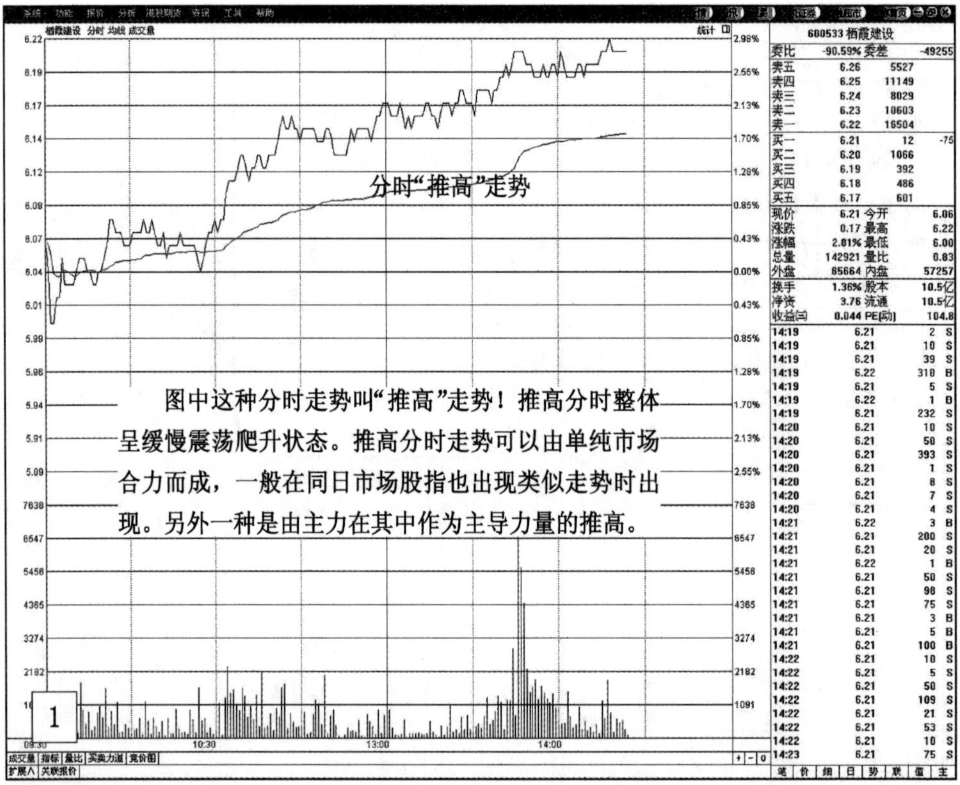
栖霞建设 分时 均线 成交量
600533 栖霞建设
分时“推高”走势
图中这种分时走势叫“推高”走势！推高分时整体呈缓慢震荡爬升状态。推高分时走势可以由单纯市场合力而成，一般在同日市场股指也出现类似走势时出现。另外一种是由主力在其中作为主导力量的推高。
1

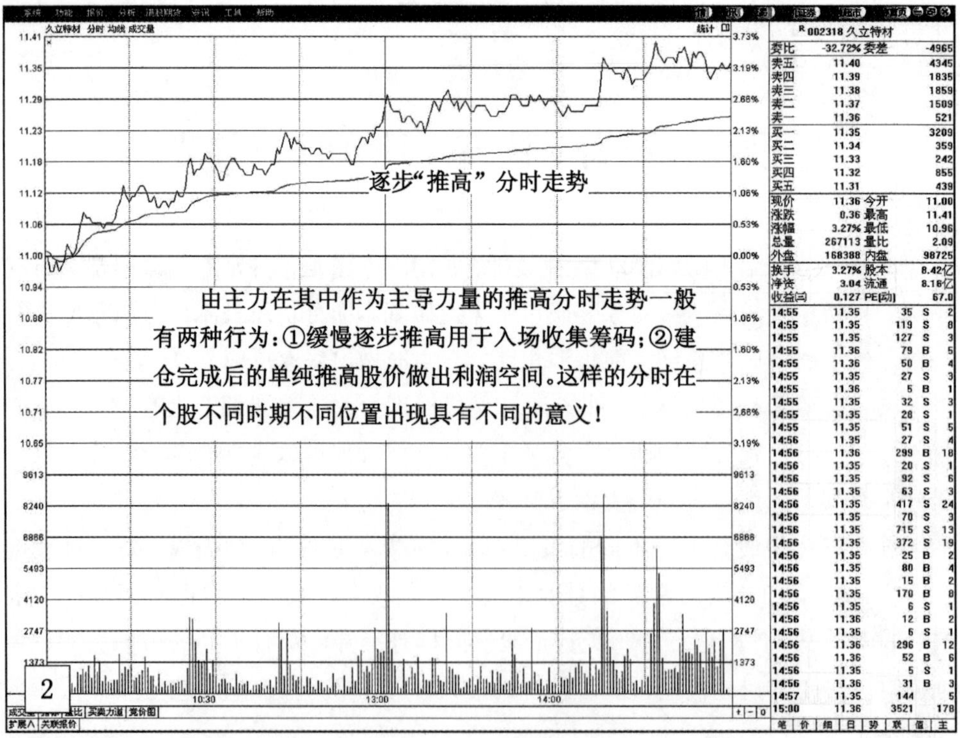
久立特材 分时 均线 成交量
002318 久立特材
逐步“推高”分时走势
由主力在其中作为主导力量的推高分时走势一般有两种行为：①缓慢逐步推高用于入场收集筹码；②建仓完成后的单纯推高股价做出利润空间。这样的分时在个股不同时期不同位置出现具有不同的意义！
2

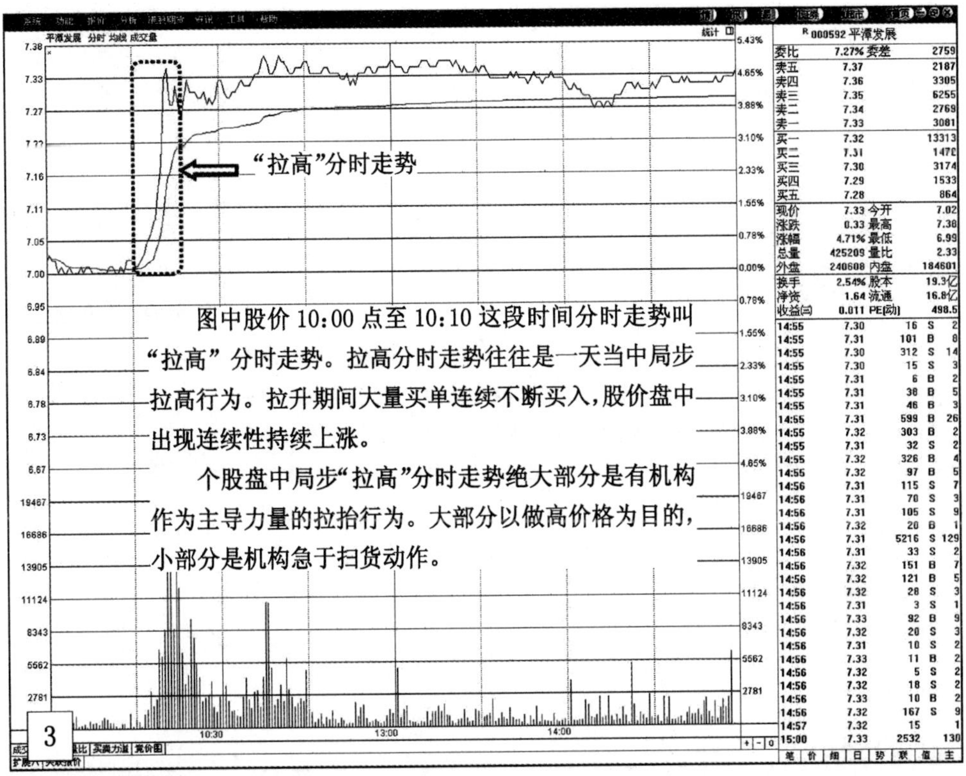

图中股价10:00点至10:10这段时间分时走势叫"拉高"分时走势。拉高分时走势往往是一天当中局步拉高行为。拉升期间大量买单连续不断买入，股价盘中出现连续性持续上涨。

个股盘中局步"拉高"分时走势绝大部分是有机构作为主导力量的拉抬行为。大部分以做高价格为目的，小部分是机构急于扫货动作。

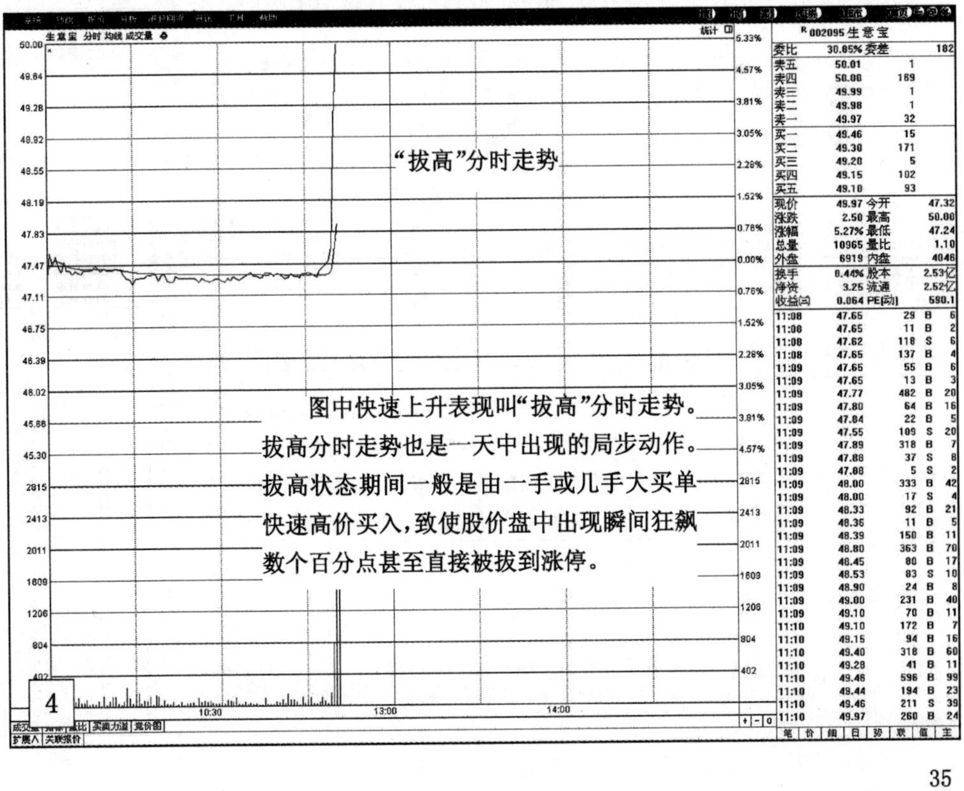

图中快速上升表现叫"拔高"分时走势。拔高分时走势也是一天中出现的局步动作。拔高状态期间一般是由一手或几手大买单快速高价买入，致使股价盘中出现瞬间狂飙数个百分点甚至直接被拔到涨停。

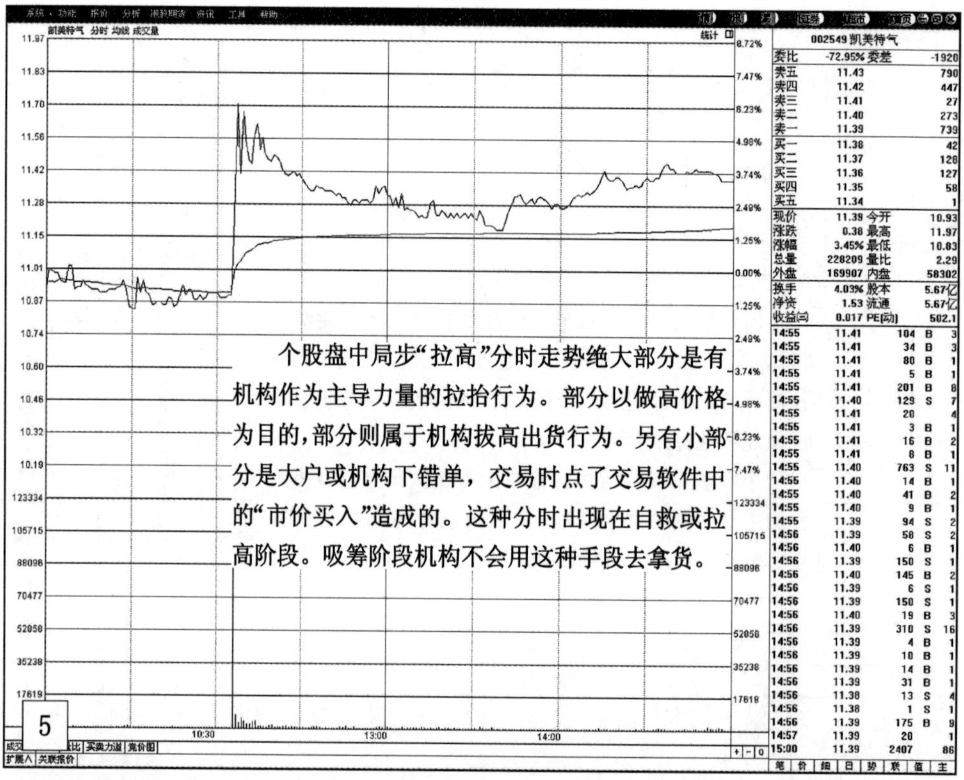
凯美特气 分时 均线 成交量
002549 凯美特气
5
个股盘中局步“拉高”分时走势绝大部分是有机构作为主导力量的拉抬行为。部分以做高价格为目的，部分则属于机构拔高出货行为。另有小部分是大户或机构下错单，交易时点了交易软件中的“市价买入”造成的。这种分时出现在自救或拉高阶段。吸筹阶段机构不会用这种手段去拿货。

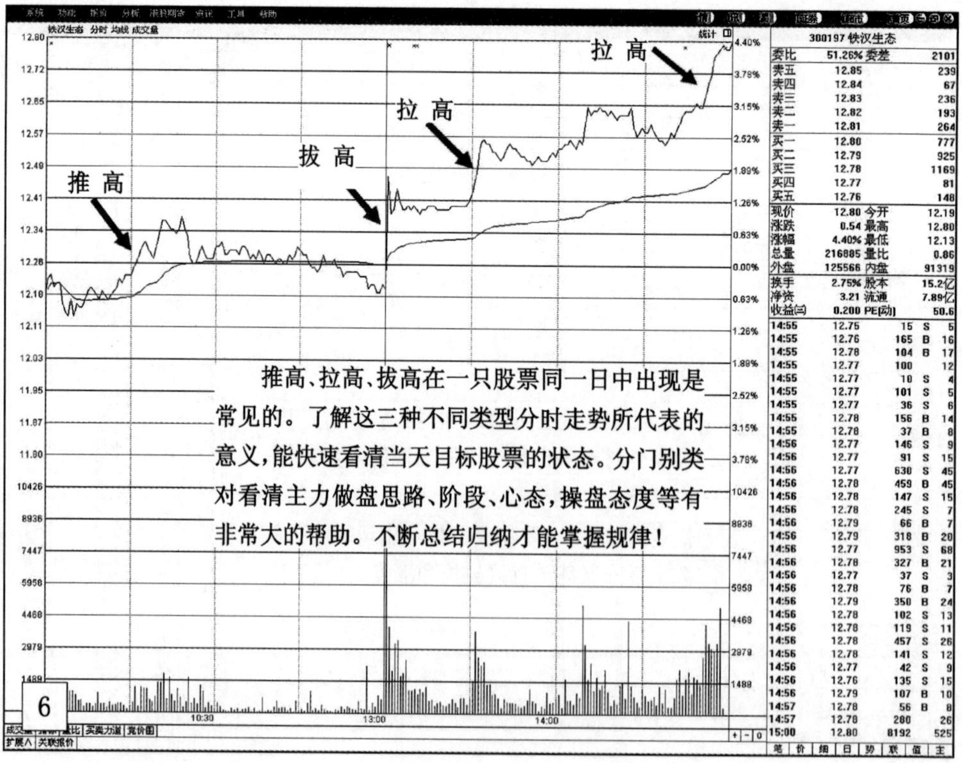
铁汉生态 分时 均线 成交量
300197 铁汉生态
推 高
拔 高
拉 高
拉 高
6
推高、拉高、拔高在一只股票同一日中出现是常见的。了解这三种不同类型分时走势所代表的意义，能快速看清当天目标股票的状态。分门别类对看清主力做盘思路、阶段、心态，操盘态度等有非常大的帮助。不断总结归纳才能掌握规律！

第二章　多种选股思路

牛市选最强势品种的思路和方法

新手怕大跌，老手怕大涨！看是简单一句话其中蕴藏着高深学问。新手经验不足风险意识淡薄，出现大跌时往往手足无措无法应对，所以怕大跌！老手经历过股市起起落落，风险意识强。在市场大涨时不敢追高，市场越涨越高就越心虚这是老手怕大涨的原因。

强势市场牛市必须做热点敢追涨，否则其收益就可能跑不赢大盘指数的涨幅。2014 年10月底以来的上升行情几乎都是几大权重板块超级大盘股上升造就的。没做热点敢追涨的股民大都是大赚指数不赚钱的局面。股票市场中没有什么比看着他人赚钱自己没份这事更痛苦的。牛市必须做热点敢追涨这一思路必须牢牢烙印在每一位投资者心中。

做热点敢追涨就必须要有勇气，另外还要有方法！下面笔者谈谈自己的一些思路和方法与各位共勉。做热点敢追涨的勇气建立在成功可行的选股操作方法上。但凡已形成明确热点的个股大都已涨幅较大表现最强，什么样的品种是最强的？这可以从个股股价日K线表现形态上去分析。涨停代表一日的表现超强，连续涨停则代表一段时间以来的最强势表现。这种表现是市场极端状态，极端状态不宜大众,所以不必多谈。那么适宜大众的，一段时间以来最强势的表现状态是：“股价连 5 日均线都不碰连续上升”为首，“股价以 5 日均线为回调支撑连续上升”次之。下面通过几只个股的表现看这两种最强势表现状态。

上证指数从2014年7月2000点开始上行到现2900点，威华股份期间一分钱也没涨，拿着这种横盘品种让人欲哭无泪。该股绝不仅仅是个案，据不完全统计两市有5%～10%个股是这个表现。

思维错误，思路错误结果怎么会正确？牛市一定要做强势股，方向往上明朗的个股才是首选。牛市因为胆小或其他原因选择操作方向不明的、横盘的，特别是逆向下跌的股票，这是严重的错误思路和做法。牛市最大的痛苦是什么？看着别人赚钱自己没份！是不是？拿着方向不明的、横盘的、逆向下跌的股票不就是看着别人赚钱自己没份吗？这是个人的错误思路导致的，和市场无关。改变从思维开始，出路在找到方法之后！“股价以 5 日均线为回调支撑连续上升”，我们已经研发出一套成熟的操作模型,也面向投资开放培训中。

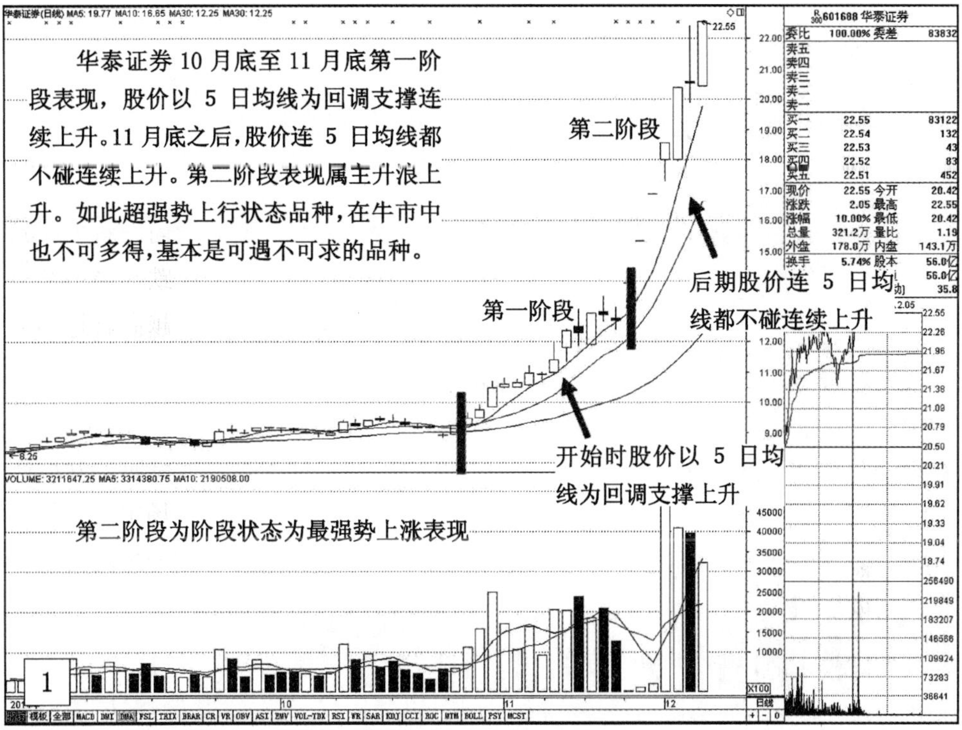
华泰证券(日线) MA5: 19.77 MA10: 16.65 MA30: 12.25 MA30: 12.25
华泰证券10月底至11月底第一阶段表现，股价以5日均线为回调支撑连续上升。11月底之后，股价连5日均线都不碰连续上升。第二阶段表现属主升浪上升。如此超强势上行状态品种，在牛市中也不可多得，基本是可遇不可求的品种。
第二阶段
第一阶段
后期股价连5日均线都不碰连续上升
开始时股价以5日均线为回调支撑上升
第二阶段为阶段状态为最强势上涨表现
VOLUME: 3211647.25 MA5: 3314380.75 MA10: 2190508.00
601688 华泰证券
1

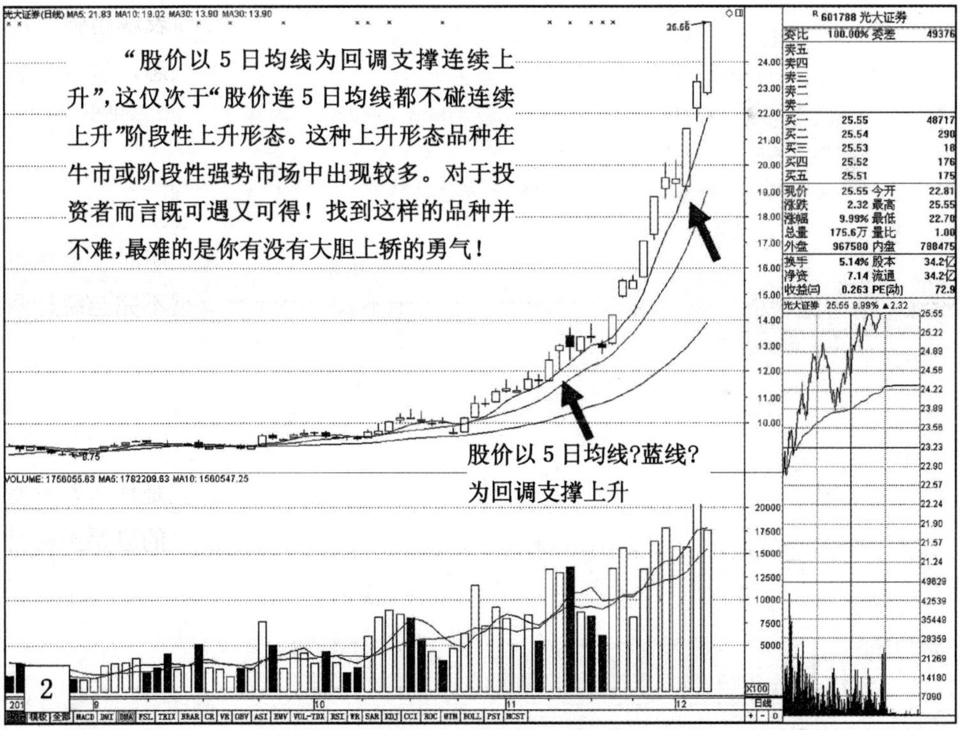
光大证券(日线) MA5: 21.83 MA10: 19.02 MA30: 13.90 MA30: 13.90
“股价以5日均线为回调支撑连续上升”，这仅次于“股价连5日均线都不碰连续上升”阶段性上升形态。这种上升形态品种在牛市或阶段性强势市场中出现较多。对于投资者而言既可遇又可得！找到这样的品种并不难，最难的是你有没有大胆上轿的勇气！
股价以5日均线?蓝线?为回调支撑上升
VOLUME: 1756055.63 MA5: 1782209.63 MA10: 1560547.25
601788 光大证券
2

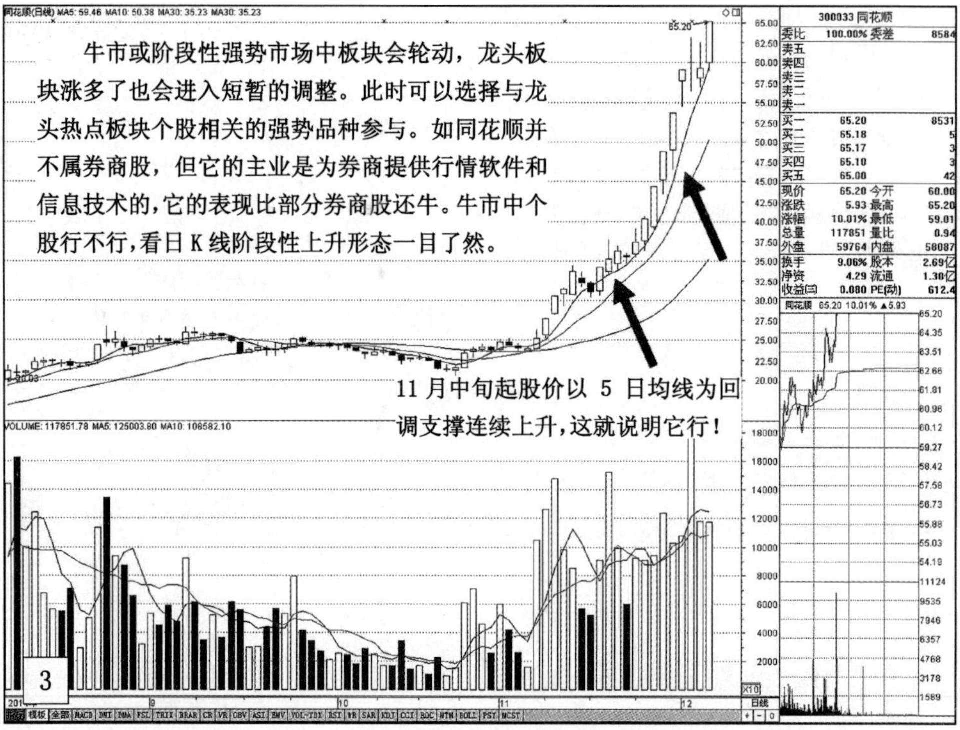
同花顺(日线) MA5: 59.46 MA10: 50.38 MA30: 35.23 MA30: 35.23
牛市或阶段性强势市场中板块会轮动，龙头板块涨多了也会进入短暂的调整。此时可以选择与龙头热点板块个股相关的强势品种参与。如同花顺并不属券商股，但它的主业是为券商提供行情软件和信息技术的，它的表现比部分券商股还牛。牛市中个股行不行，看日K线阶段性上升形态一目了然。
11月中旬起股价以 5 日均线为回调支撑连续上升，这就说明它行！
VOLUME: 117851.78 MA5: 125003.80 MA10: 108582.10
3
300033 同花顺

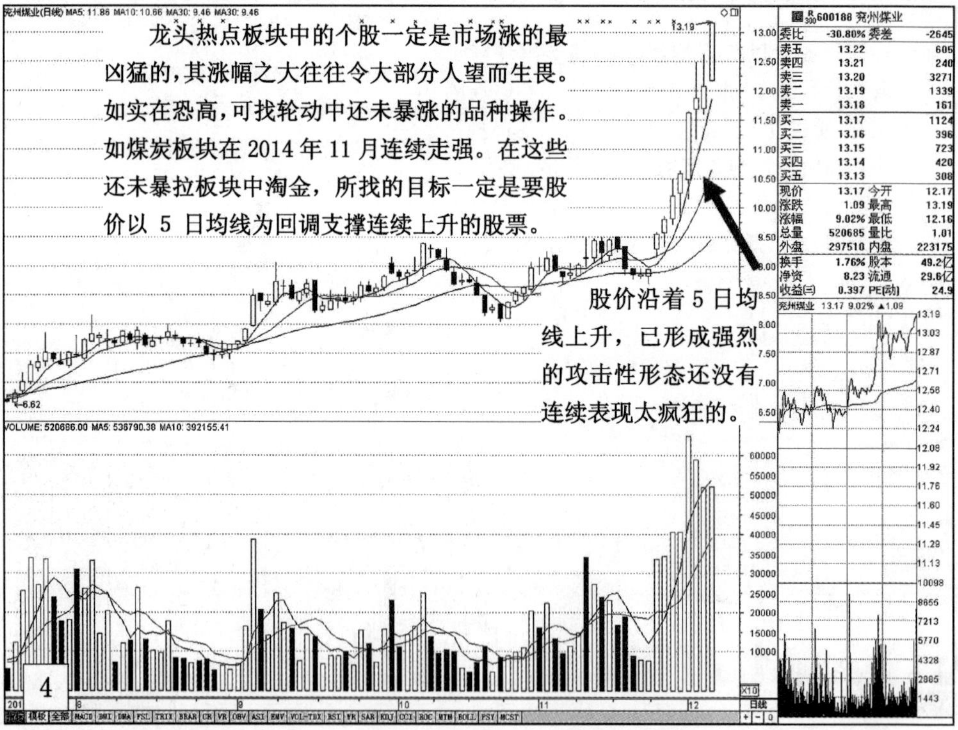
兖州煤业(日线) MA5: 11.86 MA10: 10.86 MA30: 9.46 MA30: 9.46
龙头热点板块中的个股一定是市场涨的最凶猛的，其涨幅之大往往令大部分人望而生畏。如实在恐高，可找轮动中还未暴涨的品种操作。如煤炭板块在 2014 年 11 月连续走强。在这些还未暴拉板块中淘金，所找的目标一定是要股价以 5 日均线为回调支撑连续上升的股票。
股价沿着 5 日均线上升，已形成强烈的攻击性形态还没有连续表现太疯狂的。
VOLUME: 520686.00 MA5: 536790.38 MA10: 392155.41
4
600188 兖州煤业

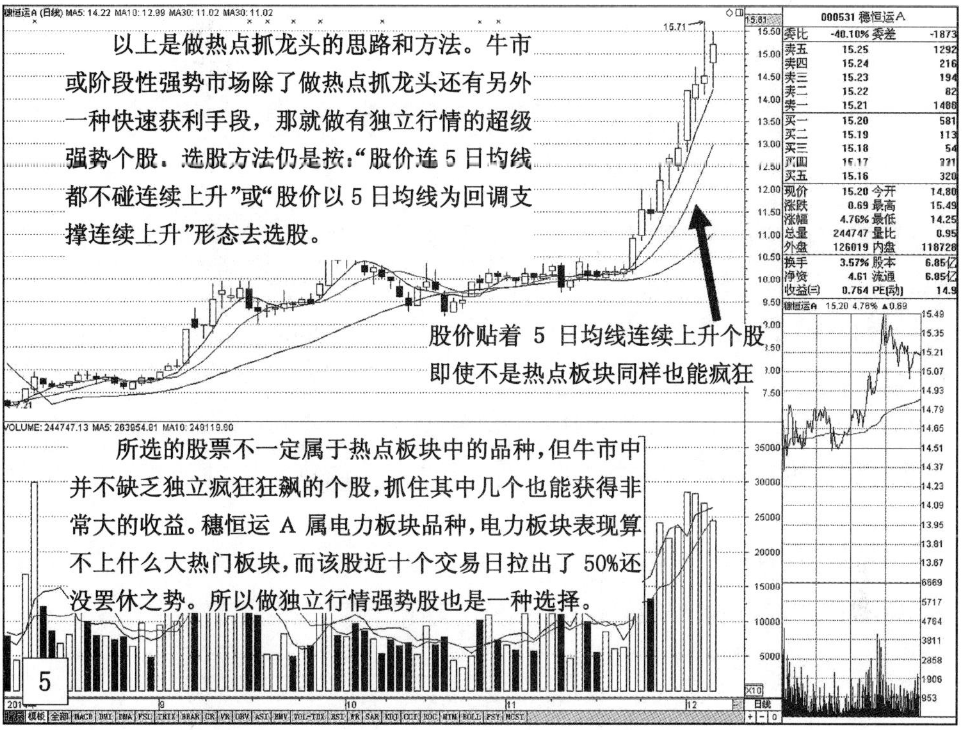

000531 穗恒运A
以上是做热点抓龙头的思路和方法。牛市或阶段性强势市场除了做热点抓龙头还有另外一种快速获利手段，那就做有独立行情的超级强势个股．选股方法仍是按：“股价连 5 日均线都不碰连续上升”或“股价以 5 日均线为回调支撑连续上升”形态去选股。
股价贴着 5 日均线连续上升个股
即使不是热点板块同样也能疯狂
所选的股票不一定属于热点板块中的品种，但牛市中并不缺乏独立疯狂狂飙的个股，抓住其中几个也能获得非常大的收益。穗恒运 A 属电力板块品种，电力板块表现算不上什么大热门板块，而该股近十个交易日拉出了 50%还没罢休之势。所以做独立行情强势股也是一种选择。
5

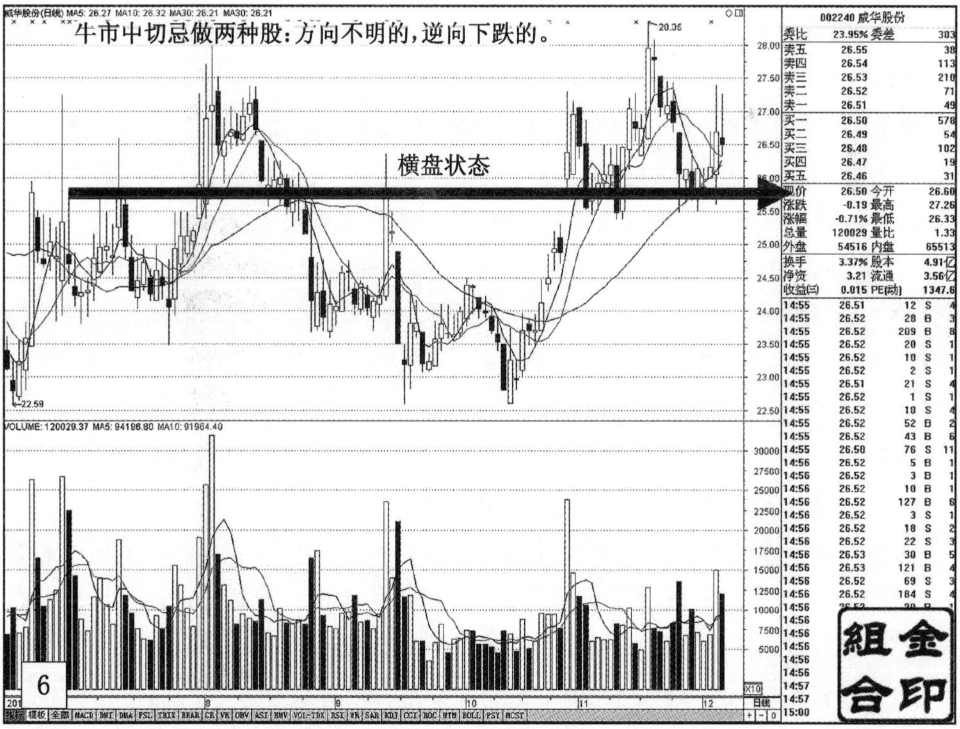

002240 威华股份
牛市中切忌做两种股：方向不明的，逆向下跌的。
横盘状态
6

牛市必疯炒的三大类个股

股票市场中的牛市有小牛市、大牛市和超级大牛市之分。指数上升时间跨度超过3个月，升幅达50%就是局部小牛市了。大盘上升时间跨度超过半年以上，指数升幅翻番或更大那是大牛市行情。如果大盘上升时间跨度达到2年以上，股指升幅翻数番则是超级大牛市。A股2005年至2007年的由1000点开始突破6000点的上升就是超级大牛市行情。美国标普指数从2009年3月不到700点，一路以45°角上升至今到2800点附近，指数涨幅翻两番有余，上行时间跨度已6年之久还没结束，这就是超级大牛市。

大牛市或超级大牛市中哪些股票表现最疯狂？买什么股票能收获最快的暴利？历史上大牛市中被暴炒的品种是什么？现在了解和熟悉这些非常有必要。

牛市必疯炒的个股之一：题材概念股

要问在一轮大牛市或超级大牛市中涨幅最大的前十名、二十名个股是什么股票？毫无疑问这些股票一定不是业绩最好的那些股票，而是那些含有重大题材概念的个股。大牛市中最疯狂的板块非题材概念股莫属。概念和题材在证券市场中永不落幕，因为故事永远比现实更美。有概念有题材就有故事可讲，有故事的个股才能深深吸引人。故事讲得越精彩，描述得憧憬越美越有想象力，该股受追棒程度就超高。大牛市中概念和题材个股的吸引力魅力无限并以N倍放大。

个股炒作题材和概念包含面非常广泛，如：业绩预期增长、股权激励机制、高送配、定向增发、资产重组，收购与被收购等这些都是。题材股概念股在炒作过程中往往网络上，媒体上都充斥各种各样的传闻，稍加留意便可知。要找一只两年内翻3倍5倍的超级黑马，重要的途径就是在题材股概念股中入手。

参与炒作题材股概念股的两种介入时机

(1)传闻消息或真正消息出现时介入。题材股概念股刚出现未形成热点前介入风险不小，因为这些题材概念能不能真正被机构利用，被市场认可并热炒不确定性大。消息或者传闻出现时如介入成功利润则非常大。

(2)题材股概念股板块，或单个题材概念股炒热了才出手，此时股价肯定已被炒高，但半路上车安全性仍然更强。

牛市必疯炒的个股之二：高送转股

上市公司推出高现金分红、高比例送股或者转增，这是股市每年的一道亮丽风景线，一直受到广大投资者喜爱。现金分红，上市公司把真正的现金发放给持股人，无论所持股票价格的升跌，钱是真拿到手了。而送股在经济上对股东只是一种注水行为。送股后进行除权处理，股价绝对价降低有利于市场炒作，因此也得到广大投资者和机构主力的喜爱。对于广大投资者而言因现阶段认知局限性问题，大都在心理上害怕高价股，绝对价低股票更容易接受。对于主力机构操盘，绝对价低的股票广大投资者容易接受参与者多，主力操纵价格出货相对容易。牛市中大家都喜欢高送转个股，高送转股大都得到市场的追棒和炒作。有些上市公司推出高送转实际是配合主力炒作，这些品种表现往往更厉害。

容易出现高送转的个股有几种：业绩非常好的、近年经营增长率高的、公积金高的这三类公司最容易推出高送转。另外一种是近一两内年公司被收购重组，大股东已改头换面的公司，股价前面已出现连续暴涨后也较容易出现高送转。

高送转个股炒作时间可分为几个阶段：

(1)还未有任何上市公司官方公布高送的消息就已暴炒，这种一般是早有机构知道内幕消息入场炒作。

(2)上市公司官方公布高送转消息后开始炒作。

(3)上市公司官方公布高送转消息后，到公布股权登记日有时间差。一般在公布股权登记日后临近登记日前也会再次出现明显炒作。

(4)牛市中实施高送转除权后，部分个股将继续出现连续炒作填权上升行情。在弱势市场中机构往往利用送股除权绝对价降低后展开出货。

牛市必疯炒的个股之三：高价股

高价股是指绝对价比较高的股票。绝对价多高才为高价股？这没有标准定义，按照现阶段A股市场个股价格水平，要列入高价股行列，至今股价50元/股，100 元/股以上的品种肯定属高价股了。

高价股价格高是有其原因和理由的，如：基本面好，价值所在，公司有潜在特大利好或概念，公司所属行业估值特别高等都会造就高价股。

弱市中不要玩高价股，因为弱市中高价股大都难有大的表现。弱市绝对价高的股票没有多少投资者敢参与，机构炒高了难以出货，所以一般不敢疯炒。

大牛市就不同了，牛市中有个现象叫“比价效应”。炒作时同行业同板块个股不断比谁的价位更高。某个股票暴涨后的绝对高股价会成为同行业同板块其他个股奋起直追的标杆。

牛市中大家做多积极性高而且胆大妄为者众多。特别如基金这类机构的操作，牛市中他们根本不会看一只股票的绝对价有多高，只要符合他们的预期，股价200 元/股、300元/股也不是问题，没有因为绝对价高他们不敢买的股票。这从大量个股公开交易数据中可以发现，那些股价80元以上的股票，基金类机构的进出资金量非常庞大。在大牛市中千万不要害怕个股的绝对价高，越是绝对价高的股票在基金这些机构的操作下涨的越猛。

强势市场中的两种选股思路

强势市场或牛市中的操作策略以买入持股为主，但并非每只股票在牛市上升中都是一帆风顺平稳上行。无论强势市场还是牛市，上升途中都有大大小小震荡调整，中长线投资者在牛市上升中途被震出来也是常态。震出来了还得进去，高位选股则是一道难题。对于短线投资者而言强势市场或牛市中选股也不容易。大盘长期上升带动个股纷纷上涨，强势市场或牛市的中后期个股普遍已都大涨，高位选股显得尤为困难。除了个股普涨外另外一种情况就是大部分个股走势类同、表现相似，从中分析判断那些更有潜力并不容易。笔者提供两种选股思路供各位股友参考，希望对解决高位选股的困惑有所帮助。

(1)大阳突破横盘状态。

(2)调整状态后低位出现第一根大阳线。

牛市中个股也有横盘的！资金具有时间价值，个股处于横盘状态耗费的是时间，横向振荡不会为筹码创造出利润。因此不买也不持有横盘状态的股票是基本原则。横盘状态变盘，方向往上往往以一根放量的大阳线作为起点。方向往下以一根放量的大阴线作为开始。横盘状态的个股切入点，是在该股出现一根放量大阳线往上突破之时。牛市格局下这种往上突破品种成功几率比较高。

多年实践看盘研究发现，部分个股在强势上升中途出现调整后，低位出现一根放量大阳线时，是该股探底成功重新上行的开始。因此可以说这是一个切入的信号。下面结合图表介绍这两种切入信号的K线形态。

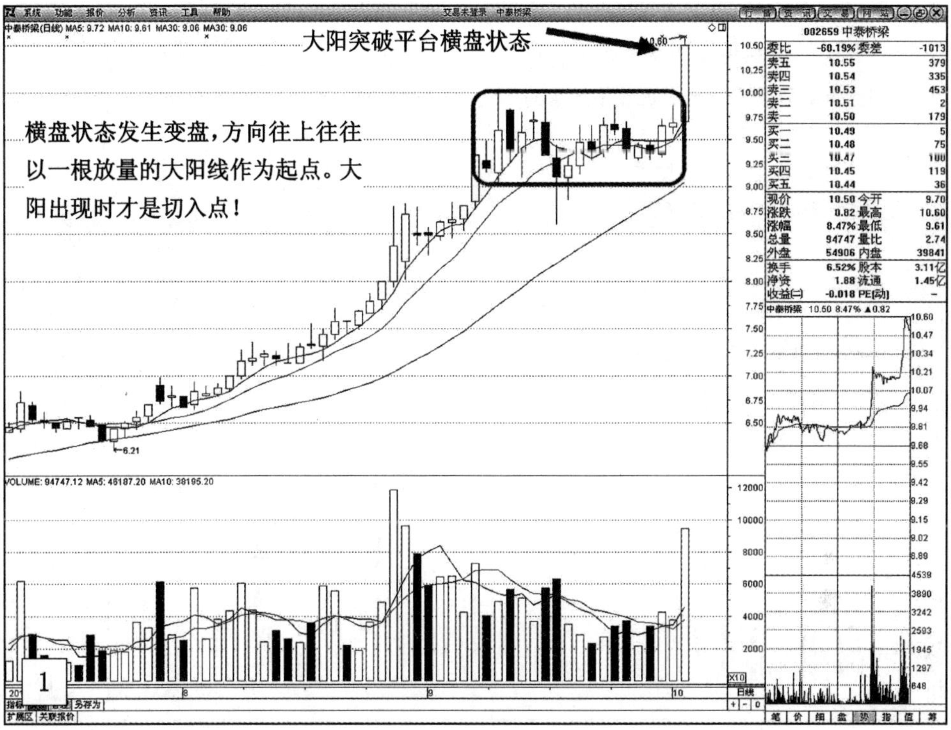
大阳突破平台横盘状态
横盘状态发生变盘，方向往上往往以一根放量的大阳线作为起点。大阳出现时才是切入点！
1

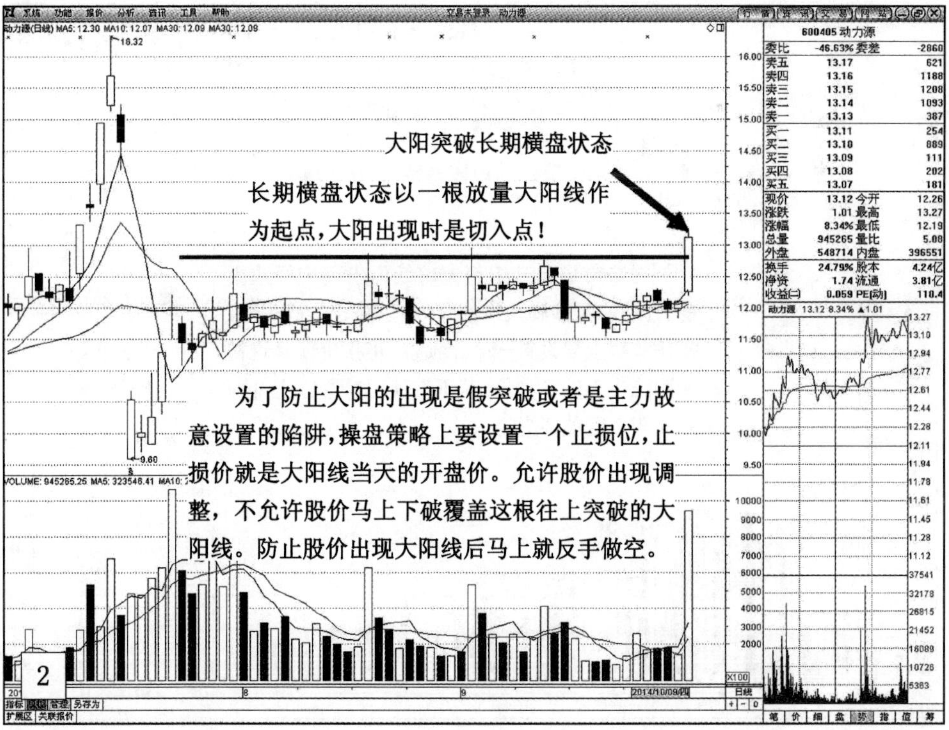
大阳突破长期横盘状态
长期横盘状态以一根放量大阳线作为起点，大阳出现时是切入点！
为了防止大阳的出现是假突破或者是主力故意设置的陷阱，操盘策略上要设置一个止损位，止损价就是大阳线当天的开盘价。允许股价出现调整，不允许股价马上下破覆盖这根往上突破的大阳线。防止股价出现大阳线后马上就反手做空。
2

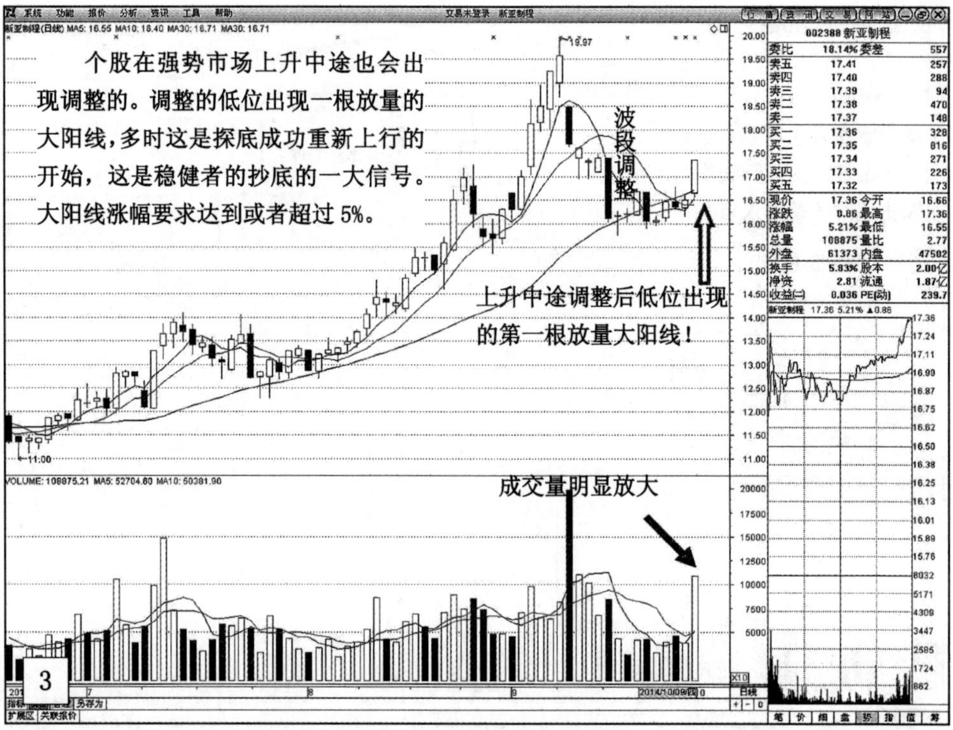
新亚制程
个股在强势市场上升中途也会出现调整的。调整的低位出现一根放量的大阳线，多时这是探底成功重新上行的开始，这是稳健者的抄底的一大信号。大阳线涨幅要求达到或者超过 5%。
波段调整
上升中途调整后低位出现的第一根放量大阳线！
成交量明显放大
3

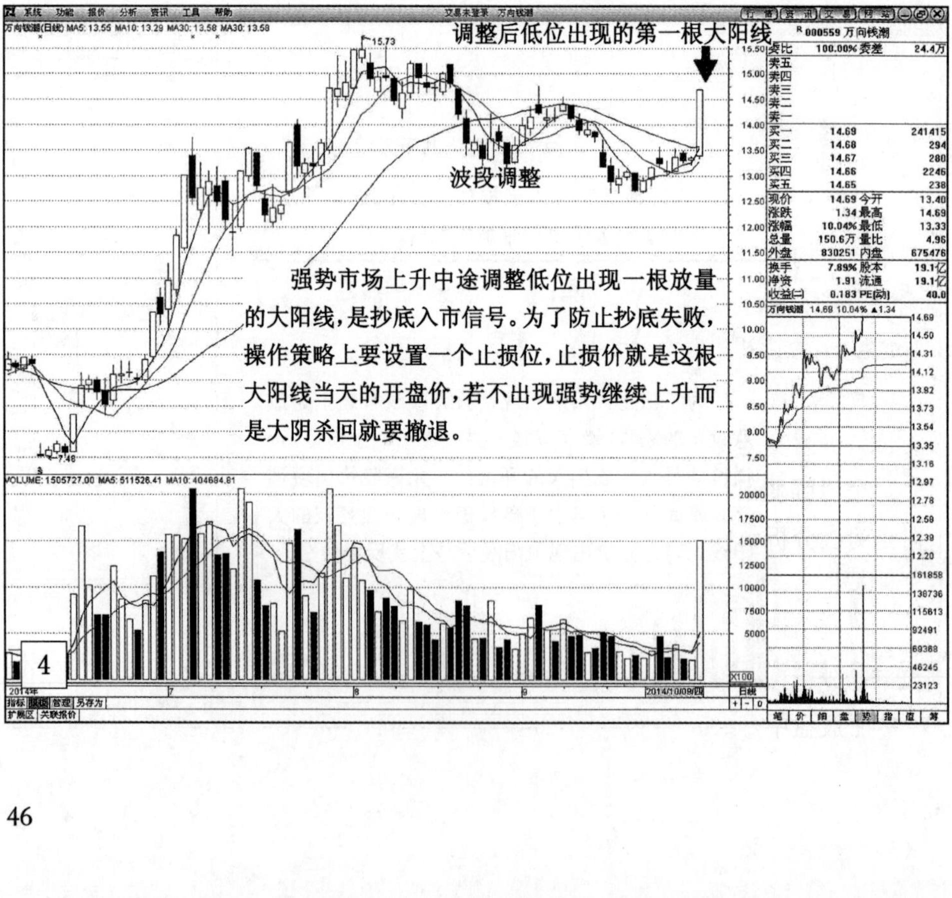
万向钱潮
调整后低位出现的第一根大阳线
波段调整
强势市场上升中途调整低位出现一根放量的大阳线，是抄底入市信号。为了防止抄底失败，操作策略上要设置一个止损位，止损价就是这根大阳线当天的开盘价，若不出现强势继续上升而是大阴杀回就要撤退。
4

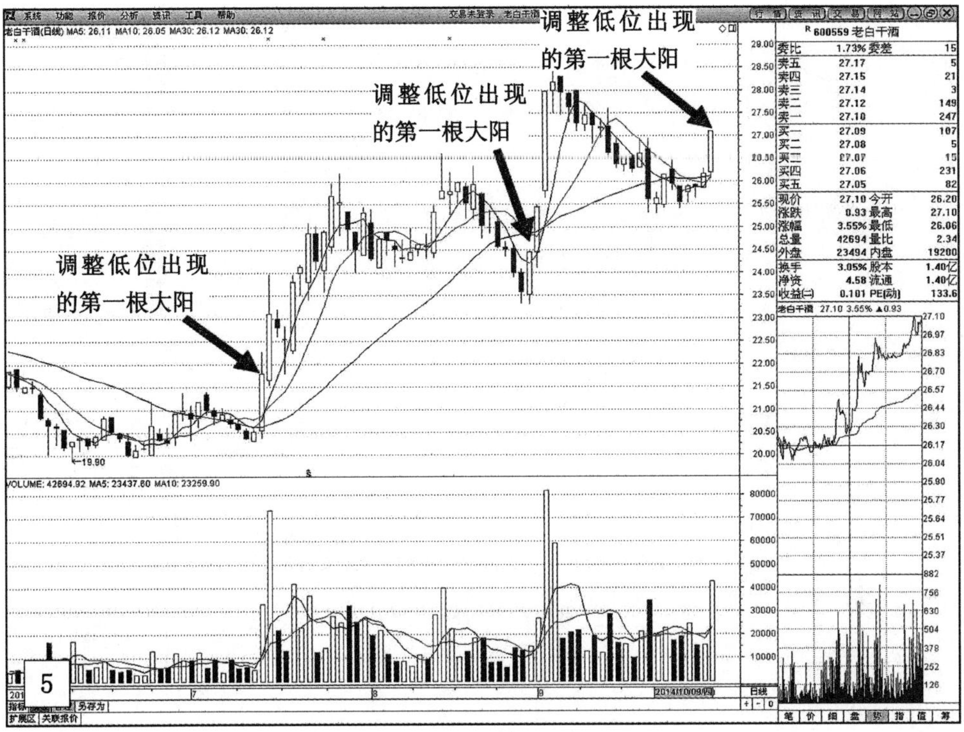

一种强力做多分时走势

在《大资金交易对股价产生的影响以及主力起源》一文中笔者已经阐述，“当某单一机构或大户当天大量买入一只股票时，该股盘中股价上升表现就会受到影响。当买入量越大对股价上升影响越明显，即使他们没有任何有意识操纵价格也是如此。在买入金额不变，其买入时间越短影响就越大；操作方式上买的越急或下单价格越高影响也越大。在没有主力刻意操盘的情况下存在这样的状态，如在有机构故意实施操纵情况下就会表现的更明显”。

个股强弱从技术角度分析可以看日K线表现，一日内的强弱表现通过盘中分时走势去分析。分析盘中全天分时走势状态去预判下一日，或者未来两日的方向表现是技术分析者常用的。这方法没有什么所谓有用与没用，分析已发生的各种因素，去预测接下来的未知表现。只要思路清晰逻辑正确，那么预测上讲的就是概率。分析预测最终用数学来表达就是概率的大小。

个股盘中分时走势根据其方向和形态是可以进行分类的。首先，可分为上升趋势分时走势和下跌趋势分时走势。再根据其升跌不同特征继续细分。如在上升趋势分时走势中表现自然有强弱。有的对预判下一日或未来两三日的表现较有效，有的则没有什么价值。投资者应在实践学会区分并加以利用这些分时走势为己服务。下面笔者为大家介绍一种多年实践交易中总结出来的“强力做多分时走势”。这种强力做多分时走势有三个特征：盘中出现一波快速大幅拉高，大幅拉高后股价震荡上升重心继续不断上移，到收盘股价收在次高位或最高位。当天日K线是一根涨幅达到4%或以上的大阳。这种分时的出现预示次日股价继续走高的几率大。

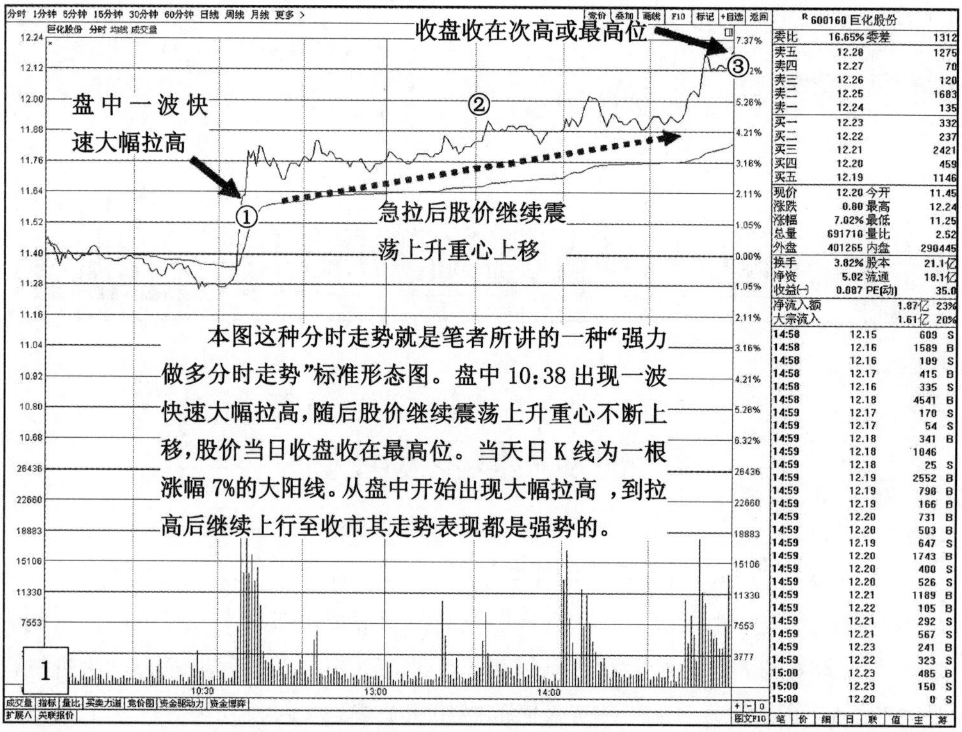

上图这种分时走势被定义为“强力做多的一种分时走势”的基本理由：

首先该股盘中在①位置出现一波快速大幅拉高，这是多头做高的明显动作。单这波拉高幅度往往达到3%～5%，如此强的上升要么有主力出钱出力在推高，要么有其他大机构大资金快速介入导致股价短时大涨。无论是什么资金介入它对股价上行影响是明显的，这种上升是积极做多的态度体现。

一波快速大幅拉高后股价的表如何是非常重要的，它关系到当天尾盘收市结果甚至影响次日的表现。图中②位置这一阶段是股价在快速拉高后的表现，这一阶段股价能保持继续震荡上行重心上移，说明做多力量继续占优。仅仅出现一波快速拉高未必是真强势，拉高后股价仍然继续上行才说明该股是真强势。在一波快速大幅拉高后价格如表现出上升疲惫或阴跌，说明多头后继无力。

图中③位置是收盘位置，收盘股价能收在当日最高位或者次高位这是结果。这样的结果说明：在①位置这波快速拉高是多头人胆积极做高的开始。②位置阶段股价继续震荡上行说明做多力量继续占优。③位置收盘股价能收在当日最高位或次高位，多头持续到最后胜出。①和②这两个阶段做多力量都表现的强而有力，这样的走势是积极的强力的做多。除了盘中看好该股，接下来未来一两日继续看好的几率大，这就是基本原理。

技术分析，看盘如盘中有主力操盘就看操盘主力的做盘方向和态度。如没有主力操纵就看市场多空双方的表现方向和态度。方向只要看股价的涨跌，态度则通过盘口买卖盘挂单、单笔大买卖单如何成交，以及分时波动形态去了解。

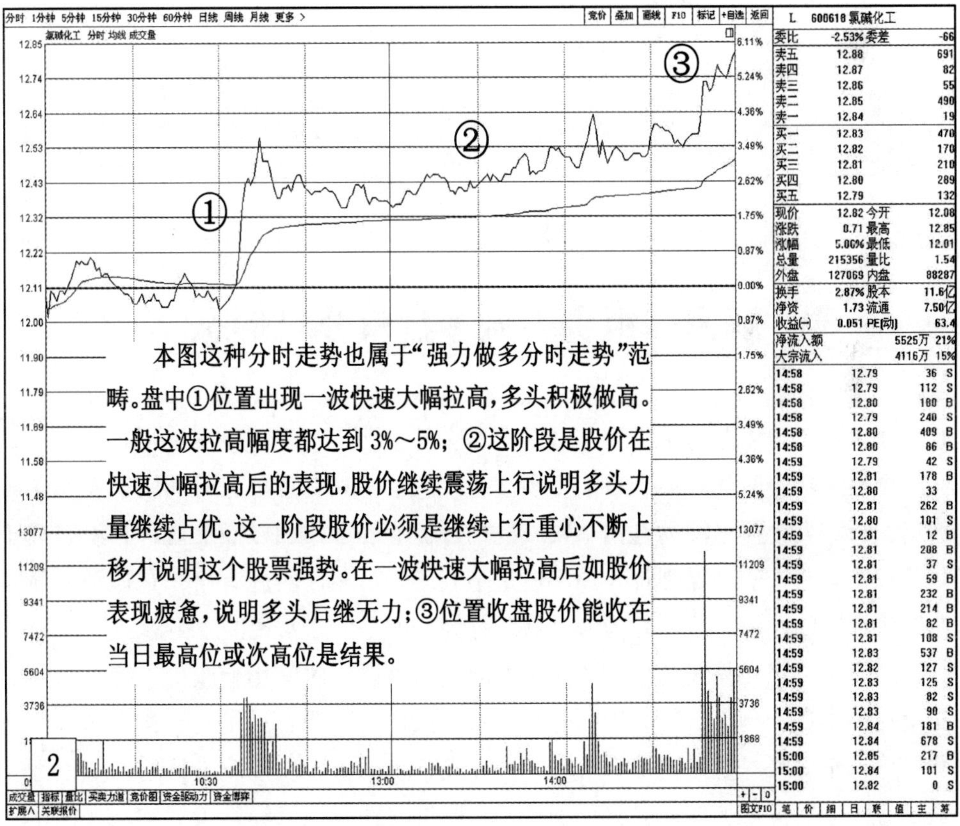

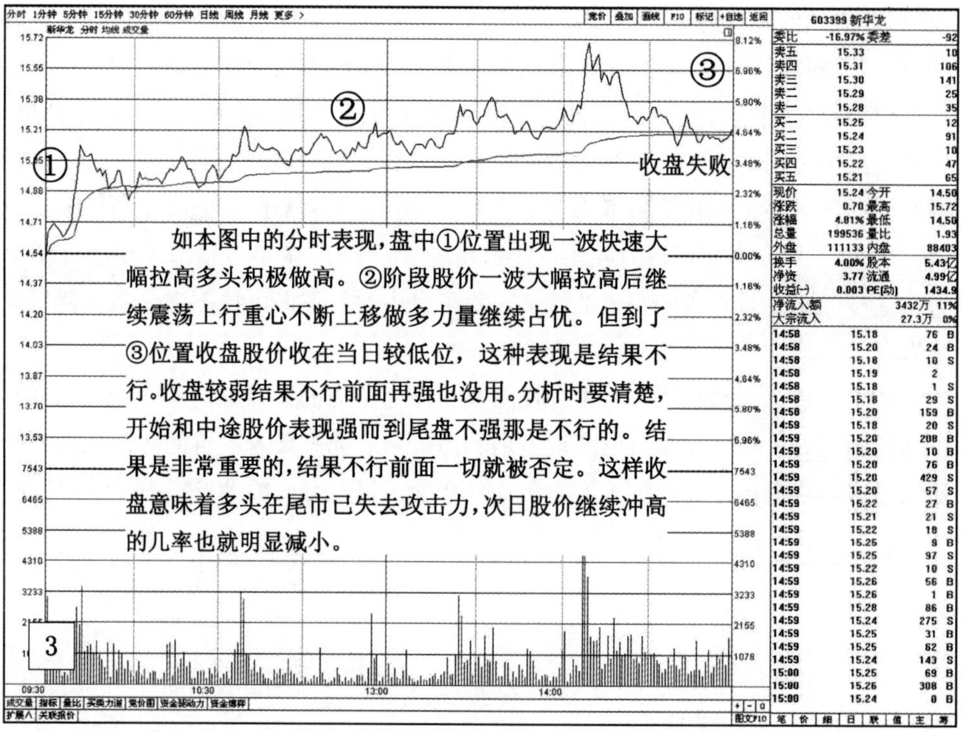

解密一组主力做多盘口分时形态

股价波动可以分为两大类：一是自然交易波动，二是人为操纵波动。

个股大部分时间都处于自然交易波动状态中，只有小部分时间属于人为操纵波动。所谓人为操纵波动是指个人或机构以优势资金，加以操盘技巧有组织有计划干预影响股价涨跌谋利行为。不管是个人还是机构，实施有组织有计划干预影响股价涨跌的操纵，这种行为就是做庄行为、就是大家常说的主力。

在股价自然交易波动环境中，个人的交易难以长时间影响股价。绝大部分买卖交易都出自于自我收集分析信息研判然后操作。投资者只是基于自己的研判预测股价未来涨跌，是盈是亏看市场表现，没有主动权。以做庄为目的的主力可以通过势资金优势，加以操盘技巧干预影响股价涨跌。他们经常策划实施有计划的建仓、拉高、出货谋利动作，因此进出他们都具有主动权。

主力队伍中也分门别类，有的主力操作随机性强，选股靠临场发挥，打一枪换一个地方，有的主力选股操作很有原则计划，选什么样的股，任何进场如何拉等都有成熟的配套方法计划。这种主力在盘面上的做盘痕迹和操作思路都很清晰明朗。下面介绍一种容易辨别易懂的主力短线操盘线路图给大家观摩观摩！

短线主力的操作操盘线路图：“盘中选定目标品种一波推高通吃入场拿货→然后横盘候机拔高期间继续接盘拿货→尾盘煽风点火发动二次拉高拉出利润空间”。

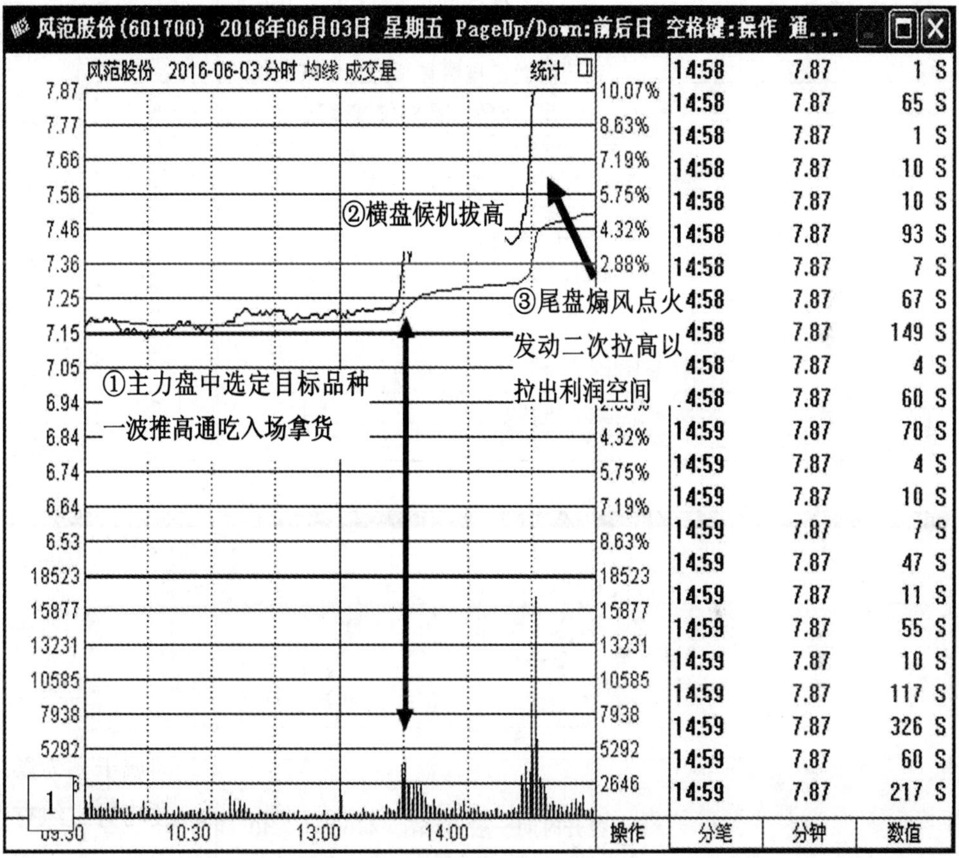

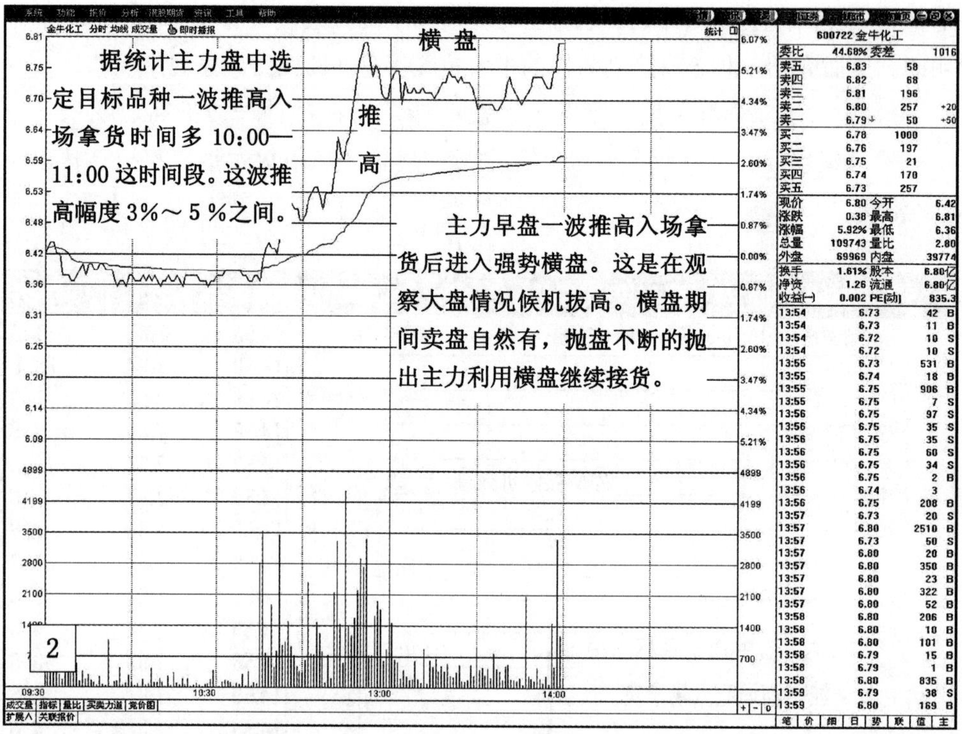
金牛化工 分时 均线 成交量 即时播报
横 盘
推
高
据统计主力盘中选定目标品种一波推高入场拿货时间多 10:00—11:00 这时间段。这波推高幅度 3%～5 %之间。
主力早盘一波推高入场拿货后进入强势横盘。这是在观察大盘情况候机拔高。横盘期间卖盘自然有，抛盘不断的抛出主力利用横盘继续接货。
600722 金牛化工
2

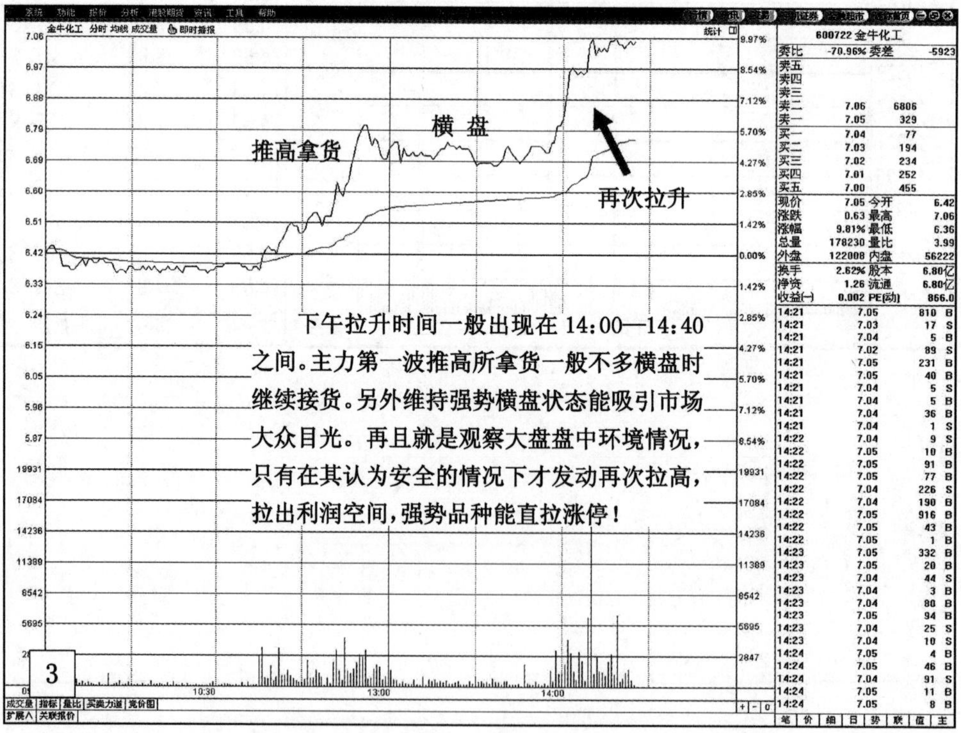
金牛化工 分时 均线 成交量 即时播报
推高拿货
横 盘
再次拉升
下午拉升时间一般出现在 14:00—14:40 之间。主力第一波推高所拿货一般不多横盘时继续接货。另外维持强势横盘状态能吸引市场大众目光。再且就是观察大盘盘中环境情况，只有在其认为安全的情况下才发动再次拉高，拉出利润空间，强势品种能直拉涨停！
600722 金牛化工
3

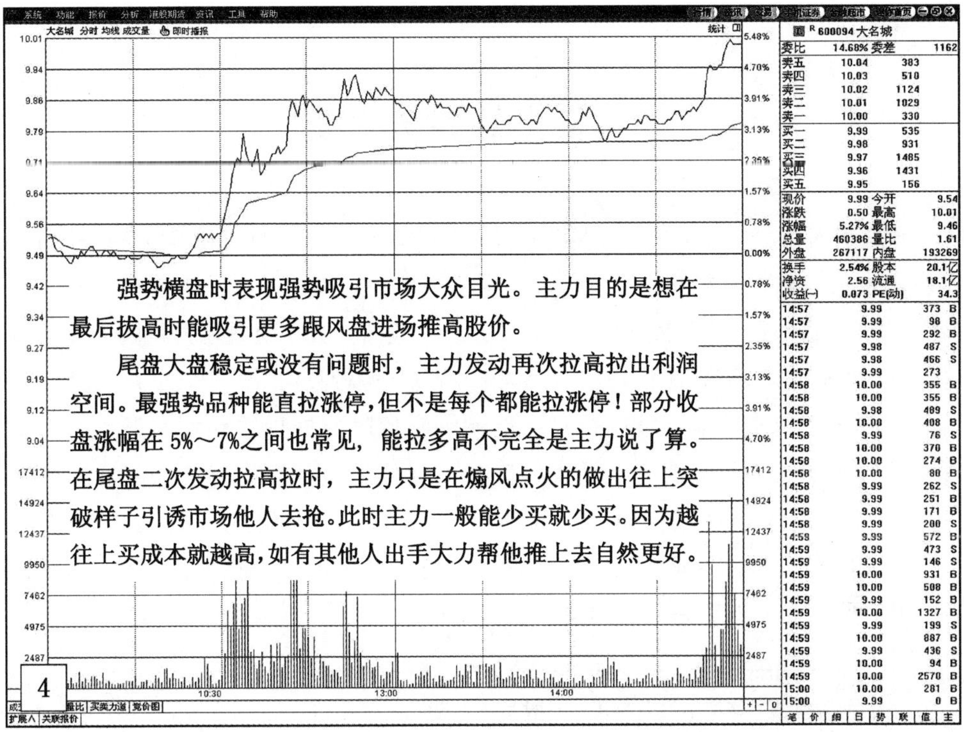

强势横盘时表现强势吸引市场大众目光。主力目的是想在最后拔高时能吸引更多跟风盘进场推高股价。

尾盘大盘稳定或没有问题时，主力发动再次拉高拉出利润空间。最强势品种能直拉涨停，但不是每个都能拉涨停！部分收盘涨幅在 5%～7%之间也常见，能拉多高不完全是主力说了算。在尾盘二次发动拉高拉时，主力只是在煽风点火的做出往上突破样子引诱市场他人去抢。此时主力一般能少买就少买。因为越往上买成本就越高，如有其他人出手大力帮他推上去自然更好。

4

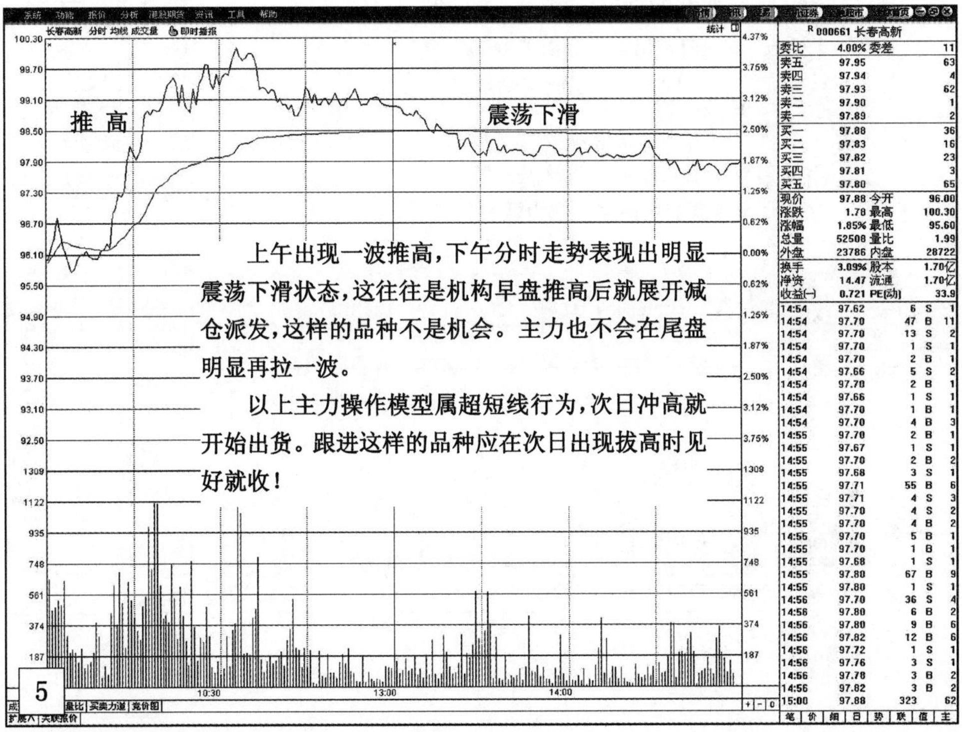

上午出现一波推高，下午分时走势表现出明显震荡下滑状态，这往往是机构早盘推高后就展开减仓派发，这样的品种不是机会。主力也不会在尾盘明显再拉一波。

以上主力操作模型属超短线行为，次日冲高就开始出货。跟进这样的品种应在次日出现拔高时见好就收！

5

如何捕捉妖股第二波

投资者对妖股既爱又怕，爱是一旦沾上边就能获得丰厚的利润，怕是这些品种实在太疯狂一般人根本不敢买或者买了也拿不住。妖股可以在牛市强势市场中出现，也可以在阶段性震荡市中出现。在牛市中出现大家并不觉得稀奇，因为牛市疯狂拉升个股较多。震荡市因连续大涨个股少所以妖股较吸引眼球引发大众跟风。

妖股连续暴涨是非理性的，没人能预测它何时何处见顶。大量跟踪研究发现，妖股有的一波行情就完全结束，部分中途休息盘整后将再上一台阶继续疯狂。对于一波行情结束的妖股买它靠的是胆量，对于中途盘整后又上一台阶继续疯狂时买入靠策略。下面就笔者所掌握的一些方法讲讲如何在妖股中途休息盘整后在其再上一台阶时跟进。

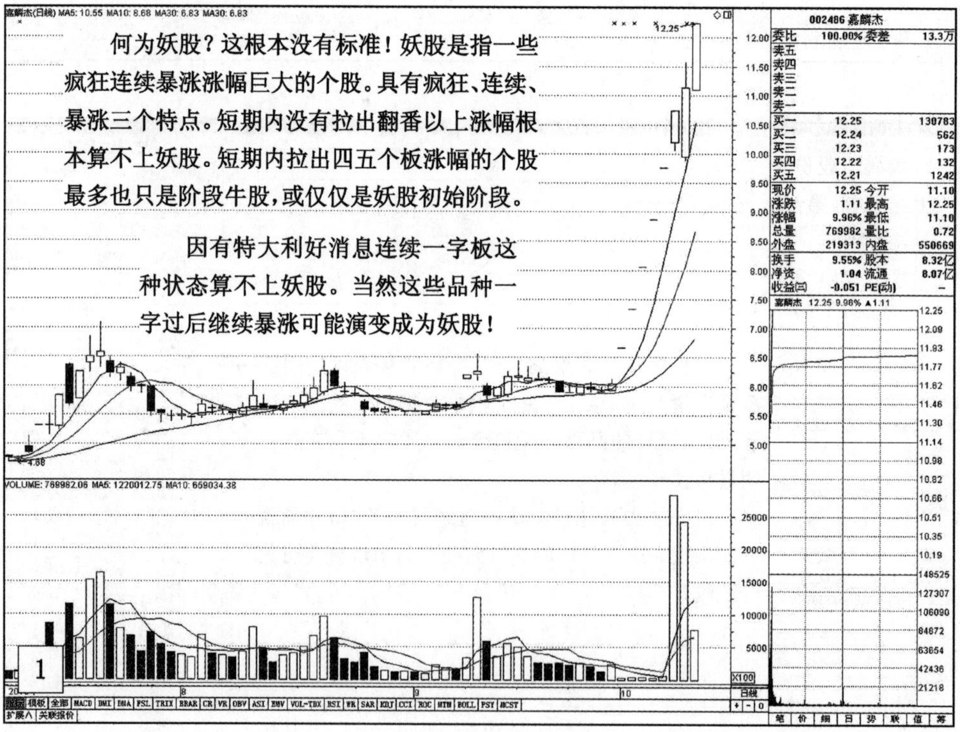

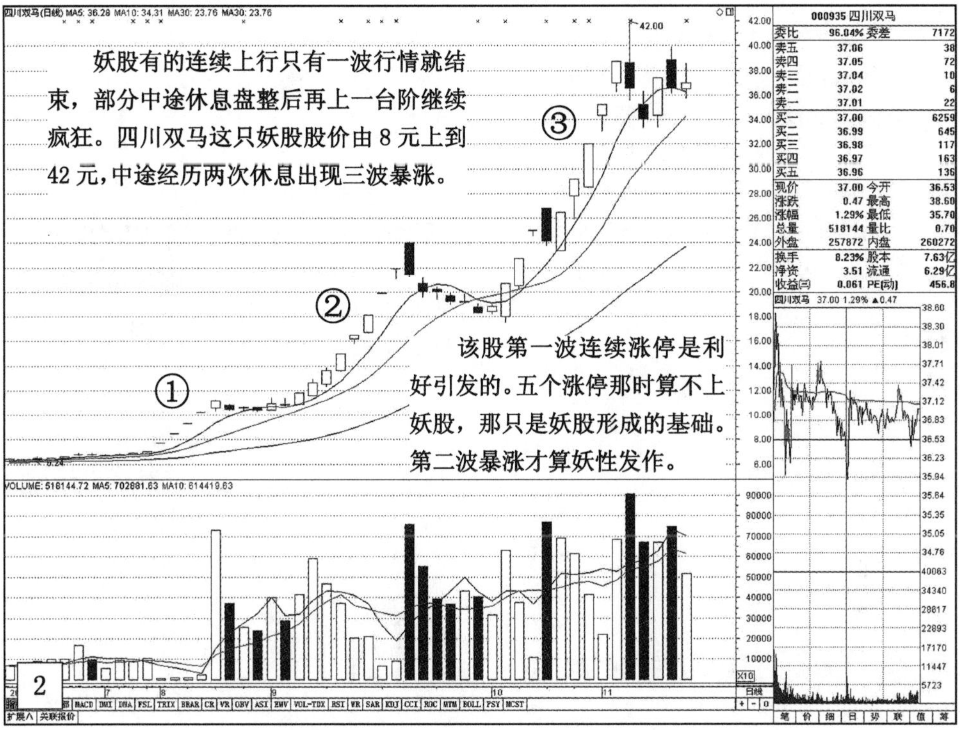
妖股有的连续上行只有一波行情就结束，部分中途休息盘整后再上一台阶继续疯狂。四川双马这只妖股股价由 8 元上到 42 元，中途经历两次休息出现三波暴涨。
该股第一波连续涨停是利好引发的。五个涨停那时算不上妖股，那只是妖股形成的基础。第二波暴涨才算妖性发作。
①
②
③
2

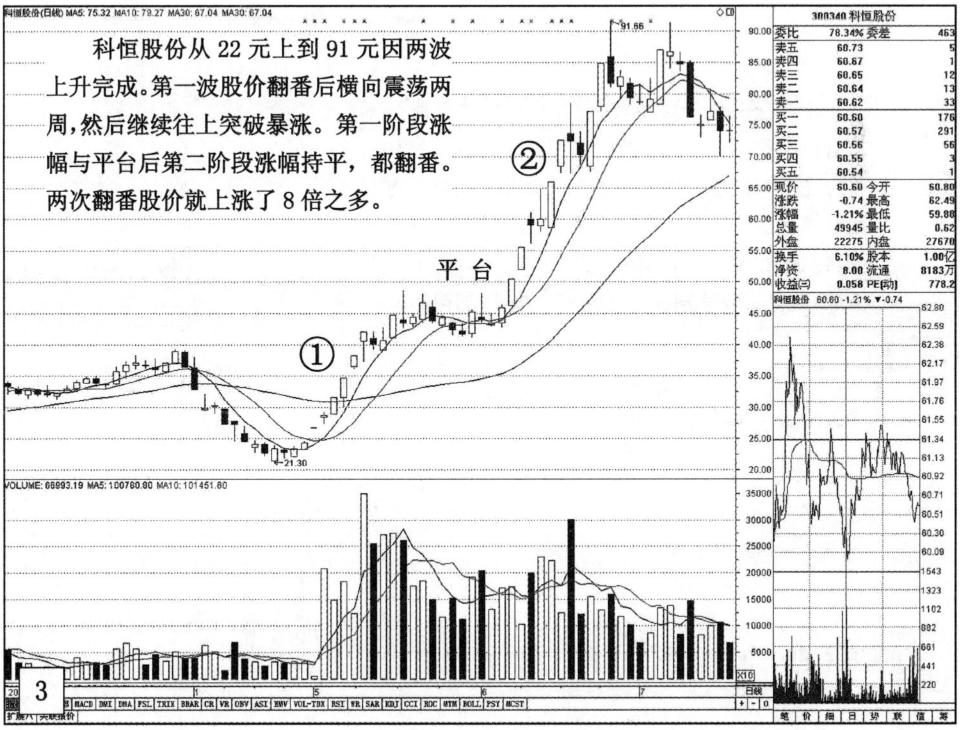
科恒股份从 22 元上到 91 元因两波上升完成。第一波股价翻番后横向震荡两周，然后继续往上突破暴涨。第一阶段涨幅与平台后第二阶段涨幅持平，都翻番。两次翻番股价就上涨了 8 倍之多。
平　台
①
②
3

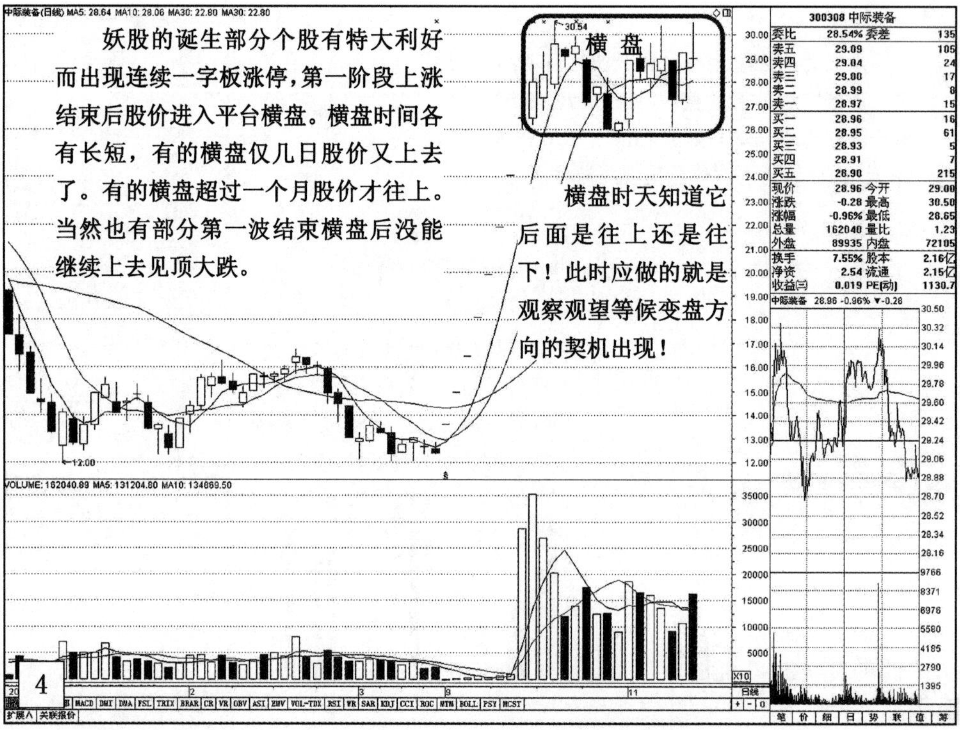
中际装备(日线) MA5: 28.64 MA10: 28.06 MA30: 22.80 MA30: 22.80
妖股的诞生部分个股有特大利好而出现连续一字板涨停，第一阶段上涨结束后股价进入平台横盘。横盘时间各有长短，有的横盘仅几日股价又上去了。有的横盘超过一个月股价才往上。当然也有部分第一波结束横盘后没能继续上去见顶大跌。
横 盘
30.54
横盘时天知道它后面是往上还是往下！此时应做的就是观察观望等候变盘方向的契机出现！
12.00
VOLUME: 162040.89 MA5: 131204.80 MA10: 134869.50
300308 中际装备
4

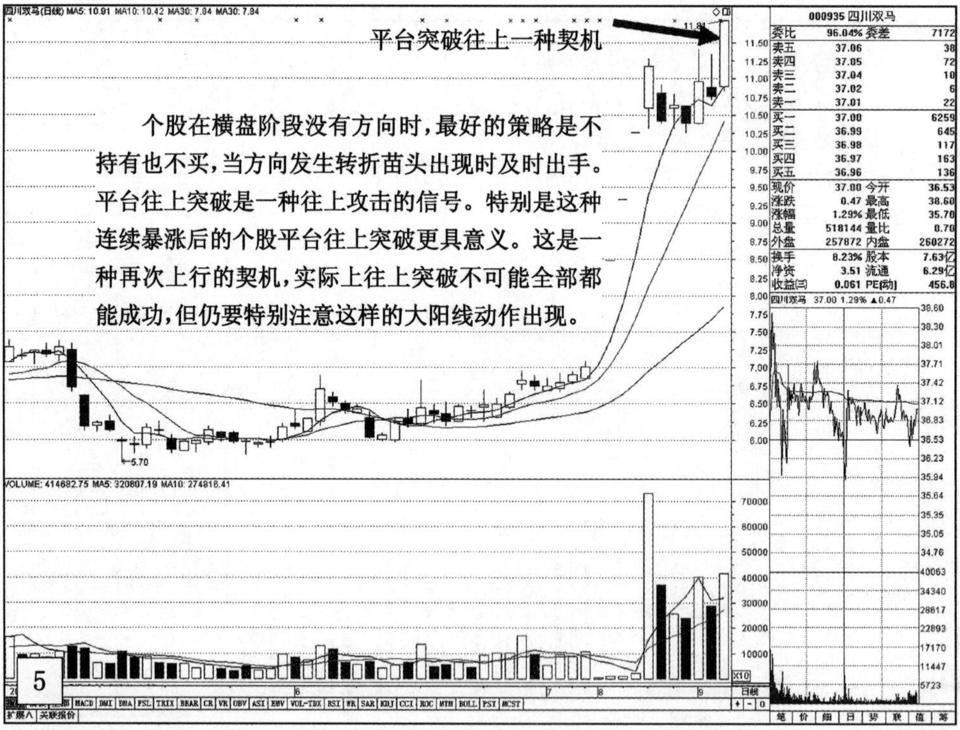
四川双马(日线) MA5: 10.91 MA10: 10.42 MA30: 7.84 MA30: 7.84
平台突破往上一种契机
个股在横盘阶段没有方向时，最好的策略是不持有也不买，当方向发生转折苗头出现时及时出手。平台往上突破是一种往上攻击的信号。特别是这种连续暴涨后的个股平台往上突破更具意义。这是一种再次上行的契机，实际上往上突破不可能全部都能成功，但仍要特别注意这样的大阳线动作出现。
5.70
VOLUME: 414682.75 MA5: 320807.19 MA10: 274818.41
000935 四川双马
5

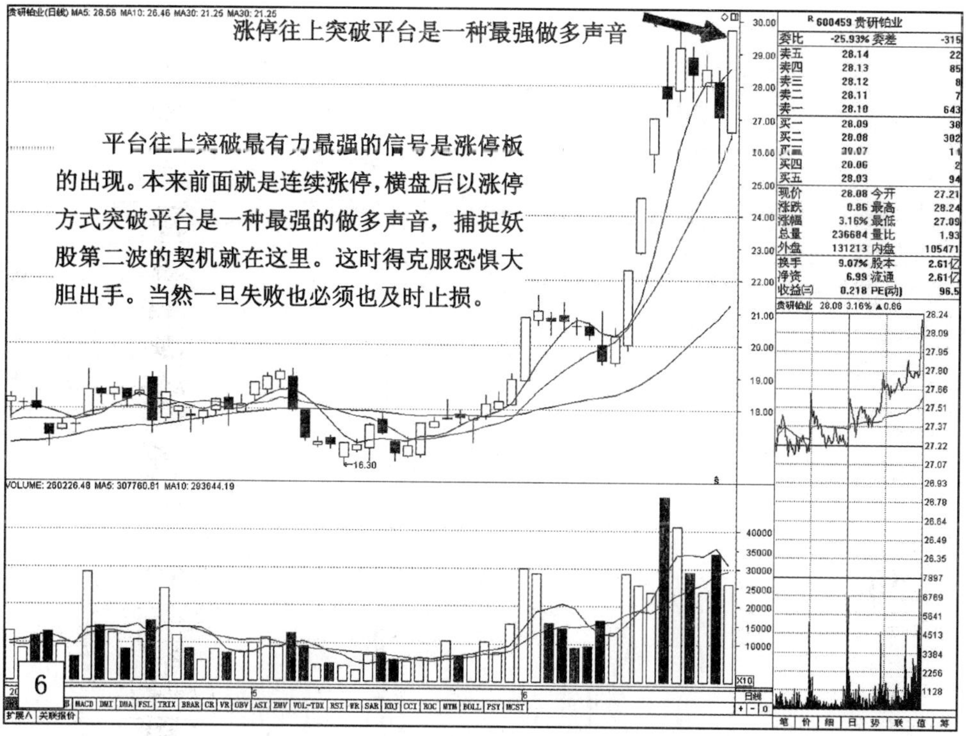

妖股阴魂不散的二次大反弹机会

古代迷信妖为孽，指出现反常怪异的现象和事物，泛指害人的怪物。股市中妖股也是指表现反常、走势怪异的个股，一般妖股疯狂期间涨跌幅度特别大。

股市中妖股有两种，被主力高度控盘走势非常独立和怪异是一种；因题材或概念被暴炒是另一种。短期暴炒涨幅至少要超过 1 倍以上才称得上为妖股，真正的妖股短期涨幅往往超过 2 倍或以上。

主力控盘走势非常独立怪异的妖股，在一段时期内往往会经常出现相近或相似的盘口特征，这是因为这是同一操作手用同样的思路和手法操盘交易导致的。带有题材概念被暴炒的妖股在见顶回落漫长下跌中，往往会出现两至三次明显的成规模的反弹。反弹有一共同特征“以连续大阳涨停反抽拉出2～4个涨停板”。规模明显的反弹完全是妖股一副阴魂不散的表现。这种妖股阴魂不散是因为在前期暴炒中，它的表现已众人皆知深入人心，暴炒见顶后股价下跌到一定程度就有游资去抄底并发动拉高，这种行为属于点火行为。游资点火众人合力很容易就将股价抢出2～4 个涨停板的反弹幅度。所谓的阴魂不散皆因这些品种前期暴涨已深入人心，一有风吹草动出现拉升众人脑海立即呈条件反射状态，妖股又来表现了这种场境。这也是所谓的股市具有记忆的一重要因素！

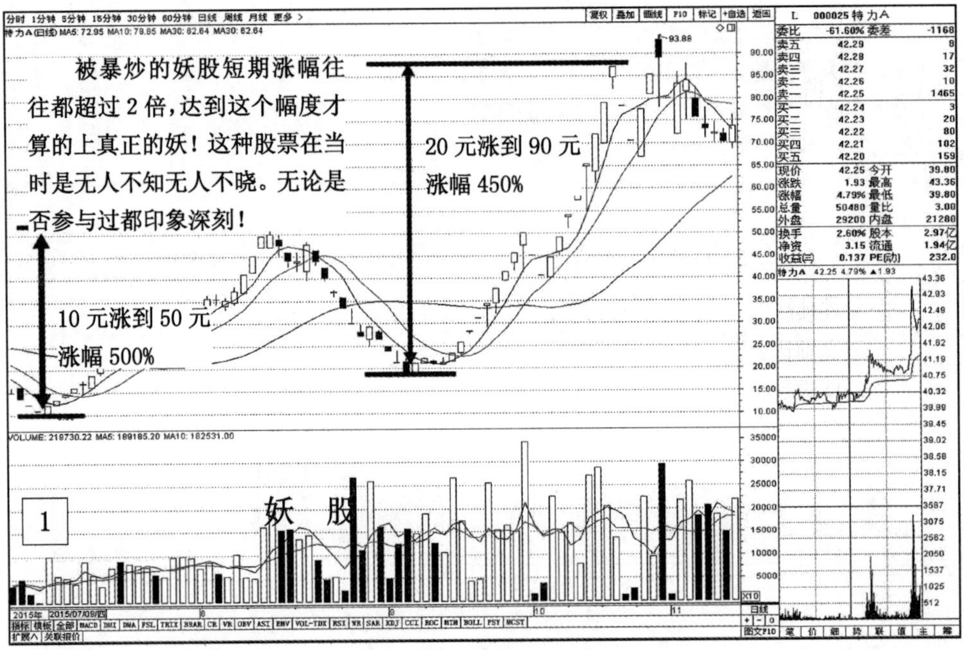

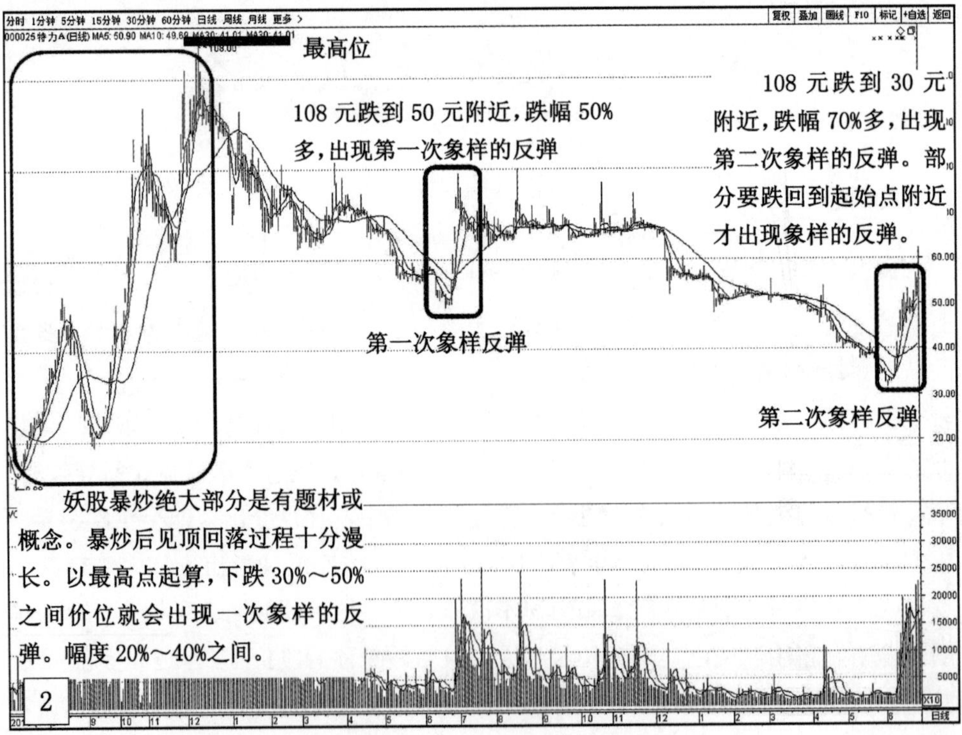

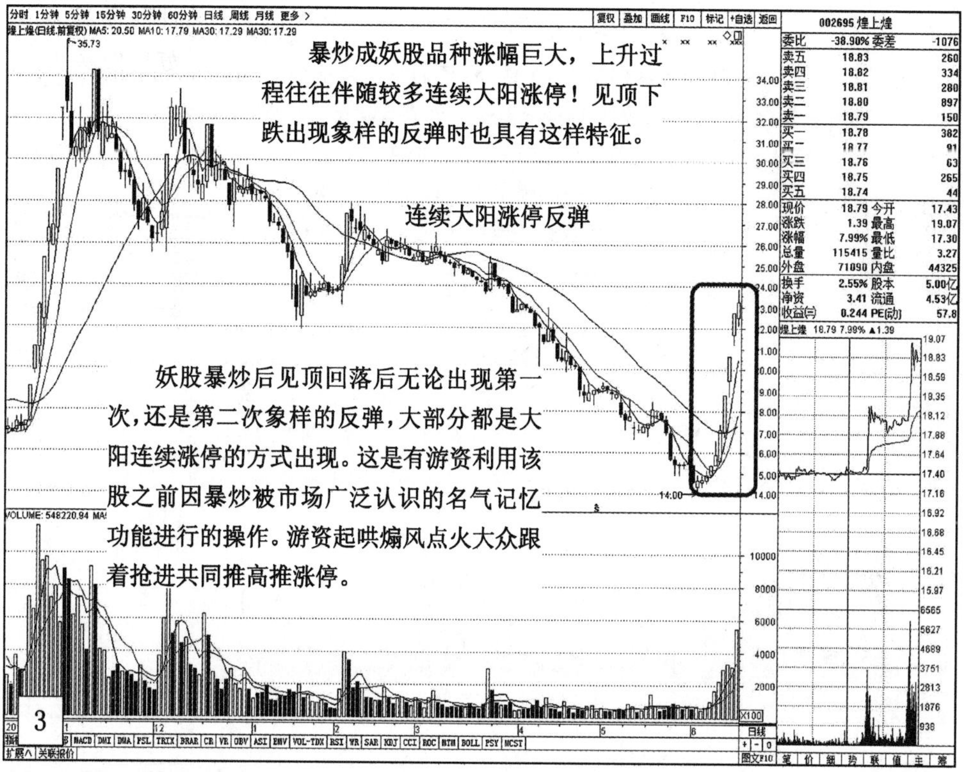
002695 煌上煌
暴炒成妖股品种涨幅巨大，上升过程往往伴随较多连续大阳涨停！见顶下跌出现象样的反弹时也具有这样特征。
连续大阳涨停反弹
妖股暴炒后见顶回落后无论出现第一次，还是第二次象样的反弹，大部分都是大阳连续涨停的方式出现。这是有游资利用该股之前因暴炒被市场广泛认识的名气记忆功能进行的操作。游资起哄煽风点火大众跟着抢进共同推高推涨停。
3

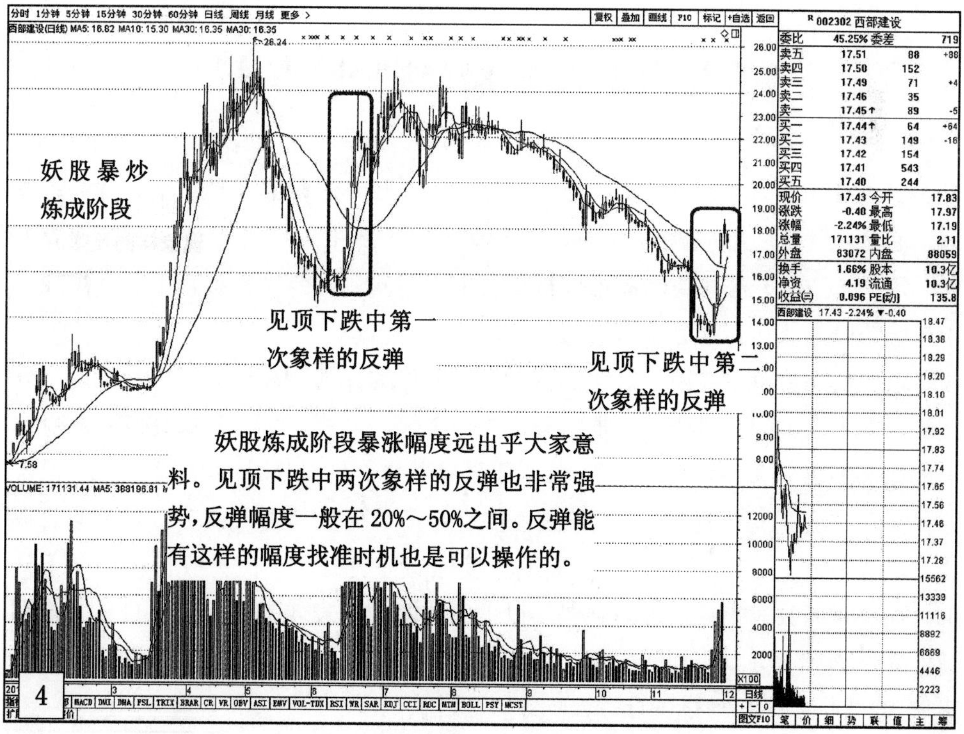
002302 西部建设
妖股暴炒炼成阶段
见顶下跌中第一次象样的反弹
见顶下跌中第二次象样的反弹
妖股炼成阶段暴涨幅度远出乎大家意料。见顶下跌中两次象样的反弹也非常强势，反弹幅度一般在20%～50%之间。反弹能有这样的幅度找准时机也是可以操作的。
4

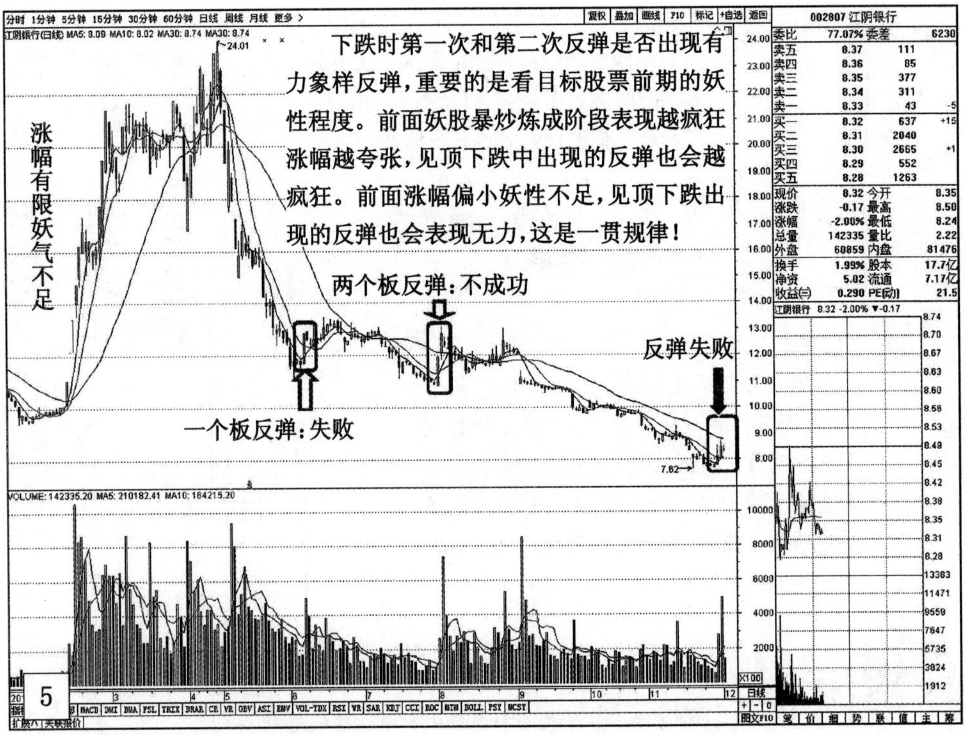

大盘盘中大跳水选强势股方法

每个投资者都有自己的选股方法，每一种选股方法都其逻辑思维。好的选股方法必定在逻辑上是正确可行的。笔者在多年实践中总结有多套常用的选股方法，每一套选股方法在逻辑思维分析技巧上都不同。下面就拿出其中一套短线盘中选强势股方法和大家分享探讨。

盘中选强势股主要用于短线操作，短线操作选择强势股作为目标最符合常理逻辑。在本法中的强势股笔者把它分为“日K线强势”与“盘口分时强势”两种。一般情况下盘中选强势股时要求“日K线强势”与“盘口分时强势”两者都符合，这样的强势股是首选目标。“日K线强势”是指目标品种当日或多日以来的表现属强势上升状态。“盘口分时强势”指目标品种当日盘中交易股价不但是上升的，而且盘面分时走势表现较强势。以上所述两者都表现强势，说明目标之前和现在都是真强势。如日K线强势，盘口分时表现下跌或表现不强，这意味着该股现属强势状态下的调整整理状态，不是首选目标。

日K线强势观察个股数日来K线升势表现就得知，这很简单就不再在这啰嗦了，下面重点讲盘口分时强势这方面内容，盘口分时强势若细分可以分为多种强势状态，本文讨论的是“盘口分时盘中上升后价格维持强势横盘”状态。

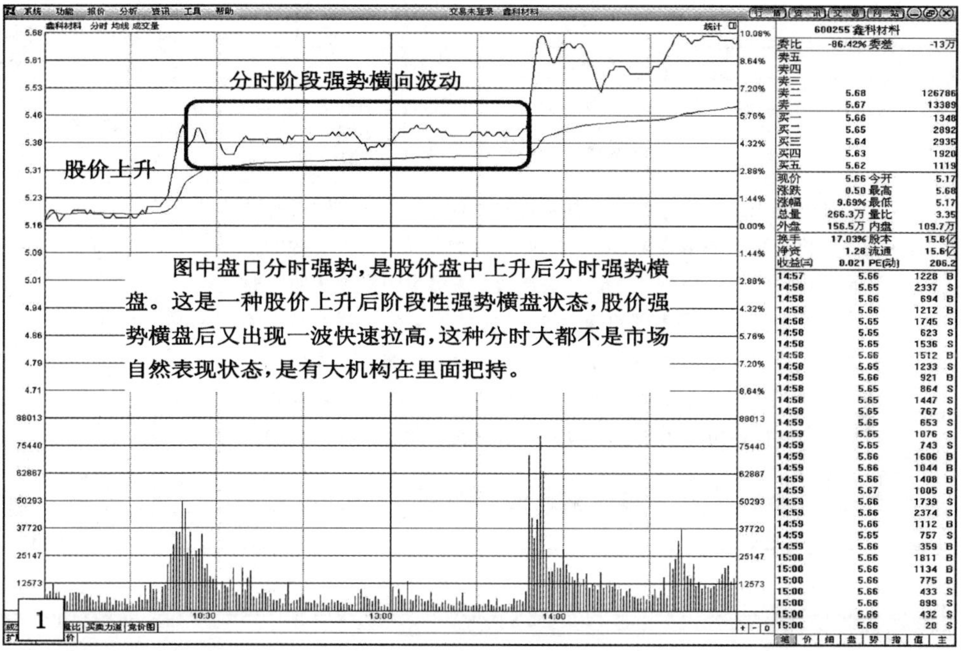

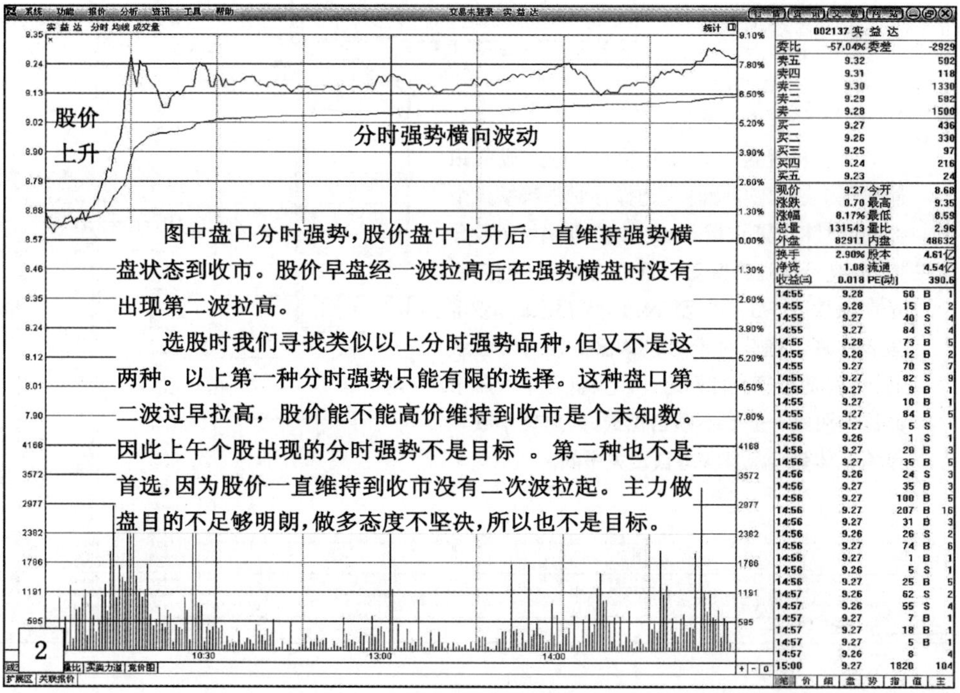

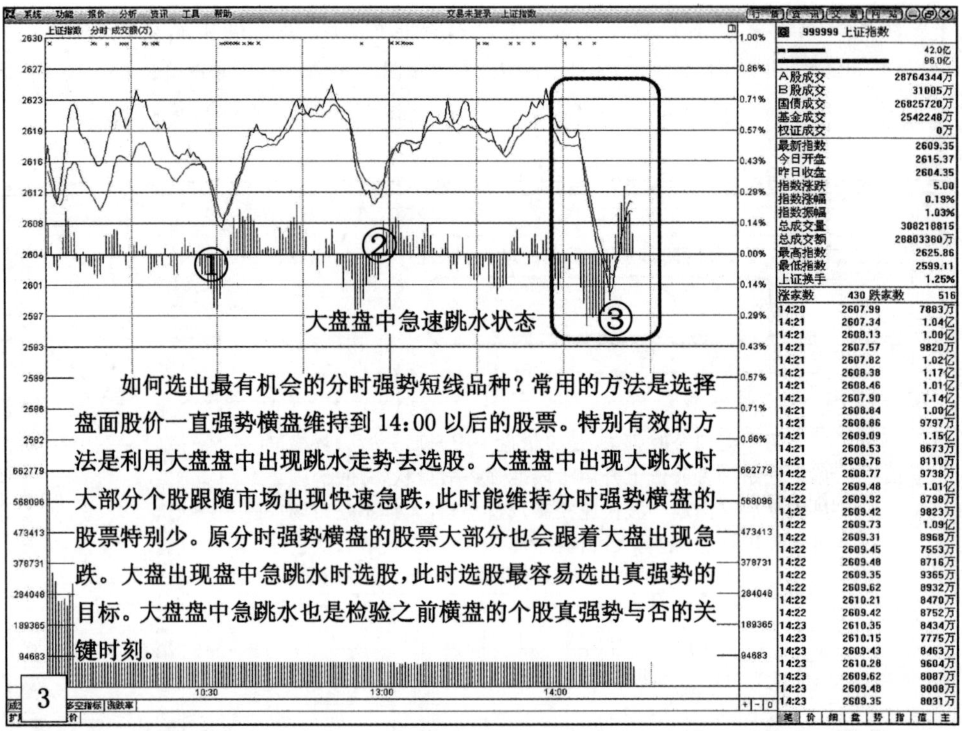

如何选出最有机会的分时强势短线品种？常用的方法是选择盘面股价一直强势横盘维持到 14:00 以后的股票。特别有效的方法是利用大盘盘中出现跳水走势去选股。大盘盘中出现大跳水时大部分个股跟随市场出现快速急跌，此时能维持分时强势横盘的股票特别少。原分时强势横盘的股票大部分也会跟着大盘出现急跌。大盘出现盘中急跳水时选股，此时选股最容易选出真强势的目标。大盘盘中急跳水也是检验之前横盘的个股真强势与否的关键时刻。

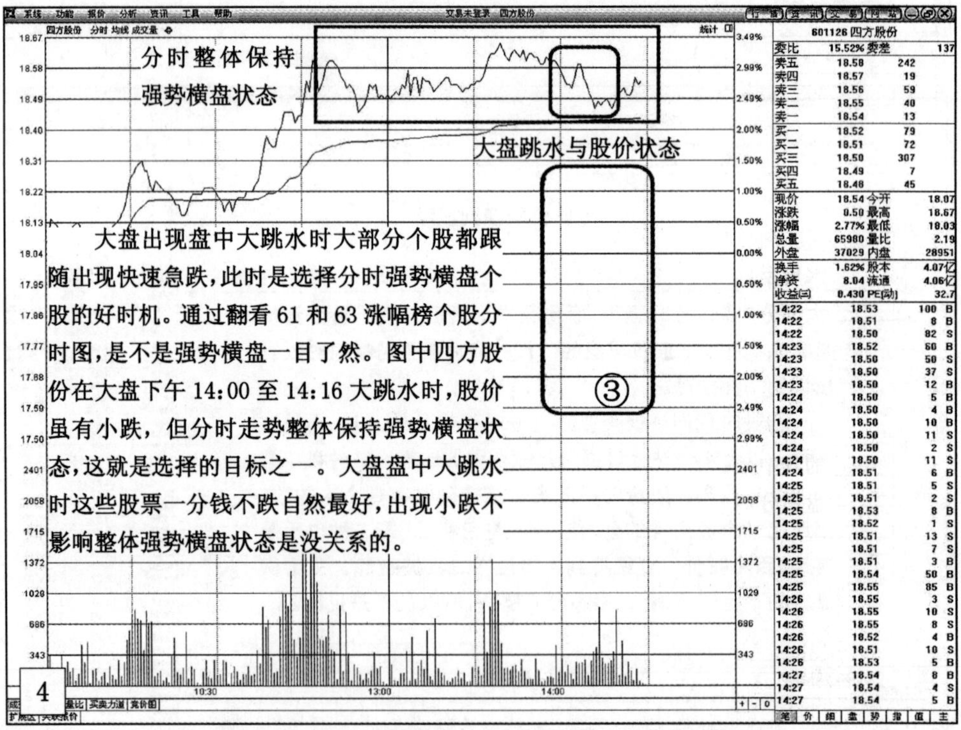

大盘出现盘中大跳水时大部分个股都跟随出现快速急跌，此时是选择分时强势横盘个股的好时机。通过翻看 61 和 63 涨幅榜个股分时图，是不是强势横盘一目了然。图中四方股份在大盘下午 14:00 至 14:16 大跳水时，股价虽有小跌，但分时走势整体保持强势横盘状态，这就是选择的目标之一。大盘盘中大跳水时这些股票一分钱不跌自然最好，出现小跌不影响整体强势横盘状态是没关系的。

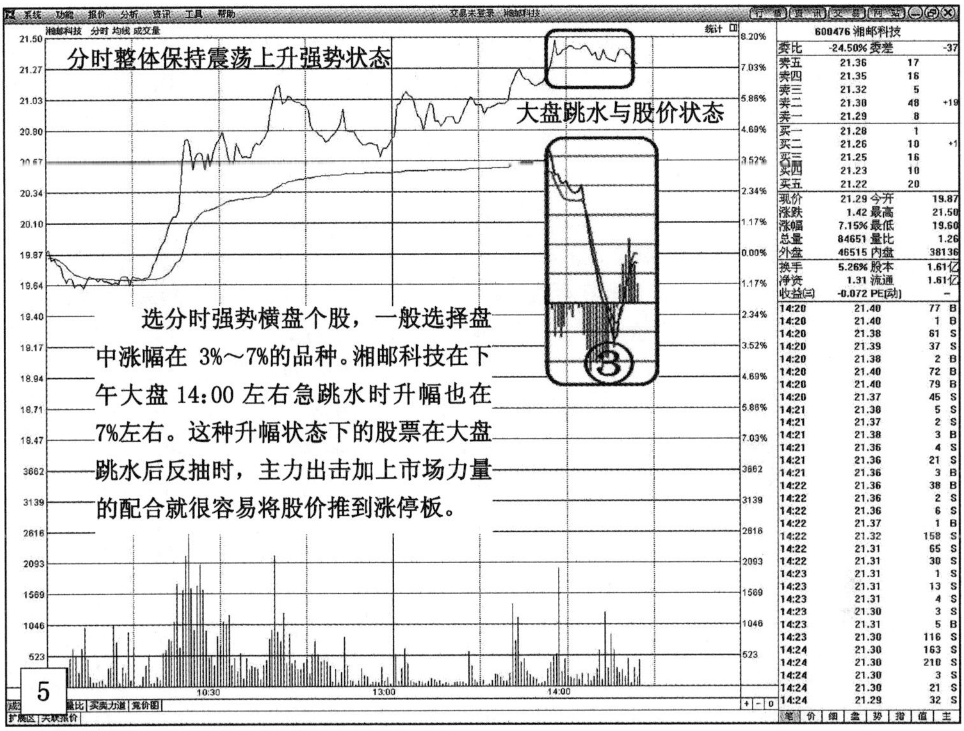
分时整体保持震荡上升强势状态
大盘跳水与股价状态
选分时强势横盘个股，一般选择盘中涨幅在 3%～7%的品种。湘邮科技在下午大盘 14:00 左右急跳水时升幅也在 7%左右。这种升幅状态下的股票在大盘跳水后反抽时，主力出击加上市场力量的配合就很容易将股价推到涨停板。
5

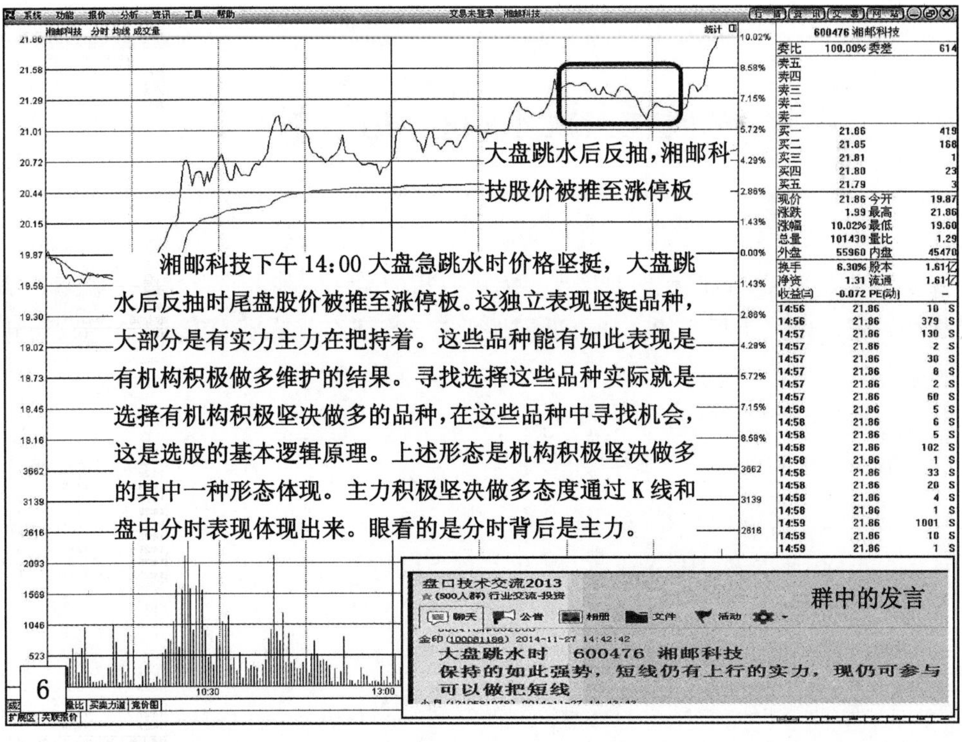
大盘跳水后反抽，湘邮科技股价被推至涨停板
湘邮科技下午 14:00 大盘急跳水时价格坚挺，大盘跳水后反抽时尾盘股价被推至涨停板。这独立表现坚挺品种，大部分是有实力主力在把持着。这些品种能有如此表现是有机构积极做多维护的结果。寻找选择这些品种实际就是选择有机构积极坚决做多的品种，在这些品种中寻找机会，这是选股的基本逻辑原理。上述形态是机构积极坚决做多的其中一种形态体现。主力积极坚决做多态度通过 K 线和盘中分时表现体现出来。眼看的是分时背后是主力。
盘口技术交流2013
群中的发言
大盘跳水时　600476　湘邮科技
保持的如此强势，短线仍有上行的实力，现仍可参与
可以做把短线
6

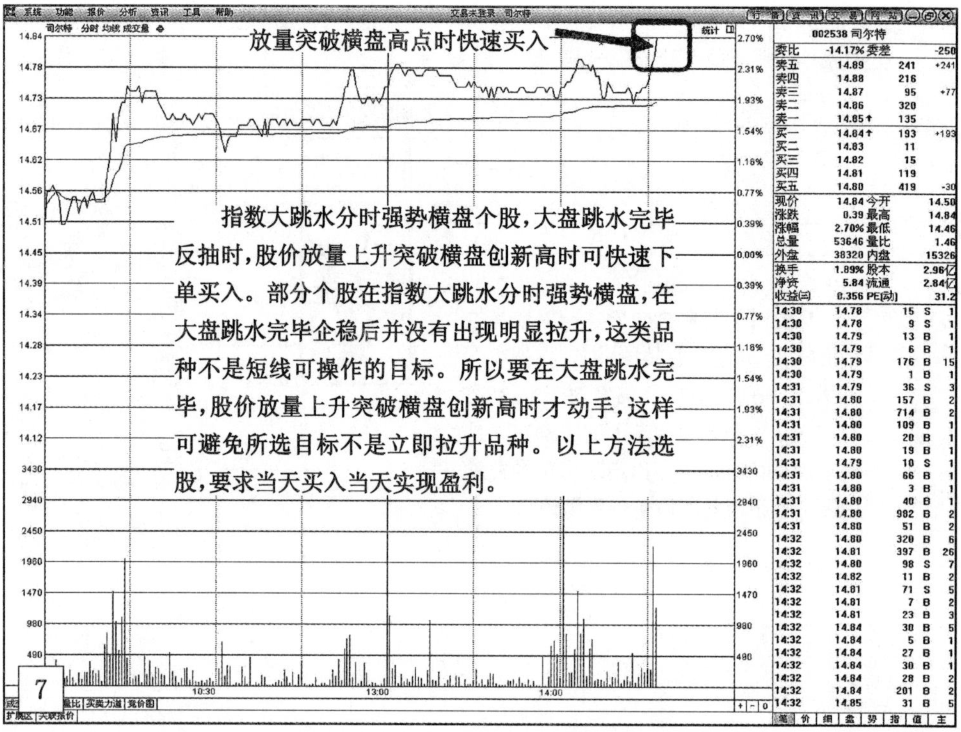

恐慌性大跳水日抄底选股技巧

大市出现恐慌性大跳水，是机会还是风险？对于满仓重仓者是要命的，对于轻仓空仓者而言赚钱时机随时出现。如果股指恐慌性大跳水一直延续至收市，那么当日是不能入市抄底的。如果恐慌性大跳水到下午14:00前后止跌企稳，短线机会出现。投资者看盘首要的是必须先对大盘行情表现做充分分析研断，能识别中短线变盘时间窗口和掌握变盘契机。

掌握恐慌性跳水盘中变盘契机，抄底重在选股上了，一旦恐慌性大跳水盘中止跌企稳反抽，大部分个股都会跟随市场出现反弹，但个股反弹有强弱之分，反弹幅度各有不同，抄底抄到反抽强而有力的品种当日利润就非常可观，这些强而有力的品种次日冲高几率也大大增加，如抄底抄到较弱品种非但当天利润有限，次日可能出现低开套人没商量。因此短线操作在恐慌性大跳水日去抄底不能仅考虑当天如何，还需考虑所买品种次日有没有机会顺利获利撤退。

哪些股票在大盘恐慌性跳水止跌日有好表现、次日还很牛？多年实践发现盘中市场恐慌性大跳水时能保持强势上升或横盘的个股，在大市止跌反弹时表现最猛，次日继续冲高机会大，恐慌市中短线抄底应多关注这些品种！

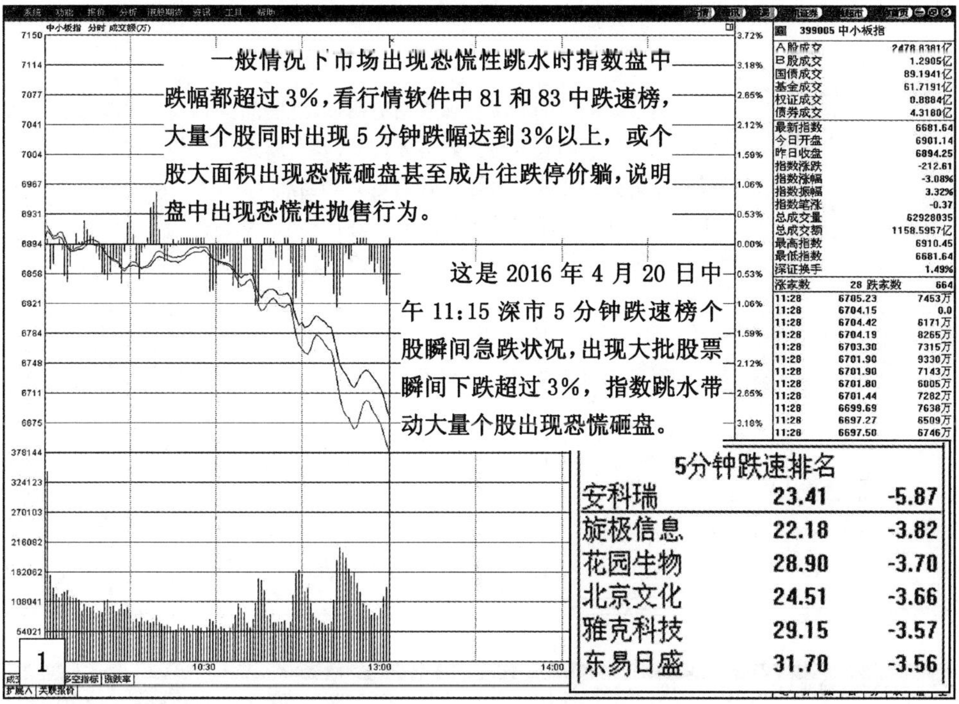

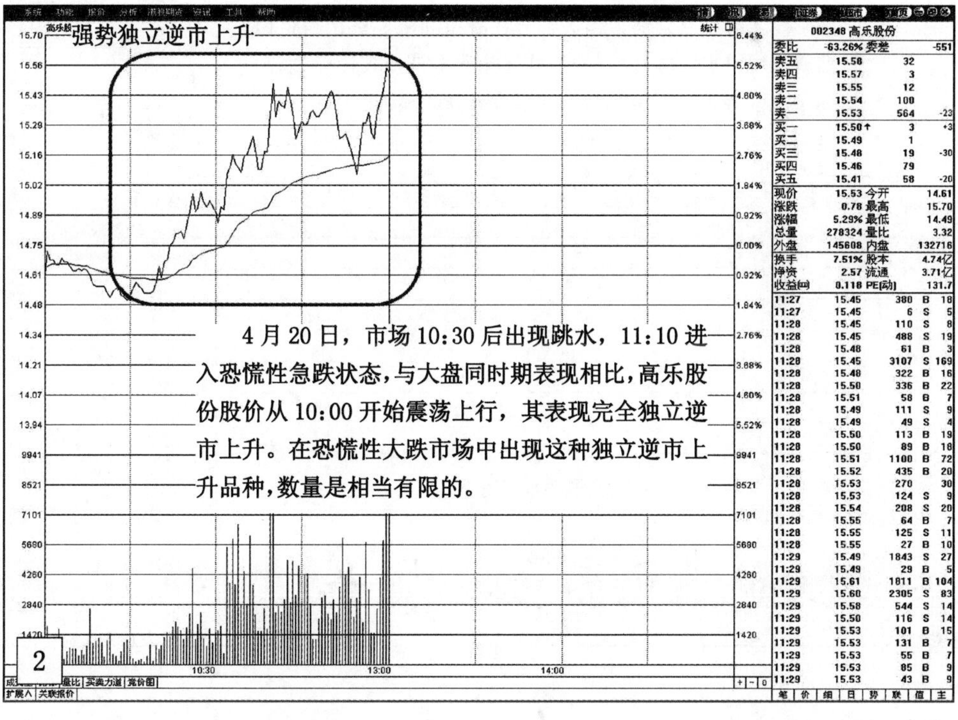

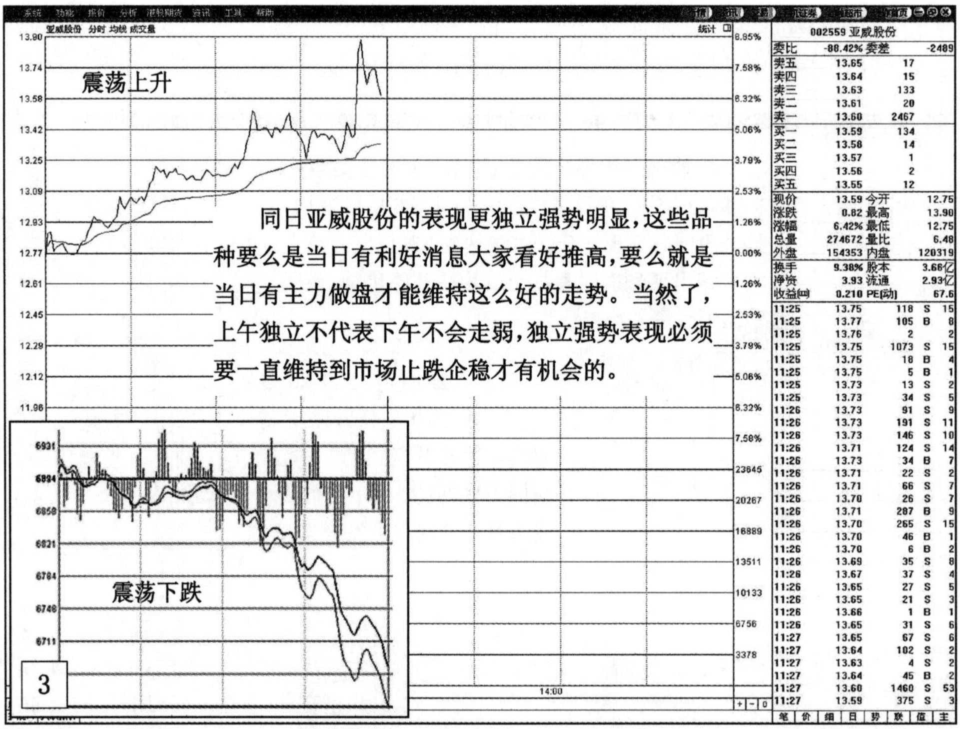
亚威股份 分时 均线 成交量
002559 亚威股份
震荡上升
同日亚威股份的表现更独立强势明显，这些品种要么是当日有利好消息大家看好推高，要么就是当日有主力做盘才能维持这么好的走势。当然了，上午独立不代表下午不会走弱，独立强势表现必须要一直维持到市场止跌企稳才有机会的。
震荡下跌
3

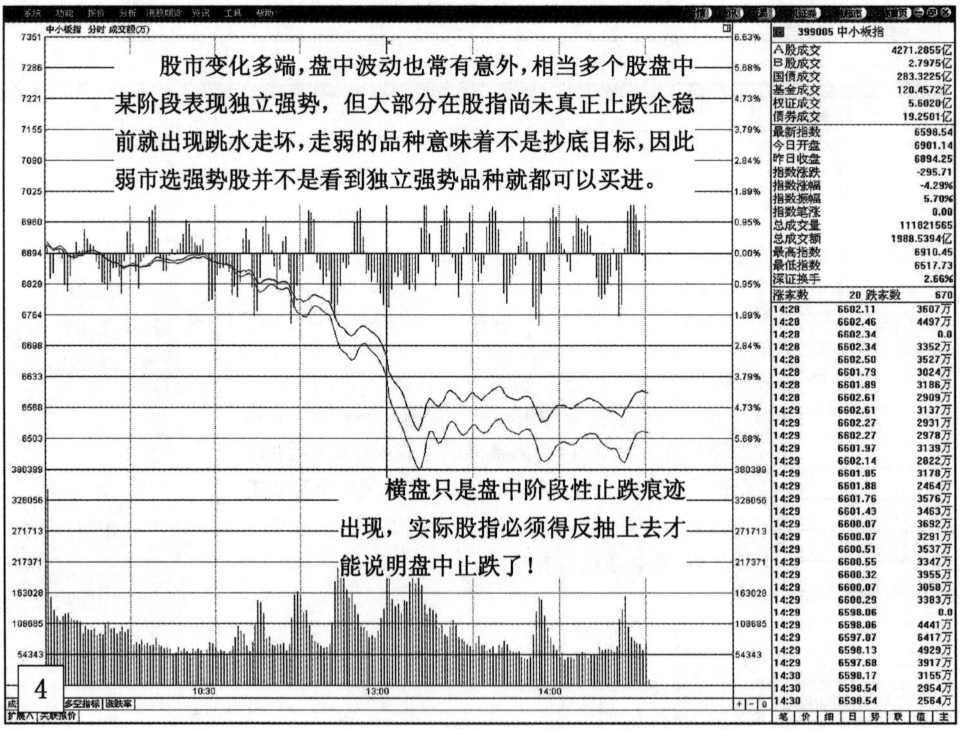
中小板指 分时 成交额(万)
399005 中小板指
股市变化多端，盘中波动也常有意外，相当多个股盘中某阶段表现独立强势，但大部分在股指尚未真正止跌企稳前就出现跳水走坏，走弱的品种意味着不是抄底目标，因此弱市选强势股并不是看到独立强势品种就都可以买进。
横盘只是盘中阶段性止跌痕迹出现，实际股指必须得反抽上去才能说明盘中止跌了！
4

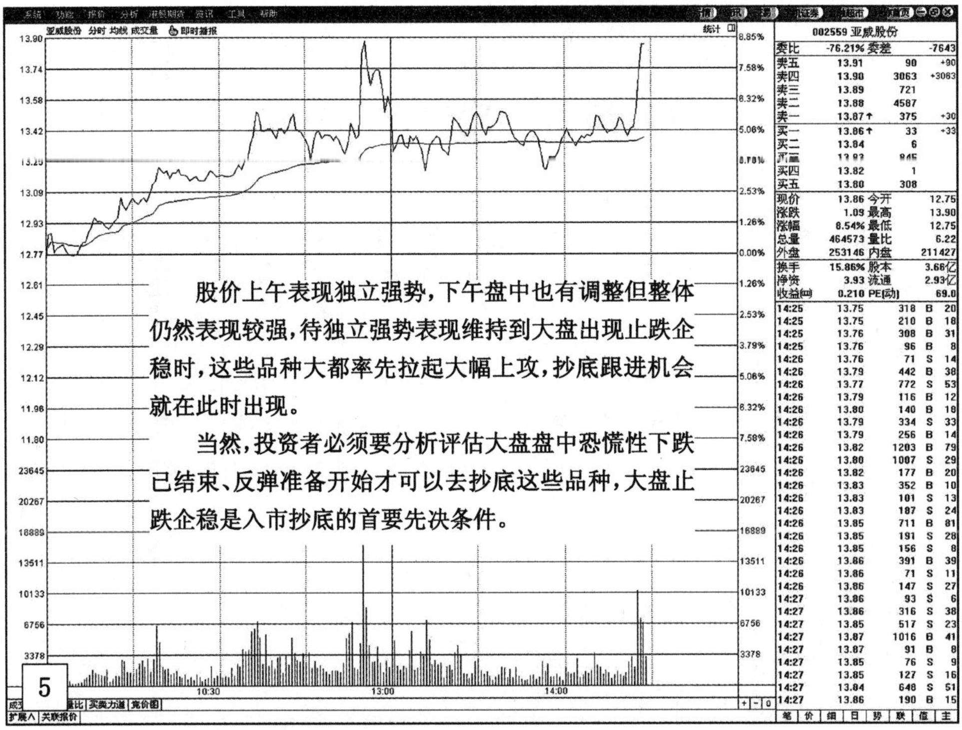

5

股价上午表现独立强势，下午盘中也有调整但整体仍然表现较强，待独立强势表现维持到大盘出现止跌企稳时，这些品种大都率先拉起大幅上攻，抄底跟进机会就在此时出现。

当然，投资者必须要分析评估大盘盘中恐慌性下跌已结束、反弹准备开始才可以去抄底这些品种，大盘止跌企稳是入市抄底的首要先决条件。

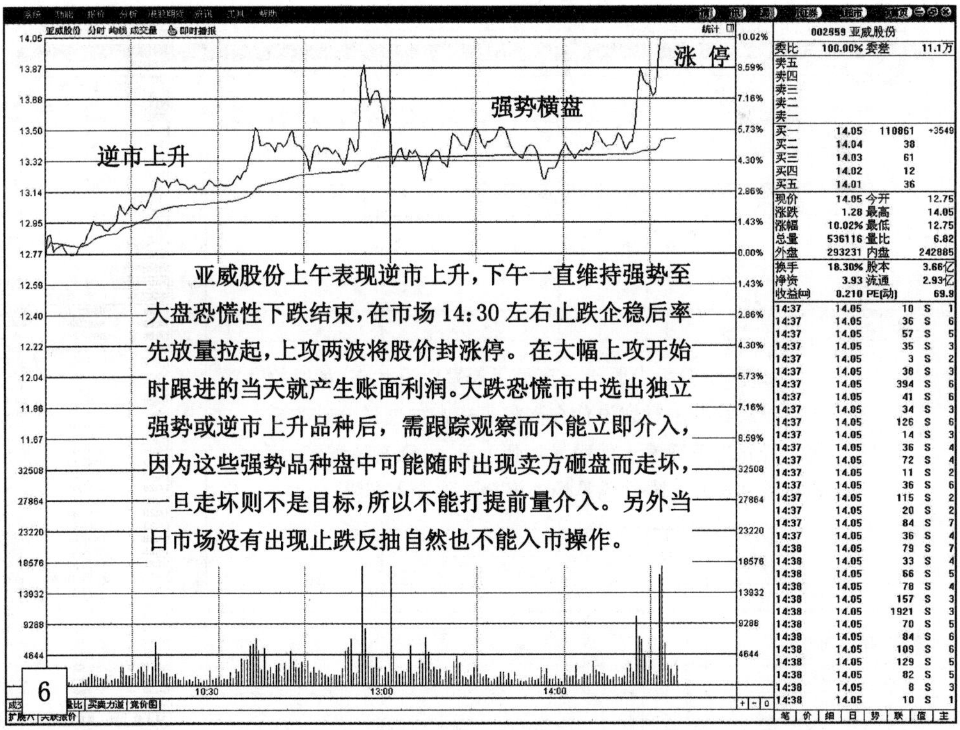

6

亚威股份上午表现逆市上升，下午一直维持强势至大盘恐慌性下跌结束，在市场 14:30 左右止跌企稳后率先放量拉起，上攻两波将股价封涨停。在大幅上攻开始时跟进的当天就产生账面利润。大跌恐慌市中选出独立强势或逆市上升品种后，需跟踪观察而不能立即介入，因为这些强势品种盘中可能随时出现卖方砸盘而走坏，一旦走坏则不是目标，所以不能打提前量介入。另外当日市场没有出现止跌反抽自然也不能入市操作。

盘面拉升的暴发点与契机

契机与机遇、机会、时机同义，指事物转化(多指向好方向转化)的关键时刻。契机就是重大事情发生转机的瞬间。契机出现如及时把握则能事半功倍，快速实现目标。

股票市场中部分个股由跌转升，或横盘转快速上升往往是有一个契机出现，契机出现立马介入、捕捉个股起涨瞬间，又或者捕捉个股由慢升到快涨瞬间暴发点，是操盘最高效的体现。从技术角度寻找个股起涨或加速瞬间契机，可以从个股K 线、分时走势、单笔成交等入手，下面介绍一种分时走势结合单笔成交，盘中判断个股由慢升到快涨瞬间暴发点的技巧。这种方法可用于震荡上升分时走势和分时横盘状态的暴发契机研判。

契机不是想有就有，也不是每只股每日都有，一般性的升升跌跌算不上什么契机，契机代表转机在瞬间出现，个股由慢升状态转为加速上升，转势瞬间就是契机。

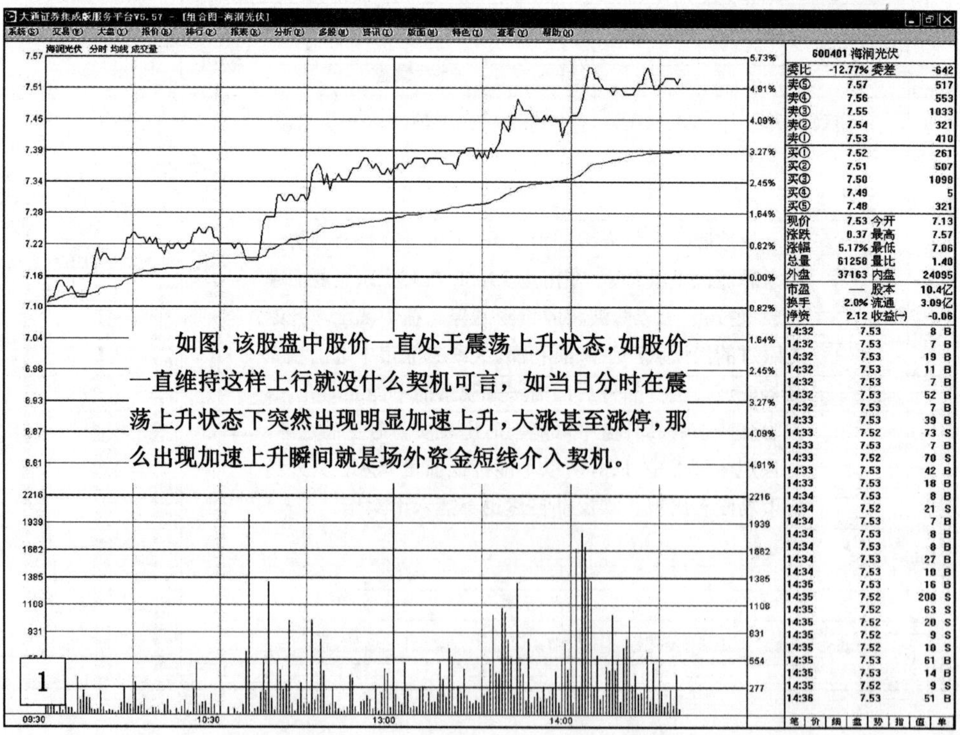

1

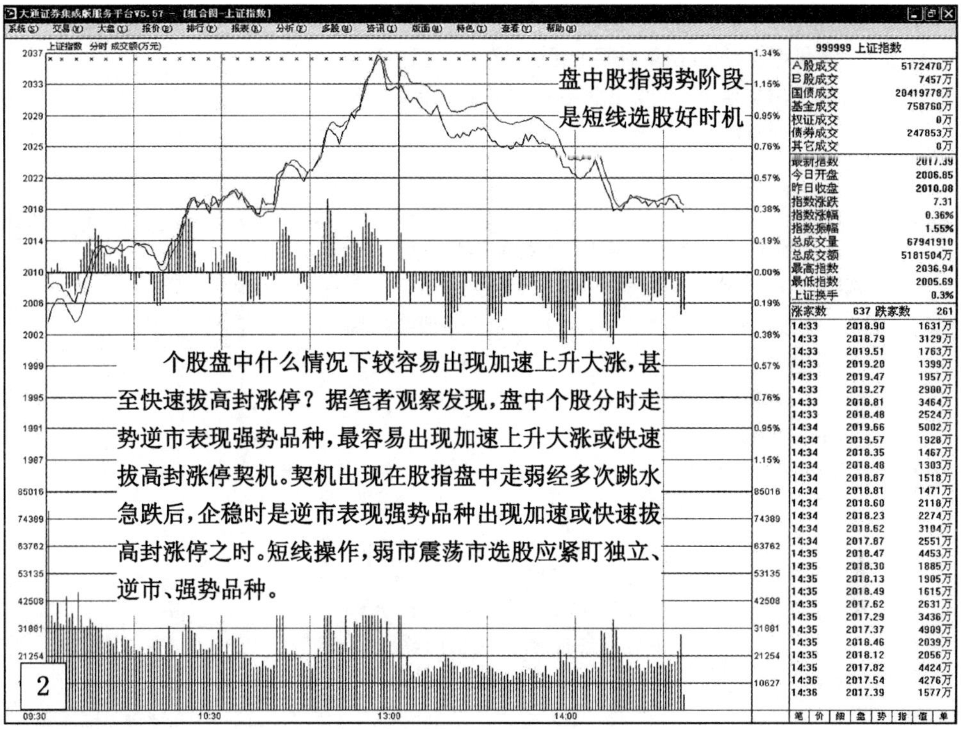
盘中股指弱势阶段
是短线选股好时机
个股盘中什么情况下较容易出现加速上升大涨，甚至快速拔高封涨停？据笔者观察发现，盘中个股分时走势逆市表现强势品种，最容易出现加速上升大涨或快速拔高封涨停契机。契机出现在股指盘中走弱经多次跳水急跌后，企稳时是逆市表现强势品种出现加速或快速拔高封涨停之时。短线操作，弱市震荡市选股应紧盯独立、逆市、强势品种。
2

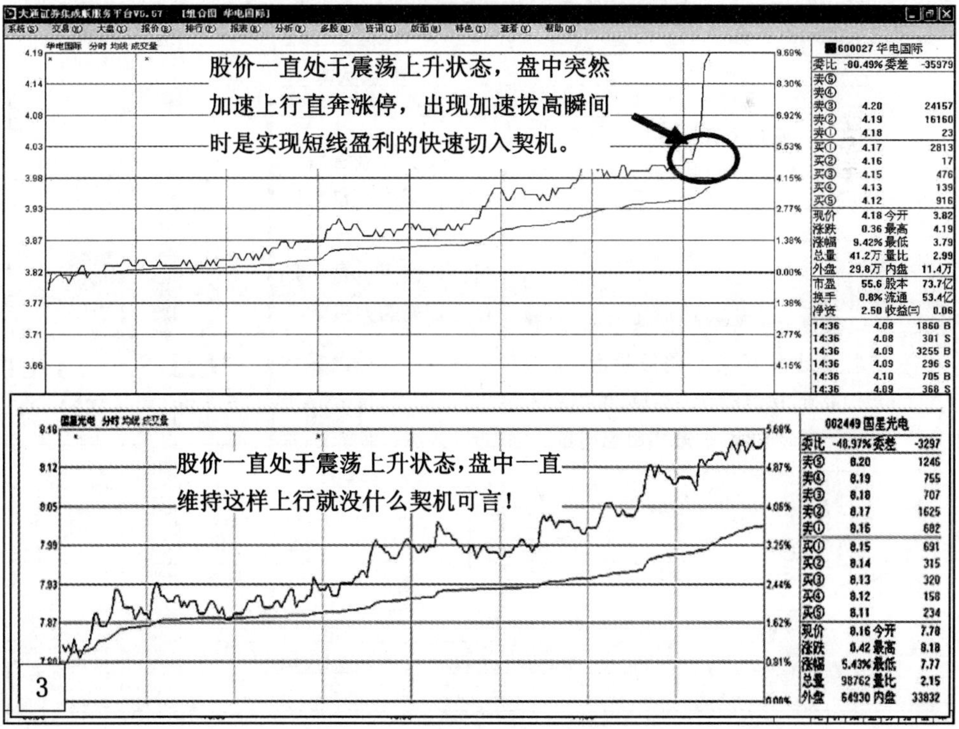
股价一直处于震荡上升状态，盘中突然
加速上行直奔涨停，出现加速拔高瞬间
时是实现短线盈利的快速切入契机。
股价一直处于震荡上升状态，盘中一直
维持这样上行就没什么契机可言！
3

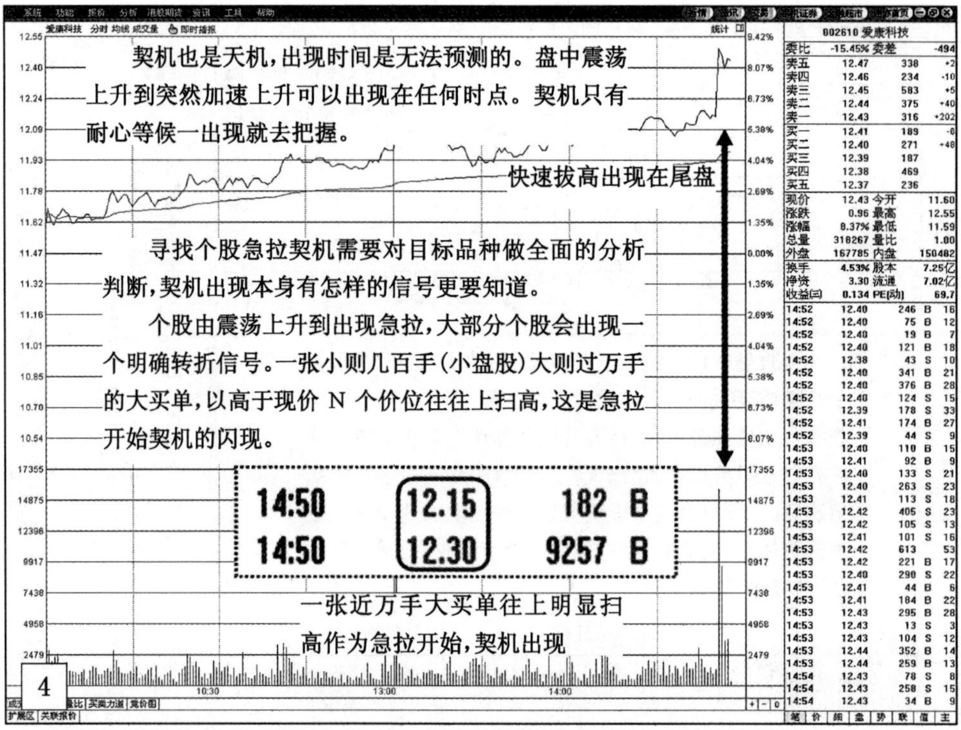
契机也是天机，出现时间是无法预测的。盘中震荡上升到突然加速上升可以出现在任何时点。契机只有耐心等候一出现就去把握。
快速拔高出现在尾盘
寻找个股急拉契机需要对目标品种做全面的分析判断，契机出现本身有怎样的信号更要知道。
个股由震荡上升到出现急拉，大部分个股会出现一个明确转折信号。一张小则几百手(小盘股)大则过万手的大买单，以高于现价 N 个价位往往上扫高，这是急拉开始契机的闪现。
14:50 12.15 182 B
14:50 12.30 9257 B
一张近万手大买单往上明显扫高作为急拉开始，契机出现
4

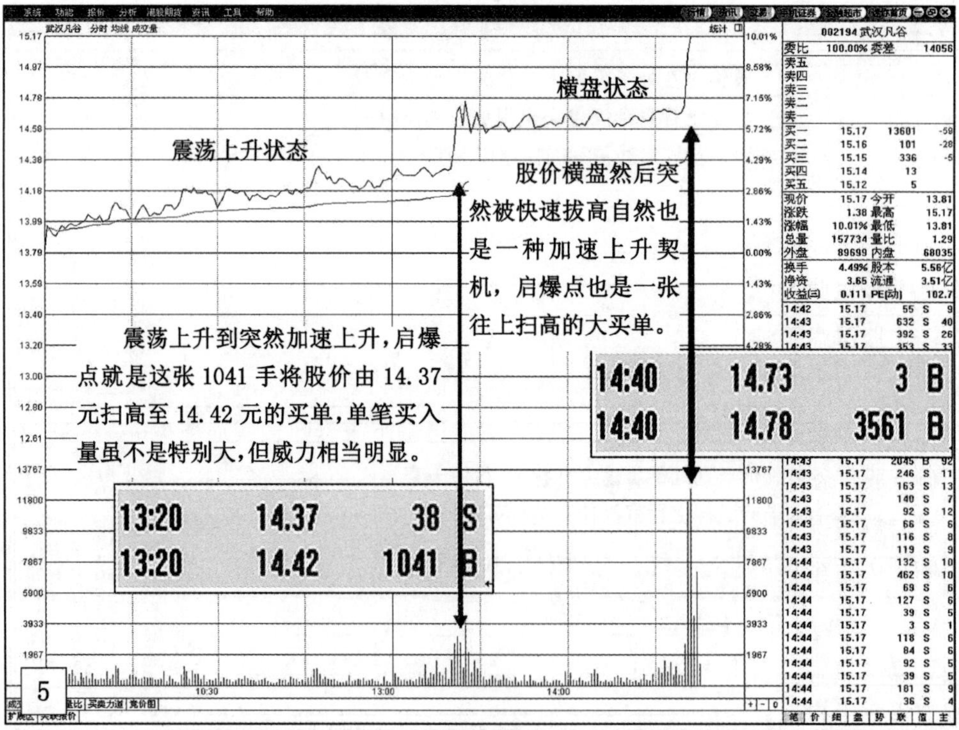
横盘状态
震荡上升状态
股价横盘然后突然被快速拔高自然也是一种加速上升契机，启爆点也是一张往上扫高的大买单。
震荡上升到突然加速上升，启爆点就是这张 1041 手将股价由 14.37 元扫高至 14.42 元的买单，单笔买入量虽不是特别大，但威力相当明显。
14:40 14.73 3 B
14:40 14.78 3561 B
13:20 14.37 38 S
13:20 14.42 1041 B
5

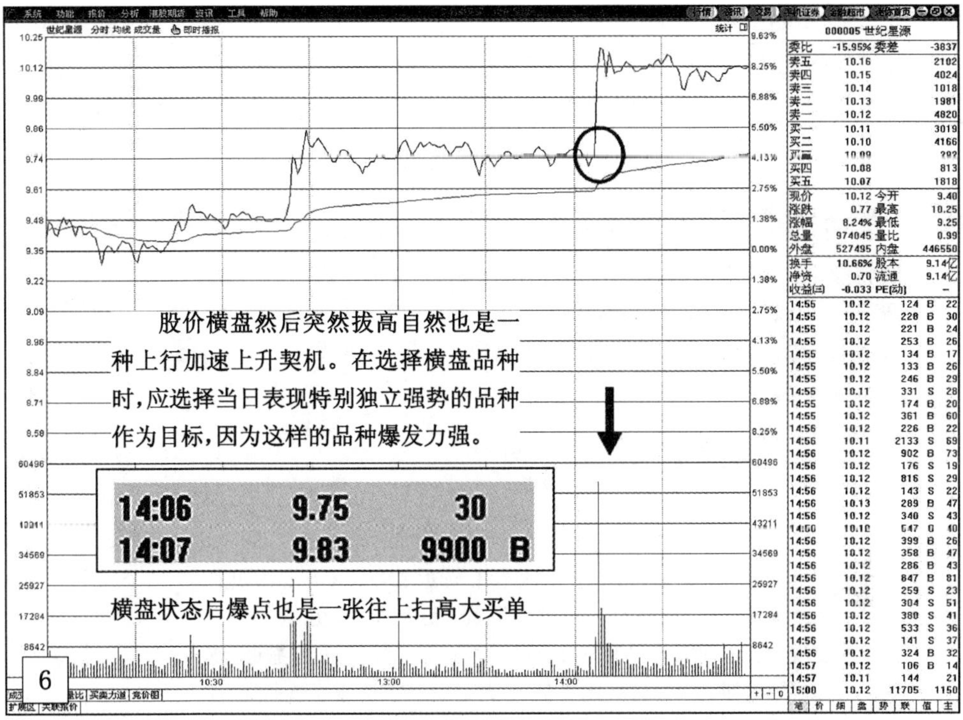

识别主力洗盘的方法与介入时机

“洗盘”是股市中一个专业术语。主力洗盘是为了将部分盈利幅度大和持股心态不稳的浮动筹码清洗出去。每拉一阶段主力就通过洗盘让筹码在某一区域充分换手，以此提高市场他人持股平均成本。

个股洗盘手法很多，具体到不同个股各有形态上的差别。市场存在的机构操纵个股洗盘行为可以分为几大类：①制造或借用利空消息洗盘；②通过股价长期横盘反复震荡折磨洗盘；③先拉高股价然后再砸下来恐吓加威逼洗盘；④直接打压砸低股价恐吓洗盘；⑤利用卖盘挂出数量巨大的卖单制造压力等手段恐吓洗盘。

一般情况下洗盘越往后成交量越萎缩才是正常的，因为跟风盘在洗盘过程中不断被震出到最后只会是越来越少，但现在的主力做庄行为更为复杂，展开打压股价洗盘时往往还隐藏另外一个目的：“高抛低吸”差价套利，也就是说有的主力在砸盘洗盘时既做减仓出货动作，也是在洗盘，盘面上投资者根本无法识别，只有操盘手自己才清楚地知道自己在做什么。为了达到洗盘目的，通过砸盘砸出中阴线大阴线，甚至通过对敲把成交量做大，这是在K线走势上对持有者进行恐吓，科伦药业就出现了如此行为。

2017年9月27日科伦药业就出现主力拉高就减仓的盘面动作，9月29日更明显，国庆节后首日继续出现拉高就减仓的做盘动作。下面通过科伦药业股价异常表现去看该股主力是如何通过砸盘对敲做量恐吓吃瓜群众的。

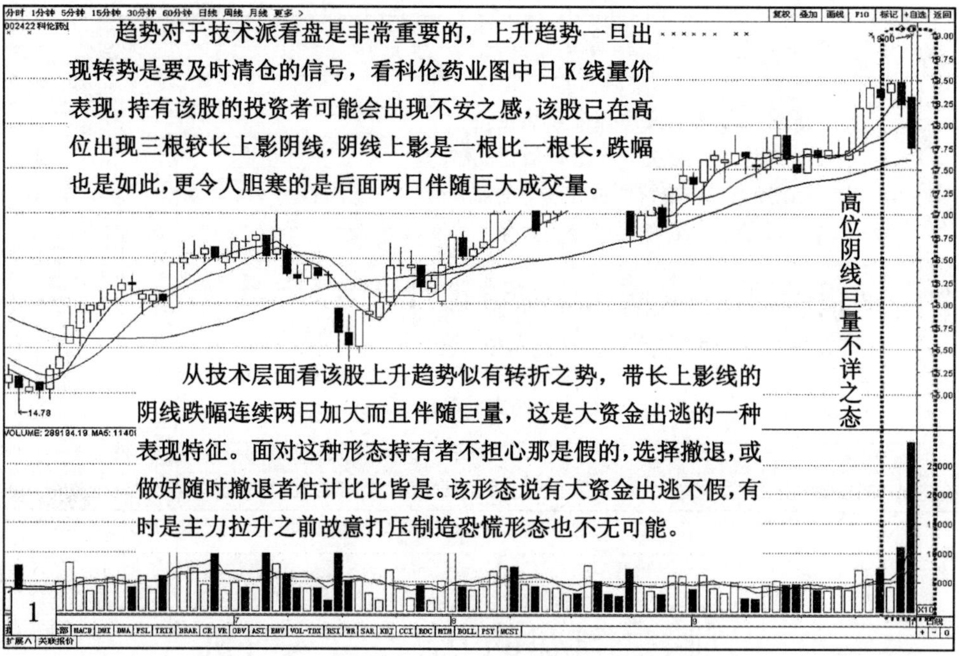

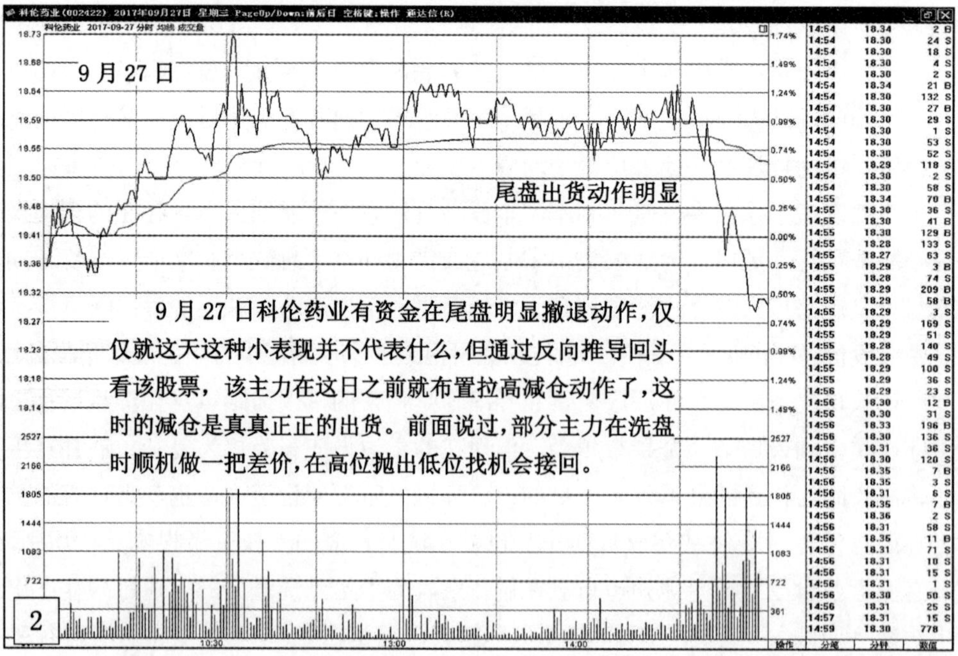

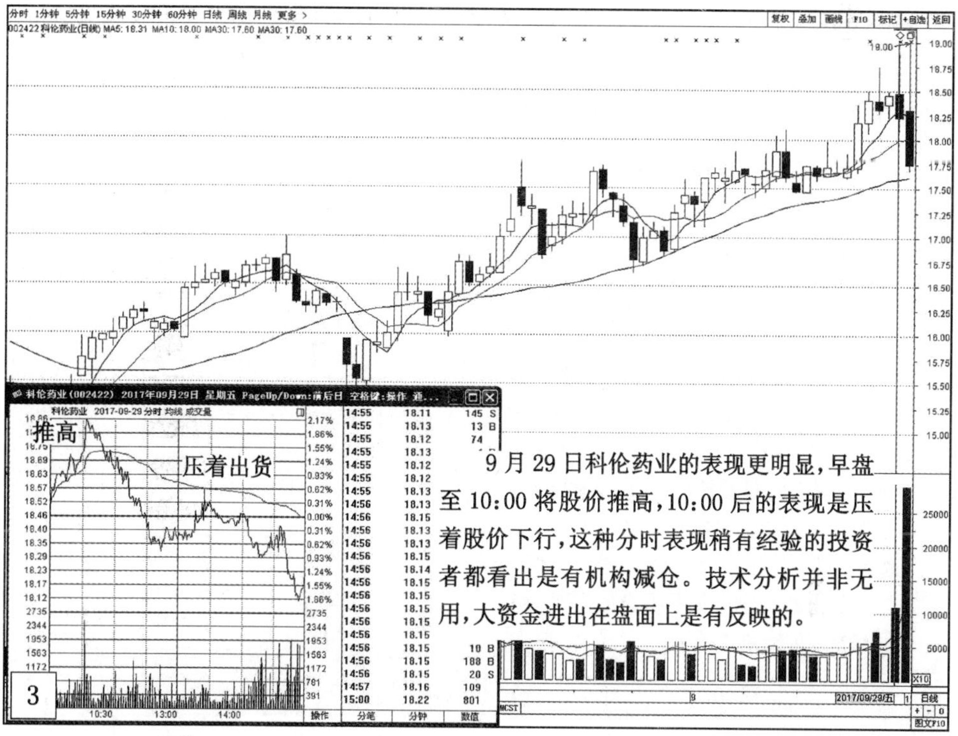
推高
压着出货
9 月 29 日科伦药业的表现更明显，早盘至 10:00 将股价推高，10:00 后的表现是压着股价下行，这种分时表现稍有经验的投资者都看出是有机构减仓。技术分析并非无用，大资金进出在盘面上是有反映的。
3

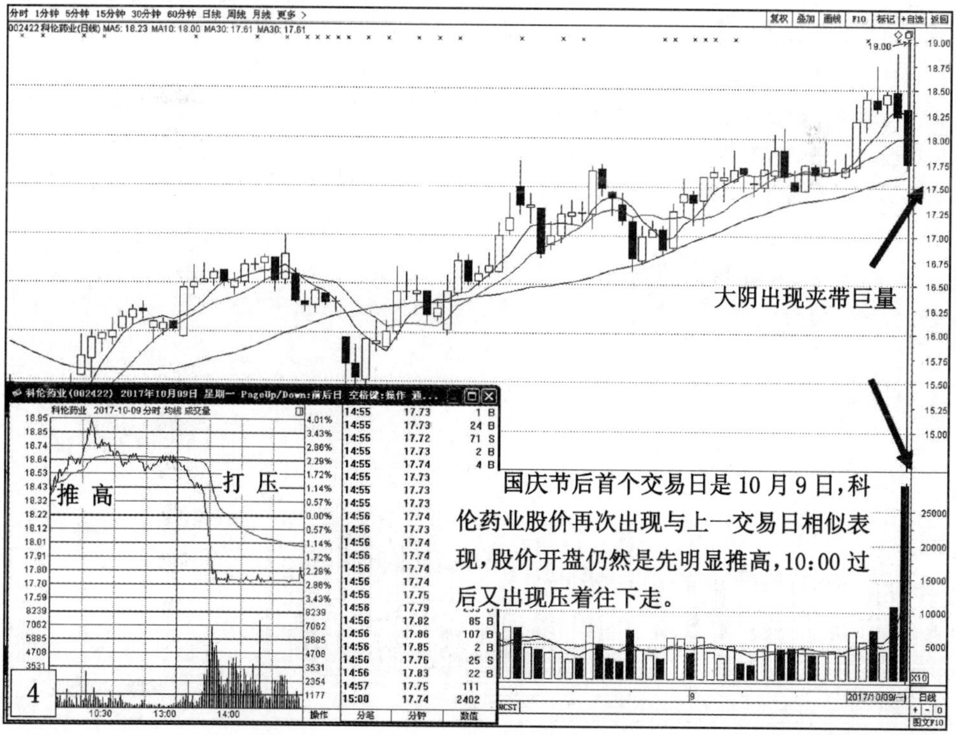
推 高
打 压
大阴出现夹带巨量
国庆节后首个交易日是 10 月 9 日，科伦药业股价再次出现与上一交易日相似表现，股价开盘仍然是先明显推高，10:00 过后又出现压着往下走。
4

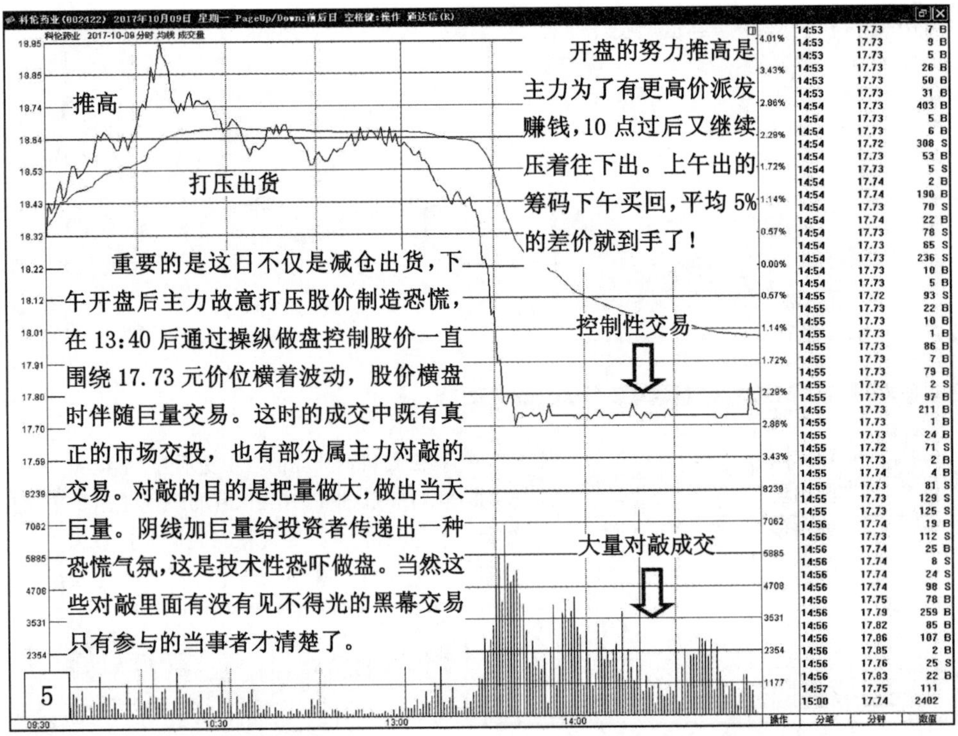
科伦药业(002422) 2017年10月09日 星期一
开盘的努力推高是主力为了有更高价派发赚钱，10点过后又继续压着往下出。上午出的筹码下午买回，平均5%的差价就到手了！
推高
打压出货
重要的是这日不仅是减仓出货，下午开盘后主力故意打压股价制造恐慌，在13:40后通过操纵做盘控制股价一直围绕17.73元价位横着波动，股价横盘时伴随巨量交易。这时的成交中既有真正的市场交投，也有部分属主力对敲的交易。对敲的目的是把量做大，做出当天巨量。阴线加巨量给投资者传递出一种恐慌气氛，这是技术性恐吓做盘。当然这些对敲里面有没有见不得光的黑幕交易只有参与的当事者才清楚了。
控制性交易
大量对敲成交
5

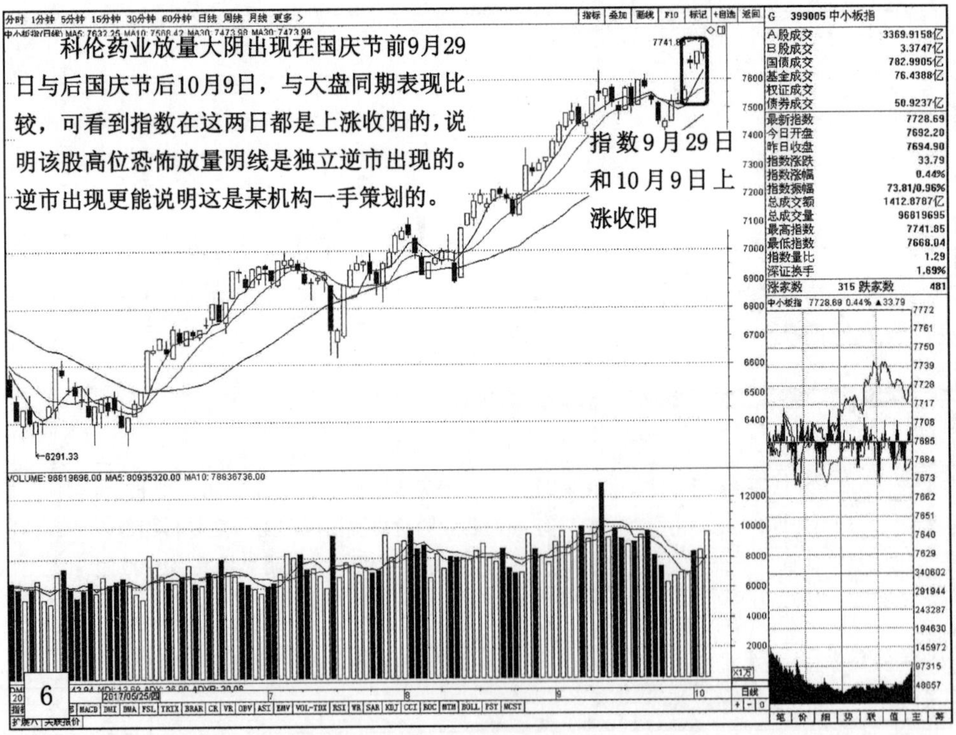
科伦药业放量大阴出现在国庆节前9月29日与后国庆节后10月9日，与大盘同期表现比较，可看到指数在这两日都是上涨收阳的，说明该股高位恐怖放量阴线是独立逆市出现的。逆市出现更能说明这是某机构一手策划的。
指数9月29日和10月9日上涨收阳
399005 中小板指
6

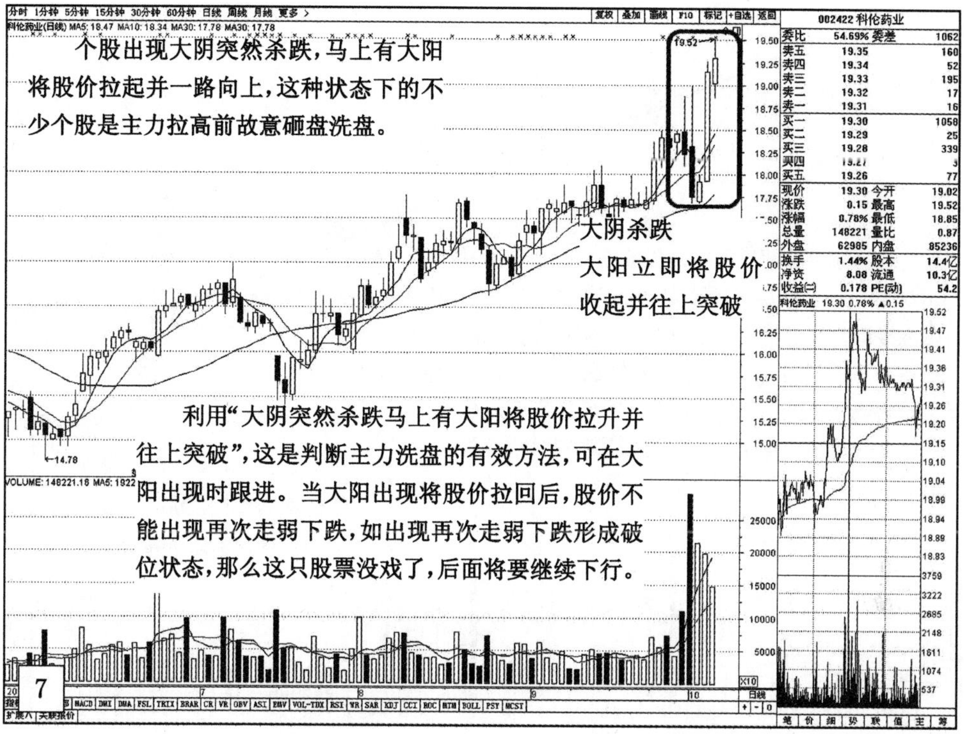

回调买入操作的一些技巧

选股方法有几大类：抄底型、追涨型、回调买入型等，不同投资者有不同的操作习惯以及选择，每一种都代表着一批不同性格和偏好的投资者的做法。抄底型大都不愿意去追涨，因为他们认为逢低介入更安全。追涨型的自然也不会去抄底，因为他们认为在下跌中途抄底容易抄在半山腰。市场中个股在任何位置任何价格都有买卖成交。就交易而言每个投资者在任何位置买卖都有自己的分析判断理由。买卖位置与价格这只是个人的选择，根本没有谁是傻瓜谁是聪明人之分，只有阶段性操作成功和失败的区别。

本文讨论回调买入型的一些情况，介绍一种短线回调买入选股模型和操作方法。基本情况是：“回调买入模型目标选择波段下跌低位放量连涨三日左右的品种，或以阶段调整后放量连涨三日左右的个股为目标。在其放量连涨三日后出现调整时，股价回调到10日均线附近买入。”具体选股和如何识别K线形态以及方法原理，下面结合个股图表详细讲解。

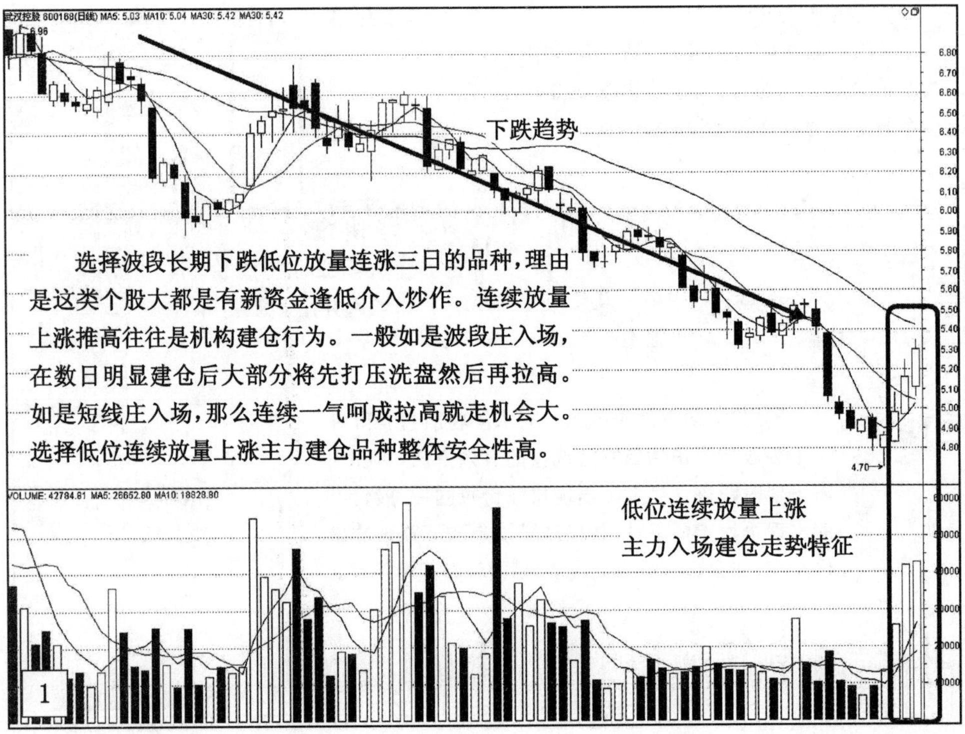
武汉控股 600168(日线) MA5: 5.03 MA10: 5.04 MA30: 5.42 MA30: 5.42
下跌趋势
选择波段长期下跌低位放量连涨三日的品种，理由是这类个股大都是有新资金逢低介入炒作。连续放量上涨推高往往是机构建仓行为。一般如是波段庄入场，在数日明显建仓后大部分将先打压洗盘然后再拉高。如是短线庄入场，那么连续一气呵成拉高就走机会大。选择低位连续放量上涨主力建仓品种整体安全性高。
VOLUME: 42784.81 MA5: 26662.80 MA10: 18828.80
低位连续放量上涨
主力入场建仓走势特征
1

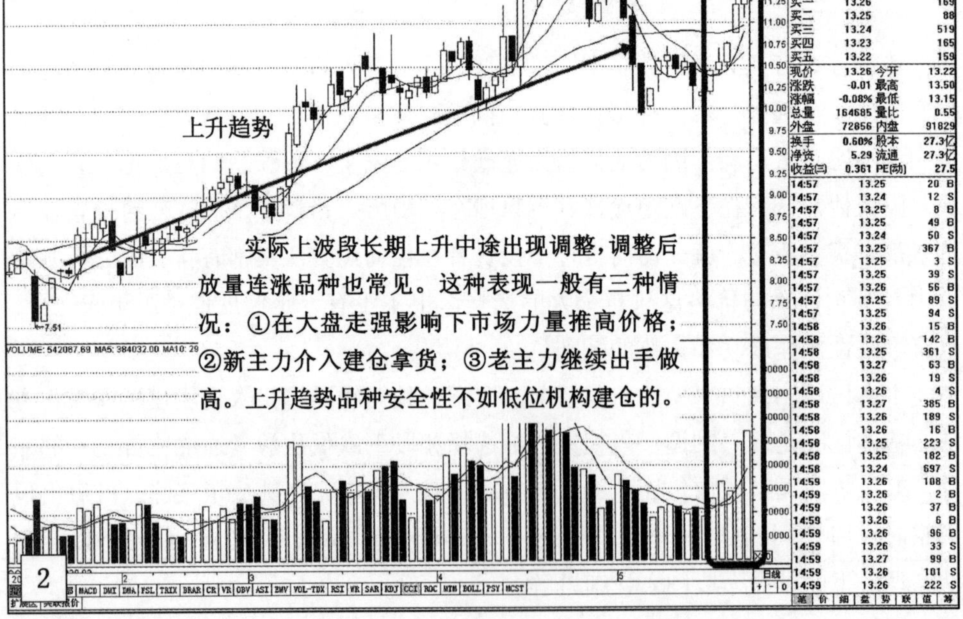
广州发展(日线) MA5: 10.90 MA10: 10.66 MA30: 10.97 MA30: 10.97
600098 广州发展
上升趋势
实际上波段长期上升中途出现调整，调整后放量连涨品种也常见。这种表现一般有三种情况：①在大盘走强影响下市场力量推高价格；②新主力介入建仓拿货；③老主力继续出手做高。上升趋势品种安全性不如低位机构建仓的。
VOLUME: 542087.69 MA5: 384032.00
2

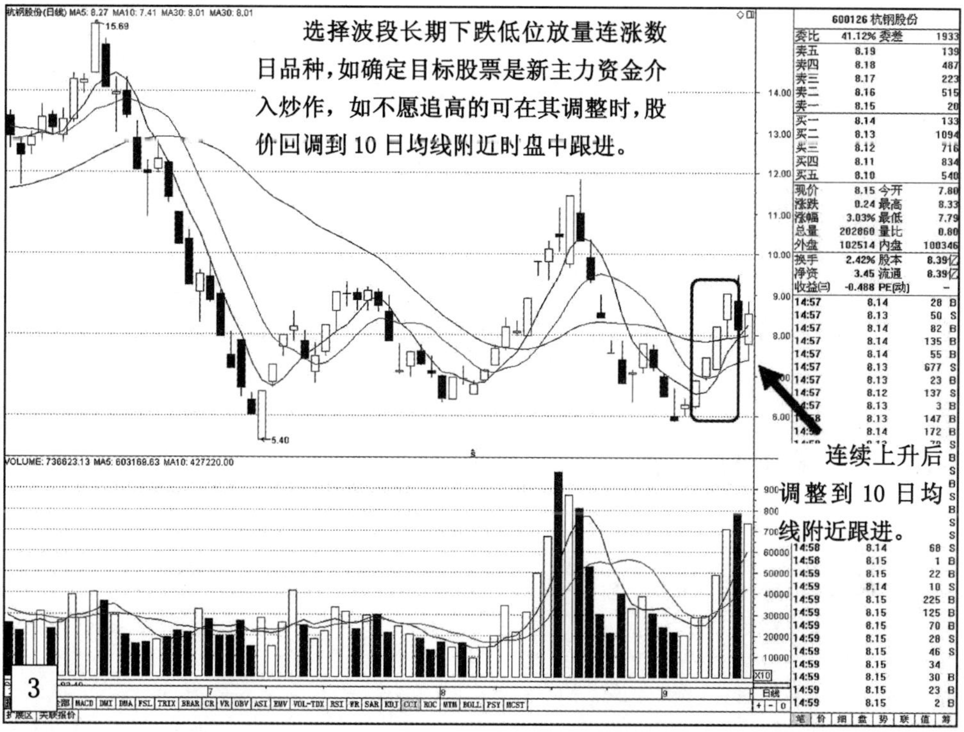
选择波段长期下跌低位放量连涨数日品种，如确定目标股票是新主力资金介入炒作，如不愿追高的可在其调整时，股价回调到10日均线附近时盘中跟进。
连续上升后调整到10日均线附近跟进。
600126 杭钢股份
3

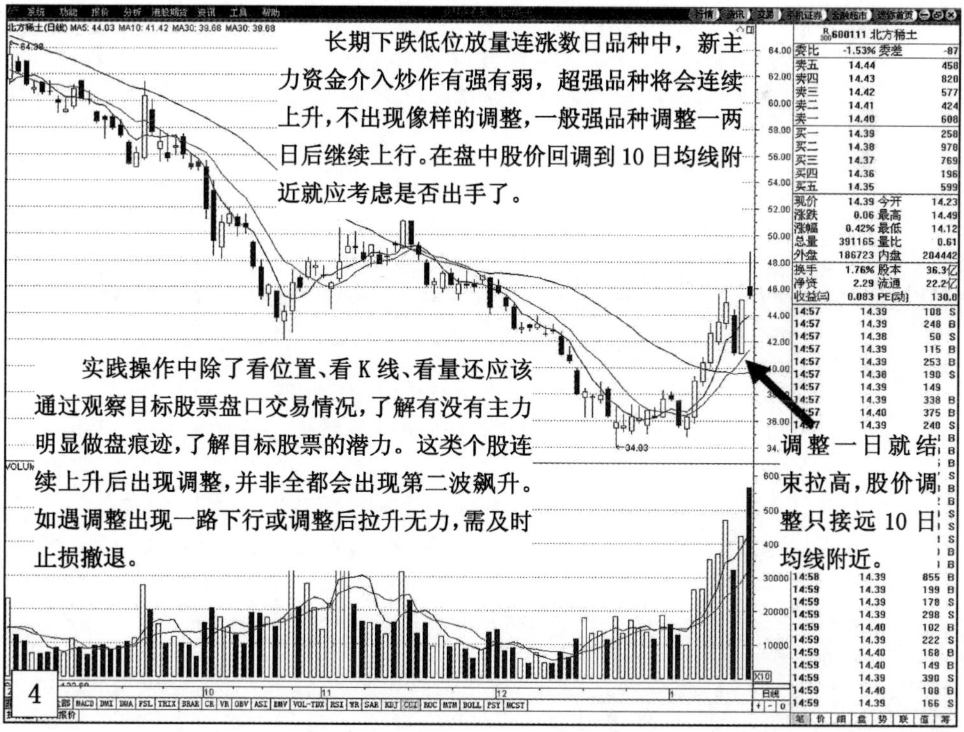
长期下跌低位放量连涨数日品种中，新主力资金介入炒作有强有弱，超强品种将会连续上升，不出现像样的调整，一般强品种调整一两日后继续上行。在盘中股价回调到10日均线附近就应考虑是否出手了。
实践操作中除了看位置、看K线、看量还应该通过观察目标股票盘口交易情况，了解有没有主力明显做盘痕迹，了解目标股票的潜力。这类个股连续上升后出现调整，并非全都会出现第二波飙升。如遇调整出现一路下行或调整后拉升无力，需及时止损撤退。
调整一日就结束拉高，股价调整只接近10日均线附近。
600111 北方稀土
4

第三章　交易模型建立方向

三大基本买入交易类型

证券市场投资者数量非常庞大，各有各的买卖方法技巧，无论市场升跌、或在高或在低位，盘中总是有买卖交易。以买入交易为例，按照个股阶段性走势进行不同方向划分，在不同的方向位置买入可以归类为几种操作方式。平时大家都喜欢将股价走势用三种状态去描述：“上升、下跌、横盘”。股价在一定时期阶段性走势中，进行这样划分有一定道理。那么无论你是在什么时间什么位置买，你的买入交易都属于这三种状态中的其中一种。这是根据股价在某阶段的运动方向去分析界定你的买入交易特质。

对应“上升、下跌、横盘”三种运动状态，买入时相应有“追涨、抄底、潜伏”三种交易方式。用简单通俗的语言描述就是，在上升运动状态下的买入属于追涨行为；在下跌运动状态下的买入属于抄底行为；在股价处于横盘无明确方向状态下的买入属于潜伏行为。

一般投资者在刚刚入市时的操作往往比较混乱，没有经验的买入往往都是“追涨、抄底、潜伏”三种方式反复交替使用，其后经过一段时间的实践磨练，大概需要一到两年就会慢慢发现，这种高也追、低也买、横盘也买入的操作混乱无序，难以实现稳定盈利。

一个刚进入证券市场的新手，“追涨、抄底、潜伏”三种操作方式到底哪一种真正适合自己？这并不是个人一开始就能事前决定的，因为哪一种操作方式适合自己是由多重因素决定的，特别受投资者个人性格特质影响，实践中一些勤于分析善于总结的投资者会根据自己掌握的经验，结合自身的心理承受能力和喜好等，选择“追涨、抄底、潜伏”中一种作为自己的主要操作方式。实践经验让他们明白，如不这样做就难以真正稳定的在股市中赚到钱。

这些勤奋聪明的投资者，有部分属于复合型的，追涨、抄底、潜伏三种操作方式兼顾并用，每种操作方式什么时间用，以及怎么用他们都有自己的独立见解和认识。剩下的部分投资者就是八二效应中八这部分了，这些人一直没能形成自己固定的交易风格，他们一直都在“追涨、抄底、潜伏”中轮回反复，这种轮回反复是一种无序无意识无计划的盲目操作，说白了就是毫无章法的乱操作，这类人除了是新手也包括大量老手，新手犹可原谅老手基本无可救药。至于没有能形成自己固定交易风格的原因很多，懒于做分析研究，没有经常做总结，墨守成规，天资有限等等。

入市实践已达两年或超过三年的投资者，你有没有勤奋的去做分析？经常做总结？分析自己的成功经验，失败教训？分析过自身个人特质，以及心理承受能力和偏好？是否已经形成明确鲜明的“追涨、抄底、潜伏”中一种固定交易操作方式？如有那你已迈出走向成功的第一步！如还没有，那只能是“革命尚未成功，同志仍需努力”。

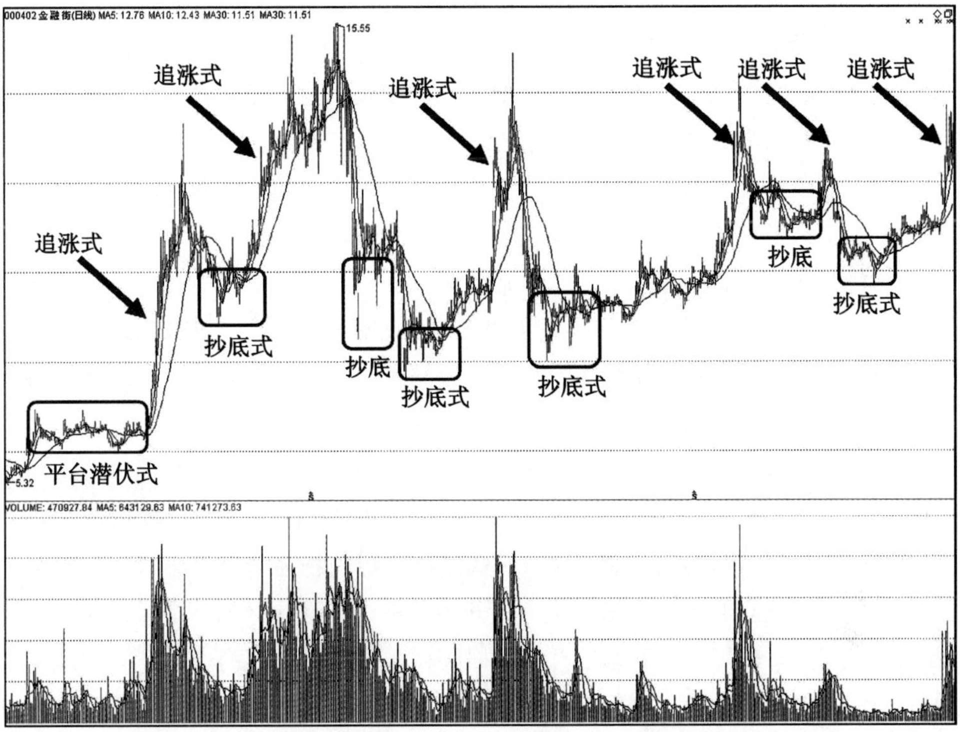

量化交易模型建立初始研发方向

“量化交易”这一新生事物，国内近年才兴起的新鲜交易方式，在西方国家早已出现。“量化交易”也叫量化投资，就是借助现代统计学和数学方法，利用计算机技术从金融市场庞大的历史数据中海选出高成功率的规律信号，用数量模型验证这些规律，并在其中加入具体操作策略，然后严格按照已固化的信号和策略进行交易。“量化交易”追求的是可持续的较稳定的回报。

量化交易实际就是一个选股与操作相结合的交易模型。量化信号系统实际就是选股系统，与之配套的交易系统就是执行买卖操作系统，二合为一就形成量化交易模型。过去证券市场都是以人工方式选股和交易，科学的进步使得选股和交易方式推陈出新，现在已发展到利用电脑程序自动化选股和交易，这是科学发展过程中人工智能的直接成果！

对于单个投资者而言要建立一套程序化量化交易模型，需要投入大量的精力和资金成本，采用老办法建立一套原始的人工有限量化交易模型并不难。无论是电脑自动化程序交易模型，还是人工有限量化交易模型，第一要素就是先要建立信号系统。信号系统用最简洁的语言表述就是“选股与选时”系统，可交易目标、交易的时间，这是操作前第一个要解决的要素，也就是说建立交易模型的第一步是：“找出高成功率的可交易信号”。

现时的交易分为做多和做空，“高成功率的可交易信号”包含这两方面。是建立做多交易模型还是做空交易模型可自己选择，本文以做多为例作介绍。高成功率的可交易信号就是选什么股票，在什么时间买入，这是大家操作股票都必须要解决但又难以很好解决的问题。选股选时的方法很多，“以特定K线、特定分时走势、特定数据、特定事件等”作为选股与选时研究标的物都行，笔者以特定的主力行为作为研究标的物进行选股。

以哪一种或者多种客观存在的要素或数据作为选股选时研究标的物，这与个人的学识、阅历经验、爱好等有关。技术派建立交易模型一般可以以特定K线、特定分时走势等可见的、已有理论依据为基础的标的物为研究对象。

在笔者已建立的一套交易模型中，开始的第一步是这样的，在长期实战中笔者看盘发现：每日下午在开盘的几分钟时间内，几乎都出现有个股一开盘就快速大幅狂飙，这种异常盘口引起笔者的注意和兴趣，看盘感觉这些异常行为当中可能存在机会，于是开始大量搜集出现这种走势表现的个股进行分析研究。大量研究后发现：每日下午开盘后股价马上出现快速拔高行为，大部分是一个主力独立有计划的操盘行为，只有小部分是因有突发利好刺激而上升。研究发现这种异常盘口是有价值的，这些异动的股票中有部分包含较强的短线机会。

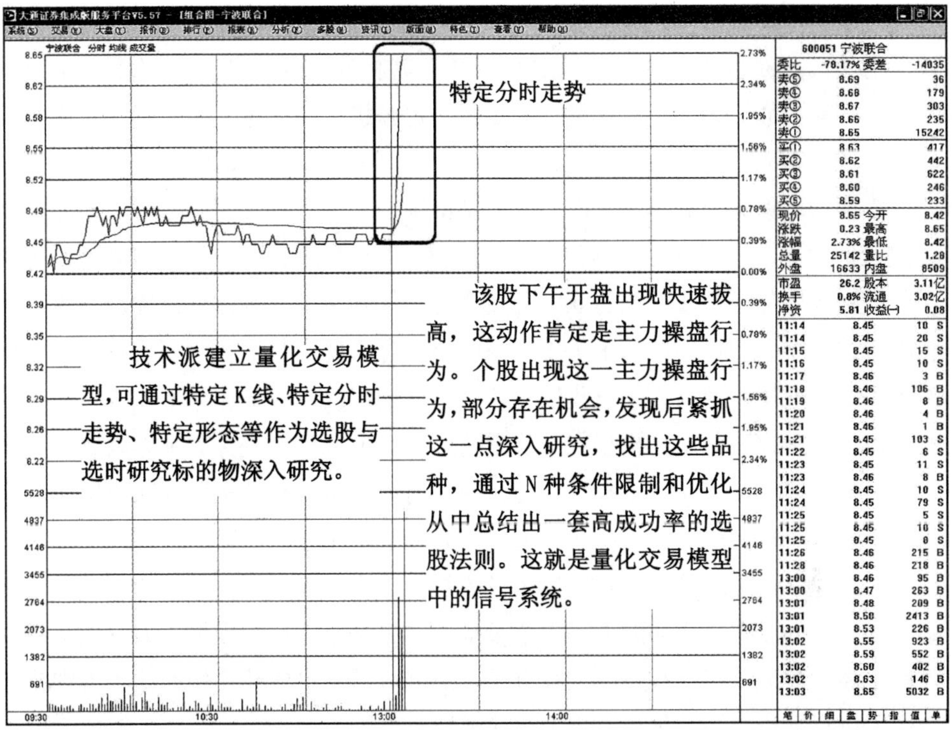
特定分时走势
技术派建立量化交易模型，可通过特定K线、特定分时走势、特定形态等作为选股与选时研究标的物深入研究。
该股下午开盘出现快速拔高，这动作肯定是主力操盘行为。个股出现这一主力操盘行为，部分存在机会，发现后紧抓这一点深入研究，找出这些品种，通过N种条件限制和优化从中总结出一套高成功率的选股法则。这就是量化交易模型中的信号系统。

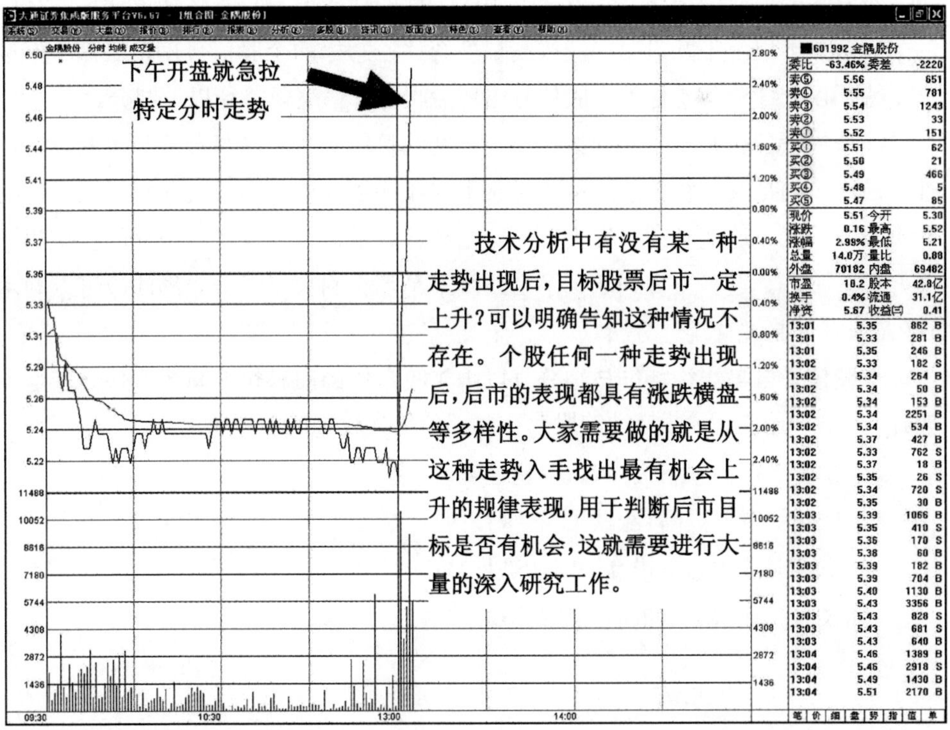
下午开盘就急拉
特定分时走势
技术分析中有没有某一种走势出现后，目标股票后市一定上升？可以明确告知这种情况不存在。个股任何一种走势出现后，后市的表现都具有涨跌横盘等多样性。大家需要做的就是从这种走势入手找出最有机会上升的规律表现，用于判断后市目标是否有机会，这就需要进行大量的深入研究工作。

高成功率的选股系统即信号系统，不可能随手可得，实战中发现有机可寻的蛛丝马迹，那是脑电波脉冲信号瞬间一闪而过的事。发现机会只是个人第一感触，并不能只靠这瞬间个人感触就去确定一定是机会。发现机会时，一定要用心尽力去搜集相应的数据资料进行深入研究，探索是否存在真正机会。

股票市场搜集数据来源就两种，一是市场过去的历史案例数据；二是即时出现的案例数据。所谓史能明鉴，研究历史总结历史规律，借鉴历史规律预测未来。电脑程序化交易模型的建立，在建立之初找到并确立具体信号源后，通过电脑程序进行统计演算，计算出历史数据中该信号出现次数、各时期的频率、成功率等，演算期间要经过人工反复进行各种条件的修改设置优化才能完成。理论上可行后，利用程序化交易模型在交易市场中进行模似操作进行验证。只有经过长期的验证确认可行才能真正投入到交易中使用。量化交易和电脑程序化统计演算的基本原理，来自早期的人工建立量化交易模型设计思路和统计原理。

人工建立量化交易模型需要做大量的统计工作。工作量很大，没有软件的帮助，寻找标的股票工作需要人工在个股中一一去翻查寻找。投资者如发现某些软件的功能对帮助自己寻找标的个股有用，那就可以利用软件去做统计，否则就只有人工进行翻查寻找。很难有不劳而获轻松而得的东西。

研究买入信号的规律从多方面入手：①标的信号的自身具体特征状态；②标的个股信号出现下午开盘第一波拔高幅度统计；③标的个股信号出现后盘中价格表现特征以及细分；④标的个股信号出现后收盘价格表现特征以及细分。

统计进行分类归纳是必须的，分类归纳的目的是找出在每一分类中的规律特性，最终目的是通过统计确定每一类别中，哪些买入信号的成功几率最高，价格后市表现最好。这些必须进行大量的数据统计分析，仅仅看了几个标的就认为哪些好哪些不好，这种主观判断到了实践就不是那么回事了。分类统计也可以利用1～10分打分制进行统计分析。

个股信号自身结构特征与细分（以中午收盘价的涨跌情况与幅度作为基准参照）：

(1)绿盘下跌状态下拔高(跌幅超过2%以上)；

(2)平盘状态下拔高(涨跌幅1％至1%内)；

(3)小幅上升状态下拔高(涨幅2%以内)；

(4)大幅上升状态下拔高(涨幅2%以上)。

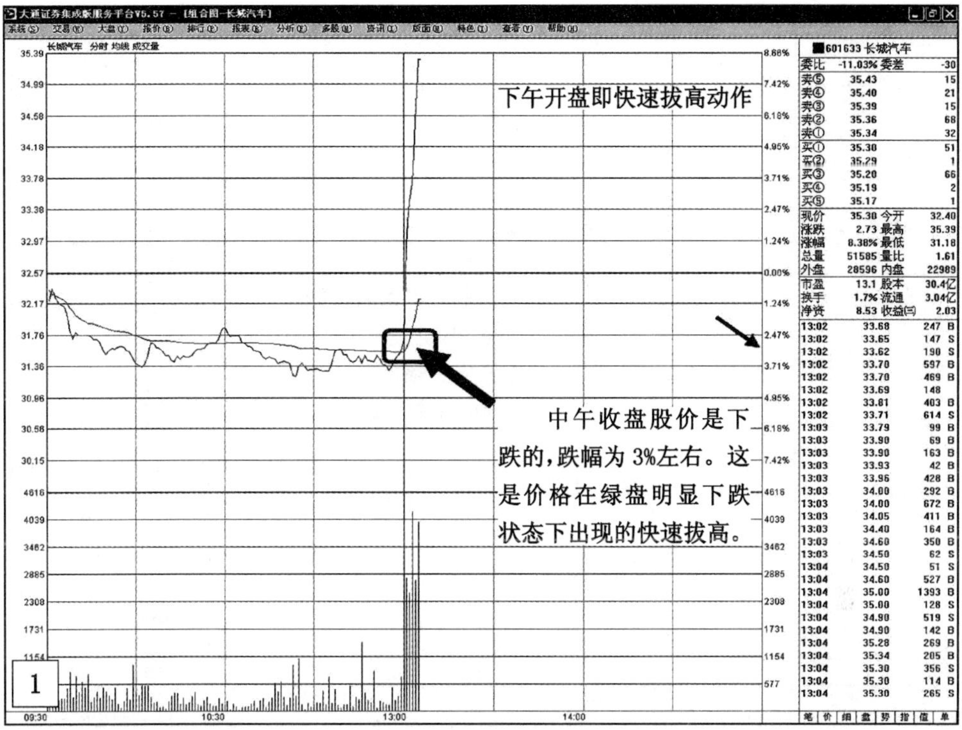
大通证券集成版服务平台V5.57 - [组合图-长城汽车]
601633 长城汽车
下午开盘即快速拔高动作
中午收盘股价是下跌的，跌幅为 3%左右。这是价格在绿盘明显下跌状态下出现的快速拔高。
1

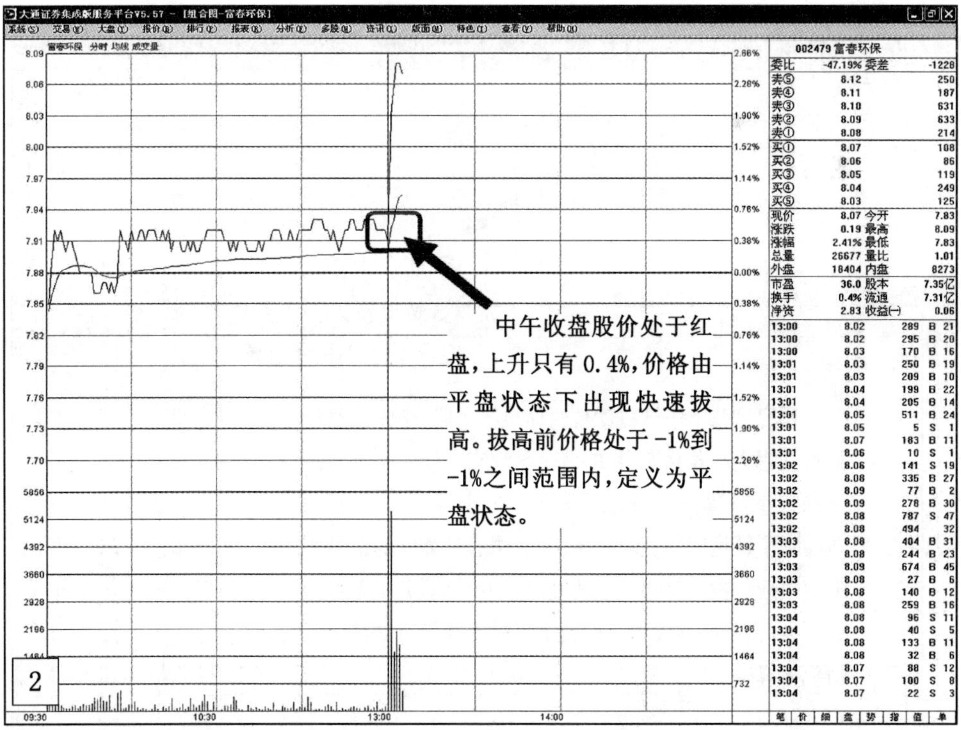
大通证券集成版服务平台V5.57 - [组合图-富春环保]
002479 富春环保
中午收盘股价处于红盘，上升只有 0.4%，价格由平盘状态下出现快速拔高。拔高前价格处于 -1%到 -1%之间范围内，定义为平盘状态。
2

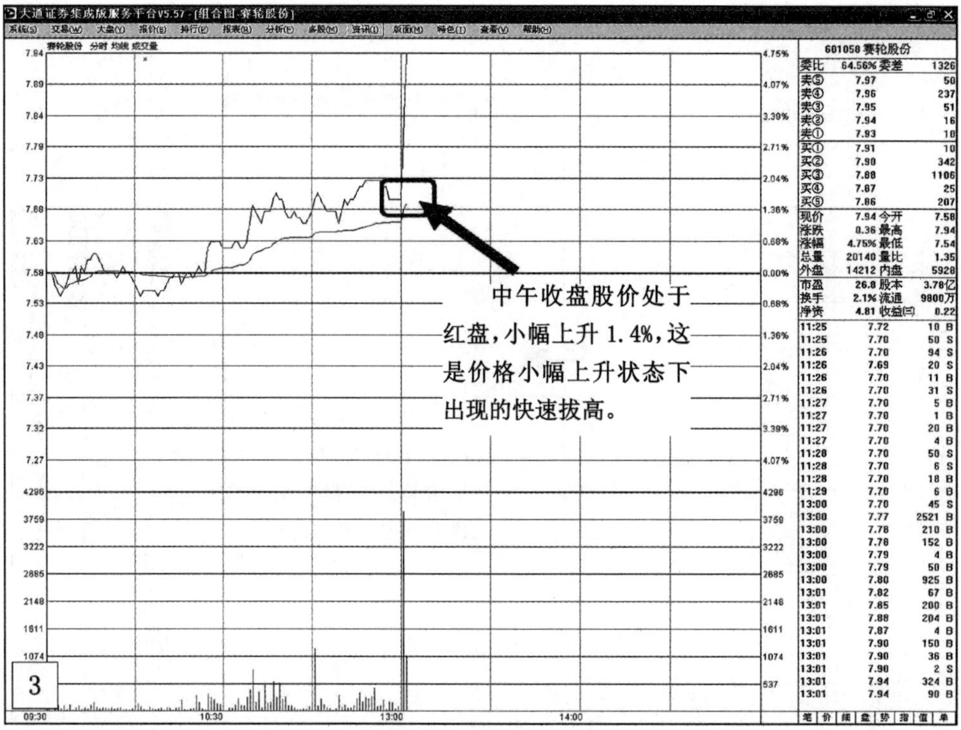

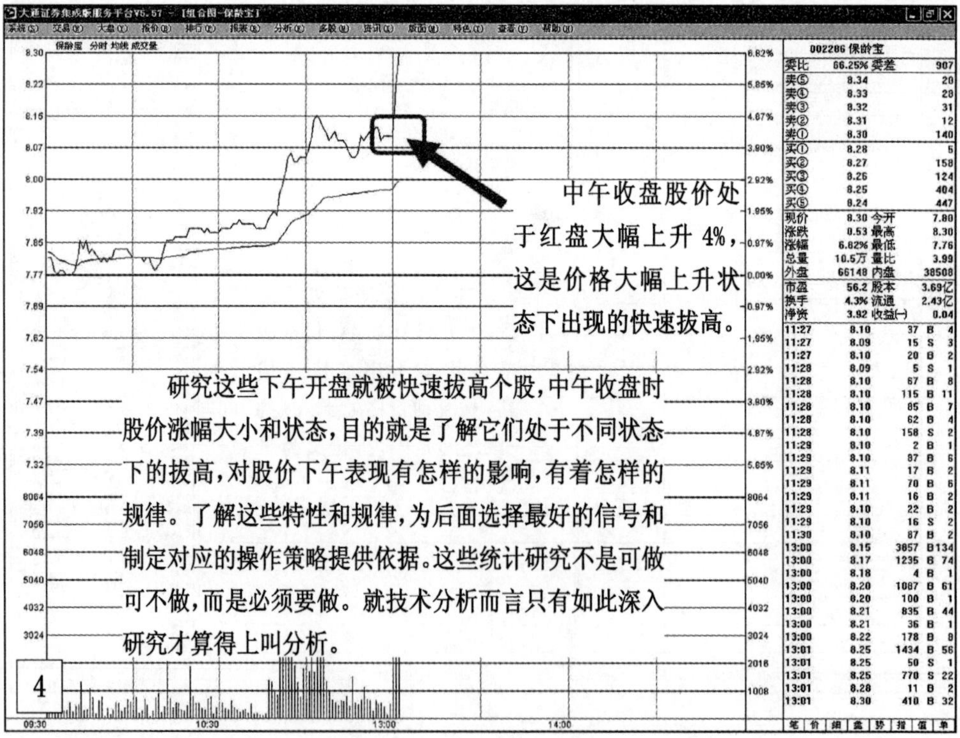

研究这些下午开盘就被快速拔高个股，中午收盘时股价涨幅大小和状态，目的就是了解它们处于不同状态下的拔高，对股价下午表现有怎样的影响，有着怎样的规律。了解这些特性和规律，为后面选择最好的信号和制定对应的操作策略提供依据。这些统计研究不是可做可不做，而是必须要做。就技术分析而言只有如此深入研究才算得上叫分析。

个股信号出现下午开盘第一波拔高幅度统计

这一数据统计的主要目的是研究分析：第一波拔高幅度的大小对这些股票当天价格中盘特别是收盘表现有什么样的影响，另外对这些股票的短线影响程度如何？从中找出规律。

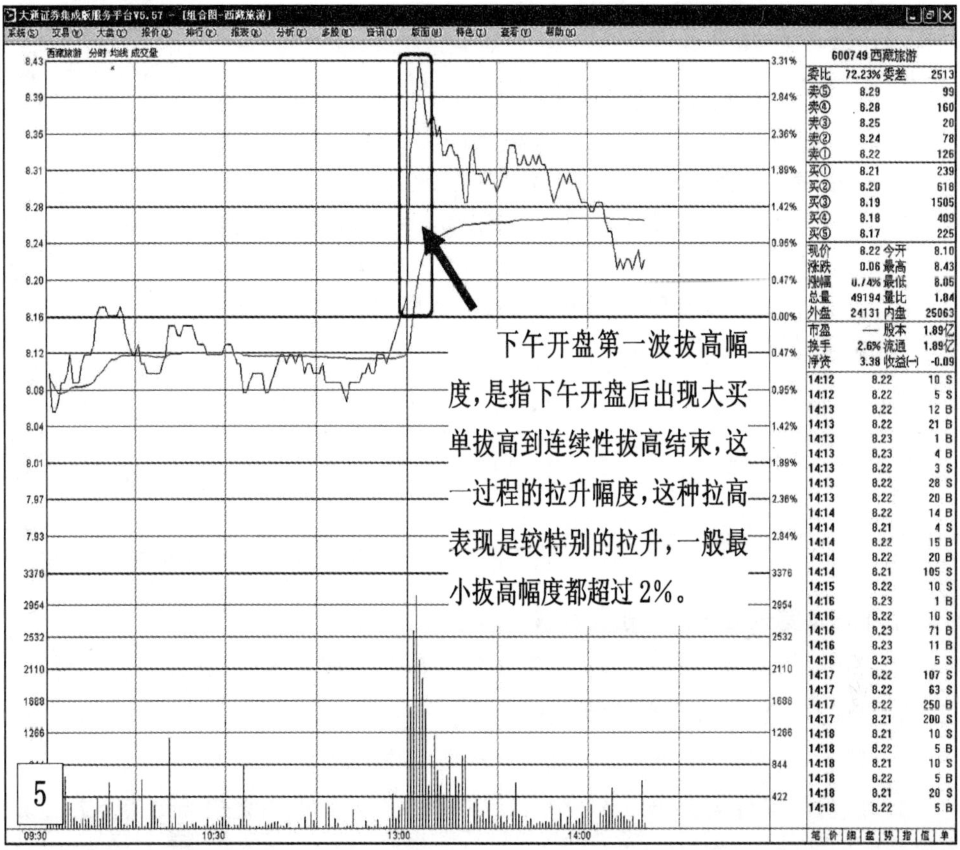

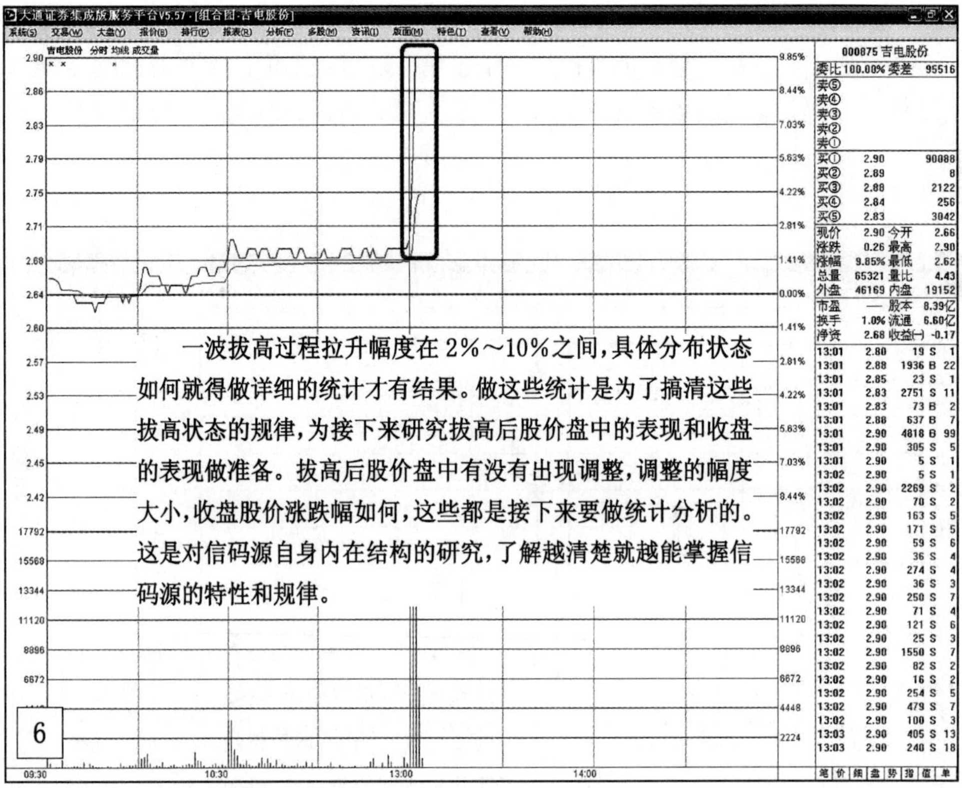

下午开盘第一波拔高攻击完后股价盘中表现统计分析

个股下午开盘第一波攻击后，以下午开盘第一波攻击结束后最高点为基准价，收盘前盘中表现可以为细分三大类：

(1)股价收盘前出现第二第三波继续往向上攻击比例有多少？

(2)股价下午开盘第一波攻击结束后，价格当天后市围绕最高价上下各1.5%升跌范围波动比例的有多少？

(3)下午开盘第一波攻击结束后，股价一路振荡下行走弱的比例有多少？

之所以要做以上三组数据统计，这与后面买入操作策略的制定有着直接的联系。选股时个股满足买入条件，什么时间买，在什么价格幅度范围内买，都要参考上面三点统计特性去分析制定。了解以上三点就能客观知道，有多少这样的股票下午开盘第一波攻击后还出现第二第三波继续往上攻的，以及上攻的幅度如何。有多少拉高后是横盘的，还有多少没有出现第二第三波继续往上攻，而是一路振荡下行走弱的，这些数据参考意义重大。

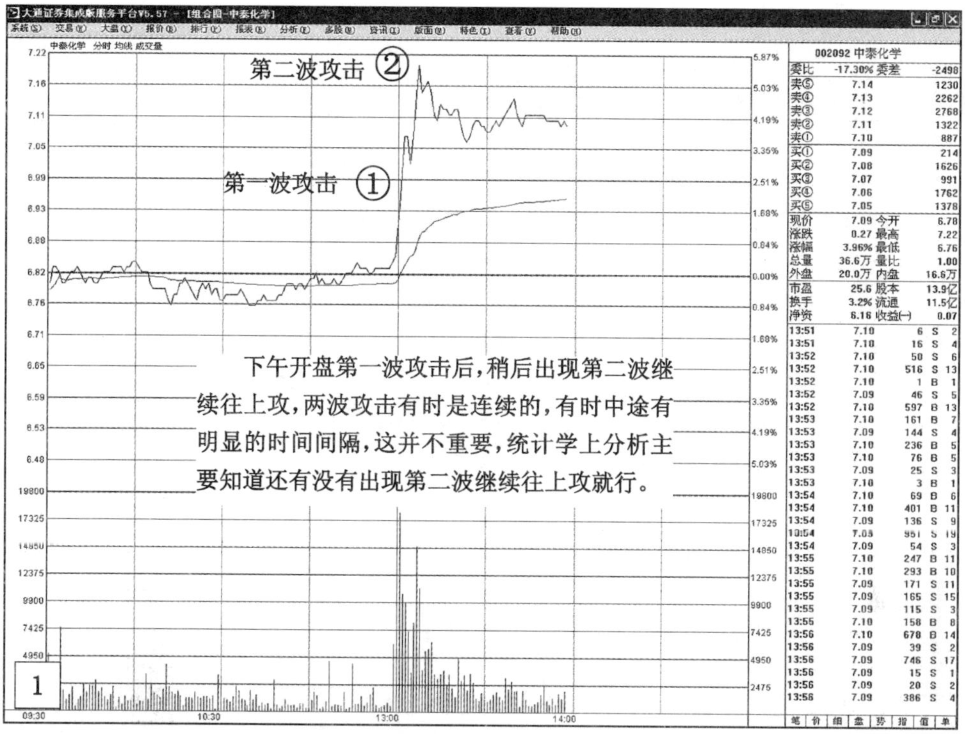
大通证券集成版服务平台V5.57 - [组合图-中泰化学]
第二波攻击 ②
第一波攻击 ①
下午开盘第一波攻击后，稍后出现第二波继续往上攻，两波攻击有时是连续的，有时中途有明显的时间间隔，这并不重要，统计学上分析主要知道还有没有出现第二波继续往上攻就行。
1
002092 中泰化学

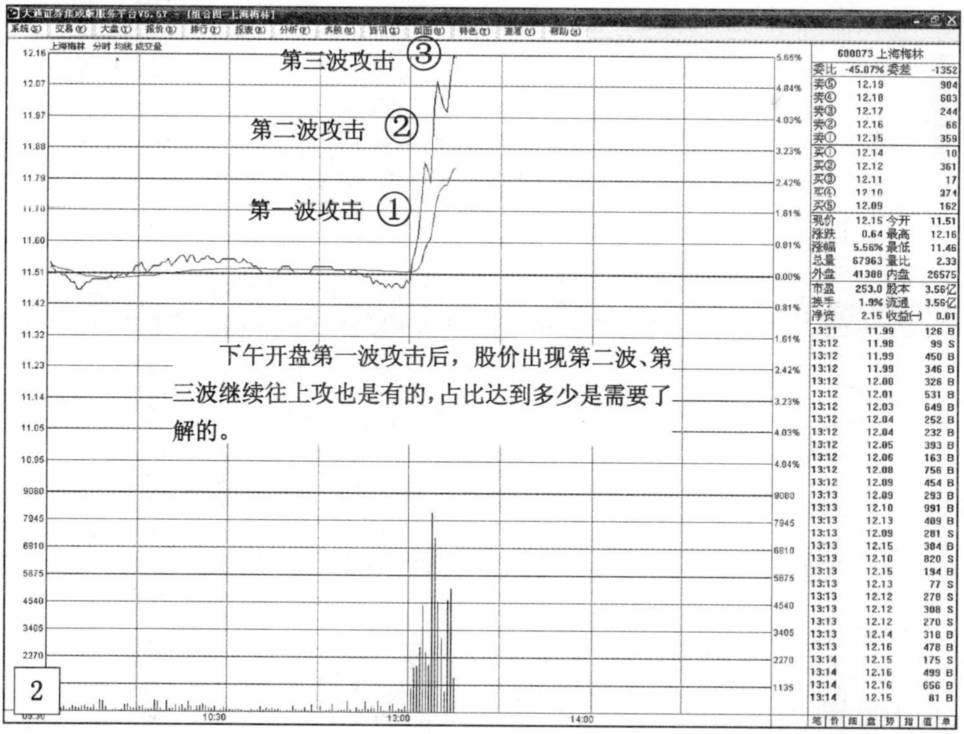
大通证券集成版服务平台V5.57 - [组合图-上海梅林]
第三波攻击 ③
第二波攻击 ②
第一波攻击 ①
下午开盘第一波攻击后，股价出现第二波、第三波继续往上攻也是有的，占比达到多少是需要了解的。
2
600073 上海梅林

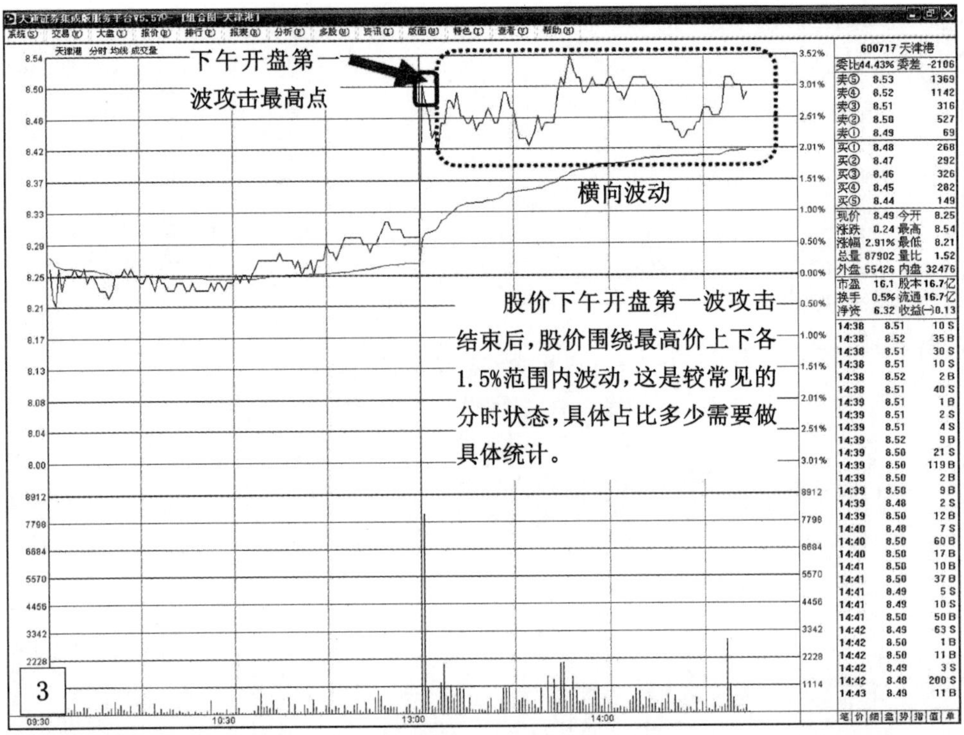
大通证券集成版服务平台V5.57 - [组合图-天津港]
600717 天津港
下午开盘第一
波攻击最高点
横向波动
股价下午开盘第一波攻击结束后，股价围绕最高价上下各1.5%范围内波动，这是较常见的分时状态，具体占比多少需要做具体统计。
3

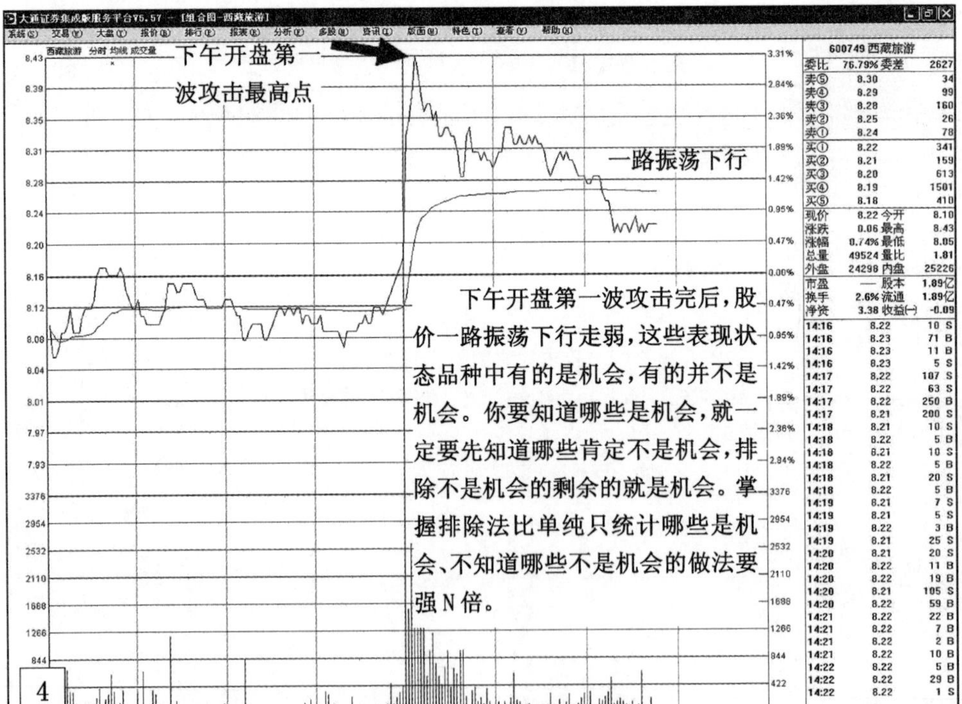
大通证券集成版服务平台V5.57 - [组合图-西藏旅游]
600749 西藏旅游
下午开盘第一
波攻击最高点
一路振荡下行
下午开盘第一波攻击完后，股价一路振荡下行走弱，这些表现状态品种中有的是机会，有的并不是机会。你要知道哪些是机会，就一定要先知道哪些肯定不是机会，排除不是机会的剩余的就是机会。掌握排除法比单纯只统计哪些是机会、不知道哪些不是机会的做法要强N倍。
4

第二第三波继续上攻股价涨跌幅度统计

个股出现下午开盘第一波攻击完后，股价盘中表现有的上升、有的横盘、有的一路下滑。继续上升了多少？一路下滑跌了多少？这些都要有具体的数据才能明晰。了解股价盘中第二第三波继续上升升幅大小，目的仍然是为后面制定什么时间什么价位入市提供参考依据。

部分股票出现下午开盘第一波攻击完后，股价盘中就出现一路下滑，有多少股票会出现如此表现？盘中下滑幅度如何？这些是要搞清楚的。这又是后面制定入市时间、入市价位和防范风险要参考的依据。

以下午开盘第一波攻击结束时作为开始(没有具体固定的时间)，以14：40作为结束时间，这是统计股价盘中表现的具体起始和终止点。

第二第三波继续上攻升幅分级统计

下午开盘第一波攻击完后，盘中股价收盘前出现第二第三波继续往上攻升幅分级统计(以下午开盘第一波攻击结束最高升幅为基准价，计算第二第三波继续往上攻击的上升幅度)。注意：这期间的升幅不包含下午开盘第一波上升的升幅。

(1)第二第三波继续往上攻击升幅1%～3%占比多少；

(2)第二第三波继续往上攻击升幅3%～5%占比多少；

(3)第二第三波继续往上攻击升幅超过5%占比多少。

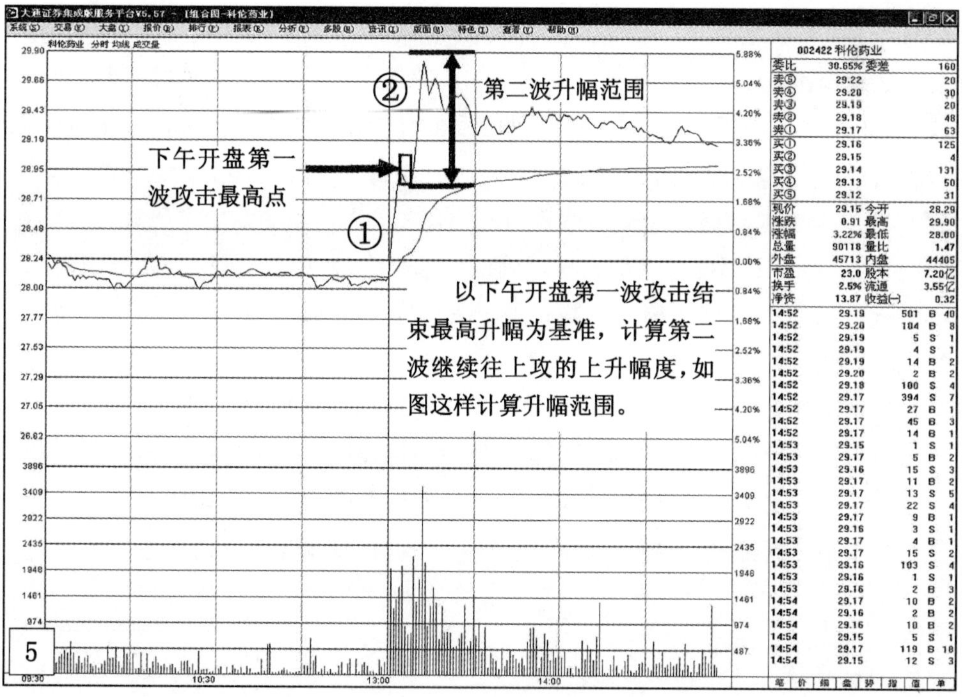

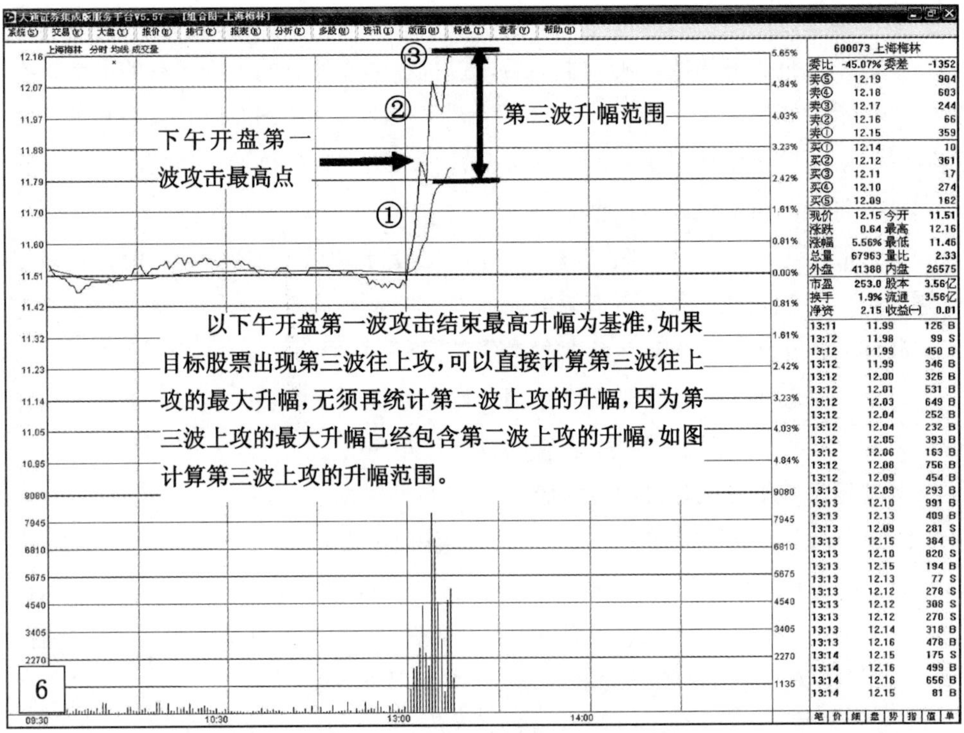

下午开盘第一波攻击完后，股价一路下滑跌幅统计

下午开盘第一波攻击完后股价出现一路下滑，跌幅统计的开始和结束时间同样是："以下午开盘第一波攻击结束的最高涨幅为开始，以14：40作为结束时间"，这一统计是以下午开盘第一波攻击结束的最高涨幅，作为下跌回调基准的，不代表价格一定是跌到绿盘之下的下跌幅度。股价盘中先大升后回落，相对而言也是一种下跌。统计这种盘中先大升后回落表现状况，首先是了解这样的品种达到多少。另外就是评估盘中买入被套的风险有多大，再就是盘中买入时，股价先大升后回落到什么幅度买入最合理。确认目标股票可以买那是信号系统的问题，具体应该怎么买，这就是操作策略问题。操作策略是根据目标品种的各种内在结构特征等制定的。

(1)下午开盘第一波攻击完后股价一路下滑回调跌幅2%～3%占比多少；

(2)下午开盘第一波攻击完后股价一路下滑回调跌幅3%～5%占比多少；

(3)下午开盘第一波攻击完后股价一路下滑回调跌幅5%～7%占比多少；

(4)下午开盘第一波攻击完后股价一路下滑回调跌幅超过7%占比多少。

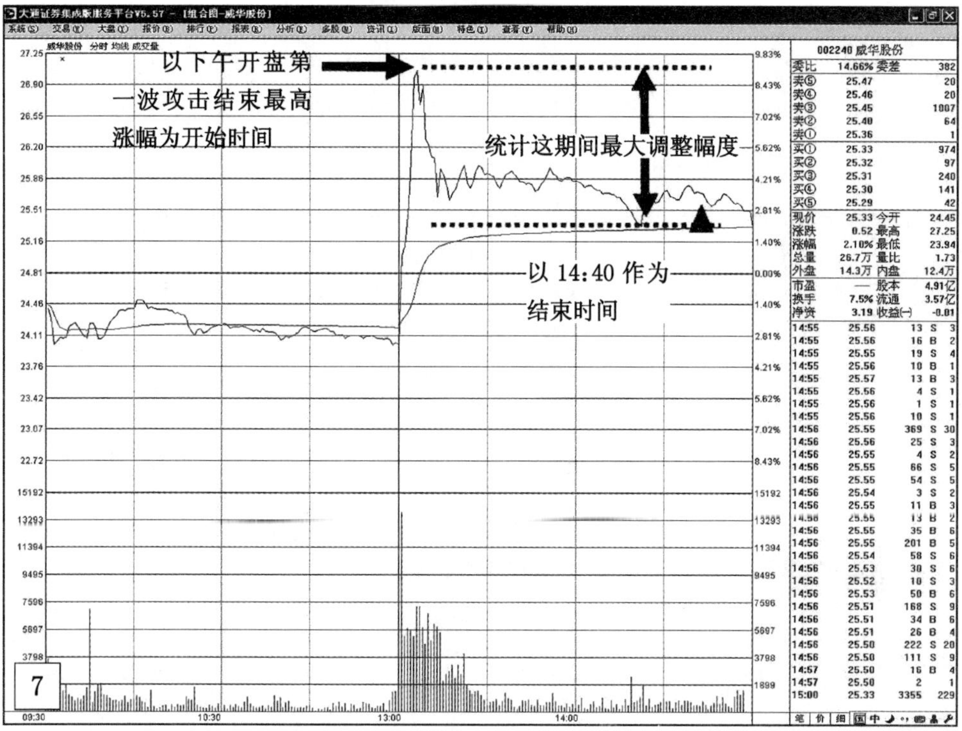

实践中个股出现这种下午开盘第一波攻击完后，股价出现一路下滑的大部分不是机会，至于有多少不是机会就必须要做统计才知道。这些不是机会的品种有什么特征？选股如何回避这些品种等？这些潜在的风险情况了解透彻，就能更大程度的回避风险。

量化交易的统计分析工作是复杂的，经过复杂统计和分析才能从中化繁为简得出简单的选股和操作方法。所谓越简单越好，那是化繁为简后的简单，而不是本身就很简单。经过以上项目统计后，下一步就是目标品种收盘表现具体统计工作，收盘情况统计是核心内容。

历史走势结合盘口分析识别主力陷阱

以史为鉴，借助前者成功的经验和失败的教训可以帮助自己分析判断事物现在和未来的发展，股票市场中的技术分析也可以说是以史明鉴，如借助个股之前K 线走势分析预测其未来的发展，因为之前K线走势中记录着资金活动的各种各样信息，这种信息在一定时期内仍然影响个股的未来发展和表现。

下面以林州重机为例，根据历史走势结合盘口分析识别主力陷阱的方法技巧。技术分析应是全面的分析，分析时越全面越理性，就单根K线分析而言，除了看K线本身还应看当日的分时走势，当日分时走势所包含的信息远比K线本身大。研究时看目标股票半个月以来的表现，了解近期有没有机构活动非常重要。

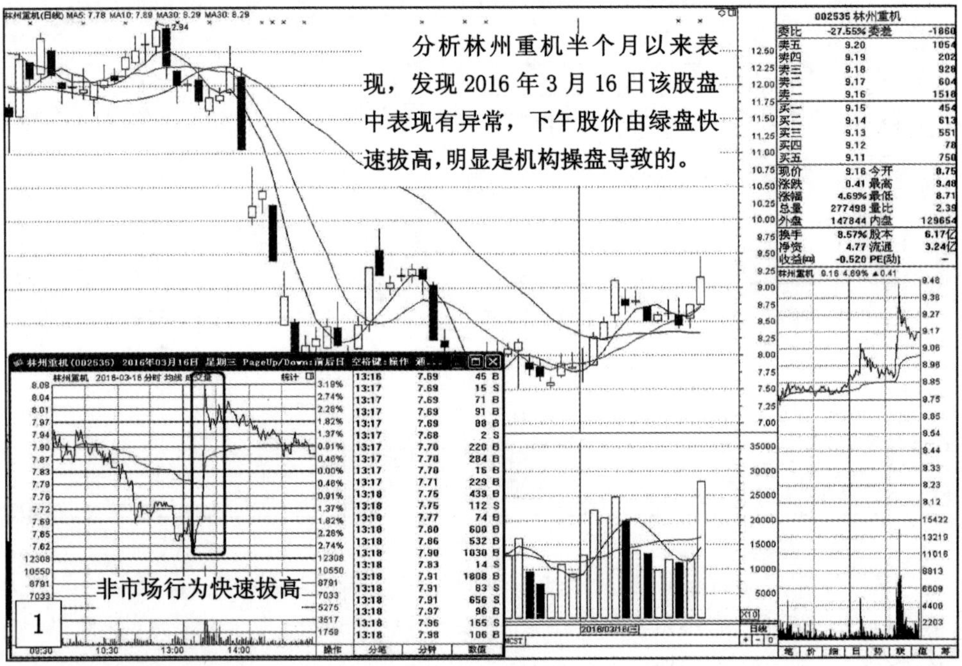

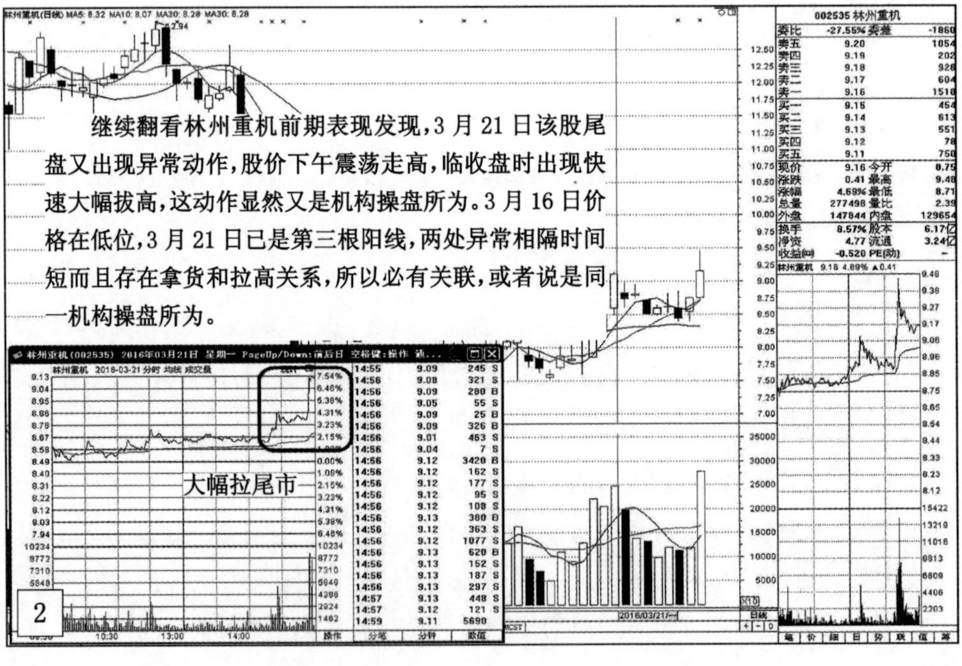

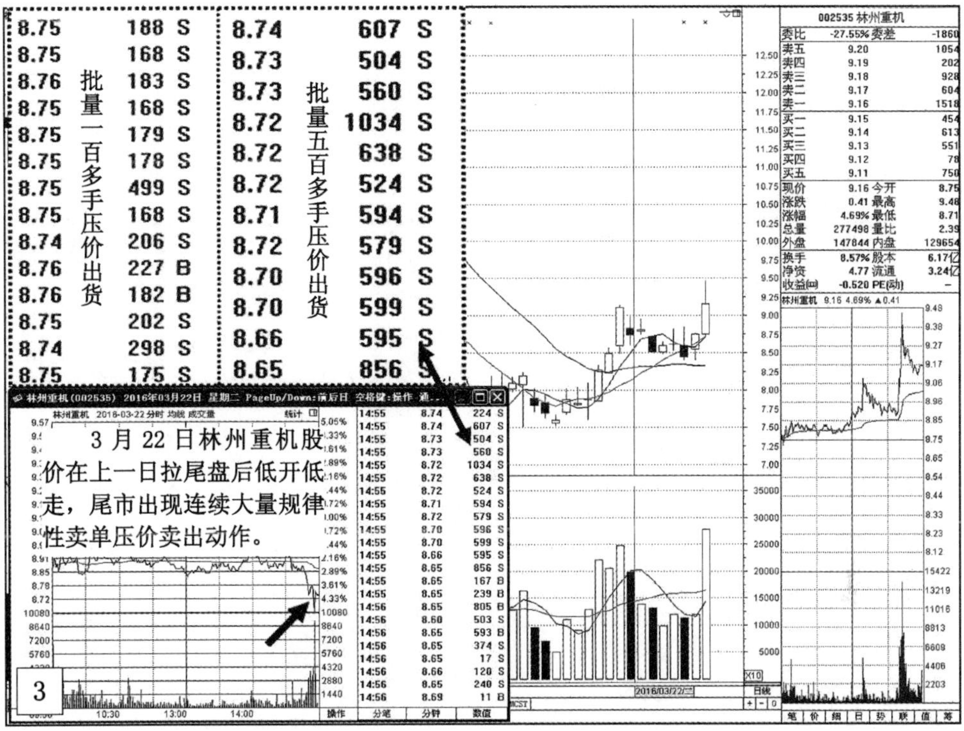
8.75 188 S
8.75 168 S
8.76 183 S
8.75 168 S
8.75 179 S
8.75 178 S
8.75 499 S
8.75 168 S
8.74 206 S
8.76 227 B
8.76 182 B
8.75 202 S
8.74 298 S
8.75 175 S
批量一百多手压价出货
8.74 607 S
8.73 504 S
8.73 560 S
8.72 1034 S
8.72 638 S
8.72 524 S
8.71 594 S
8.72 579 S
8.70 596 S
8.70 599 S
8.66 595 S
8.65 856 S
批量五百多手压价出货
3月22日林州重机股价在上一日拉尾盘后低开低走，尾市出现连续大量规律性卖单压价卖出动作。
3

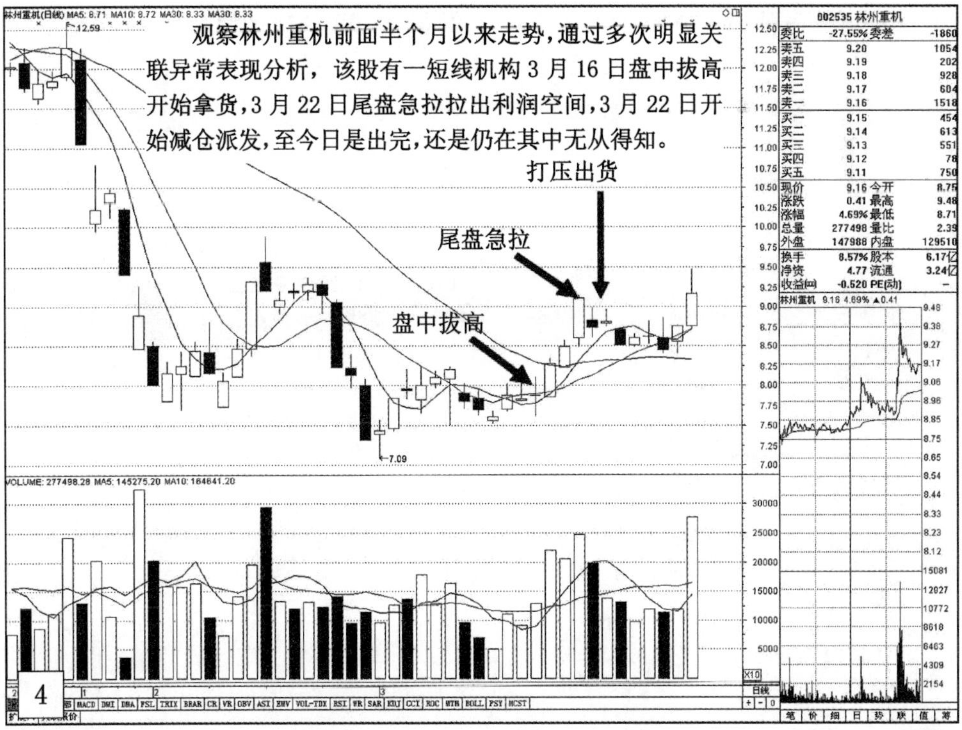
观察林州重机前面半个月以来走势，通过多次明显关联异常表现分析，该股有一短线机构3月16日盘中拔高开始拿货，3月22日尾盘急拉拉出利润空间，3月22日开始减仓派发，至今日是出完，还是仍在其中无从得知。
打压出货
尾盘急拉
盘中拔高
4

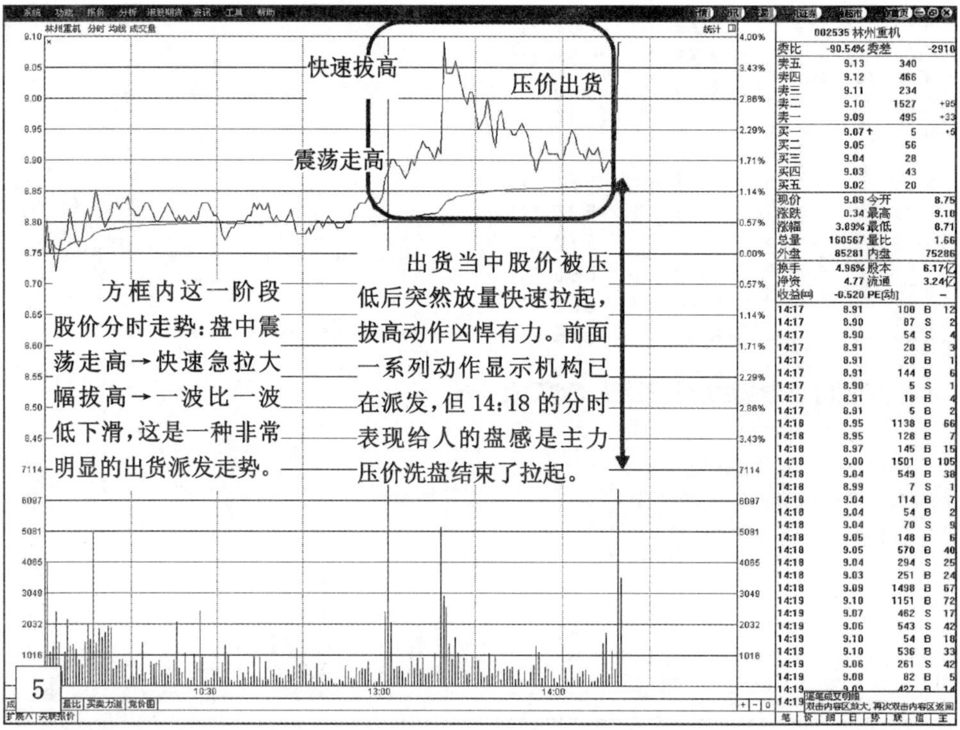
快速拔高
压价出货
震荡走高
方框内这一阶段股价分时走势：盘中震荡走高→快速急拉大幅拔高→一波比一波低下滑，这是一种非常明显的出货派发走势。
出货当中股价被压低后突然放量快速拉起，拔高动作凶悍有力。前面一系列动作显示机构已在派发，但14:18的分时表现给人的盘感是主力压价洗盘结束了拉起。
5

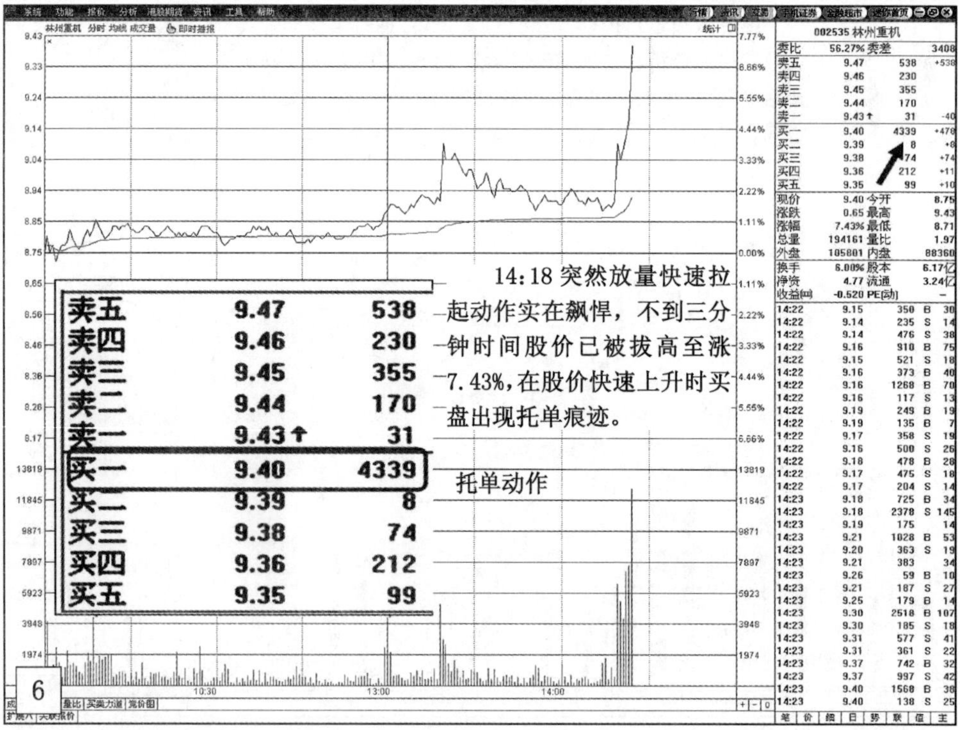
卖五 9.47 538
卖四 9.46 230
卖三 9.45 355
卖二 9.44 170
卖一 9.43 31
买一 9.40 4339
买二 9.39 8
买三 9.38 74
买四 9.36 212
买五 9.35 99
14:18突然放量快速拉起动作实在飙悍，不到三分钟时间股价已被拔高至涨7.43%，在股价快速上升时买盘出现托单痕迹。
托单动作
6

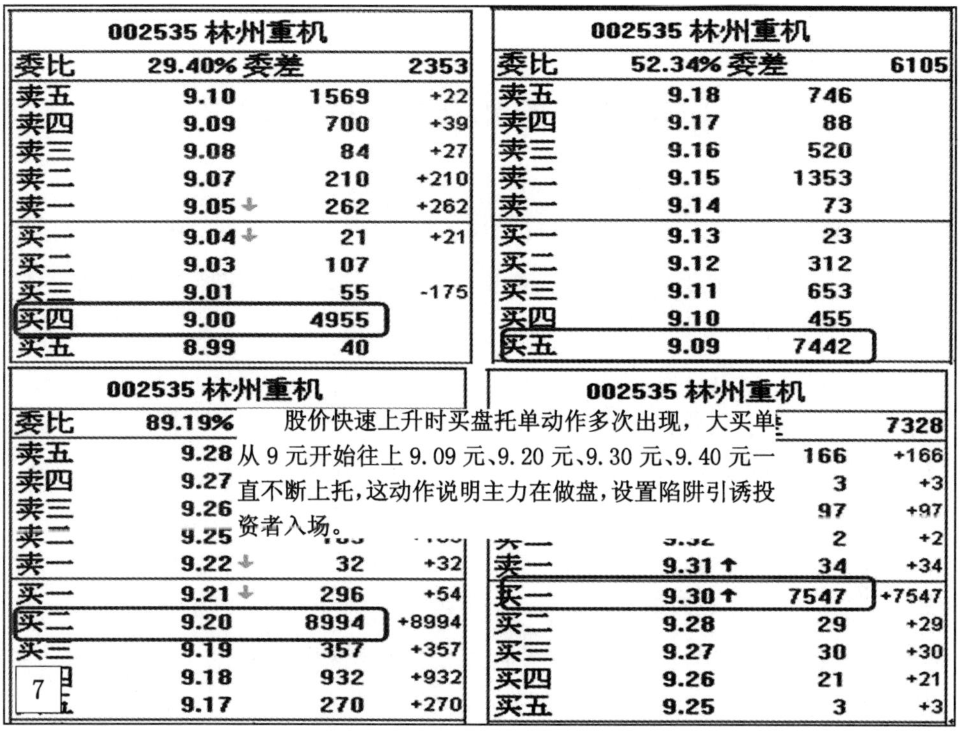
002535 林州重机
委比 29.40% 委差 2353
卖五 9.10 1569 +22
卖四 9.09 700 +39
卖三 9.08 84 +27
卖二 9.07 210 +210
卖一 9.05 262 +262
买一 9.04 21 +21
买二 9.03 107
买三 9.01 55 -175
买四 9.00 4955
买五 8.99 40
002535 林州重机
委比 52.34% 委差 6105
卖五 9.18 746
卖四 9.17 88
卖三 9.16 520
卖二 9.15 1353
卖一 9.14 73
买一 9.13 23
买二 9.12 312
买三 9.11 653
买四 9.10 455
买五 9.09 7442
002535 林州重机
委比 89.19%
卖五 9.28
卖四 9.27
卖三 9.26
卖二 9.25
卖一 9.22 32 +32
买一 9.21 296 +54
买二 9.20 8994 +8994
买三 9.19 357 +357
9.18 932 +932
9.17 270 +270
002535 林州重机
7328
166 +166
3 +3
97 +97
2 +2
卖一 9.31 34 +34
买一 9.30 7547 +7547
买二 9.28 29 +29
买三 9.27 30 +30
买四 9.26 21 +21
买五 9.25 3 +3
股价快速上升时买盘托单动作多次出现，大买单从9元开始往上9.09元、9.20元、9.30元、9.40元一直不断上托，这动作说明主力在做盘，设置陷阱引诱投资者入场。
7

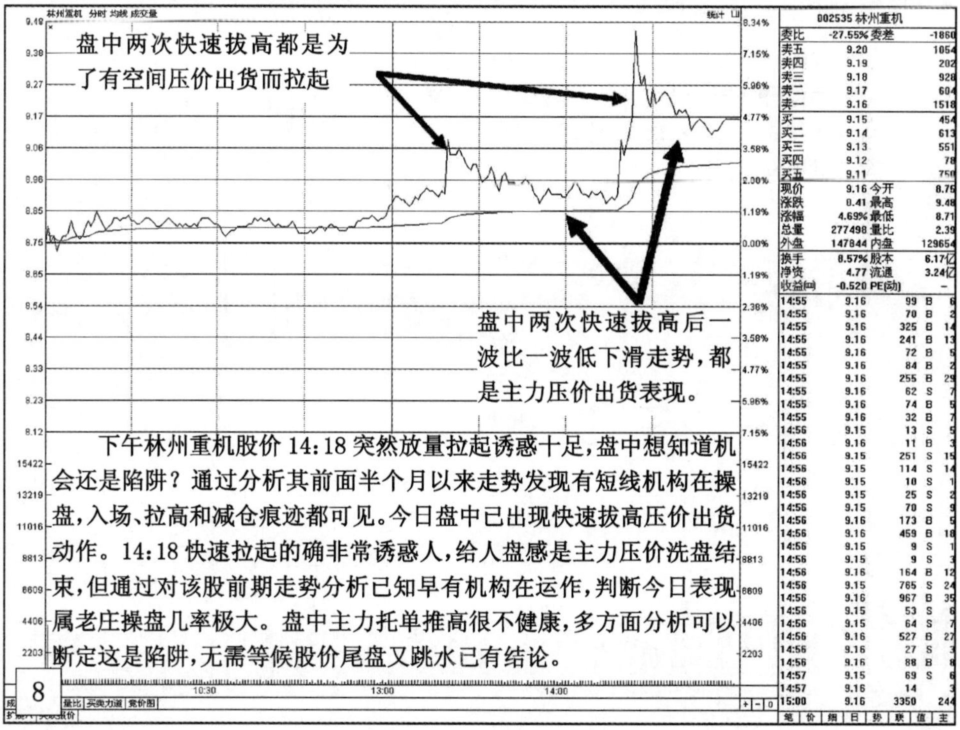
林州重机 分时 均线 成交量
盘中两次快速拔高都是为了有空间压价出货而拉起
盘中两次快速拔高后一波比一波低下滑走势，都是主力压价出货表现。
下午林州重机股价14:18突然放量拉起诱惑十足，盘中想知道机会还是陷阱？通过分析其前面半个月以来走势发现有短线机构在操盘，入场、拉高和减仓痕迹都可见。今日盘中已出现快速拔高压价出货动作。14:18快速拉起的确非常诱惑人，给人盘感是主力压价洗盘结束，但通过对该股前期走势分析已知早有机构在运作，判断今日表现属老庄操盘几率极大。盘中主力托单推高很不健康，多方面分析可以断定这是陷阱，无需等候股价尾盘又跳水已有结论。
002535 林州重机
委比 -27.55% 委差
卖五 9.20
卖四 9.19
卖三 9.18
卖二 9.17
卖一 9.16
买一 9.15
买二 9.14
买三 9.13
买四 9.12
买五 9.11
现价 9.16 今开
涨跌 0.41 最高
涨幅 4.69% 最低
总量 277498 量比
外盘 147844 内盘
换手 8.57% 股本
净资 4.77 流通
收益(四) -0.520 PE(动)
10:30
13:00
14:00
8

超短线主力的套利K线形态

市场惨淡时想赚大钱十分困难，但资金具有时间成本，股市里部分机构资金通过融资而来，需要支付利息，在市场惨淡时也得想方设法赚到支付利息的小钱，因此频繁进出博一把的游资不少,经验丰富的机构小资金入市拿货、快速拉一把就跑的动作也日日可见。

下面介绍一种常见的游资超短线套利K线形态给大家认识，跟得上主力的步伐跟着赚一把固然好，跟不上主力的步伐也可以避免乱追高去帮主力接盘。

这种游资超短线套利在K线形态上就两根K线：第一根K线是放量的中阳或大阳，第二根K线是带有长上影的锤头K线。机构利用一根放量的中阳入市拿货并拉高，次日快速拔高马上就开始出货。打压出货导致第二根K线以长上影线收盘。到了第三日这些机构将手上剩余的筹码全部不计成本清仓卖出。至于利润有多少每次不同，出现微小的亏损也是正常的。

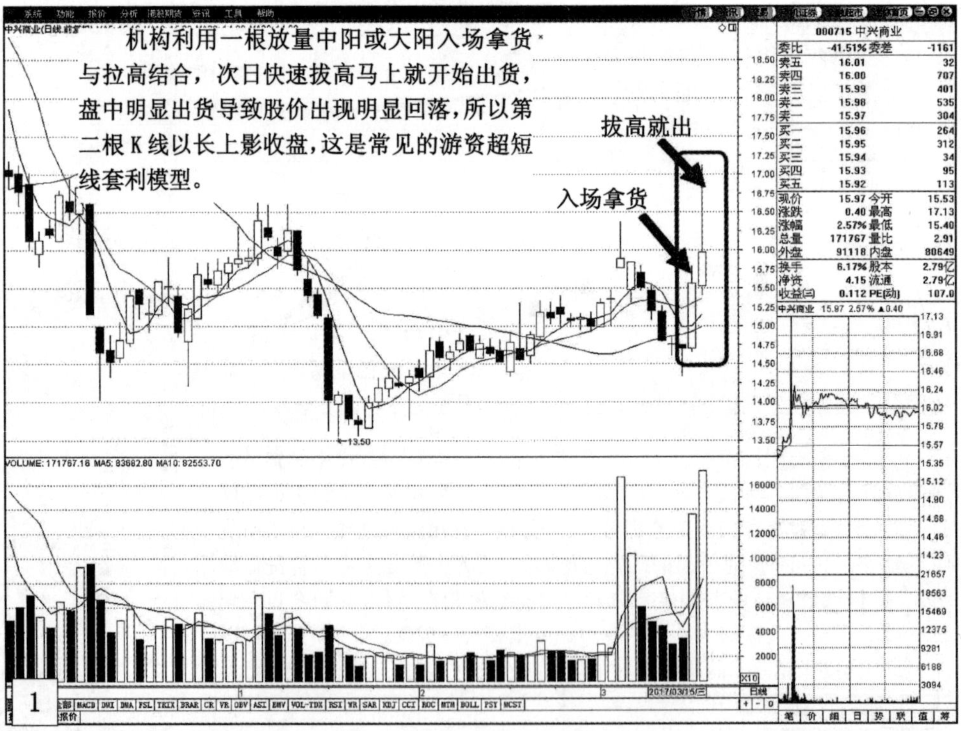

1

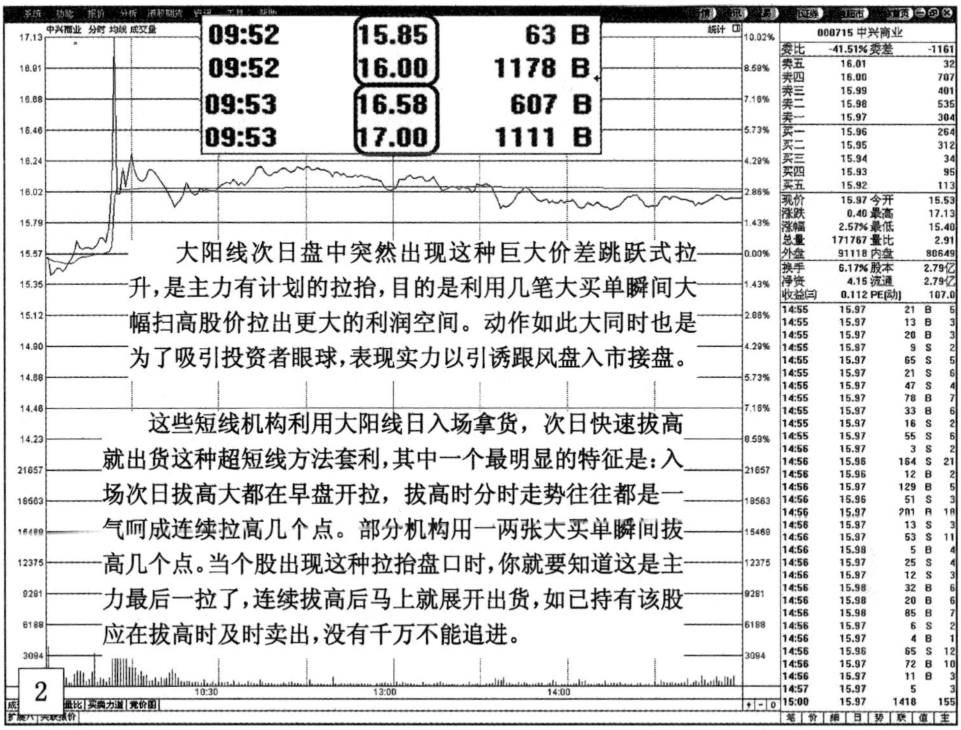
09:52 15.85 63 B
09:52 16.00 1178 B
09:53 16.58 607 B
09:53 17.00 1111 B
大阳线次日盘中突然出现这种巨大价差跳跃式拉升，是主力有计划的拉抬，目的是利用几笔大买单瞬间大幅扫高股价拉出更大的利润空间。动作如此大同时也是为了吸引投资者眼球，表现实力以引诱跟风盘入市接盘。
这些短线机构利用大阳线日入场拿货，次日快速拔高就出货这种超短线方法套利，其中一个最明显的特征是：入场次日拔高大都在早盘开拉，拔高时分时走势往往都是一气呵成连续拉高几个点。部分机构用一两张大买单瞬间拔高几个点。当个股出现这种拉抬盘口时，你就要知道这是主力最后一拉了，连续拔高后马上就展开出货，如已持有该股应在拔高时及时卖出，没有千万不能追进。
000715 中兴商业
2

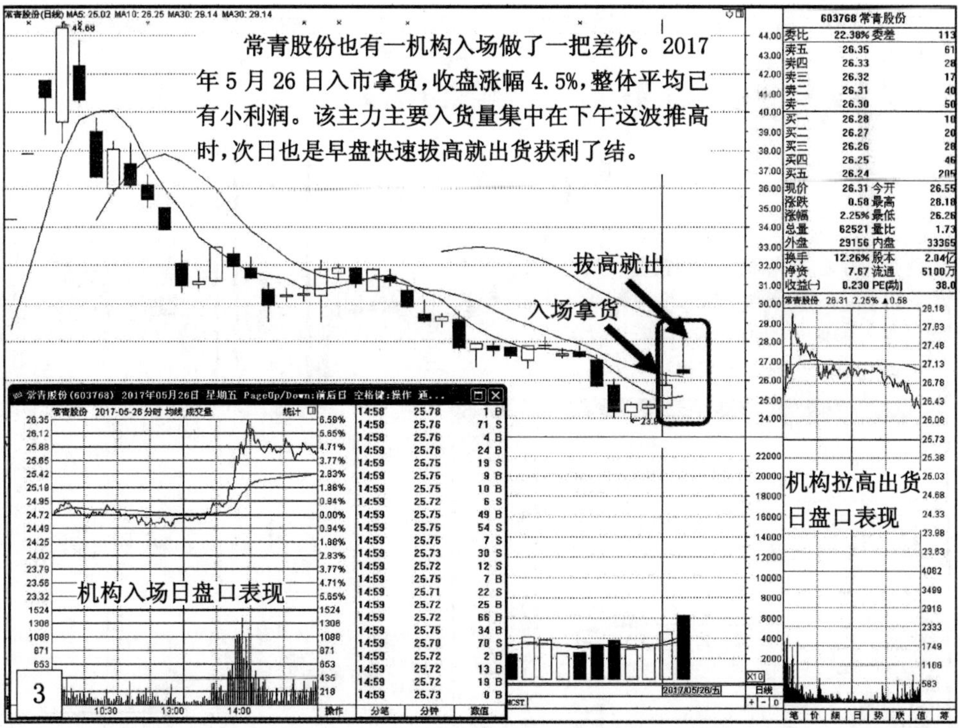
常青股份也有一机构入场做了一把差价。2017年5月26日入市拿货，收盘涨幅4.5%，整体平均已有小利润。该主力主要入货量集中在下午这波推高时，次日也是早盘快速拔高就出货获利了结。
拔高就出
入场拿货
603768 常青股份
机构拉高出货日盘口表现
机构入场日盘口表现
3

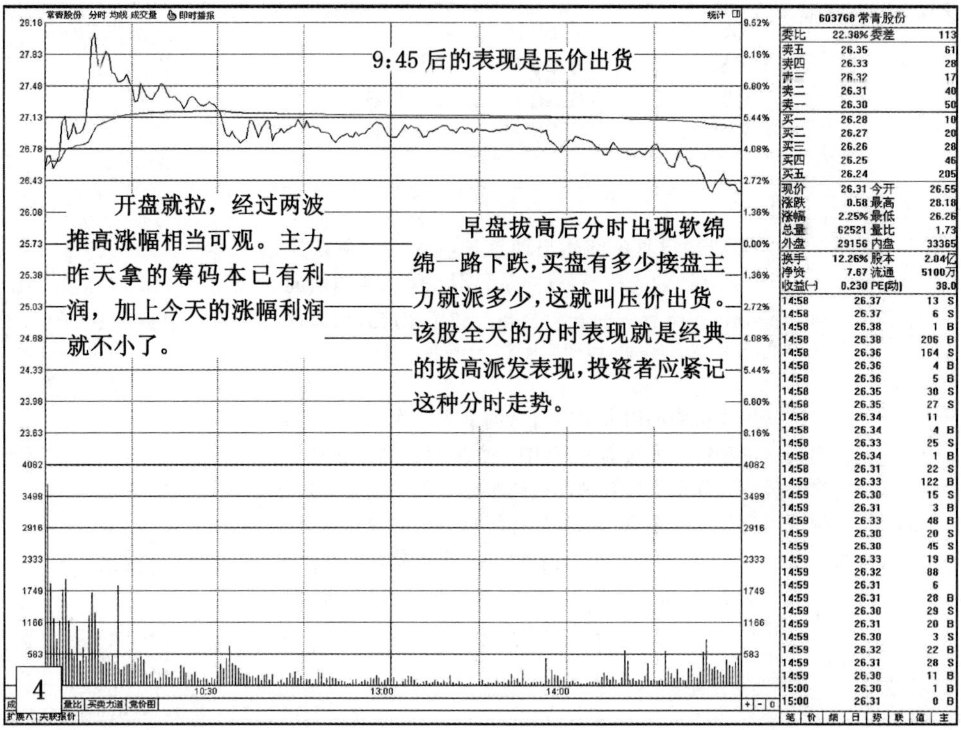
603768 常青股份
9:45 后的表现是压价出货
开盘就拉，经过两波推高涨幅相当可观。主力昨天拿的筹码本已有利润，加上今天的涨幅利润就不小了。
早盘拔高后分时出现软绵绵一路下跌，买盘有多少接盘主力就派多少，这就叫压价出货。该股全天的分时表现就是经典的拔高派发表现，投资者应紧记这种分时走势。
4

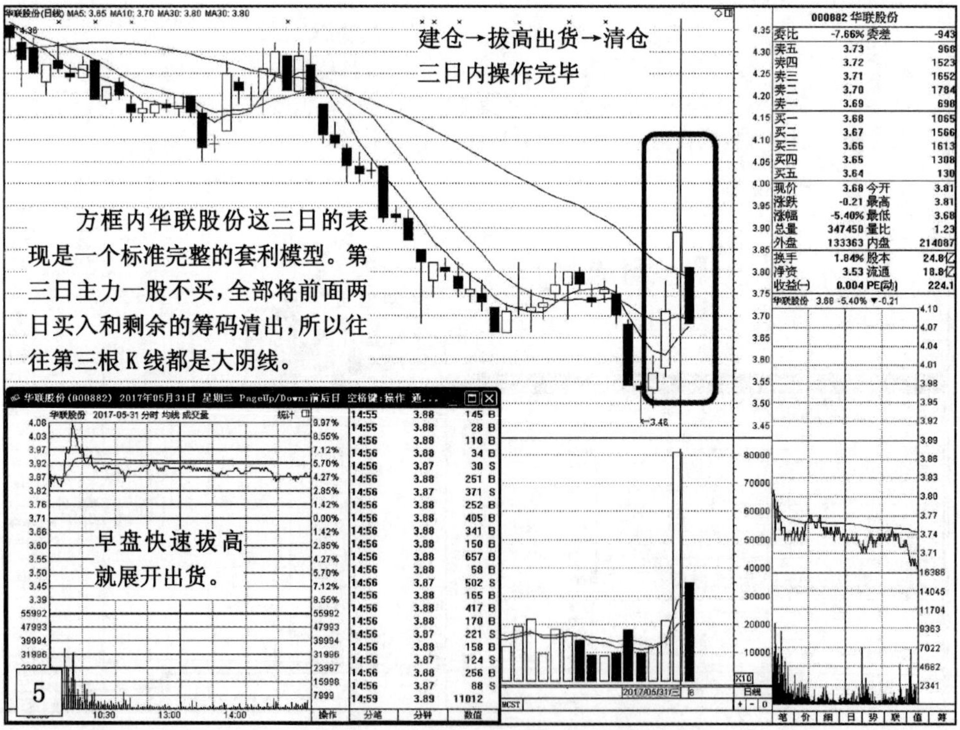
000882 华联股份
建仓→拔高出货→清仓
三日内操作完毕
方框内华联股份这三日的表现是一个标准完整的套利模型。第三日主力一股不买，全部将前面两日买入和剩余的筹码清出，所以往往第三根 K 线都是大阴线。
早盘快速拔高就展开出货。
5

第四章　主力规律性操盘

操盘手独特风格和规律性做盘手段揭秘

股票市场构成的最小单位量是一只股票一家上市公司，主业相同的个股被划分为同一板块，各类板块构成大市。股票市场参与者中，个体投资者是最小单位量。无论是以企业还是机构等的名义开户，最终做出决策交易的都是人，而且以个人为主，每一个交易者的行为都会影响市场，影响力则根据各人自身条件因素有所不同。

掌控巨量资金和掌握熟练操盘技术的操盘手，无疑是对市场最有影响力的个体之一，这种影响既体现在对指数的影响，也体现在板块中的影响，包括升跌和升跌幅度，最重要的影响体现在个股交易上，其中最直接的是对股价盘中或短线的影响。谈及主力操盘手对个股交易的影响，就必须讨论主力做庄操纵股价行为，短线主力往往做一把就走，它对一只股票的影响是短暂的，波段主力操盘一只股票时间至少一个月起，长线主力操盘一只股票至少半年起，影响的时间和力度与主力操盘计划有关。

短线主力虽只做一把就走，但操盘手操作所留下的操纵痕迹也可能多日表现相似或同样，波段、长线主力操盘一只股票用相同的手法，在一时段中多次反复出现是常见的。这种相似风格、相同手段规律地表现可以在盘口中、分时走势上、K 线上。

本文以龙洲股份近一年以及数日的表现，分析说明同一个机构操盘手以相同的做盘风格、操作手段多次做盘在盘口、分时走势上的表现。

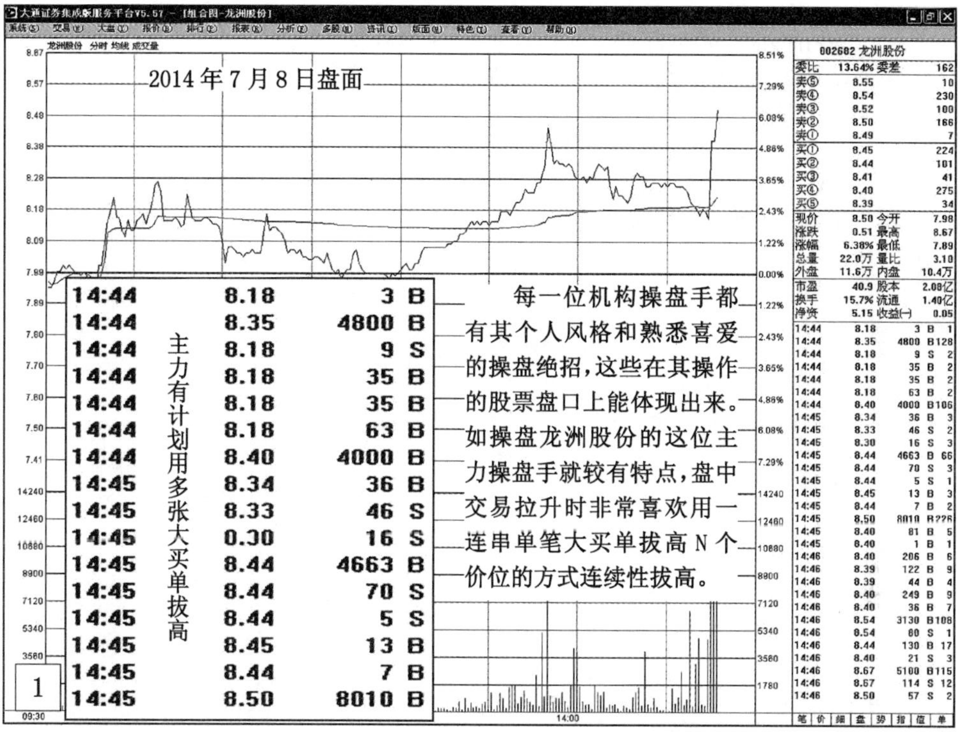
2014年7月8日盘面
14:44 8.18 3 B
14:44 8.35 4800 B
14:44 8.18 9 S
14:44 8.18 35 B
14:44 8.18 35 B
14:44 8.18 63 B
14:44 8.40 4000 B
14:45 8.34 36 B
14:45 8.33 46 S
14:45 0.30 16 S
14:45 8.44 4663 B
14:45 8.44 70 S
14:45 8.44 5 S
14:45 8.45 13 B
14:45 8.44 7 B
14:45 8.50 8010 B
主力有计划用多张大买单拔高
每一位机构操盘手都有其个人风格和熟悉喜爱的操盘绝招，这些在其操作的股票盘口上能体现出来。如操盘龙洲股份的这位主力操盘手就较有特点，盘中交易拉升时非常喜欢用一连串单笔大买单拔高N个价位的方式连续性拔高。
1

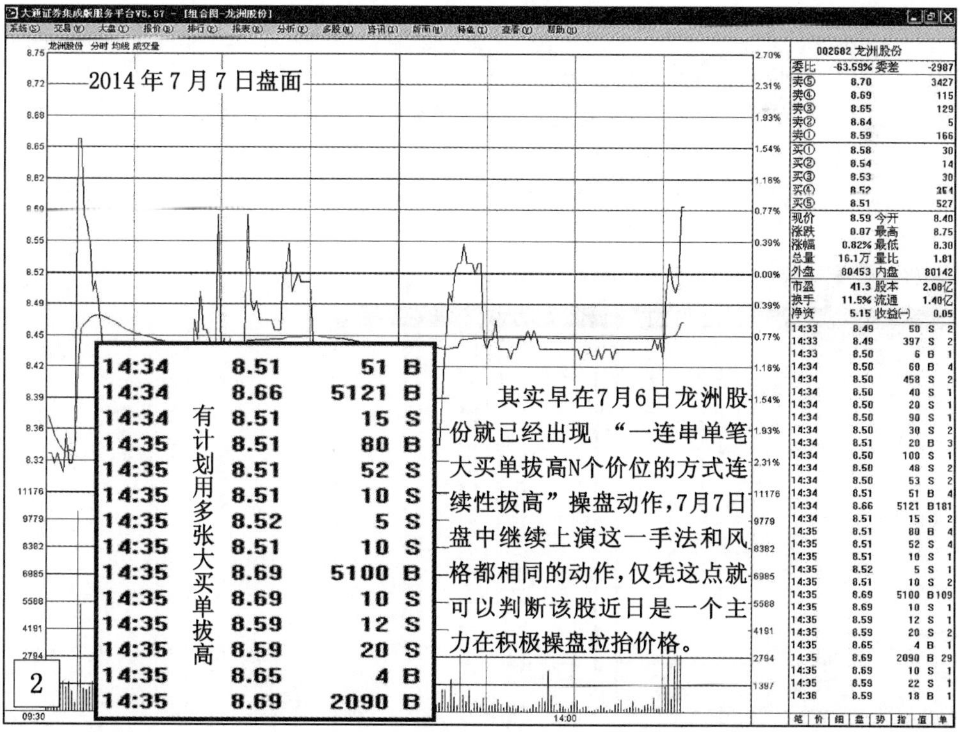
2014年7月7日盘面
14:34 8.51 51 B
14:34 8.66 5121 B
14:34 8.51 15 S
14:35 8.51 80 B
14:35 8.51 52 S
14:35 8.51 10 S
14:35 8.52 5 S
14:35 8.51 10 S
14:35 8.69 5100 B
14:35 8.69 10 S
14:35 8.59 12 S
14:35 8.59 20 S
14:35 8.65 4 B
14:35 8.69 2090 B
有计划用多张大买单拔高
其实早在7月6日龙洲股份就已经出现“一连串单笔大买单拔高N个价位的方式连续性拔高”操盘动作，7月7日盘中继续上演这一手法和风格都相同的动作，仅凭这点就可以判断该股近日是一个主力在积极操盘拉抬价格。
2

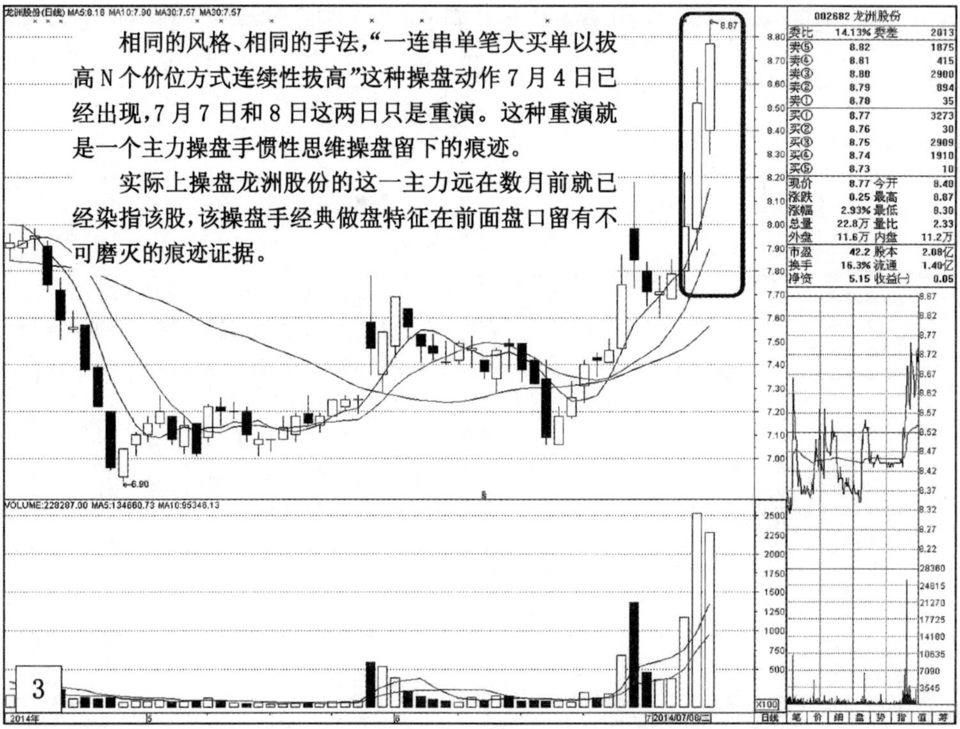

相同的风格、相同的手法,“一连串单笔大买单以拔高N个价位方式连续性拔高”这种操盘动作7月4日已经出现,7月7日和8日这两日只是重演。这种重演就是一个主力操盘手惯性思维操盘留下的痕迹。

实际上操盘龙洲股份的这一主力远在数月前就已经染指该股,该操盘手经典做盘特征在前面盘口留有不可磨灭的痕迹证据。

3

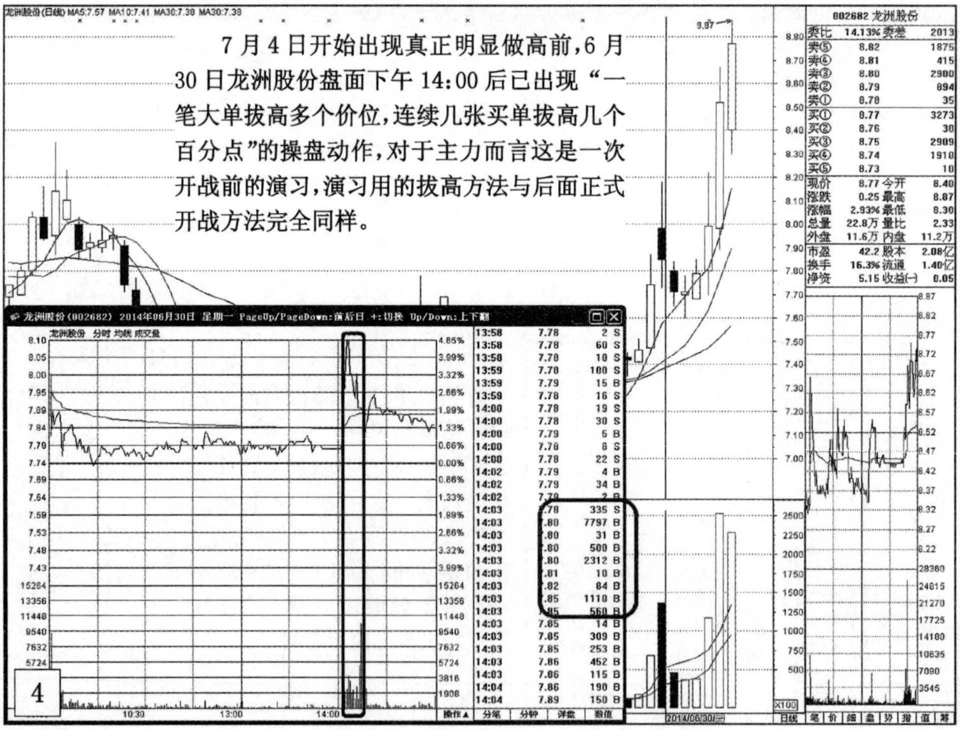

7月4日开始出现真正明显做高前,6月30日龙洲股份盘面下午14:00后已出现“一笔大单拔高多个价位,连续几张买单拔高几个百分点”的操盘动作,对于主力而言这是一次开战前的演习,演习用的拔高方法与后面正式开战方法完全同样。

4

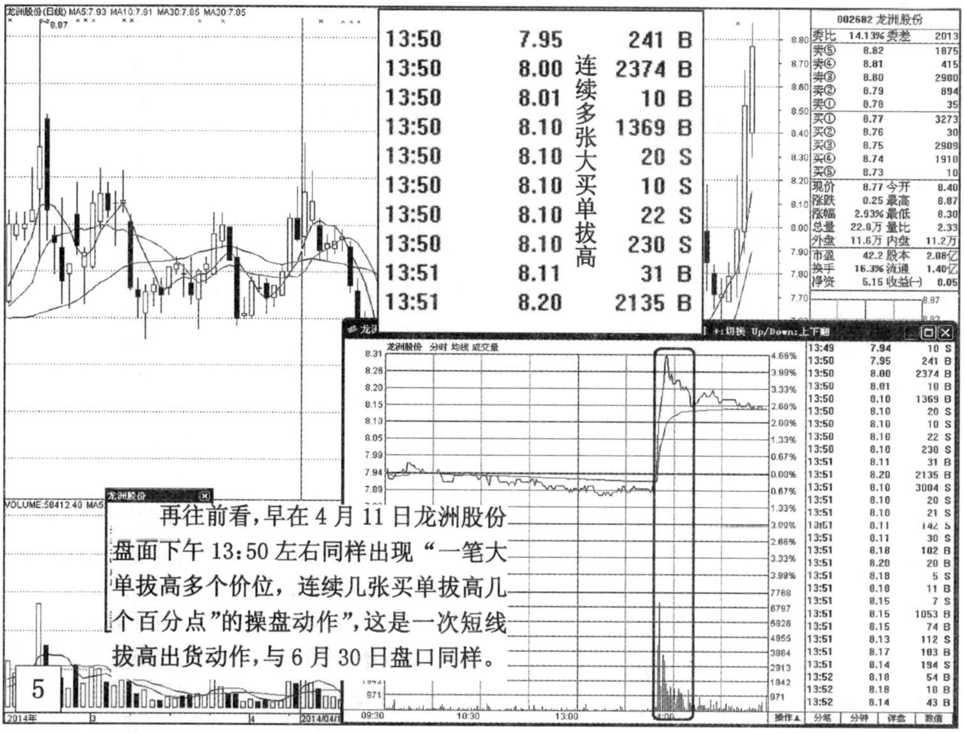

13:50 7.95 241 B
13:50 8.00 2374 B
13:50 8.01 10 B
13:50 8.10 1369 B
13:50 8.10 20 S
13:50 8.10 10 S
13:50 8.10 22 S
13:50 8.10 230 S
13:51 8.11 31 B
13:51 8.20 2135 B
连续多张大买单拔高
再往前看，早在4月11日龙洲股份盘面下午13:50左右同样出现“一笔大单拔高多个价位，连续几张买单拔高几个百分点”的操盘动作”，这是一次短线拔高出货动作，与6月30日盘口同样。
5

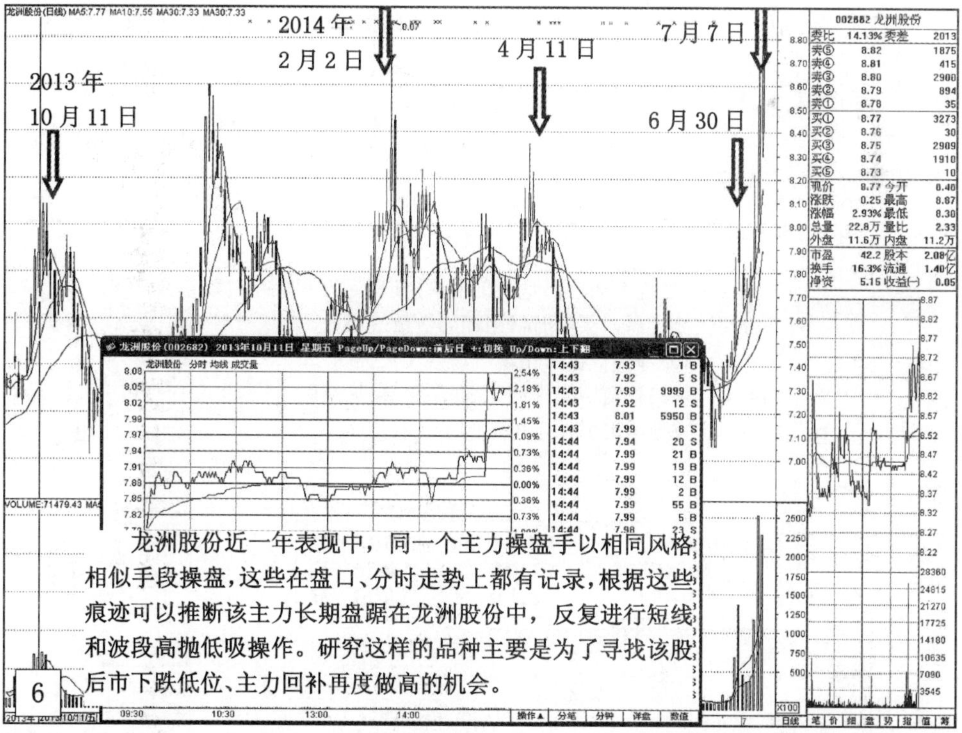

2013年
10月11日
2014年
2月2日
4月11日
6月30日
7月7日
龙洲股份近一年表现中，同一个主力操盘手以相同风格相似手段操盘，这些在盘口、分时走势上都有记录，根据这些痕迹可以推断该主力长期盘踞在龙洲股份中，反复进行短线和波段高抛低吸操作。研究这样的品种主要是为了寻找该股后市下跌低位、主力回补再度做高的机会。
6

数据验证机构下单规律性操作

生活中的规律有绝对和相对两种，绝对是指：自然界和社会诸现象之间必然、本质、稳定和反复出现的关系，是有节奏的不杂乱的，而相对是指在杂乱之间，有一定节奏的诸现象，这种规律是一种模糊化范围内的规律，相似的现象反复出现，但并不完全以相同形式出现。

股票市场中个股表现找不到绝对的规律，数据分析显示个股都是以非线性方式波动的，但有些个股的表现有一定规律可循，那就是人为的规律。人们在交易时总是有意或无意将自己的个人生活习惯带到股市中，如买卖时有人总是喜欢一次性一笔买卖完，有人喜欢分批下单买卖，交易时有人喜欢单笔以整数或整数倍数为一张单进行买卖。笔者也有这样的习惯，买卖股票时喜欢以100手或100手的倍数为作一张单一笔去买卖，因为如此下单在键盘上输入数字时特别方便快捷，查看成交明细等也一然了目。不少人这种交易习惯由来已久，时间长了就成为自然，在证券市场中就经常可见这种人为的规律交易特征。

机构的操作现在大部分仍以人工下单为主，操盘手接到的交易指令往往是什么价格区间买卖多少。为了方便快捷的完成交易，买卖时经常利用相同数量，或有规律数字下单，这些在盘口成交中明显可见，下面我们就来看看有这样规律的个股的交易盘口数据。

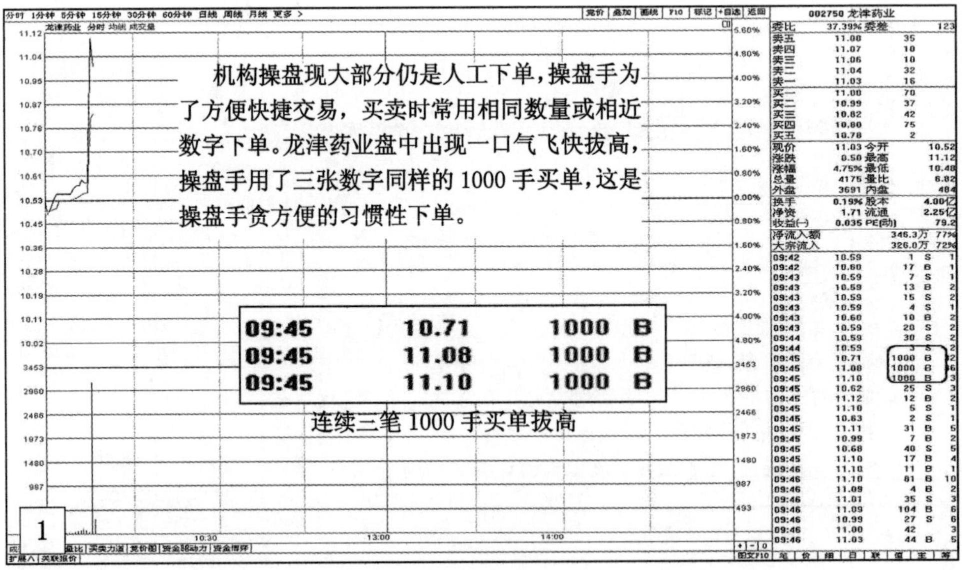

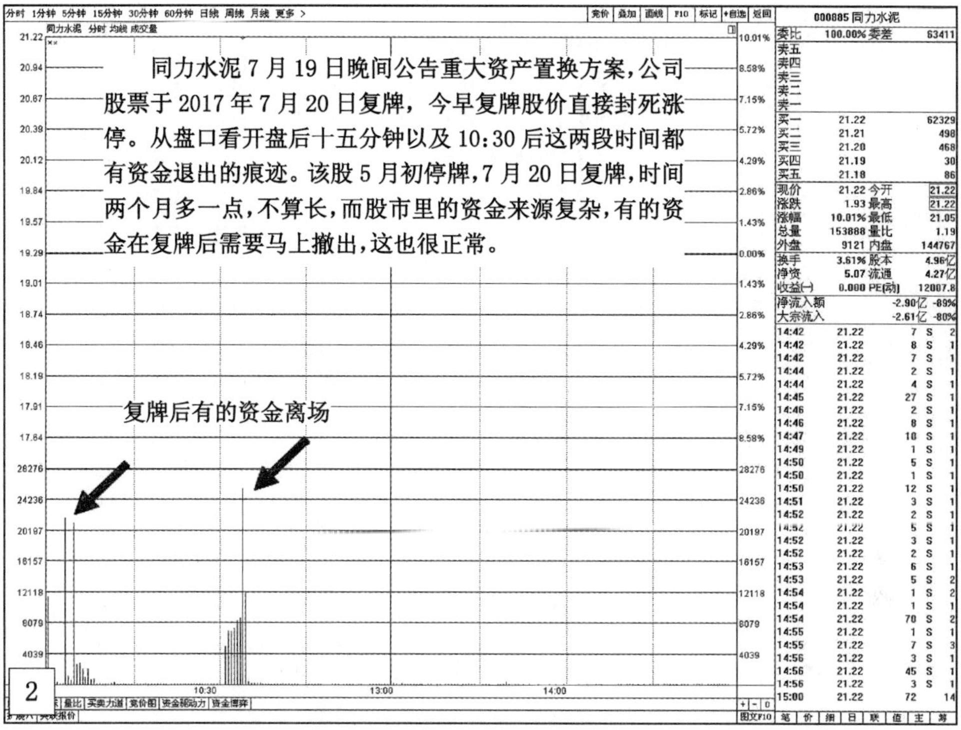
同力水泥7月19日晚间公告重大资产置换方案，公司股票于2017年7月20日复牌，今早复牌股价直接封死涨停。从盘口看开盘后十五分钟以及10:30后这两段时间都有资金退出的痕迹。该股5月初停牌，7月20日复牌，时间两个月多一点，不算长，而股市里的资金来源复杂，有的资金在复牌后需要马上撤出，这也很正常。
复牌后有的资金离场
000885 同力水泥
10:30
13:00
14:00

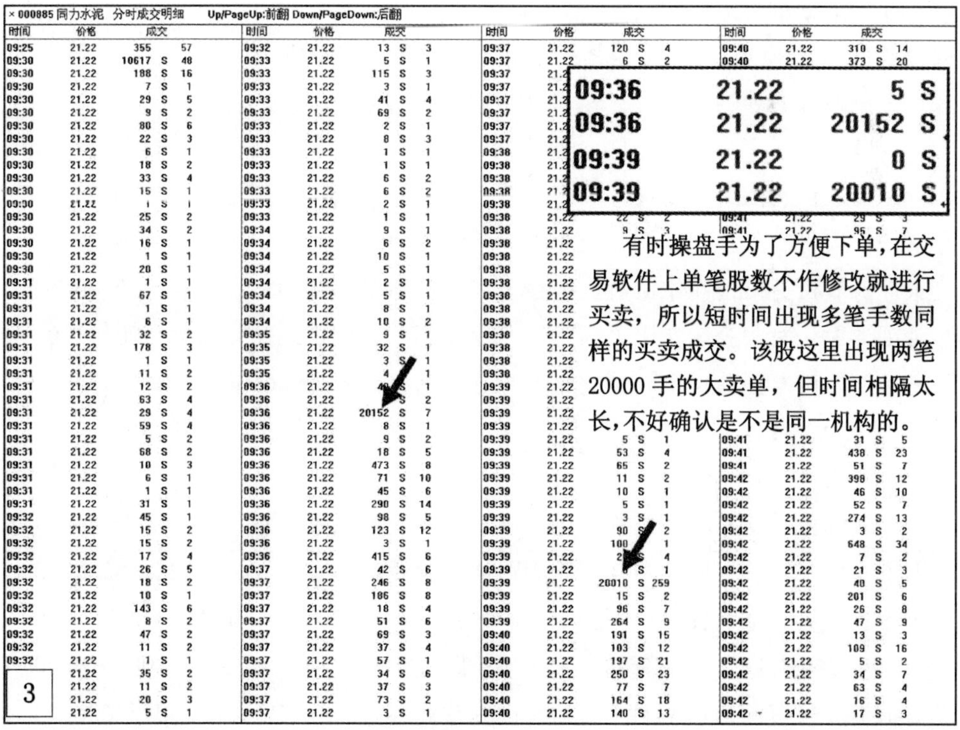
000885 同力水泥 分时成交明细
09:36 21.22 5 S
09:36 21.22 20152 S
09:39 21.22 0 S
09:39 21.22 20010 S
有时操盘手为了方便下单，在交易软件上单笔股数不作修改就进行买卖，所以短时间出现多笔手数同样的买卖成交。该股这里出现两笔20000手的大卖单，但时间相隔太长，不好确认是不是同一机构的。

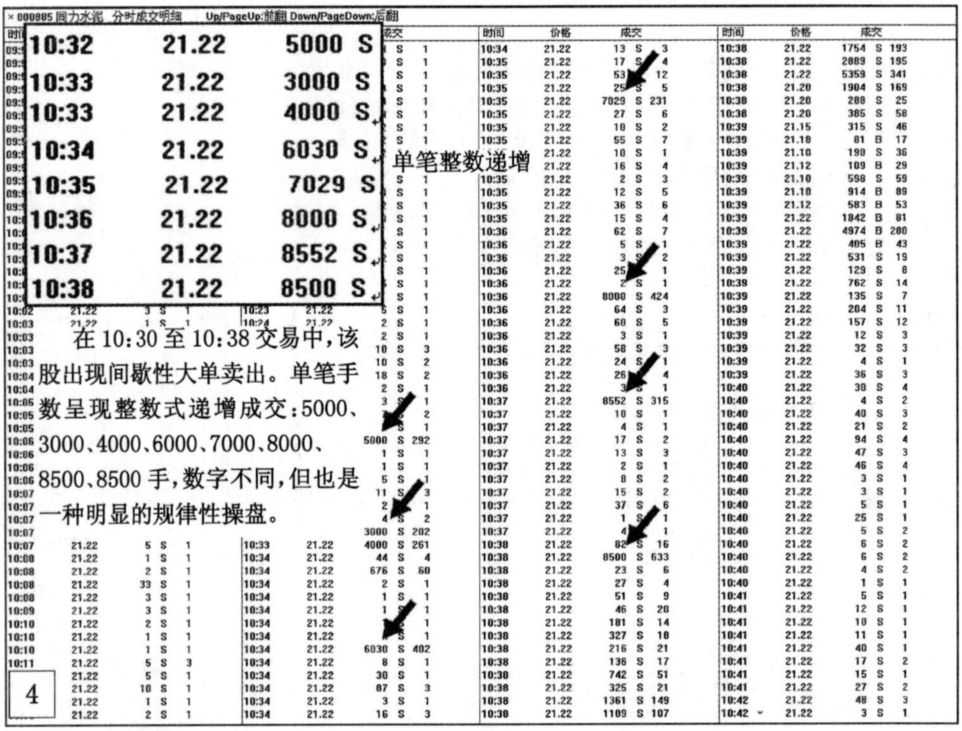

深圳证券市场主板A股交易公开信息 （2017年07月20日）

同力水泥(代码000885) 涨幅偏离值:9.51% 成交量:1539万股 成交金额：32652万元

买入金额最大的前5名

营业部或交易单元名称	买入金额(元)	卖出金额(元)
华泰证券股份有限公司无锡苏锡路证券营业部	21173316.00	0.00
华泰证券股份有限公司无锡解放北路证券营业部	21103290.00	0.00
光大证券股份有限公司宁波解放南路证券营业部	20008338.00	0.00
华泰证券股份有限公司沈阳大西路证券营业部	12112376.00	10610.00
方正证券股份有限公司上海保定路证券营业部	9442900.00	0.00

卖出金额最大的前5名

营业部或交易单元名称	买入金额(元)	卖出金额(元)
申万宏源西部证券有限公司郑州花园路证券营业部	2122.00	212263660.00
中国中投证券有限责任公司深圳科技园证券营业部	8488.00	4322514.00
申万宏源证券有限公司上海浦东新区城东路证券营业部	0.00	3087510.00
东海证券股份有限公司洛阳凯旋西路证券营业部	42440.00	2758600.00
东莞证券股份有限公司东莞桥头证券营业部	91246.00	2665232.00

同力水泥7月20日复牌一字涨停公开数据显示，申万宏源西部证券郑州花园路证券营业部当天大量卖出。该股当天总交易量3.2亿元，该营业部卖出量达到2.12亿元，占比66%。将开盘那两张20000手相加，再加上10:30那多笔规律性卖单5000 手、3000手、4000手、6000手、7000手、8000手、8500手、8500手相加，等于90000手，卖出价为21.22元，市值19098万元。该股开盘就出现一张10000手的卖单砸出，分析数据显示当天没有其他单个机构出货量超过500万元，所以开盘那张10000手卖单也可以确认是该主力的，如此总卖出量刚好10万手，市值2.122亿元，与公开数据申万宏源西部证券郑州花园路证券营业部当天卖出量212263660 元刚好吻合。

该主力操盘手在当天卖出时使用了相同的卖单，先出了两笔20000手，后面用有规律可巡的单笔手数整数递增式卖单卖出。

主力个体行为的操盘规律

股票市场中有节奏且反复出现的现象经常可见，在个股盘口、分时走势、K线走势等反复出现十分接近、或几乎相同的形态表现就是一种规律。

笔者长期研究发现：股市中至少存在两种明显规律，分别为个人行为规律和市场行为规律。个人行为规律简单的说是由一个独立主体的行为动作影响而产生的，有节奏反复出现的特定现象。市场行为规律是由大众群体性行为动作产生的有节奏特定现象。个人行为规律特定现象的产生需要该主体具有强大的能量，如股票市场上一个人或一个机构要想在某只股票产生一些规律影响，需要这个人或机构有大量的资金或足够多的筹码才能实现，因此也可以知道，能操纵个股股价的人或机构，必然是实力较强的。

个人行为动作影响下出现规律性现象有两种情况：

(1)不经意留下的；(2)有计划故意留下的。

不经意留下的属自然规律范畴，故意留下的属人为现象。一般由个人行为动作影响下出现的规律大部分都是人为的。例如，人需要吃饭方能生存，古代大部队行军打仗需生火做饭，军队每到一处安营扎寨都会留下临建土灶痕迹，这就是一种规律。规律自身包含各种各样的信息，分析规律掌握规律能助你预断未来。接上举例，同一支部队每次移动后土灶数量都递减，而且在一段时期形成规律，那么可根据这一规律推断出这支部队不断在减员，或者粮食供应不足等信息。股市中个股因主力做盘形成的规律很常见，下面通过武汉凡谷的表现了解什么叫规律。

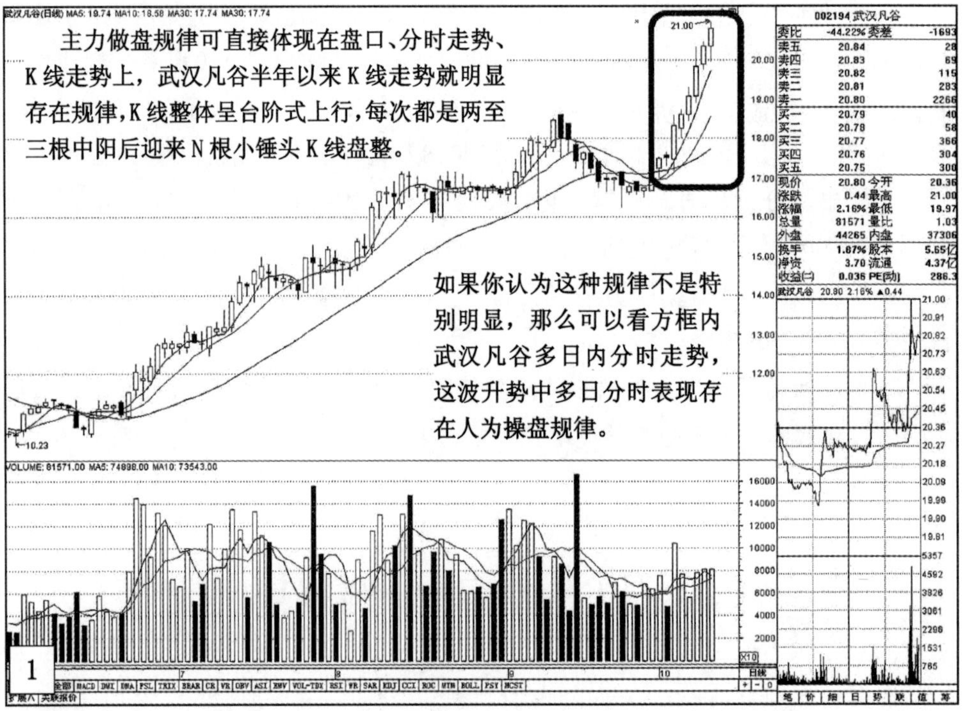

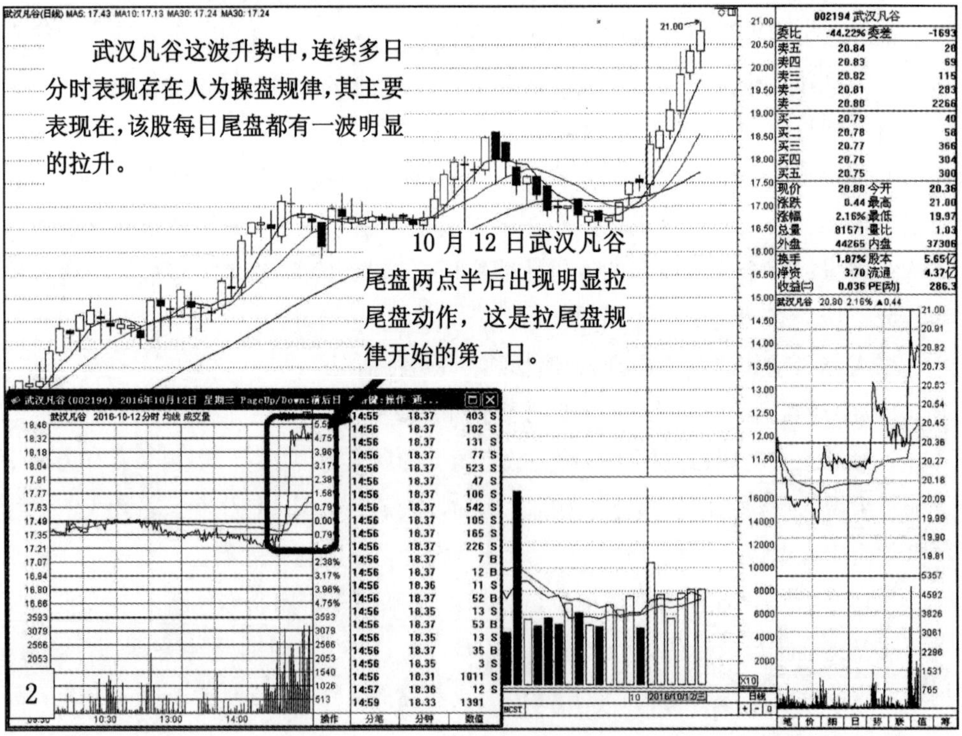

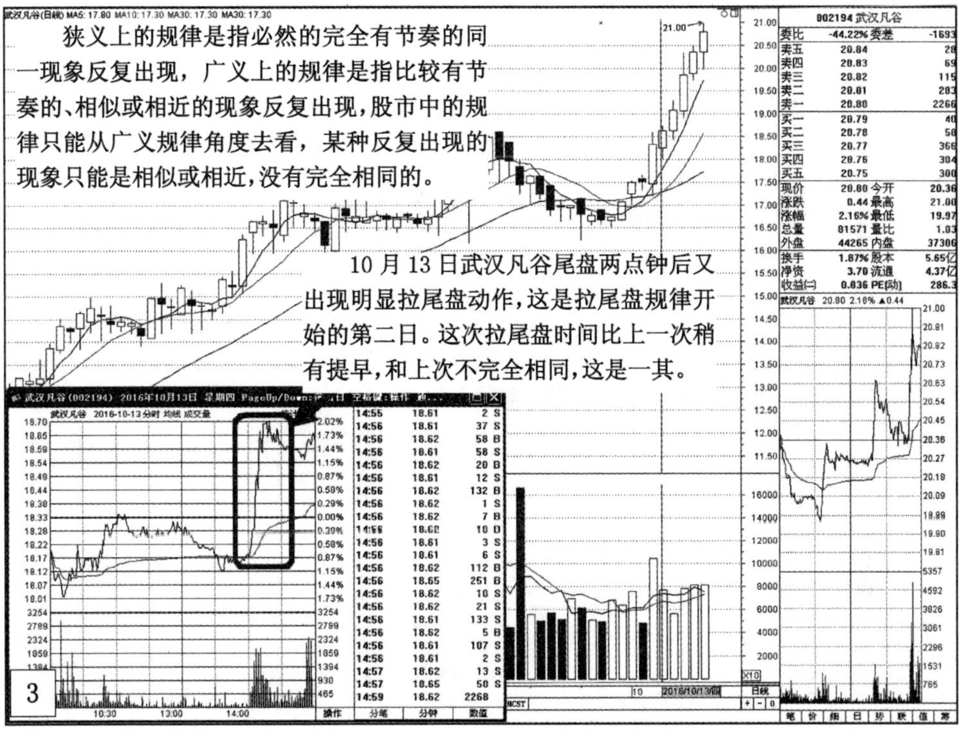
狭义上的规律是指必然的完全有节奏的同一现象反复出现，广义上的规律是指比较有节奏的、相似或相近的现象反复出现，股市中的规律只能从广义规律角度去看，某种反复出现的现象只能是相似或相近，没有完全相同的。
10 月 13 日武汉凡谷尾盘两点钟后又出现明显拉尾盘动作，这是拉尾盘规律开始的第二日。这次拉尾盘时间比上一次稍有提早，和上次不完全相同，这是一其。
3
武汉凡谷(002194) 2016年10月13日 星期四
002194 武汉凡谷

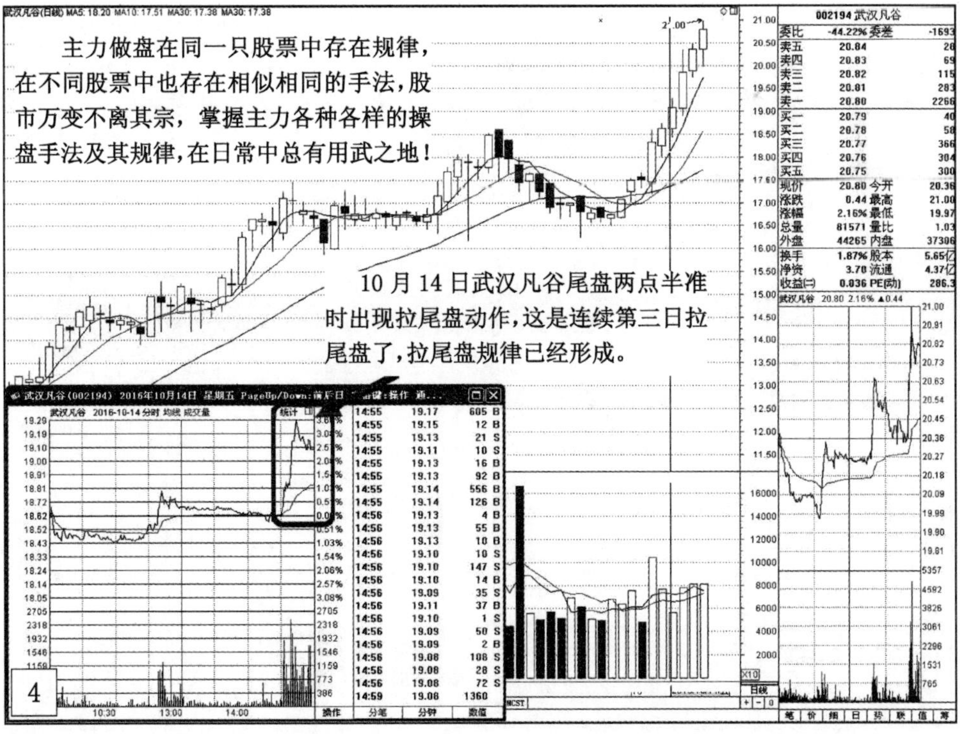
主力做盘在同一只股票中存在规律，在不同股票中也存在相似相同的手法，股市万变不离其宗，掌握主力各种各样的操盘手法及其规律，在日常中总有用武之地！
10 月 14 日武汉凡谷尾盘两点半准时出现拉尾盘动作，这是连续第三日拉尾盘了，拉尾盘规律已经形成。
4
武汉凡谷(002194) 2016年10月14日 星期五
002194 武汉凡谷

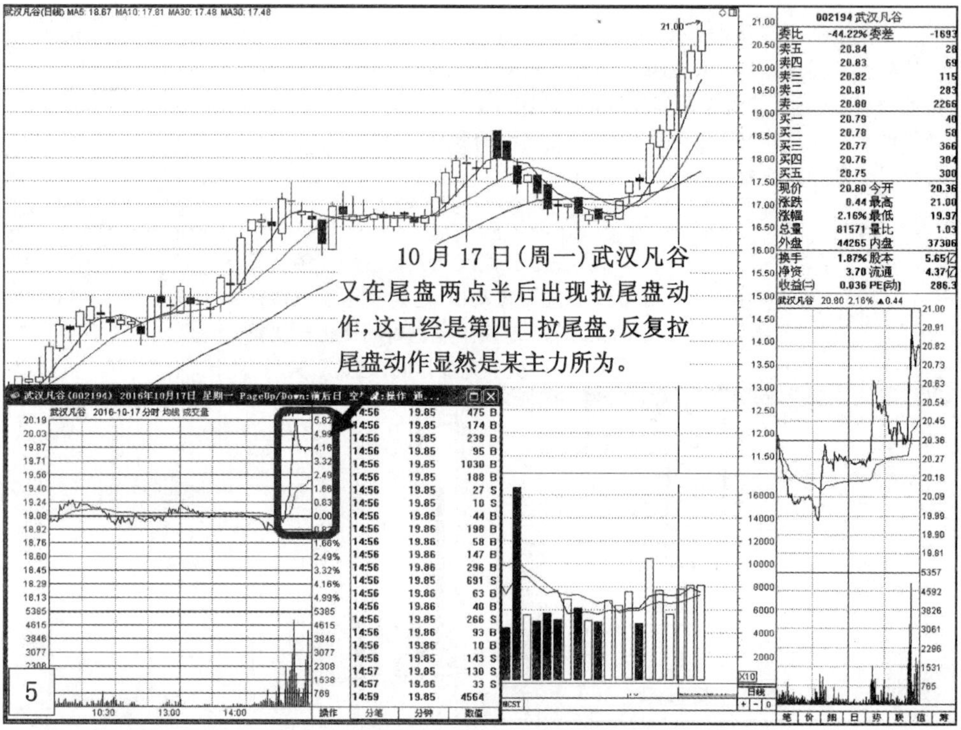
10 月 17 日(周一)武汉凡谷又在尾盘两点半后出现拉尾盘动作,这已经是第四日拉尾盘,反复拉尾盘动作显然是某主力所为。
5

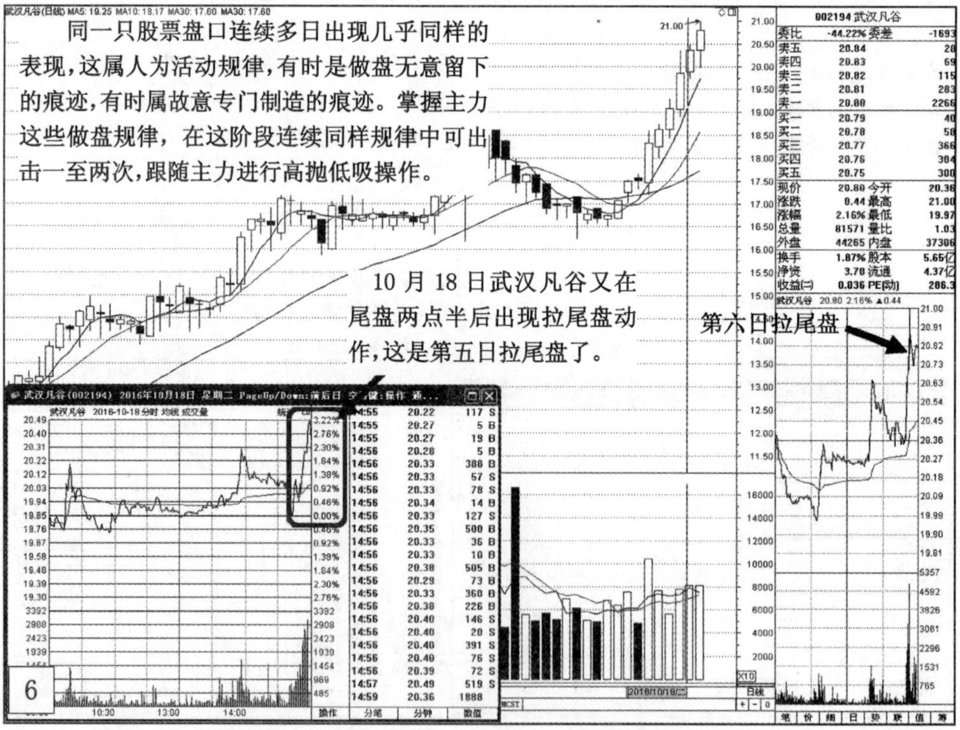
同一只股票盘口连续多日出现几乎同样的表现,这属人为活动规律,有时是做盘无意留下的痕迹,有时属故意专门制造的痕迹。掌握主力这些做盘规律,在这阶段连续同样规律中可出击一至两次,跟随主力进行高抛低吸操作。
10 月 18 日武汉凡谷又在尾盘两点半后出现拉尾盘动作,这是第五日拉尾盘了。
第六日拉尾盘
6

操盘手一招鲜吃遍天神奇手法

“食过返寻味”是一句粤语口头禅,是指对于一些好味道的菜肴,吃过后令人经常牵挂，最终会回去当时吃过的地方再次品尝一番。引申意：对于曾经获得利益或带来身心愉悦的地方(或物品)经常牵挂，以至于去重新经历一遍。

股票市场中主力运作某只个股时轻松赚到钱，也往往容易出现又返回来再做一把的行为，长期观察发现短线主力最喜欢做这一动作。通过大量分析涨停板龙虎榜数据，可发现同一证券营业在同一只股票不同时段经常出现。另一种食过返寻味行为是，主力在操盘过程中运用某一招操盘获得成功，往后也会反复使用这招在同一只股票或者不同品种中操作。这如同某人在某方面有专业特长，那么这一特长就会被其反复放大频繁使用。

维维股份2016年4-5月表现中，就有一主力反复多次运用同一招数操盘，从中成功轻松赚钱。该主力的特别招数就是在尾盘最后临收盘几分钟利用大量筹码集中明显砸盘，制造异常走势，制造老鼠仓利益输送动作，以此吸引一般投资者注意，次日高开高走拔高股价然后减仓去赚差价。在一个月左右时间中反复操作了四次，每次都成功套利赚取到差价。下面跟随该股走势表现去认识了解该主力是如何利用“食过返寻味”反复套利赚取到差价的。

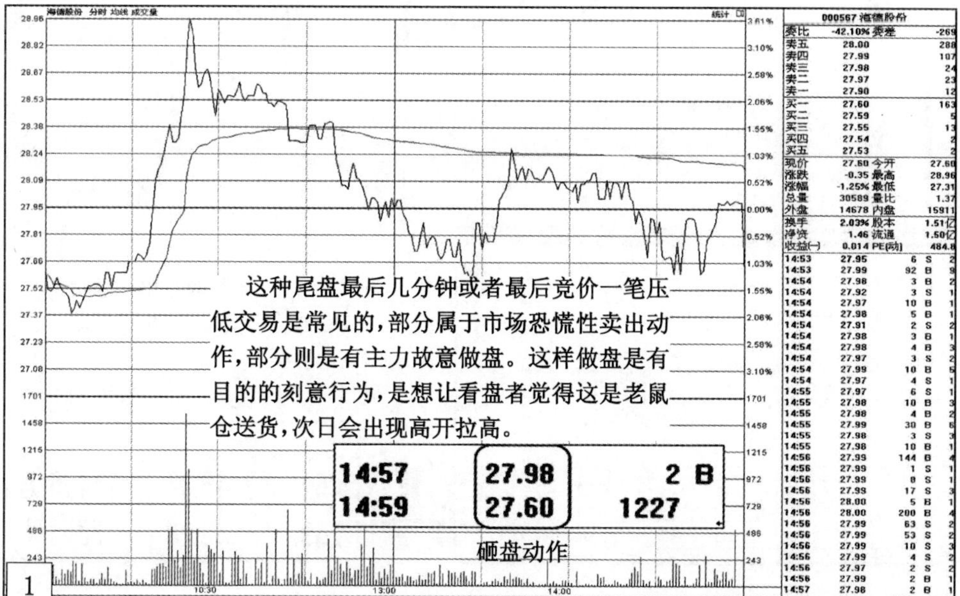

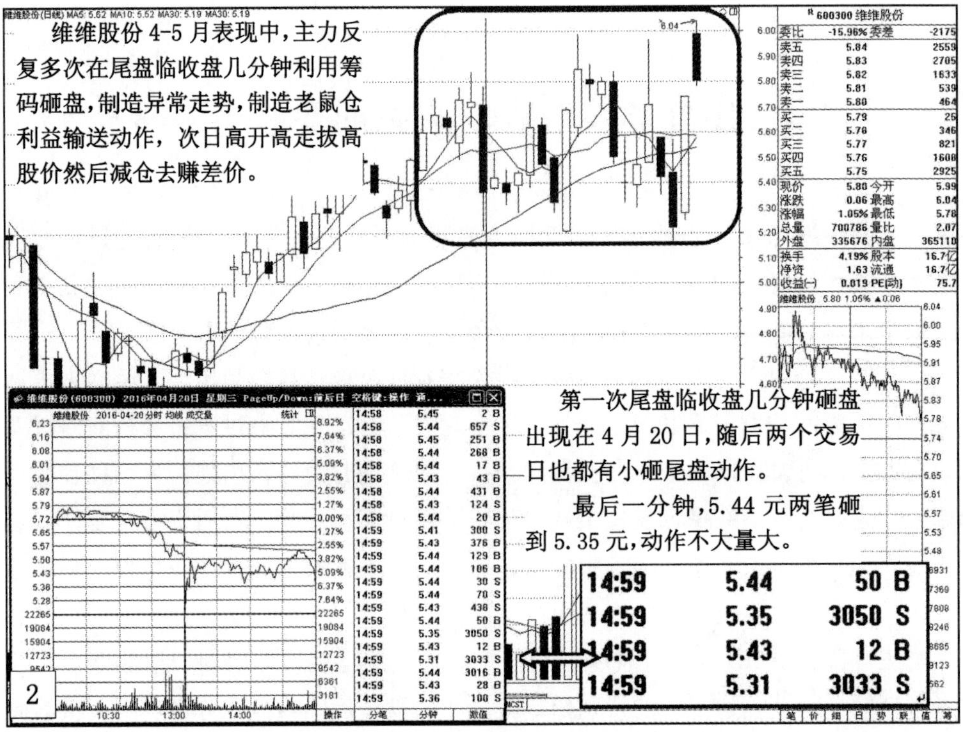
维维股份 4-5 月表现中，主力反复多次在尾盘临收盘几分钟利用筹码砸盘，制造异常走势，制造老鼠仓利益输送动作，次日高开高走拔高股价然后减仓去赚差价。
第一次尾盘临收盘几分钟砸盘出现在 4 月 20 日，随后两个交易日也都有小砸尾盘动作。
最后一分钟，5.44 元两笔砸到 5.35 元，动作不大量大。
14:59 5.44 50 B
14:59 5.35 3050 S
14:59 5.43 12 B
14:59 5.31 3033 S
2

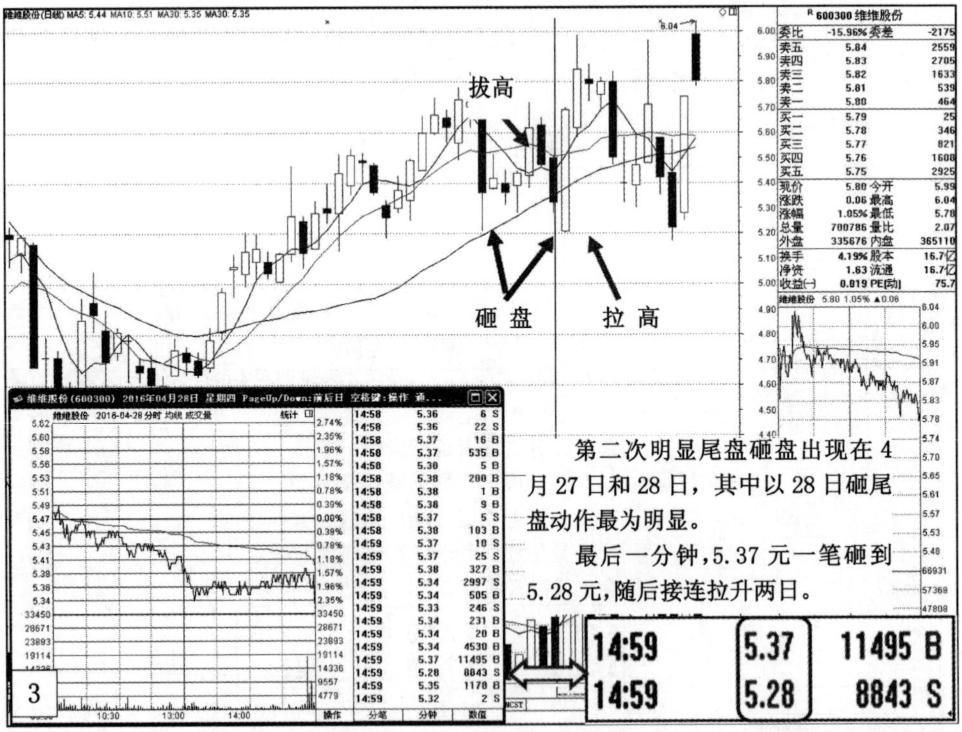
拔高
砸 盘
拉 高
第二次明显尾盘砸盘出现在 4 月 27 日和 28 日，其中以 28 日砸尾盘动作最为明显。
最后一分钟，5.37 元一笔砸到 5.28 元，随后接连拉升两日。
14:59 5.37 11495 B
14:59 5.28 8843 S
3

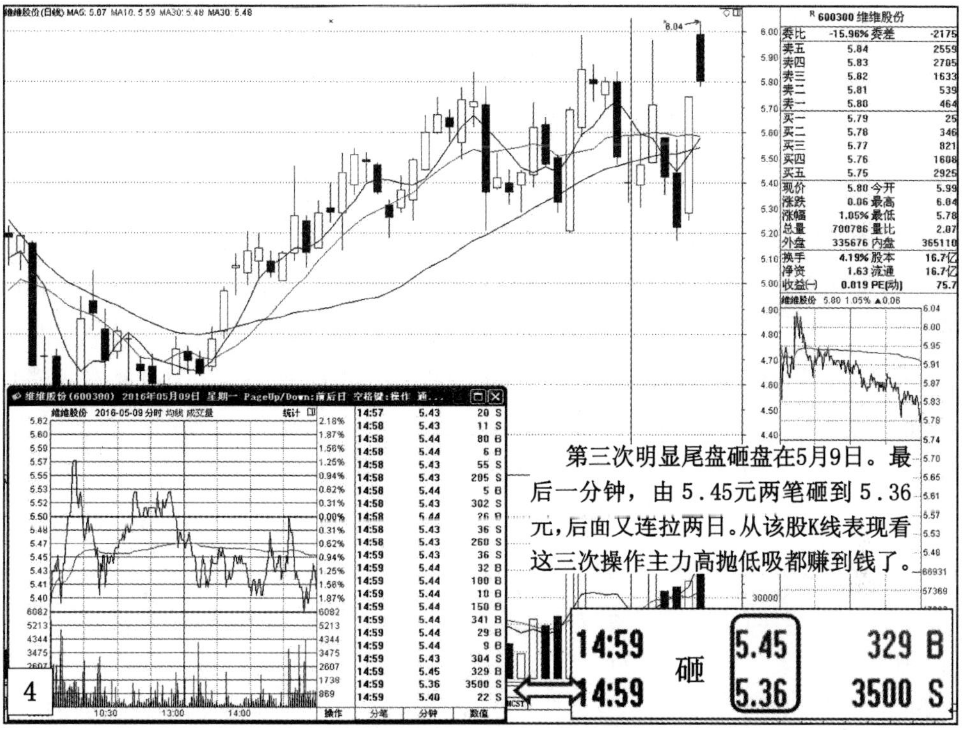
第三次明显尾盘砸盘在5月9日。最后一分钟，由5.45元两笔砸到5.36元，后面又连拉两日。从该股K线表现看这三次操作主力高抛低吸都赚到钱了。
14:59 5.45 329 B
砸
14:59 5.36 3500 S
4

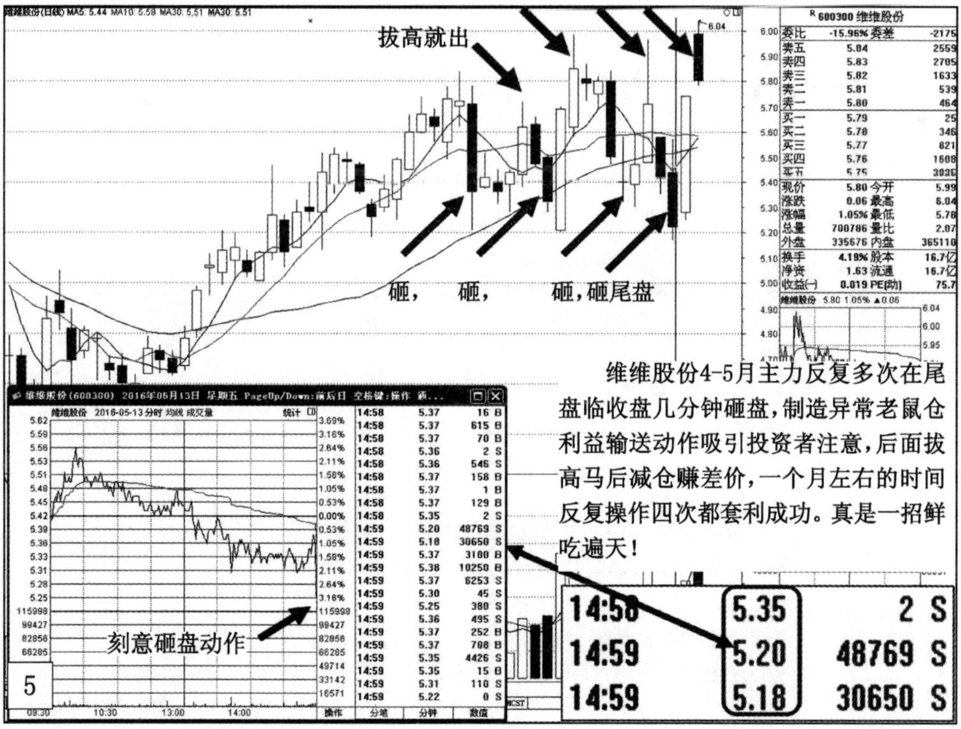
拔高就出
砸，砸，砸，砸尾盘
维维股份4-5月主力反复多次在尾盘临收盘几分钟砸盘，制造异常老鼠仓利益输送动作吸引投资者注意，后面拔高马后减仓赚差价，一个月左右的时间反复操作四次都套利成功。真是一招鲜吃遍天！
刻意砸盘动作
14:58 5.35 2 S
14:59 5.20 48769 S
14:59 5.18 30650 S
5

识别场内主力拉高方法一

发现个股有主力活动，分析是当天新进主力还是之前就已经在场的主力这相当重要，因为当天新进主力手上还没有筹码可卖，当日操盘就不用担心主力盘中出货这个问题，如是之前就已经在场的主力，操盘手盘中可以随时展开打压出货，盘中股价原先走得再漂亮，主力一旦开始出货往往就会出现走弱下跌，对于短线行情主力盘中出货对股价表现影响极大。

分析盘中活动主力属当天新进，还是之前就已在场的目的在于："有其股或想买该股，评估和做好防范措施。出现主力盘中拉高出货时如有该股知道及时撤退，如想买该股立即停止行动!"

那么如何分析个股盘中活动主力属当天新进，还是早已在场？笔者长期研究总结出一些主力做盘手段，可以根据这些手段去进行分析研判。主力做盘规律中"个股快速拉尾盘搞偷袭就是一种典型手段"，如一只股票短期内出现过明显拉尾盘搞偷袭动作，那么目标股票现时仍属该主力在继续运作的机会非常大。这是个人长期实践中总结的经验，没有具体统计数据，因此仅作参考。

按以上经验，只需翻看目标股票大概最近20个交易日以来的分时图，分析该股在此期间有没有出现过明显快速拉尾盘搞偷袭动作，如有则说明该股现时仍属前期就已经在场的主力在继续运作的机会大。当然该股在此期间如出现其他明显的操纵动作也可按以上原理进行分析判断。

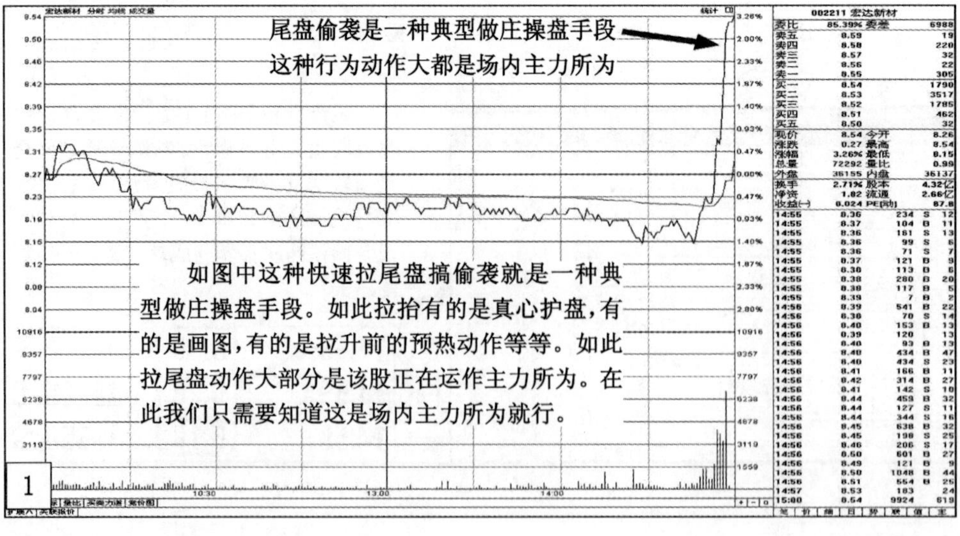

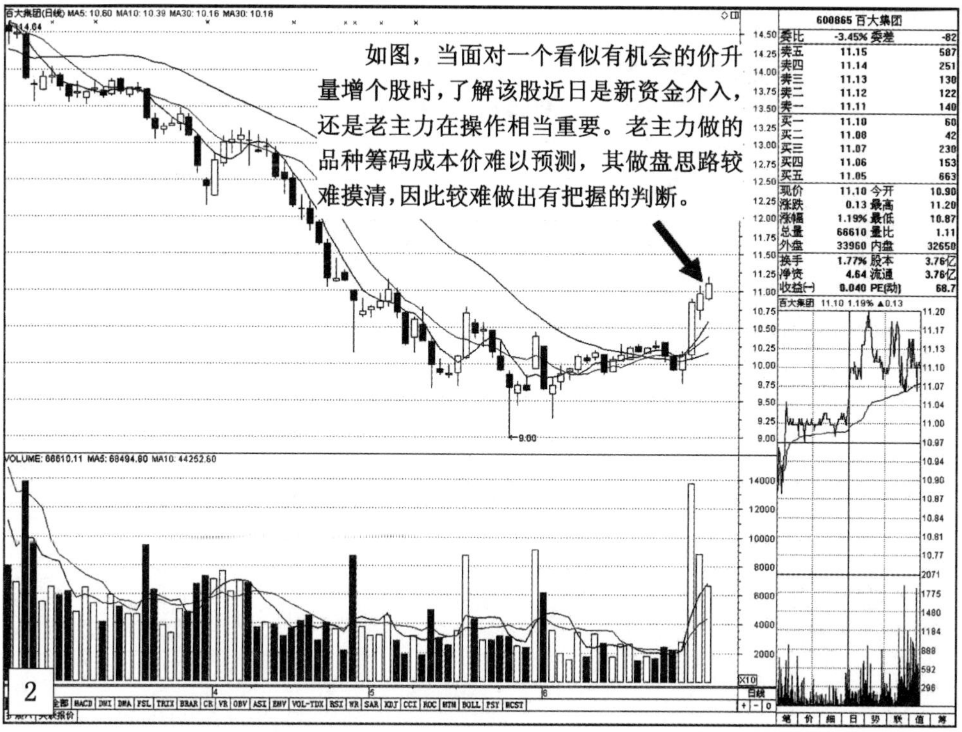
如图，当面对一个看似有机会的价升量增个股时，了解该股近日是新资金介入，还是老主力在操作相当重要。老主力做的品种筹码成本价难以预测，其做盘思路较难摸清，因此较难做出有把握的判断。
600865 百大集团
2

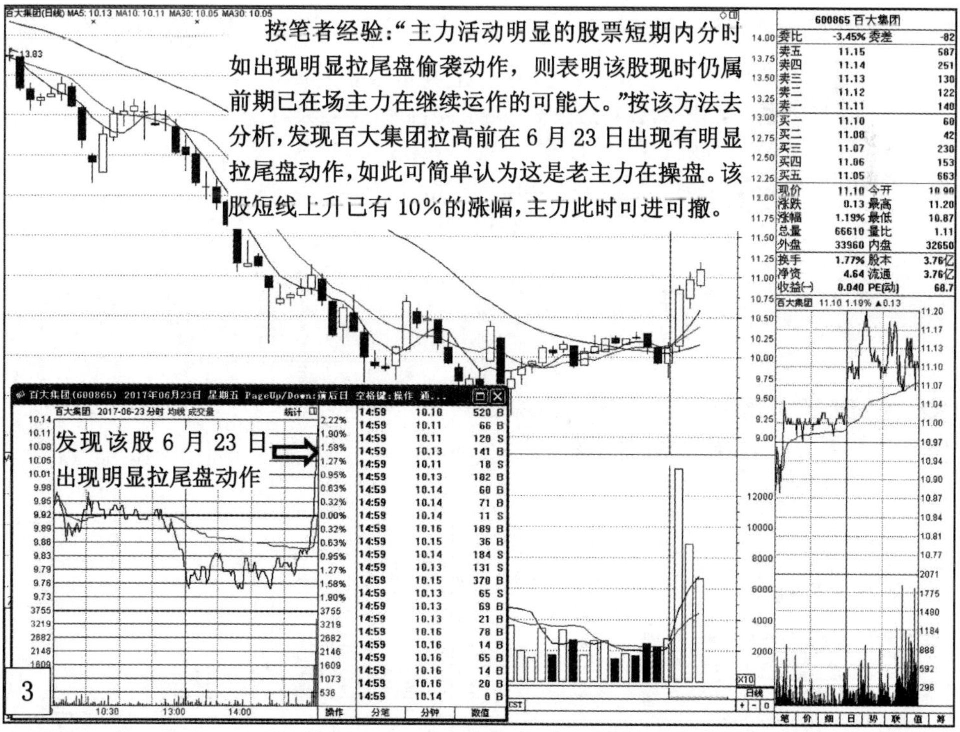
按笔者经验："主力活动明显的股票短期内分时如出现明显拉尾盘偷袭动作，则表明该股现时仍属前期已在场主力在继续运作的可能大。"按该方法去分析，发现百大集团拉高前在6月23日出现有明显拉尾盘动作，如此可简单认为这是老主力在操盘。该股短线上升已有10%的涨幅，主力此时可进可撤。
发现该股6月23日出现明显拉尾盘动作
600865 百大集团
3

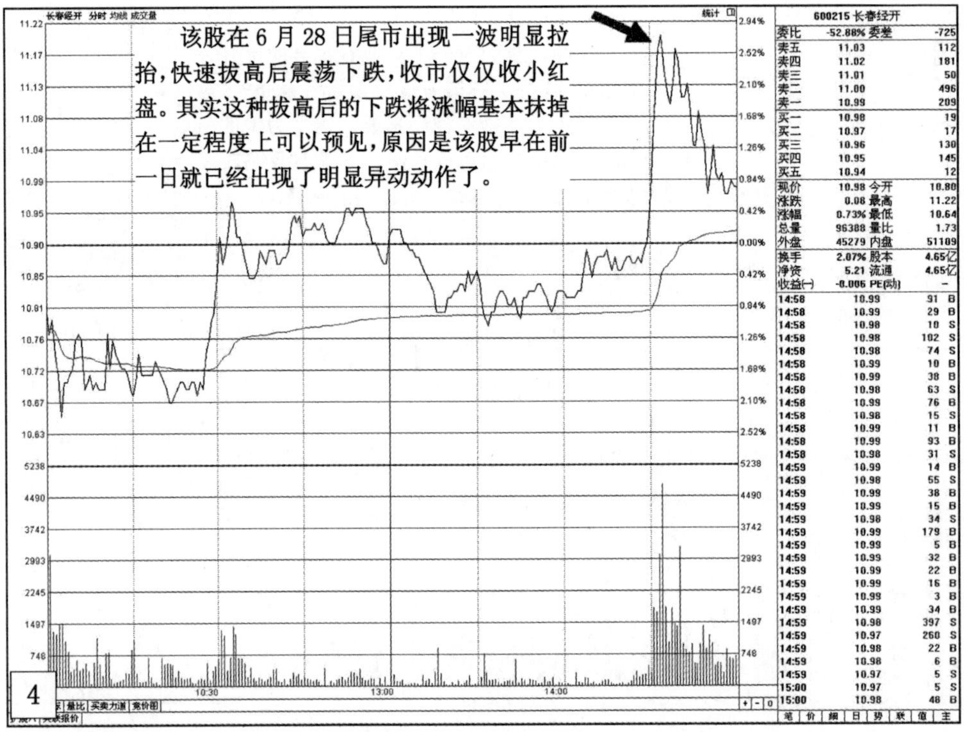
该股在6月28日尾市出现一波明显拉抬，快速拔高后震荡下跌，收市仅仅收小红盘。其实这种拔高后的下跌将涨幅基本抹掉在一定程度上可以预见，原因是该股早在前一日就已经出现了明显异动动作了。
4

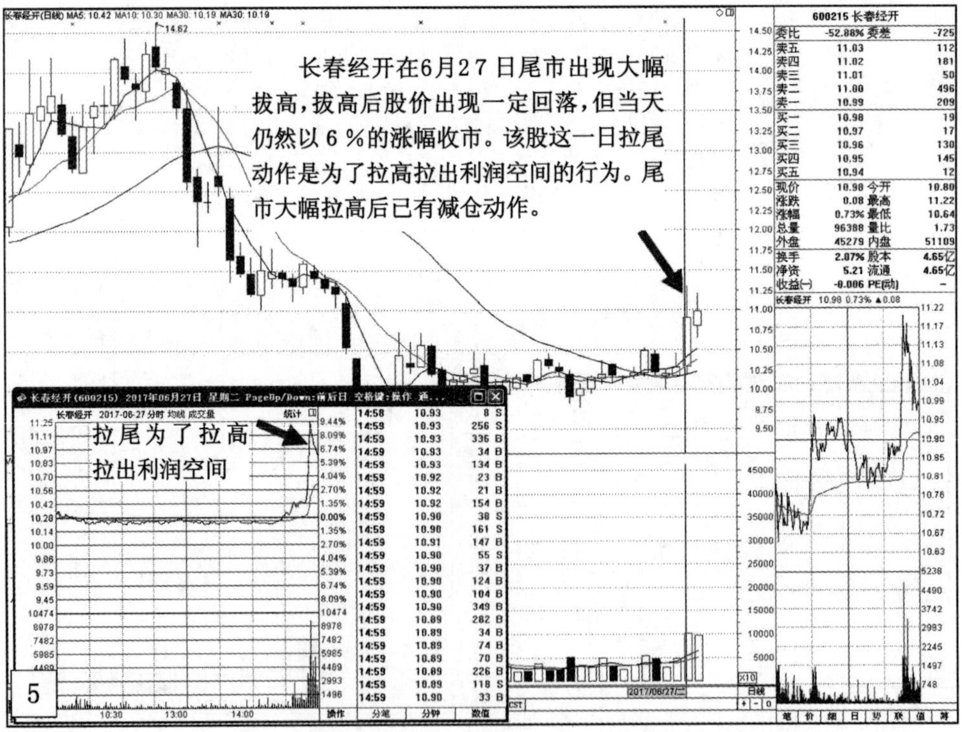
长春经开在6月27日尾市出现大幅拔高，拔高后股价出现一定回落，但当天仍然以6％的涨幅收市。该股这一日拉尾动作是为了拉高拉出利润空间的行为。尾市大幅拉高后已有减仓动作。
拉尾为了拉高拉出利润空间
5

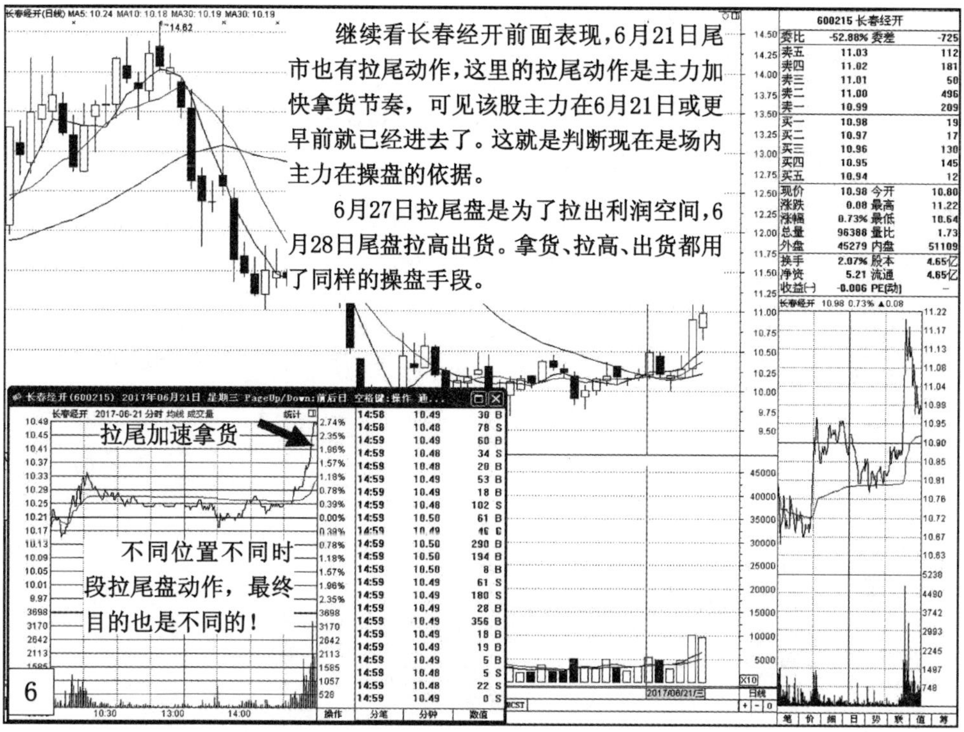

识别场内主力拉高方法二

个股主力活动，如是当天新进主力，那么他手上还没有筹码可卖，当日操盘就不用担心主力出货。老主力做盘的个股灵活性强，主力想怎么做一般不受成本限制。新进主力特别是短线主力往往是拿到货就拉，其目的和思路较容易把握。在“判断场内主力拉高方法一”一节中谈了主力做盘规律中的“个股快速拉尾盘搞偷袭典型手段。如个股短期内出现明显拉尾盘搞偷袭动作，那么目标股票现时仍属该主力在操盘的机会大”。那么本文讲解另一种分析判断场内主力做盘的方法，这种方法叫：“同样的手法在个股中反复重演！”

个股走势表现不会简单重复，但会不断重演，这是技术分析的核心原理。主力操盘手段在同一只股票不同时间中反复使用，这叫规律重现。在不同股票中反复使用也是规律重现，因为这些手法每次都十分相似，出现初期就可测知中期、后期怎么走。

操盘手掌握的知识方法都有一定的范畴和局限，每个人操盘都有自己特别厉害和特别喜欢的那么几招，会反复利用这几招去操作，如此规律就出现了。同一只股票短期内反复出现同样或相似的招数，这往往意味着是同一个人操作所为。同样的规律反复出现，是判断属同一个人所为的依据！

下面就通过实践案例去讲解同样的手法在同一只股票短期反复出现，或同样的手法在不同股票中出现的事实。

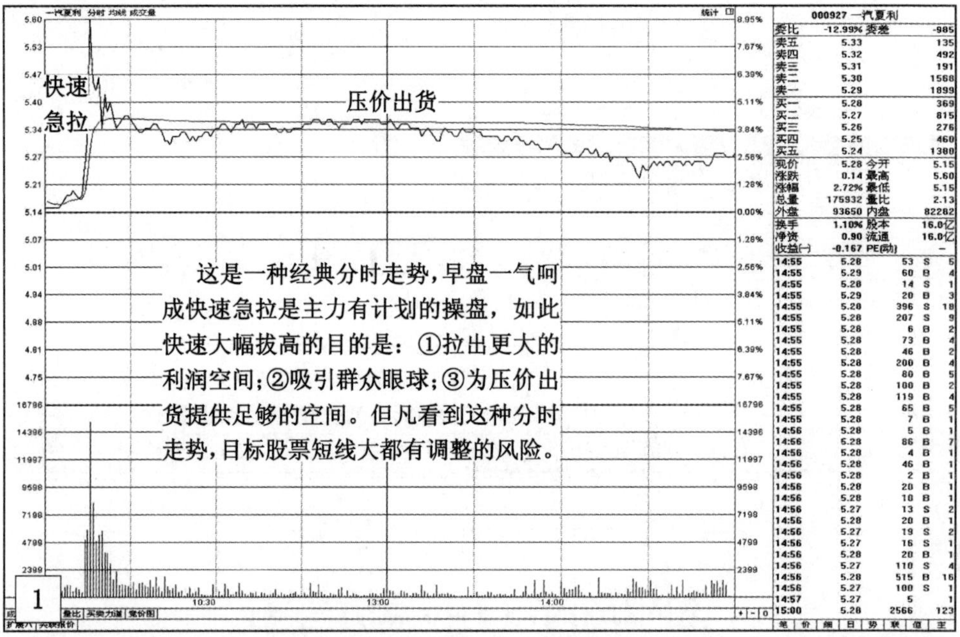

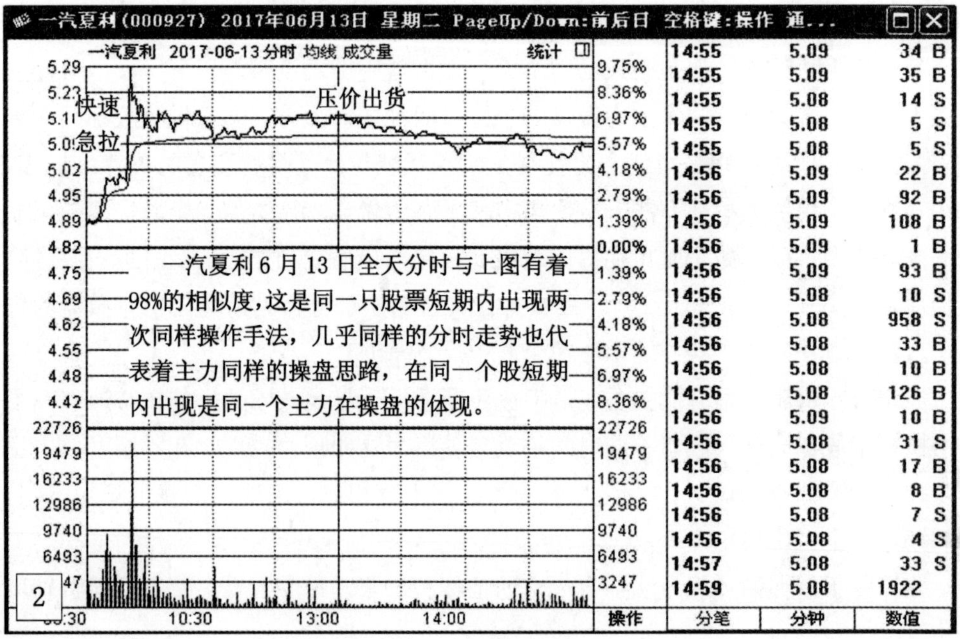

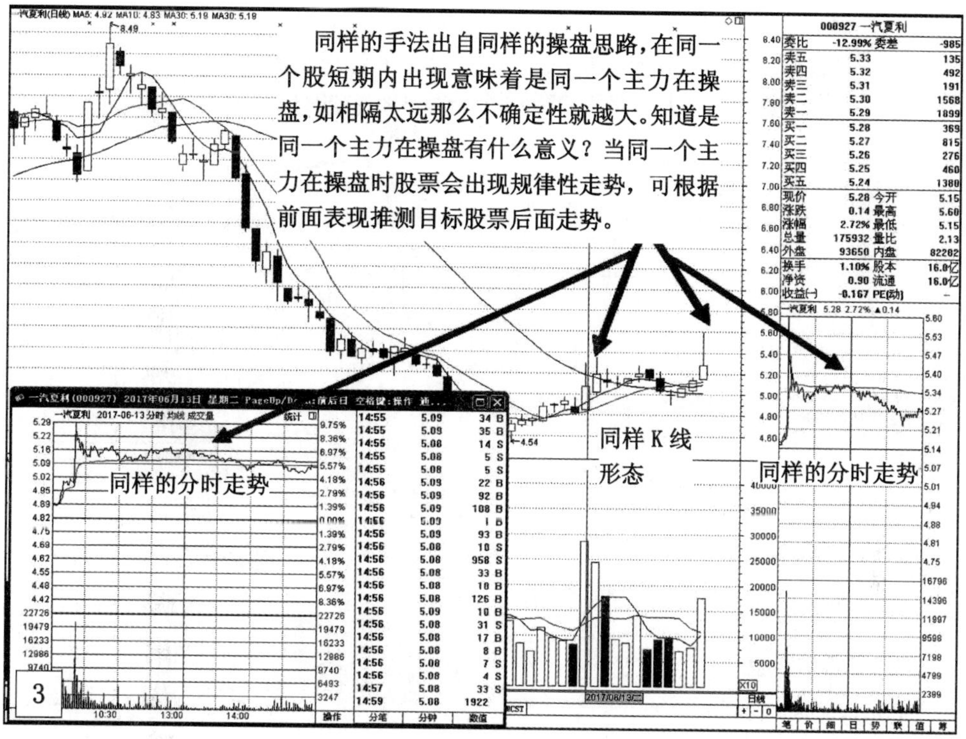
同样的手法出自同样的操盘思路，在同一个股短期内出现意味着是同一个主力在操盘，如相隔太远那么不确定性就越大。知道是同一个主力在操盘有什么意义？当同一个主力在操盘时股票会出现规律性走势，可根据前面表现推测目标股票后面走势。
同样的分时走势
同样 K 线形态
同样的分时走势
000927 一汽夏利
一汽夏利(000927) 2017年06月13日 星期二
3

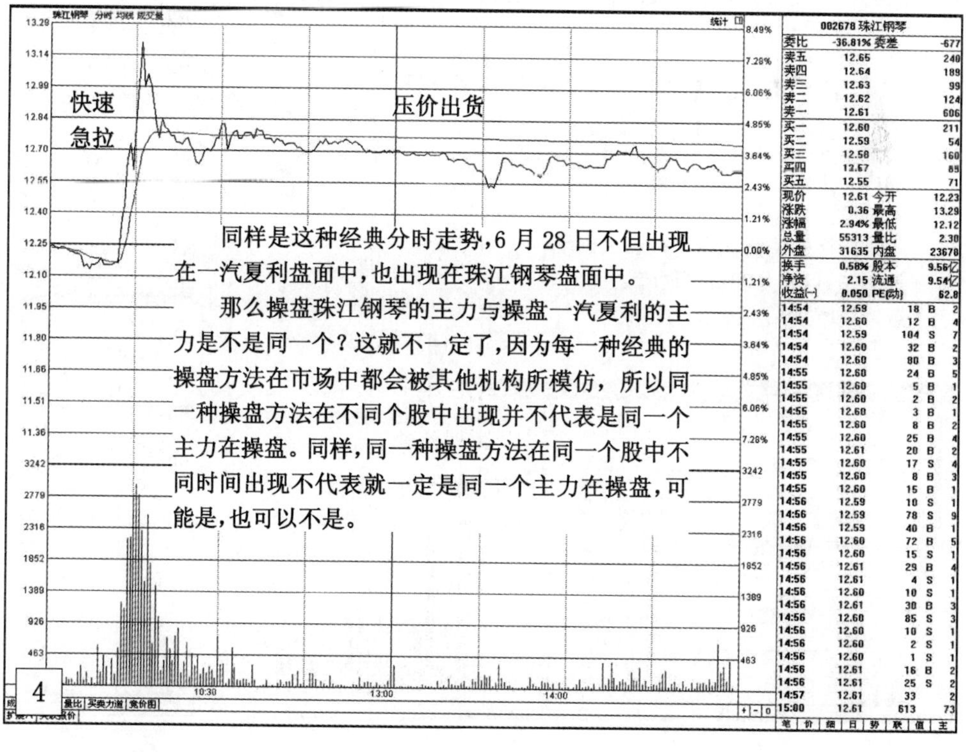
快速急拉
压价出货
同样是这种经典分时走势，6 月 28 日不但出现在一汽夏利盘面中，也出现在珠江钢琴盘面中。
那么操盘珠江钢琴的主力与操盘一汽夏利的主力是不是同一个？这就不一定了，因为每一种经典的操盘方法在市场中都会被其他机构所模仿，所以同一种操盘方法在不同个股中出现并不代表是同一个主力在操盘。同样，同一种操盘方法在同一个股中不同时间出现不代表就一定是同一个主力在操盘，可能是，也可以不是。
002678 珠江钢琴
4

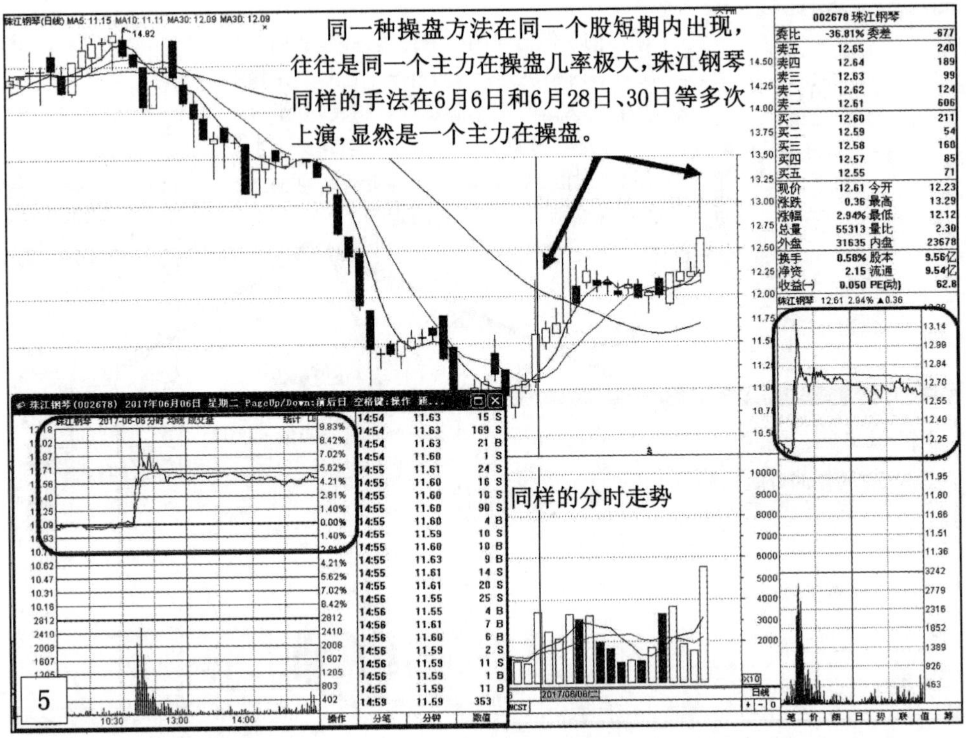
同一种操盘方法在同一个股短期内出现，往往是同一个主力在操盘几率极大，珠江钢琴同样的手法在6月6日和6月28日、30日等多次上演，显然是一个主力在操盘。
同样的分时走势
5

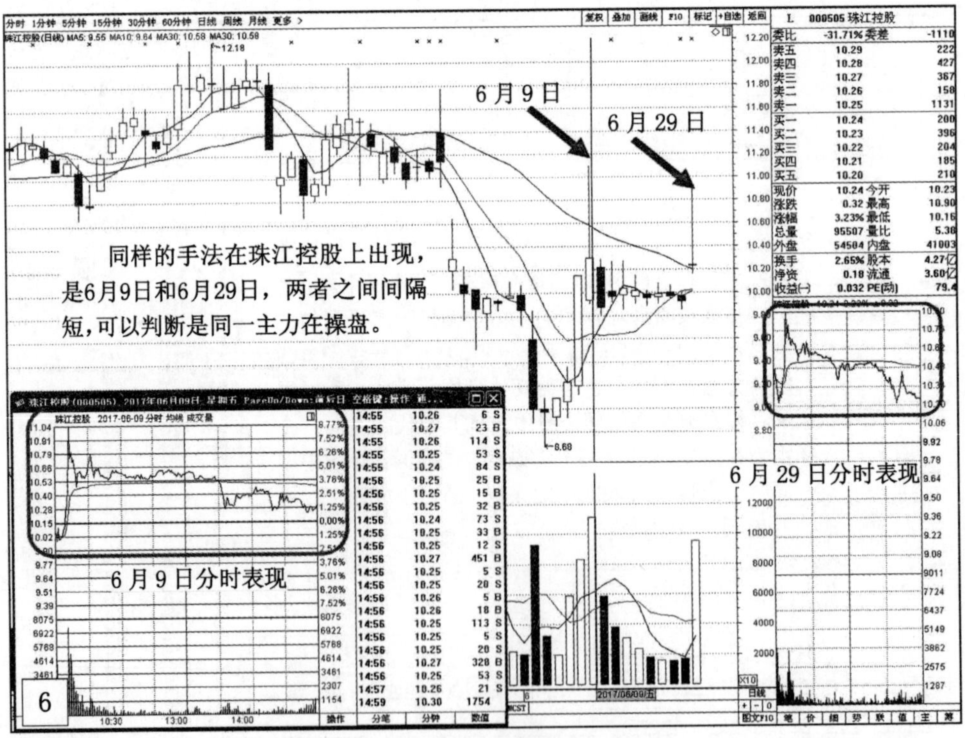
6月9日
6月29日
同样的手法在珠江控股上出现，是6月9日和6月29日，两者之间间隔短，可以判断是同一主力在操盘。
6月29日分时表现
6月9日分时表现
6

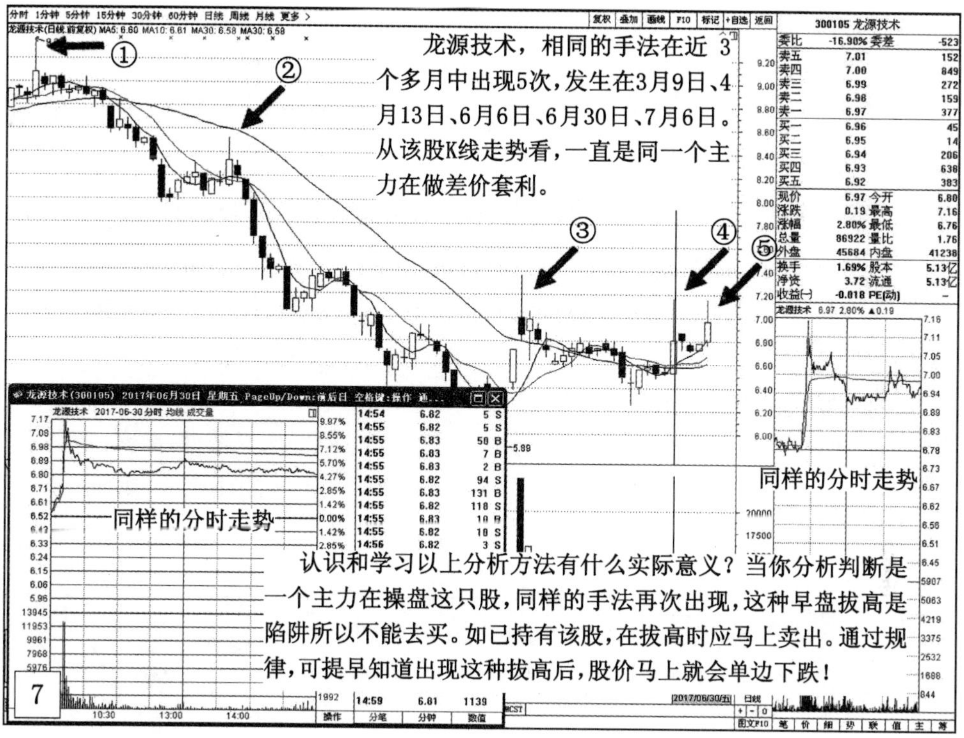

大量手数相同小买单吸筹与对敲的区别

无论是大机构还是小机构，入场吸筹都会用到小买单拿货。用大买单扫货还是小买单买收集，影响其选择的因素很多。建仓投入资金量的大小，目标股票盘口卖盘挂单的大小，拿货时间安排急不急等都是影响机构用什么方式拿货的因素。大买单扫货伴有小买单出击是机构最常见的拿货组合。部分机构无论是用大买单扫货还是小买单进场，都会在盘口留有明显的痕迹。

其中某一天或某一段时间内，一组或多组手数相同的小买单，有规律地大量出现就是一种。这种规律成交盘口成因有多种：交易软件代替人工交易下单，下单员在软件上将买卖参数设置好后软件实施自动不断交易，机构操盘手人工交易下单，在交易软件上写好数量后懒得修改，不断点确认键下单买卖，有时一些机构故意在交易时制造大量手数相同的买卖单引起他人注意，另外一些大户无聊，在操作时以带有玩的心态用相同手数的买卖单去交易。

判断小买单是谁的，提供以下几种方法给大家参考：

(1)看相同数字的小买单出现时间持续长短，如果是以玩的心态去交易，持续时间一般不会太长。

(2)统计盘中相同手数的小买单出现多少笔，计算这些小买单的市值，通过市值的大小去分析判断是什么样的主体在交易。

(3)看目标股票盘中盘口与分时表现，一般机构或大户不会明显操纵股价。如是大主力在用大量小买单交易，盘中操纵股价的机会较大。

(4)看目标股票股价所处位置高低去判断，完全同样的盘口，价格在高位出现与低位出现其结果就可能不同。

(5)目标股票出现异常盘口，经验丰富者可以去分析前面半个月以来有没有主力入场、出货〔002200〕等明显活动痕迹，〔002021〕根据所得依据综合分析判断。

下面以绿大地和中捷股份为列，介绍两种手数相同的小买单拿货与对敲情况。

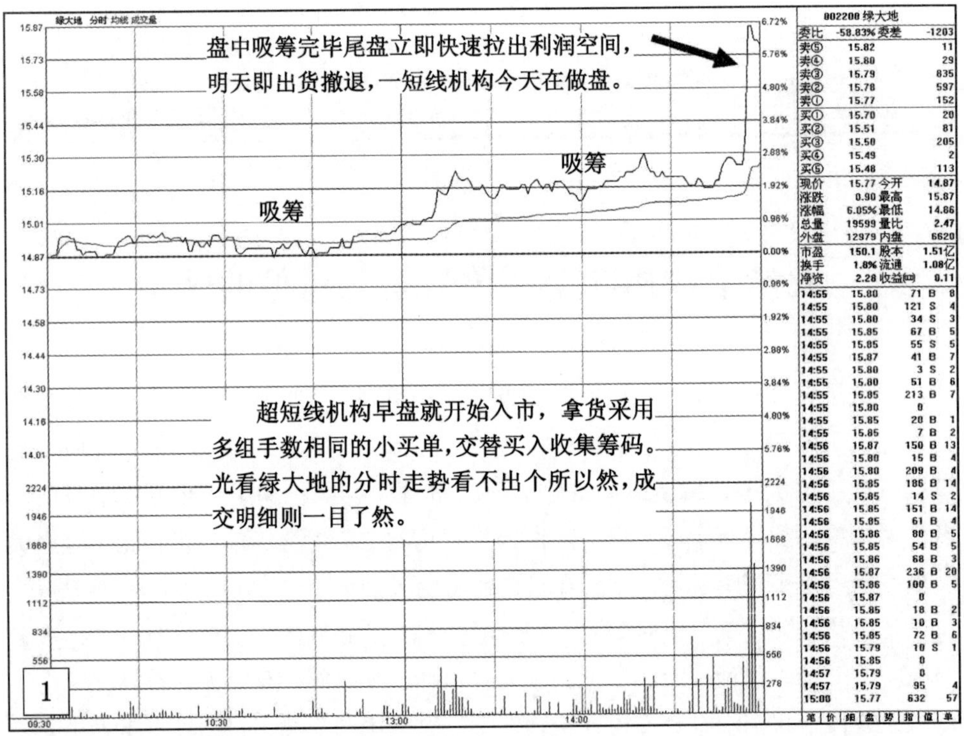

002200 绿大地 分时成交明细 Up/PageUp:上翻 Down/PageDown:下翻
绿大地4月17日盘中出现大量50手、60手、70手、90手等数字小买单，这几组数字盘中连续出现、交替出现、零星出现，这是一机构在悄悄收集筹码。盘中股价14:52之前波动并不大，小主力用多组不同手数的小买单拿货，操盘手认为一般人看不出什么情况，所以在买入时懒得在交易软件上每笔买入都去修改买入数量，这是导致绿大地盘中出现大量50手、60手、70手、90手买单的原因。
11:09 14.93 60 B
11:09 14.94 60 B
11:09 14.94 90 B
11:09 14.94 50 B
11:09 14.94 70 B
11:10 14.90 5 S
11:10 14.90 5 B
11:13 14.94 20 B
11:13 14.95 10 B
11:14 14.95 60 B
11:15 14.95 50 B
11:15 14.96 50 B
11:15 14.96 50 B
2

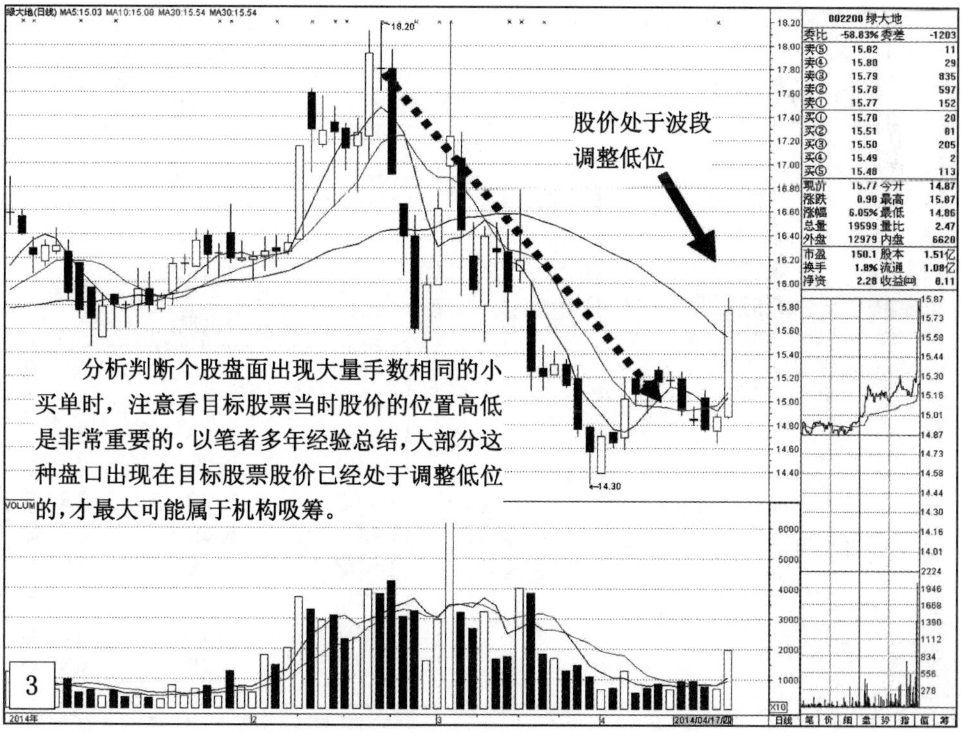
股价处于波段调整低位
分析判断个股盘面出现大量手数相同的小买单时，注意看目标股票当时股价的位置高低是非常重要的。以笔者多年经验总结，大部分这种盘口出现在目标股票股价已经处于调整低位的，才最大可能属于机构吸筹。
002200 绿大地
3

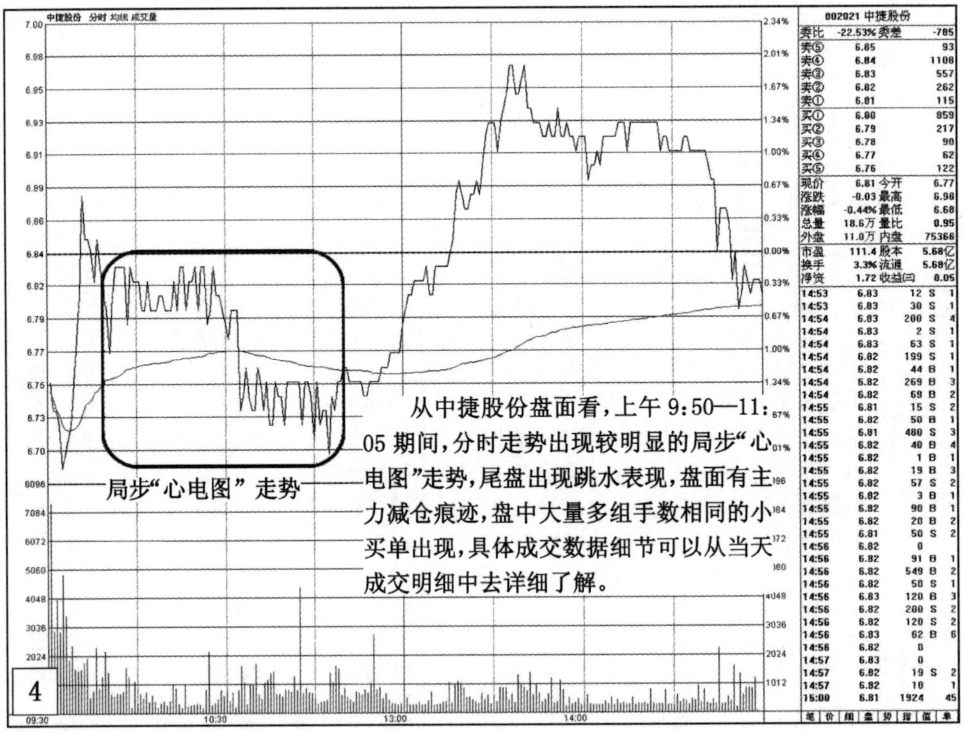

从中捷股份盘面看，上午 9:50—11:05 期间，分时走势出现较明显的局步“心电图”走势，尾盘出现跳水表现，盘面有主力减仓痕迹，盘中大量多组手数相同的小买单出现，具体成交数据细节可以从当天成交明细中去详细了解。

无论是一组还是多组数字相同小买单在盘中持续出现数分钟以上或连续达到几十笔，一般是机构对敲行为。中捷股份 4 月 17 日盘面就是如此，盘中最疯狂时 10 分钟内几组数字相同小买单交替成交超过 70 笔。

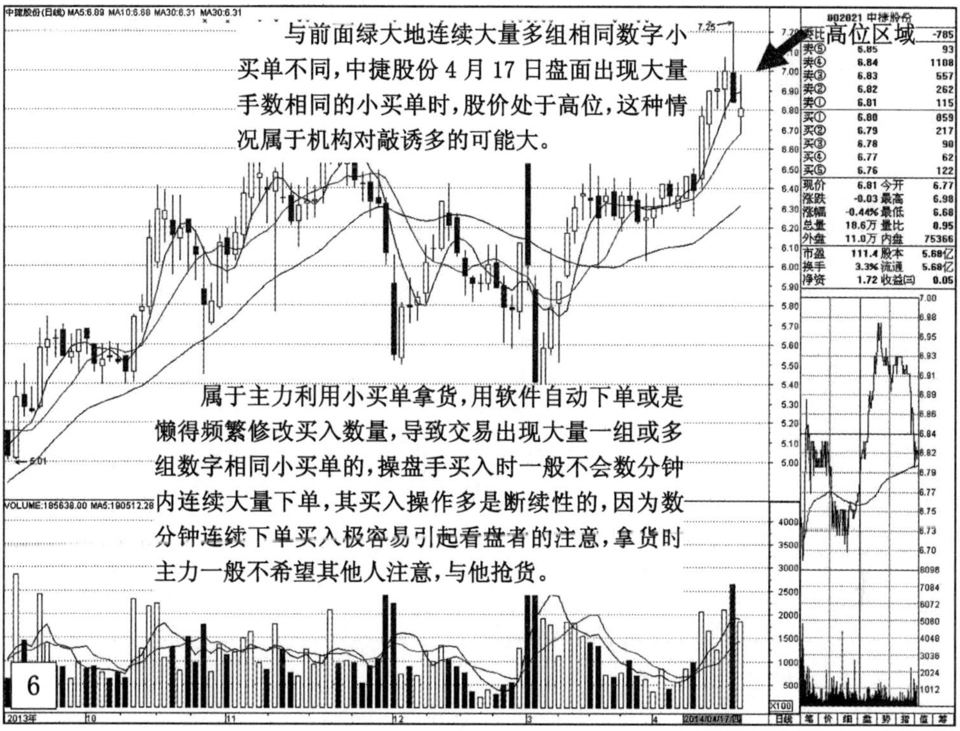
与前面绿大地连续大量多组相同数字小买单不同，中捷股份 4 月 17 日盘面出现大量手数相同的小买单时，股价处于高位，这种情况属于机构对敲诱多的可能大。
高位区域
属于主力利用小买单拿货，用软件自动下单或是懒得频繁修改买入数量，导致交易出现大量一组或多组数字相同小买单的，操盘手买入时一般不会数分钟内连续大量下单，其买入操作多是断续性的，因为数分钟连续下单买入极容易引起看盘者的注意，拿货时主力一般不希望其他人注意，与他抢货。
6

第五章　主力尾盘操纵行为

大跌市中各式各样拉尾护盘行为

每年A股市场都会出现数次单日暴跌。“暴跌”是一种泛指，没有具体数据定义，指跌的很多很厉害而且很悲惨。暴跌日仍然满仓或重仓持股的投资者和机构蒙受较大的损失。没有几个人喜欢市场出现整体暴跌，但暴跌大都是随机出现的，不能准确预测其发生时间。暴跌幅度以及惨烈程度也是难以预测的。

在单日暴跌当天，临收盘前小部分股票往往会有主力出手干预股价，在最后几分钟通过大单入场将股价大幅拉起以减少跌幅，这种行为叫“护盘”！暴跌日尾盘拉升护盘的机构分很多种情况，有的是真心护盘不想股价继续下跌，有的是有心无力但仍然狂扫几笔拉一把，各种各样的情况都有。下面看看2016年12月12日市场暴跌当天临收盘前主力出手干预拉升股价的多个品种，了解各个主力拉尾盘的护盘意图。

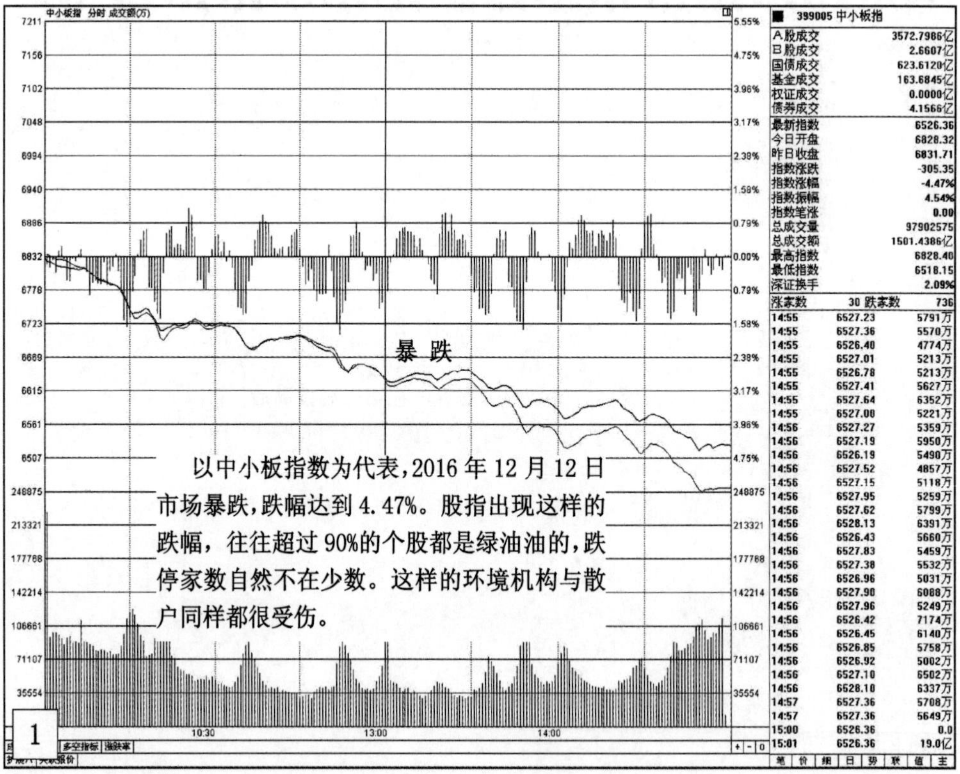

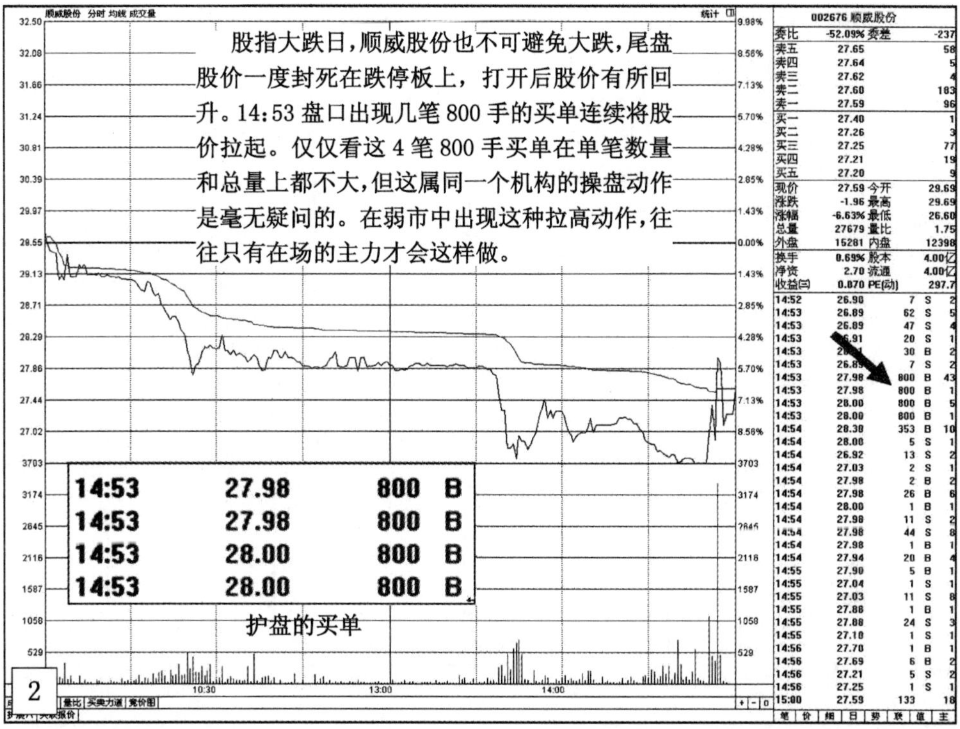
顺威股份 分时 均线 成交量
股指大跌日，顺威股份也不可避免大跌，尾盘股价一度封死在跌停板上，打开后股价有所回升。14:53 盘口出现几笔 800 手的买单连续将股价拉起。仅仅看这 4 笔 800 手买单在单笔数量和总量上都不大，但这属同一个机构的操盘动作是毫无疑问的。在弱市中出现这种拉高动作，往往只有在场的主力才会这样做。
14:53 27.98 800 B
14:53 27.98 800 B
14:53 28.00 800 B
14:53 28.00 800 B
护盘的买单
002676 顺威股份
2

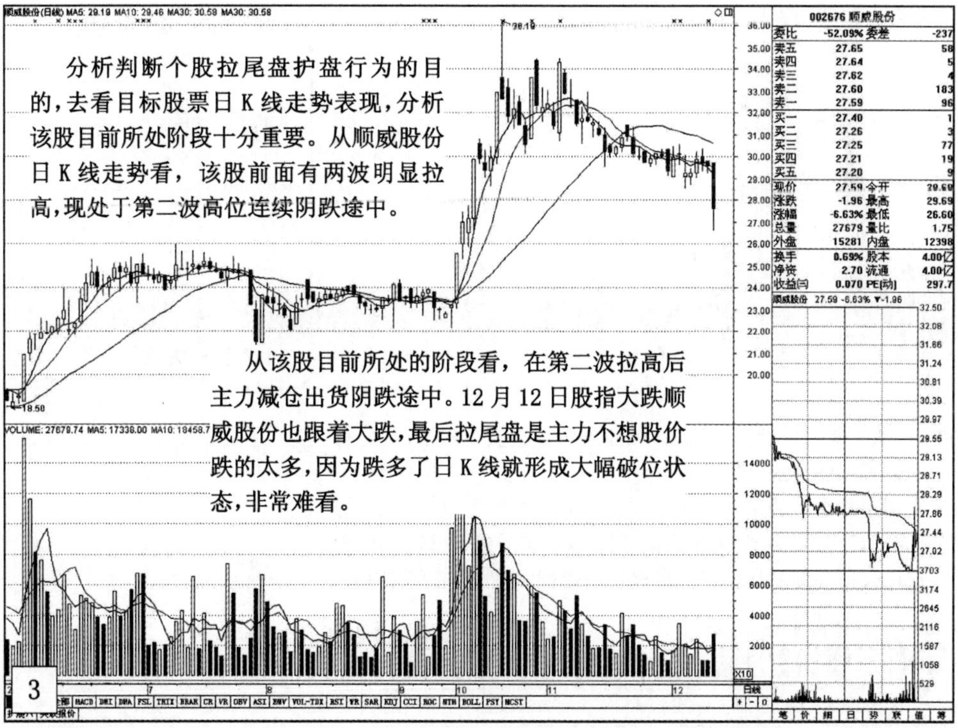
分析判断个股拉尾盘护盘行为的目的，去看目标股票日 K 线走势表现，分析该股目前所处阶段十分重要。从顺威股份日 K 线走势看，该股前面有两波明显拉高，现处于第二波高位连续阴跌途中。
从该股目前所处的阶段看，在第二波拉高后主力减仓出货阴跌途中。12 月 12 日股指大跌顺威股份也跟着大跌，最后拉尾盘是主力不想股价跌的太多，因为跌多了日 K 线就形成大幅破位状态，非常难看。
002676 顺威股份
3

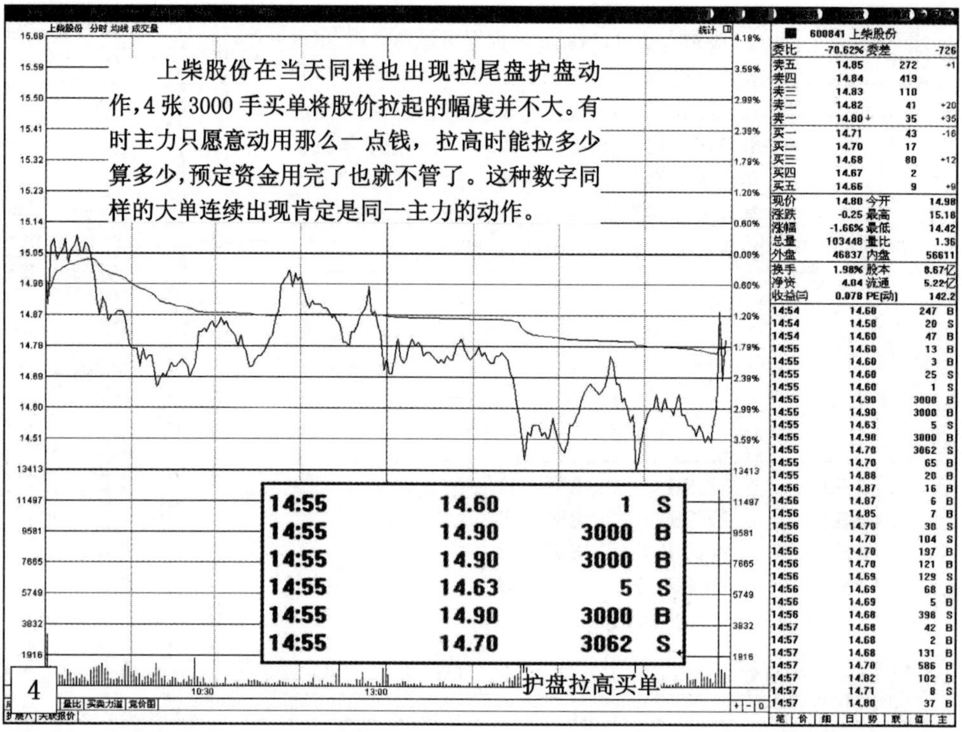
上柴股份在当天同样也出现拉尾盘护盘动作，4 张 3000 手买单将股价拉起的幅度并不大。有时主力只愿意动用那么一点钱，拉高时能拉多少算多少，预定资金用完了也就不管了。这种数字同样的大单连续出现肯定是同一主力的动作。
14:55 14.60 1 S
14:55 14.90 3000 B
14:55 14.90 3000 B
14:55 14.63 5 S
14:55 14.90 3000 B
14:55 14.70 3062 S
4
护盘拉高买单

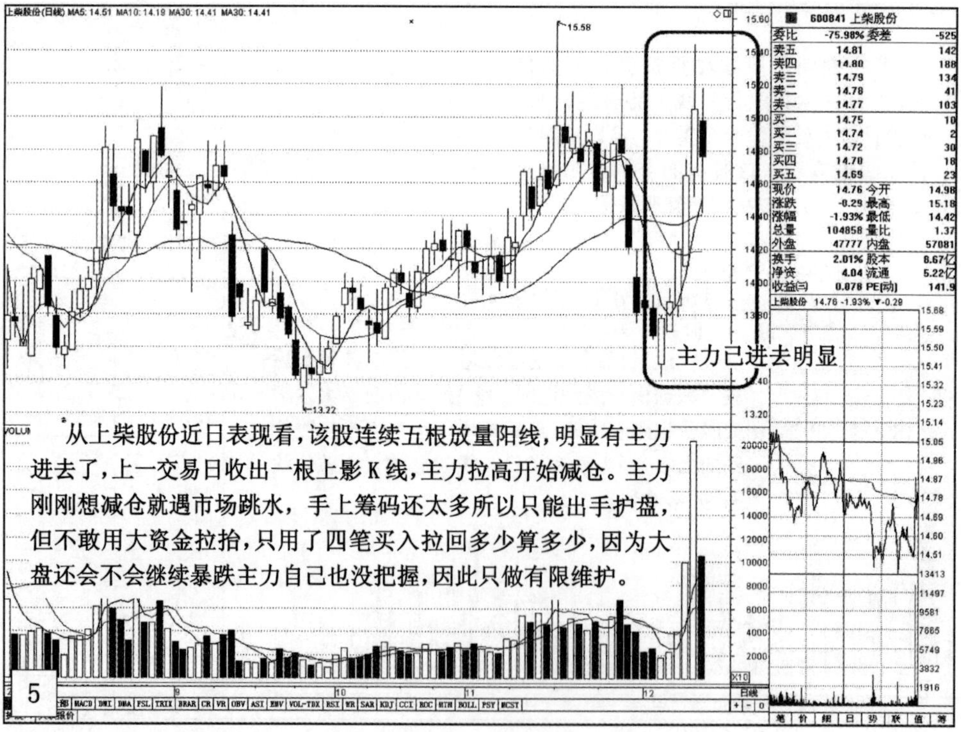
主力已进去明显
从上柴股份近日表现看，该股连续五根放量阳线，明显有主力进去了，上一交易日收出一根上影 K 线，主力拉高开始减仓。主力刚刚想减仓就遇市场跳水，手上筹码还太多所以只能出手护盘，但不敢用大资金拉抬，只用了四笔买入拉回多少算多少，因为大盘还会不会继续暴跌主力自己也没把握，因此只做有限维护。
5

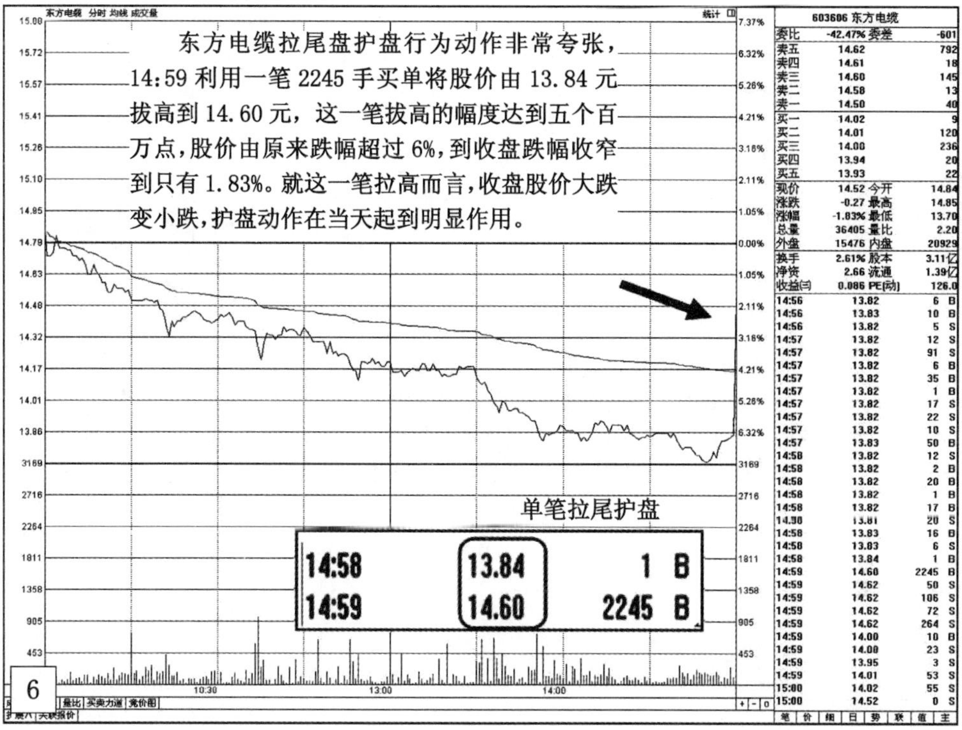
东方电缆拉尾盘护盘行为动作非常夸张，14:59 利用一笔 2245 手买单将股价由 13.84 元拔高到 14.60 元，这一笔拔高的幅度达到五个百万点，股价由原来跌幅超过 6%，到收盘跌幅收窄到只有 1.83%。就这一笔拉高而言，收盘股价大跌变小跌，护盘动作在当天起到明显作用。
单笔拉尾护盘
14:58 13.84 1 B
14:59 14.60 2245 B
6

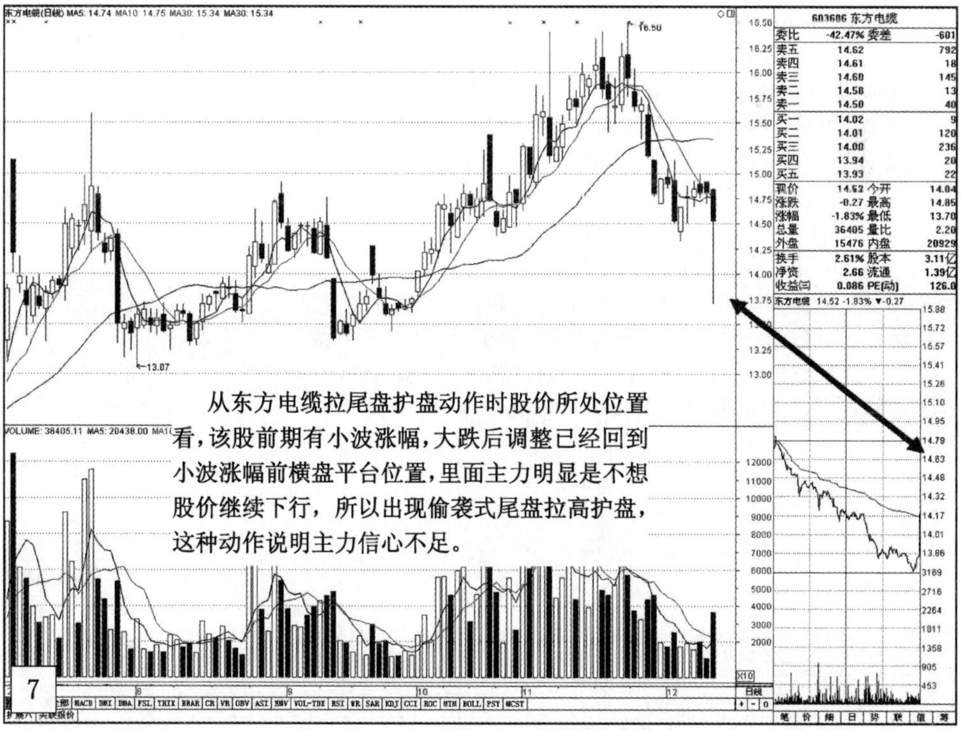
从东方电缆拉尾盘护盘动作时股价所处位置看，该股前期有小波涨幅，大跌后调整已经回到小波涨幅前横盘平台位置，里面主力明显是不想股价继续下行，所以出现偷袭式尾盘拉高护盘，这种动作说明主力信心不足。
7

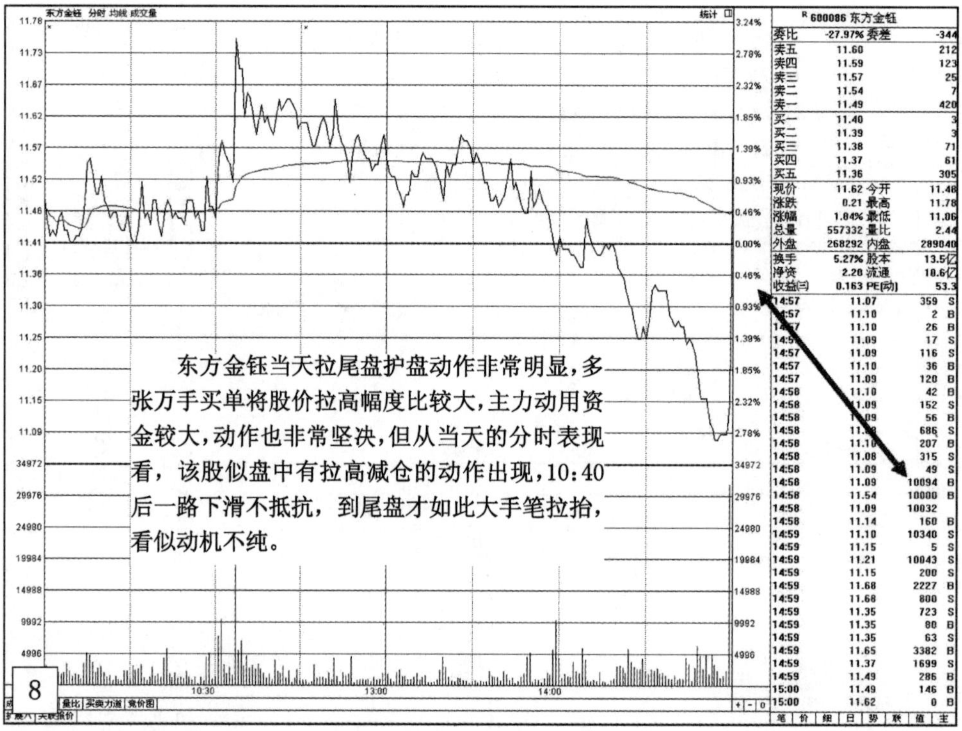
东方金钰当天拉尾盘护盘动作非常明显，多张万手买单将股价拉高幅度比较大，主力动用资金较大，动作也非常坚决，但从当天的分时表现看，该股似盘中有拉高减仓的动作出现，10:40后一路下滑不抵抗，到尾盘才如此大手笔拉抬，看似动机不纯。
8

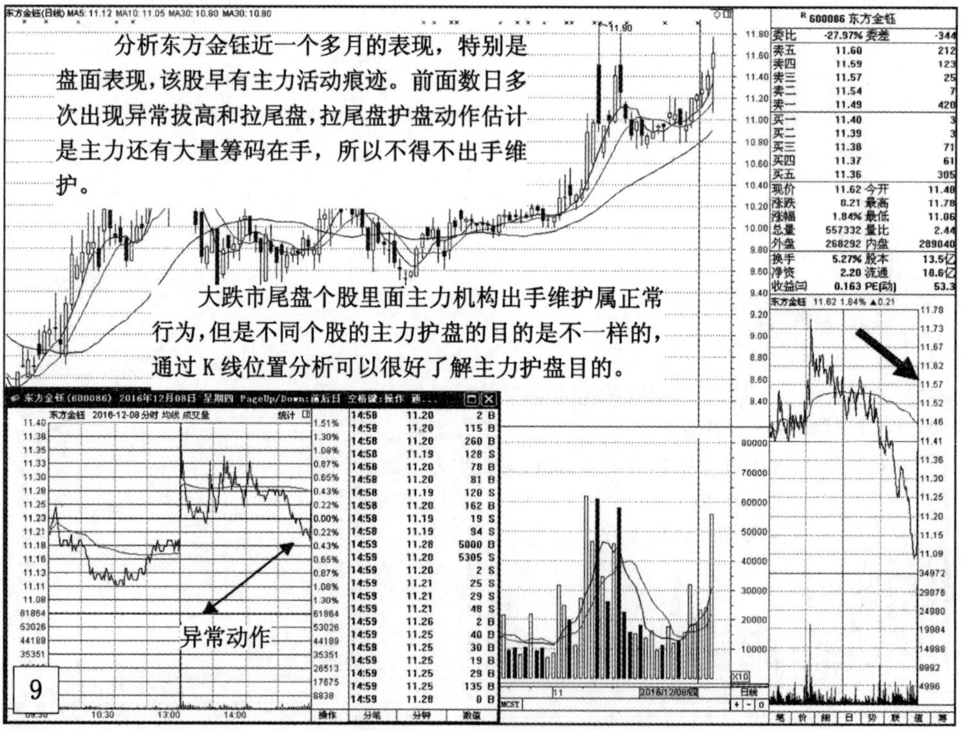
分析东方金钰近一个多月的表现，特别是盘面表现，该股早有主力活动痕迹。前面数日多次出现异常拔高和拉尾盘，拉尾盘护盘动作估计是主力还有大量筹码在手，所以不得不出手维护。
大跌市尾盘个股里面主力机构出手维护属正常行为，但是不同个股的主力护盘的目的是不一样的，通过K线位置分析可以很好了解主力护盘目的。
异常动作
9

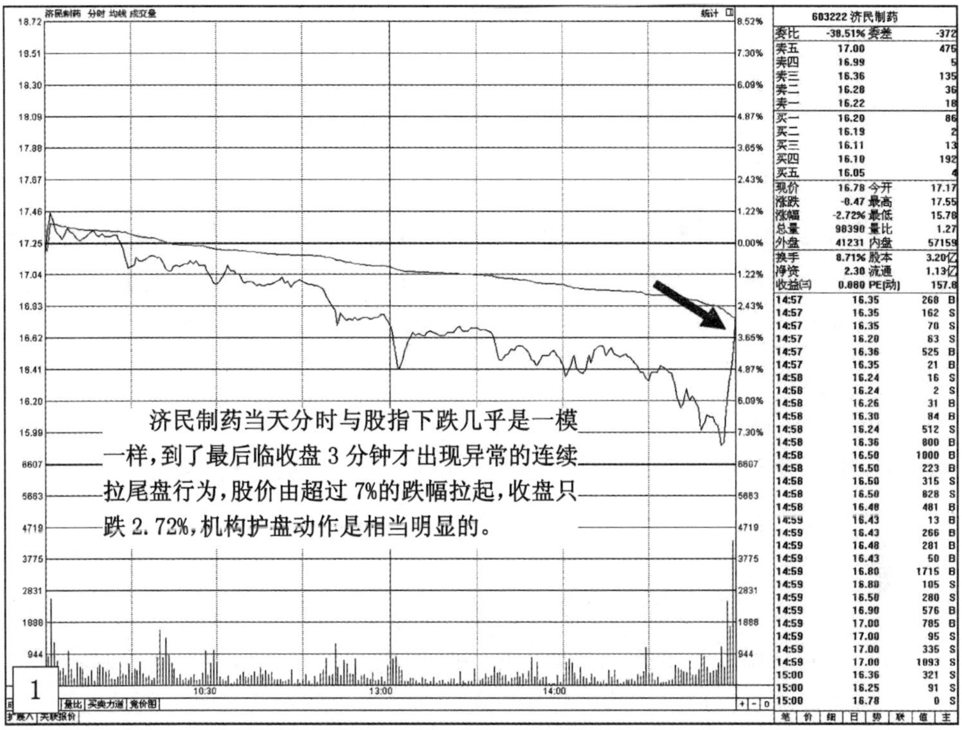
济民制药 分时 均线 成交量
603222 济民制药
济民制药当天分时与股指下跌几乎是一模一样，到了最后临收盘 3 分钟才出现异常的连续拉尾盘行为，股价由超过 7%的跌幅拉起，收盘只跌 2.72%，机构护盘动作是相当明显的。

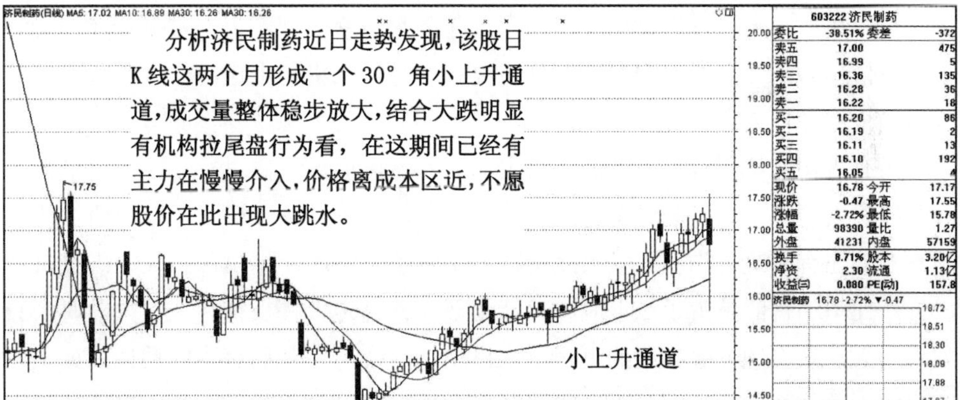
济民制药(日线) MA5: 17.02 MA10: 16.89 MA30: 16.26 MA30: 16.26
603222 济民制药
分析济民制药近日走势发现，该股日 K 线这两个月形成一个 30° 角小上升通道，成交量整体稳步放大，结合大跌明显有机构拉尾盘行为看，在这期间已经有主力在慢慢介入，价格离成本区近，不愿股价在此出现大跳水。
17.75
14.29
小上升通道
VOLUME: 98390.32 MA5: 84708.00 MA10: 91853.60

大盘大跌时尾盘恐慌砸盘机理

大盘出现明显大跌时大部分个股跟着下跌是正常的，个股下跌幅度大小各有差异，这与个股流通盘大小、基本面好坏、股价所处位置、获利盘大小、个股交易气氛等都有关。大盘大跌时个别板块特别抗跌、个别板块特别恐慌领跌，这对相关个股也会产生较大影响。

大盘出现大跌时部分个股尾盘在最后临收市几分钟出现大单砸盘现象，一笔或多笔卖单一下将股价砸低数个百分点也常见。出现这种疯狂砸盘的原因是什么？笔者对此作了长期的跟踪研究，总结的一些经验供各位参考。

①恐慌盘砸盘出逃；②机构故意砸盘制造恐慌；③机构利用恐慌之机大幅砸盘为次日高开高走制造条件；④泄愤者砸盘行为。

恐慌性砸盘出逃一般为大户或一般投资者最常见。在大盘大跌个股跟跌当日，一些大户因为害怕所持品种次日出现继续下跌，选择在最后一两分钟出逃，撤退时为了保证能卖掉，卖出价填写比现价低很多，或者选择以“市价卖出”方式卖出，最终导致明显砸盘情况出现。这些砸盘成交量并不大，常见1000～2000手，市值100万～200万元居多。这种情况就不是什么机构出逃动作，明显是大户或一般投资者行为。

另有机构在拿货或洗盘期间，借大盘大跌日施展尾盘砸盘行动，通过砸盘故意制造更大的恐慌，目的是洗盘或者砸低拿货，这种行为在砸盘个股中所占比例并不多。还有一些机构在大盘大跌所持股票跟着下跌时，尾盘故意大幅砸盘打低股价，此举的目的是为了令该股次日能出现高开高走大幅反抽。大盘大跌时个股如果当天只是出现一般幅度的下跌，次日不一定会出现强而有力的反抽，如果在其明显下跌的基础上，尾盘再顺势利用大卖单大幅砸盘，收市瞬间出现砸低股价的品种关注者特别多，瞬间大幅砸低直接导致该股市值瞬间出现巨大损失，因此次日往往出现技术性修正，大幅高开是常见的，部分股票次日在跟风盘的追进推动甚至封涨停。

再者就是目标股票已经明显下跌，一些持有者因愤恨该股不抗跌，或者愤恨该股主力机构不出手护盘，因此产生“要亏大家一起，要死大家一起死，把主力套住或套的更深更爽”，泄愤情绪膨胀，因此在临收盘前故意大幅砸盘砸低股价。

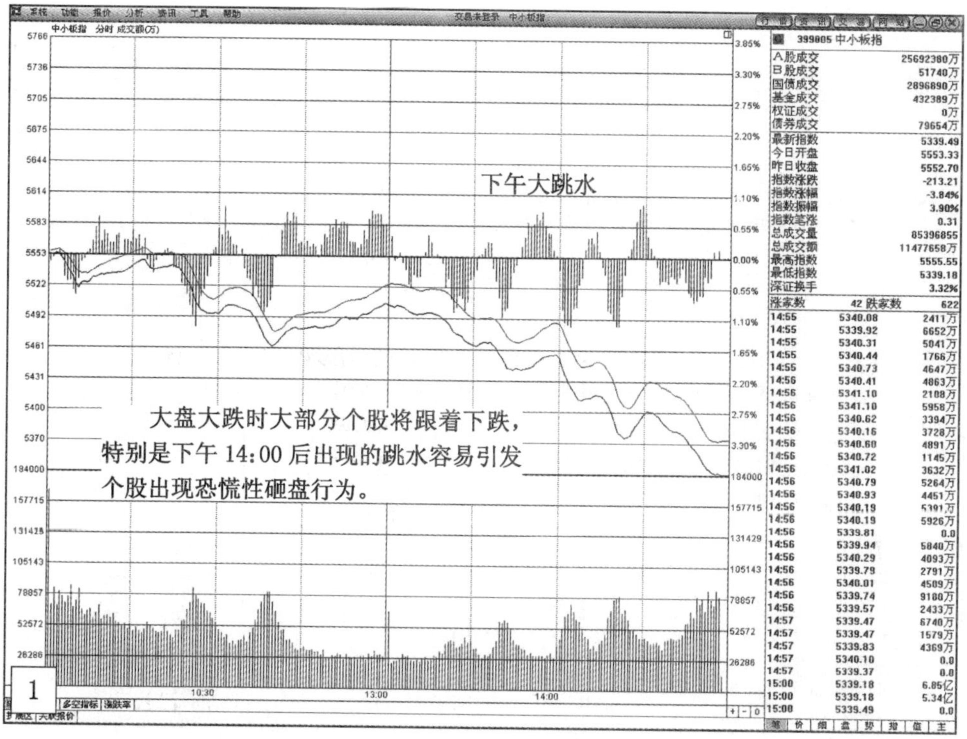
下午大跳水
大盘大跌时大部分个股将跟着下跌，特别是下午 14:00 后出现的跳水容易引发个股出现恐慌性砸盘行为。
1

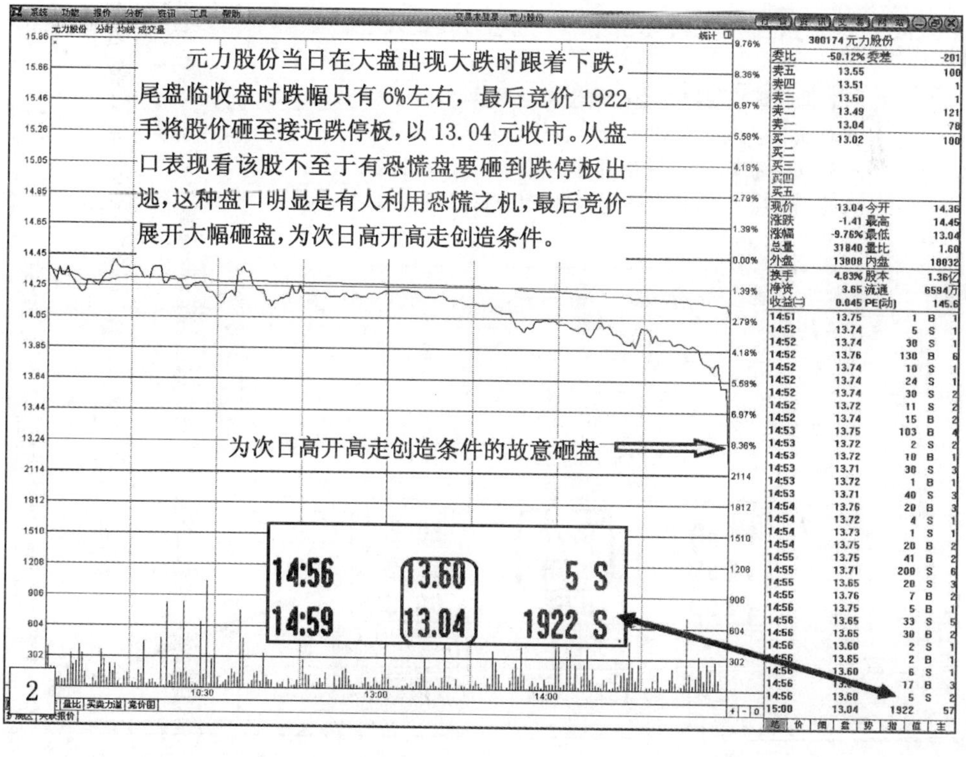
元力股份当日在大盘出现大跌时跟着下跌，尾盘临收盘时跌幅只有 6%左右，最后竞价 1922 手将股价砸至接近跌停板，以 13.04 元收市。从盘口表现看该股不至于有恐慌盘要砸到跌停板出逃，这种盘口明显是有人利用恐慌之机，最后竞价展开大幅砸盘，为次日高开高走创造条件。
为次日高开高走创造条件的故意砸盘
14:56 13.60 5 S
14:59 13.04 1922 S
2

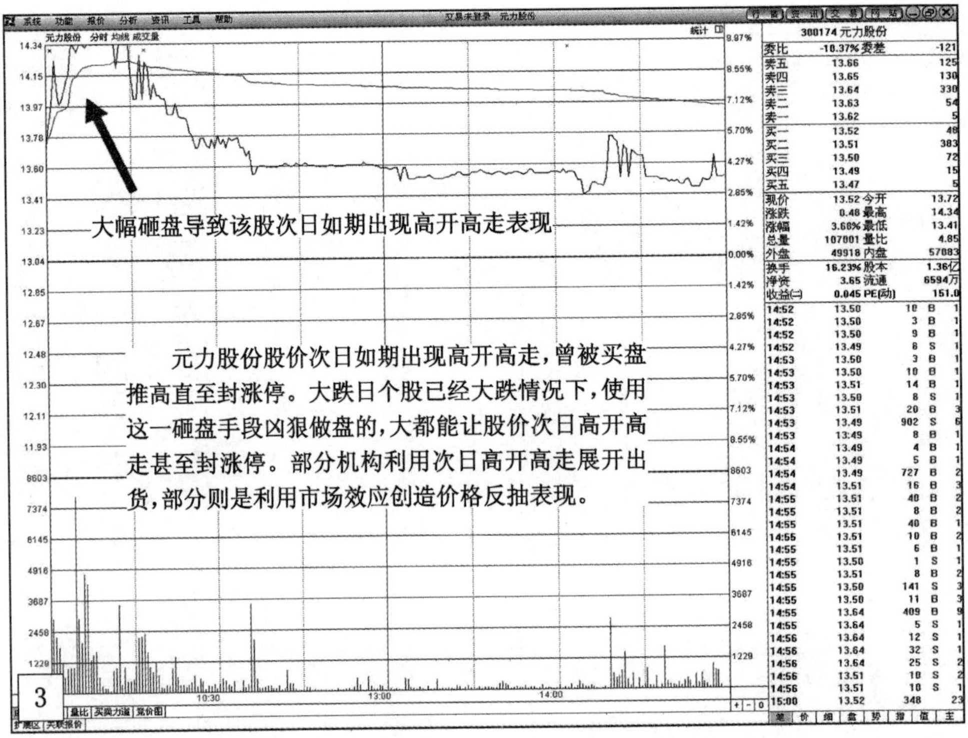
300174 元力股份
大幅砸盘导致该股次日如期出现高开高走表现
元力股份股价次日如期出现高开高走，曾被买盘推高直至封涨停。大跌日个股已经大跌情况下，使用这一砸盘手段凶狠做盘的，大都能让股价次日高开高走甚至封涨停。部分机构利用次日高开高走展开出货，部分则是利用市场效应创造价格反抽表现。
3

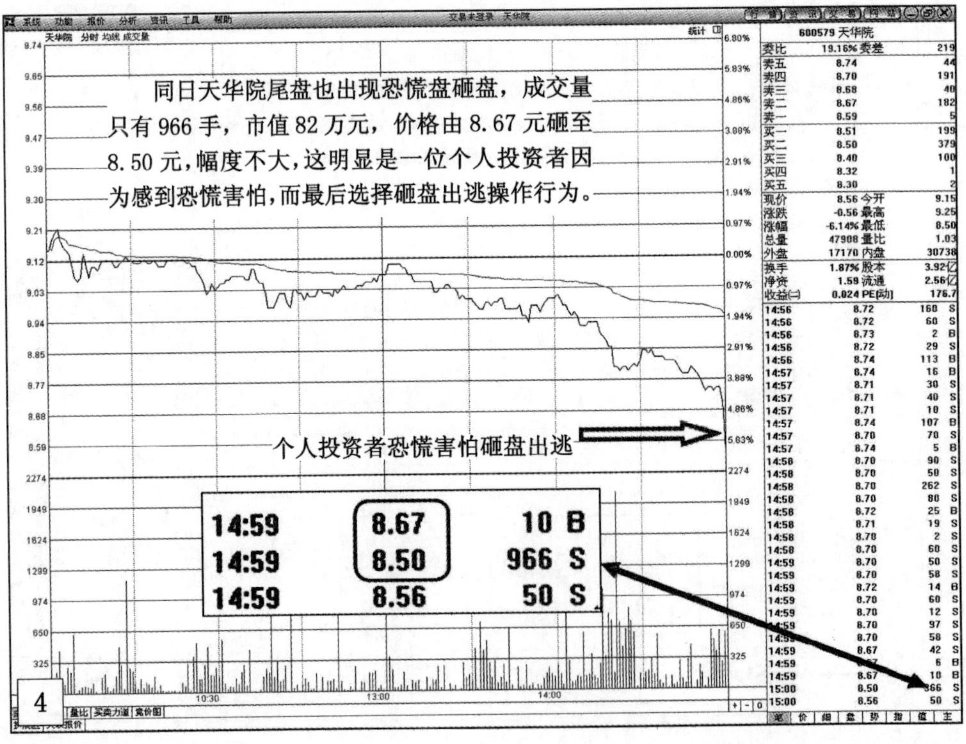
600579 天华院
同日天华院尾盘也出现恐慌盘砸盘，成交量只有966手，市值82万元，价格由8.67元砸至8.50元，幅度不大，这明显是一位个人投资者因为感到恐慌害怕，而最后选择砸盘出逃操作行为。
个人投资者恐慌害怕砸盘出逃
14:59 8.67 10 B
14:59 8.50 966 S
14:59 8.56 50 S
4

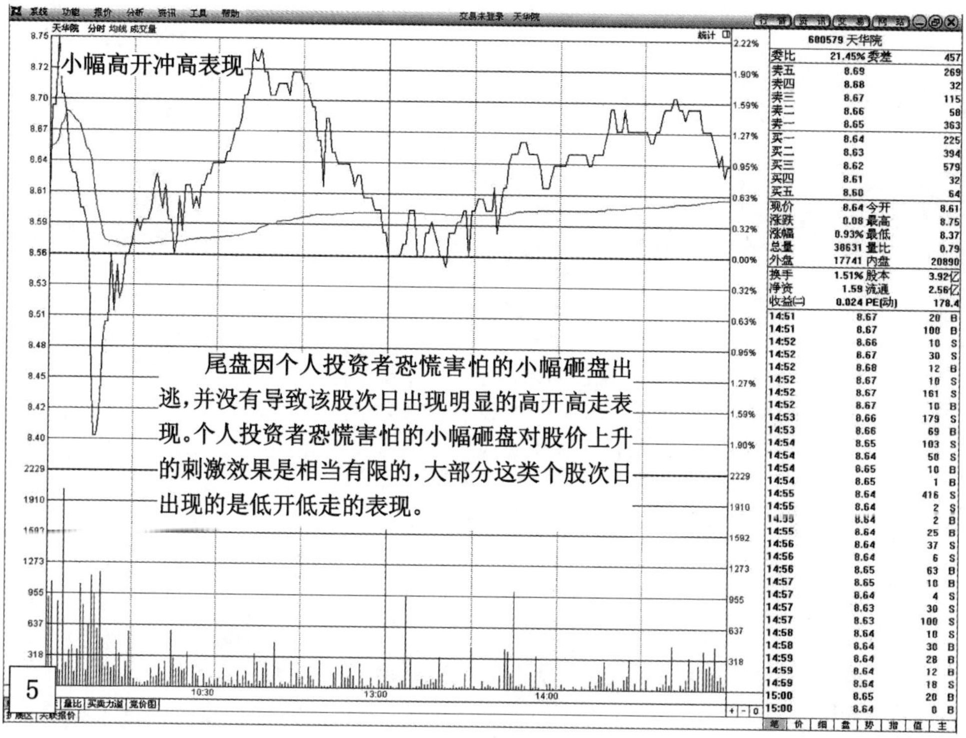

大盘暴跌个股遇主力护盘拔高处理方法

一个机构大量持有一只股票，股价的波动对其市值影响非常明显。股价出现特殊表现或发生危机时，该机构为了维护自己最大利益出手干预价格是常见的。出手干预价格一般最容易发生在股价大跌时，股价下跌有自身波动的下跌，也有外界因素的影响如大盘暴跌导致的快速杀跌，大盘暴跌时个股出现快速急跌最容易引发主力出手护盘。

主力护盘方式很多，其中采用尾盘偷袭快速拉起是常最见的一种。尾盘偷袭护盘行为只求结果不问过程。尾盘偷袭快速拉起能让股价以较高价收盘，就收盘价而言，的确起到减少当天跌幅的作用。

机构采用尾盘偷袭快速拉起方式护盘，大部分是信心不足或实力有限的体现。尾盘偷袭拉起后次日绝大部分出现低开低走。对于主力积极坚决护盘的品种投资者可持有，对于机构信心不足态度或不坚决的尾盘偷袭式拉起护盘，投资者应在所持品种出现尾盘偷袭拉起临收盘瞬间选择卖出撤退离场。

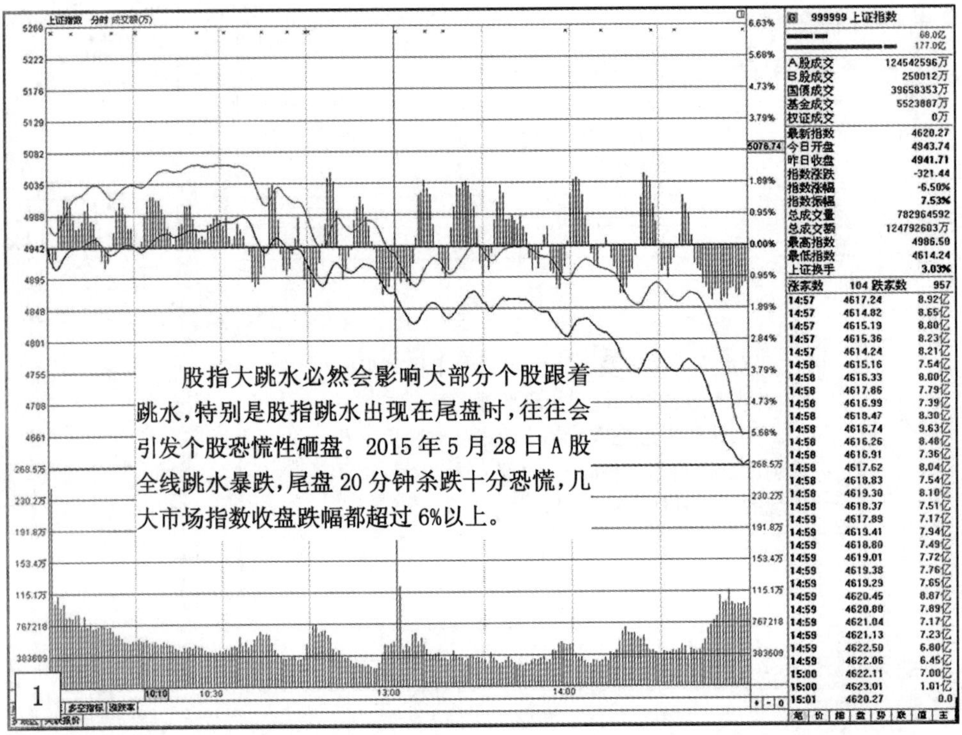
股指大跳水必然会影响大部分个股跟着跳水，特别是股指跳水出现在尾盘时，往往会引发个股恐慌性砸盘。2015 年 5 月 28 日 A 股全线跳水暴跌，尾盘 20 分钟杀跌十分恐慌，几大市场指数收盘跌幅都超过 6%以上。
999999 上证指数
1

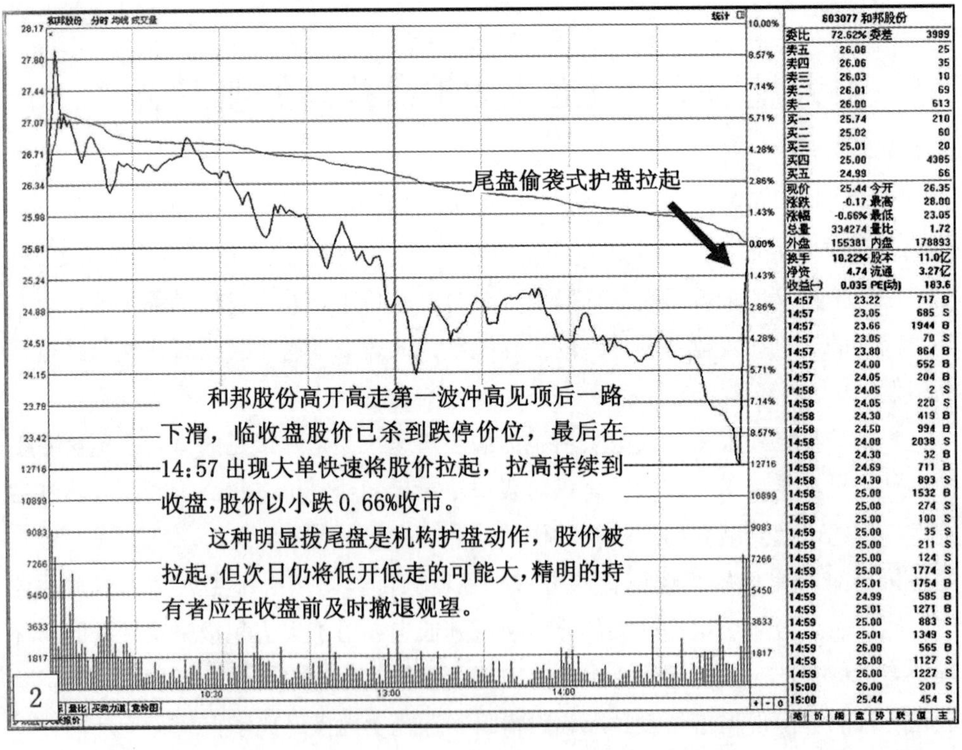
603077 和邦股份
尾盘偷袭式护盘拉起
和邦股份高开高走第一波冲高见顶后一路下滑，临收盘股价已杀到跌停价位，最后在 14:57 出现大单快速将股价拉起，拉高持续到收盘，股价以小跌 0.66%收市。
这种明显拔尾盘是机构护盘动作，股价被拉起，但次日仍将低开低走的可能大，精明的持有者应在收盘前及时撤退观望。
2

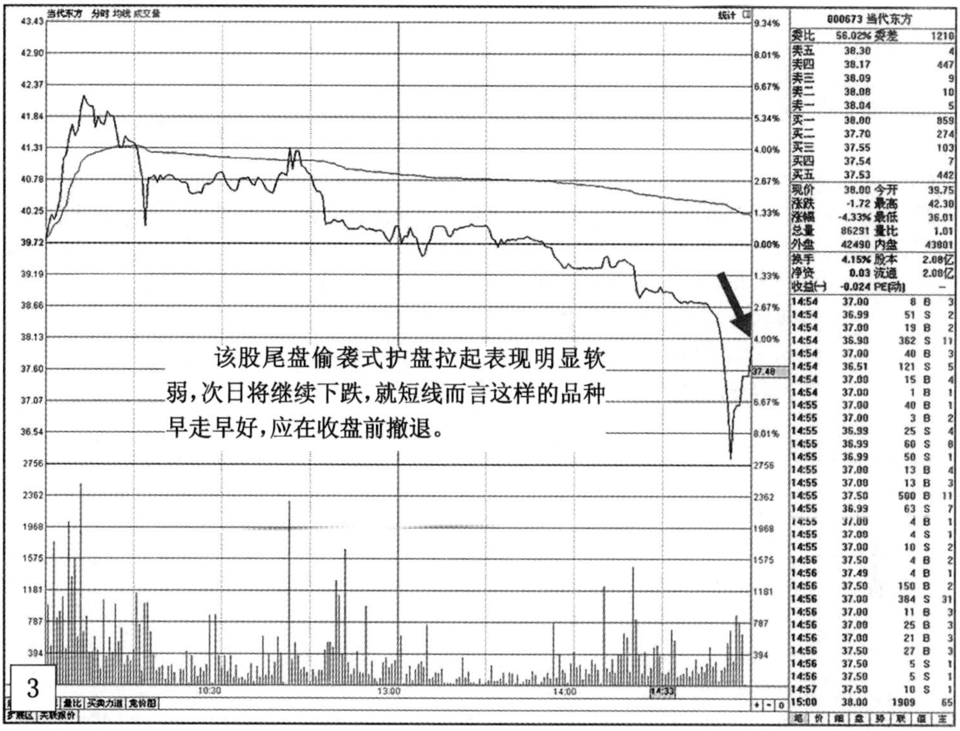
当代东方 分时 均线 成交量
000673 当代东方
该股尾盘偷袭式护盘拉起表现明显软弱，次日将继续下跌，就短线而言这样的品种早走早好，应在收盘前撤退。
3

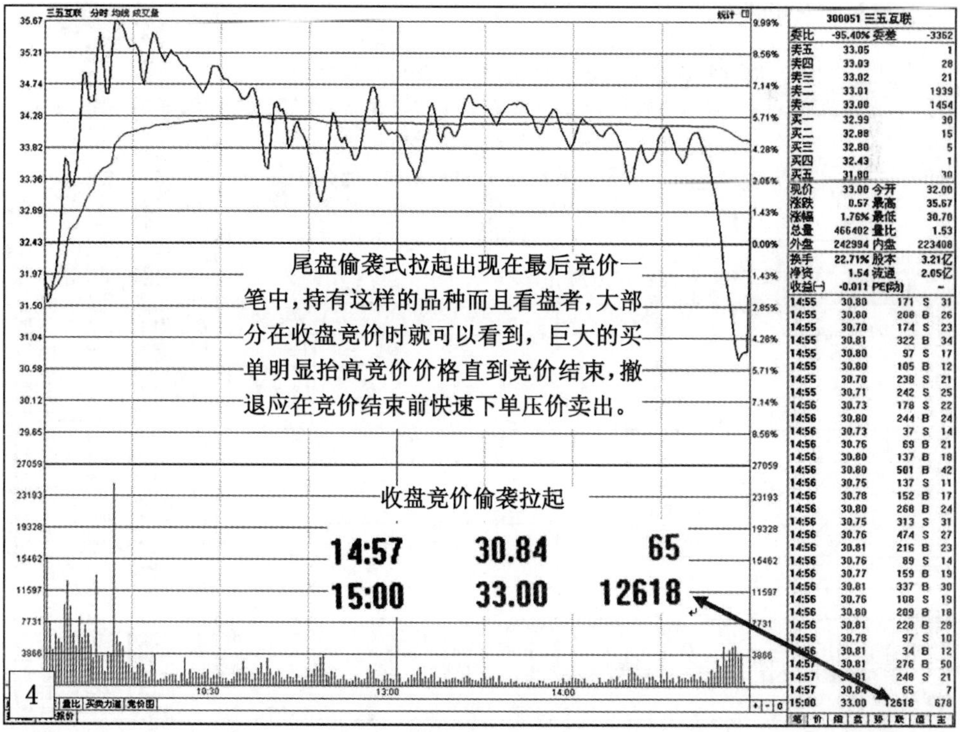
三五互联 分时 均线 成交量
300051 三五互联
尾盘偷袭式拉起出现在最后竞价一笔中，持有这样的品种而且看盘者，大部分在收盘竞价时就可以看到，巨大的买单明显抬高竞价价格直到竞价结束，撤退应在竞价结束前快速下单压价卖出。
收盘竞价偷袭拉起
14:57 30.84 65
15:00 33.00 12618
4

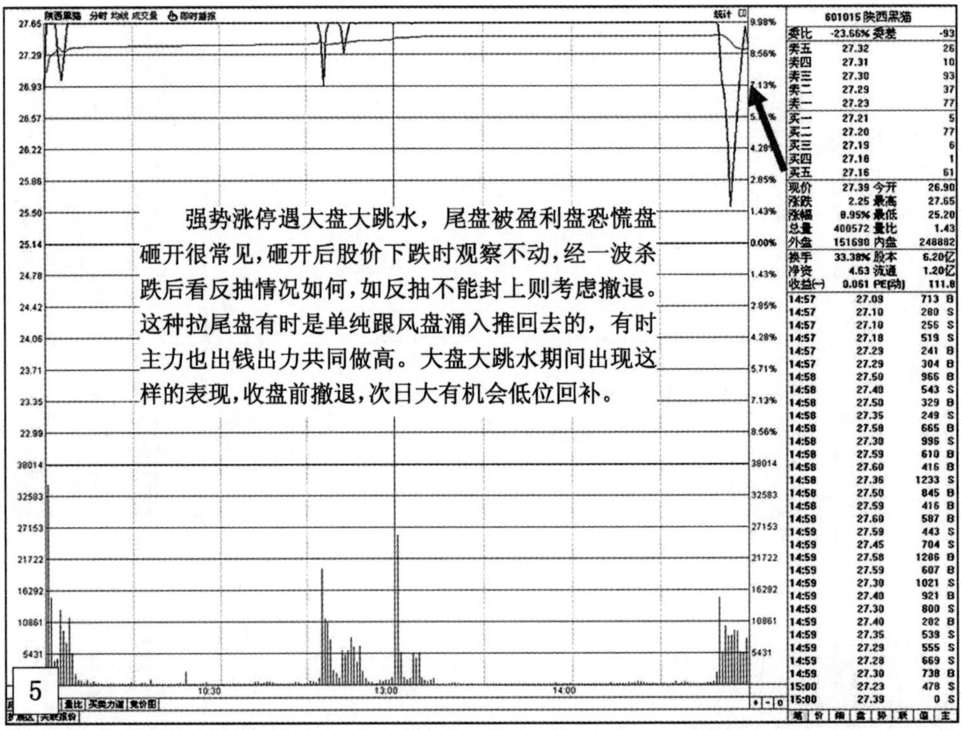
601015 陕西黑猫
强势涨停遇大盘大跳水，尾盘被盈利盘恐慌盘砸开很常见，砸开后股价下跌时观察不动，经一波杀跌后看反抽情况如何，如反抽不能封上则考虑撤退。这种拉尾盘有时是单纯跟风盘涌入推回去的，有时主力也出钱出力共同做高。大盘大跳水期间出现这样的表现，收盘前撤退，次日大有机会低位回补。
5

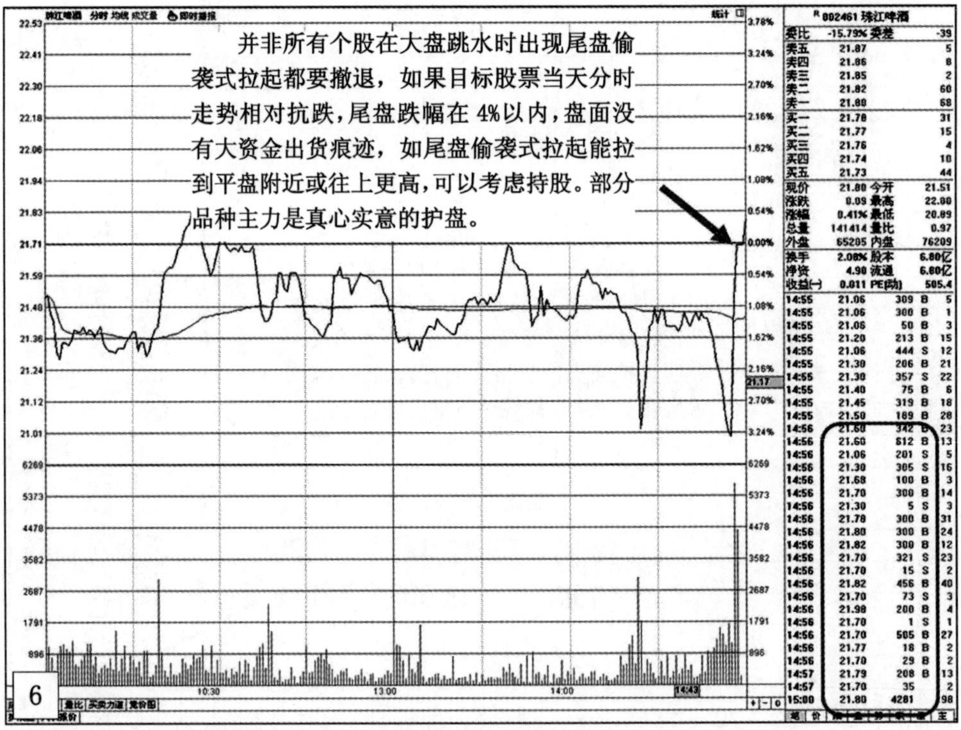
002461 珠江啤酒
并非所有个股在大盘跳水时出现尾盘偷袭式拉起都要撤退，如果目标股票当天分时走势相对抗跌，尾盘跌幅在4%以内，盘面没有大资金出货痕迹，如尾盘偷袭式拉起能拉到平盘附近或往上更高，可以考虑持股。部分品种主力是真心实意的护盘。
6

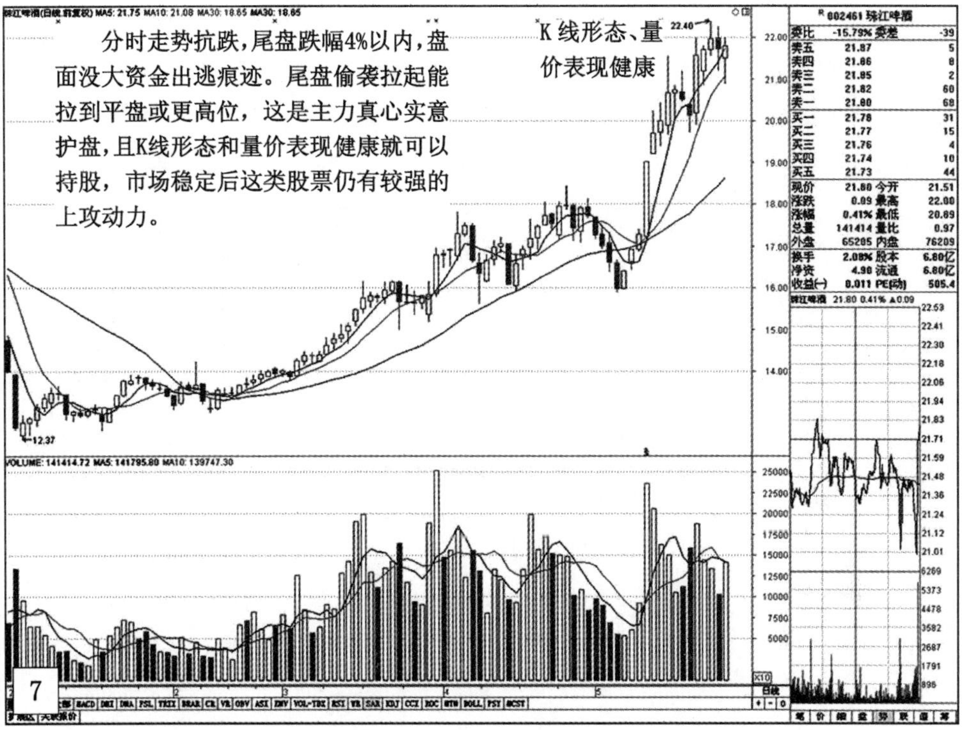

场内老庄尾盘拔高确认技巧

所谓的老庄与新庄之区别在不同情况下有不同的定义，本文中所说的老主力是指在当前已在场的主力，当日才介入的叫新主力，因此本文说的老主力并不一定是在里面运作很长时间，那怕是昨天才进来的也称之为老主力。

用如此短的时间期限去区分老庄与新庄有什么用处？A股市场个股交易一直采用T+1交易制度，昨天买的股票必须到今天才能卖，今天买的股票必须到明天才能出。现做短线的机构非常活跃，入市拉几日就跑的非常多，昨天进今天拉高就跑的也常见。对于个股超短线安全性而言，老庄在场的股票哪怕是昨天才进场的今天都可以出货，而今天才介入的新资金新庄当日不能卖出。比较之下某股今日出现机构明显操盘拉抬或介入动作，新资金新庄今天才开始介入比老庄已在场更安全，因为新庄今天无货可出，因此不存在砸盘出货动作。对于当日入市吸筹品种，盘中指数跳水时新庄往往会主动出手护盘，如是老庄操盘因手上早已有筹码，部分主力拉高后就会出货。就算该主力真正目的还希望继续做高或继续拿货，但在市场表现不佳出现跳水时，老庄完全可以先减仓出货后回补做差价。一般投资者入市，选择新庄介入的股票比老庄在场的股票更安全，那么如何发现新庄介入的股票？首先就要识别哪些股票盘中出现明显做盘推高，属于老庄在操作了。

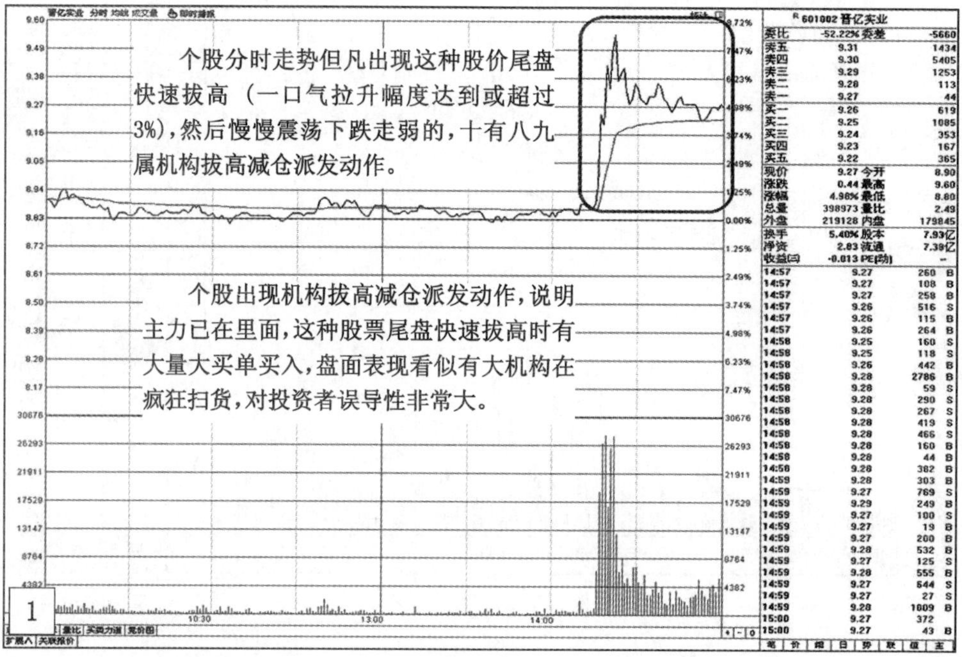

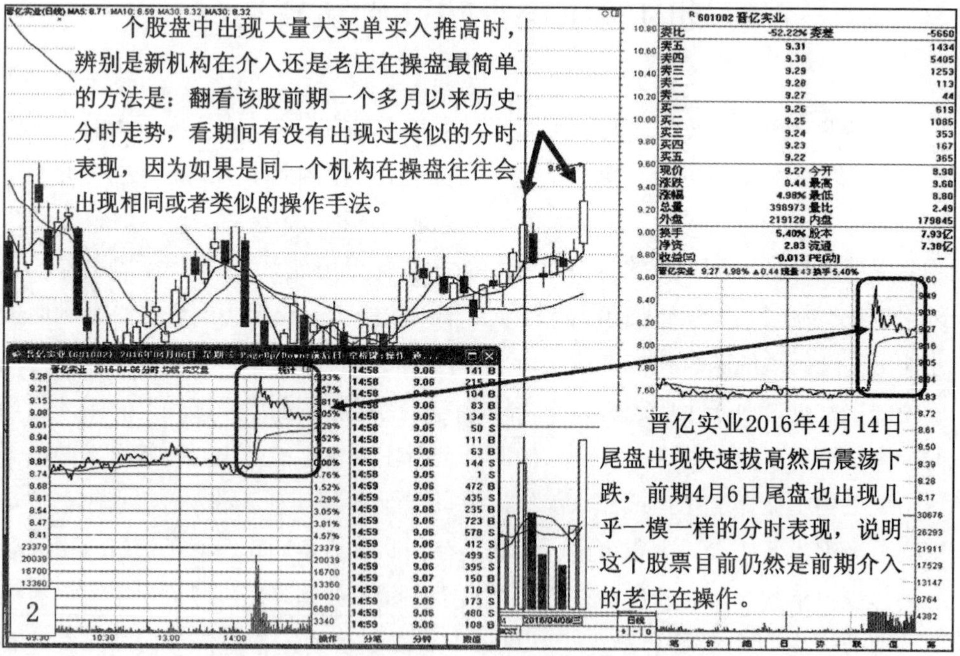

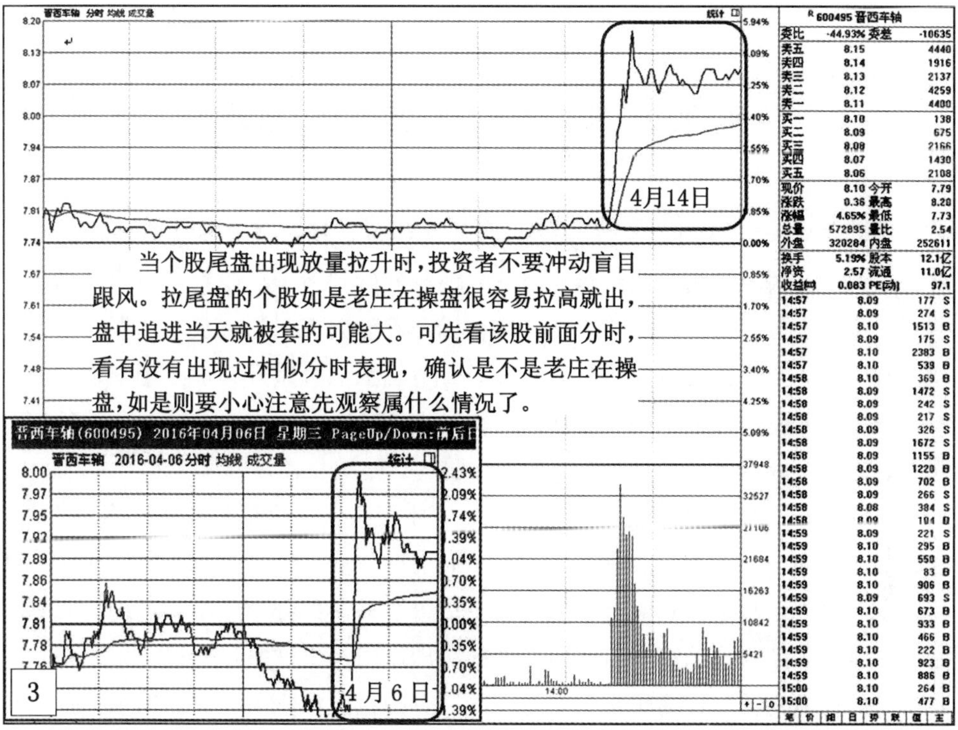
当个股尾盘出现放量拉升时，投资者不要冲动盲目跟风。拉尾盘的个股如是老庄在操盘很容易拉高就出，盘中追进当天就被套的可能大。可先看该股前面分时，看有没有出现过相似分时表现，确认是不是老庄在操盘，如是则要小心注意先观察属什么情况了。
4月14日
4月6日
3
晋西车轴(600495) 2016年04月06日 星期三
600495 晋西车轴

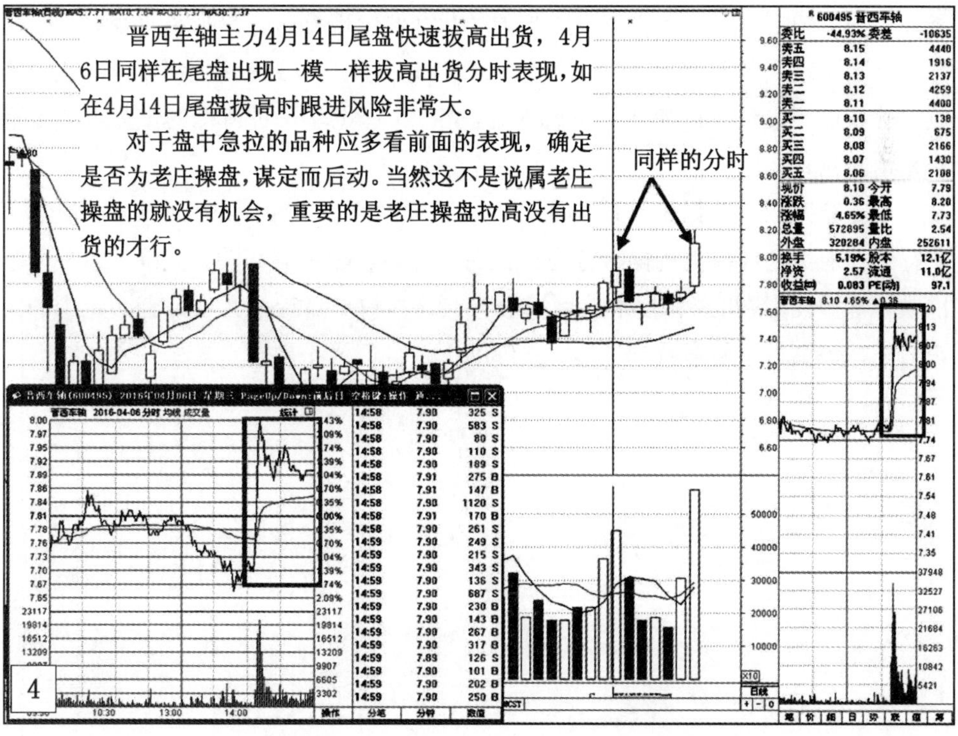
晋西车轴主力4月14日尾盘快速拔高出货，4月6日同样在尾盘出现一模一样拔高出货分时表现，如在4月14日尾盘拔高时跟进风险非常大。
对于盘中急拉的品种应多看前面的表现，确定是否为老庄操盘，谋定而后动。当然这不是说属老庄操盘的就没有机会，重要的是老庄操盘拉高没有出货的才行。
同样的分时
4
600495 晋西车轴

个股尾盘偷袭式拉高护盘机理

指数由N个不同行业、具有代表性的个股组成，指数的升跌实际就是这些不同行业、具有代表性的个股整体的涨跌表现。分析判断一只股票盘中的表现是否正常，第一步可以先看大盘的表现，拿目标个股盘面表现与大盘表现做一番比较就能看明白。不少投资者在看盘时大都只看自己手上股票升跌，升不知道是为什么，跌也不清楚是什么原因影响导致。跌时大部分人只知道一味埋怨，这种盲目无知心态不可取。

大盘出现明显大跌时大部分个股跟着下跌很正常，个股跌幅大小各有差异，涨跌幅的大小与个股的流通盘大小、基本面情况、价格所处位置、抛压大小等都有关系，另外也与个股有没有大机构出手护盘有关，部分个股个别机构持股量特别大，股价升跌对他的影响自然是最大的，出现明显下跌时这些机构出手护盘也是常见的，机构护盘行为也是千差万别的，有的在股价刚下行时就出手护盘，有的在下跌中途出手护盘，有的是在大跌后才姗姗来迟出手护盘。大跌市场中有一种较特殊的护盘方式：“大盘大跌当天导致个股出现暴跌，最后临收盘时主力用一两笔数量巨大的买单，瞬间将股价大幅拉起。此举导致被拉抬个股日K线收盘收出长长的下影线，股价当天跌幅明显收窄。”这也是一种特殊的护盘方式，而且相当常见。

大盘暴跌日，暴跌的个股临收盘时出现一两张大买单瞬间将股价大幅拉高，该行为一般都是场内机构操盘行为。目的是想通过投机取巧的方式降低目标股票的跌幅，改变K线状态和技术性恐慌形态。这样的护盘行为大都是有心无力的无奈之举，该主力不愿意看到目标股票继续下跌，但又不敢真正出手买入维护股价不跌。

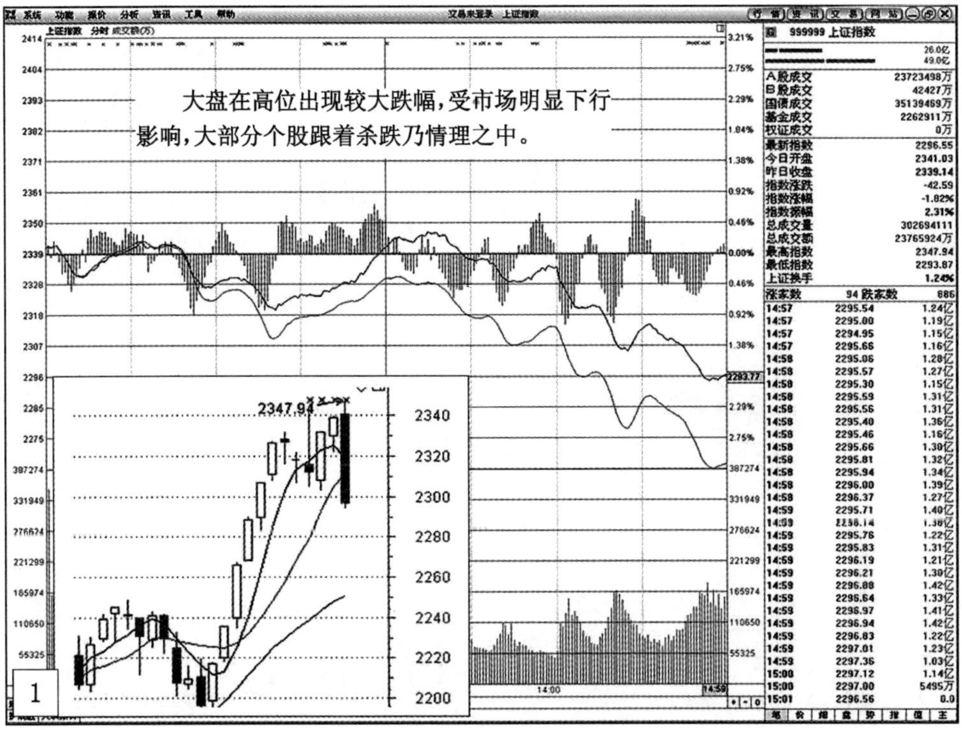
大盘在高位出现较大跌幅，受市场明显下行影响，大部分个股跟着杀跌乃情理之中。
2347.94
1

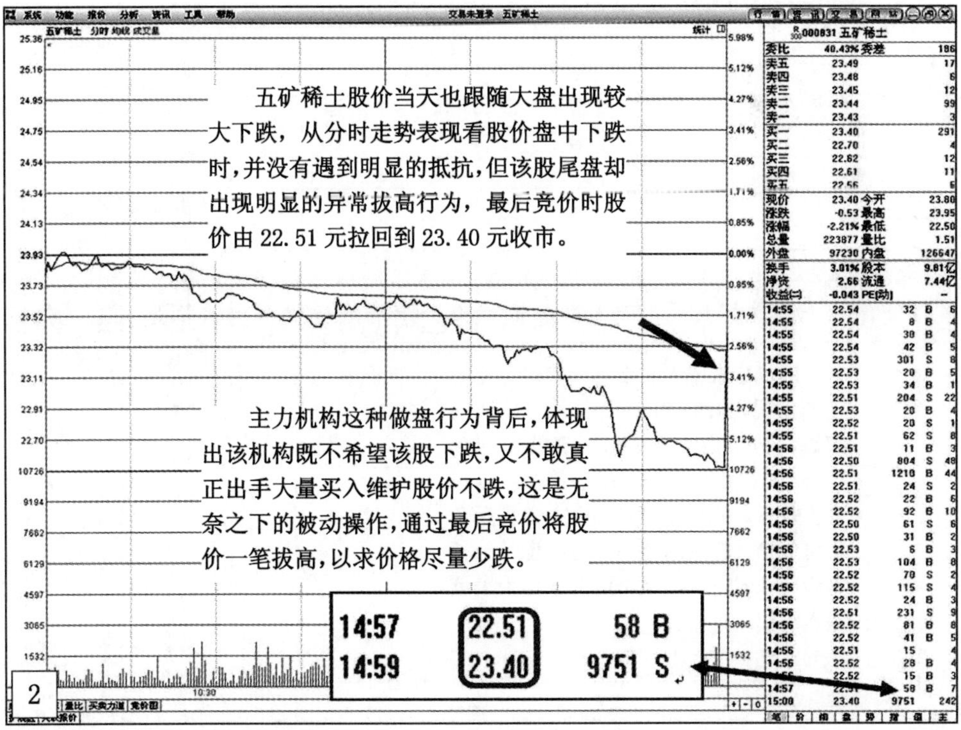
五矿稀土股价当天也跟随大盘出现较大下跌，从分时走势表现看股价盘中下跌时，并没有遇到明显的抵抗，但该股尾盘却出现明显的异常拔高行为，最后竞价时股价由 22.51 元拉回到 23.40 元收市。
主力机构这种做盘行为背后，体现出该机构既不希望该股下跌，又不敢真正出手大量买入维护股价不跌，这是无奈之下的被动操作，通过最后竞价将股价一笔拔高，以求价格尽量少跌。
14:57 22.51 58 B
14:59 23.40 9751 S
2

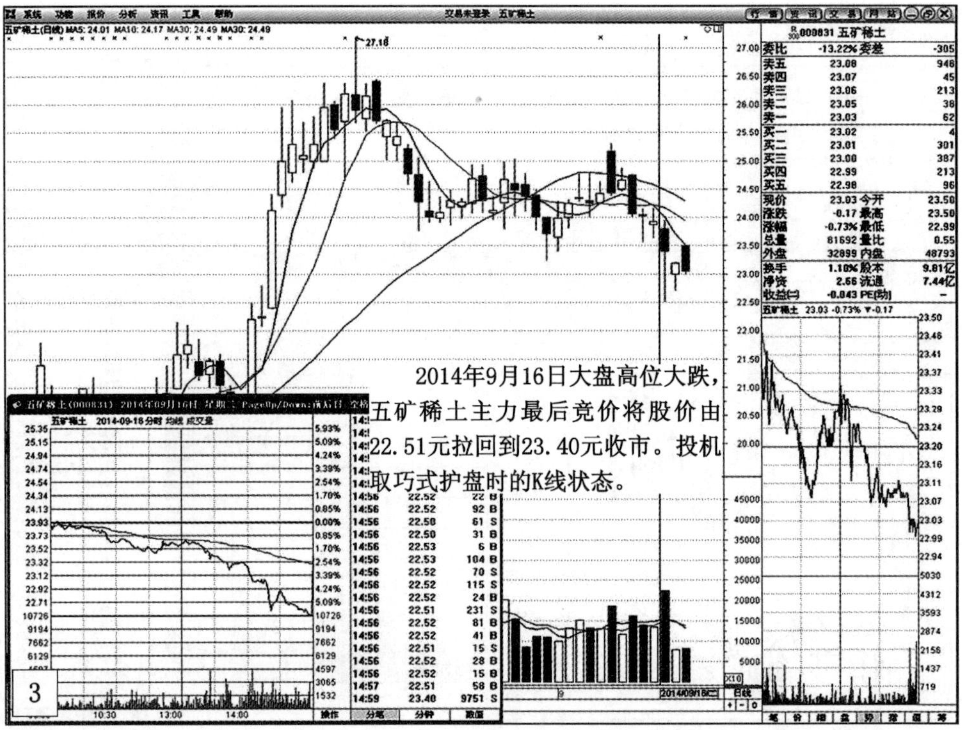

3

2014年9月16日大盘高位大跌，五矿稀土主力最后竞价将股价由22.51元拉回到23.40元收市。投机取巧式护盘时的K线状态。

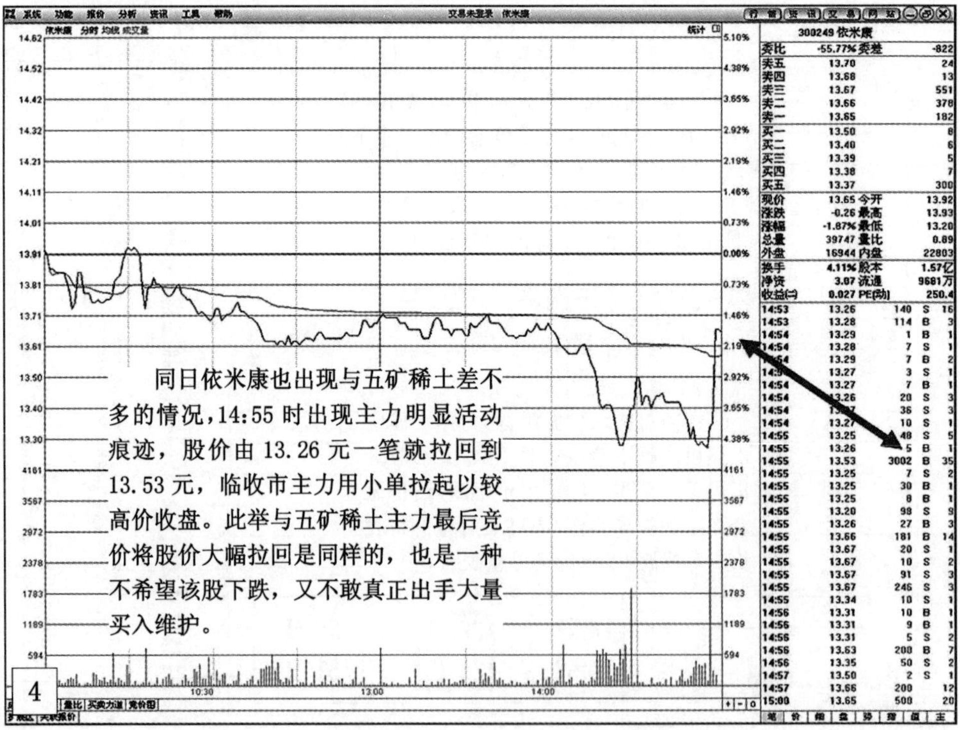

4

同日依米康也出现与五矿稀土差不多的情况，14:55 时出现主力明显活动痕迹，股价由 13.26 元一笔就拉回到 13.53 元，临收市主力用小单拉起以较高价收盘。此举与五矿稀土主力最后竞价将股价大幅拉回是同样的，也是一种不希望该股下跌，又不敢真正出手大量买入维护。

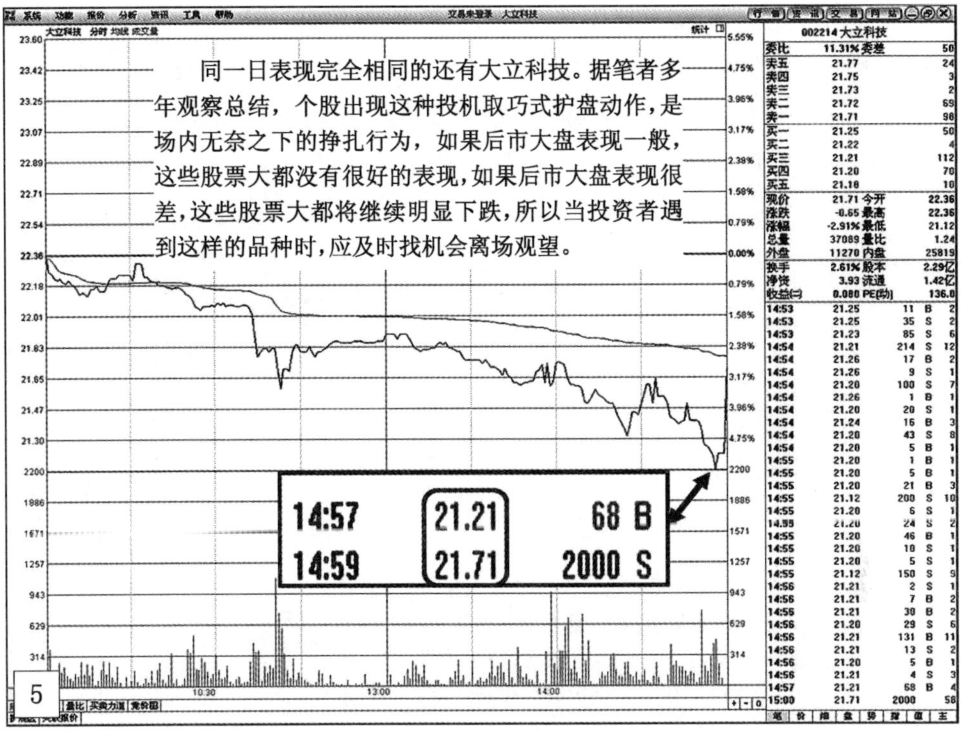

节省资金型的尾盘偷袭拉升

主力操盘手是高智商群体，其掌握的专业知识比一般投资者更丰富。对于主力而言主操盘手技艺超群、思维独特是做庄成功的重要因素。主力做盘三大阶段“吸筹、拉高、出货”各个环节都需要操盘技巧。

吸筹完毕后进行拉高，拉高的目的就是为已经进场的筹码创造账面利润。将一只股票股价拔高并不难，大量的买入消化卖盘股价自然就会不断上涨。而用数量较少的资金就将股价大幅拉高，这就需要各种各样的操盘技巧去实施，每项操作技巧都能考验出操盘手的真正水平和能力。每一个机构的资本都是有限的，每次炒作一只股票所投入的资金量也有具体数目。做庄资金规划安排一般按“仓底投入资金量、拉升与护盘资金量、后备资金量”这三项进行分配，同样的拉升幅度，仓底资金投入量越大利润就越高，因此仓底投入资金量必须要足够大，次之所需资金量较大的是拉高和护盘这一环节，往上拔高时越是往上，买入的成本就越高，拉高买的量大了占用的资金量大，平均成本就越拉越高，这对主力而言是不利的。

同一只股票由10元拔高到15元，不同的操盘手做盘自然结果有差别，有的用5000 万就可以将股价拔高到目标价，有的可能要用1个亿才能完成，甚至有的动用1.5亿还不一定能达到目标，这种差异主要体现在操盘水平上，实力强的操盘手能做到他人不能完成的任务。操盘讲的是思路、方法与技巧，下面通过分析万向德农表现，学习认识主力操盘手节省资金、尾盘偷袭式暴力拉高拉升手段。

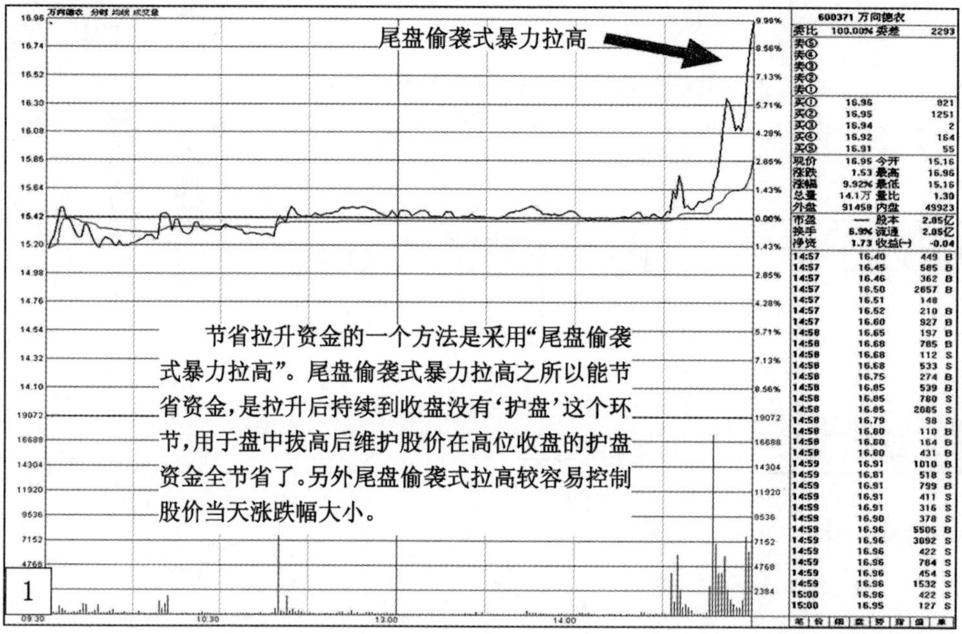

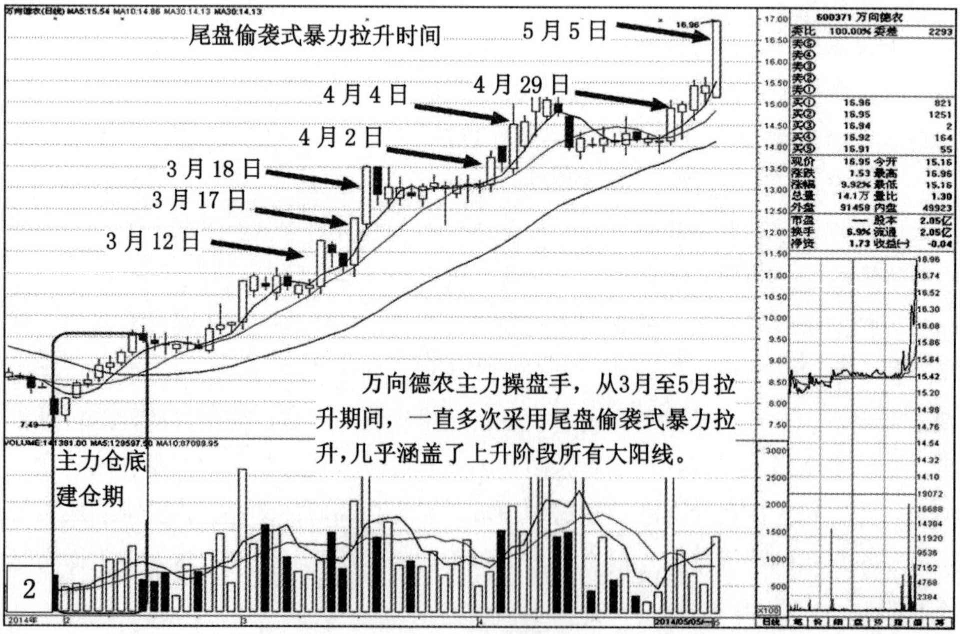

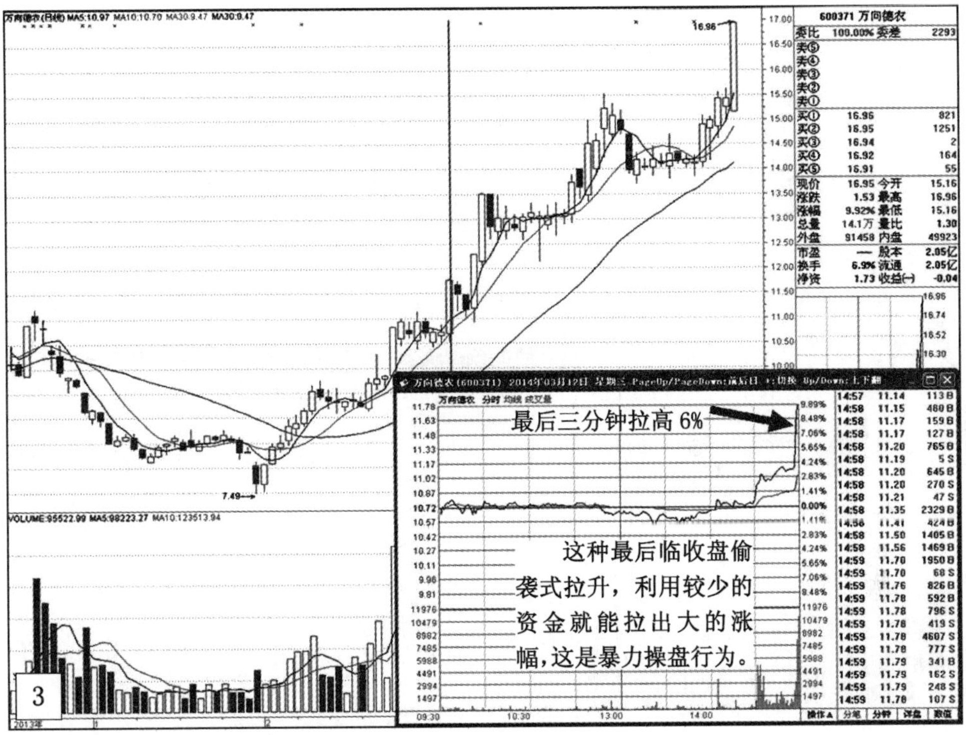
600371 万向德农
最后三分钟拉高 6%
这种最后临收盘偷袭式拉升，利用较少的资金就能拉出大的涨幅，这是暴力操盘行为。
3

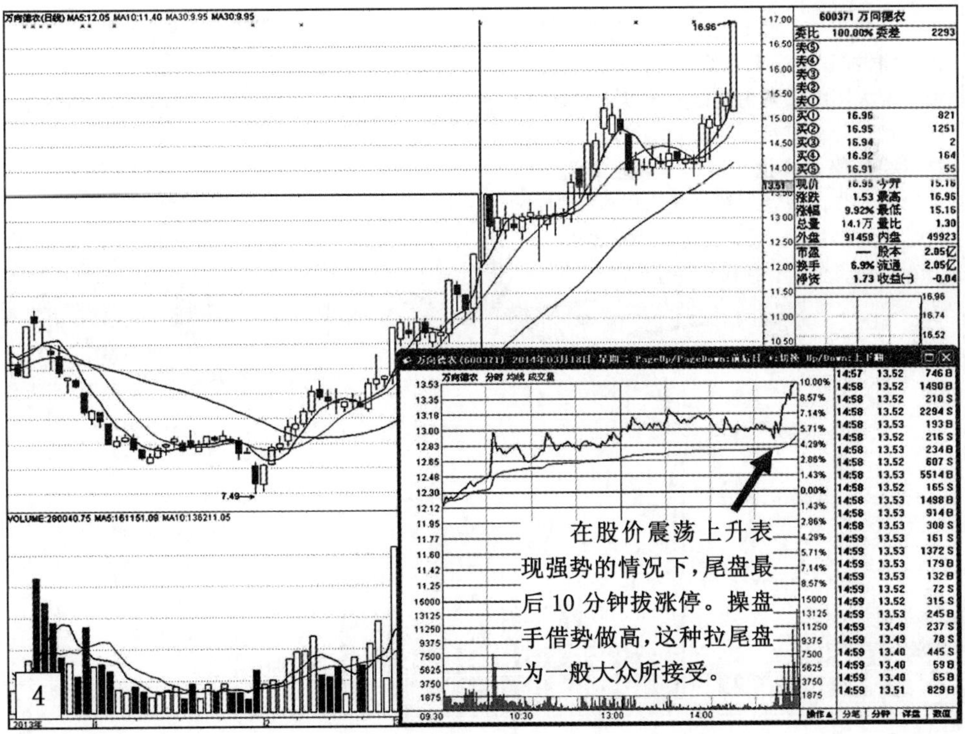
600371 万向德农
在股价震荡上升表现强势的情况下，尾盘最后 10 分钟拔涨停。操盘手借势做高，这种拉尾盘为一般大众所接受。
4

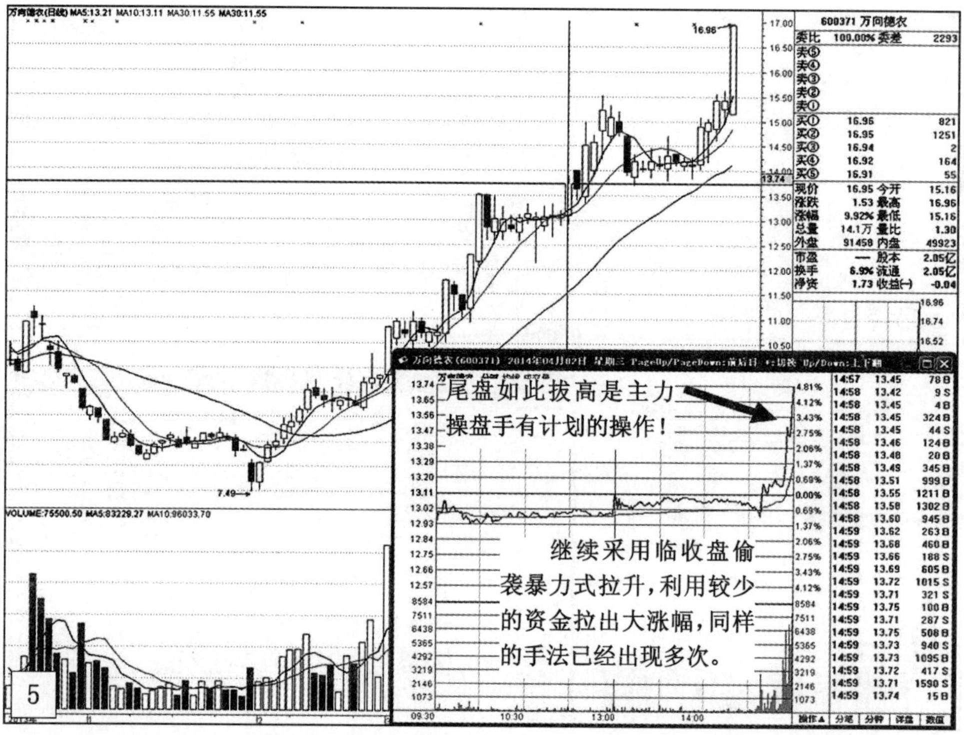
万向德农(日线) MA5:13.21 MA10:13.11 MA30:11.55 MA30:11.55
600371 万向德农
尾盘如此拔高是主力操盘手有计划的操作！
继续采用临收盘偷袭暴力式拉升，利用较少的资金拉出大涨幅，同样的手法已经出现多次。
VOLUME:75500.50 MA5:83229.27 MA10:86033.70
5

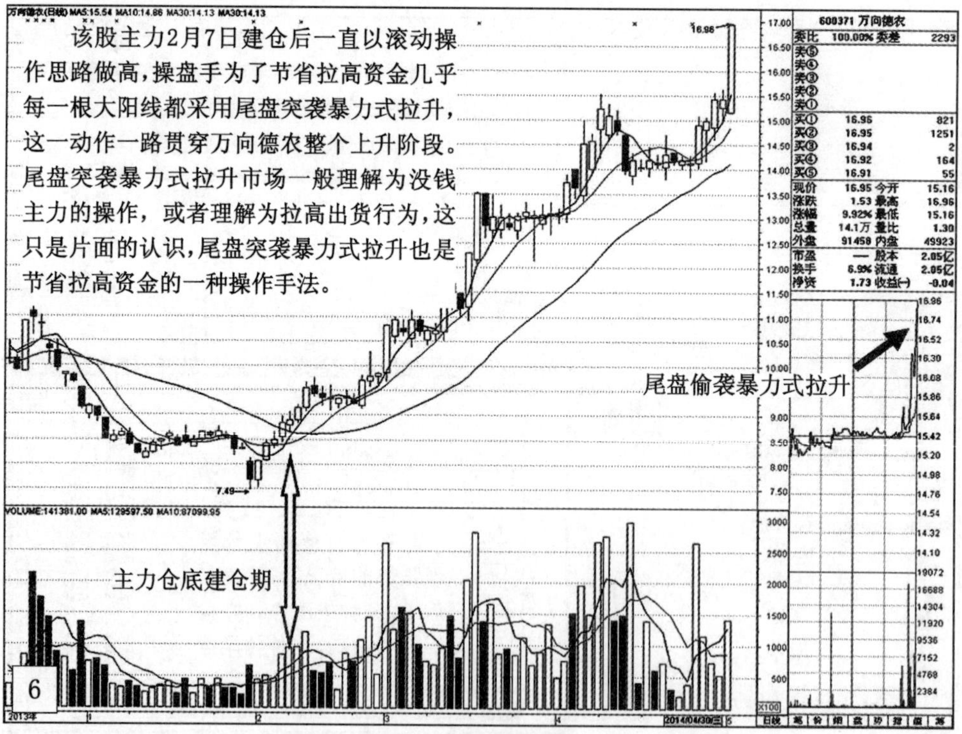
万向德农(日线) MA5:15.54 MA10:14.86 MA30:14.13 MA30:14.13
600371 万向德农
该股主力2月7日建仓后一直以滚动操作思路做高，操盘手为了节省拉高资金几乎每一根大阳线都采用尾盘突袭暴力式拉升，这一动作一路贯穿万向德农整个上升阶段。尾盘突袭暴力式拉升市场一般理解为没钱主力的操作，或者理解为拉高出货行为，这只是片面的认识，尾盘突袭暴力式拉升也是节省拉高资金的一种操作手法。
尾盘偷袭暴力式拉升
主力仓底建仓期
VOLUME:141381.00 MA5:129597.50 MA10:87099.95
6

强势市场尾盘偷袭拉高处理法

投机取巧是指用不正当手段谋取私利，也指靠小聪明占便宜的行为。人类社会活动中从不缺乏投机取巧行为，股票市场中也同样存在。主力利用投机取巧方式拉抬股价是常见的，尾盘偷袭拉高就是其中最明显的一种。

主力尾盘偷袭拉高行为分很多种情况，发生的环境可以在震荡市、跌市或强势市场。其行为目的也分多种：主力尾盘偷袭拉高属被套自救，拉出更大利润空间，出货时做图维护图表形态，拔高为下一交易日出货做好准备等！在强势市场中出现主力尾盘偷袭拉高行为，多数属于主力只想利用少量资金就希望实现将股价大幅拉高、拉出更大的利润空间。对于强势市场环境下主力尾盘偷袭拉高特别动作，如持有这类个股该如何处理？本文介绍一些应对方法技巧供大家参考！

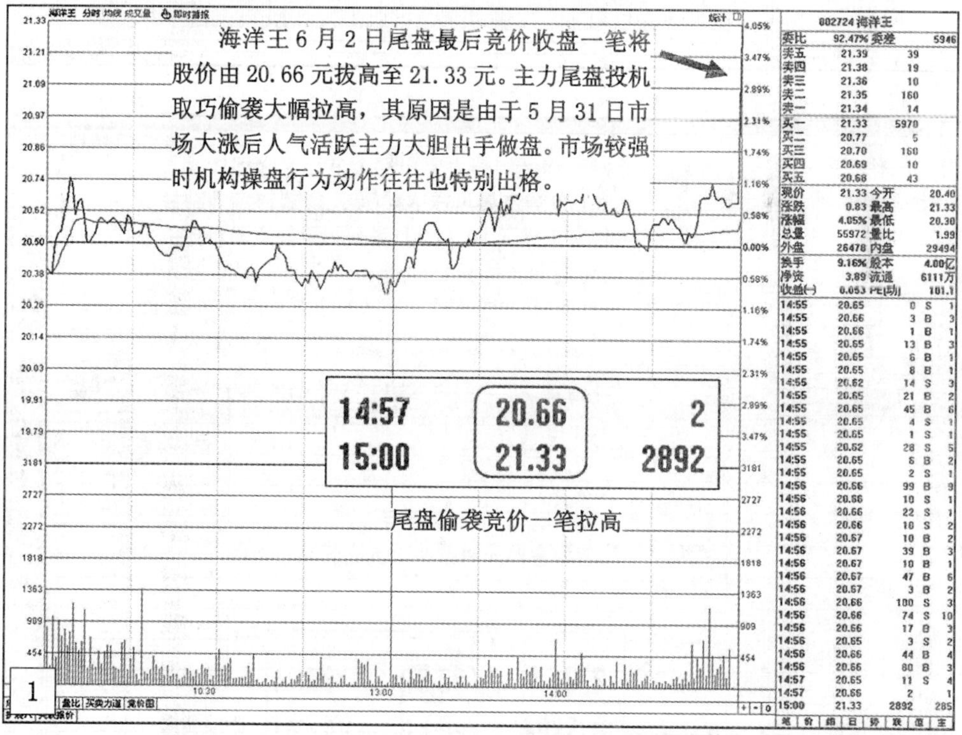

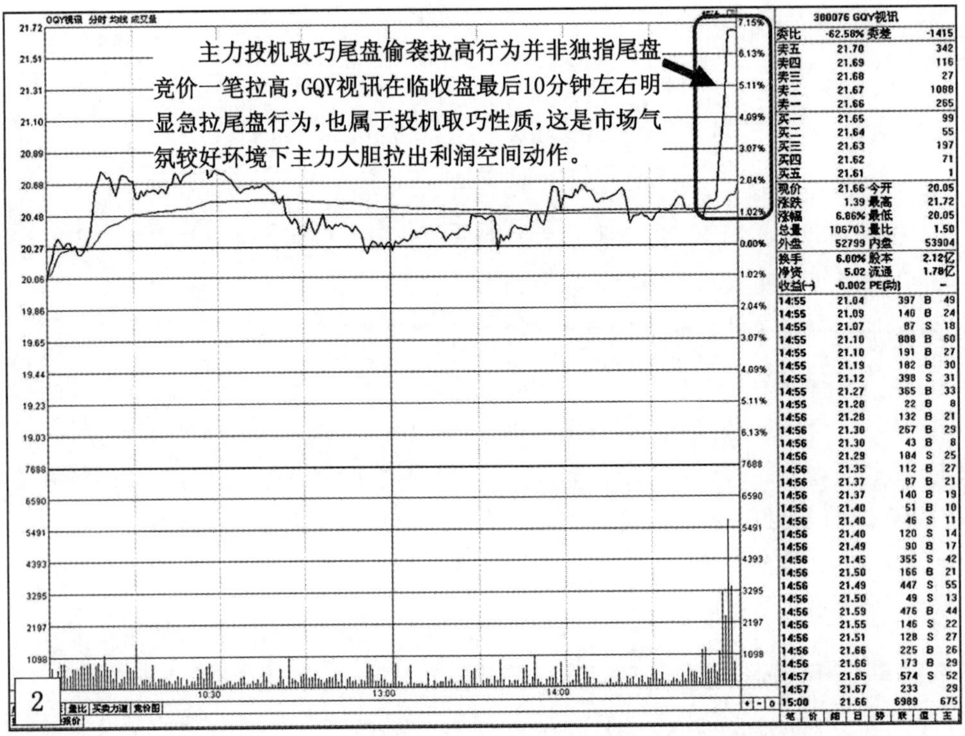
主力投机取巧尾盘偷袭拉高行为并非独指尾盘竞价一笔拉高，GQY视讯在临收盘最后10分钟左右明显急拉尾盘行为，也属于投机取巧性质，这是市场气氛较好环境下主力大胆拉出利润空间动作。
300076 GQY视讯
2

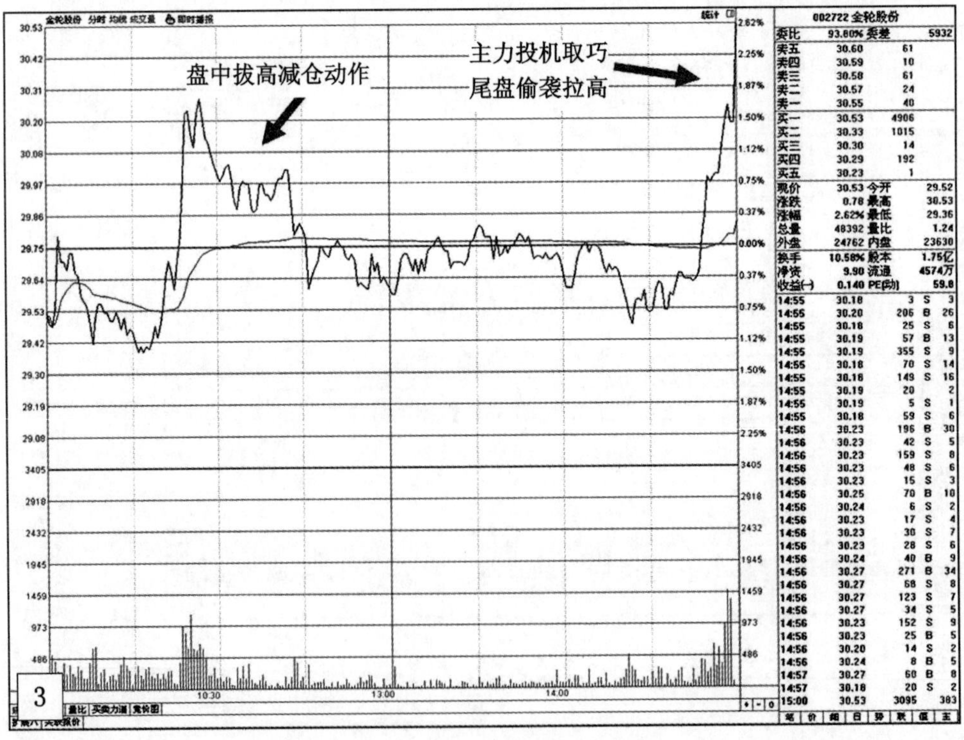
盘中拔高减仓动作
主力投机取巧尾盘偷袭拉高
002722 金轮股份
3

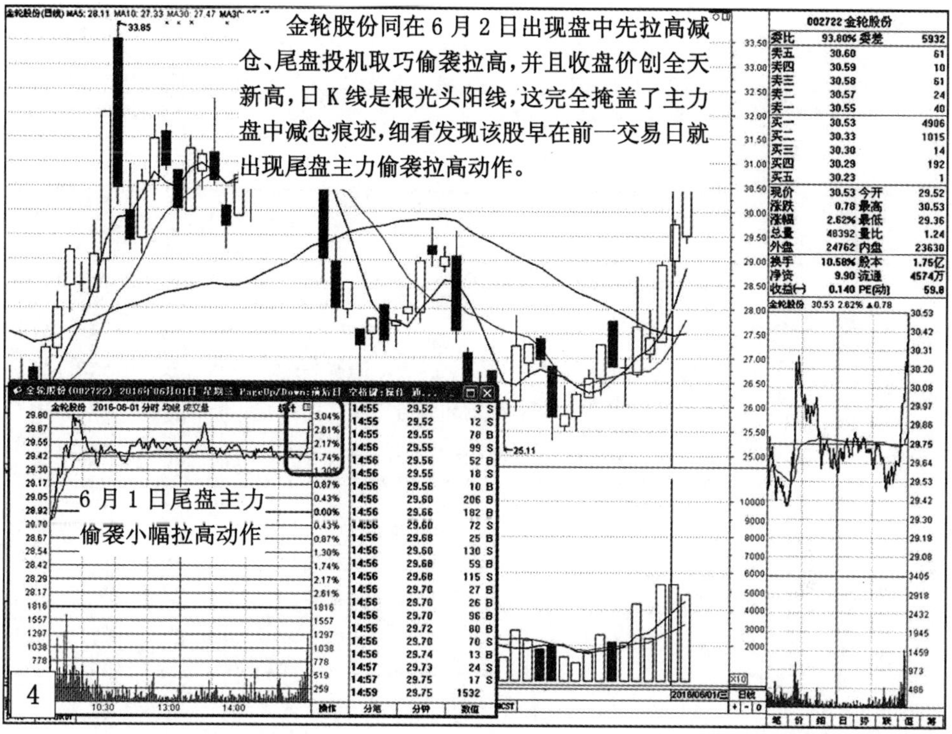
金轮股份同在6月2日出现盘中先拉高减仓、尾盘投机取巧偷袭拉高，并且收盘价创全天新高，日K线是根光头阳线，这完全掩盖了主力盘中减仓痕迹，细看发现该股早在前一交易日就出现尾盘主力偷袭拉高动作。
6月1日尾盘主力偷袭小幅拉高动作
4

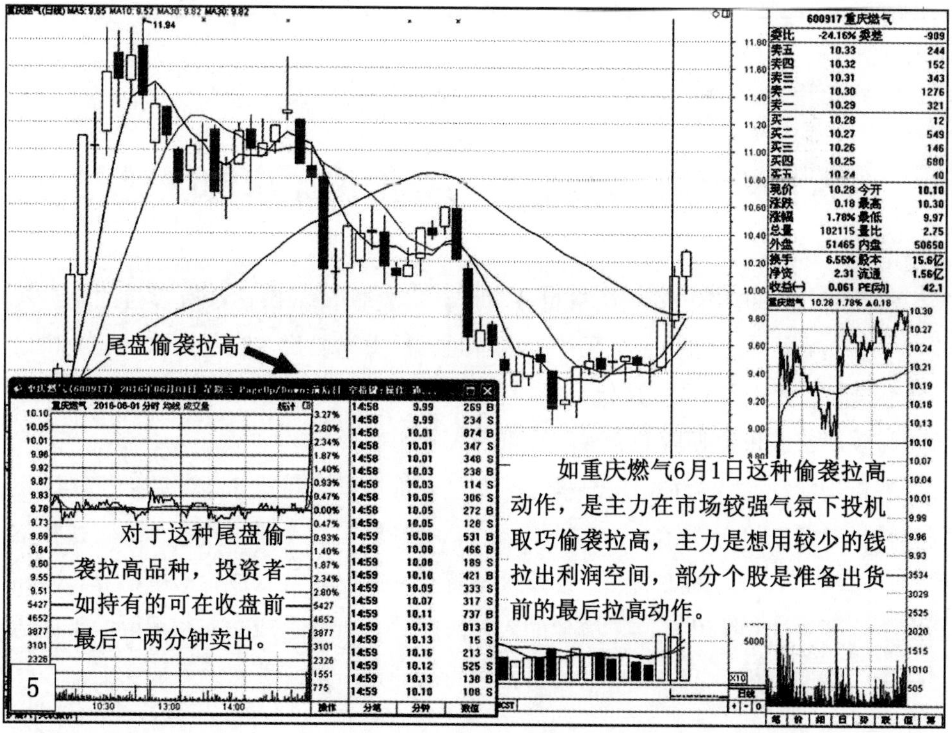
尾盘偷袭拉高
对于这种尾盘偷袭拉高品种，投资者如持有的可在收盘前最后一两分钟卖出。
如重庆燃气6月1日这种偷袭拉高动作，是主力在市场较强气氛下投机取巧偷袭拉高，主力是想用较少的钱拉出利润空间，部分个股是准备出货前的最后拉高动作。
5

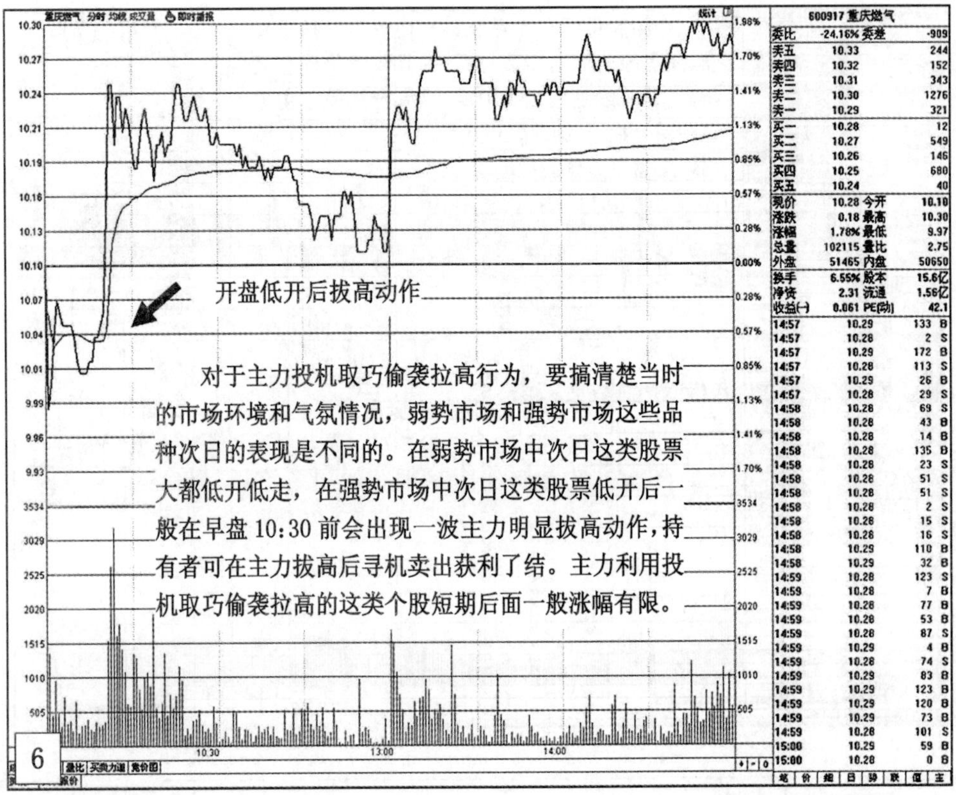

首日入场主力与老主力竞价抬尾市的区别

股票市场中机构很多，风格也各有差异，他们日常操作都有各自的交易策略，一些实力机构经常出手干预影响或者是直接操纵股价。当个股出现有机构出手干预操纵股价时，看懂是什么样的机构在做什么很重要。有机构出手操纵股价，目标股票股价短期内的表现将受到较大的影响。

看机构活动，分析是新进机构操盘还是老机构操盘是第一步。新老机构的不同对目标股票股价表现影响往往是不同的。新进机构持仓成本较容易通过目测估算，老机构的入市时间不清，经过反复差价套利操作后持仓成本难以估算。判断一个机构现时的行为动作、了解他的入市时间、大概持仓成本非常重要。下面通过数据与盘面分析，讲讲如何通过机构盘面活动判断是新进主力还是老庄。

中科金财涨幅偏离值:7.93%，成交量:754万股，成交金额:62006万元，买入金额最大的前5名。

营业部或交易单元名称	买入金额(元)	卖出金额(元)
中信证券股份有限公司上海溧阳路证券营业部	40309283.78	640966.88
机构专用	30146045.32	0.00
机构专用	29674084.46	0.00
机构专用	19880879.78	0.00
东方证券股份有限公司上海肇嘉浜路证券营业部	17820069.34	32336.00

卖出金额最大的前5名

营业部或交易单元名称	买入金额(元)	卖出金额(元)
广发证券股份有限公司江门江华路证券营业部	1036759.00	88464645.04
机构专用	0.00	15257167.14
中信证券股份有限公司上海东方路证券营业部	608088.00	14584786.36
方正证券股份有限公司北京阜外大街证券营业部	41510.00	10008957.00
宏源证券股份有限公司北京紫竹院路证券营业部	270270.00	8565226.24

做技术分析，对个股的公开数据分析非常重要，这里所指的数据分析是指个股异动交易所公布的买卖前五名营业部公开交易信息。

看中科金财当天公开交易信息，该股当日涨停总成交金额6.2亿元，买入第一名中信证券上海溧阳路证券营业部，买入4030万元，其当天买的最多，是该股票当天最大的买入主力。排名第二以后的是几个机构专用席位，买入金额由三千万一直下降。卖出第一名是广发证券江门江华路证券营业部，卖出量达到8846万元，占当天交易量的13.8%。这个卖出量无疑对该股当天造成很大的抛压。对公开数据简单分析结论是，当天上海主力大量买入中科金财，几个基金也买了很多。出货方面广发证券江门江华路证券营业部主力大量卖出，给该股带来很大的抛压，涨停被砸开直接与该营业部主力大量抛货有关。

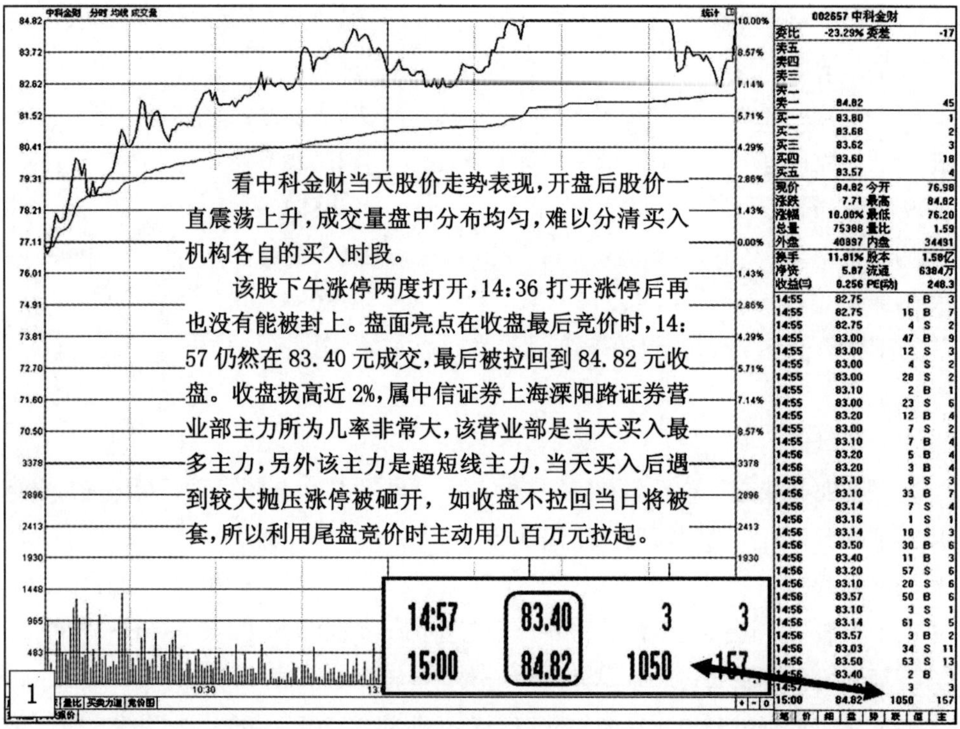

看中科金财当天股价走势表现，开盘后股价一直震荡上升，成交量盘中分布均匀，难以分清买入机构各自的买入时段。

该股下午涨停两度打开，14:36 打开涨停后再也没有能被封上。盘面亮点在收盘最后竞价时，14:57 仍然在 83.40 元成交，最后被拉回到 84.82 元收盘。收盘拔高近 2%，属中信证券上海溧阳路证券营业部主力所为几率非常大，该营业部是当天买入最多主力，另外该主力是超短线主力，当天买入后遇到较大抛压涨停被砸开，如收盘不拉回当日将被套，所以利用尾盘竞价时主动用几百万元拉起。

1

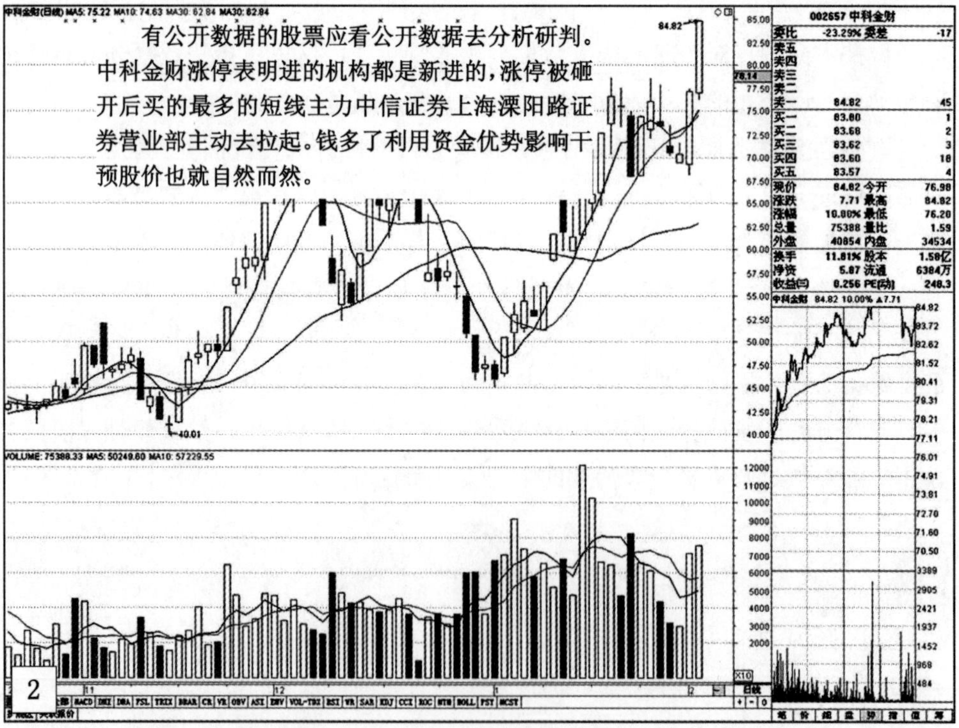

有公开数据的股票应看公开数据去分析研判。中科金财涨停表明进的机构都是新进的，涨停被砸开后买的最多的短线主力中信证券上海溧阳路证券营业部主动去拉起。钱多了利用资金优势影响干预股价也就自然而然。

2

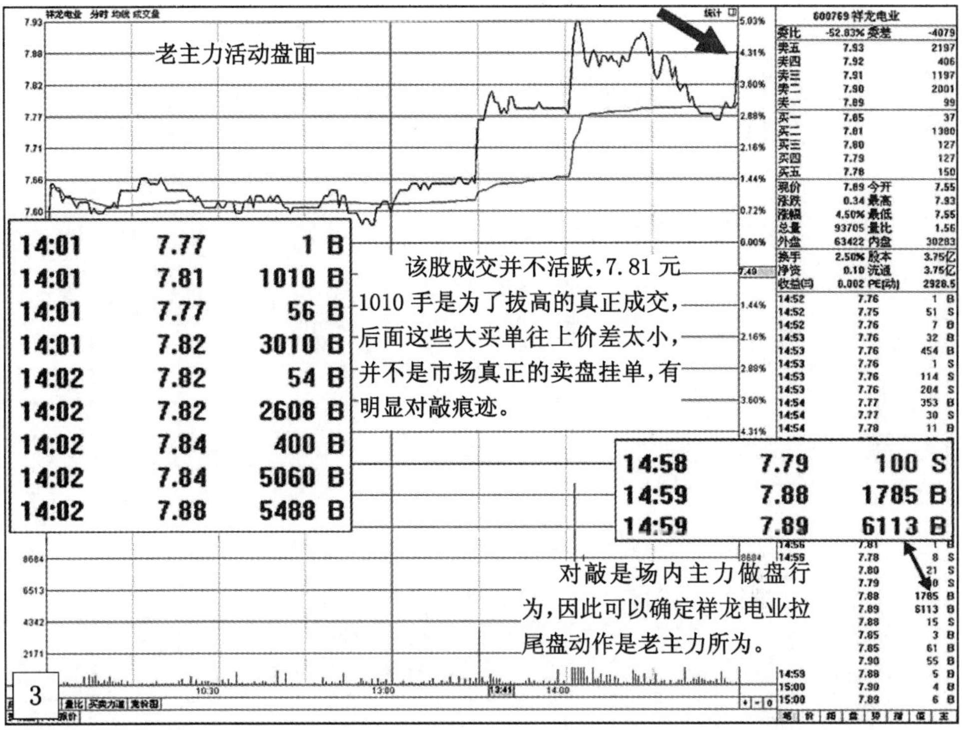
老主力活动盘面
14:01 7.77 1 B
14:01 7.81 1010 B
14:01 7.77 56 B
14:01 7.82 3010 B
14:02 7.82 54 B
14:02 7.82 2608 B
14:02 7.84 400 B
14:02 7.84 5060 B
14:02 7.88 5488 B
该股成交并不活跃，7.81 元1010 手是为了拔高的真正成交，后面这些大买单往上价差太小，并不是市场真正的卖盘挂单，有明显对敲痕迹。
14:58 7.79 100 S
14:59 7.88 1785 B
14:59 7.89 6113 B
对敲是场内主力做盘行为，因此可以确定祥龙电业拉尾盘动作是老主力所为。
3

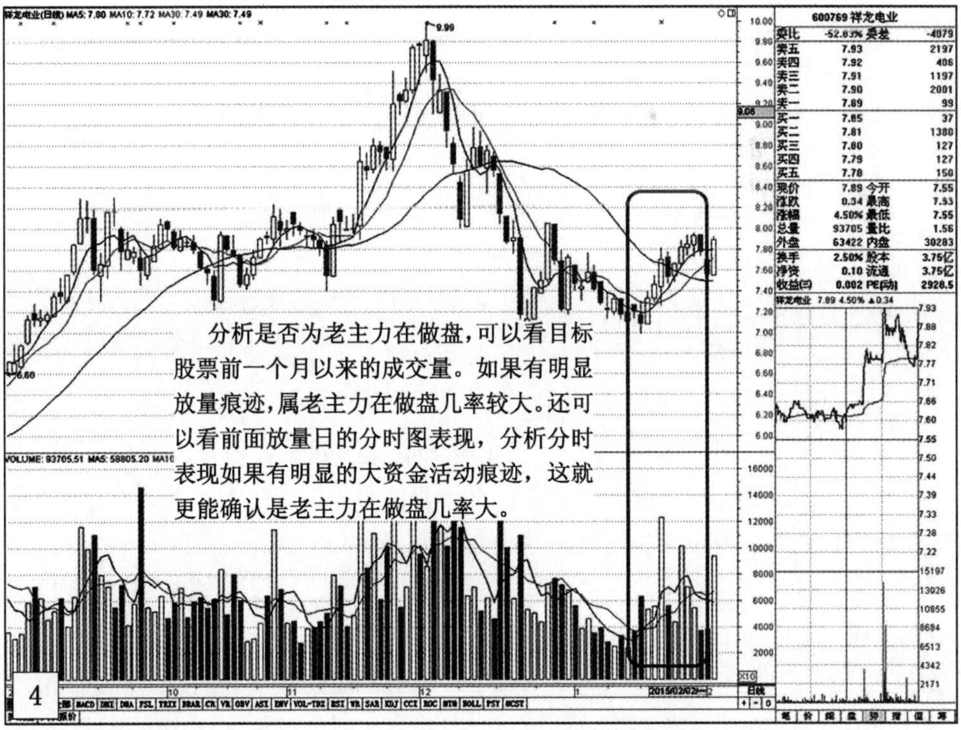
分析是否为老主力在做盘，可以看目标股票前一个月以来的成交量。如果有明显放量痕迹，属老主力在做盘几率较大。还可以看前面放量日的分时图表现，分析分时表现如果有明显的大资金活动痕迹，这就更能确认是老主力在做盘几率大。
4

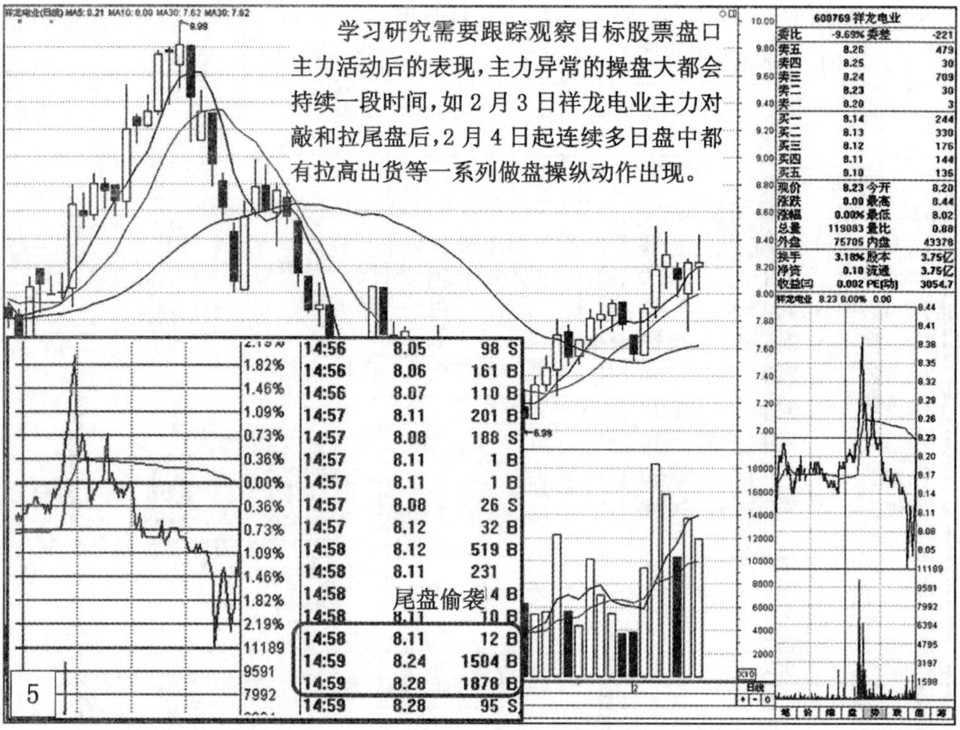

盘面异常背后的原因分析

面对一只股票时投资者的思考有几种情况：没有该股时它是不是可操作目标？想买该股时它是否危险以及风险程度有多高？持有该股时是走是留还是加仓？日常看盘每一只股在你眼前闪现，你必须为自己解答这些疑问。当然相当多时候在没有持股的情况下，看盘时大量股票可以视而不见或直接漠视不看，但当你已持有某只股票时该股盘口出现异常交易行为你就不能视而不见了。

事出必有因，事终必有果！部分个股盘面出现异常交易背后往往是有原因的，结果也是有理由可以解释清楚的。这种有因有果的关系为投资者看盘做分析提供很好的判断依据，通俗地说某些个股盘面发生异常交易，其实是有人在之前就已经筹划准备了。对于筹划者而言某日盘中发生某动作是必然的，是计划内的事。对于局外看盘者盘面出现异常交易时并不容易看懂是什么情况。实际上想看清盘口异常交易实况除了看即时交易细节，还应回头看该股近一段时间以来的表现，从中寻找有没有机构在活动的痕迹，机构在里面做了一些什么活。

下面以人民同泰为例，从盘面异常交易结果开始回放，寻找分析异常发生的原因！

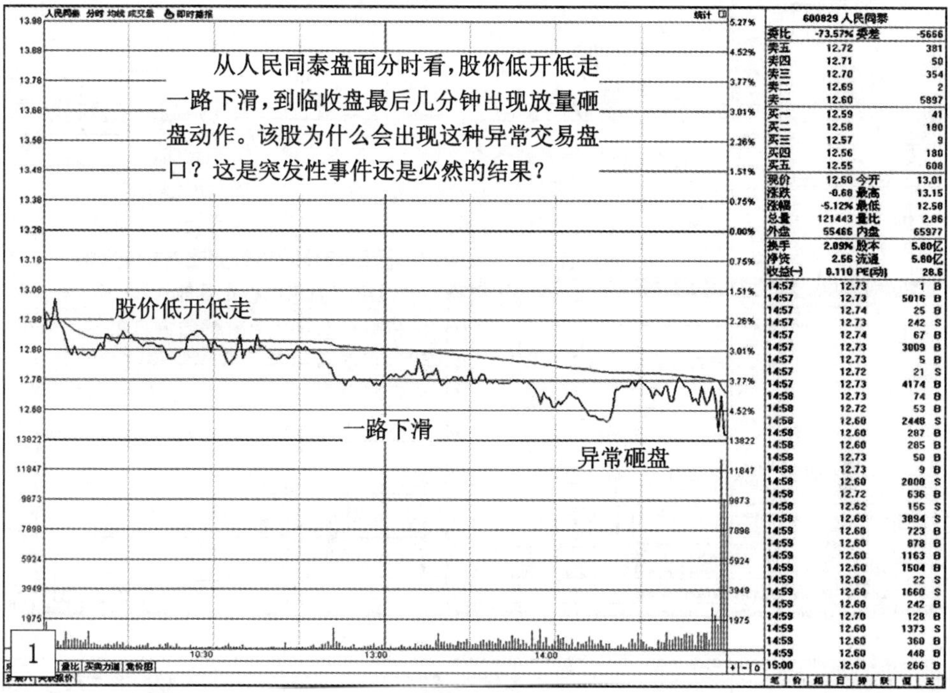

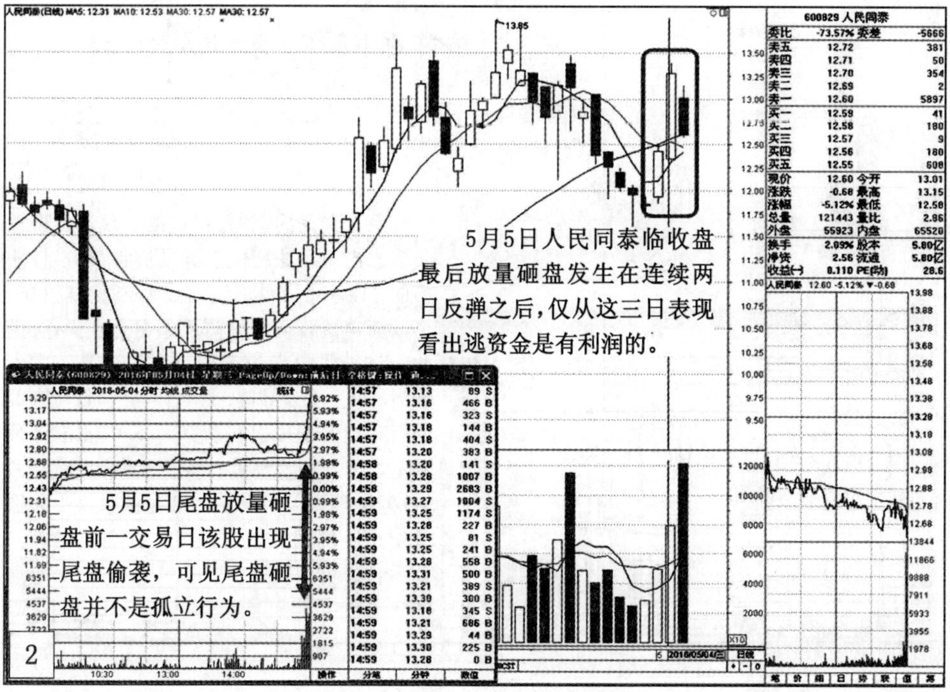

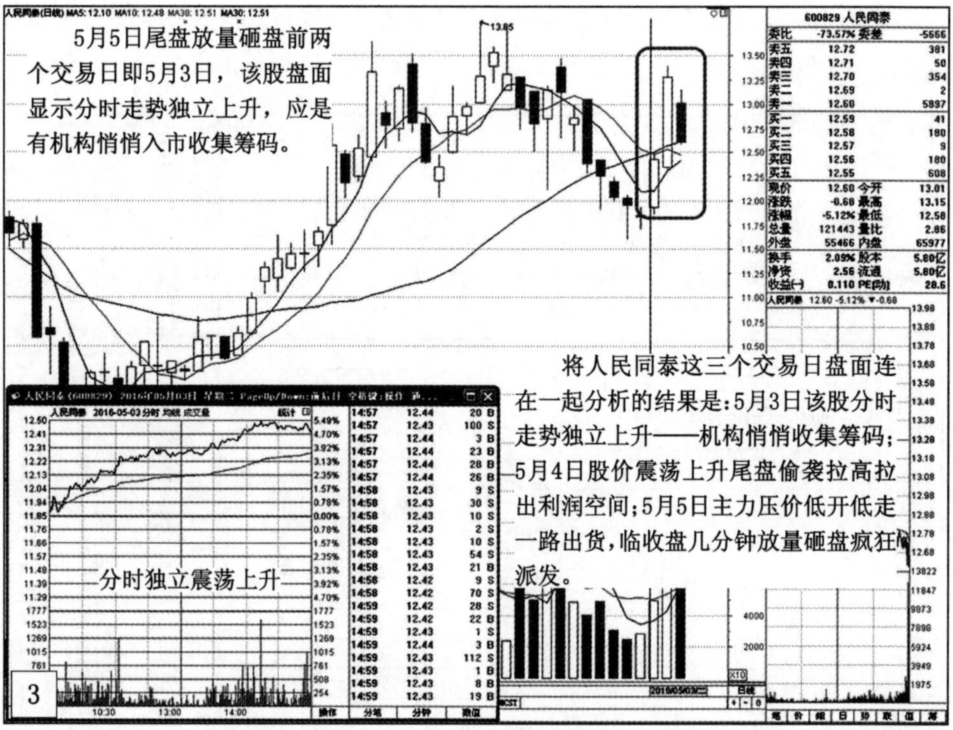
5月5日尾盘放量砸盘前两个交易日即5月3日，该股盘面显示分时走势独立上升，应是有机构悄悄入市收集筹码。
将人民同泰这三个交易日盘面连在一起分析的结果是:5月3日该股分时走势独立上升——机构悄悄收集筹码;5月4日股价震荡上升尾盘偷袭拉高拉出利润空间;5月5日主力压价低开低走一路出货,临收盘几分钟放量砸盘疯狂派发。
分时独立震荡上升
3

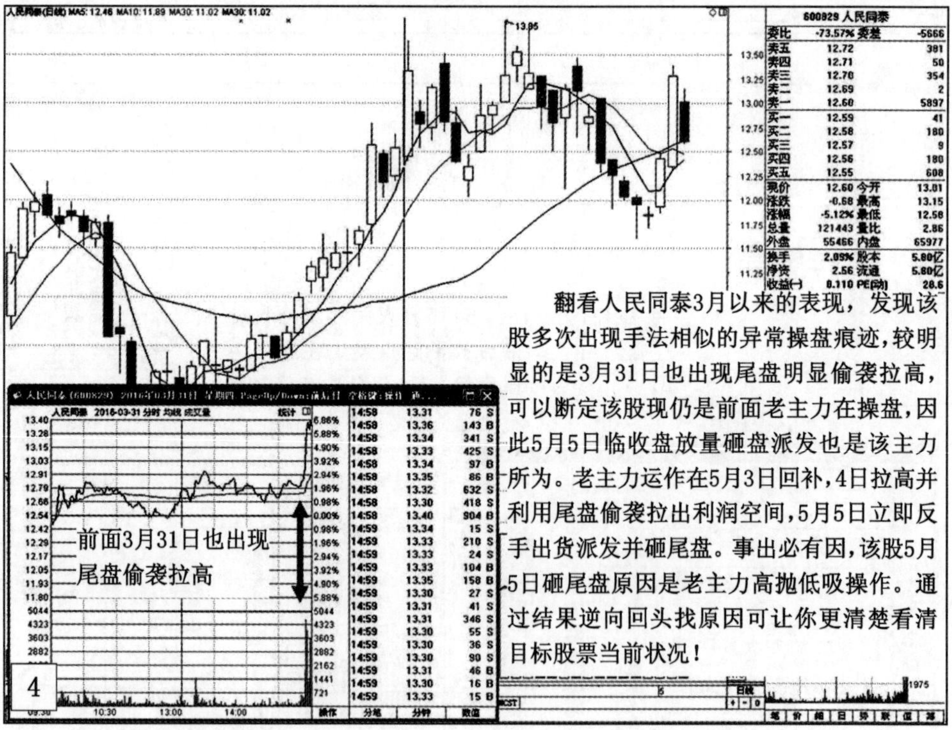
翻看人民同泰3月以来的表现，发现该股多次出现手法相似的异常操盘痕迹,较明显的是3月31日也出现尾盘明显偷袭拉高,可以断定该股现仍是前面老主力在操盘,因此5月5日临收盘放量砸盘派发也是该主力所为。老主力运作在5月3日回补,4日拉高并利用尾盘偷袭拉出利润空间,5月5日立即反手出货派发并砸尾盘。事出必有因,该股5月5日砸尾盘原因是老主力高抛低吸操作。通过结果逆向回头找原因可让你更清楚看清目标股票当前状况!
前面3月31日也出现尾盘偷袭拉高
4

盘中逆市强势股尾盘拉高机会与陷阱之分

在弱势下跌市场中个股上升家数少，表现强势又独立的个股数量有限，所以在弱势市场中表现强势独立的个股特别能引起众人的关注，短线资金也很喜欢这类股票，因为一旦下午或尾盘指数出现明显止跌反弹，这类个股大部分马上就出现快速飙升，若能在盘中及时跟进这些品种当天就能产生账面利润。

弱势市场中强势独立个股有两种表现形式：“①股指弱势下跌时个股盘中表现强势，不断攀升并不断刷出盘中新高；②盘中股指弱势下跌时个股盘中拉高后，出现强势独立横盘，不受市场之弱势影响。”弱势市场中大部分短线高手上午一般不入市，因为弱市中上午入市操作，下午一旦股指继续不断跳水走弱很容易被套，下跌市上午不轻易入市是正确的。寻找强势独立个股作为跟踪对象，若指数下午企稳就存在机会。

强势独立个股不断攀升并不断刷出盘中新高，到下午股指稳定时股价已大涨，而那些盘中强势横盘的品种在下午股指企稳时才出现快速拉高，所以投资者更喜欢强势横盘品种。

有机会的地方自然就会有陷阱，不少主力正是利用这一点在尾盘实施拔高出货，在看似机会的时段故意设置陷阱，引诱跟风盘追高接盘，主力自己则在拉高后派发。掌握识别和判断哪一种表现属于机会哪一种表现属于陷阱的技术非常重要。

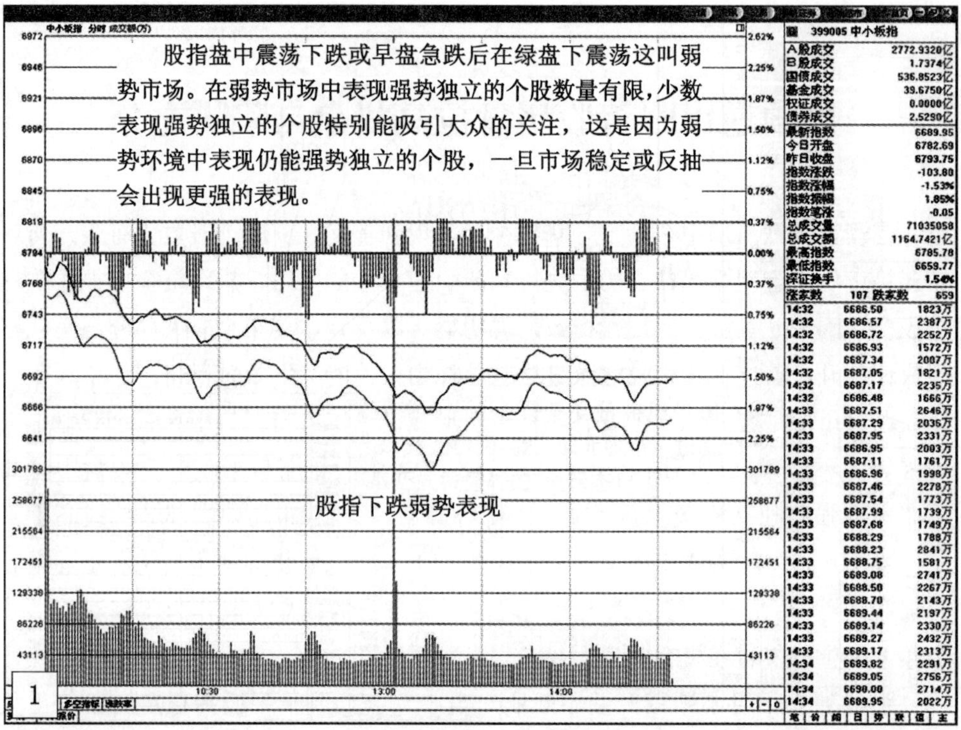
股指盘中震荡下跌或早盘急跌后在绿盘下震荡这叫弱势市场。在弱势市场中表现强势独立的个股数量有限，少数表现强势独立的个股特别能吸引大众的关注，这是因为弱势环境中表现仍能强势独立的个股，一旦市场稳定或反抽会出现更强的表现。
股指下跌弱势表现
1

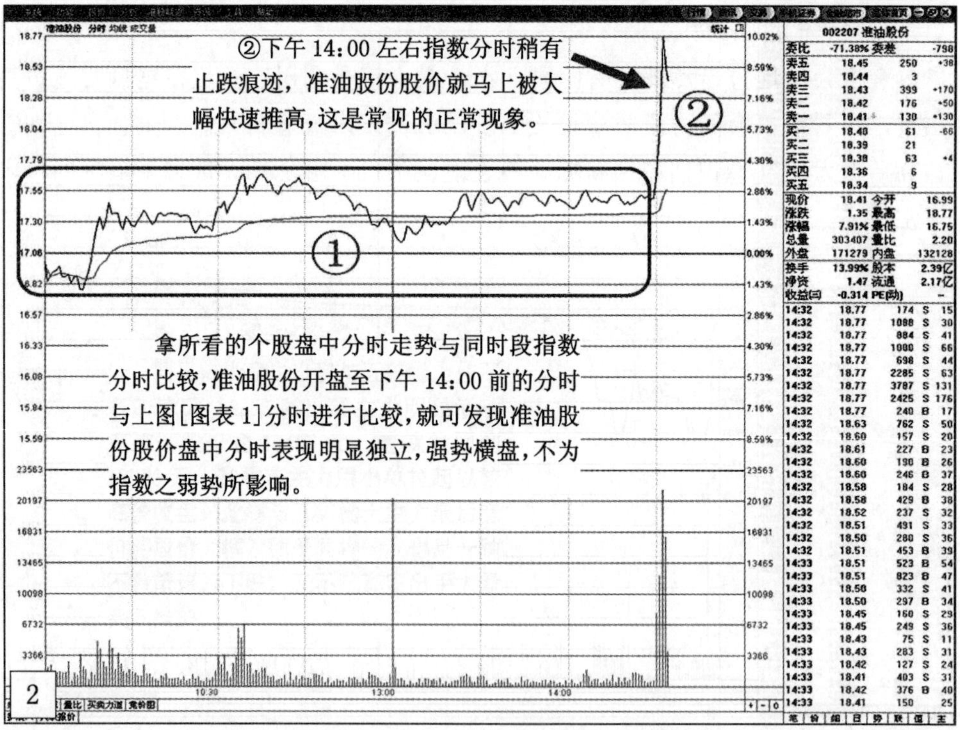
②下午 14:00 左右指数分时稍有止跌痕迹，准油股份股价就马上被大幅快速推高，这是常见的正常现象。
②
①
拿所看的个股盘中分时走势与同时段指数分时比较，准油股份开盘至下午 14:00 前的分时与上图[图表 1]分时进行比较，就可发现准油股份股价盘中分时表现明显独立，强势横盘，不为指数之弱势所影响。
2

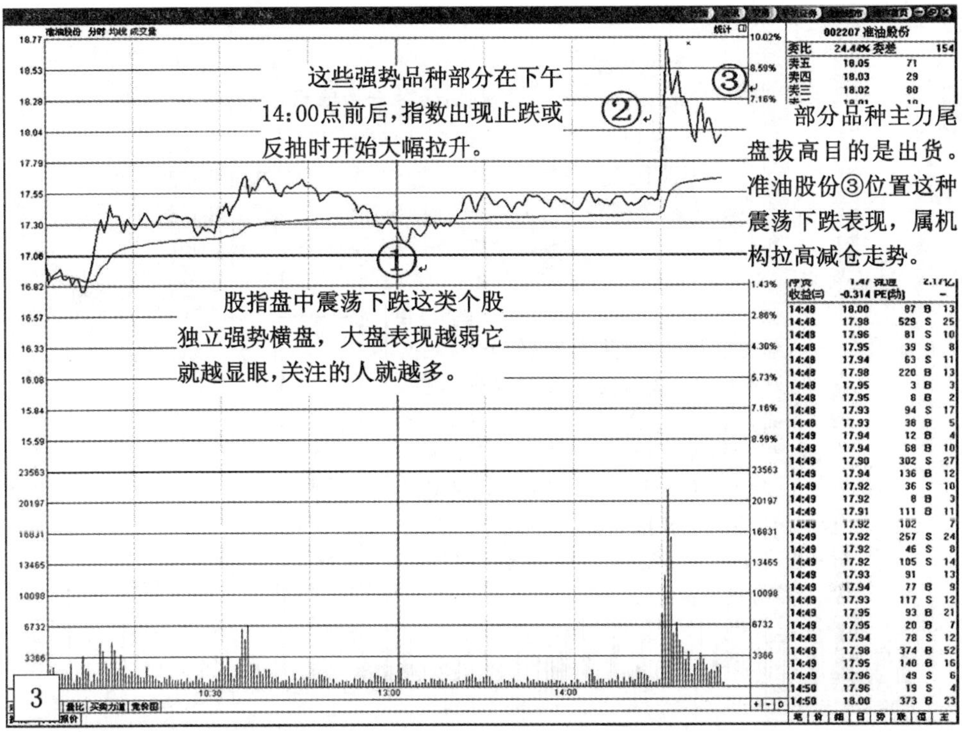

002207 准油股份
这些强势品种部分在下午14:00点前后，指数出现止跌或反抽时开始大幅拉升。
②
③
部分品种主力尾盘拔高目的是出货。准油股份③位置这种震荡下跌表现，属机构拉高减仓走势。
①
股指盘中震荡下跌这类个股独立强势横盘，大盘表现越弱它就越显眼，关注的人就越多。
3

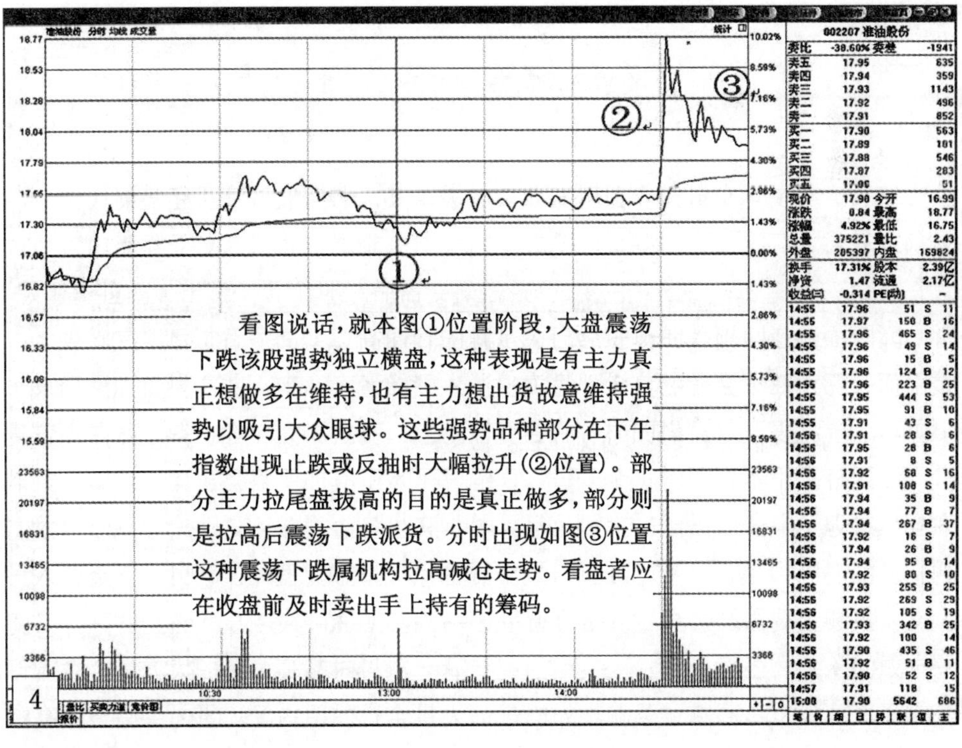

002207 准油股份
②
③
①
看图说话，就本图①位置阶段，大盘震荡下跌该股强势独立横盘，这种表现是有主力真正想做多在维持，也有主力想出货故意维持强势以吸引大众眼球。这些强势品种部分在下午指数出现止跌或反抽时大幅拉升(②位置)。部分主力拉尾盘拔高的目的是真正做多，部分则是拉高后震荡下跌派货。分时出现如图③位置这种震荡下跌属机构拉高减仓走势。看盘者应在收盘前及时卖出手上持有的筹码。
4

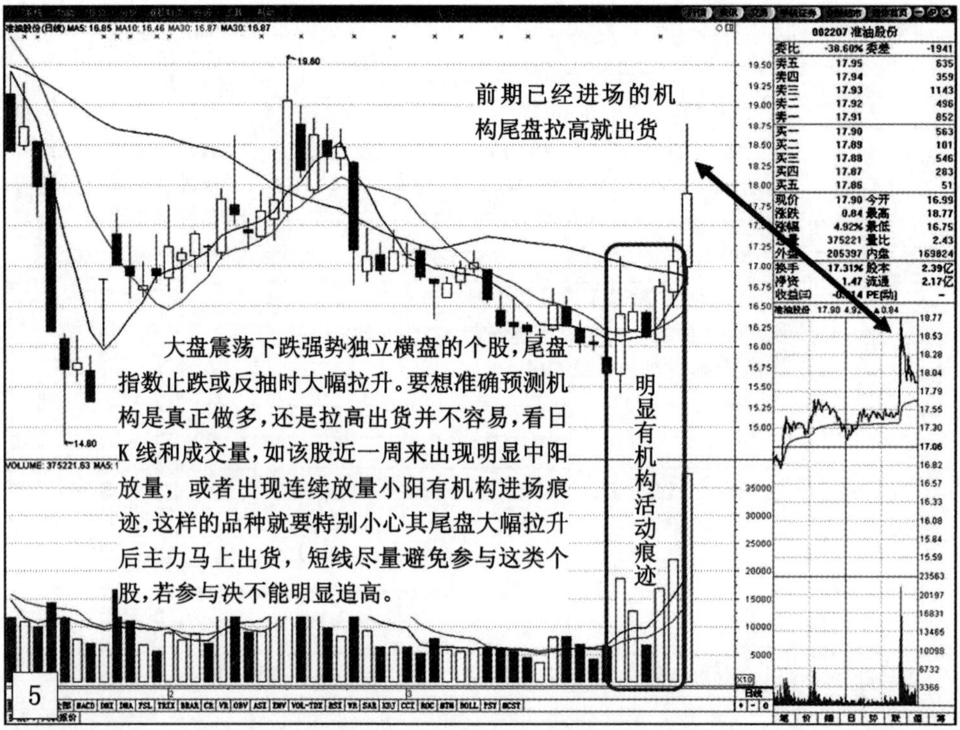
前期已经进场的机构尾盘拉高就出货
大盘震荡下跌强势独立横盘的个股，尾盘指数止跌或反抽时大幅拉升。要想准确预测机构是真正做多，还是拉高出货并不容易，看日K线和成交量，如该股近一周来出现明显中阳放量，或者出现连续放量小阳有机构进场痕迹，这样的品种就要特别小心其尾盘大幅拉升后主力马上出货，短线尽量避免参与这类个股，若参与决不能明显追高。
明显有机构活动痕迹
5

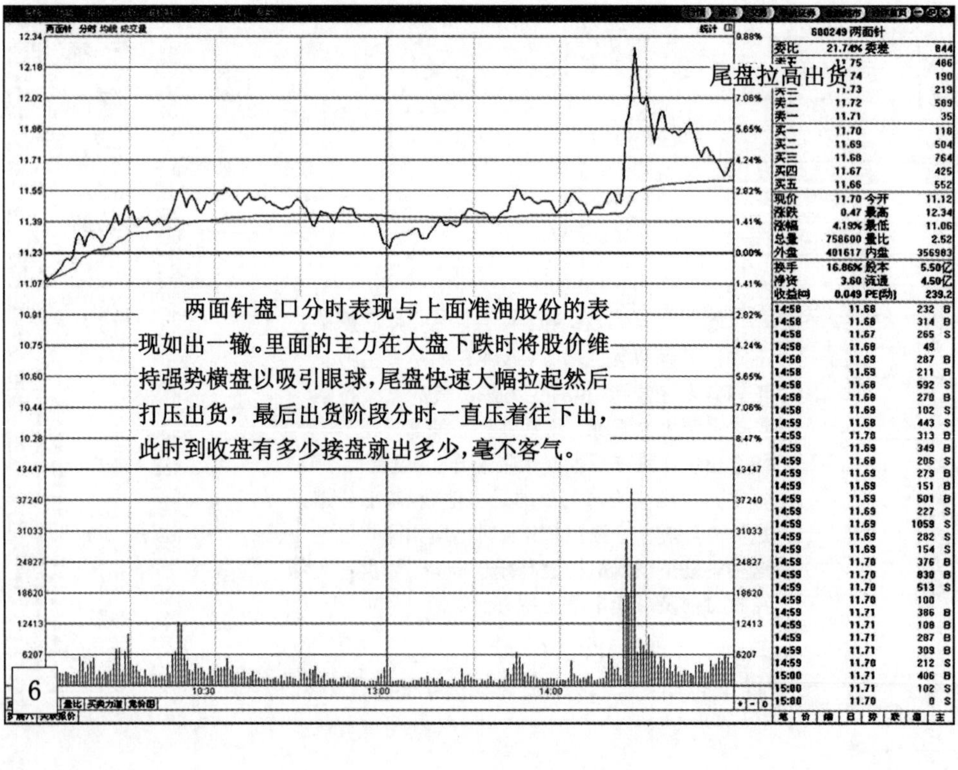
尾盘拉高出货
两面针盘口分时表现与上面准油股份的表现如出一辙。里面的主力在大盘下跌时将股价维持强势横盘以吸引眼球，尾盘快速大幅拉起然后打压出货，最后出货阶段分时一直压着往下出，此时到收盘有多少接盘就出多少，毫不客气。
6

日内股价先升后跌最后拉尾行为分析

个股上升可以是大众力量的介入而推高，在众多力量中有时出现一两个实力较强机构扮演“领头羊”角色，引领股价升跌，有领头羊的个股就有了主心骨，股价波动才会变得更有序、方向才会更清晰明朗。个股中的主心骨“领头羊”主力机构在必要时大都会出手进行拉抬、护盘、打压股价，努力将股价波动和方向控制维持在对自己最有利的范围。

看清个股上升状态中有没有主力作为“领头羊”角色在引领股价升跌，有利于对目标股票分析作出预期，增强持股信心和及时做出应对策略。个股中有没有“领头羊”在活动，可通过盘口研究发现其踪迹。本文分析个股当天股价先升后回落、最后临收盘时异常拉尾盘行为去发现主力活动踪迹。

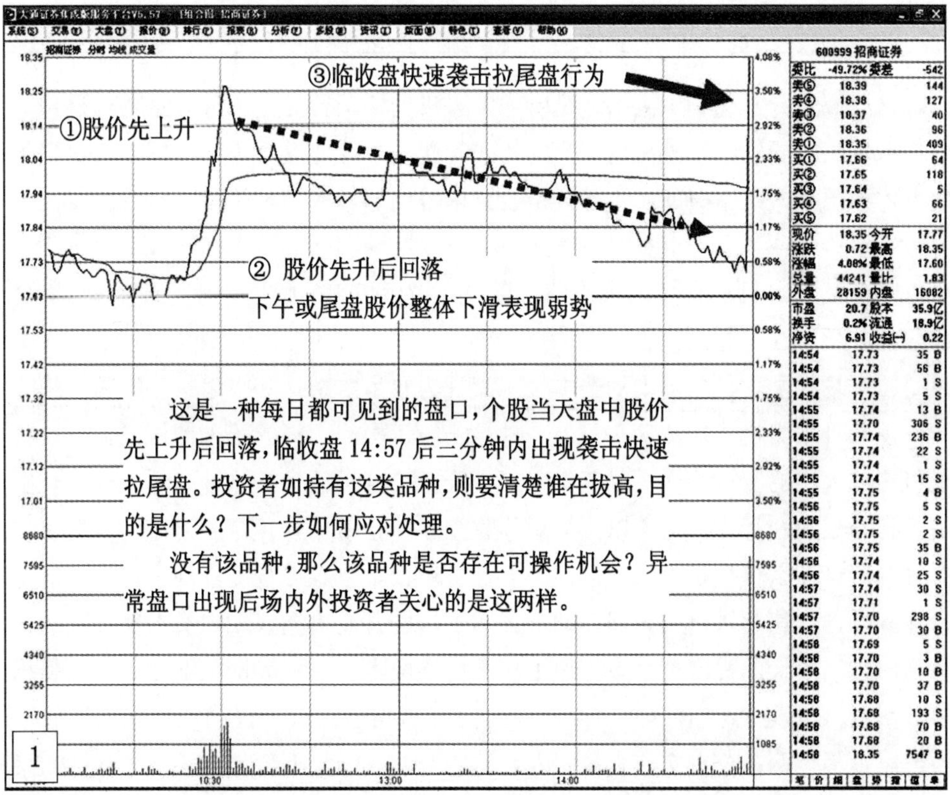

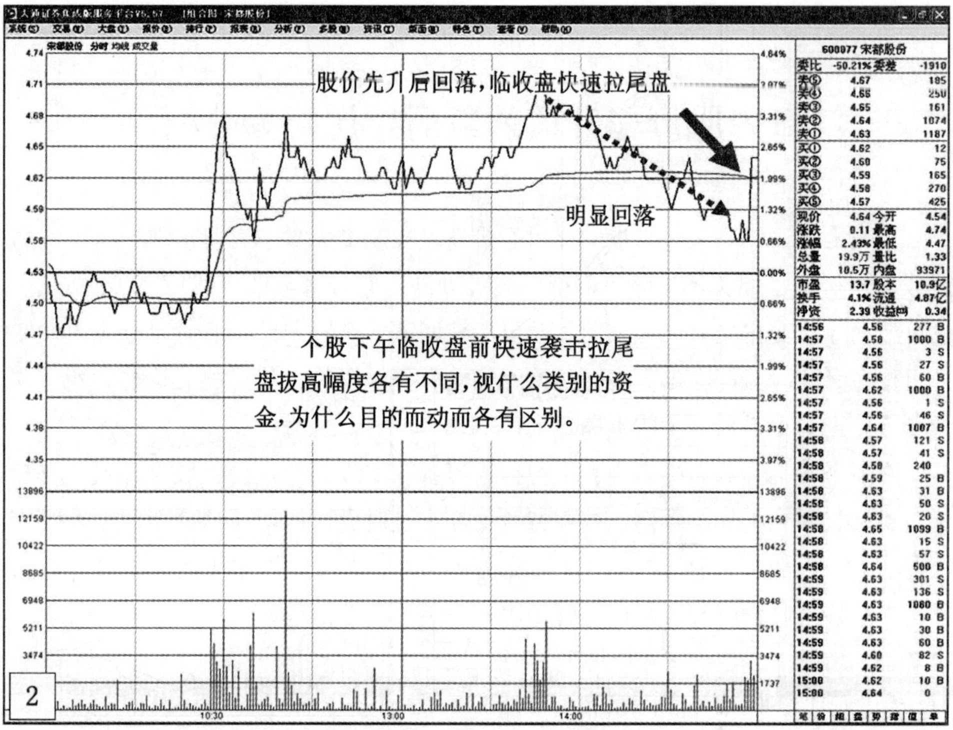

这些尾盘异常品种中大部分是场内主力机构活动行为，部分则是场外机构或大户入场买入导致，场外机构大户的买入一般是单纯建仓行为，一些短线客到临收盘才急急买入是常有的，小部分是收到内幕消息者的匆忙抢盘，投资者或大户一般不会因为买入而不计成本去大幅抢高。判断是不是一般投资者或大户买入，可以从最后几分钟成交量的大小、目标股票最后拔高的幅度入手进行分析，这是重要的分析思路与方向。

属于场内主力机构活动的袭击拉尾盘行为较为复杂，其中之一是该股“领头羊”主心骨主力机构在活动，另外一种是一般机构或大户的买入动作，而一般普通机构或大户的买入动作，以笔者多年实践经验分析认为，这种动作大部分是小规模补仓或加仓行为，之所以到最后临收盘才补仓或加仓，是因为盘中价格下滑时难以确认什么价位是当天低位，当天是否能止跌也难以预测，到了临收盘前最后几分钟，一切基本已成定局才动手。属于场内普通机构或大户买入补仓或加仓行为，拔高股价的幅度也有限。他更注重价格成本，非一般情况不会大幅拔高抢筹。另外成交量一般也不会太大，因为大家都知道在非大盘股或特别活跃股票中，尾盘最后两三分钟实施大量买入是比较难的。如果非要大量买入，那么结果一定会导致价格快速飙升，这样不利于成本最低化，但凡补仓或加仓行为不会不考虑成本的，如果不考虑成本就不用等到尾盘最后两三分钟才如此紧急买入了，所以分析是不是场内普通机构或大户补仓或加仓行为导致的尾盘被拔高，也可以从股价拔高的幅度和最后大买单的成交量大小入手去分析。

属于场内“领头羊”主心骨主力机构活动行为，这种拉尾盘动作比较复杂，拉尾盘的目的有多种情况，笔者做了以下总结给各位参考。

①主力护盘行为；②主力出货拉尾盘做图维护日K线图表形态完美或不那么难看；③拉高价格为下一交易出货有更好的价格卖出（多时和做图相结合)；④盘中洗盘结束后拉起，不给次日买方有低买机会；⑤发动继续拉升前的冲动动作；⑥特殊日某机构维护市值行为；⑦场内一些机构减仓，另有机构看多不畏惧，尾盘出手急拉拔高；⑧机构不明目的的操纵行为。

以上分析为尾盘拉高提供了明确的分析方向和要点。做分析要从大处到细节一步一步着手进行归纳总结，分析次序如同一篇文章结构，主题下是正文，由章到节，由节到段落，段落到句到词到字，层层抽丝剥茧搞清事物本质。

通过盘面走势分析主力操盘意图

个股如有实力机构在里面运作，关键时刻通常都会出来干预股价的升跌表现，或者引导价格往其希望的方向运行。这些通过盘口挂单、单笔大单成交、分时走势等都可以发现。实战中对个股的分析主要有两方面：一是分析目标股票整体市场自然表现情况；二是分析目标股票场内大机构操盘运作情况。如从短线角度看，有主力在运作的个股其行为动作对股价的影响大，实盘分析如发现目标个股有机构明显在做盘，就应该注意研究做盘机构的做盘细节，以及做盘意图和后市方向，以此作为分析该股未来表现的重要参考。

下面以莱克电气盘口表现结合一些公开数据，讲讲分析机构做盘细节的方法以及一些思路。

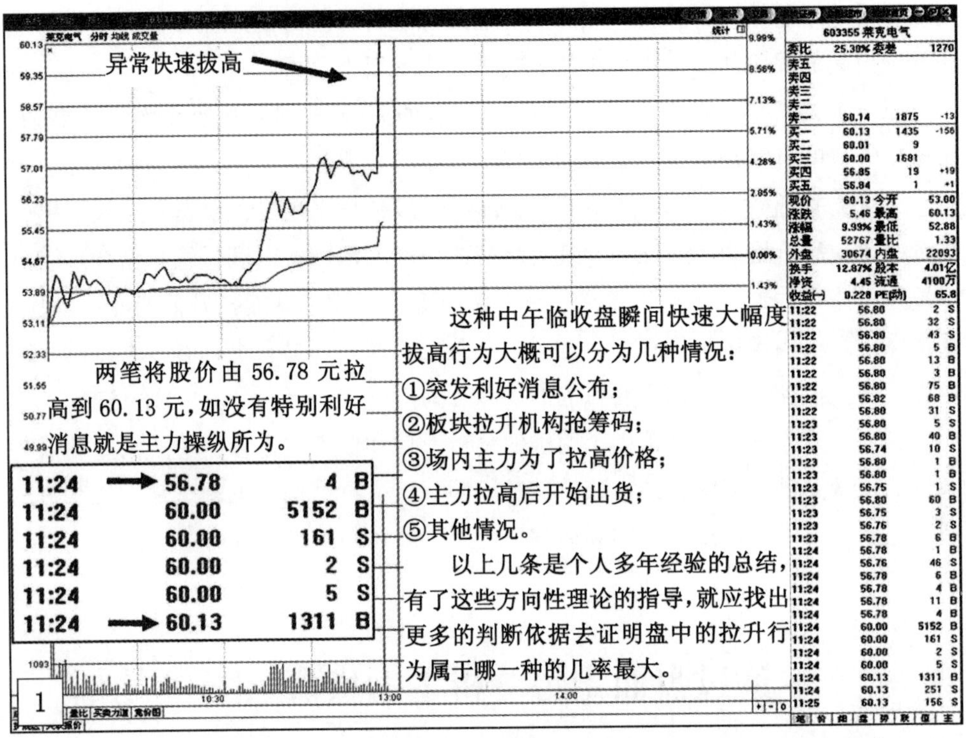
异常快速拔高
两笔将股价由 56.78 元拉高到 60.13 元，如没有特别利好消息就是主力操纵所为。
11:24 56.78 4 B
11:24 60.00 5152 B
11:24 60.00 161 S
11:24 60.00 2 S
11:24 60.00 5 S
11:24 60.13 1311 B
这种中午临收盘瞬间快速大幅度拔高行为大概可以分为几种情况：
①突发利好消息公布；
②板块拉升机构抢筹码；
③场内主力为了拉高价格；
④主力拉高后开始出货；
⑤其他情况。
以上几条是个人多年经验的总结，有了这些方向性理论的指导，就应找出更多的判断依据去证明盘中的拉升行为属于哪一种的几率最大。
1

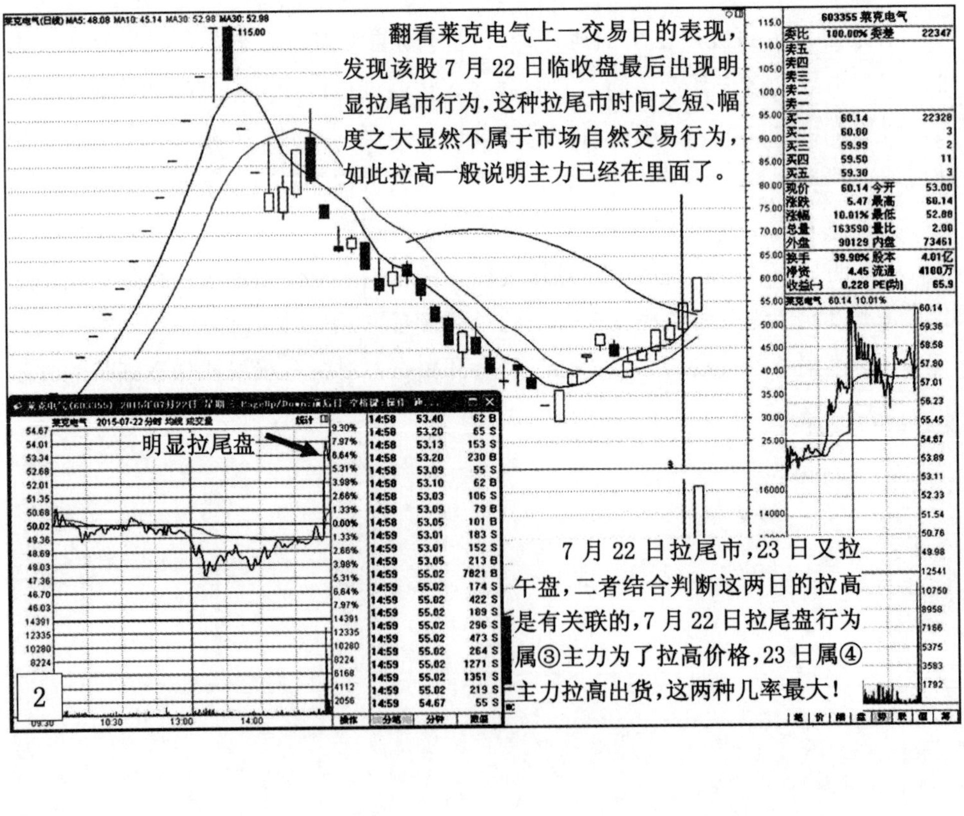
翻看莱克电气上一交易日的表现，发现该股 7 月 22 日临收盘最后出现明显拉尾市行为，这种拉尾市时间之短、幅度之大显然不属于市场自然交易行为，如此拉高一般说明主力已经在里面了。
明显拉尾盘
7 月 22 日拉尾市，23 日又拉午盘，二者结合判断这两日的拉高是有关联的，7 月 22 日拉尾盘行为属③主力为了拉高价格，23 日属④主力拉高出货，这两种几率最大！
2

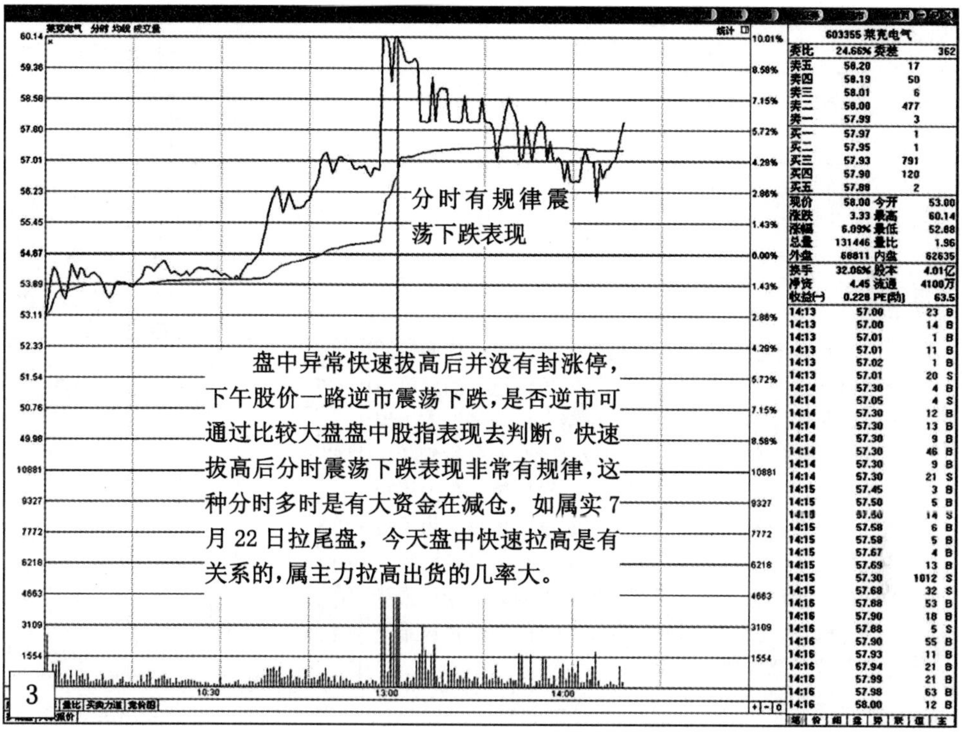

3

盘中异常快速拔高后并没有封涨停，下午股价一路逆市震荡下跌，是否逆市可通过比较大盘盘中股指表现去判断。快速拔高后分时震荡下跌表现非常有规律，这种分时多时是有大资金在减仓，如属实7月22日拉尾盘，今天盘中快速拉高是有关系的，属主力拉高出货的几率大。

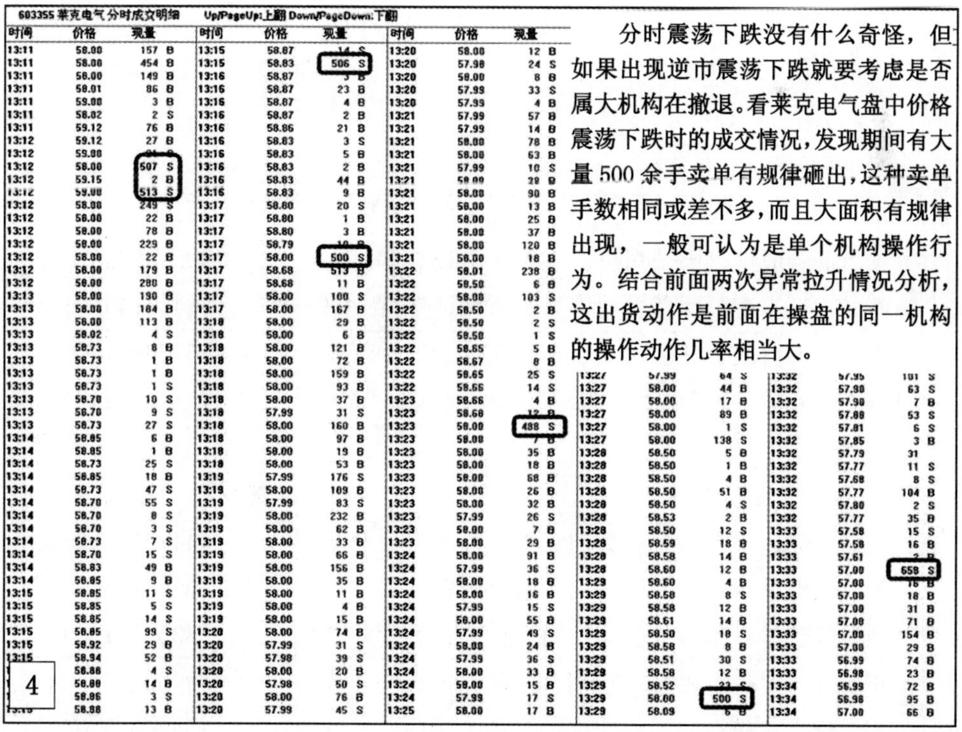

4

分时震荡下跌没有什么奇怪，但如果出现逆市震荡下跌就要考虑是否属大机构在撤退。看莱克电气盘中价格震荡下跌时的成交情况，发现期间有大量500余手卖单有规律砸出，这种卖单手数相同或差不多，而且大面积有规律出现，一般可认为是单个机构操作行为。结合前面两次异常拉升情况分析，这出货动作是前面在操盘的同一机构的操作动作几率相当大。

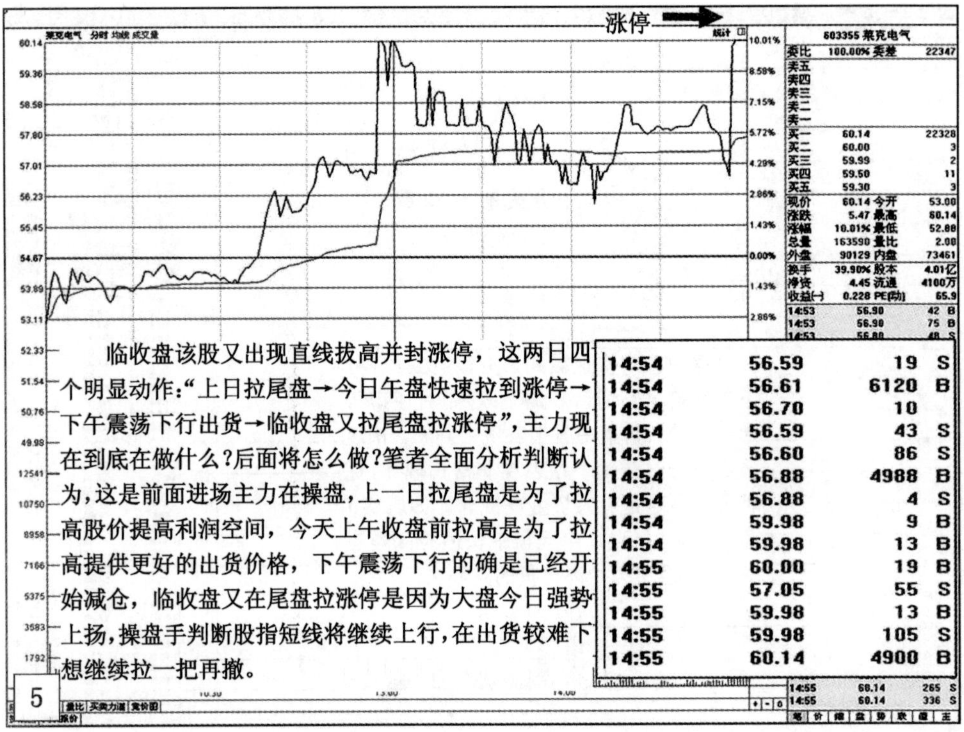

上海证券交易所每日交易信息交易日期:2015年07月23日

证券代码: 603355　　　　证券简称: 莱克电气

买入营业部名称:	累计买入金额(元):
(1)第一创业证券股份有限公司上海巨野路证券营业部	112589010.50
(2)安信证券股份有限公司厦门湖里大道证券营业部	99890862.78
(3)新时代证券有限责任公司上海金桥路证券营业部	28456749.56
(4)中山证券有限责任公司北京车公庄大街证券营业部	25726911.00
(5)方正证券股份有限公司上海保定路证券营业部	21172962.04

卖出营业部名称:	累计卖出金额(元):
(1)安信证券股份有限公司厦门湖里大道证券营业部	64429333.00
(2)第一创业证券股份有限公司上海巨野路证券营业部	48448115.00
(3)新时代证券有限责任公司上海金桥路证券营业部	38353791.00
(4)华泰证券股份有限公司扬州文昌西路证券营业部	28760735.14
(5)招商证券股份有限公司深圳沙头角金融路证券营业部	15446615.00

通过对莱克电气7月23日公开交易数据研究发现，该股近日是上海游资在运作，上海几个证券营业部与安信证券厦门营业部属同一主力分仓的几率非常大，理由是这几个营业部在7月23日当日同时出现大量的买和卖，这其中既存在真正的为了拉高而买入的交易，也存在一定的对敲。计算上海三个证券营业部与安信证券厦门这个营业部7月23日的交易总量，买入2.4亿元左右，卖出量1.5亿元左右，如果全部是真正的买卖，那么该主力今天进的比出的还多了9000余万元，当然这些量当中可能存在一定的对敲成交。如主力在拉到涨停后在涨停价挂出大卖单，为了吸引更多人去抢进接下卖单，操盘手自己不断用买单分批往卖单吃，制造活跃的买盘交易引诱市场资金抢涨停，盘中实际的确出现了这一做盘动作，主力这种交易成交性质实际就属于一种左手出右手进的对敲行为。

该主力这两日快速拉高后目的是想减仓，今日下午减仓是明显的，但减仓并不轻松，尾盘看到大市继续走强还有上冲动力，所以尾盘干脆反手做多，因此出现瞬间拉涨停一幕。这种反手做多并不是主力非常看好市场想继续大幅度做高，而是出货艰难利用市场还好干脆继续多拉一把，拉出更大的打压出货空间才撤，如此思路一旦属实该股后市上升幅度就不会太大。假如投资者有货就可在主力后面一两日内拉高时边拉边减。以笔者看下一交易日又将看到主力盘中明显的拔高和减仓痕迹出现。

短线看盘个股有主力在运作的，你不得不看主力的操盘意图去为自己的操作做判断。

第六章　主力涨停操盘技巧

资金无限额做庄拉涨停手法

投身二级股票市场中的任何单个机构管理的资金都是有限的，规模从几百万到几千亿不等，汇金、中信财团、中粮财团这些以千亿资产为单位的机构除外，一个机构在一只股票中投入几十亿元已是上限了，如果从炒作看单一机构在一只股票中投入几十亿是少有的。2014年12月15日、16日、17日连续三天，国泰君安证券上海福山路证券营业部一机构投入19亿多元连续炒作中信证券，这样大手笔的操盘动作非常罕见。孤注一掷背后体现该机构操盘手艺高人胆大、魄力非凡，在机会面前敢于放手一博。

一般机构在资金管理上都有具体的方案，集中全部资金砸进一只股票，这种孤注一掷的运作是较极端的一种。市场上存在一种特别的资金管理方案叫“单一项目资金无限额运作”，在机构资本总额内，单次操作资金不限额投入到这个股票中，直到操盘炒作达到预期目标为止，这种特殊资金管理方案被一些实力机构用于短线或波段做庄炒作一只股票上。下面列举两个机构资金无限额做庄拉涨停手法在个股做盘中的表现。

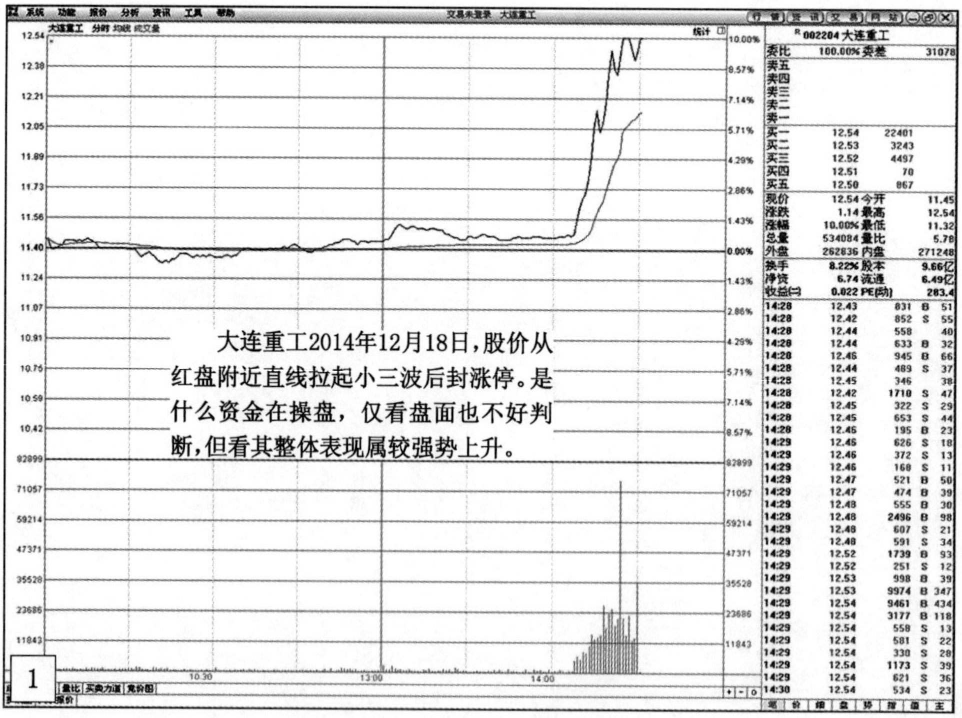

深圳证券市场中小企业板交易公开信息(2014年12月18日)

大连重工(代码002204) 涨幅偏离值:10.39% 成交量:3774万 成交金额:47509万元

买入金额最大的前5名

营业部或交易单元名称	买入金额(元)	卖出金额(元)
国泰君安证券上海福山路证券营业部	224350719.00	0.00
华泰证券上海浦东新区福山路证券营业部	15660325.22	68092.00
中信建投证券武汉中北路证券营业部	14634618.67	0.00
湘财证券上海泰兴路证券营业部	9363400.00	28065.00
华泰证券南京止马营证券营业部	4253574.20	1773002.50

卖出金额最大的前5名

营业部或交易单元名称	买入金额(元)	卖出金额(元)
机构专用	0.00	27288131.36
中国银河证券南京洪武路证券营业部	111027.00	13019840.00
国泰君安证券昆明人民中路证券营业部	93252.00	11469237.00
国泰君安证券济南永庆街证券营业部	0.00	7860075.00
中国中投证券北京复兴路证券营业部	0.00	7194989.00

大连重工12月18日涨停当天总成交金额4.75亿元，国泰君安证券上海福山路证券营业部买入2.24亿元，占比47.22%，差不多占了半数，很明显主力此次操作不限制买入量，其要的就是将大连重工股价推高封涨停，不管投入多少钱。

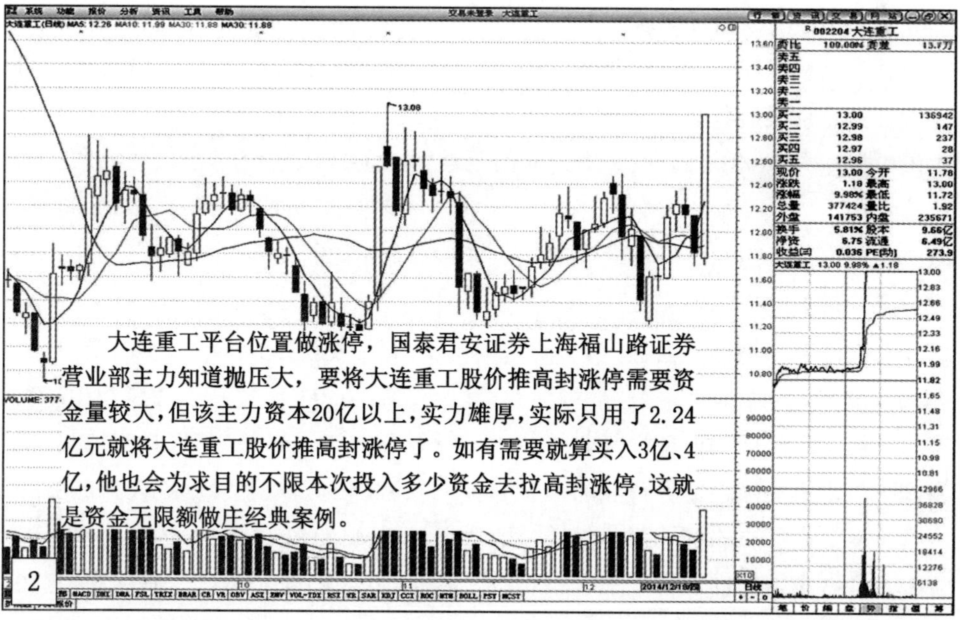

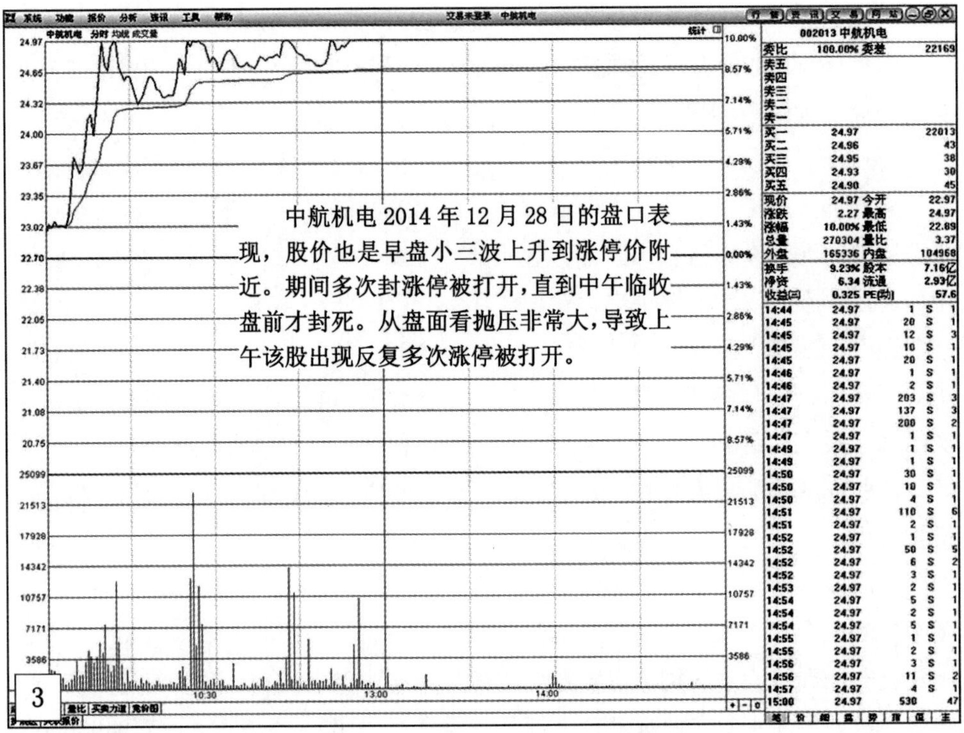

深圳证券市场中小企业板交易公开信息(2014年12月26日)

中航机电(002013)　涨幅偏离值:9.52%　成交量:2703万股　成交金额:66698万元

买入金额最大的前5名

营业部或交易单元名称	买入金额(元)	卖出金额(元)
华泰证券北京雍和宫证券营业部	274378155.34	129572.00
光大证券北京天通苑证券营业部	20142342.76	0.00
中国中投证券广州中山六路证券营业部	10860445.00	309795.00
机构专用	9569027.54	0.00
南京证券南京云南北路证券营业部	8668722.10	0.00

卖出金额最大的前5名

营业部或交易单元名称	买入金额(元)	卖出金额(元)
机构专用	0.00	24722797.00
齐鲁证券深圳深南大道证券营业部	373788.00	18569768.25
华泰证券南京长江路证券营业部	4315772.83	17387598.37
安信证券北京远大路证券营业部	14520.00	15451418.00
广发证券普宁流沙证券营业部	9880.00	12504693.50

中航机电盘口上午多次封涨停被卖单砸开，但最终封涨停收盘。看当天交易数据不难发现，该股能封涨停收盘是华泰证券北京雍和宫证券营业部主力不离不弃的结果。该股当天总成交6.67亿，该营业部主力买入量为2.74亿，占比41.12%，如此高比例的大量买入，是主力这次操作资金无限额做涨停的结果。

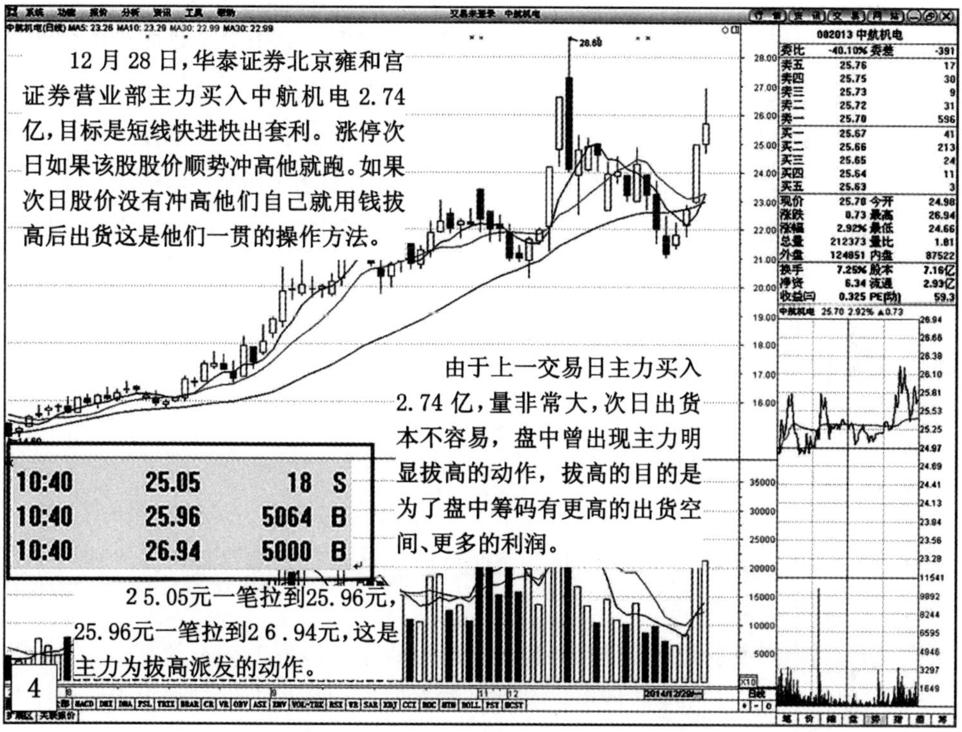

主力资金配置与涨停强弱关系

股票市场大部分投资者都有一些不解之惑，主力出手将一只股推高封涨停需要多少钱？又或者主力要有多少钱才敢出手将一只股票推高封涨停？

了解这个问题其实是很简单的，看看深交所或上交所的每日交易信息，看看涨停板个股的买卖金额就可以了解。交易所公开涨停个股买卖前五名营业部的成交金额，这些数据是官方数据，真实可信。

但话说回来，深交所或上交所对涨停个股公告的买卖数据都是笼统的，没有丰富的投资分析经验很难从这些数据中读解出有价值的信息。本文就带你进入这些公开数据，揭幕一些机构做涨停交易，了解其做涨停所需的本钱。

主力做涨停所需金额大小有两种预算方法：

(1)资金范围限额。

(2)资金绝对限额。

有计划将某只股票推高涨停要投入多少钱，首先看该股票当天的总成交金额大小。按笔者统计，如果当日主力的买入量达到该股当天总成交金额的10%，在操盘手有计划有技巧的操盘下，足以将该股推至涨停。对于中小盘股这个比例已经可以，大盘股一般就不需要这么高比例了，买入量达到5%则已经可以。这是估算涨停要动用多少钱的一种方法，这种方法事前没有办法精准计算投入资金具体数值，但有办法估算，就是以目标品种前面一段时间的成交额平均值为参考，涨停日的成交量设想为前段时间成交额平均值的2～4倍即可，这样就可以算出大概所需资金参考值了。这种资金安排适用于拥有大资金却不想入市，但又想弄点小钱花花的机构阶段性操盘。如手上有 5 个亿资金，挑只股票做个涨停，投入资金在3000～6000万之间，具体数值不限制，到操盘实际要用到1亿也没有问题，这就是限制资金使用在一定的范围但并没封顶。

另外一种方法就是资金限额操盘。主力的资本只有6000万，4000万是正常操盘可动用的，2000万作为后备资金，也就是说真正允许自由操作的只有4000万，后备资金2000万可以用，但必须是非常必要时，这就是限额操盘，即操作资金有严格上限封顶。

资金范围限额对于操盘较为有利，不用担心操盘过程中达不到目标或者发生意外。这样的资金操盘往往是想怎么做就怎么做，想拉想砸可以随主力操盘手的意愿去做盘，这类股票有时拉升幅度出人预料的高！

资金绝对限额对于操盘手的综合素养要求高，因为主力本身资金有限，或者单个操盘项目资金限额，所以操盘手在选股、操作等过程中都要有充分的计算和准备，做盘的方法和价钱要求更高。这类机构操作的股票有时是很尴尬的，主力限额资金用完了，股价就往往不上不落来回拉锯，盘面看明明有主力在活动，就是不拉或者是拉不高，殊不知主力钱已经用尽，是有心无力了。

下面笔者根据自己的经验，列举一些机构资金范围限额和资金绝对限额的主力操盘案例给大家看看。

迪威视讯(300167)　偏离值:10.77%　成交量:1325万股　成交金额:16883万元

买入金额最大的前5名

营业部或交易单元名称	买入金额(元)	卖出金额(元)
广发证券广州黄埔大道证券营业部	21257833.75	0.00

安信证券深圳红荔西路证券营业部	3802280.00	0.00
招商证券深圳益田路免税商务大厦证券营业	3733046.00	544327.00
国泰君安证券深圳华发路证券营业部	2652080.32	0.00
国海证券柳州驾鹤路证券营业部	2267544.65	25610.00

卖出金额最大的前5名

营业部或交易单元名称	买入金额(元)	卖出金额(元)
中信建投证券福清田乾路证券营业部	551865.00	3874660.29
平安证券天津绍兴道证券营业部	0.00	3544070.01
招商证券深圳前海路证券营业部	310884.00	3357678.40
兴业证券泉州丰泽街证券营业部	5268.00	2651540.92
银泰证券绍兴胜利东路证券营业部	847741.00	2539710.00

迪威视讯2014年12月17日涨停总成交金额1.68亿元。买入五大营业部广发证券广州黄埔大道证券营业部买入量2125万股，占当天总成交量的12.6%。买入第二名和以下的都只有三百多万，这些都纯粹是跟风盘。该股的涨停是广发证券广州黄埔大道证券营业部主力一手策划实施的，是用真金白银将股价推涨停的。

但该主力实施的是资金绝对限额配置。看盘面股价推到涨停后并没有牢牢封死，打开后股价自由下落，这是主力不用钱去封不继续买入的结果，不是该主力没有钱，而是他们采用资金绝对限额2000万元左右投入上限，用完即止、盘中不再追加，后备资金或者其他资金留于次日做盘用。这就是资金绝对限额配置操作！

证券代码	证券简称	累计偏离值%	累计成交量	累计成交金额(万元)	异常期间
600030	中信证券	+22.12%	3041757296	8973492.43	12.15-12.17

买入营业部名称:	累计买入金额(元):
(1)国泰君安证券上海福山路证券营业部	1893662860.03
(2)机构专用	989338299.47
(3)中国银河证券宁波翠柏路证券营业部	950485733.25
(4)海通证券上海普陀区澳门路证券营业部	943689644.32
(5)沪股通专用	879253877.78

卖出营业部名称:	累计卖出金额(元):
(1)海通证券上海普陀区澳门路证券营业部	948608534.49
(2)中信建投证券北京市海淀南路证券营业部	752493376.57
(3)申银万国证券上海陆家嘴环路证券营业部	730430034.24
(4)中信证券深圳总部证券营业部	617802501.52
(5)国泰君安证券总部	614695847.31

中信证券2014年12月15日、16日、17日连续上升，三日总成交金额达到897亿元，这三日上升行情也是有推手的。国泰君安证券上海福山路证券营业部就是最大的推手，在这三日总买入金额达到18.93亿元，占比只有2.11%。一个营业部3日连续买入一只股票18.93亿元。是目前国内公开数据可见的第一大量。由于券商股是行情主流，人气极旺，该主力用18.93亿元以推手角色推动中信证券上涨了26.3%，非常厉害。

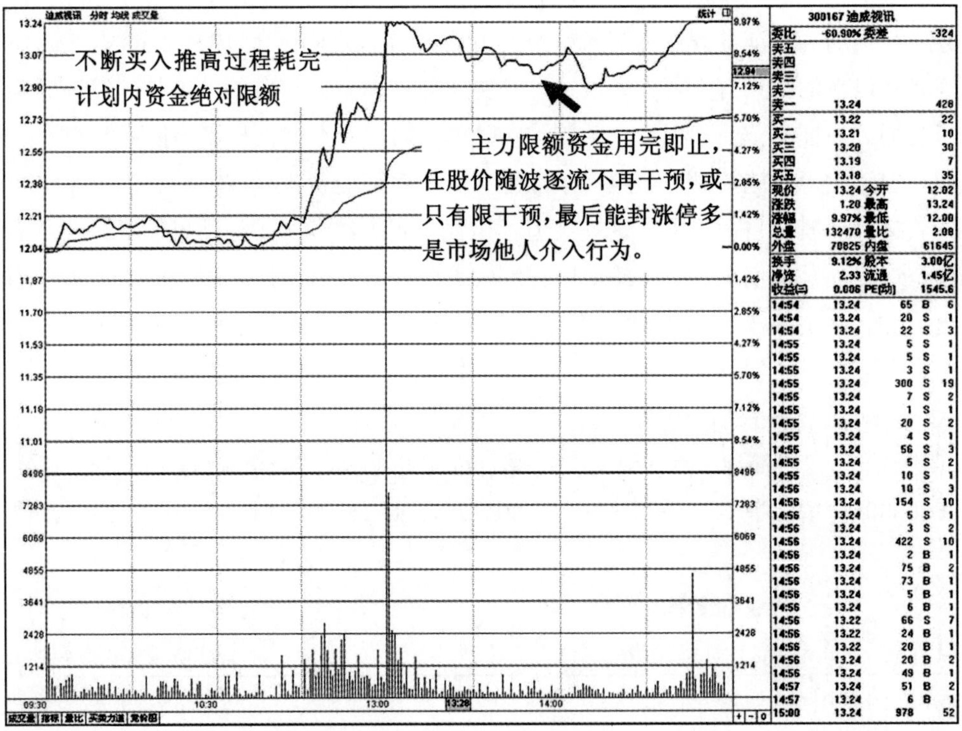

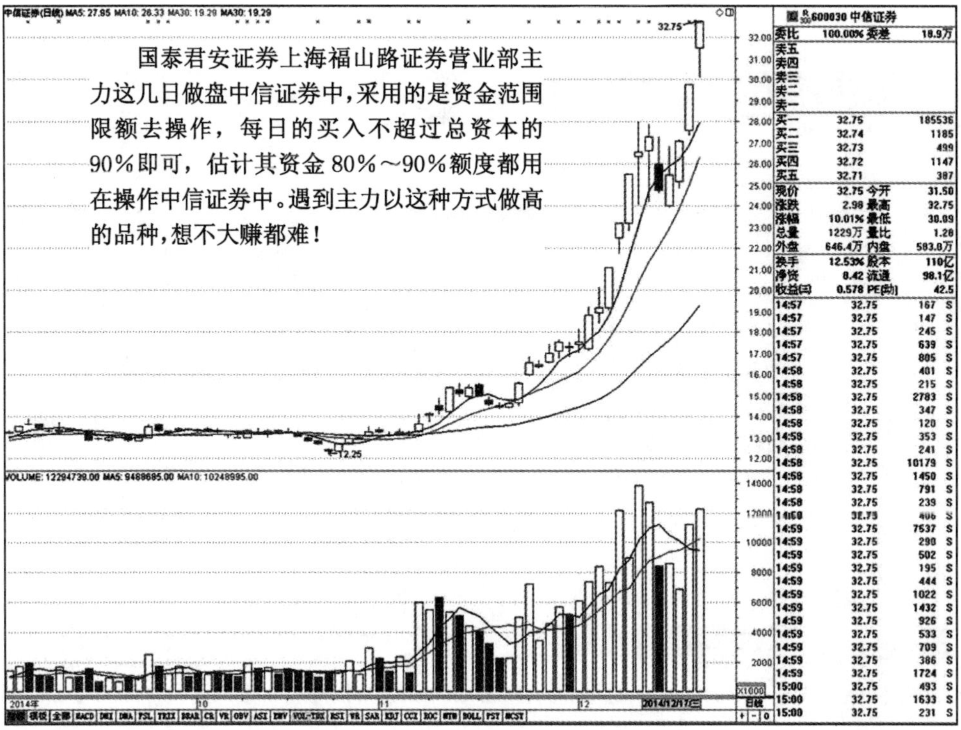

投机取巧型主力做涨停特征

投机取巧是投资过程中利用独门技术操作谋利。

在股市中无论机构还是散户利用投机取巧手段操作谋利已不是新闻，对于主力而言利用投机取巧操盘手段做盘是家常便饭。投机取巧行为从个股交易盘口中可以清晰看到，如近日证券监督机构严管的盘中虚假申报、盘中异常申报等交易行为都属机构投机取巧的做盘手段。

市场上有一批短线机构专门做涨停板，笔者长时间观察研究总结了这批机构做盘特征：“部分主力有计划选择一些低价小盘股，从红盘附近开始发动攻击，连续往上买入，股价分时出现接近直线形态被推高，盘中股价低位时主力连续买入，高了采取有限买入继续诱导市场资金跟进，最后股价在主力和市场力量推动下封涨停，封涨停后主力马上挂出多张如9999手或10000手买单瞬间将涨停牢牢封死，涨停价封单此时至少超10万手或更大。主力此时是在虚张声势制造实力雄厚假象，当该股没出现大的明显的抛压时，涨停将被封得死死的直至收市，当该股出现大的抛压时，主力马上将自己的大买单全部撤下不愿接货。涨停打开后主力不会再去大量买入封涨停，随后盘中股价随便波逐流。”

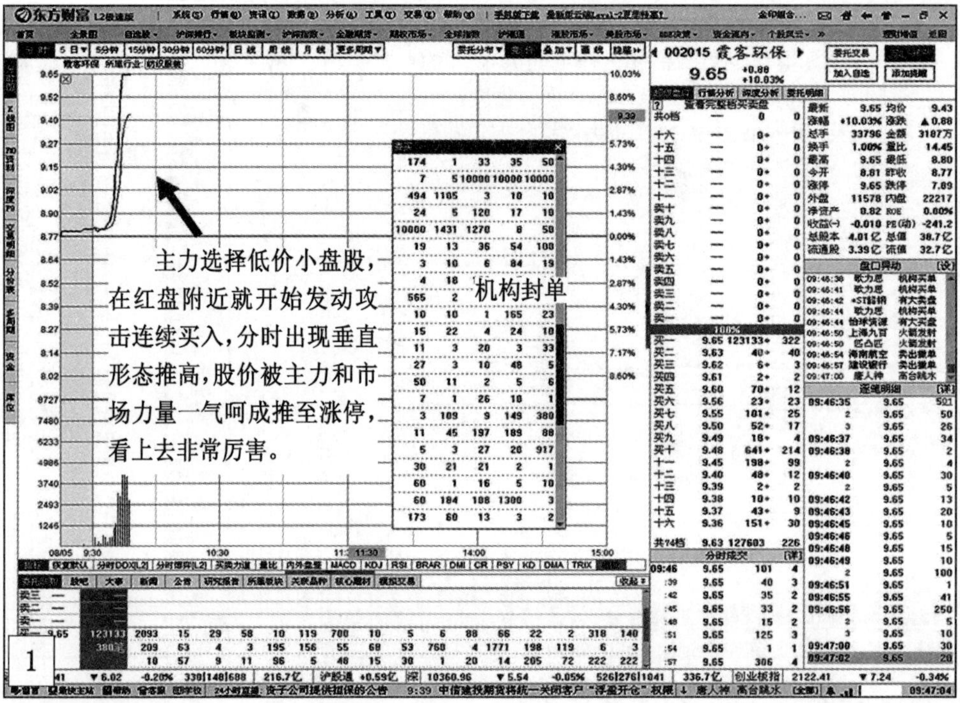

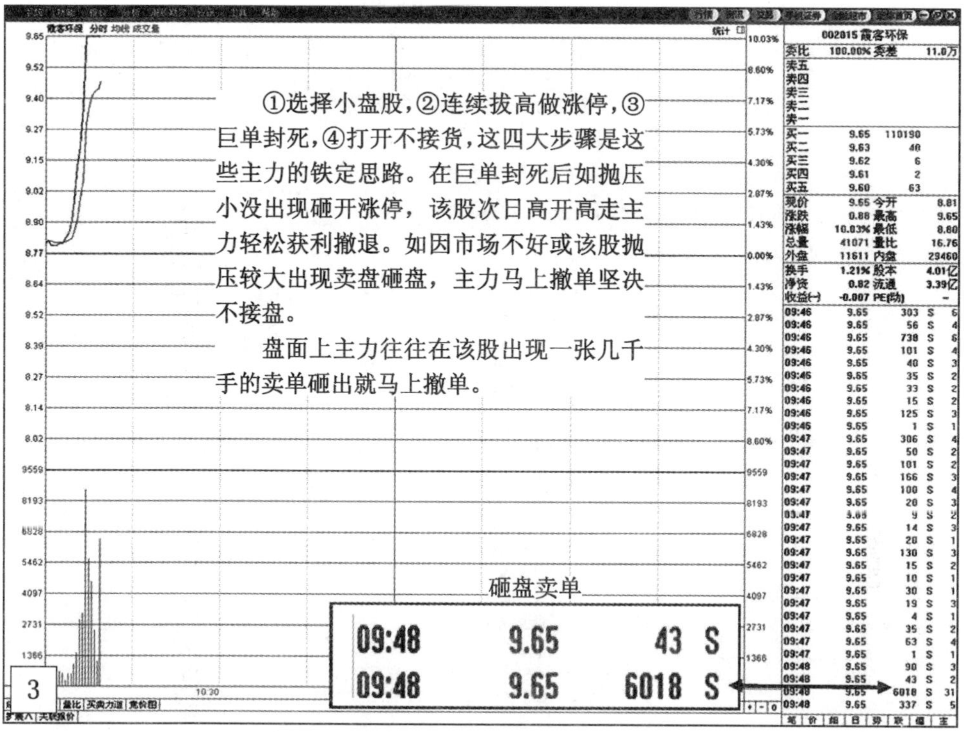

①选择小盘股，②连续拔高做涨停，③巨单封死，④打开不接货，这四大步骤是这些主力的铁定思路。在巨单封死后如抛压小没出现砸开涨停，该股次日高开高走主力轻松获利撤退。如因市场不好或该股抛压较大出现卖盘砸盘，主力马上撤单坚决不接盘。

盘面上主力往往在该股出现一张几千手的卖单砸出就马上撤单。

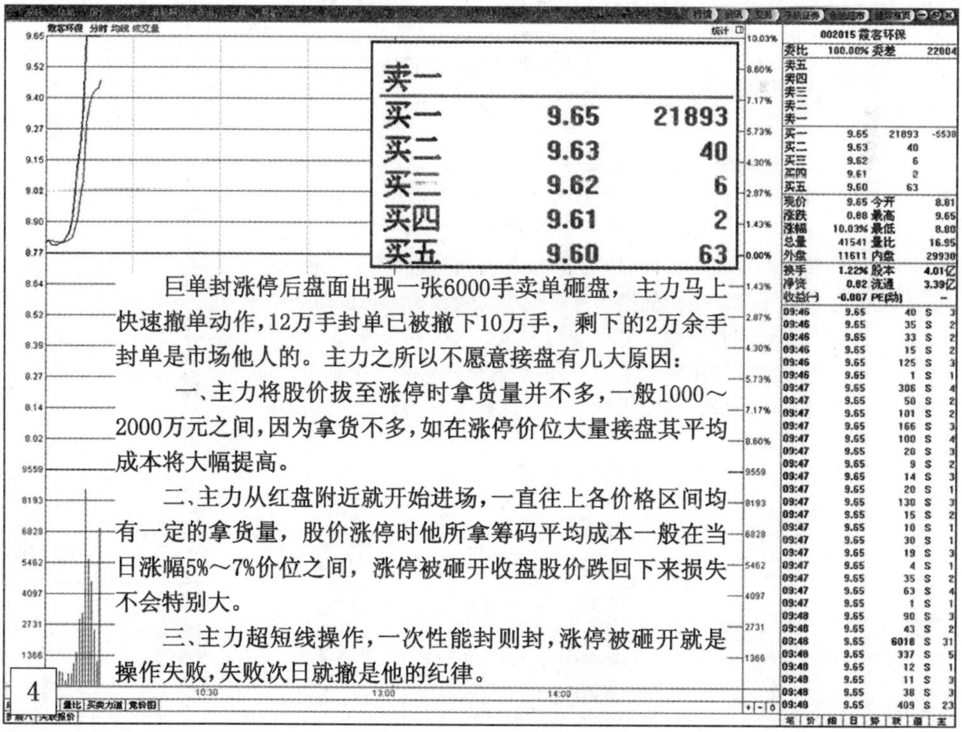

巨单封涨停后盘面出现一张6000手卖单砸盘，主力马上快速撤单动作，12万手封单已被撤下10万手，剩下的2万余手封单是市场他人的。主力之所以不愿意接盘有几大原因：

一、主力将股价拔至涨停时拿货量并不多，一般1000～2000万元之间，因为拿货不多，如在涨停价位大量接盘其平均成本将大幅提高。

二、主力从红盘附近就开始进场，一直往上各价格区间均有一定的拿货量，股价涨停时他所拿筹码平均成本一般在当日涨幅5%～7%价位之间，涨停被砸开收盘股价跌回下来损失不会特别大。

三、主力超短线操作，一次性能封则封，涨停被砸开就是操作失败，失败次日就撤是他的纪律。

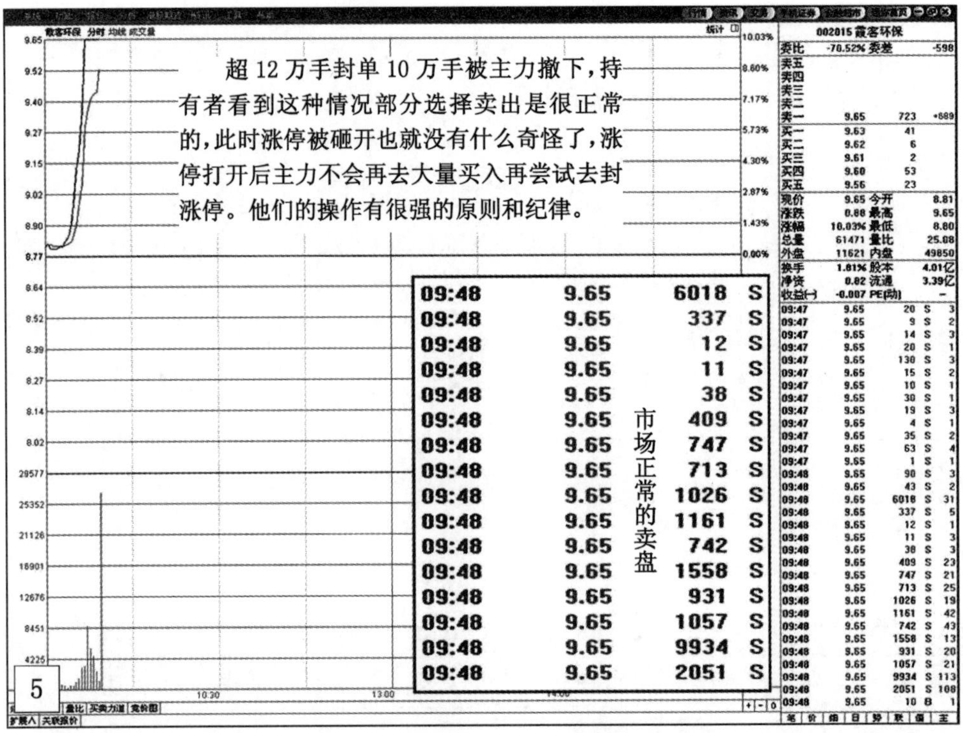
超12万手封单10万手被主力撤下，持有者看到这种情况部分选择卖出是很正常的，此时涨停被砸开也就没有什么奇怪了，涨停打开后主力不会再去大量买入再尝试去封涨停。他们的操作有很强的原则和纪律。
09:48 9.65 6018 S
09:48 9.65 337 S
09:48 9.65 12 S
09:48 9.65 11 S
09:48 9.65 38 S
09:48 9.65 409 S
09:48 9.65 747 S
09:48 9.65 713 S
09:48 9.65 1026 S
09:48 9.65 1161 S
09:48 9.65 742 S
09:48 9.65 1558 S
09:48 9.65 931 S
09:48 9.65 1057 S
09:48 9.65 9934 S
09:48 9.65 2051 S
市场正常的卖盘
5

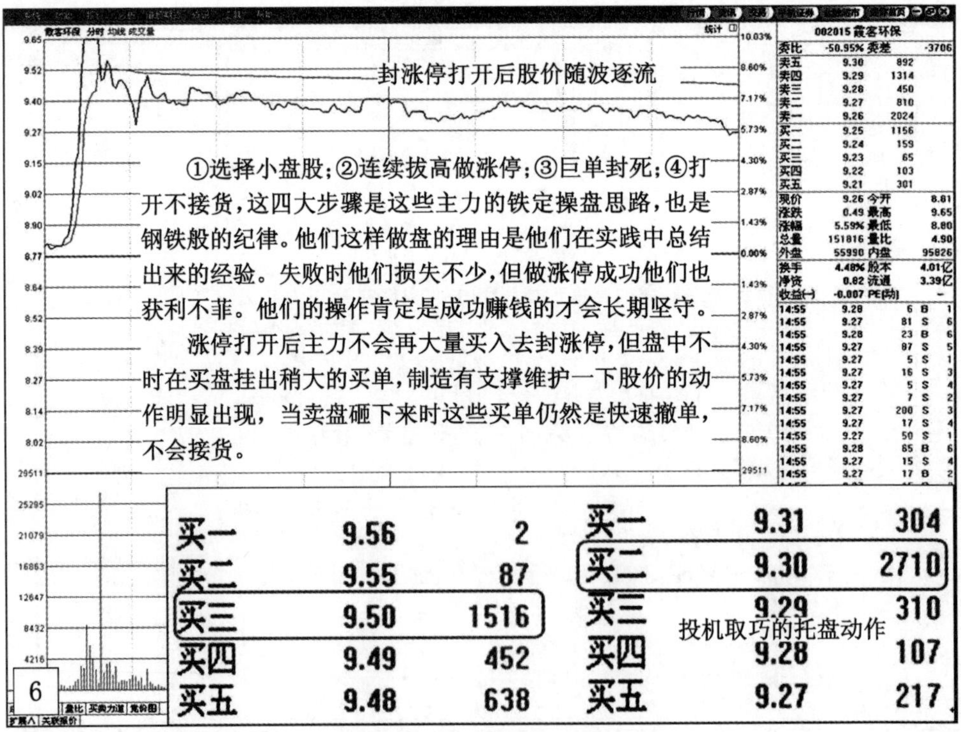
封涨停打开后股价随波逐流
①选择小盘股；②连续拔高做涨停；③巨单封死；④打开不接货，这四大步骤是这些主力的铁定操盘思路，也是钢铁般的纪律。他们这样做盘的理由是他们在实践中总结出来的经验。失败时他们损失不少，但做涨停成功他们也获利不菲。他们的操作肯定是成功赚钱的才会长期坚守。
涨停打开后主力不会再大量买入去封涨停，但盘中不时在买盘挂出稍大的买单，制造有支撑维护一下股价的动作明显出现，当卖盘砸下来时这些买单仍然是快速撤单，不会接货。
买一 9.56 2
买二 9.55 87
买三 9.50 1516
买四 9.49 452
买五 9.48 638
买一 9.31 304
买二 9.30 2710
买三 9.29 310
买四 9.28 107
买五 9.27 217
投机取巧的托盘动作
6

盘口一波涨停品种的机会与风险

在市场环境还可以的情况下，抢到稳封涨停的个股次日一般都有利润。抢涨停最大的风险是，所抢的个股不能封涨停。所抢的个股不能封涨停有两大风险：第一，当天股价因不能封涨停出现明显回落，当天就被套出现损失。第二，不能封涨停品种除了当天回落，大部分次日会出现低开低走，损失进一步扩大。

抢涨停个股有五种基本方法：①在涨停前寻机买入；②在封涨停瞬间抢进；③涨停后排队等候成交；④涨停盘中打开时寻机买入；⑤涨停盘中打开再封回去时瞬间买入。每一种方法都有优缺点，每一种方法都有他的操作技巧以及注意事项。下面就来讲讲抢涨停要注意的一些事项。

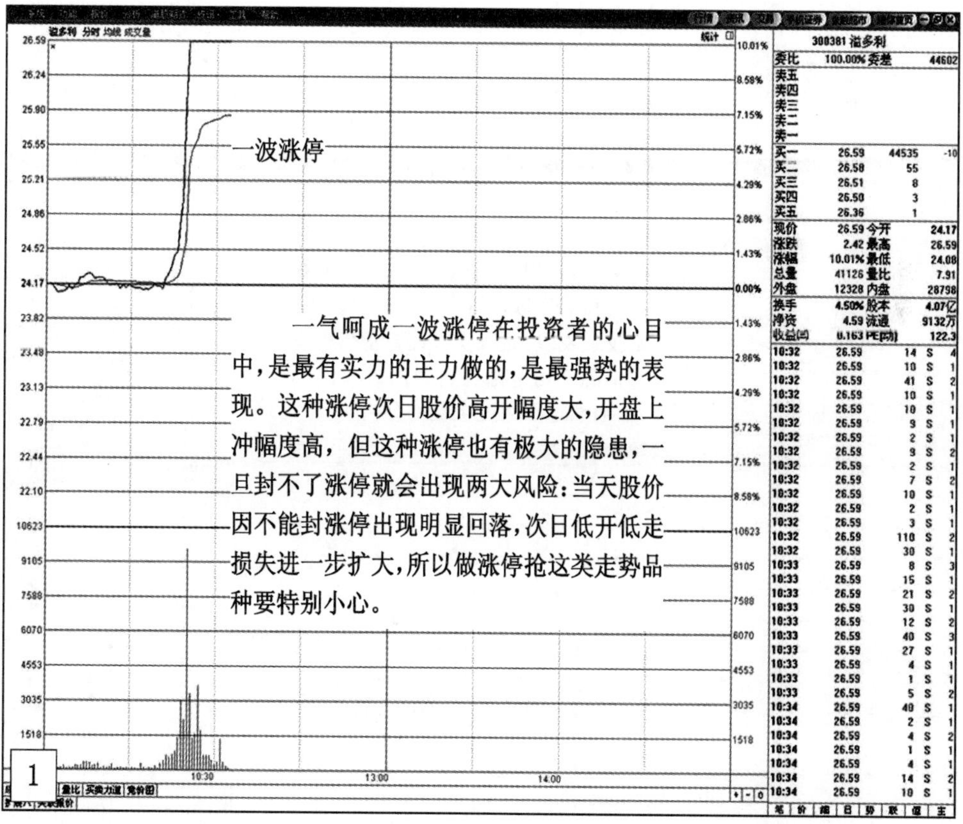

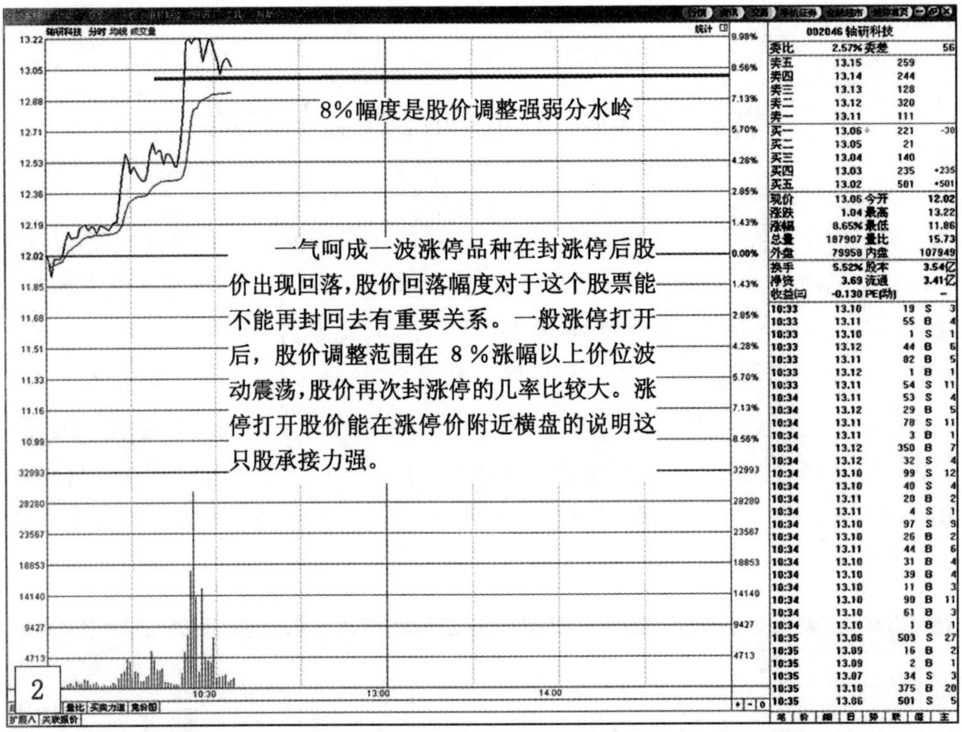
002046 轴研科技
8%幅度是股价调整强弱分水岭
一气呵成一波涨停品种在封涨停后股价出现回落,股价回落幅度对于这个股票能不能再封回去有重要关系。一般涨停打开后,股价调整范围在 8 %涨幅以上价位波动震荡,股价再次封涨停的几率比较大。涨停打开股价能在涨停价附近横盘的说明这只股承接力强。
2

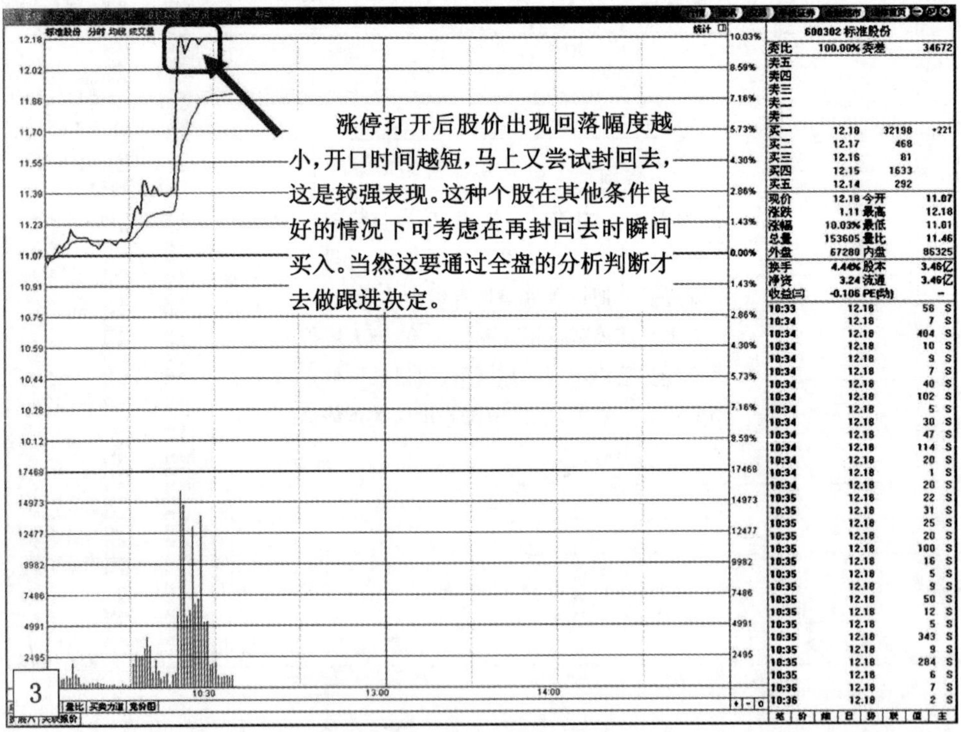
600302 标准股份
涨停打开后股价出现回落幅度越小,开口时间越短,马上又尝试封回去,这是较强表现。这种个股在其他条件良好的情况下可考虑在再封回去时瞬间买入。当然这要通过全盘的分析判断才去做跟进决定。
3

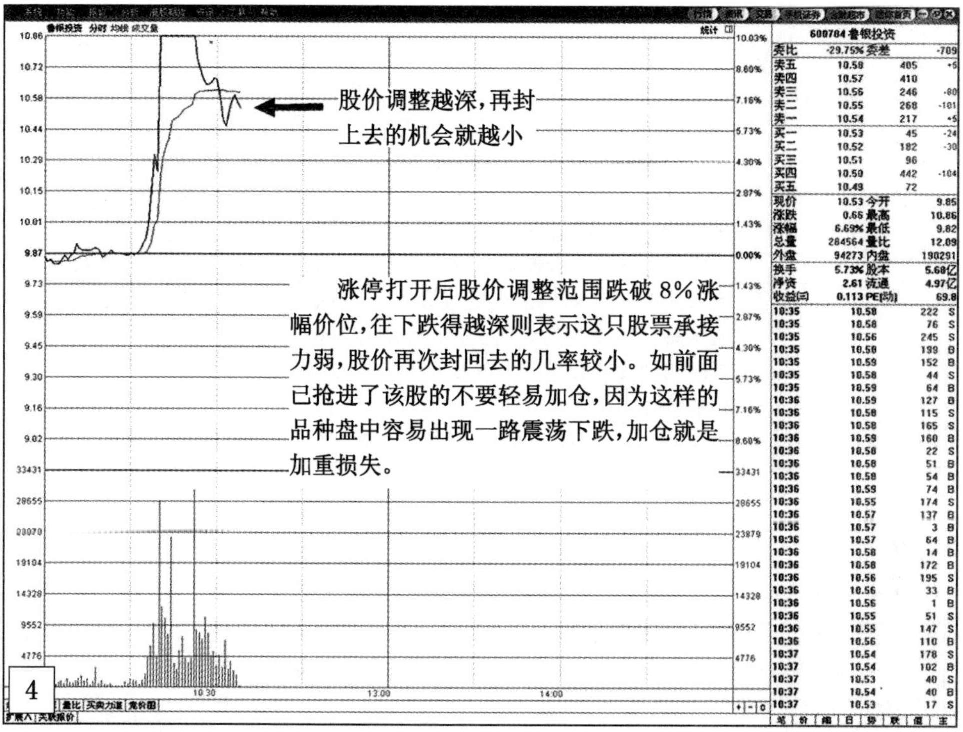
600784 鲁银投资
股价调整越深，再封上去的机会就越小
涨停打开后股价调整范围跌破8%涨幅价位，往下跌得越深则表示这只股票承接力弱，股价再次封回去的几率较小。如前面已抢进了该股的不要轻易加仓，因为这样的品种盘中容易出现一路震荡下跌，加仓就是加重损失。
4

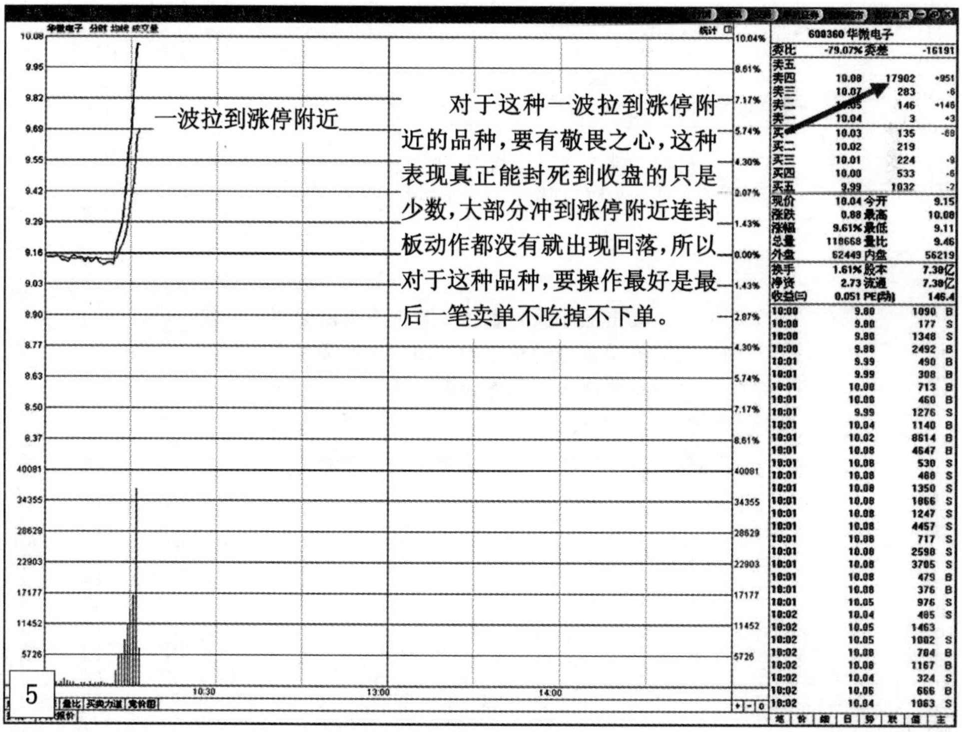
600360 华微电子
一波拉到涨停附近
对于这种一波拉到涨停附近的品种，要有敬畏之心，这种表现真正能封死到收盘的只是少数，大部分冲到涨停附近连封板动作都没有就出现回落，所以对于这种品种，要操作最好是最后一笔卖单不吃掉不下单。
5

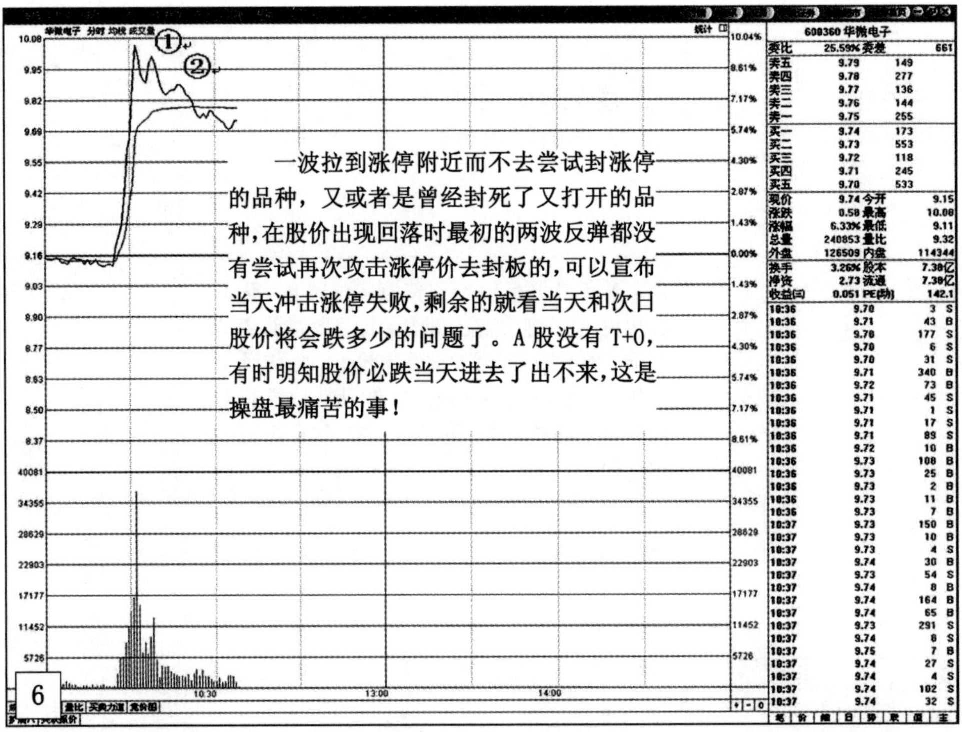
①
②
一波拉到涨停附近而不去尝试封涨停的品种，又或者是曾经封死了又打开的品种，在股价出现回落时最初的两波反弹都没有尝试再次攻击涨停价去封板的，可以宣布当天冲击涨停失败，剩余的就看当天和次日股价将会跌多少的问题了。A 股没有 T+0，有时明知股价必跌当天进去了出不来，这是操盘最痛苦的事！

6

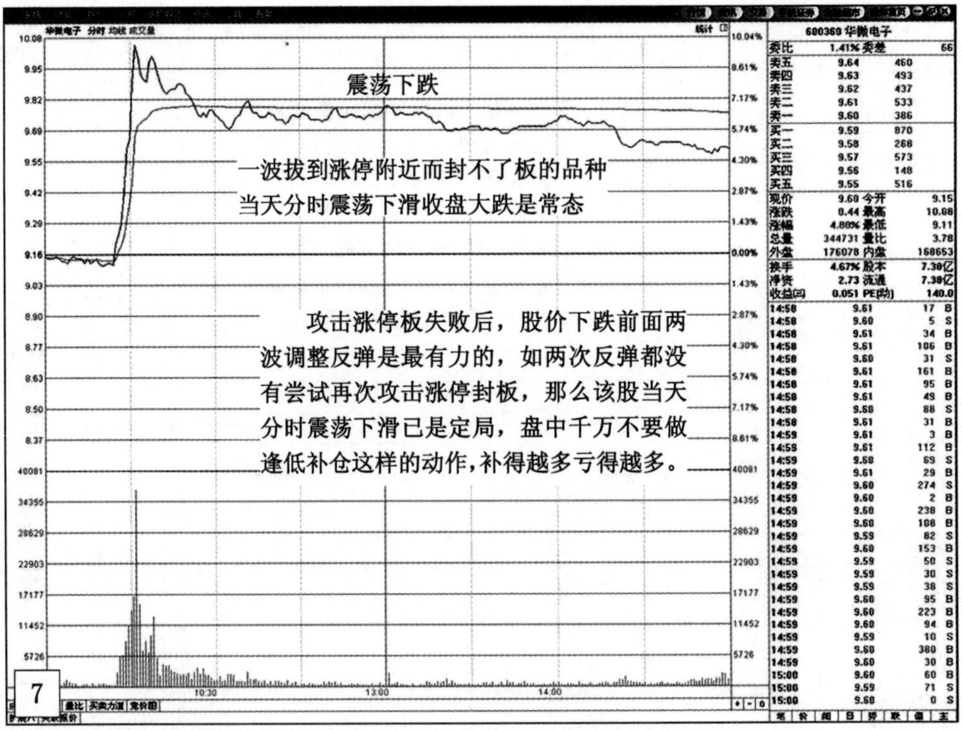
震荡下跌
一波拔到涨停附近而封不了板的品种
当天分时震荡下滑收盘大跌是常态
攻击涨停板失败后，股价下跌前面两波调整反弹是最有力的，如两次反弹都没有尝试再次攻击涨停封板，那么该股当天分时震荡下滑已是定局，盘中千万不要做逢低补仓这样的动作，补得越多亏得越多。

7

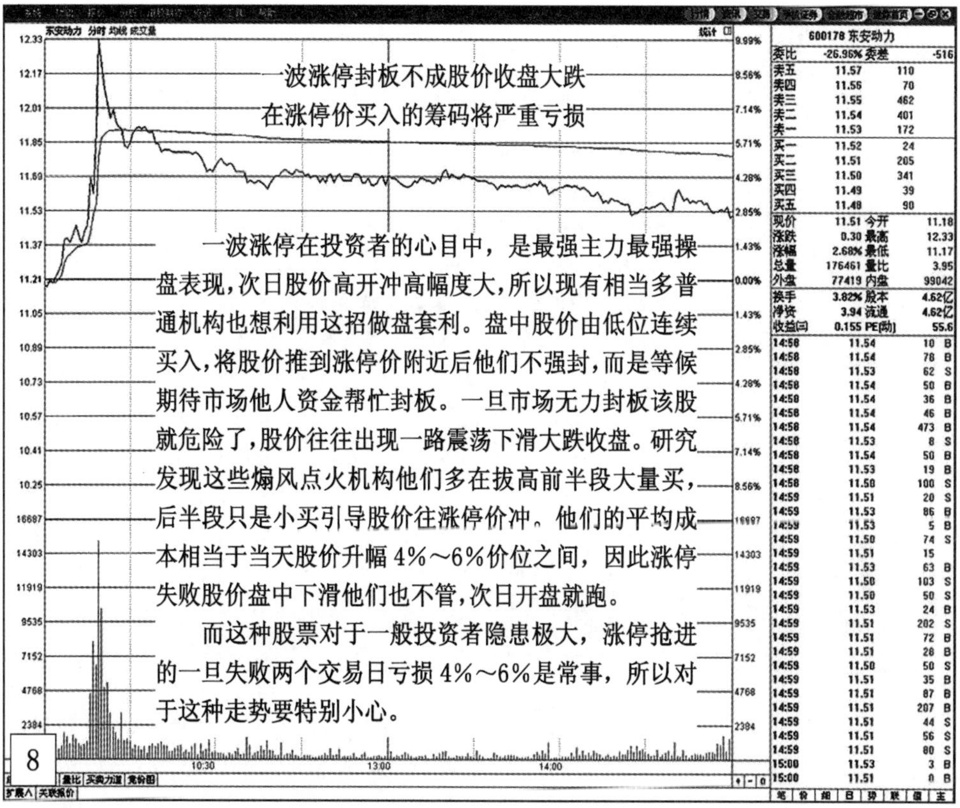

涨停既可套利也可用于捕捉波段启动牛股

追涨停，单纯看这三个字给投资者的第一印象就是："做短线、追高、极端行为、高风险"等，负面形象远大于正面。在未真正深入研究了解涨停品种和做涨停个股前，笔者也与大部分投资者观点相同，对追涨停这种行为持较负面偏见，而通过多年深入研究，了解追涨停操作这种方法后，原有的负面偏见消失了。

追涨停可以作为一种超短线套利方法，因为涨停的股票次日大部分将会出现明显冲高，给涨停日进去者有盈利卖出的机会，这是追涨停做短线最大的魅力，因为涨停的股票次日大部分都会明显冲高，这种确定性非常高。如果任何投资成功与失败用概率来表达，那么绝大部分投资人必须选择成功概率高的项目去投资，确定性高的项目就是成功概率高的项目。

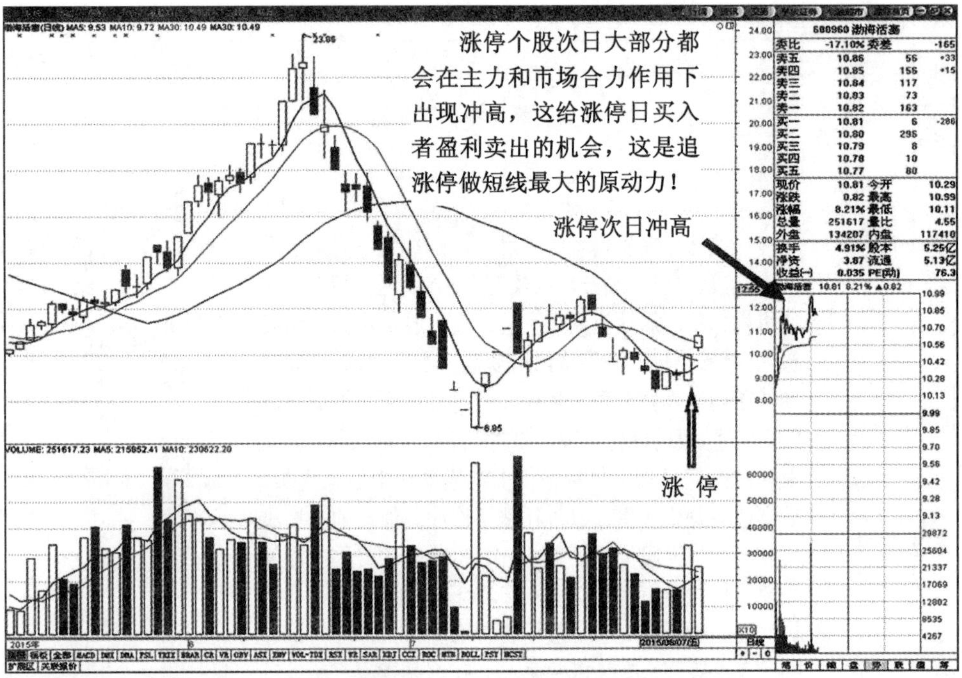

追涨停也可以作为一种波段套利方法，因为相当部分牛股，波段强势股的启动是以底部出现第一个涨停开始的。找出底部涨停品种的涨停规律，就可以预测哪些品种底部出现第一个涨停属波段上升的开始。

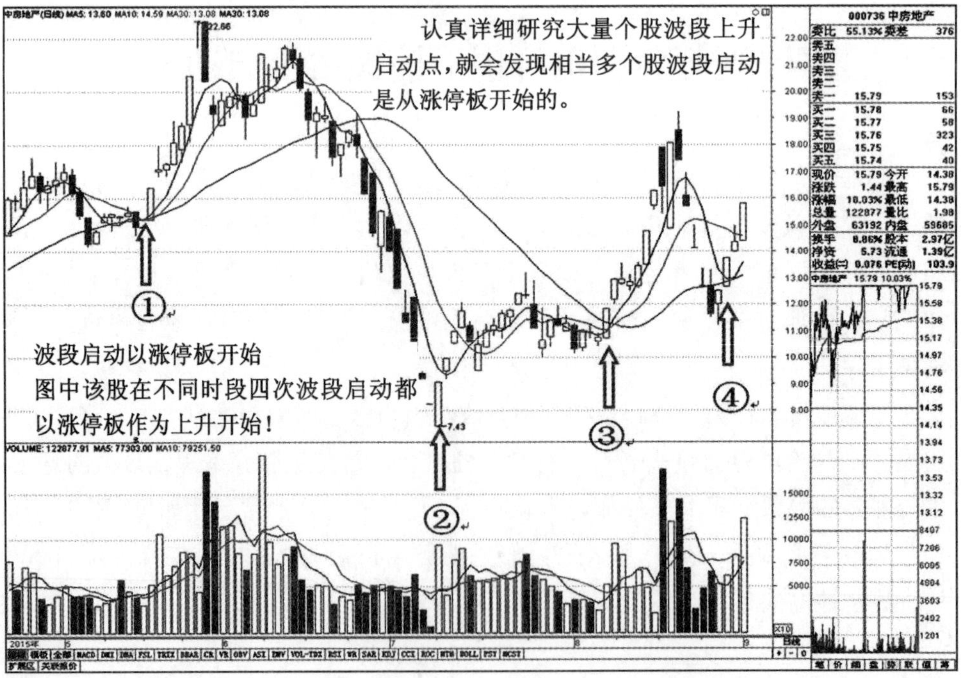

通过以上图例介绍可以看到，追涨停不仅仅是一种为蝇头小利冒大风险的极端操作行为，除了可以利用股价涨停后次日惯性冲高短线套利，还可以通过结合大盘走势的分析用于捕捉最强连续涨停牛股。

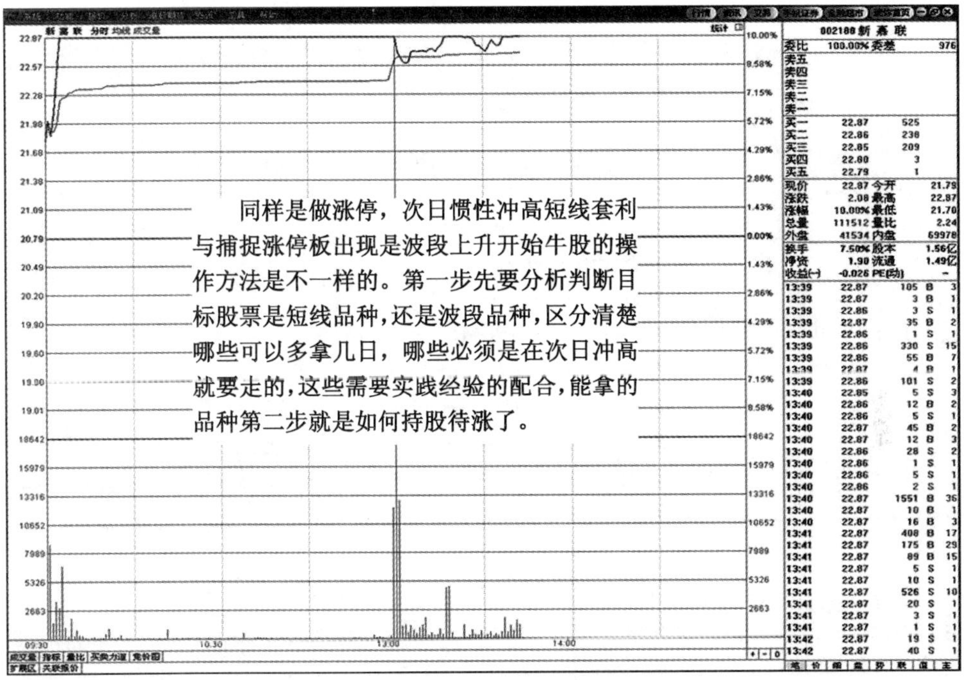

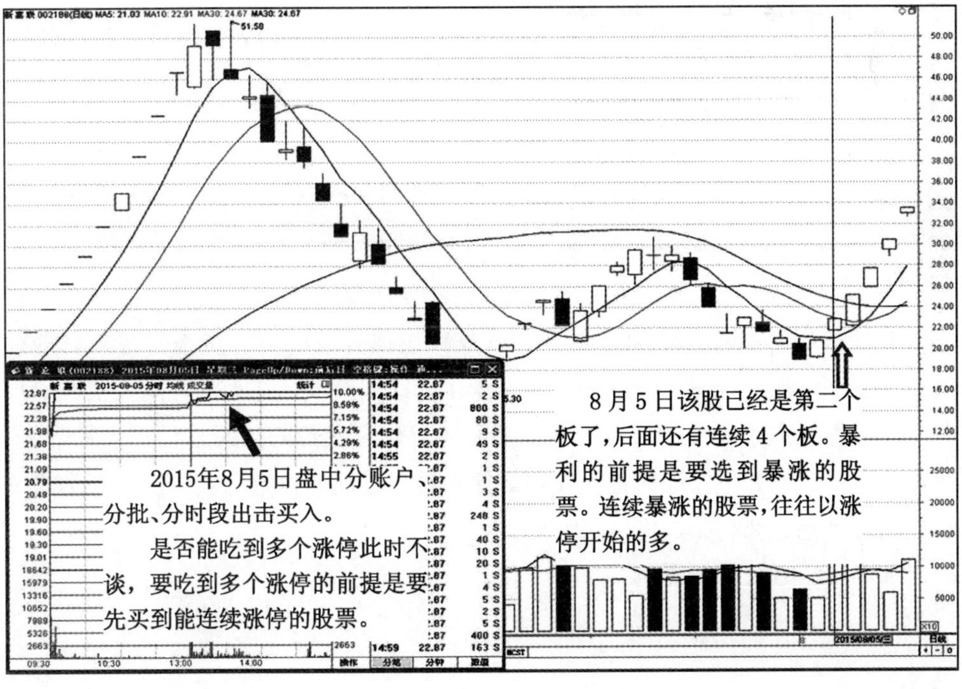

如何才能高胜率买到稳封涨停到收盘的股票？

选涨停个股作为目标可以从K线位置、K线形态、盘中分时走势，以及盘口表现结合消息面入手。K线位置的高低相当重要，分时表现以及盘口是决定该股能否封住涨停的关键。

涨停个股分时表现形态相当重要，大量观察和总结各种各样的涨停个股分时走势，从中找到有用的规律的痕迹是必须的。

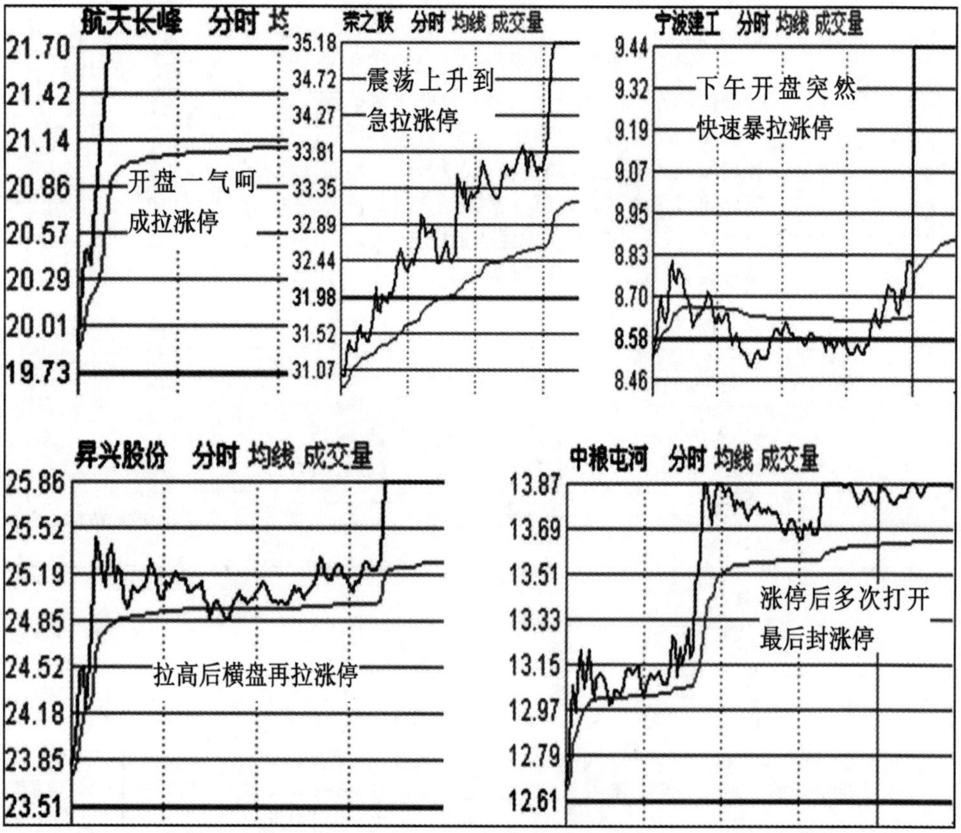

寻找市场各种规律走势，根据这些规律表现寻找机会，这是稳定获利的前题！新手在寻找、跟踪、实践方面，其操作总结期间既要花大量时间，实践操作可能出现亏损向市场交学费，经验的累积是必然有代价的。而且付出大量时间、精力、亏损后也并不保证你就能成功。摸着石头过河是肯定有代价的，但如果不去摸索哪来稳定获利的操作方法呢！

涨停买入时机在哪里？

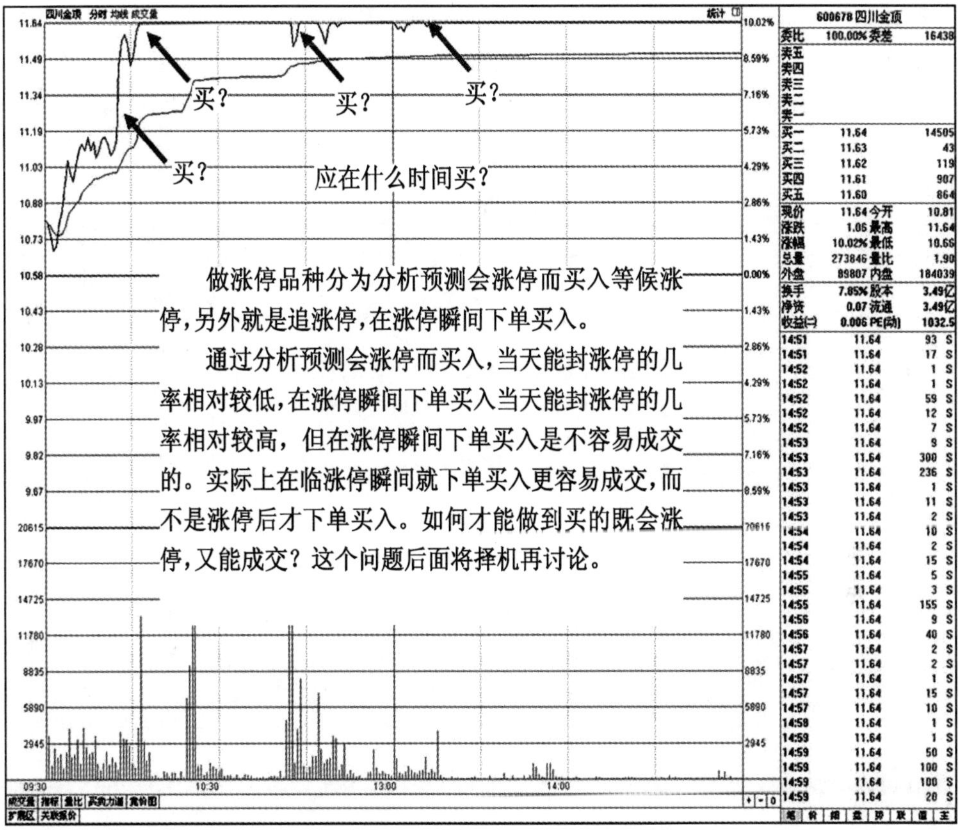

利好消息个股机构特殊做涨停方法

个股利好消息公布后股价出现高开高走是普遍现象，这种印象思维一直烙印在投资者脑中。实践中个股利好消息公布后股价出现高开低走也是常见的。先是高开低走然后再拉高也是其中一种。笔者在实践中发现，有不少机构专门寻找有利好消息个股从中寻找机会，一旦他们认可该股就会大手笔快速入市抢筹并将股价推高。部分机构还有特殊的选股方法，他们在利好消息公布后股价高开低走的股票中找机会，13:30至14:30择机介入并推高甚至将股价推涨停。这些机构在选股和介入时机上较为特殊，下面通过个股实例详细介绍这一特殊的机构做涨停法。

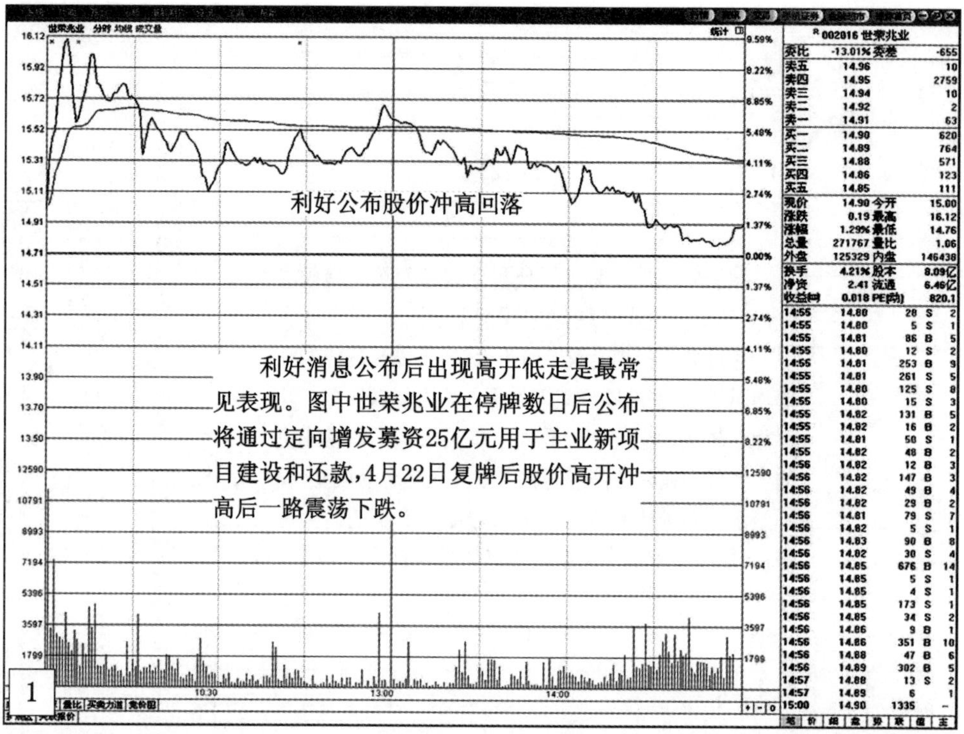

利好消息公布后出现高开低走是最常见表现。图中世荣兆业在停牌数日后公布将通过定向增发募资25亿元用于主业新项目建设和还款，4月22日复牌后股价高开冲高后一路震荡下跌。

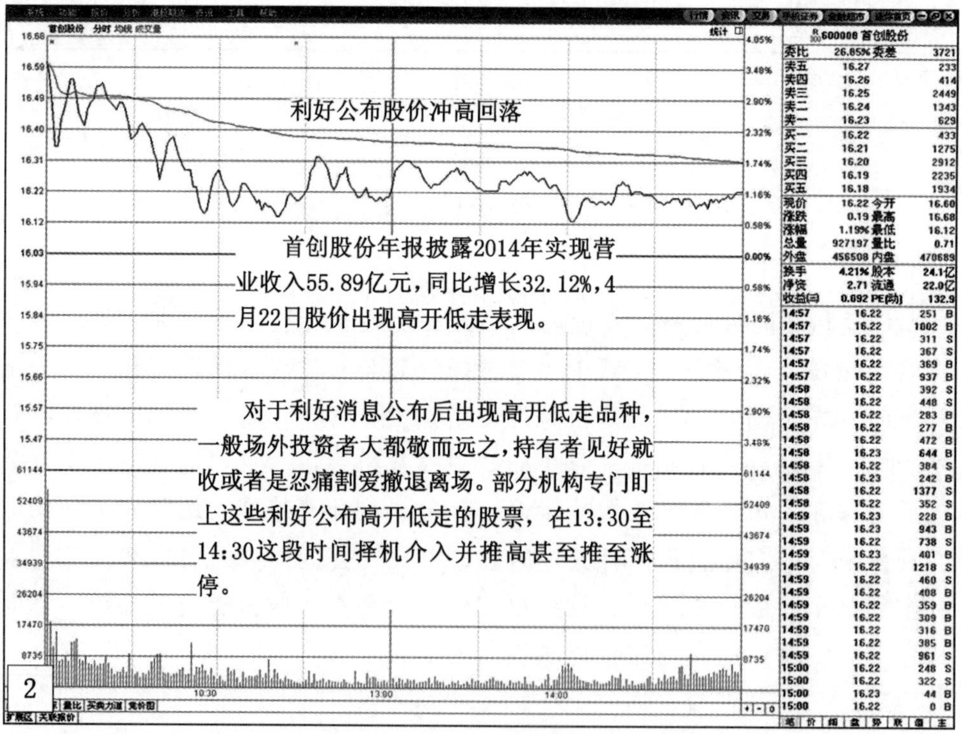

首创股份年报披露2014年实现营业收入55.89亿元，同比增长32.12%，4月22日股价出现高开低走表现。

对于利好消息公布后出现高开低走品种，一般场外投资者大都敬而远之，持有者见好就收或者是忍痛割爱撤退离场。部分机构专门盯上这些利好公布高开低走的股票，在13:30至14:30这段时间择机介入并推高甚至推至涨停。

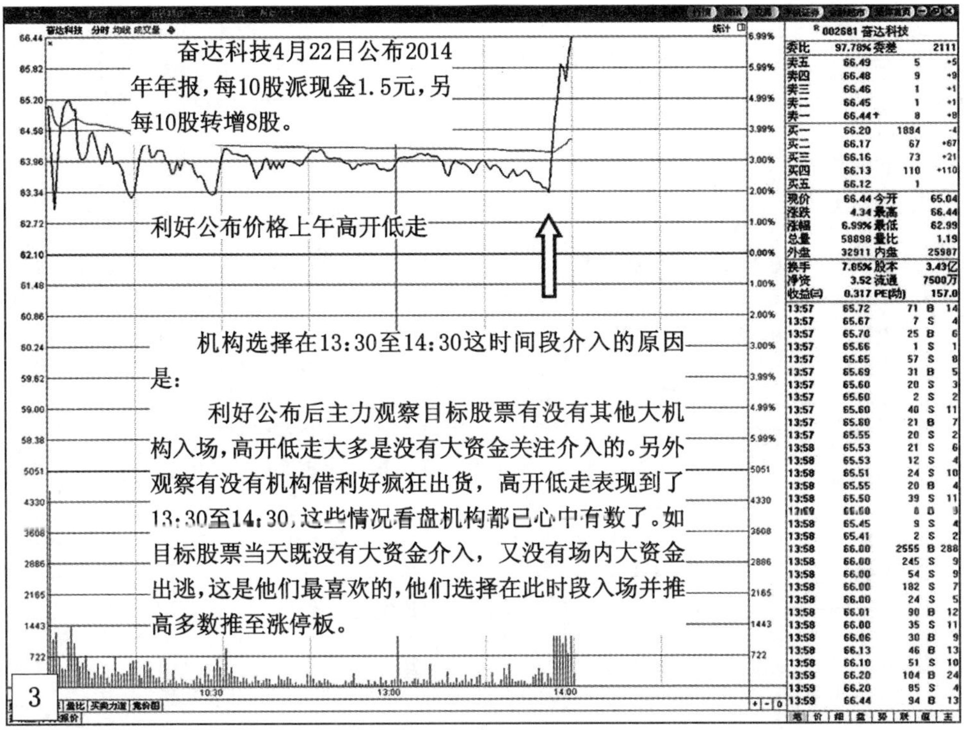

奋达科技4月22日公布2014年年报，每10股派现金1.5元，另每10股转增8股。

利好公布价格上午高开低走

机构选择在13:30至14:30这时间段介入的原因是：

利好公布后主力观察目标股票有没有其他大机构入场，高开低走大多是没有大资金关注介入的。另外观察有没有机构借利好疯狂出货，高开低走表现到了13:30至14:30，这些情况看盘机构都已心中有数了。如目标股票当天既没有大资金介入，又没有场内大资金出逃，这是他们最喜欢的，他们选择在此时段入场并推高多数推至涨停板。

3

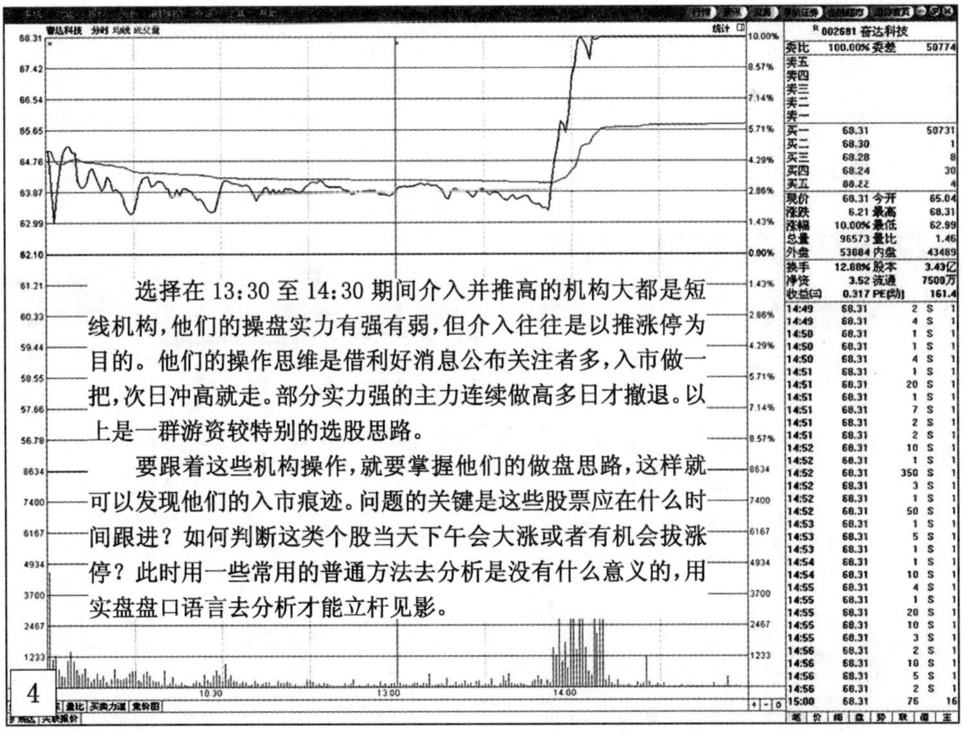

选择在13:30至14:30期间介入并推高的机构大都是短线机构，他们的操盘实力有强有弱，但介入往往是以推涨停为目的。他们的操作思维是借利好消息公布关注者多，入市做一把，次日冲高就走。部分实力强的主力连续做高多日才撤退。以上是一群游资较特别的选股思路。

要跟着这些机构操作，就要掌握他们的做盘思路，这样就可以发现他们的入市痕迹。问题的关键是这些股票应在什么时间跟进？如何判断这类个股当天下午会大涨或者有机会拔涨停？此时用一些常用的普通方法去分析是没有什么意义的，用实盘盘口语言去分析才能立杆见影。

4

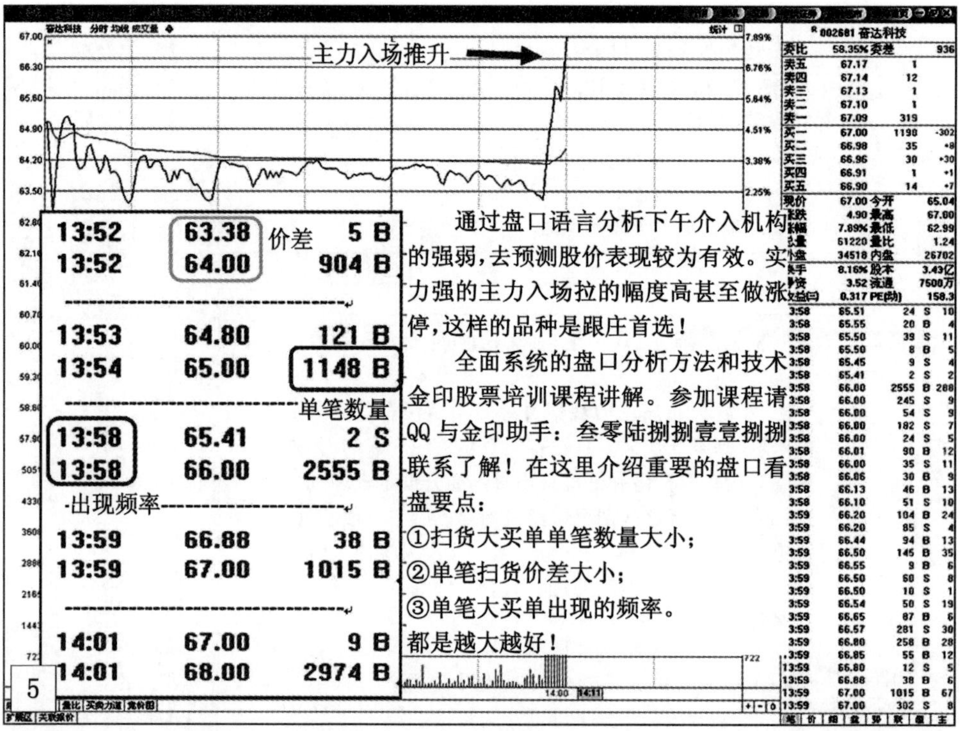

通过盘口语言分析下午介入机构的强弱，去预测股价表现较为有效。实力强的主力入场拉的幅度高甚至做涨停，这样的品种是跟庄首选！

全面系统的盘口分析方法和技术金印股票培训课程讲解。参加课程请QQ与金印助手：叁零陆捌捌壹壹捌捌联系了解！在这里介绍重要的盘口看盘要点：

①扫货大买单单笔数量大小；

②单笔扫货价差大小；

③单笔大买单出现的频率。

都是越大越好！

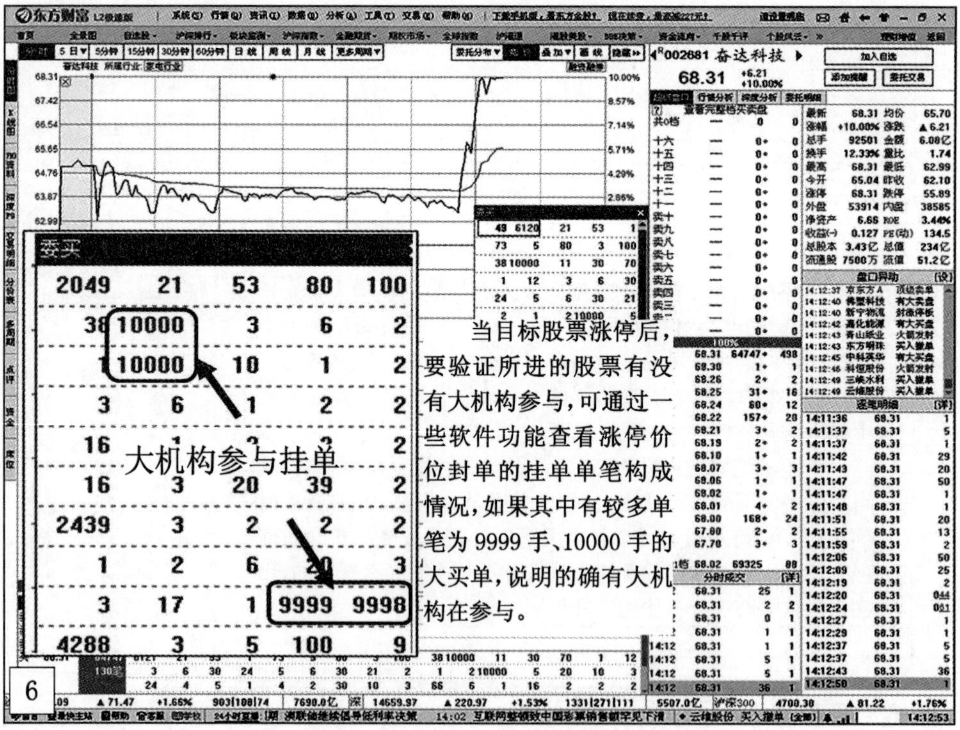

当目标股票涨停后，要验证所进的股票有没有大机构参与，可通过一些软件功能查看涨停价位封单的挂单单笔构成情况，如果其中有较多单笔为 9999 手、10000 手的大买单，说明的确有大机构在参与。

揭秘光大证券宁波解放南路的封板套路

2017年9月20日，光大证券宁波解放南路证券营业部中的游资主力，盘中利用巨单封涨停盐湖股份，封涨停的细节如何，该主力操盘手是如何操作的？下面通过动态盘口来剖析。

了解该主力做盘手法有什么用？一是如发现个股属该主力去封涨停，即可以在其盘中出现开板时跟进，因为该主力能封涨停的股票大部分次日都会出现明显高开或冲高，可以借此赚小钱。二是这种个股大部分次日高开或冲高后就会马上回落，主力利用冲高往下打压出货获利，主力砸盘出货导致股价短线调整，原先如有货必走。

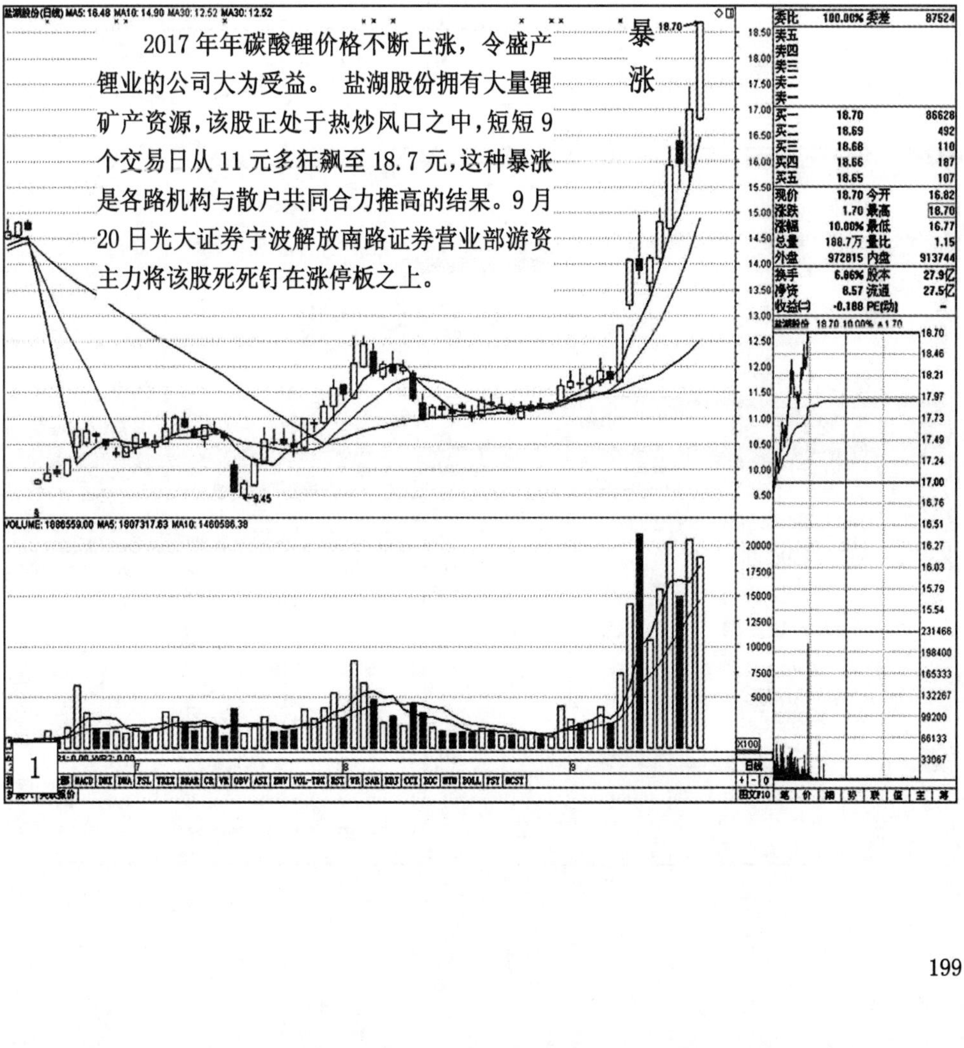

碳酸锂价格上涨导致锂矿资源股热炒，盐湖股份从9月8日开始上行，涨幅巨大。9月20日该股上午10:26出现一游资用几笔数万手的大单将股价拔涨停。这3笔买单共13万手，市值达到2.4亿元。
2.4亿元筹码
10:25 18.46 3357 B
10:25 18.50 278 B
10:26 18.66 26773 B
10:26 18.70 70409 B
10:26 18.70 34359 B
2

大资金将股价抢涨停后，涨停价瞬间马上挂上去的封单就达到33万手。封单中靠前位置又出现了多组单笔特殊数字买单：9999、9998、9997、9996、9995、9994、9993、9992、9991、9990、9989、9988、9987，共十三笔。世界没有那么多的巧合，这肯定属一个主力的挂出封单。
特殊数字买单
3

深圳证券市场主板A股交易公开信息(2017年09月20日)

盐湖股份(000792) 涨幅偏离值:9.16% 成交量:18866万股 成交金额:338276万元

买入金额最大的前5名

营业部或交易单元名称	买入金额(元)	卖出金额(元)
光大证券宁波解放南路证券营业部	220569203.80	339920.00
中信证券上海淮海中路证券营业部	204171674.13	378317.00
东方证券上海浦东新区银城中路证券营业部	121090264.61	0.00
国泰君安证券上海江苏路证券营业部	93133575.84	6984298.10
中国银河证券北京阜成路证券营业部	76992741.57	31251121.30

卖出金额最大的前5名

营业部或交易单元名称	买入金额(元)	卖出金额(元)
机构专用	0.00	302639932.11
机构专用	0.00	140362107.29
中国国际金融北京建国门外大街证券营业部	39761379.26	59459303.25
招商证券深圳蛇口工业七路证券营业部	1176564.00	31271760.22
中国银河证券北京阜成路证券营业部	76992741.57	31251121.30

从当日公开交易数据可以看到，光大证券宁波解放南路证券营业部买入2.2亿元，18.7元每股，对应为117000手左右。中信证券上海淮海中路证券营业部买进了2亿元，金额也巨大。从盘面分析中信证券上海淮海中路证券营业部所进的这2亿元大部分是在临涨停时抢进的，小部分是利用大单封涨停接的货，而光大证券宁波解放南路证券营业部买进的2.2亿元，其中117000手左右绝大部是涨停后排队封板时成交的。

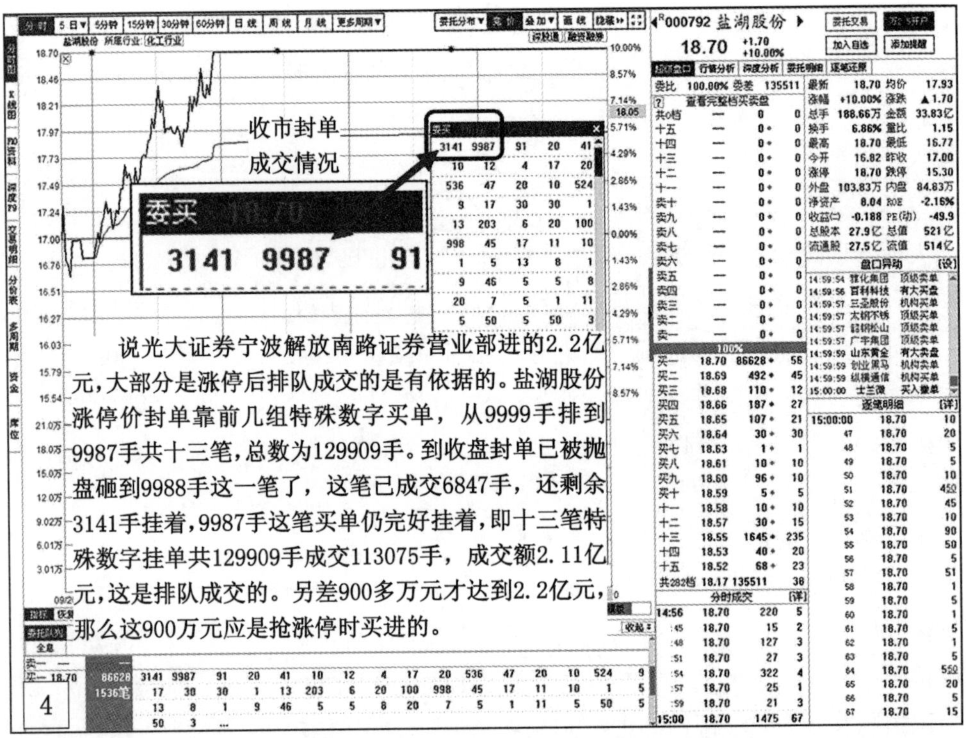

说光大证券宁波解放南路证券营业部进的2.2亿元，大部分是涨停后排队成交的是有依据的。盐湖股份涨停价封单靠前几组特殊数字买单，从9999手排到9987手共十三笔，总数为129909手。到收盘封单已被抛盘砸到9988手这一笔了，这笔已成交6847手，还剩余3141手挂着，9987手这笔买单仍完好挂着，即十三笔特殊数字挂单共129909手成交113075手，成交额2.11亿元，这是排队成交的。另差900多万元才达到2.2亿元，那么这900万元应是抢涨停时买进的。

4

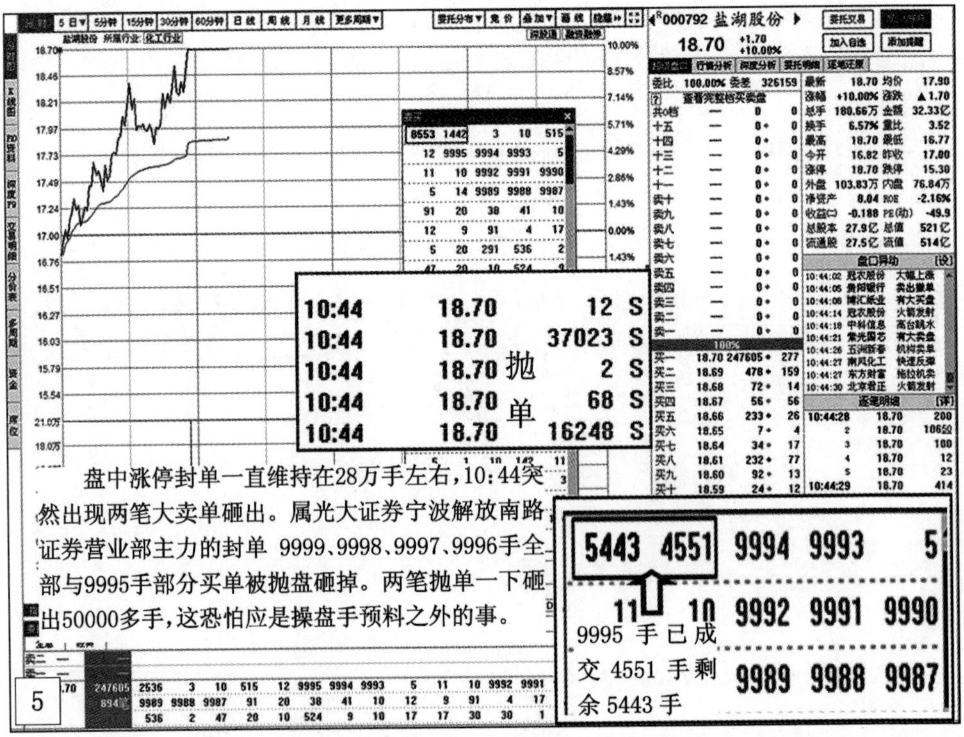

盘中涨停封单一直维持在28万手左右，10:44突然出现两笔大卖单砸出。属光大证券宁波解放南路证券营业部主力的封单 9999、9998、9997、9996手全部与9995手部分买单被抛盘砸掉。两笔抛单一下砸出50000多手，这恐怕应是操盘手预料之外的事。

5

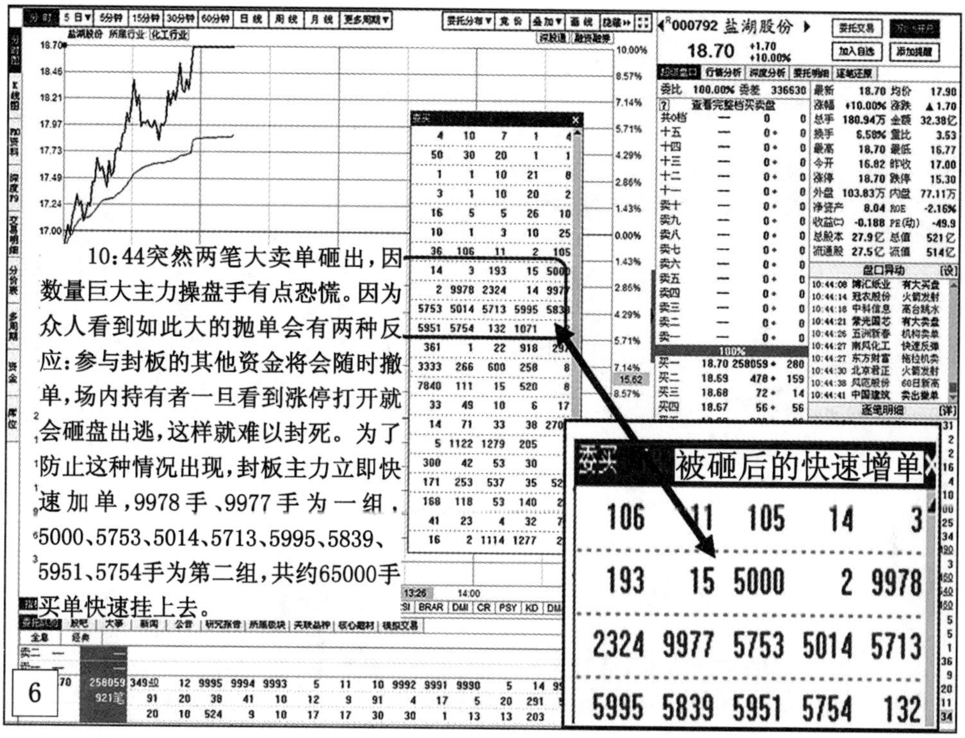
10:44突然两笔大卖单砸出，因数量巨大主力操盘手有点恐慌。因为众人看到如此大的抛单会有两种反应：参与封板的其他资金将会随时撤单，场内持有者一旦看到涨停打开就会砸盘出逃，这样就难以封死。为了防止这种情况出现，封板主力立即快速加单，9978手、9977手为一组，5000、5753、5014、5713、5995、5839、5951、5754手为第二组，共约65000手买单快速挂上去。
被砸后的快速增单
106 11 105 14 3
193 15 5000 2 9978
2324 9977 5753 5014 5713
5995 5839 5951 5754 132
6

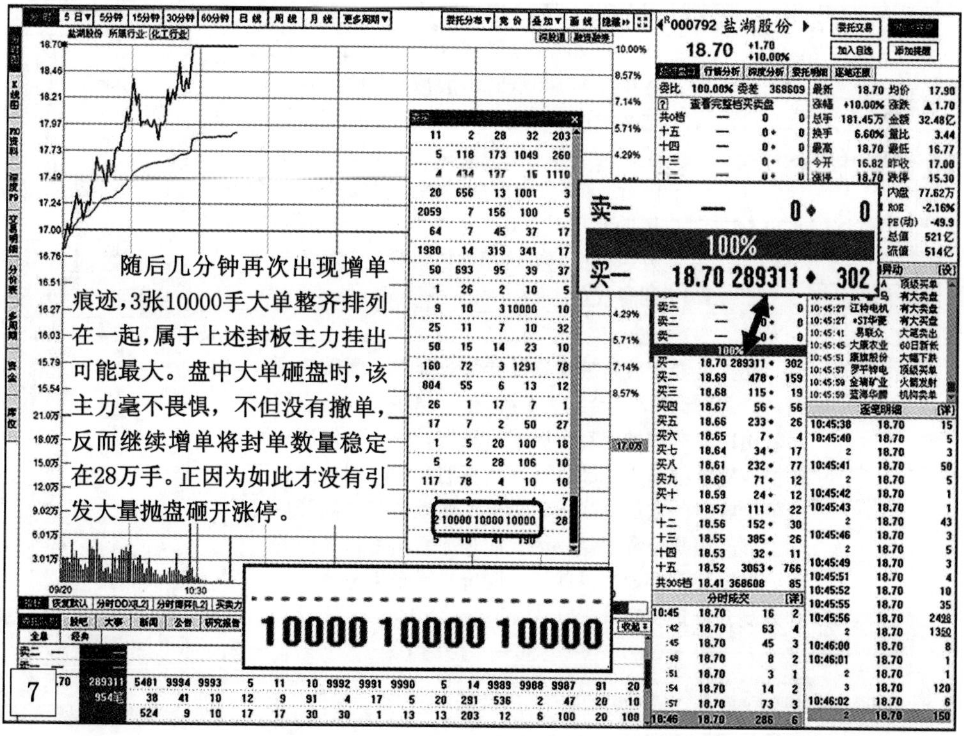
随后几分钟再次出现增单痕迹，3张10000手大单整齐排列在一起，属于上述封板主力挂出可能最大。盘中大单砸盘时，该主力毫不畏惧，不但没有撤单，反而继续增单将封单数量稳定在28万手。正因为如此才没有引发大量抛盘砸开涨停。
卖一 — 0 0
100%
买一 18.70 289311 302
10000 10000 10000
7

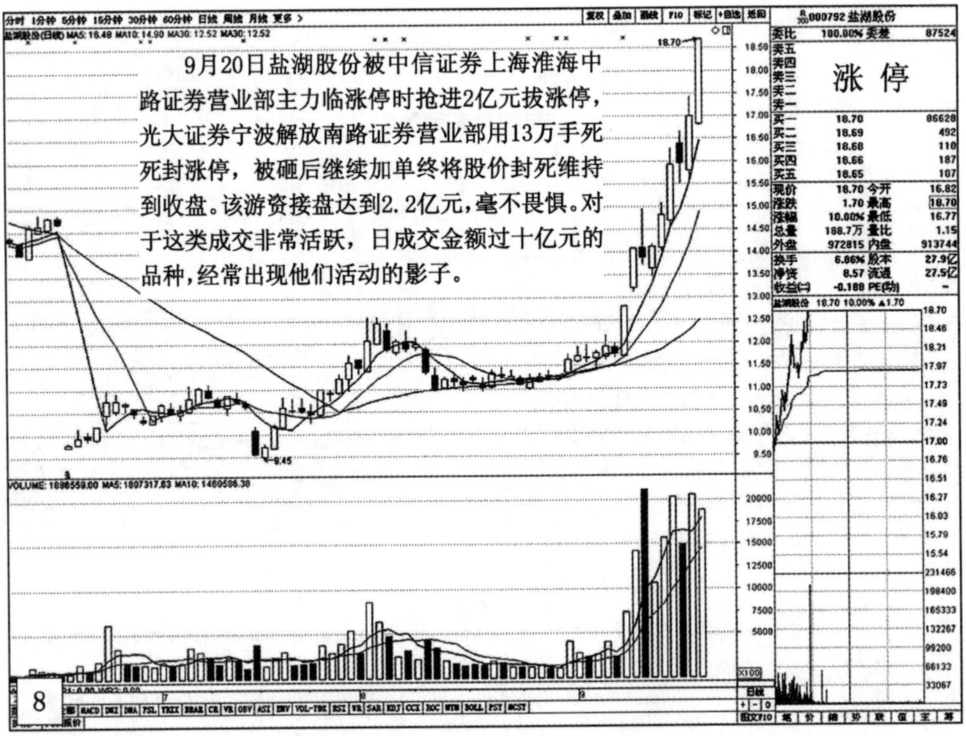
000792 盐湖股份
涨停
9月20日盐湖股份被中信证券上海淮海中路证券营业部主力临涨停时抢进2亿元拔涨停，光大证券宁波解放南路证券营业部用13万手死死封涨停，被砸后继续加单终将股价封死维持到收盘。该游资接盘达到2.2亿元，毫不畏惧。对于这类成交非常活跃，日成交金额过十亿元的品种，经常出现他们活动的影子。

8

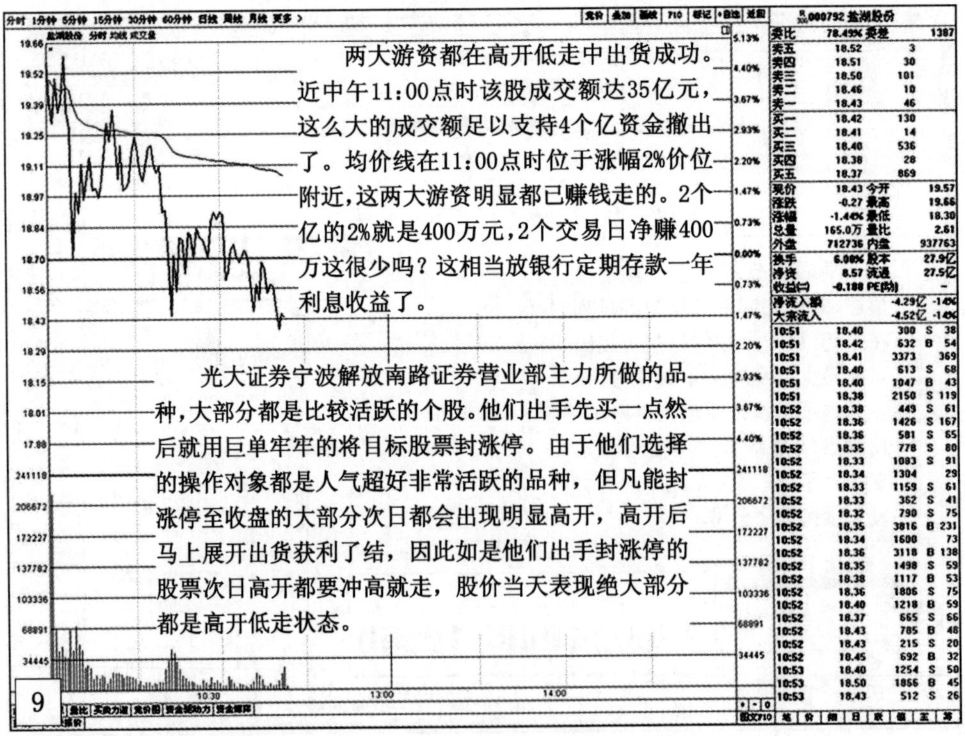
000792 盐湖股份
两大游资都在高开低走中出货成功。近中午11:00点时该股成交额达35亿元，这么大的成交额足以支持4个亿资金撤出了。均价线在11:00点时位于涨幅2%价位附近，这两大游资明显都已赚钱走的。2个亿的2%就是400万元，2个交易日净赚400万这很少吗？这相当放银行定期存款一年利息收益了。
光大证券宁波解放南路证券营业部主力所做的品种，大部分都是比较活跃的个股。他们出手先买一点然后就用巨单牢牢的将目标股票封涨停。由于他们选择的操作对象都是人气超好非常活跃的品种，但凡能封涨停至收盘的大部分次日都会出现明显高开，高开后马上展开出货获利了结，因此如是他们出手封涨停的股票次日高开都要冲高就走，股价当天表现绝大部分都是高开低走状态。

9

涨停被砸开后确定是否有主力运作的技巧

涨停是A股市场个股日内上升的一种极端表现，也是走势最强的表现，市场上相当多机构专门以做涨停和追涨停为盈利方式。实力强操盘经验丰富的机构自己策划主动去做涨停，大量游资则做实力强机构的跟班追涨停。有时实力强机构的部分仓位操作，也以跟班的角色跟着其他机构做的品种追涨停。如果你想参与买入涨停的股票，那么了解专门以做涨停为盈利方式机构的各种操盘手法是必须的，通过盘面观察就能了解能看懂做涨停机构的操盘思路做盘目的。下面以江特电机2015年8月6日的盘口表现介绍这方面的盘面知识。先来看看江特电机8月6日涨停后的公开数据，通过数据分析涨停当天是谁做庄？看看主力在盘中做了一些什么动作？

深圳证券市场中小企业板交易公开信息(2015年08月06日)

江特电机(代码002176) 涨幅偏离值:10.49% 成交量:7591万股 成交金额:169952万元

买入金额最大的前5名

营业部或交易单元名称	买入金额(元)	卖出金额(元)
财通证券股份有限公司绍兴人民中路证券营业部	173062543.31	968440.00
申银万国证券股份有限公司上海闵行区东川路证券营业部	69117918.55	229655.00
中国中投证券有限责任公司鞍山南胜利路证券营业部	40769311.00	180368.00
东方证券股份有限公司北京安苑路证券营业部	40768221.62	2506871.36
中国国际金融股份有限公司深圳福华一路证券营业部	28442729.06	0.00

卖出金额最大的前5名

营业部或交易单元名称	买入金额(元)	卖出金额(元)
国泰君安证券股份有限公司宜春中山中路证券营业部	4519552.12	24232260.98
国元证券股份有限公司佛山季华五路证券营业部	295910.00	21032316.00
齐鲁证券有限公司聊城卫育南路证券营业部	323520.00	20156623.22
国联证券交易单元(392066)	13058572.52	10341030.00
广发证券股份有限公司珠海银桦路证券营业部	225815.00	9818970.00

以上是江特电机8月6日涨停公开数据，该股当天总成交金额16.99亿元。买入第一名是财通证券绍兴人民中路证券营业部，买了1.73亿元，占该股当天总成交金额10.18%。该机构日内买入量达到该股当天总金额的10%比例，已经是很高了。

买入第二名是申银万国证券上海闵行区东川路证券营业部。买入6911万元，这个金额也不小。后面其他单个营业部买入数量4000万元以下。通过对江特电机交易所公开买入数据分析看，当日江特电机涨停多个游资进去了，财通证券绍兴人民中路证券营业部买的最多，是当日介入量最大和影响最大的主力。另外该营业部是著名的短线机构，非常擅长短线做涨停。

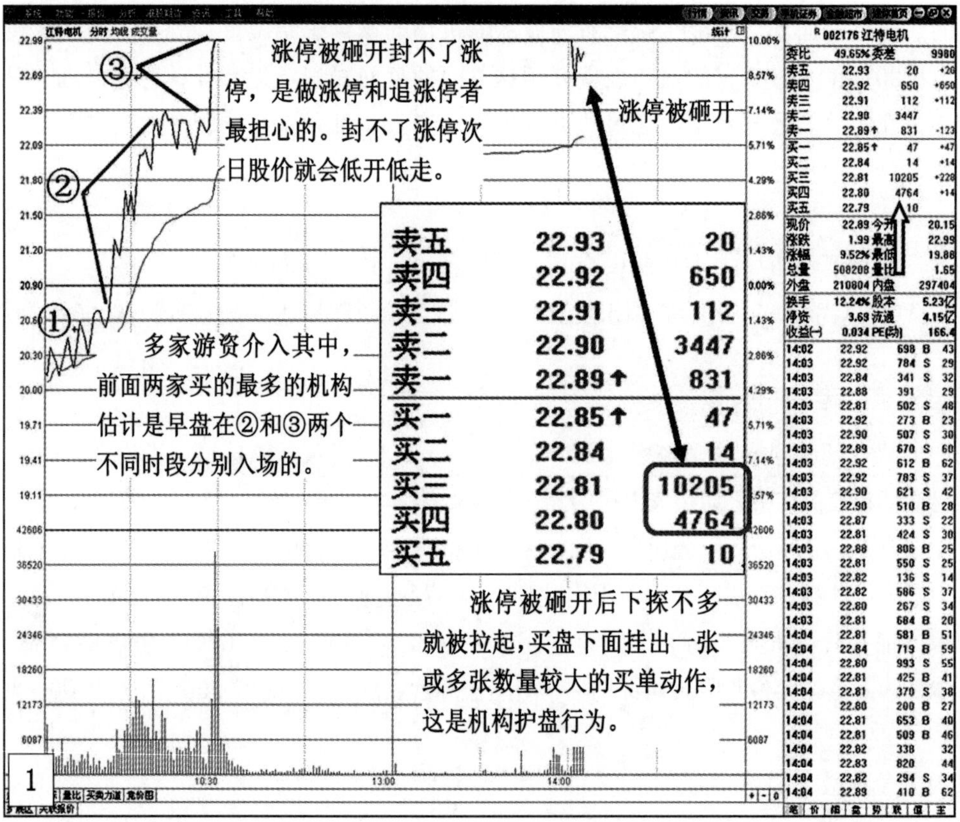

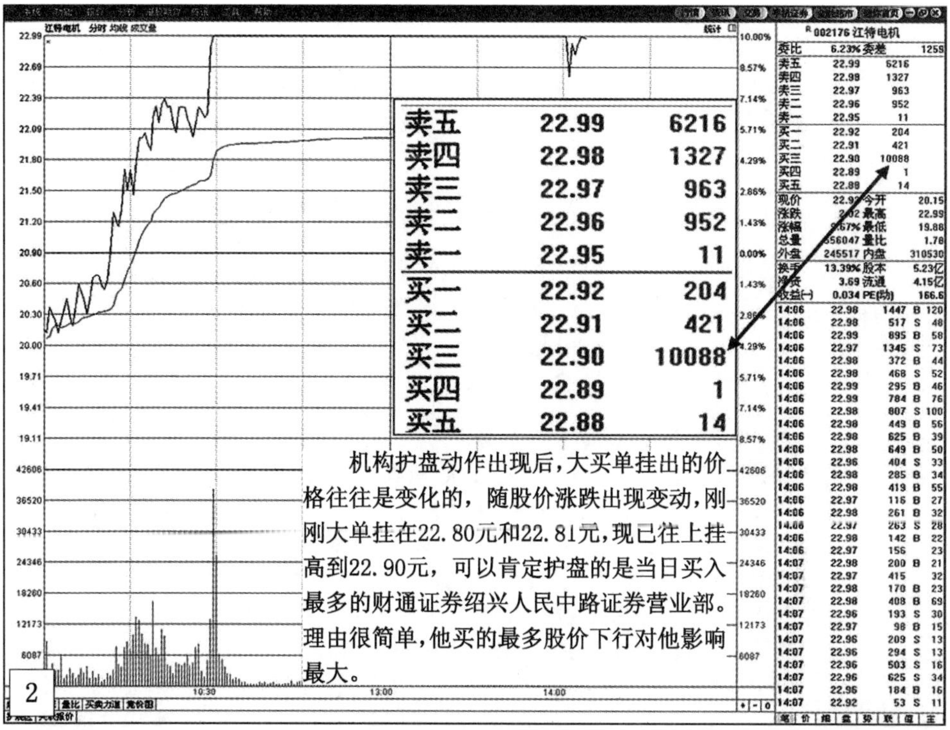
卖五 22.99 6216
卖四 22.98 1327
卖三 22.97 963
卖二 22.96 952
卖一 22.95 11
买一 22.92 204
买二 22.91 421
买三 22.90 10088
买四 22.89 1
买五 22.88 14
机构护盘动作出现后，大买单挂出的价格往往是变化的，随股价涨跌出现变动，刚刚大单挂在22.80元和22.81元，现已往上挂高到22.90元，可以肯定护盘的是当日买入最多的财通证券绍兴人民中路证券营业部。理由很简单，他买的最多股价下行对他影响最大。
2

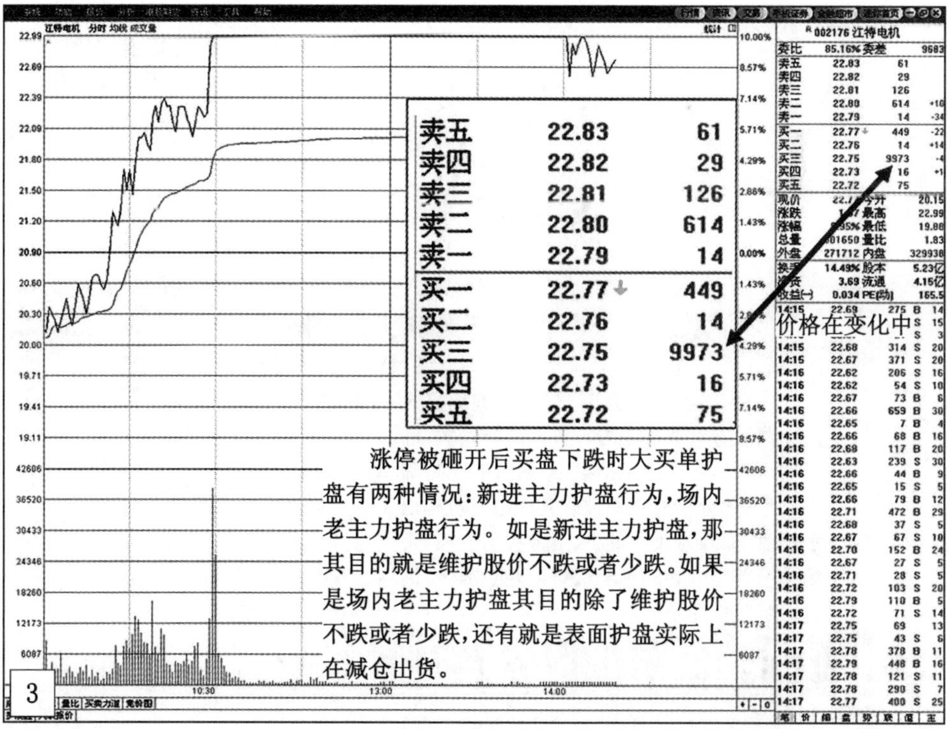
卖五 22.83 61
卖四 22.82 29
卖三 22.81 126
卖二 22.80 614
卖一 22.79 14
买一 22.77 449
买二 22.76 14
买三 22.75 9973
买四 22.73 16
买五 22.72 75
价格在变化中
涨停被砸开后买盘下跌时大买单护盘有两种情况：新进主力护盘行为，场内老主力护盘行为。如是新进主力护盘，那其目的就是维护股价不跌或者少跌。如果是场内老主力护盘其目的除了维护股价不跌或者少跌，还有就是表面护盘实际上在减仓出货。
3

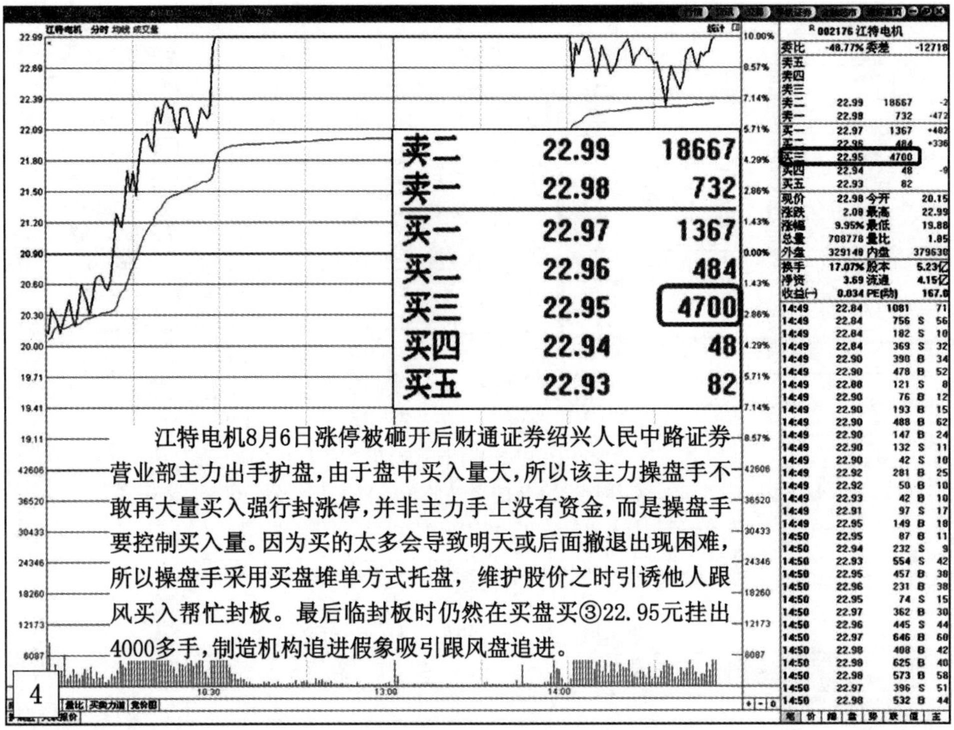
卖二 22.99 18667
卖一 22.98 732
买一 22.97 1367
买二 22.96 484
买三 22.95 4700
买四 22.94 48
买五 22.93 82
江特电机8月6日涨停被砸开后财通证券绍兴人民中路证券营业部主力出手护盘，由于盘中买入量大，所以该主力操盘手不敢再大量买入强行封涨停，并非主力手上没有资金，而是操盘手要控制买入量。因为买的太多会导致明天或后面撤退出现困难，所以操盘手采用买盘堆单方式托盘，维护股价之时引诱他人跟风买入帮忙封板。最后临封板时仍然在买盘买③22.95元挂出4000多手，制造机构追进假象吸引跟风盘追进。
4

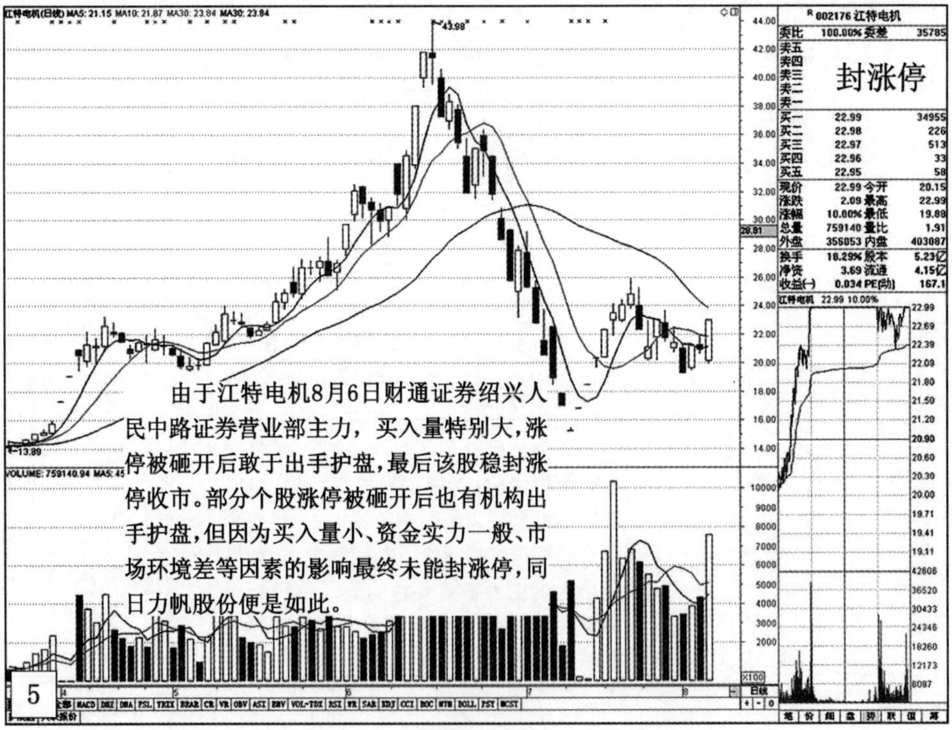
封涨停
由于江特电机8月6日财通证券绍兴人民中路证券营业部主力，买入量特别大，涨停被砸开后敢于出手护盘，最后该股稳封涨停收市。部分个股涨停被砸开后也有机构出手护盘，但因为买入量小、资金实力一般、市场环境差等因素的影响最终未能封涨停，同日力帆股份便是如此。
5

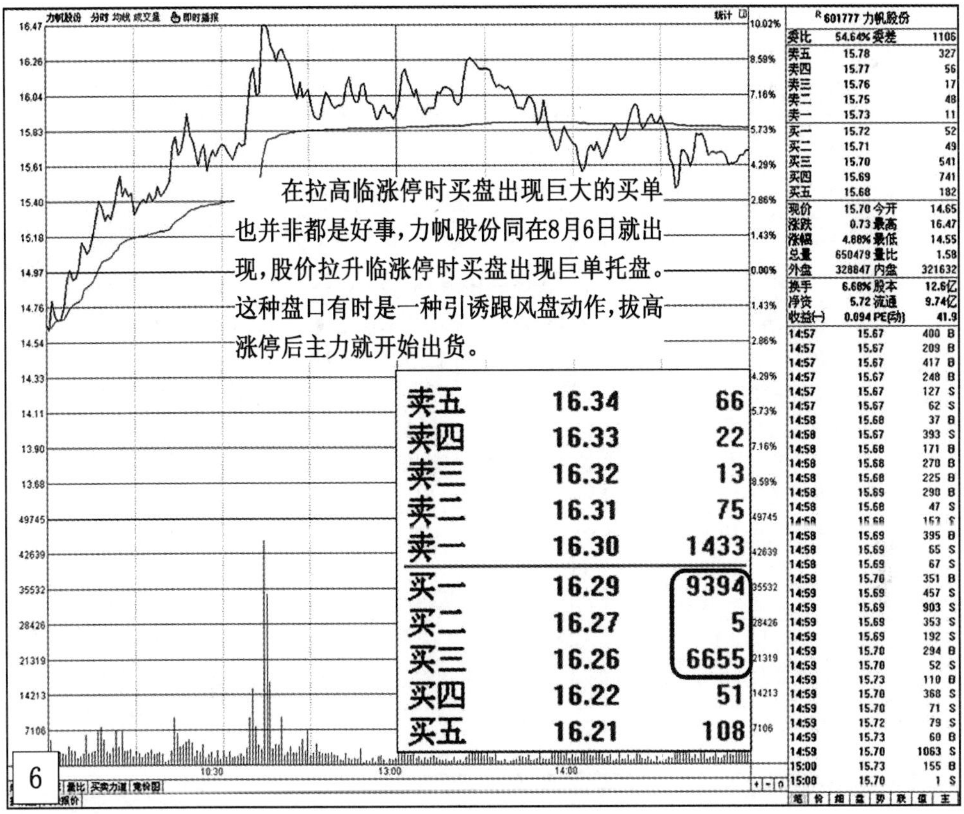

涨停打开的危险盘面特征

你可能不去刻意买涨停追涨停，但平时你操作的个股随时都有可能拉涨停。涨停后是去是留，涨停盘中打开了何去何从？你有一套自己的分析研断方法吗？如何判断目标个股涨停打开后的表现是否健康？又或者说涨停打开了如何分析该股表现是否健康是否要撤退？解决这些问题需要专业的分析技能。本文就来讲讲个股涨停打开时较危险的一种表现，了解认识个股涨停出现打开是否属危险范畴，方能做到进退自如。

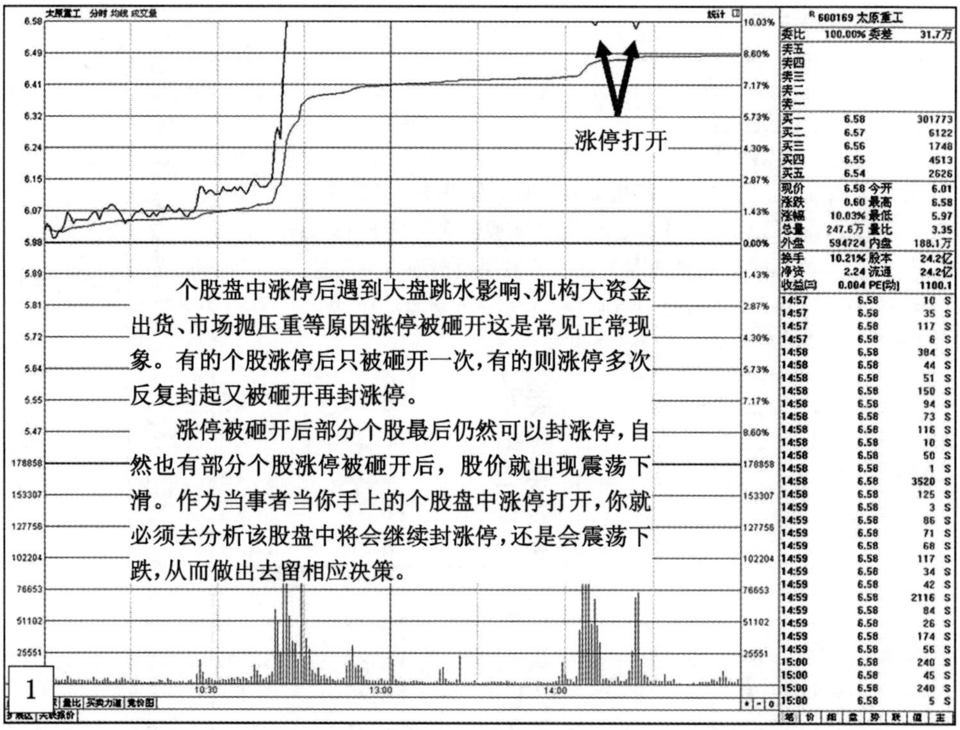

个股盘中涨停后遇到大盘跳水影响、机构大资金出货、市场抛压重等原因涨停被砸开这是常见正常现象。有的个股涨停后只被砸开一次,有的则涨停多次反复封起又被砸开再封涨停。

涨停被砸开后部分个股最后仍然可以封涨停,自然也有部分个股涨停被砸开后,股价就出现震荡下滑。作为当事者当你手上的个股盘中涨停打开,你就必须去分析该股盘中将会继续封涨停,还是会震荡下跌,从而做出去留相应决策。

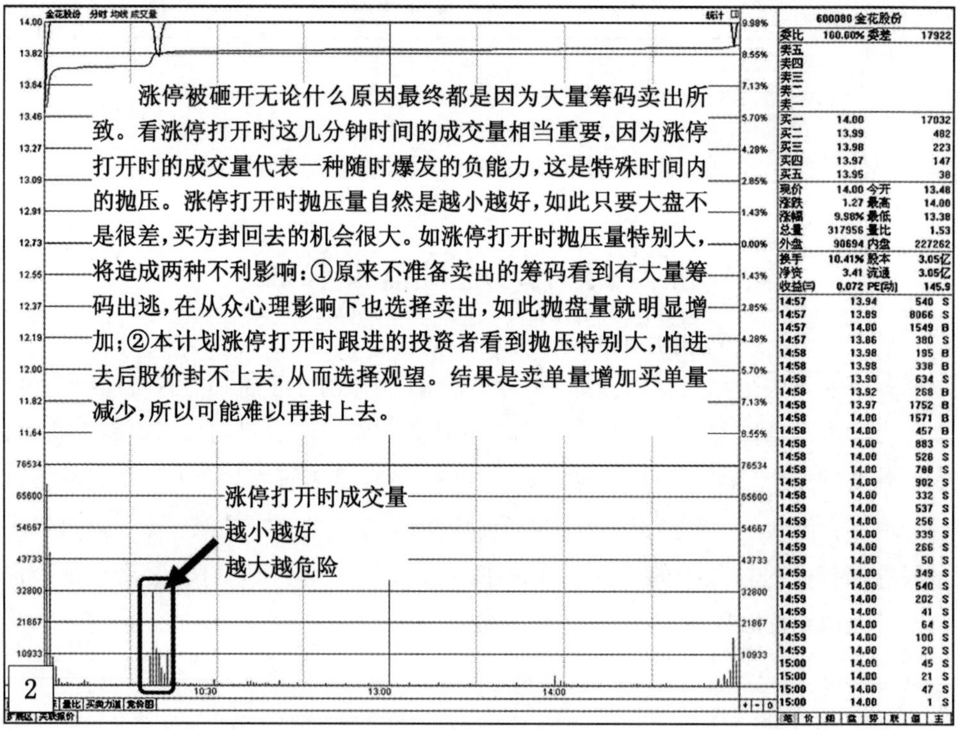

涨停被砸开无论什么原因最终都是因为大量筹码卖出所致。看涨停打开时这几分钟时间的成交量相当重要,因为涨停打开时的成交量代表一种随时爆发的负能力,这是特殊时间内的抛压。涨停打开时抛压量自然是越小越好,如此只要大盘不是很差,买方封回去的机会很大。如涨停打开时抛压量特别大,将造成两种不利影响:①原来不准备卖出的筹码看到有大量筹码出逃,在从众心理影响下也选择卖出,如此抛盘量就明显增加;②本计划涨停打开时跟进的投资者看到抛压特别大,怕进去后股价封不上去,从而选择观望。结果是卖单量增加买单量减少,所以可能难以再封上去。

涨停打开时抛单有两大类：
①抛单以单笔几万甚至几十万手一笔大卖单抛出。
②抛单以连续卖出方式出现，卖单中没有特别巨大的卖单。
涨 停
09:58 30.82 10572 B
09:59 30.82 1896 S
09:59 30.82 3117 S
09:59 30.82 2634 S
09:59 30.82 3406 S
09:59 30.82 2880 S
09:59 30.82 2222 S
09:59 30.82 3970 S
09:59 30.82 5272 S
09:59 30.80 2961 S
共同抛单
这抛单以连续卖出方式出现，一般属投资者和机构的共同抛单！
被砸开
3

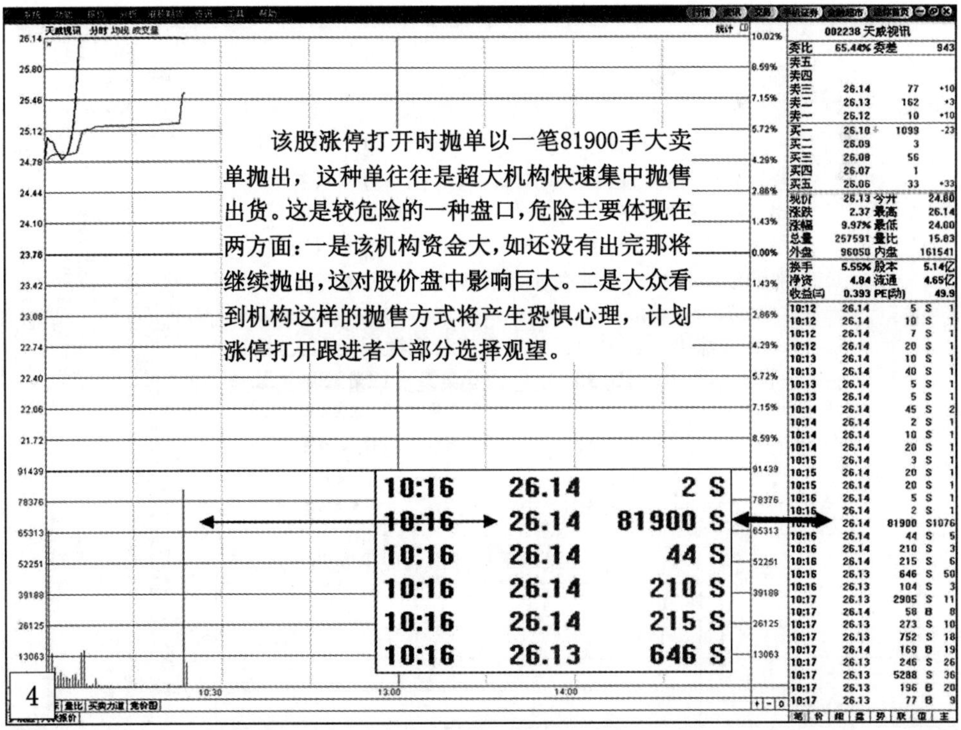
该股涨停打开时抛单以一笔81900手大卖单抛出，这种单往往是超大机构快速集中抛售出货。这是较危险的一种盘口，危险主要体现在两方面：一是该机构资金大，如还没有出完那将继续抛出，这对股价盘中影响巨大。二是大众看到机构这样的抛售方式将产生恐惧心理，计划涨停打开跟进者大部分选择观望。
10:16 26.14 2 S
10:16 26.14 81900 S
10:16 26.14 44 S
10:16 26.14 210 S
10:16 26.14 215 S
10:16 26.13 646 S
4

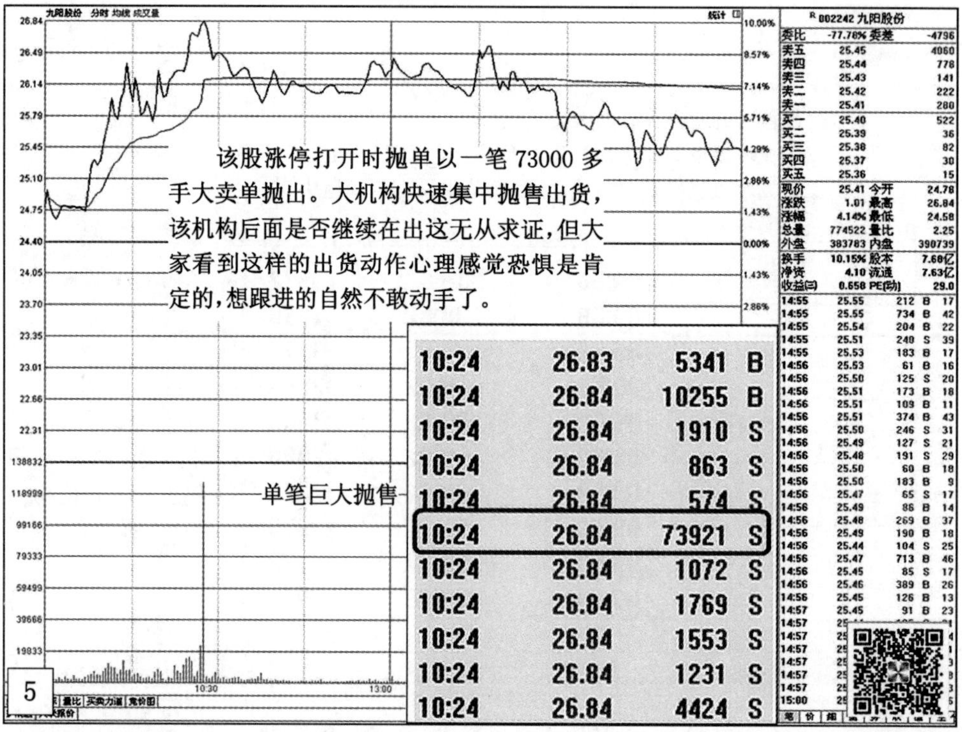
该股涨停打开时抛单以一笔 73000 多手大卖单抛出。大机构快速集中抛售出货，该机构后面是否继续在出这无从求证，但大家看到这样的出货动作心理感觉恐惧是肯定的，想跟进的自然不敢动手了。
单笔巨大抛售
10:24 26.83 5341 B
10:24 26.84 10255 B
10:24 26.84 1910 S
10:24 26.84 863 S
10:24 26.84 574 S
10:24 26.84 73921 S
10:24 26.84 1072 S
10:24 26.84 1769 S
10:24 26.84 1553 S
10:24 26.84 1231 S
10:24 26.84 4424 S
5

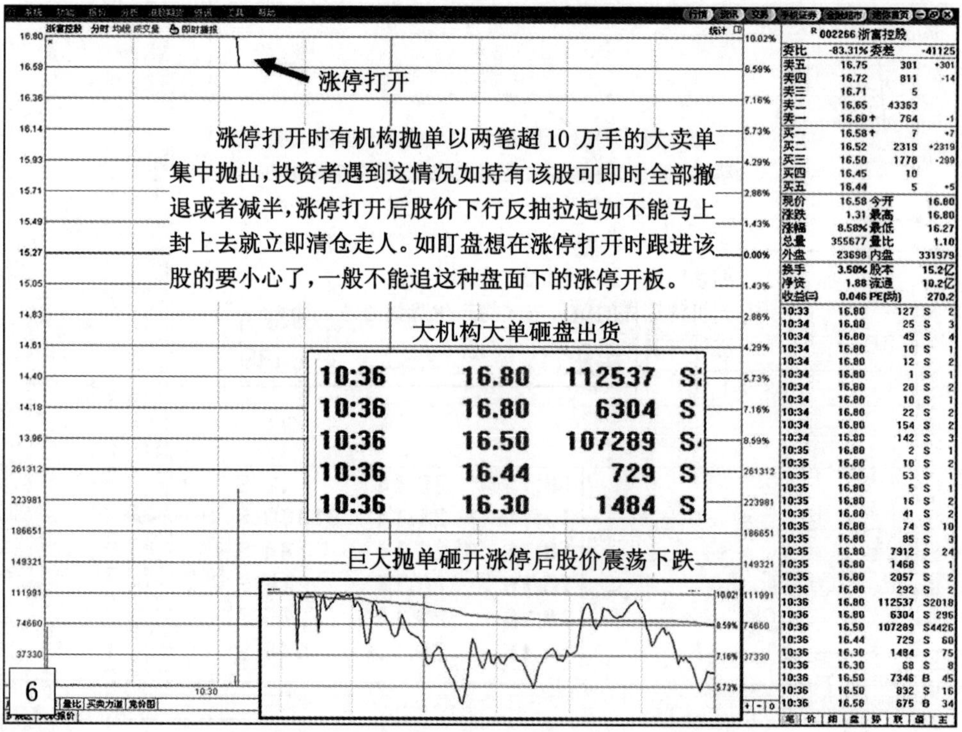
涨停打开
涨停打开时有机构抛单以两笔超 10 万手的大卖单集中抛出，投资者遇到这情况如持有该股可即时全部撤退或者减半，涨停打开后股价下行反抽拉起如不能马上封上去就立即清仓走人。如盯盘想在涨停打开时跟进该股的要小心了，一般不能追这种盘面下的涨停开板。
大机构大单砸盘出货
10:36 16.80 112537 S
10:36 16.80 6304 S
10:36 16.50 107289 S
10:36 16.44 729 S
10:36 16.30 1484 S
巨大抛单砸开涨停后股价震荡下跌
6

涨停需要提防的一些不健康盘口

每个人都会面对涨停的股票，面对涨停的股票有两种情况：一是持有的股票出现涨停，二是买入涨停的股票。可以不去追涨停，但每个投资者没有理由会抵触其持有的股票出现涨停，这样学习掌握一些涨停方面的知识就很有必要。本文介绍一种个股面临涨停时，或打开涨停后出现的、主力明显操纵的盘口，教你看懂主力在做什么，目的是什么。

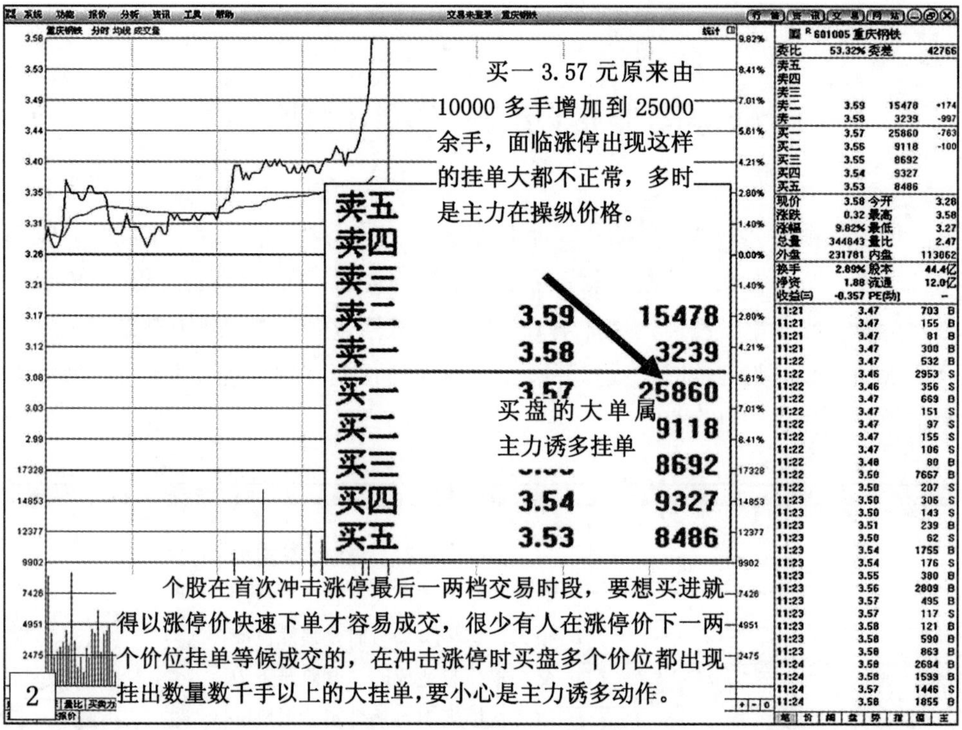
买一 3.57 元原来由10000 多手增加到 25000余手，面临涨停出现这样的挂单大都不正常，多时是主力在操纵价格。
卖五
卖四
卖三
卖二 3.59 15478
卖一 3.58 3239
买一 3.57 25860
买二 9118
买三 8692
买四 3.54 9327
买五 3.53 8486
买盘的大单属主力诱多挂单
个股在首次冲击涨停最后一两档交易时段，要想买进就得以涨停价快速下单才容易成交，很少有人在涨停价下一两个价位挂单等候成交的，在冲击涨停时买盘多个价位都出现挂出数量数千手以上的大挂单，要小心是主力诱多动作。
2

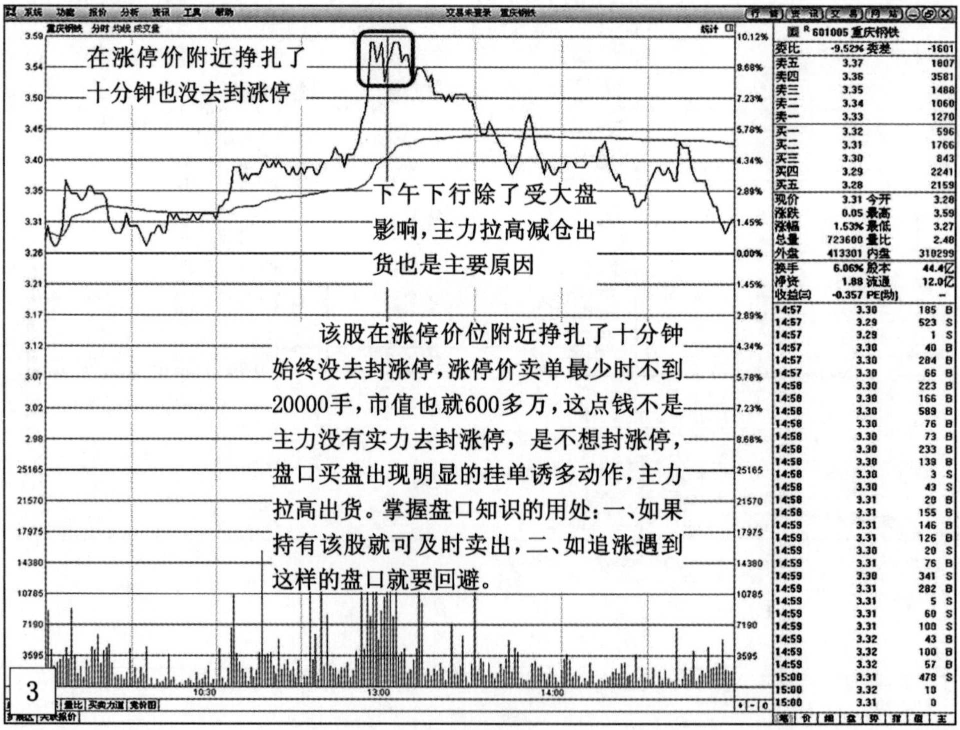
在涨停价附近挣扎了十分钟也没去封涨停
下午下行除了受大盘影响，主力拉高减仓出货也是主要原因
该股在涨停价位附近挣扎了十分钟始终没去封涨停，涨停价卖单最少时不到20000手，市值也就600多万，这点钱不是主力没有实力去封涨停，是不想封涨停，盘口买盘出现明显的挂单诱多动作，主力拉高出货。掌握盘口知识的用处：一、如果持有该股就可及时卖出，二、如追涨遇到这样的盘口就要回避。
3

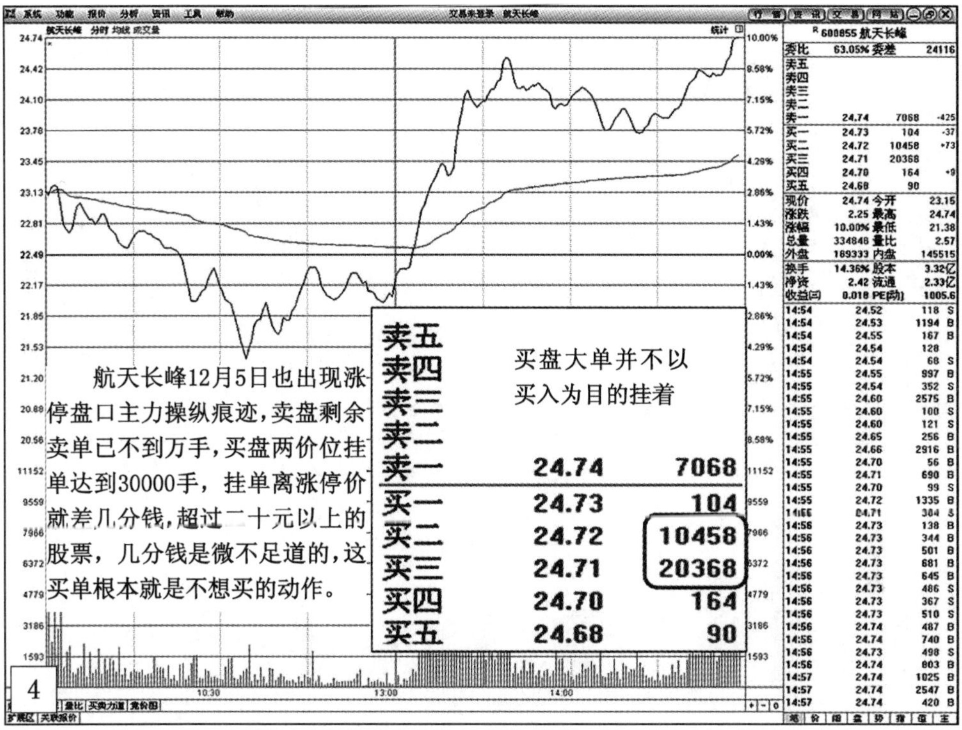
4
航天长峰12月5日也出现涨停盘口主力操纵痕迹，卖盘剩余卖单已不到万手，买盘两价位挂单达到30000手，挂单离涨停价就差几分钱，超过二十元以上的股票，几分钱是微不足道的，这买单根本就是不想买的动作。
卖五
卖四
卖三
卖二
卖一 24.74 7068
买一 24.73 104
买二 24.72 10458
买三 24.71 20368
买四 24.70 164
买五 24.68 90
买盘大单并不以买入为目的的挂着

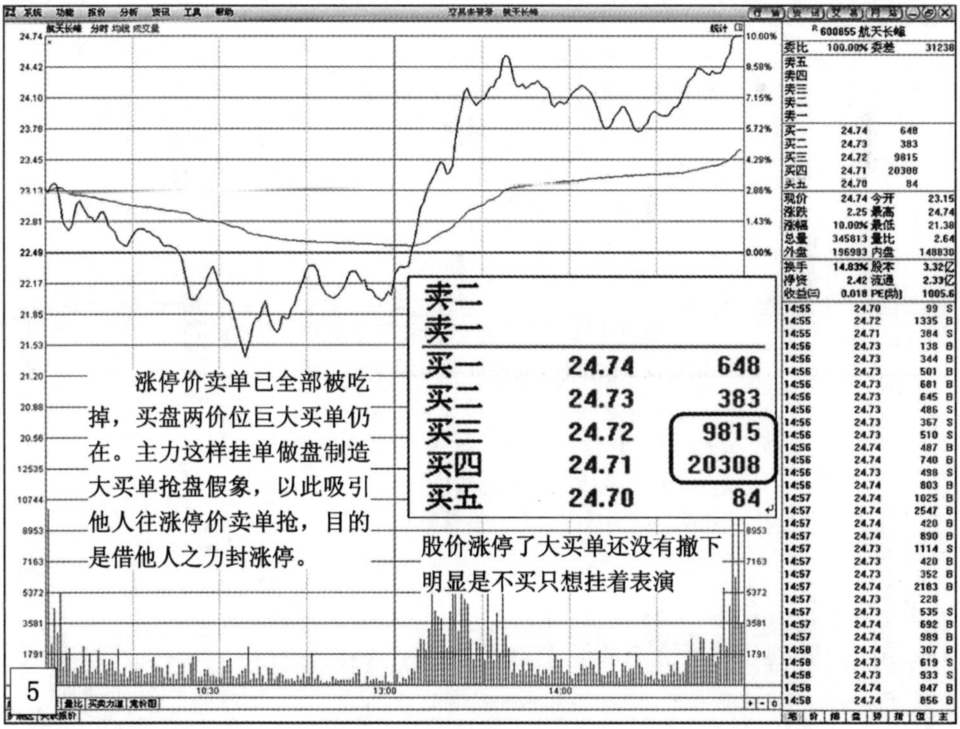
5
涨停价卖单已全部被吃掉，买盘两价位巨大买单仍在。主力这样挂单做盘制造大买单抢盘假象，以此吸引他人往涨停价卖单抢，目的是借他人之力封涨停。
卖二
卖一
买一 24.74 648
买二 24.73 383
买三 24.72 9815
买四 24.71 20308
买五 24.70 84
股价涨停了大买单还没有撤下明显是不买只想挂着表演

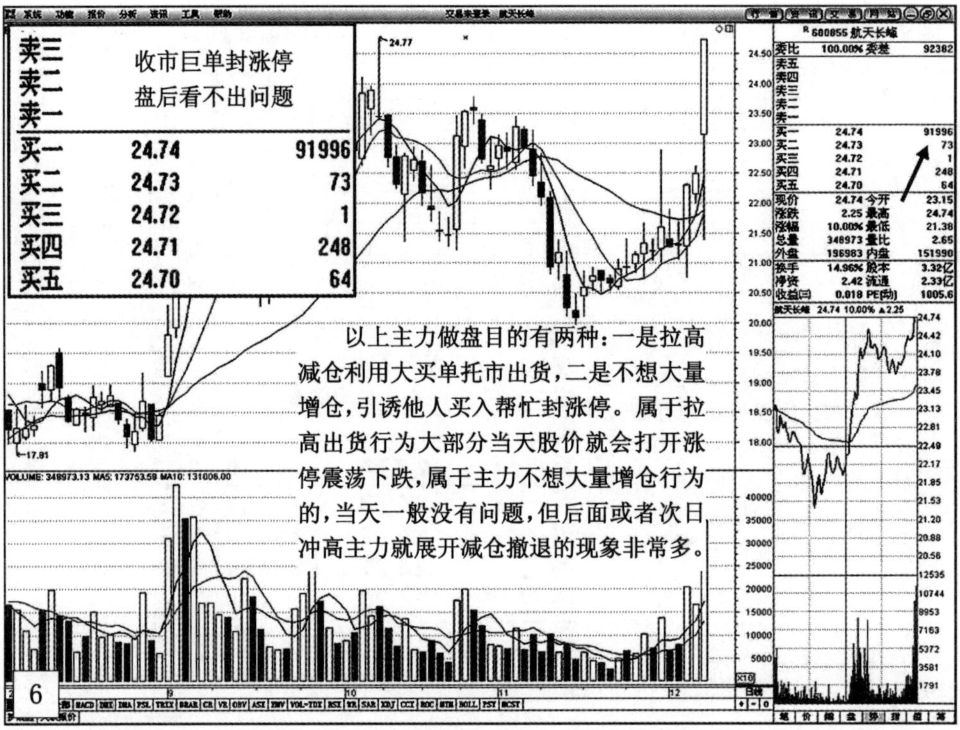
卖三
卖二
卖一
收市巨单封涨停
盘后看不出问题
买一 24.74 91996
买二 24.73 73
买三 24.72 1
买四 24.71 248
买五 24.70 64
以上主力做盘目的有两种：一是拉高减仓利用大买单托市出货，二是不想大量增仓，引诱他人买入帮忙封涨停。属于拉高出货行为大部分当天股价就会打开涨停震荡下跌，属于主力不想大量增仓行为的，当天一般没有问题，但后面或者次日冲高主力就展开减仓撤退的现象非常多。
6

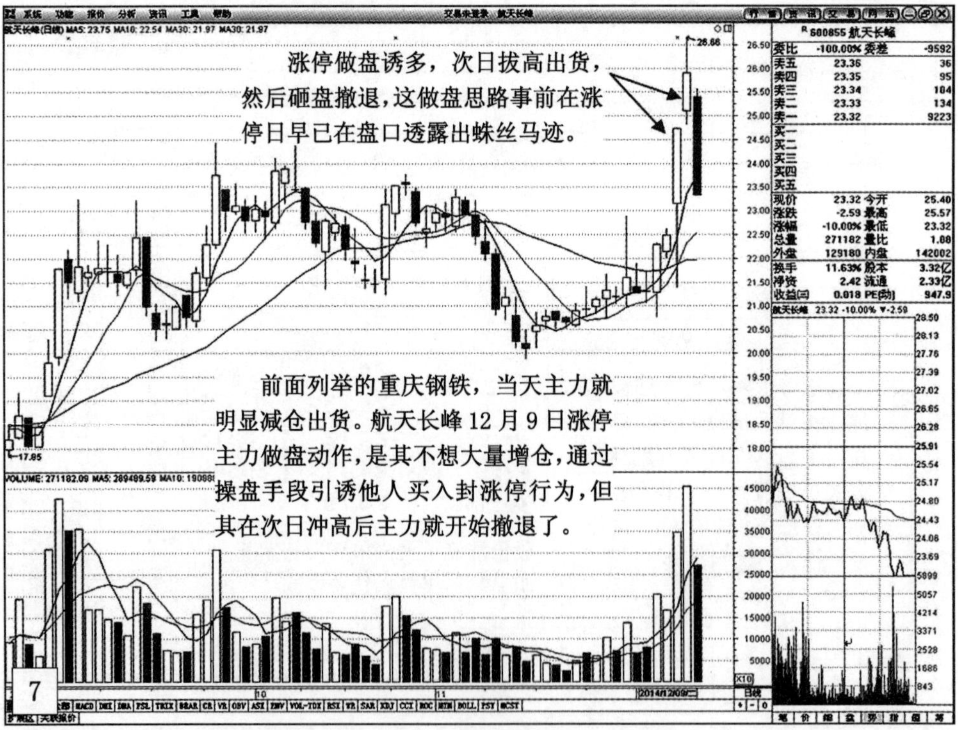
涨停做盘诱多，次日拔高出货，然后砸盘撤退，这做盘思路事前在涨停日早已在盘口透露出蛛丝马迹。
前面列举的重庆钢铁，当天主力就明显减仓出货。航天长峰12月9日涨停主力做盘动作，是其不想大量增仓，通过操盘手段引诱他人买入封涨停行为，但其在次日冲高后主力就开始撤退了。
7

庄股大量对敲下的涨停

当你看市场越看越清楚时你会发现投机行为铺天盖地，真正的投资行为只是少数。控盘式坐庄时代的消失却迎来群魔乱舞般的操纵，从市场、从个股每日盘口仍至数日行情表现看，操纵行为无处不见。

对于实力较强的机构而言，做涨停是可以计划的，是可以通过资金优势加操盘技巧实施的。拉高与出货通过操纵盘口吸引跟风盘很常见，部分主力做盘很露骨。本文将探讨的两个案例分别是冠福家用和中兴商业。冠福家用运作主力是一位波段炒家；中兴商业的主力2012年年底就已经进驻，是运作一年半的长庄，该品种属于高度控盘品种。盘面上冠福家用主力2014年4月3日盘中做涨停出现大手笔对敲；中兴商业主力则是在4月2日盘中做涨停时，采用大手笔对敲吸引跟风盘。交易细节通过以下盘口展示，学习该盘口的目的也在解盘中一一说明。

冠福家用在4月3日盘中大涨7.2%时出现大量对敲交易，下午13：29起突然出现多笔异常大单成交。亮点之一，所有买单都以5.95元同一价格成交，这个价位并不是涨停板价，特别冒出这样的交易是异常的。

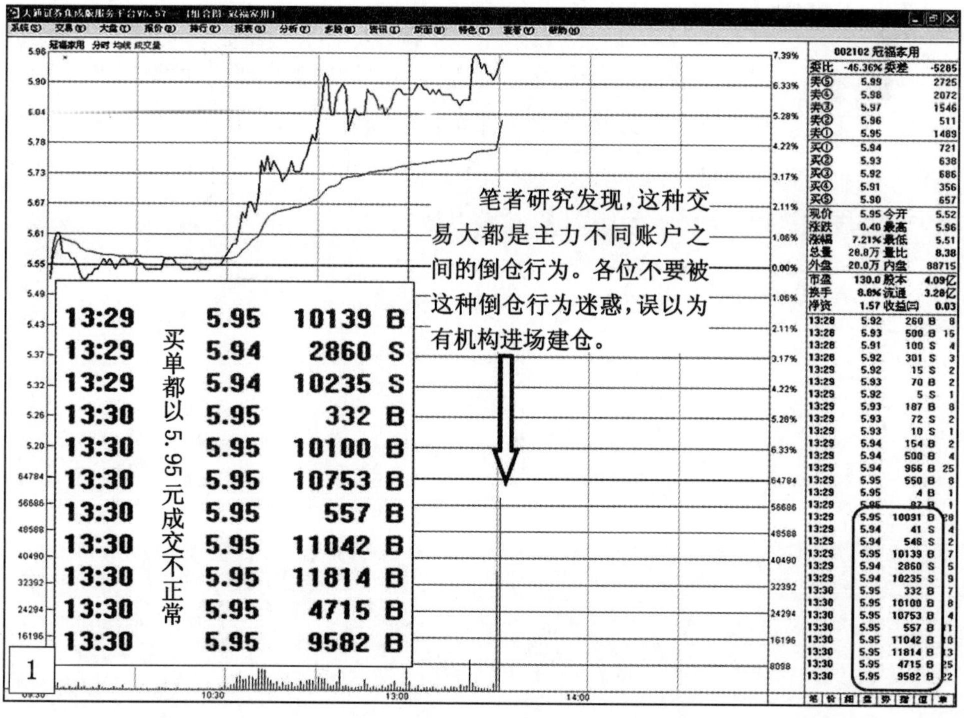

深圳证券市场主板A股交易公开信息(2014年04月03日)

冠福家用涨幅偏离值:9.65%　　成交量:4369万股　　成交金额:25791万元

买入金额最大的前5名

营业部或交易单元名称	买入金额(元)	卖出金额(元)
财通证券深圳新湖路证券营业部	60040679.11	0.00
申银万国证券北京劲松九区证券营业部	8690089.30	7260.00
财通证券青岛麦岛路证券营业部	6110000.00	0.00
安信证券北京北三环东路证券营业部	5013942.32	0.00
广发证券上海东方路证券营业部	4873105.60	361575.00

卖出金额最大的前5名

营业部或交易单元名称	买入金额(元)	卖出金额(元)
方正证券绍兴胜利东路证券营业部	2561093.53	54294663.25
山西证券深圳华富路证券营业部	0.00	3535738.34
海通证券上海崮山路证券营业部	292456.00	3354678.50
申银万国证券上海莘庄证券营业部	81172.00	2450573.00
南京证券上海番禺路证券营业部	0.00	1861830.00

冠福家用4月3日涨停公开数据看，财通证券深圳新湖路证券营业部买入6004万元，方正证券绍兴胜利东路证券营业部卖出5429万元。买卖对敲都集中在这两个营业部。一个在深圳一个在绍兴，大庄分仓相隔几千公里并不新奇。这种利用两个营业部一卖一买的对敲操作比较容易识别。

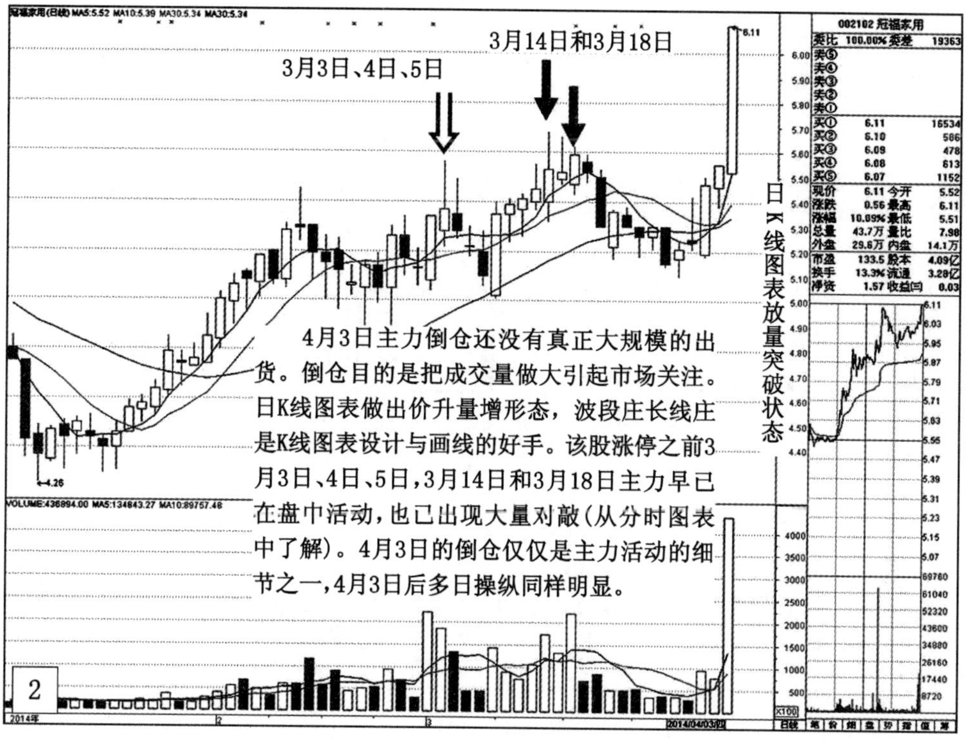
3月3日、4日、5日
3月14日和3月18日
日K线图表放量突破状态
4月3日主力倒仓还没有真正大规模的出货。倒仓目的是把成交量做大引起市场关注。日K线图表做出价升量增形态，波段庄长线庄是K线图表设计与画线的好手。该股涨停之前3月3日、4日、5日，3月14日和3月18日主力早已在盘中活动，也已出现大量对敲(从分时图表中了解)。4月3日的倒仓仅仅是主力活动的细节之一，4月3日后多日操纵同样明显。
2
002102 冠福家用

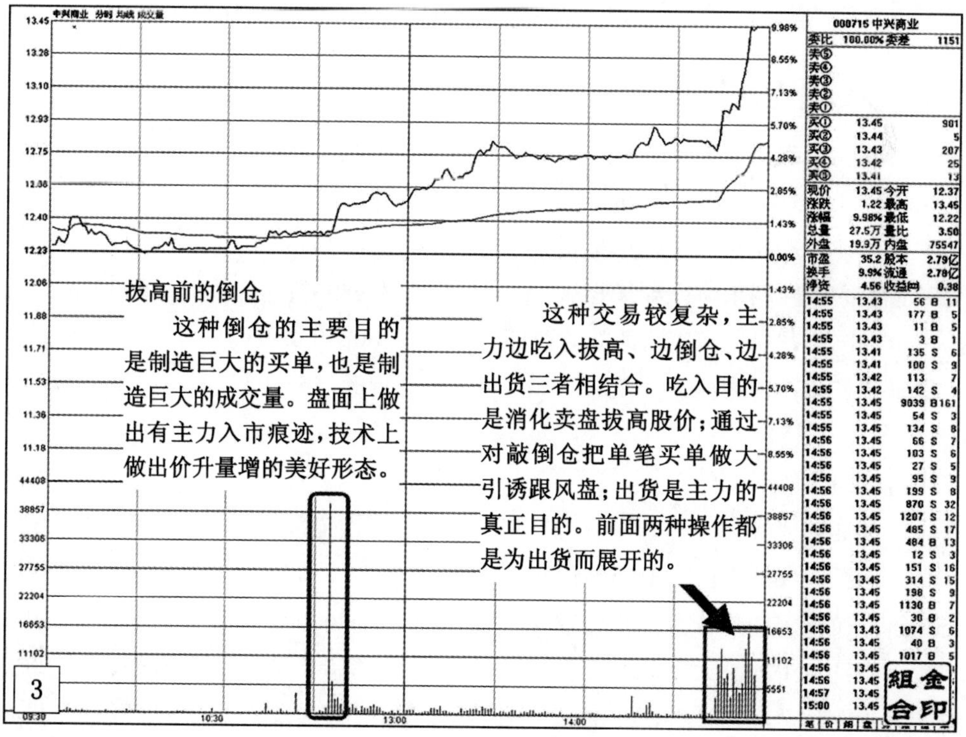
拔高前的倒仓
这种倒仓的主要目的是制造巨大的买单，也是制造巨大的成交量。盘面上做出有主力入市痕迹，技术上做出价升量增的美好形态。
这种交易较复杂，主力边吃入拔高、边倒仓、边出货三者相结合。吃入目的是消化卖盘拔高股价；通过对敲倒仓把单笔买单做大引诱跟风盘；出货是主力的真正目的。前面两种操作都是为出货而展开的。
3
000715 中兴商业

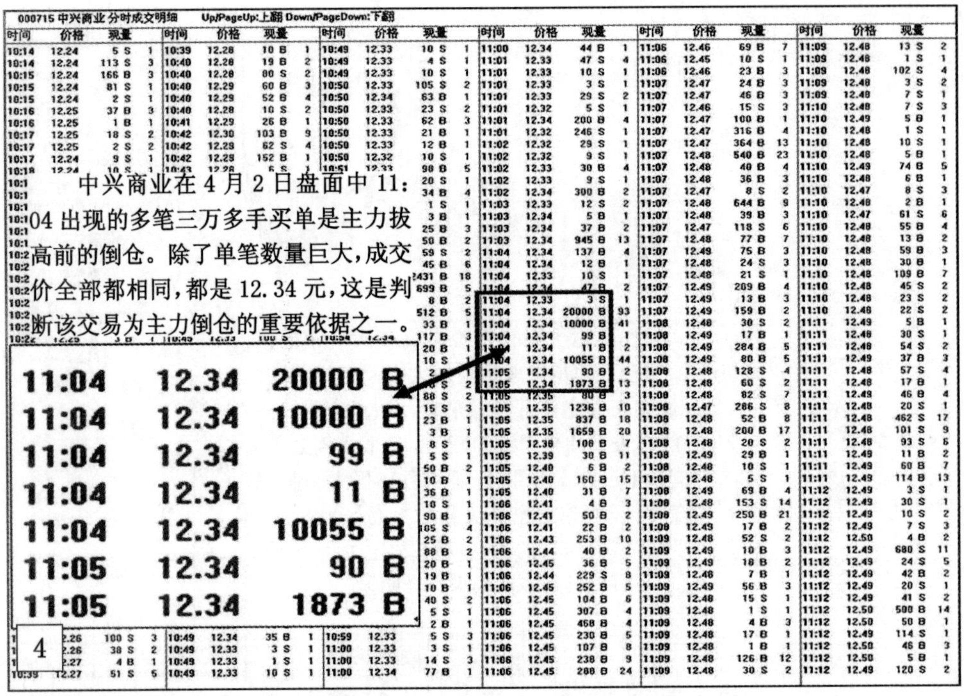

深圳证券市场主板A股交易公开信息(2014年04月02日)

中兴商业　涨幅偏离值:10.19%　成交量:2748万股　成交金额:35274万元

买入金额最大的前5名

营业部或交易单元名称	买入金额(元)	卖出金额(元)
中信证券北京总部证券营业部	53116396.40	0.00
中银国际证券三亚新风路证券营业部	41689798.36	0.00
方正证券绍兴胜利东路证券营业部	38989407.40	28095.00
万联证券广州番禺清河东路证券营业部	18034032.07	0.00
万联证券广州花蕾路证券营业部	14327463.93	70751.25

卖出金额最大的前5名

营业部或交易单元名称	买入金额(元)	卖出金额(元)
申银万国证券宁波甬江大道证券营业部	0.00	51763577.80
齐鲁证券杭州求是路证券营业部	0.00	31455354.00
申银万国证券上海沪太路证券营业部	25640.00	18680814.00
财通证券深圳新湖路证券营业部	1023374.00	15055175.23
申银万国证券杭州密渡桥路证券营业部	0.00	10010617.75

冠福家用主力4月3日的倒仓只在两个不同的券商营业部进行，容易辨别。中兴商业4月2日交易公开数据，发现主力分仓多，倒仓涉及的券商营业部更复杂，北京、杭州、广州、三亚等全国各地天南地北都有他的分仓。倒仓同时动用多个营业部股票账户同时进行，操盘手奋力掩饰对敲，一是避免监督机构的监管，二是制造这是市场自然的买卖交易，干扰投资者的分析判断。该主力操盘手经验丰富，不愧是老手。当然话说回来，该股主力由5元多做起，账面利润翻番，现在的状况是接盘少，出货难，想兑现不容易。对于主力：入庄、做高不算真实力，做高后能顺利兑现全身而退才是真本领。

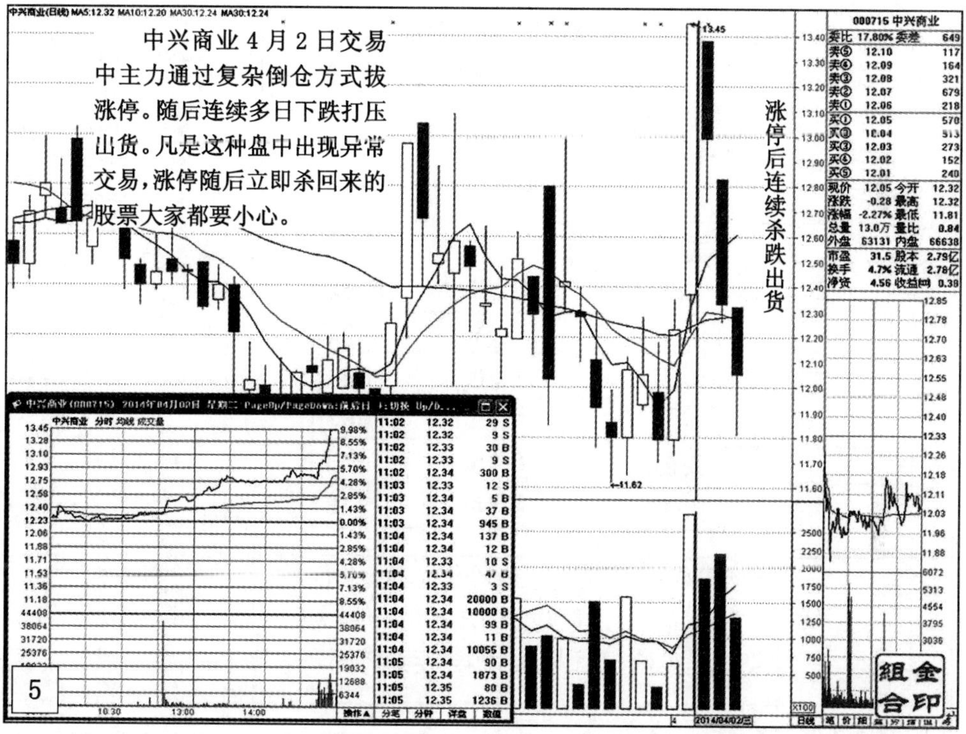

解读犀利游资涨停套利计划的失败

操作过程中，个股遇到大机构入场盘面会有明显表现，资金大了肯定对股价短期产生影响。出货也同样，当个股有大机构明显离场时盘面同样有反应。股价涨跌反应程度看机构进出的资金量大小，以及进出时动作情况如何。由于热门个股是由大量投资者加批量机构参与，单个机构进出对个股股价涨跌影响往往是短期的，这一点大家应该知道。

市场中活跃游资现时大都深居简出，实际上是偃旗息鼓了，只有小部分仍在市场中打游击寻找一些套利的机会。当个股盘面中出现明显操纵动作时要谨慎对待，看懂实力机构的活动意图仍然是判断目标股票短期方向的重要因素。下面以濮耐股份为例，解读主力游资做涨停套利计划的失败情况。

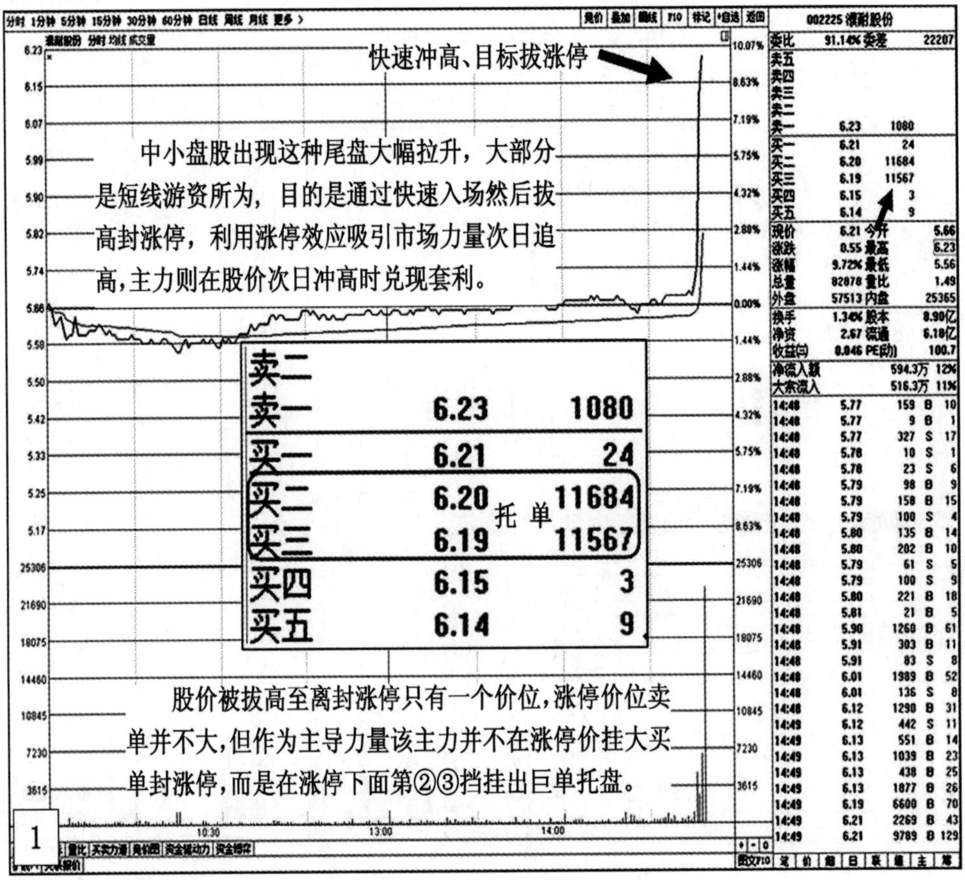

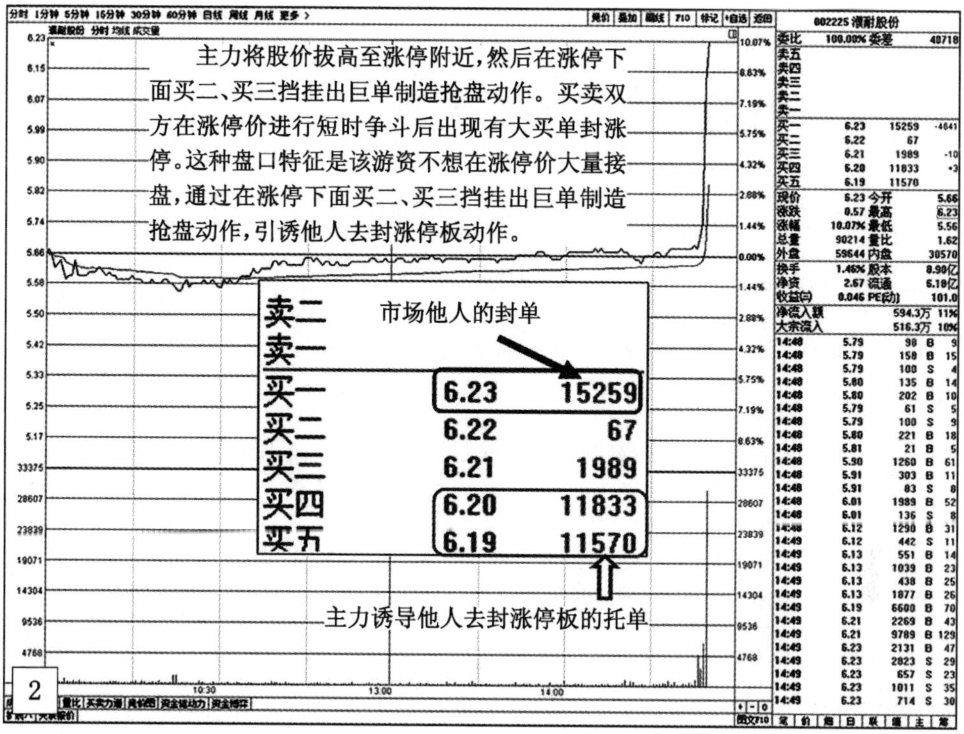

主力将股价拔高至涨停附近，然后在涨停下面买二、买三挡挂出巨单制造抢盘动作。买卖双方在涨停价进行短时争斗后出现有大买单封涨停。这种盘口特征是该游资不想在涨停价大量接盘，通过在涨停下面买二、买三挡挂出巨单制造抢盘动作，引诱他人去封涨停板动作。
卖二
卖一
市场他人的封单
买一 6.23 15259
买二 6.22 67
买三 6.21 1989
买四 6.20 11833
买五 6.19 11570
主力诱导他人去封涨停板的托单
002225 濮耐股份
2

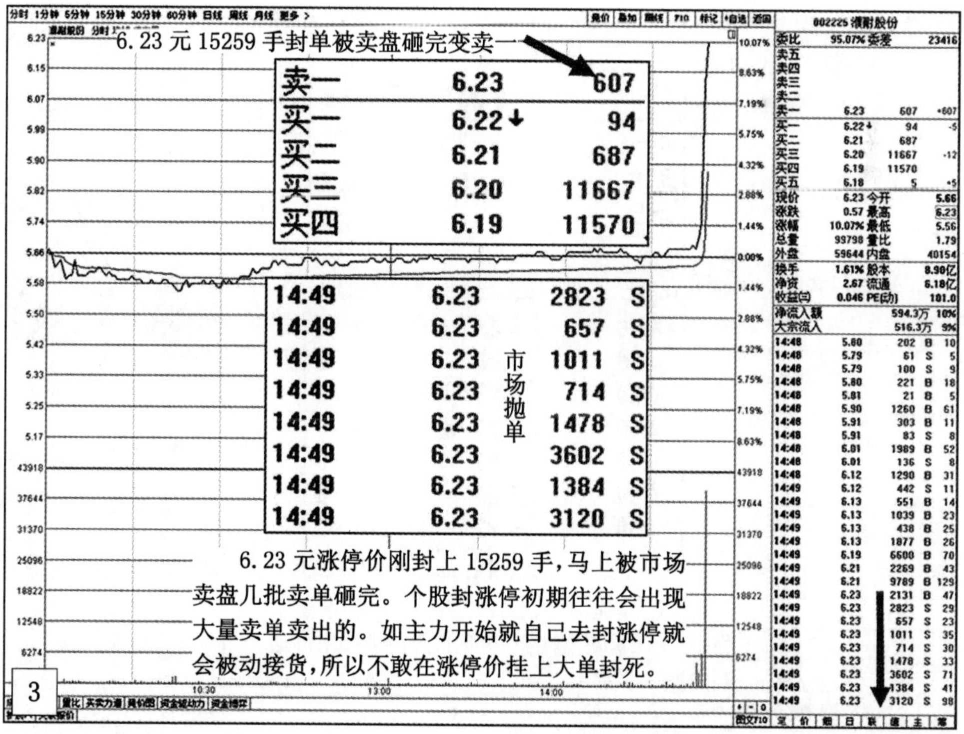

6.23元15259手封单被卖盘砸完变卖一
卖一 6.23 607
买一 6.22↓ 94
买二 6.21 687
买三 6.20 11667
买四 6.19 11570
14:49 6.23 2823 S
14:49 6.23 657 S
14:49 6.23 1011 S
14:49 6.23 714 S
14:49 6.23 1478 S
14:49 6.23 3602 S
14:49 6.23 1384 S
14:49 6.23 3120 S
市场抛单
6.23元涨停价刚封上15259手，马上被市场卖盘几批卖单砸完。个股封涨停初期往往会出现大量卖单卖出的。如主力开始就自己去封涨停就会被动接货，所以不敢在涨停价挂上大单封死。
002225 濮耐股份
3

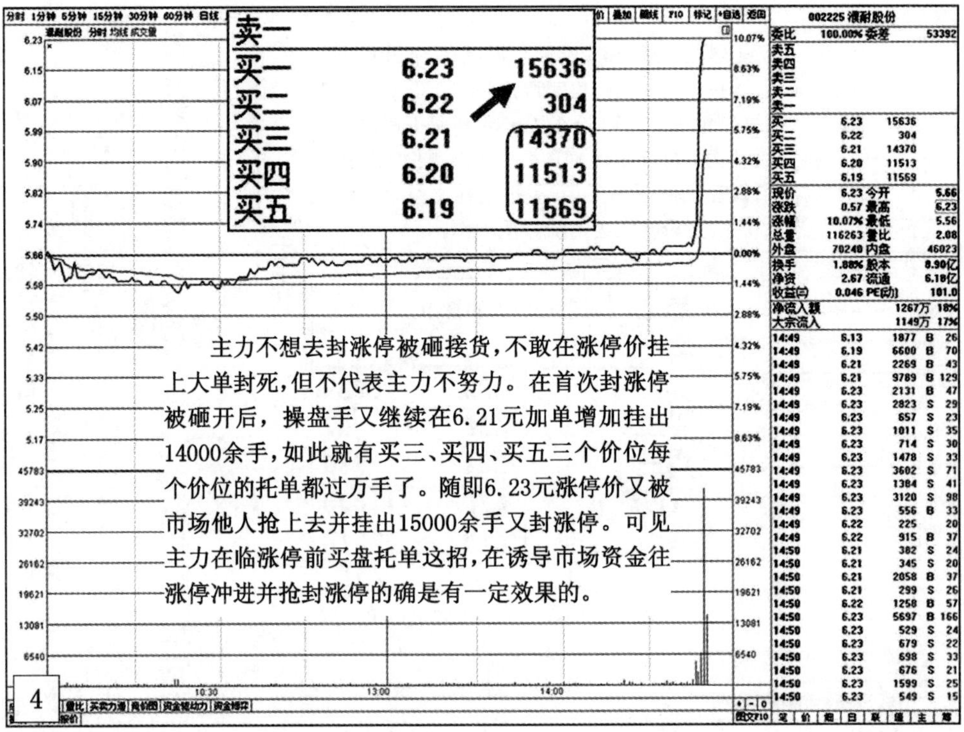
卖一
买一 6.23 15636
买二 6.22 304
买三 6.21 14370
买四 6.20 11513
买五 6.19 11569
主力不想去封涨停被砸接货，不敢在涨停价挂上大单封死，但不代表主力不努力。在首次封涨停被砸开后，操盘手又继续在6.21元加单增加挂出14000余手，如此就有买三、买四、买五三个价位每个价位的托单都过万手了。随即6.23元涨停价又被市场他人抢上去并挂出15000余手又封涨停。可见主力在临涨停前买盘托单这招，在诱导市场资金往涨停冲进并抢封涨停的确是有一定效果的。
4

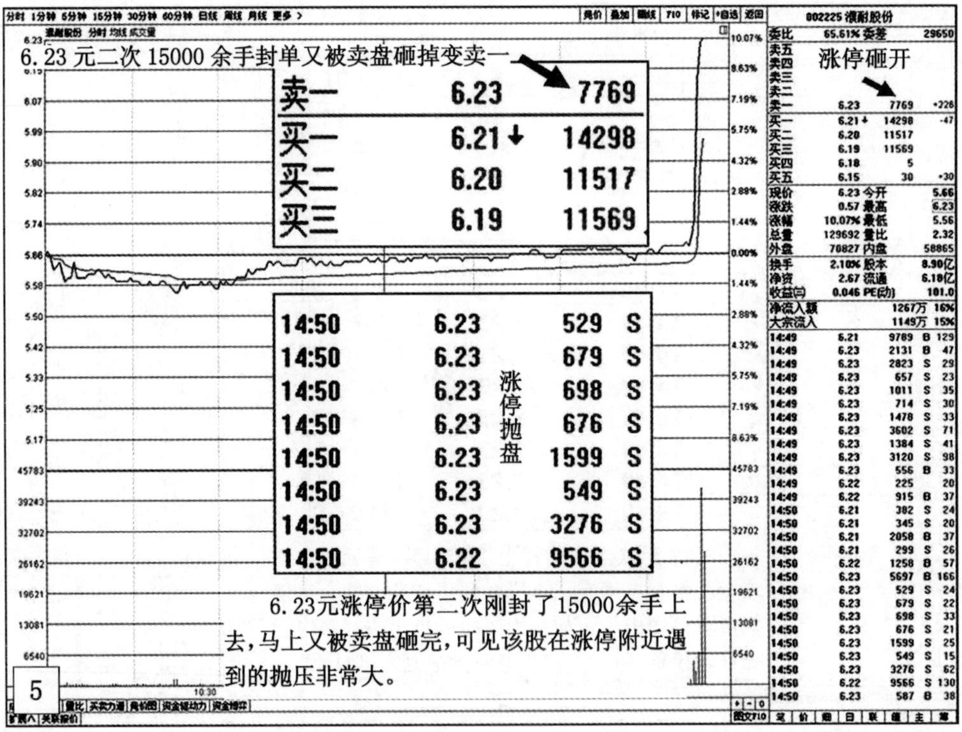
6.23元二次15000余手封单又被卖盘砸掉变卖一
卖一 6.23 7769
买一 6.21↓ 14298
买二 6.20 11517
买三 6.19 11569
涨停砸开
14:50 6.23 529 S
14:50 6.23 679 S
14:50 6.23 698 S
14:50 6.23 676 S
14:50 6.23 1599 S
14:50 6.23 549 S
14:50 6.23 3276 S
14:50 6.22 9566 S
涨停抛盘
6.23元涨停价第二次刚封了15000余手上去，马上又被卖盘砸完，可见该股在涨停附近遇到的抛压非常大。
5

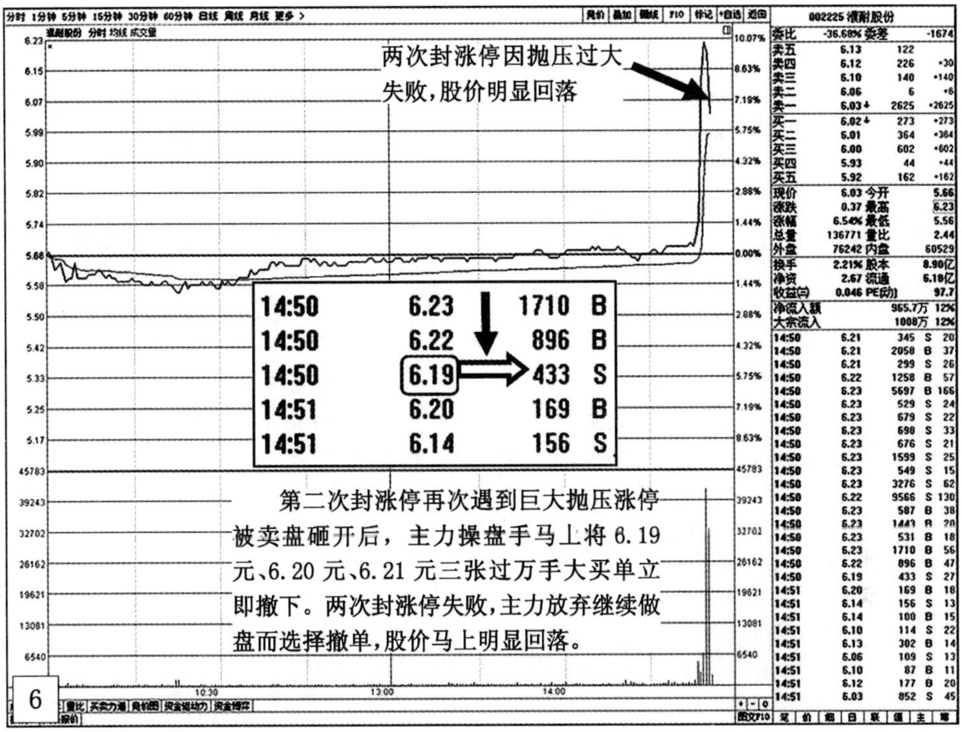

两次封涨停因抛压过大失败,股价明显回落
14:50 6.23 1710 B
14:50 6.22 896 B
14:50 6.19 433 S
14:51 6.20 169 B
14:51 6.14 156 S
第二次封涨停再次遇到巨大抛压涨停被卖盘砸开后，主力操盘手马上将6.19元、6.20元、6.21元三张过万手大买单立即撤下。两次封涨停失败,主力放弃继续做盘而选择撤单,股价马上明显回落。
6

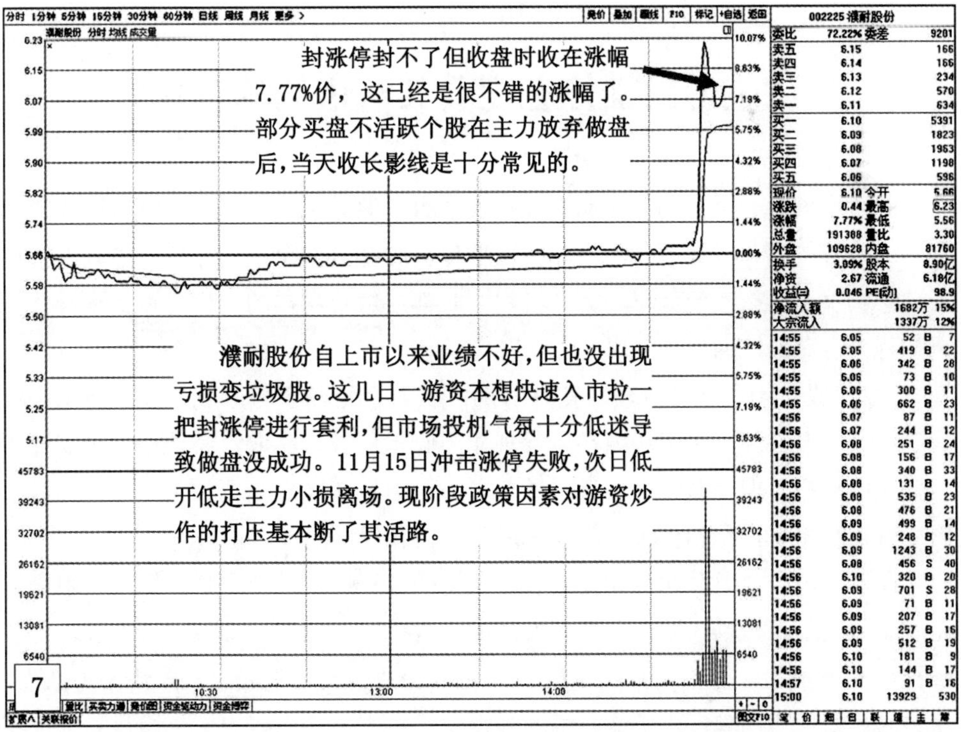

封涨停封不了但收盘时收在涨幅7.77%价，这已经是很不错的涨幅了。部分买盘不活跃个股在主力放弃做盘后,当天收长影线是十分常见的。
濮耐股份自上市以来业绩不好,但也没出现亏损变垃圾股。这几日一游资本想快速入市拉一把封涨停进行套利,但市场投机气氛十分低迷导致做盘没成功。11月15日冲击涨停失败,次日低开低走主力小损离场。现阶段政策因素对游资炒作的打压基本断了其活路。
7

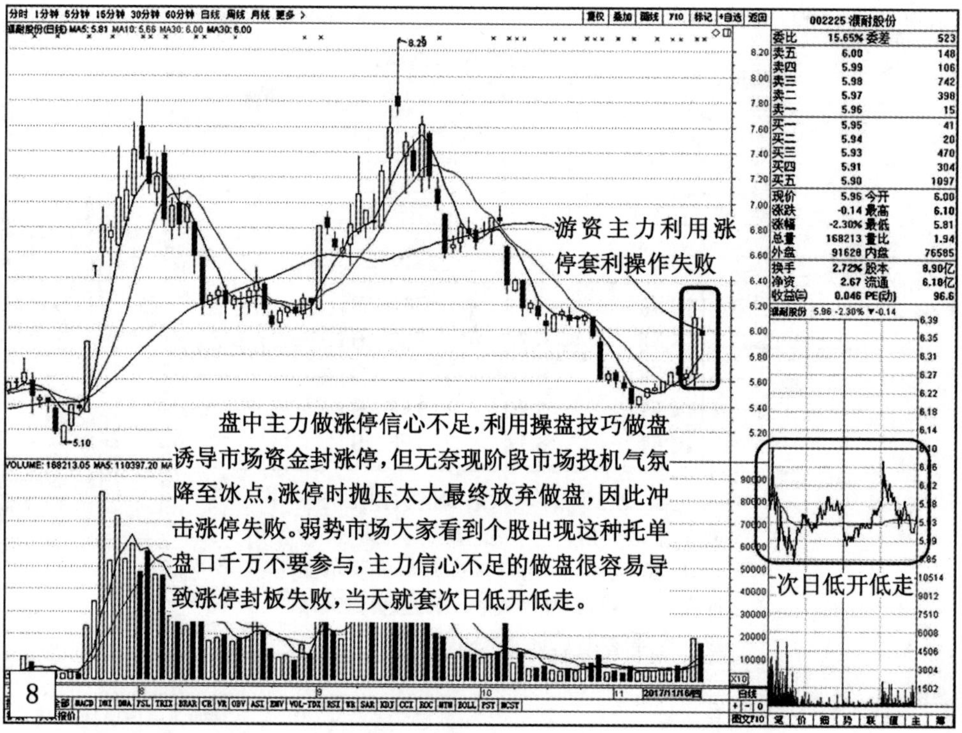

从主力封涨停态度看其对市场的敬畏

股票市场中一个人的行为动作不代表什么，但如果一大群人同时做同样的动作，这是群体行为，具有代表性。机构群体也同样，一个机构在市场中翻天覆地折腾影响不了什么，但如果一大群机构同时都在做着同样的动作，那么这群体性机构行为有着广泛的代表意义。

现在A股市场整体处于较为特殊时期，表面看是机会与风险并存，但现在没有明确某一方必胜。按市场内在运行规律，股指还远未完成筑底动作，仍需寻求更低点的支撑。但国家管理层近日做多之心，唱多谈底之基调频频见报。如此投资者有点彷徨了，是相信市场看空？还是相信管理层唱多之论好？

此时的多空之争和纠缠让投资者和机构难以释怀。散户看盘，每日盘中股指跌时想着完了，市场还要下跌。国家队出手救市随便拉拉银行板块权重股，指数又神奇地被拉起。无论散户还是机构都处于这种冰火两重天一日一忧心理状态。多日来平日做盘凶狠、出手就封板的强悍游资也表现得患得患失，操盘总是虎头蛇尾。下面通过分析这些喜欢做涨停板游资封涨停板的做盘细节情况，看看这些机构对现阶段市场的爱与恨、喜与忧！

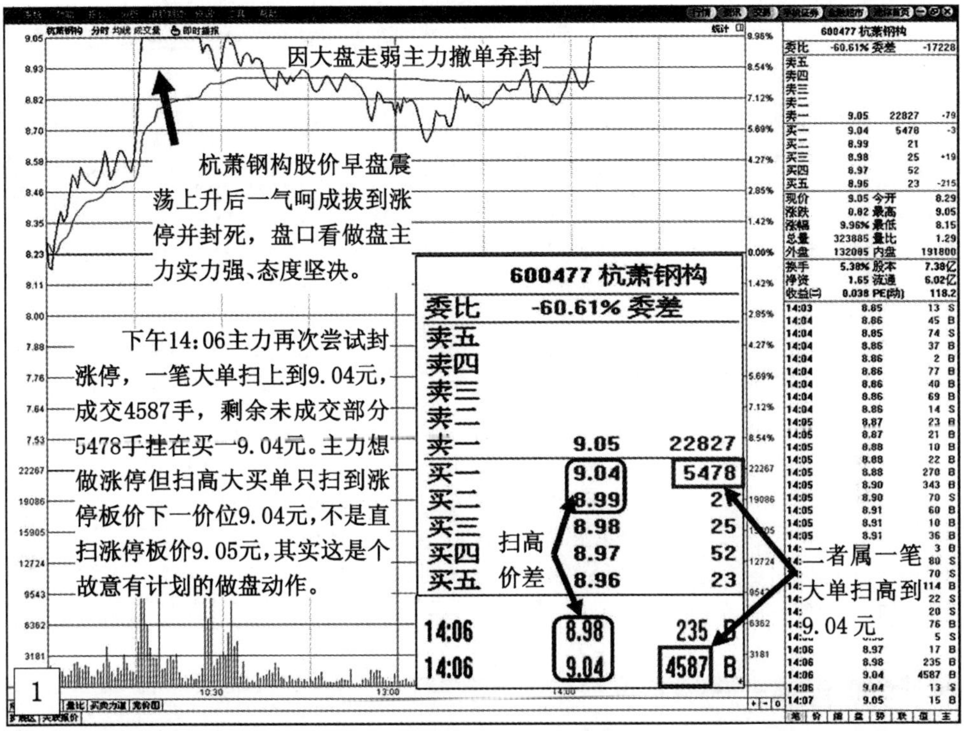

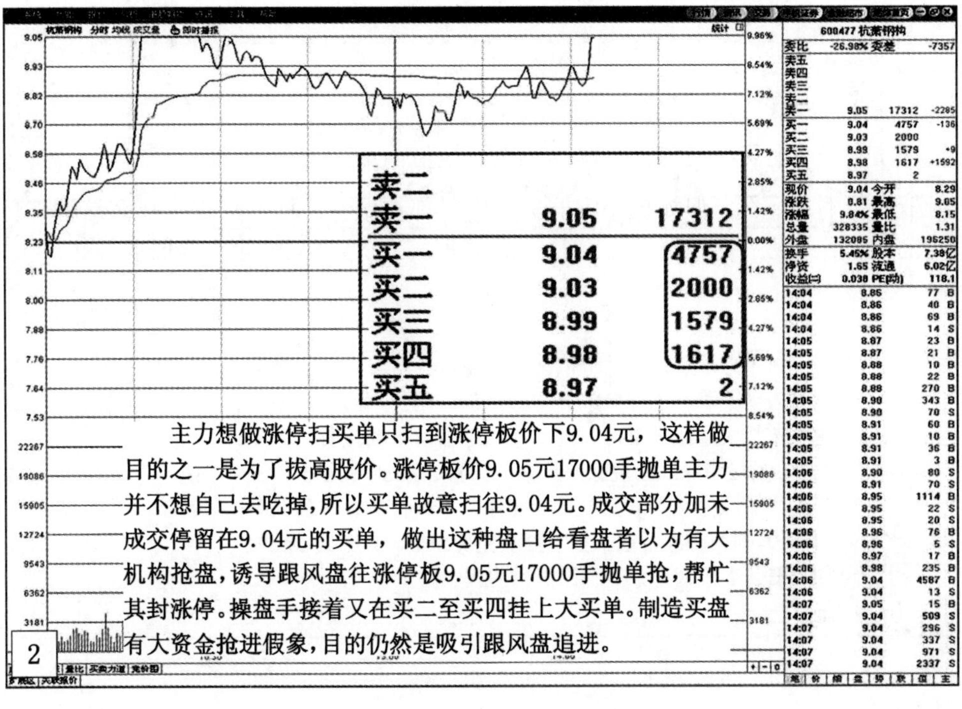

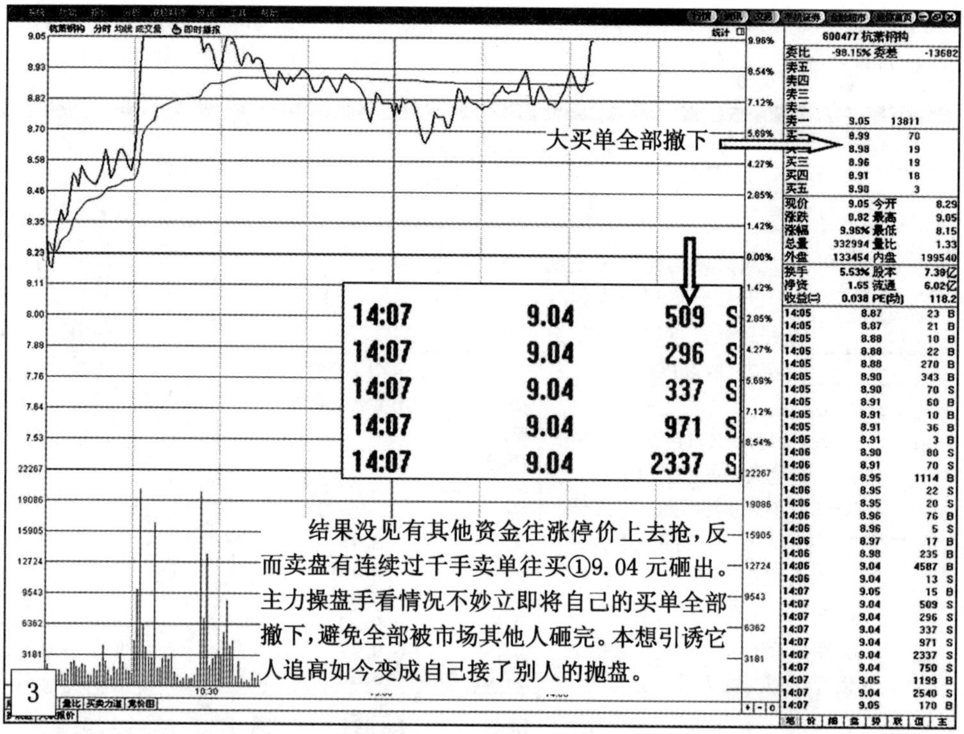
大买单全部撤下
14:07 9.04 509 S
14:07 9.04 296 S
14:07 9.04 337 S
14:07 9.04 971 S
14:07 9.04 2337 S
结果没见有其他资金往涨停价上去抢，反而卖盘有连续过千手卖单往买①9.04 元砸出。主力操盘手看情况不妙立即将自己的买单全部撤下，避免全部被市场其他人砸完。本想引诱它人追高如今变成自己接了别人的抛盘。
3

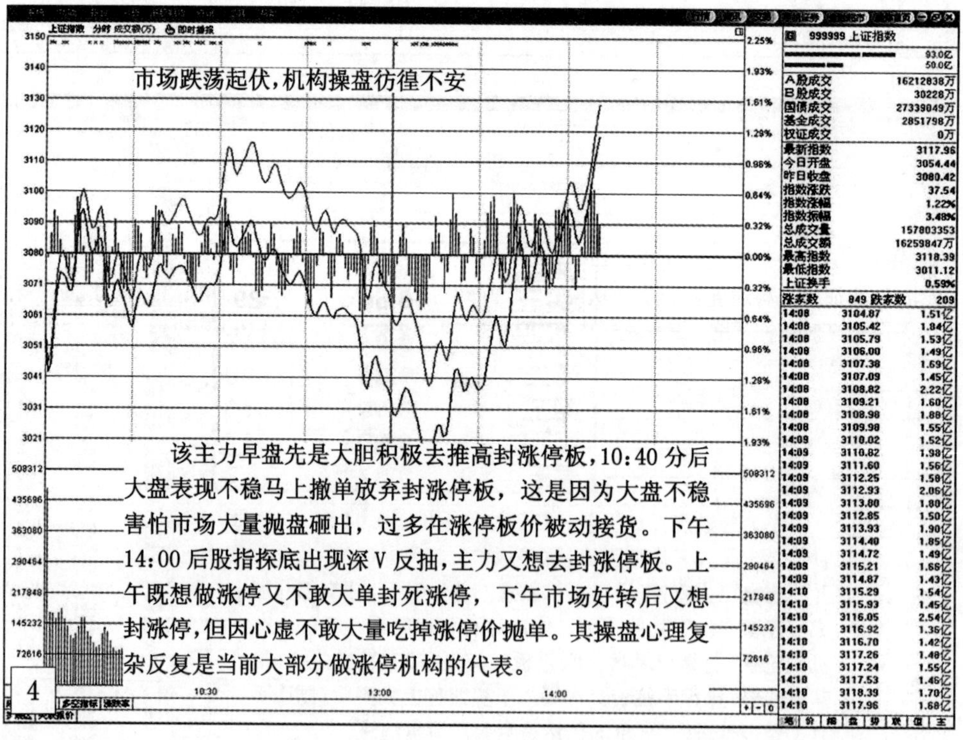
市场跌荡起伏，机构操盘彷徨不安
该主力早盘先是大胆积极去推高封涨停板，10:40 分后大盘表现不稳马上撤单放弃封涨停板，这是因为大盘不稳害怕市场大量抛盘砸出，过多在涨停板价被动接货。下午 14:00 后股指探底出现深 V 反抽，主力又想去封涨停板。上午既想做涨停又不敢大单封死涨停，下午市场好转后又想封涨停，但因心虚不敢大量吃掉涨停价抛单。其操盘心理复杂反复是当前大部分做涨停机构的代表。
4

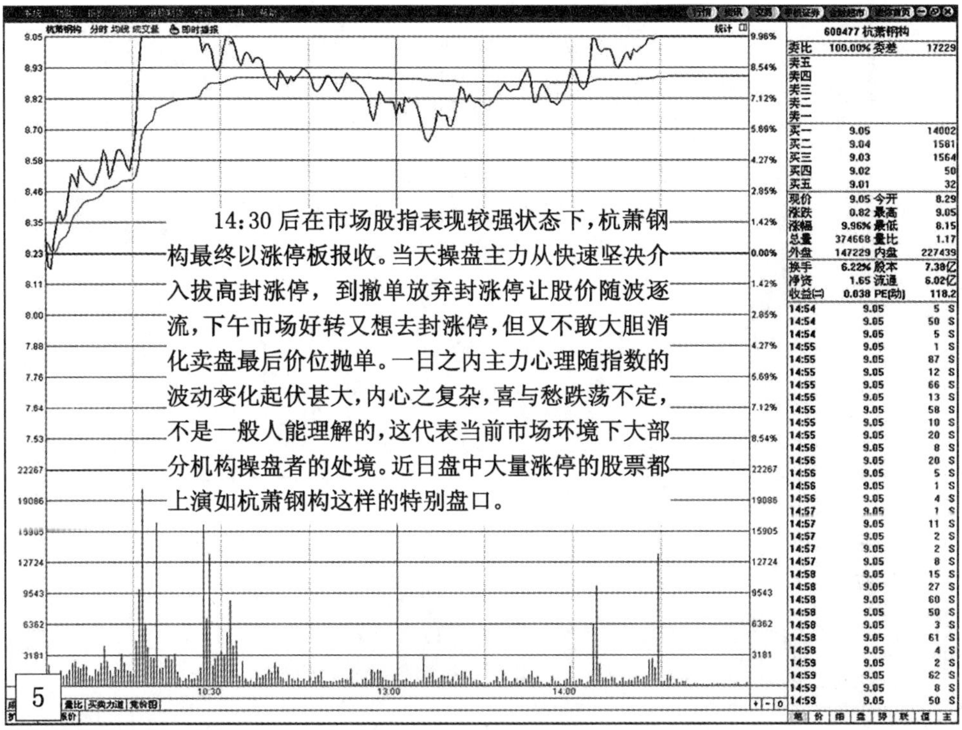

5

14:30 后在市场股指表现较强状态下，杭萧钢构最终以涨停板报收。当天操盘主力从快速坚决介入拔高封涨停，到撤单放弃封涨停让股价随波逐流，下午市场好转又想去封涨停，但又不敢大胆消化卖盘最后价位抛单。一日之内主力心理随指数的波动变化起伏甚大，内心之复杂，喜与愁跌荡不定，不是一般人能理解的，这代表当前市场环境下大部分机构操盘者的处境。近日盘中大量涨停的股票都上演如杭萧钢构这样的特别盘口。

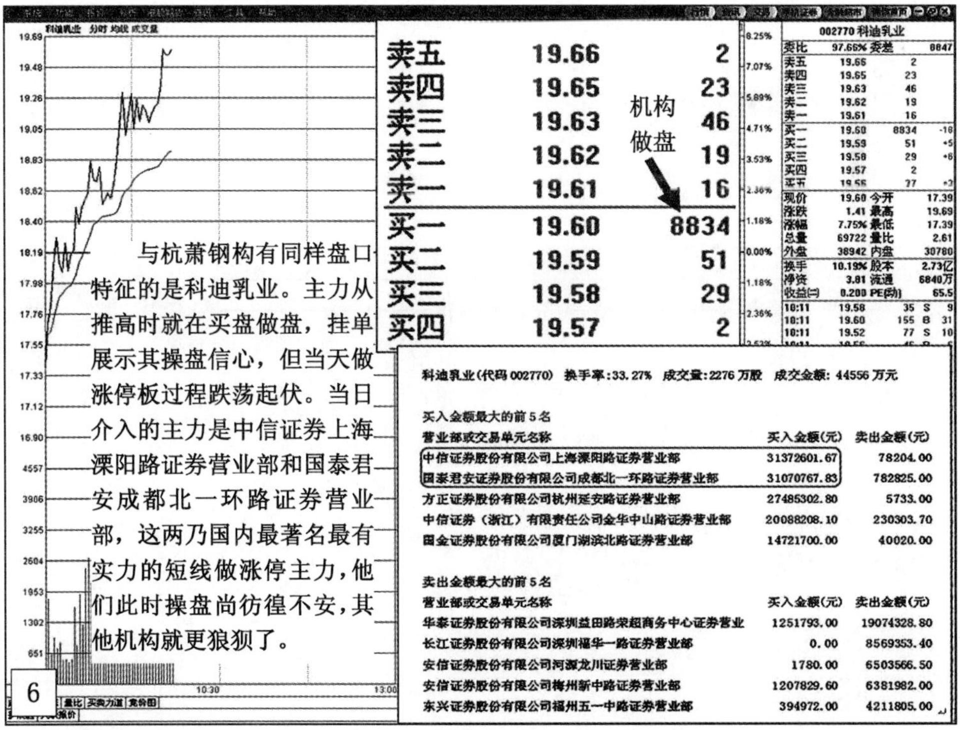

6

与杭萧钢构有同样盘口特征的是科迪乳业。主力从推高时就在买盘做盘，挂单展示其操盘信心，但当天做涨停板过程跌荡起伏。当日介入的主力是中信证券上海溧阳路证券营业部和国泰君安成都北一环路证券营业部，这两乃国内最著名最有实力的短线做涨停主力，他们此时操盘尚彷徨不安，其他机构就更狼狈了。

科迪乳业(代码 002770) 换手率:33.27% 成交量:2276 万股 成交金额:44556 万元

买入金额最大的前 5 名

营业部或交易单元名称	买入金额(元)	卖出金额(元)
中信证券股份有限公司上海溧阳路证券营业部	31372601.67	78204.00
国泰君安证券股份有限公司成都北一环路证券营业部	31070767.83	782825.00
方正证券股份有限公司杭州延安路证券营业部	27485302.80	5733.00
中信证券（浙江）有限责任公司金华中山路证券营业部	20088208.10	230303.70
国金证券股份有限公司厦门湖滨北路证券营业部	14721700.00	40020.00

卖出金额最大的前 5 名

营业部或交易单元名称	买入金额(元)	卖出金额(元)
华泰证券股份有限公司深圳益田路荣超商务中心证券营业	1251793.00	19074328.80
长江证券股份有限公司深圳福华一路证券营业部	0.00	8569353.40
安信证券股份有限公司河源龙川证券营业部	1780.00	6503566.50
安信证券股份有限公司梅州新中路证券营业部	1207829.60	6381982.00
东兴证券股份有限公司福州五一中路证券营业部	394972.00	4211805.00

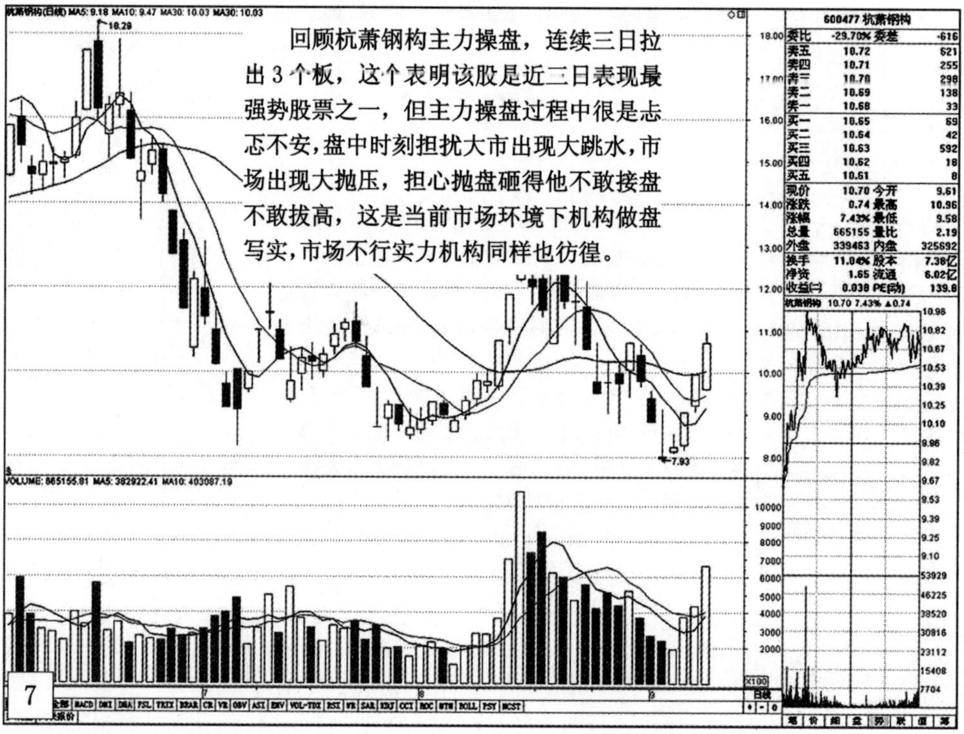
杭萧钢构(日线) MA5: 9.18 MA10: 9.47 MA30: 10.03 MA30: 10.03
18.29
回顾杭萧钢构主力操盘，连续三日拉出3个板，这个表明该股是近三日表现最强势股票之一，但主力操盘过程中很是忐忑不安，盘中时刻担扰大市出现大跳水，市场出现大抛压，担心抛盘砸得他不敢接盘不敢拔高，这是当前市场环境下机构做盘写实，市场不行实力机构同样也彷徨。
7.93
VOLUME: 665155.81 MA5: 382922.41 MA10: 403087.19
600477 杭萧钢构
7

第七章　机构出货手段与陷阱

如何看清主力机构出货迹象

个股是先有卖买后有成交，有成交就必然有卖买，至于卖买哪一方对价格涨跌影响大是个复杂的问题。通常当买方对价格影响大股价就会涨，卖方对价格影响大股价就下跌，这是常态下市场供求关系对价格产生的影响，而实际上影响证券市场个股卖买和涨跌的因素更复杂。

譬如个股交易时，是谁在买谁在卖，对价格的影响也非常明显。常态交易时一众散户在买卖，此时卖买双方的供求关系对价格产生影响最明显。当个股出现一个大机构在进行大量交易时，供求关系并不是对价格产生影响的唯一因素。该机构的交易量、交易方向、态度如何以及交易目的等都将对股价产生较大影响。

本章重点讲解实践中如何分析个股盘口出现大量明显卖出动作时，是主力在出还是一般机构或纯市场行为。

(1)主力机构拿的筹码多不是一两日就能出完，所以一般个股如是主力机构在出货会反复折腾多日或更长时间，在一段时期内盘口能反复看到其明显的出货动作。

(2)正是因为主力机构拿的筹码多难以一两日出完，所以在其出货初期会积极护盘，但盘中分时因为出货表现难看，操盘手常出手做盘进行修饰，K线形态被破坏了也会拉起修复，掩盖其出货痕迹。

(3)主力机构出货期间会反复操纵盘口，包括压单、托单、对敲等一系列动作，其操纵的目的是引诱买盘和掩饰出货行为。

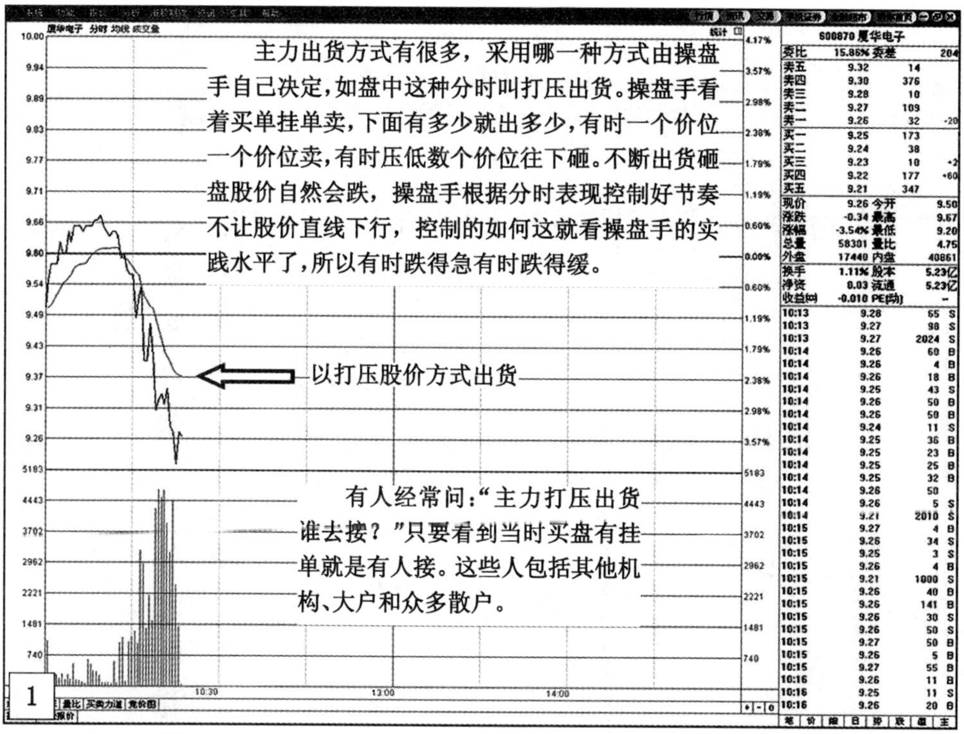
主力出货方式有很多，采用哪一种方式由操盘手自己决定，如盘中这种分时叫打压出货。操盘手看着买单挂单卖，下面有多少就出多少，有时一个价位一个价位卖，有时压低数个价位往下砸。不断出货砸盘股价自然会跌，操盘手根据分时表现控制好节奏不让股价直线下行，控制的如何这就看操盘手的实践水平了，所以有时跌得急有时跌得缓。
以打压股价方式出货
有人经常问："主力打压出货谁去接？"只要看到当时买盘有挂单就是有人接。这些人包括其他机构、大户和众多散户。
1

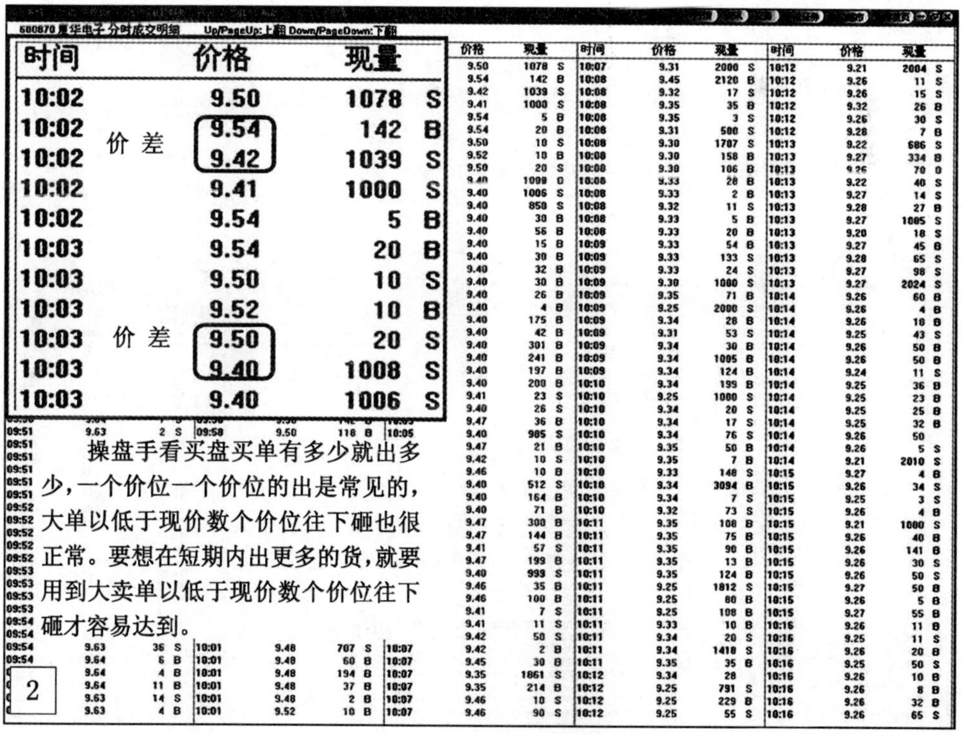
600870 厦华电子 分时成交明细
时间 价格 现量
10:02 9.50 1078 S
10:02 9.54 142 B
10:02 9.42 1039 S
10:02 9.41 1000 S
10:02 9.54 5 B
10:03 9.54 20 B
10:03 9.50 10 S
10:03 9.52 10 B
10:03 9.50 20 S
10:03 9.40 1008 S
10:03 9.40 1006 S
价差
价差
操盘手看买盘买单有多少就出多少，一个价位一个价位的出是常见的，大单以低于现价数个价位往下砸也很正常。要想在短期内出更多的货，就要用到大卖单以低于现价数个价位往下砸才容易达到。
2

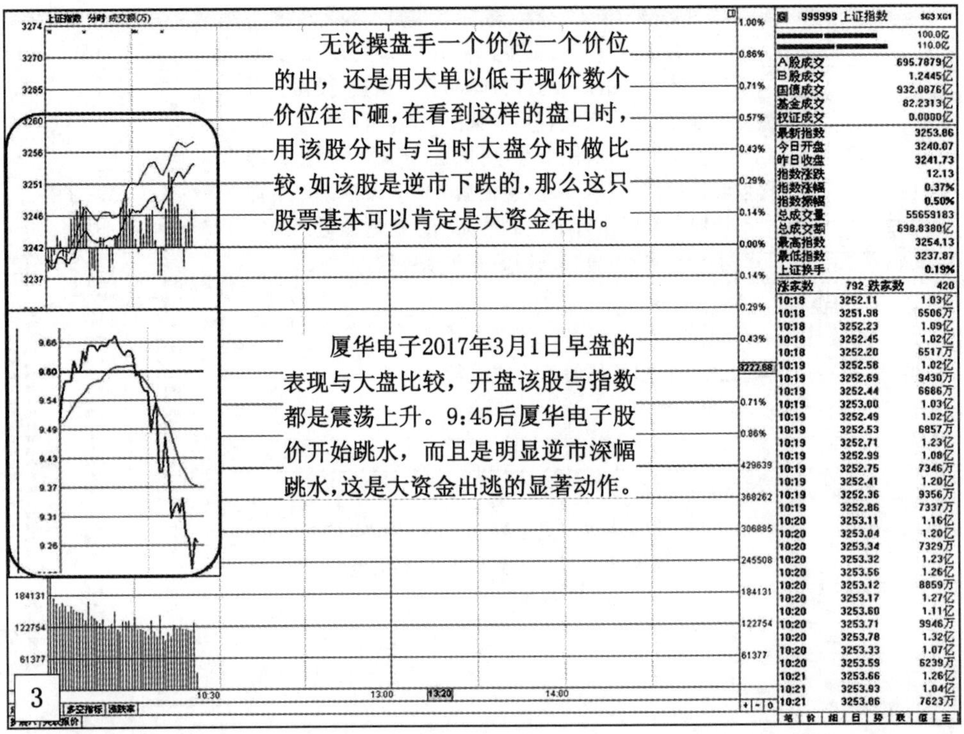
无论操盘手一个价位一个价位的出，还是用大单以低于现价数个价位往下砸，在看到这样的盘口时，用该股分时与当时大盘分时做比较，如该股是逆市下跌的，那么这只股票基本可以肯定是大资金在出。
厦华电子2017年3月1日早盘的表现与大盘比较，开盘该股与指数都是震荡上升。9:45后厦华电子股价开始跳水，而且是明显逆市深幅跳水，这是大资金出逃的显著动作。
3

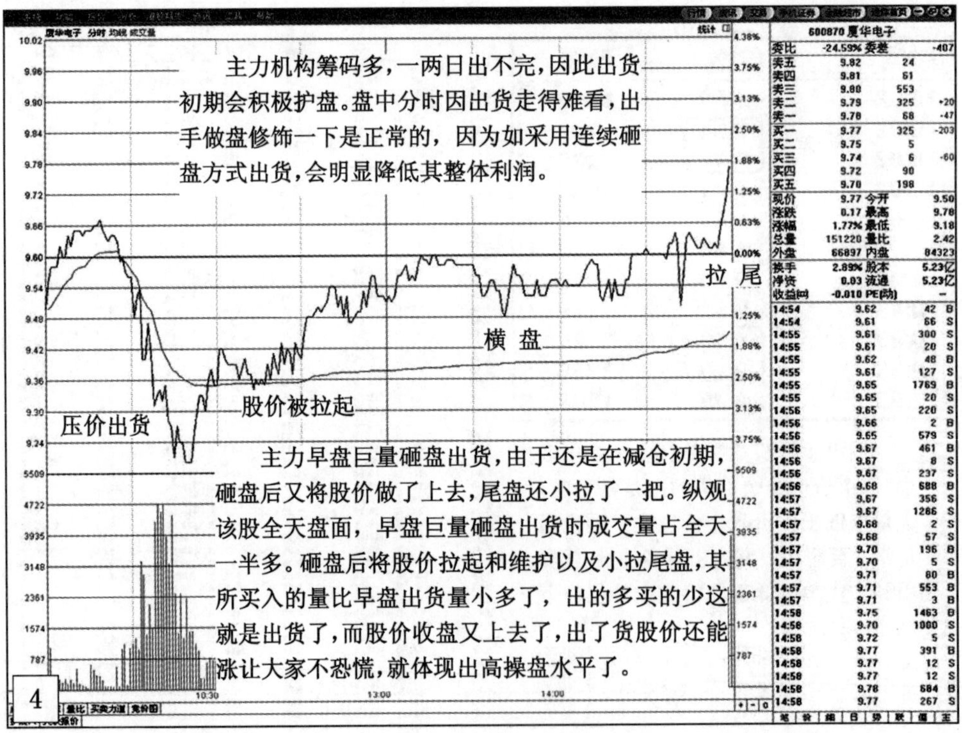
主力机构筹码多，一两日出不完，因此出货初期会积极护盘。盘中分时因出货走得难看，出手做盘修饰一下是正常的，因为如采用连续砸盘方式出货，会明显降低其整体利润。
拉 尾
横 盘
股价被拉起
压价出货
主力早盘巨量砸盘出货，由于还是在减仓初期，砸盘后又将股价做了上去，尾盘还小拉了一把。纵观该股全天盘面，早盘巨量砸盘出货时成交量占全天一半多。砸盘后将股价拉起和维护以及小拉尾盘，其所买入的量比早盘出货量小多了，出的多买的少这就是出货了，而股价收盘又上去了，出了货股价还能涨让大家不恐慌，就体现出高操盘水平了。
4

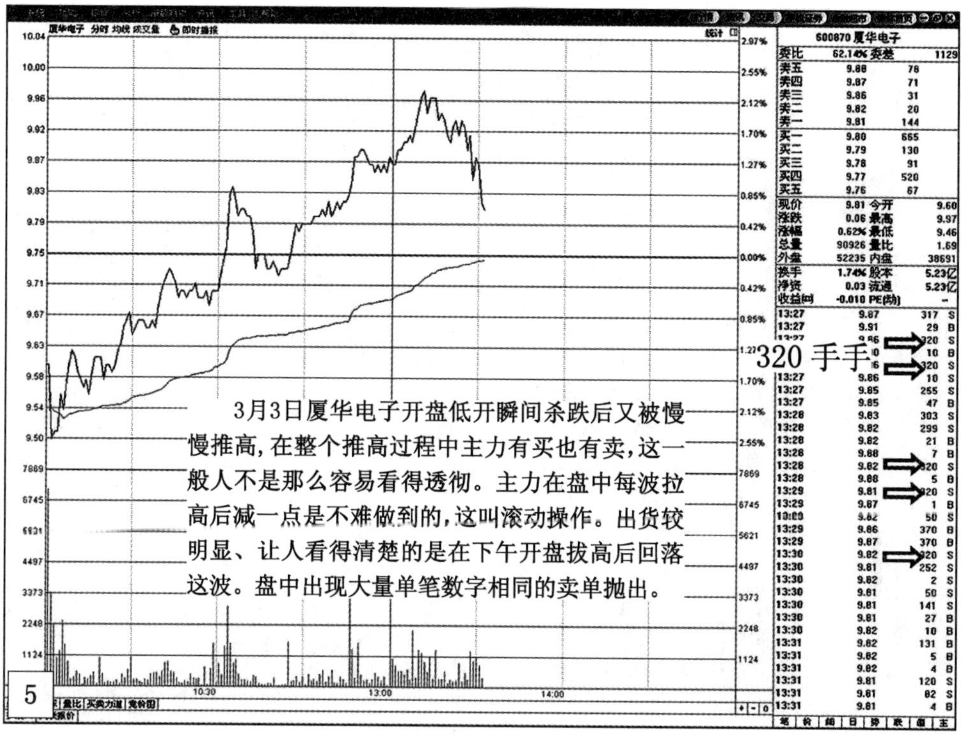
3月3日厦华电子开盘低开瞬间杀跌后又被慢慢推高，在整个推高过程中主力有买也有卖，这一般人不是那么容易看得透彻。主力在盘中每波拉高后减一点是不难做到的，这叫滚动操作。出货较明显、让人看得清楚的是在下午开盘拔高后回落这波。盘中出现大量单笔数字相同的卖单抛出。
320 手手
5

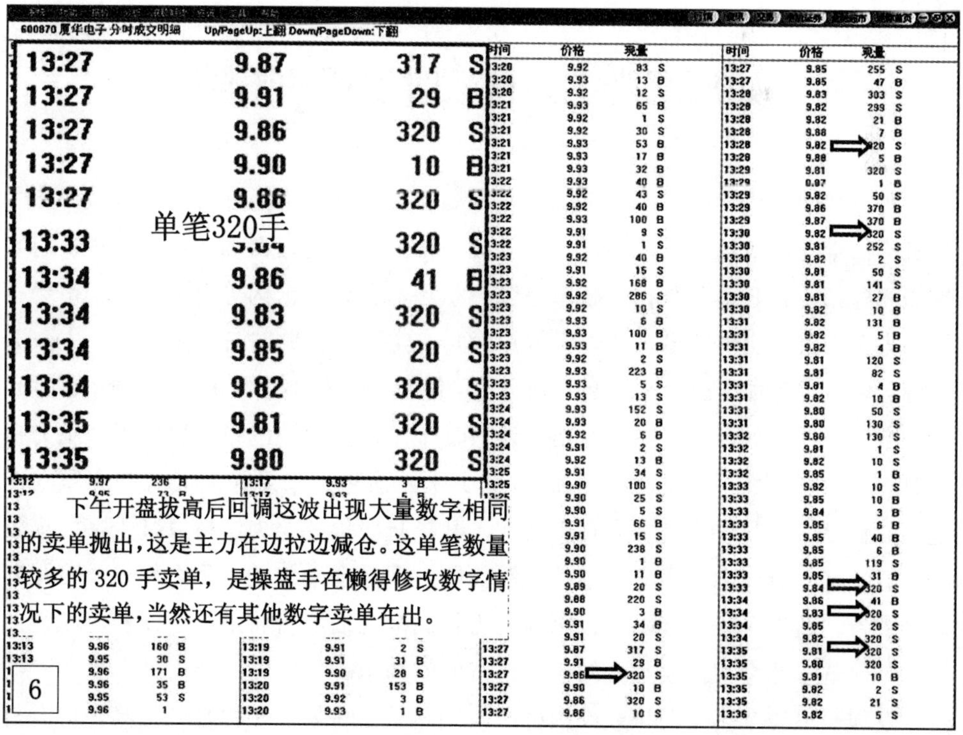
13:27 9.87 317 S
13:27 9.91 29 B
13:27 9.86 320 S
13:27 9.90 10 B
13:27 9.86 320 S
13:33 320 S
单笔320手
13:34 9.86 41 B
13:34 9.83 320 S
13:34 9.85 20 S
13:34 9.82 320 S
13:35 9.81 320 S
13:35 9.80 320 S
下午开盘拔高后回调这波出现大量数字相同的卖单抛出，这是主力在边拉边减仓。这单笔数量较多的 320 手卖单，是操盘手在懒得修改数字情况下的卖单，当然还有其他数字卖单在出。
6

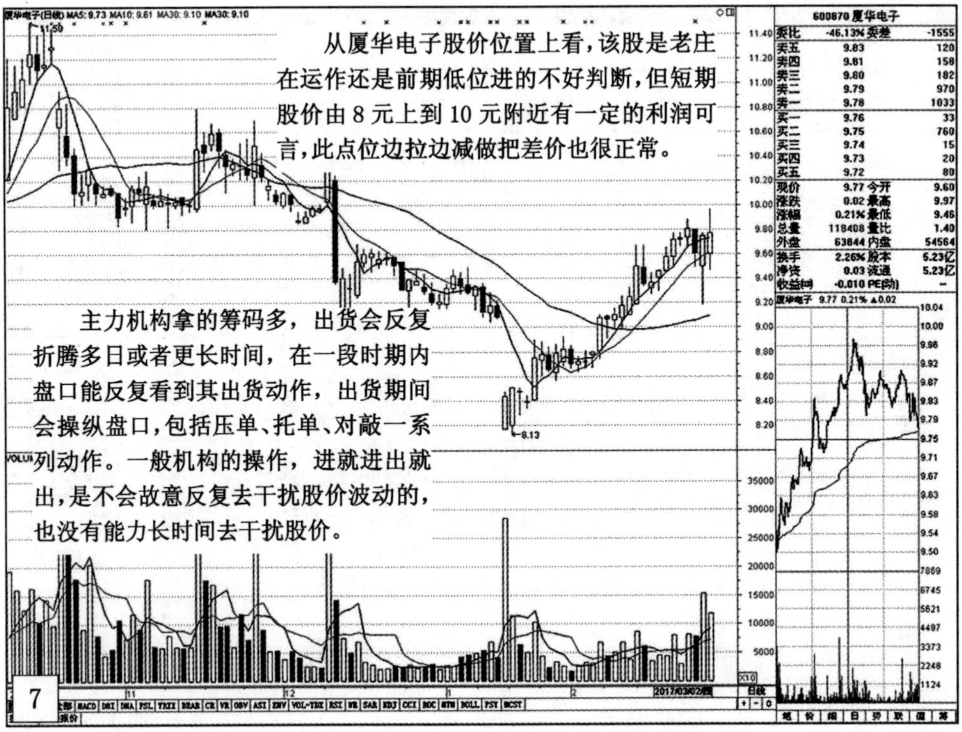

如何回避主力自救时设置的陷阱

股市起起伏伏，股民浮浮沉沉，主力机构也如此。市场好时大部分散户和主力机构都赚钱，市场不行时同样大部分散户和主力机构也都亏钱，只是亏多与亏少的问题。看公开透明数据，公募基金、私募基金这些机构等无不如此。市场不行时大家都可能出现被套，相对于散户而言，主力机构此时有一定优势。大主力机构可以通过各种渠道弄来资金主动自救，散户们干预不了股价，唯有听天由命。

个股下跌后如被套，主力有实力还有资金，进行自救的机会比较大。主力自救时有两种情况：一是尽力拉回股价减少账面损失；二是拉起股价马上减仓撤退。如自己所持个股出现主力自救动作，其拉起股价并努力维持以减少账面损失的可暂持。如所持个股主力自救拉起股价即出现减仓动作的，那么就要及时跟着溜之大吉。这类个股不能买入，因为主力拉高减仓后股价将继续下跌甚至跌得更狠。下面就以几个案例实盘介绍一下这方面的知识。

发现一只股票盘中股价表现很好时，判断其是否属于主力自救推高，可看目标股票前期一个月以来盘口分时表现。通过历史分时表现分析该股有没有主力运

作，通过盘面结合K线、成交量等判断是否有机构套牢其中。

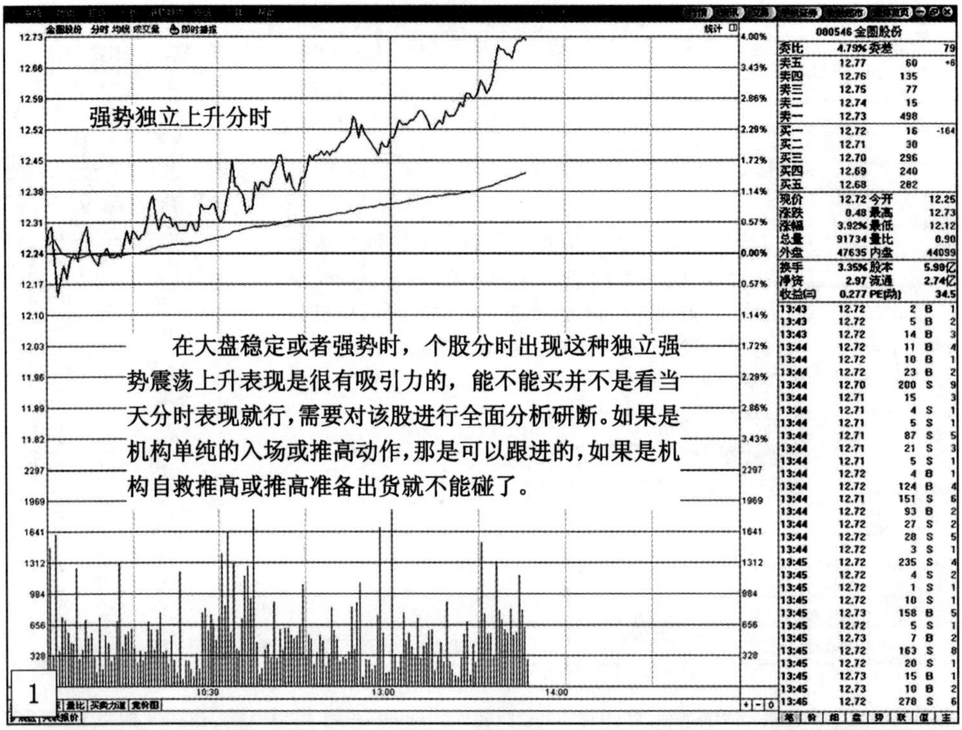

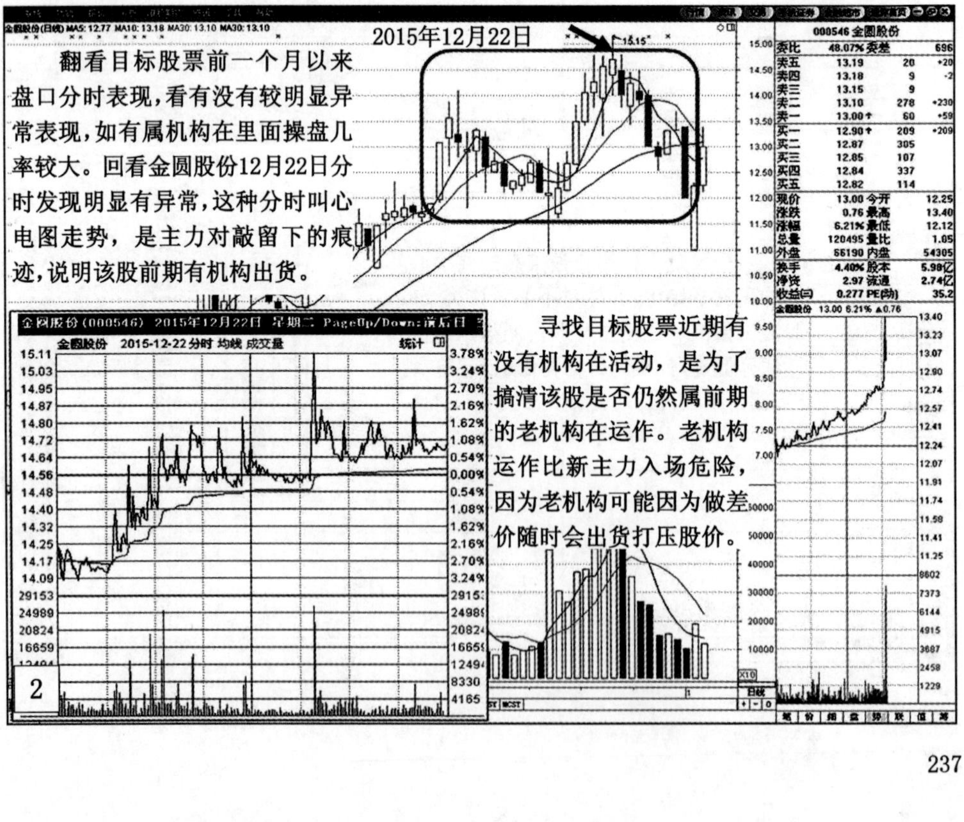

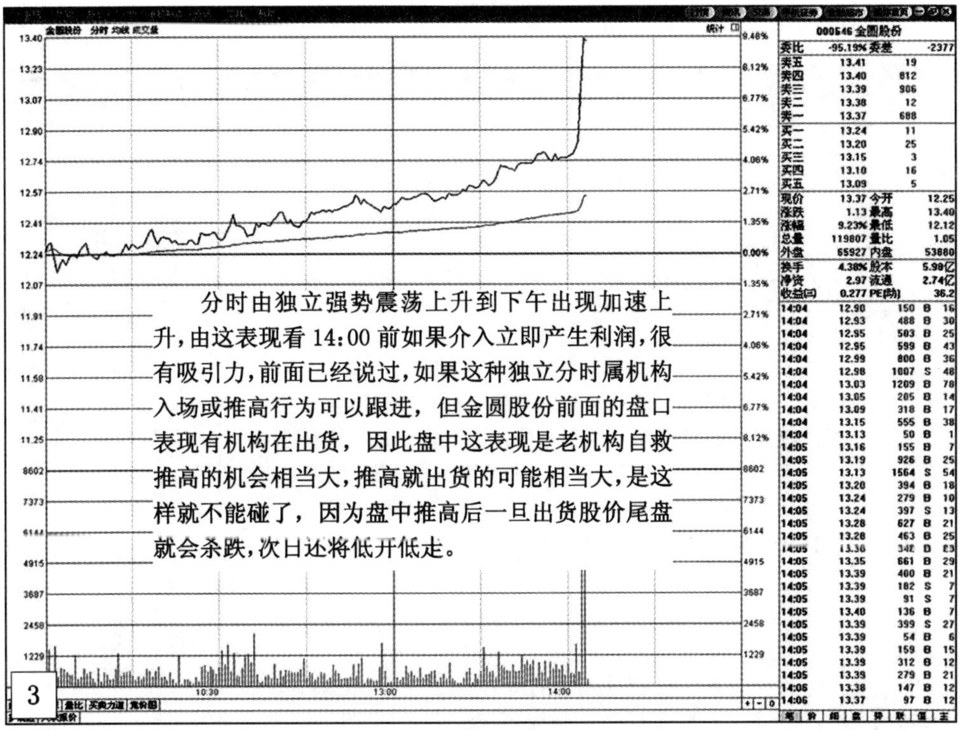
000546 金圆股份
分时由独立强势震荡上升到下午出现加速上升，由这表现看 14:00 前如果介入立即产生利润，很有吸引力，前面已经说过，如果这种独立分时属机构入场或推高行为可以跟进，但金圆股份前面的盘口表现有机构在出货，因此盘中这表现是老机构自救推高的机会相当大，推高就出货的可能相当大，是这样就不能碰了，因为盘中推高后一旦出货股价尾盘就会杀跌，次日还将低开低走。
3

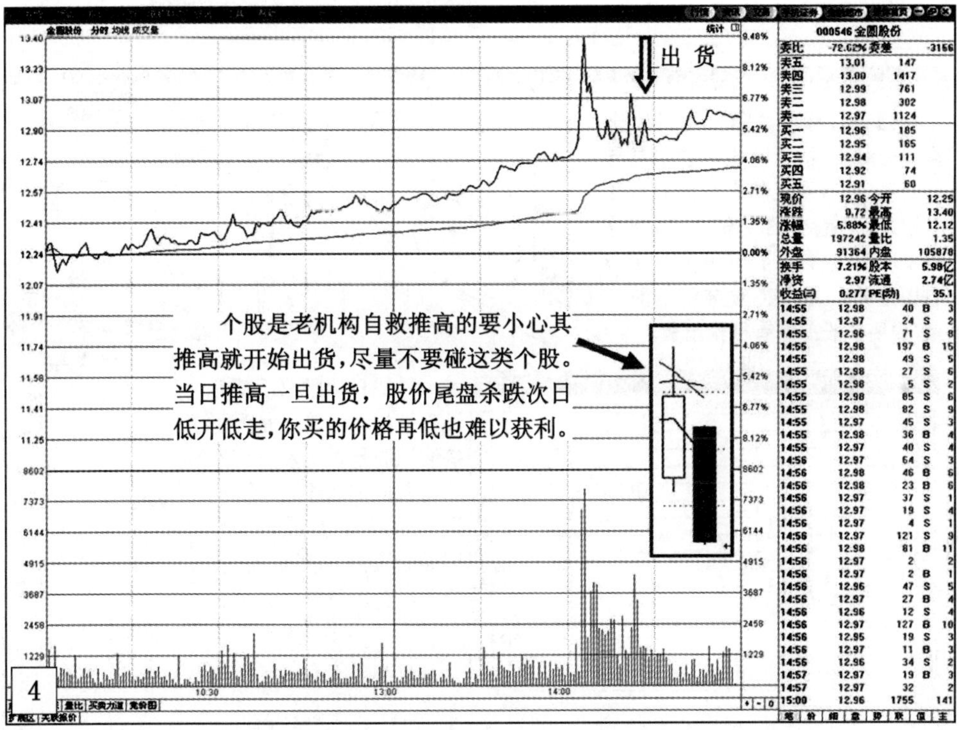
000546 金圆股份
出货
个股是老机构自救推高的要小心其推高就开始出货，尽量不要碰这类个股。当日推高一旦出货，股价尾盘杀跌次日低开低走，你买的价格再低也难以获利。
4

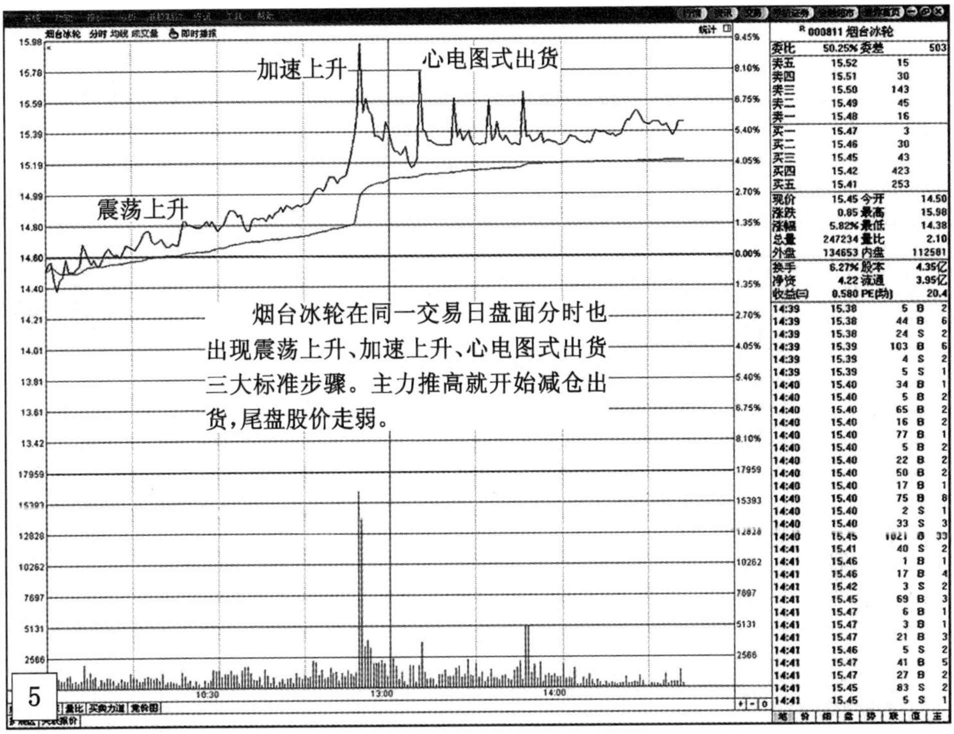
加速上升
心电图式出货
震荡上升
烟台冰轮在同一交易日盘面分时也出现震荡上升、加速上升、心电图式出货三大标准步骤。主力推高就开始减仓出货，尾盘股价走弱。
5

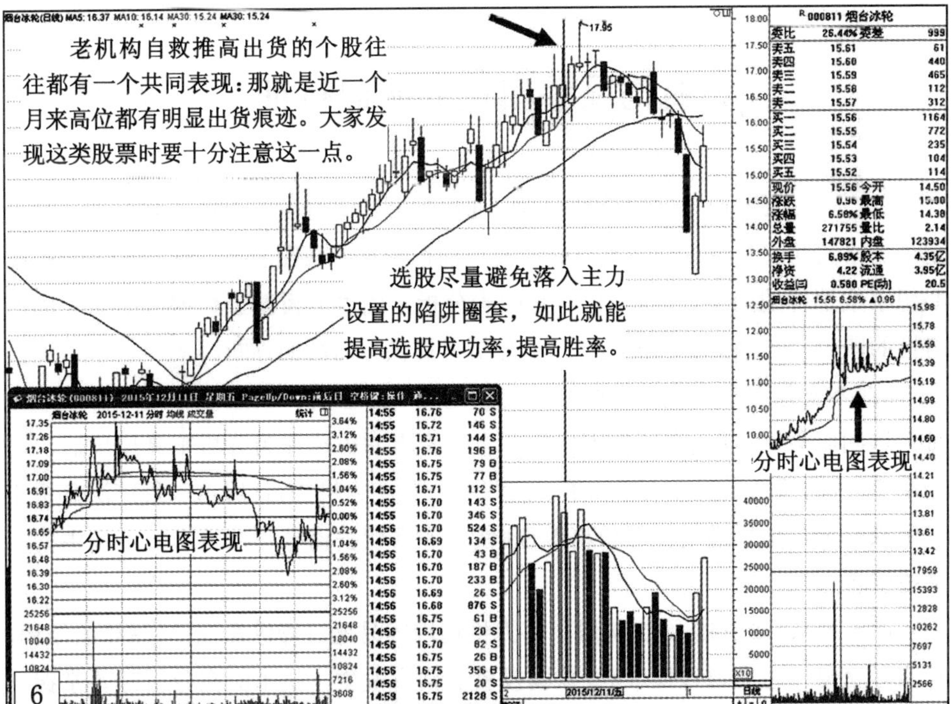
老机构自救推高出货的个股往往都有一个共同表现：那就是近一个月来高位都有明显出货痕迹。大家发现这类股票时要十分注意这一点。
选股尽量避免落入主力设置的陷阱圈套，如此就能提高选股成功率，提高胜率。
分时心电图表现
分时心电图表现
6

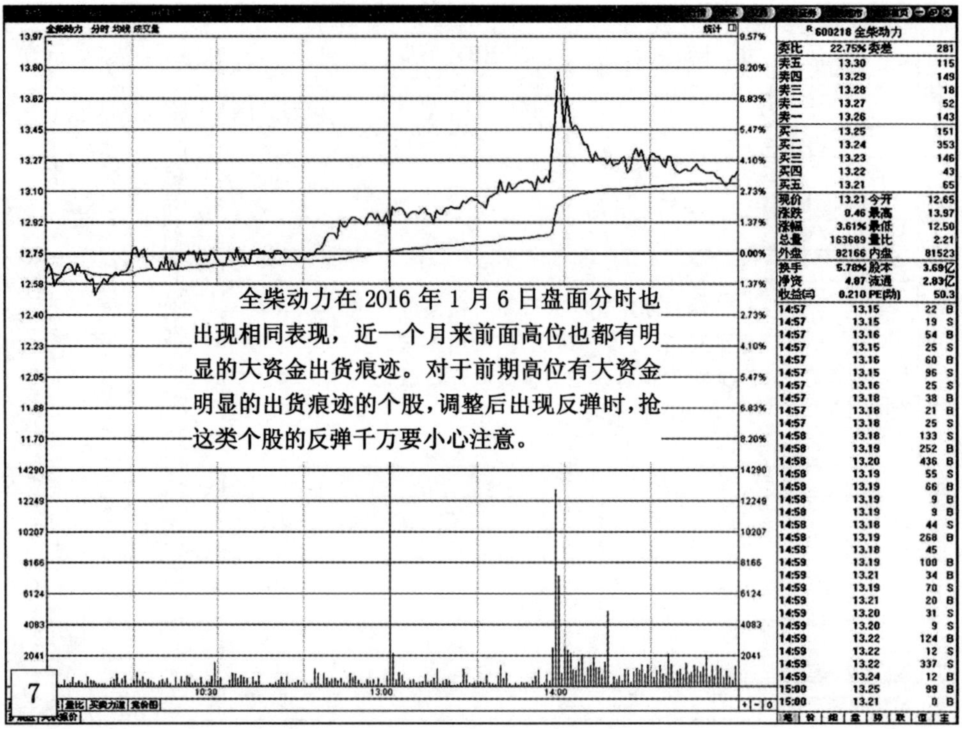

机构反手出货的明显特征

K线是技术分析不可少的必备工具！K线不是什么神秘的万能工具，它只是由记录价格波动的几组数据绘制而成图表，别指望靠一张图表能给你带来神一般的心想事成那样的效果。K线分析就是图表分析，图表分析基于数据而成立，而连贯性的图表或数据会反映出趋势，给分析者提供方向性的判断。

K线本身包含市场交易最原始的信息是：“开盘价、收盘价、最高价、最低价”这四组数据，K线在证券市场被广大投资者和机构作为分析工具使用后，市场赋予K线的信息量就大大增加了。实践中一些实力机构将K线这一最广泛分析工具用来套利，他们通过操纵价格改变K线形态形状去诱导、欺骗影响市场中的广大投资者。

由于单根K线由4组数据构成，实力机构较容易通过操纵影响单根K线的结构，在实际交易中主力通过操纵K线欺骗投资者常有发生。技术派在分析时要掌握一定的甄别能力，带慧眼识K线。笔者长期研究K线发现一种规律：“大阳线过后马上就是一根大阴线杀回”，个股出现这样的两根连续K线大都不是什么好事。

个股出现一根大阳线代表股价当日升势磅礴如日中天，然而次日股价没有延续上一日气势如虹的表现，而是马上出现一根大阴线杀跌回来，这是升势变跌势、瞬间乾坤扭转。个股出现这种K线形态极为不健康，明着说就是有大资金在价格上升狂欢中突然打压出逃，股价后市看空。特别是目标股票处于横盘或新高往上突破时，出现一根放量大阳线往上突破，次日马上一根大阴线杀跌，这往往是主力有备而来制造的一个K线技术性陷阱。个股出现这样的K线走势，短线远离为上！

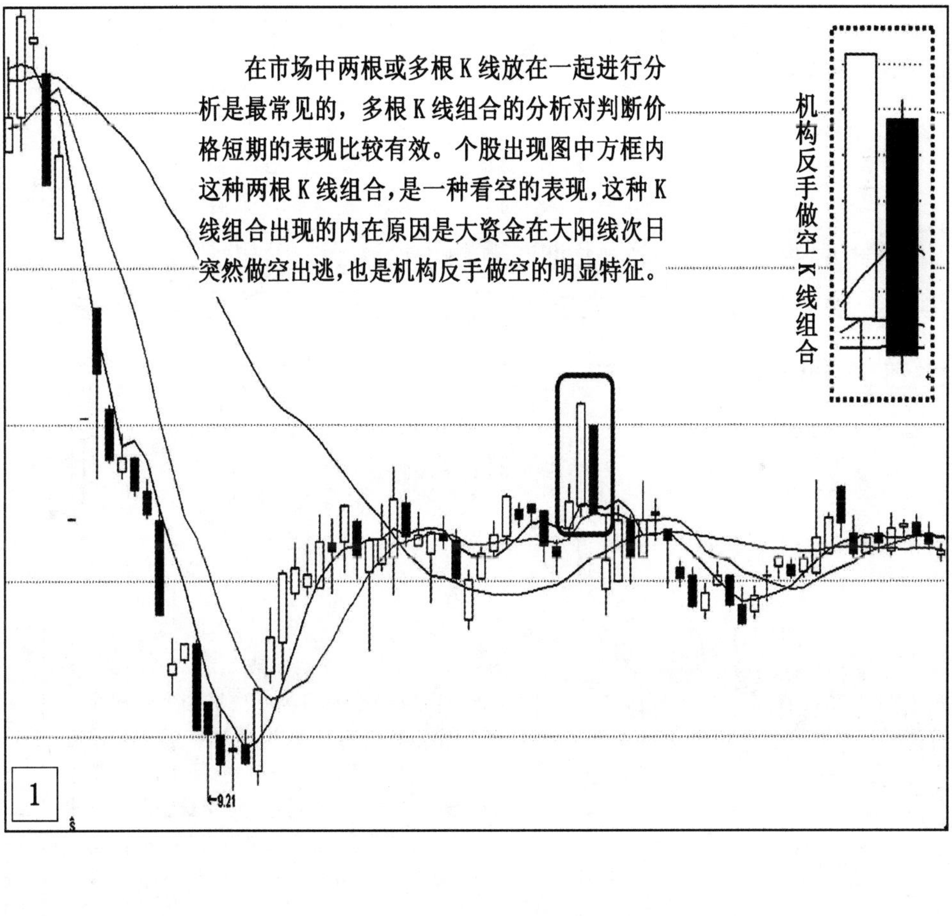

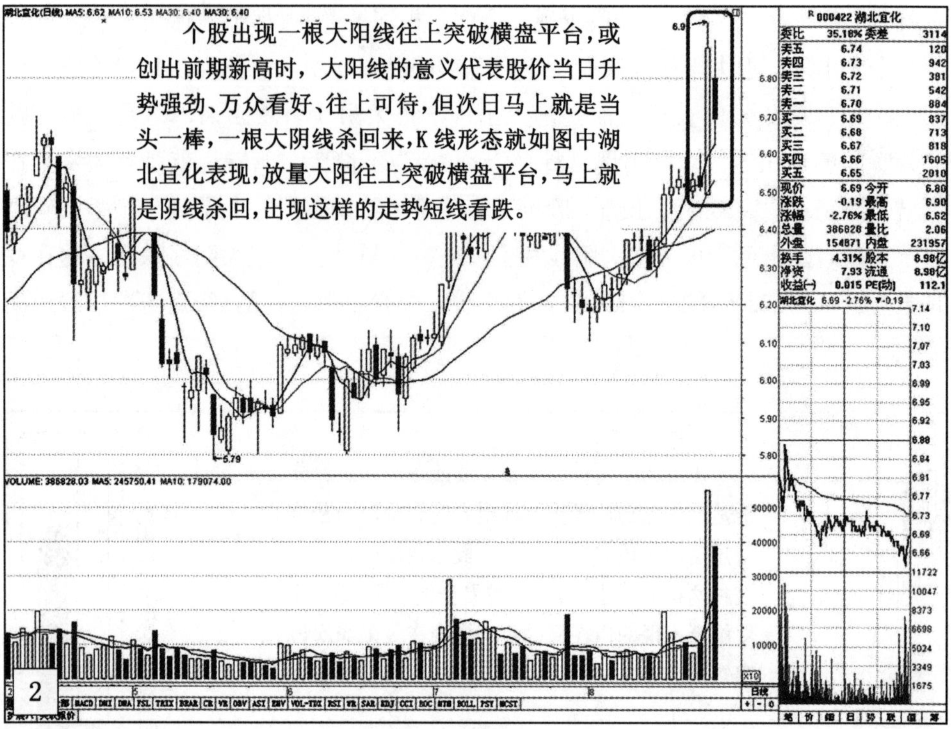

个股出现一根大阳线往上突破横盘平台，或创出前期新高时，大阳线的意义代表股价当日升势强劲、万众看好、往上可待，但次日马上就是当头一棒，一根大阴线杀回来，K线形态就如图中湖北宜化表现，放量大阳往上突破横盘平台，马上就是阴线杀回，出现这样的走势短线看跌。

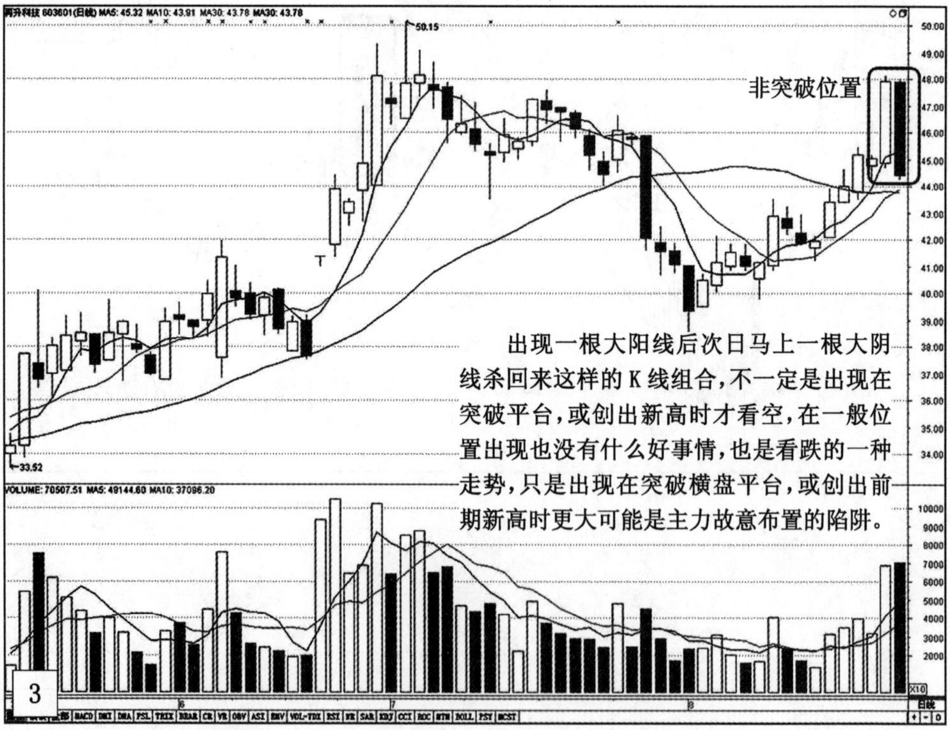

出现一根大阳线后次日马上一根大阴线杀回来这样的K线组合，不一定是出现在突破平台，或创出新高时才看空，在一般位置出现也没有什么好事情，也是看跌的一种走势，只是出现在突破横盘平台，或创出前期新高时更大可能是主力故意布置的陷阱。

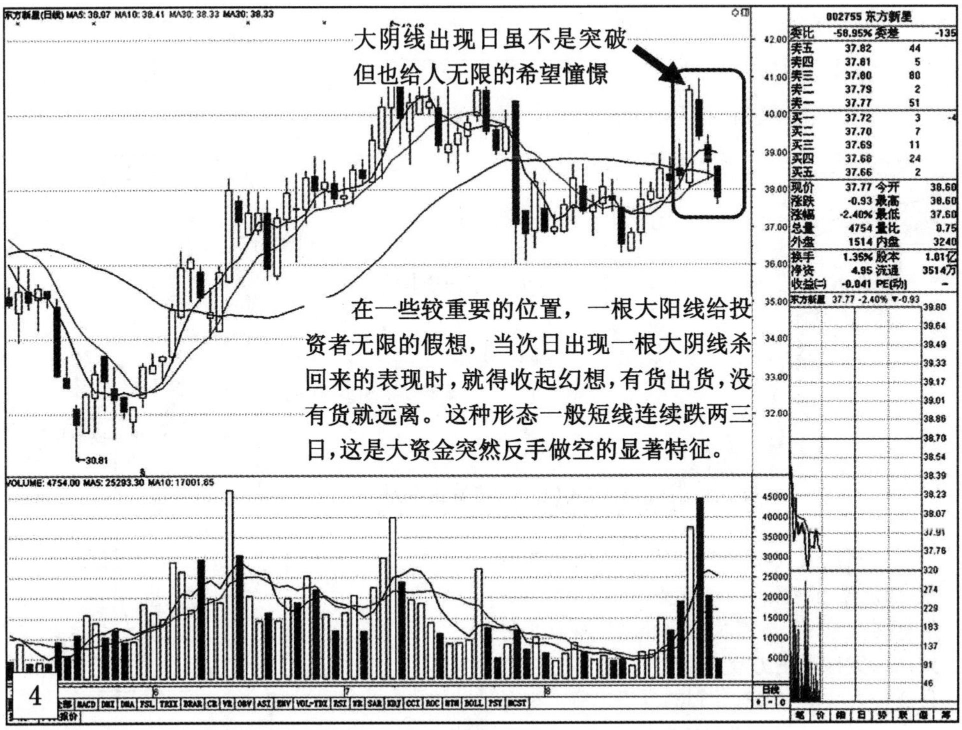

主力设置假突破陷阱的识别技巧

证券市场中影响个股涨跌的是供求关系，但交易市场任何利好利空或者基本面因素等都会转化为实际买卖然后影响价格，影响价格交易的背后是人。如果要对这些交易主体进行划分就有各种分类了，在证券市场中我们把交易主体分为两大类：“主力和自然市场大众”。

主力是指手持巨额资金、掌握股市中一些交易技巧，独立的有组织有计划运作或者操纵股价谋取利益的个人或机构。

自然市场大众指主力之外的一切交易者，包括个人和各种机构。

个股交易时间中股价涨跌都是因人们的买卖交易博弈造成的。一只股票当主力出来活动做交易时，该股价格和方向受主力的交易影响程度高。主力做盘态度十分坚决、买卖量占比达到当天总量的5%就对股价影响明显，达到10%就能左右它的方向，达到20%想该股怎么走就怎么走，也就是说主力的实力，以及出来操盘时的态度和交易量如何，直接影响股价的表现。技术派在对个股分析时，分析市场自然力量对该股的影响是必要的。如该股明显有主力活动，那么分析主力力量对该股的影响情况是必须的。

分析主力力量对个股影响如何，首先要查看目标股票有没有主力在活动，这是第一步，其方法和技巧将在本文中结合实例展开剖析。

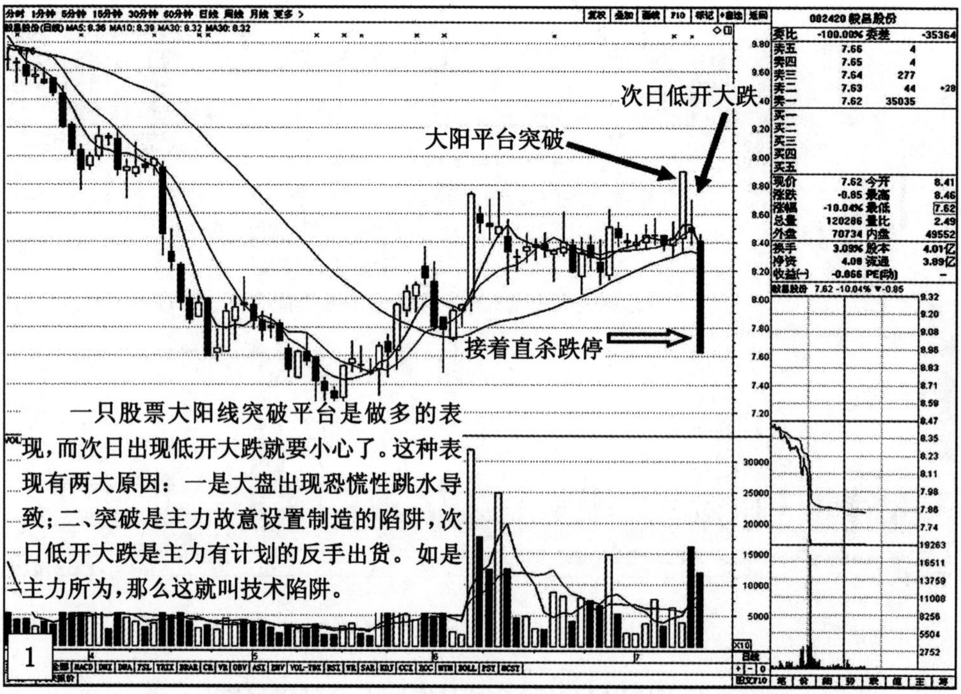

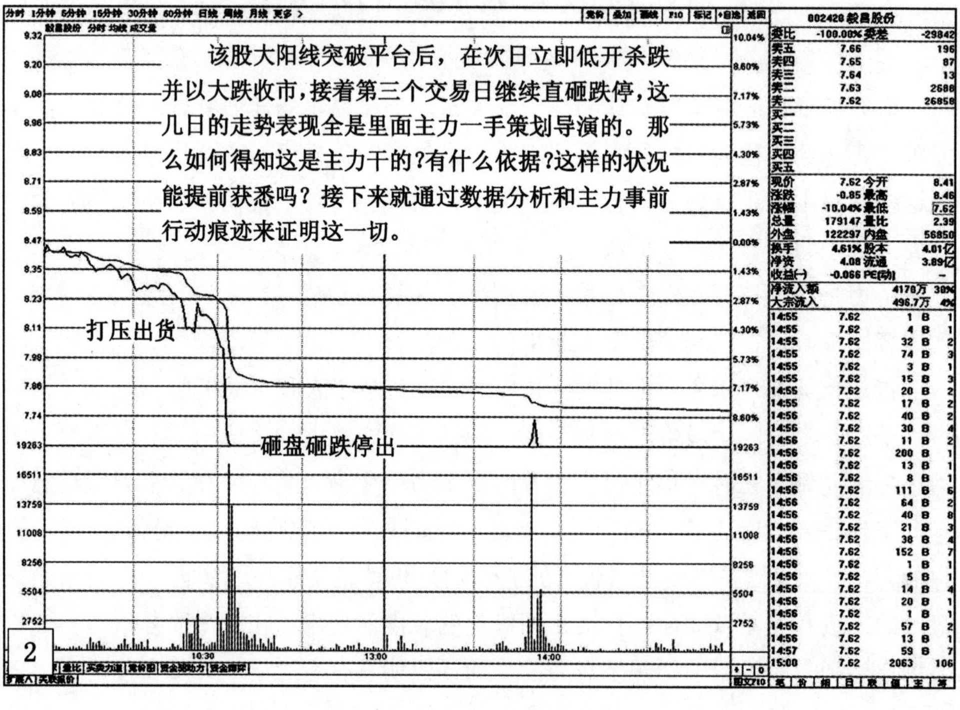

深圳证券市场中小企业板交易公开信息(2017年07月12日)

毅昌股份(002420) 跌幅偏离值:-9.84% 成交量:1791万股 成交金额:13918万元

买入金额最大的前5名

营业部或交易单元名称	买入金额(元)	卖出金额(元)
中天证券股份有限公司深圳民田路证券营业部	5773674.00	1963674.00
东兴证券股份有限公司泉州田安路证券营业部	4237524.00	0.00
海通证券股份有限公司杭州文化路证券营业部	3419689.00	0.00
光大证券股份有限公司海口国贸大道证券营业部	2288555.00	0.00
平安证券股份有限公司山东分公司	2071878.00	0.00

卖出金额最大的前5名

营业部或交易单元名称	买入金额(元)	卖出金额(元)
中山证券有限责任公司杭州杨公堤证券营业部	0.00	26391335.00
财通证券股份有限公司丽水北苑路证券营业部	0.00	8953914.00
国金证券股份有限公司重庆聚贤街证券营业部	34470.00	7329700.86
财通证券股份有限公司青田前路街证券营业部	0.00	7142735.00
兴业证券股份有限公司福州五一北路证券营业部	0.00	4191792.00

通过毅昌股份7月12日跌停公开数据可以看到，该股当天总成交金额1.39亿元。卖出第一名中山证券杭州杨公堤证券营业部，卖出量2639万元，占当天总成交金额18.98%。这个比例是相当高的，砸盘主力明显就在这个营业部。

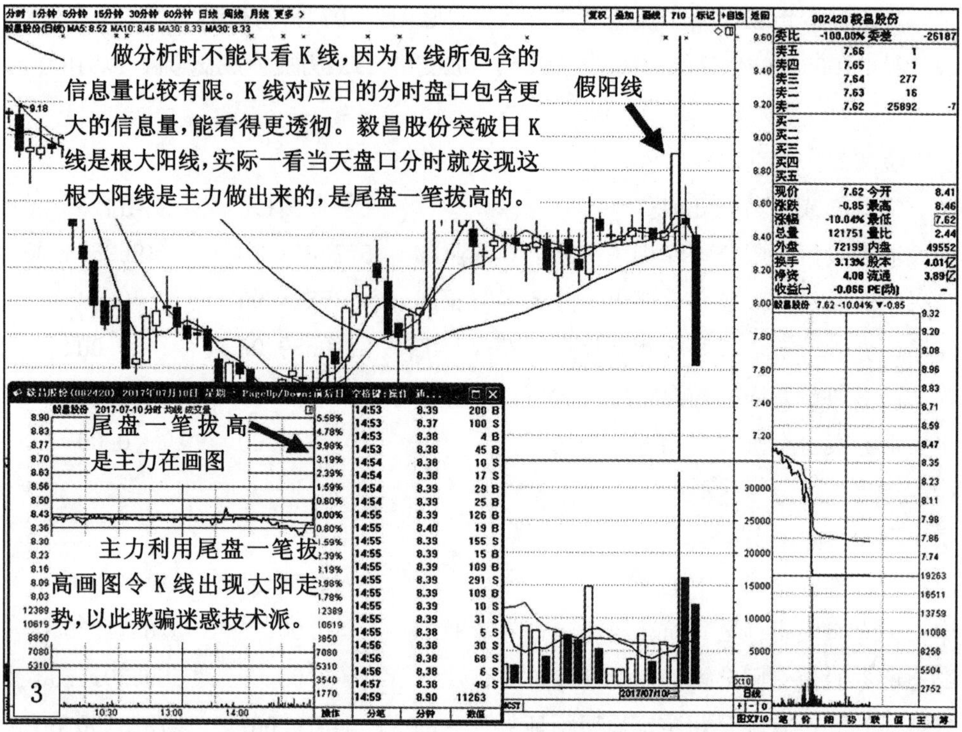
做分析时不能只看K线,因为K线所包含的信息量比较有限。K线对应日的分时盘口包含更大的信息量,能看得更透彻。毅昌股份突破日K线是根大阳线,实际一看当天盘口分时就发现这根大阳线是主力做出来的,是尾盘一笔拔高的。
假阳线
尾盘一笔拔高是主力在画图
主力利用尾盘一笔拔高画图令K线出现大阳走势,以此欺骗迷惑技术派。
3

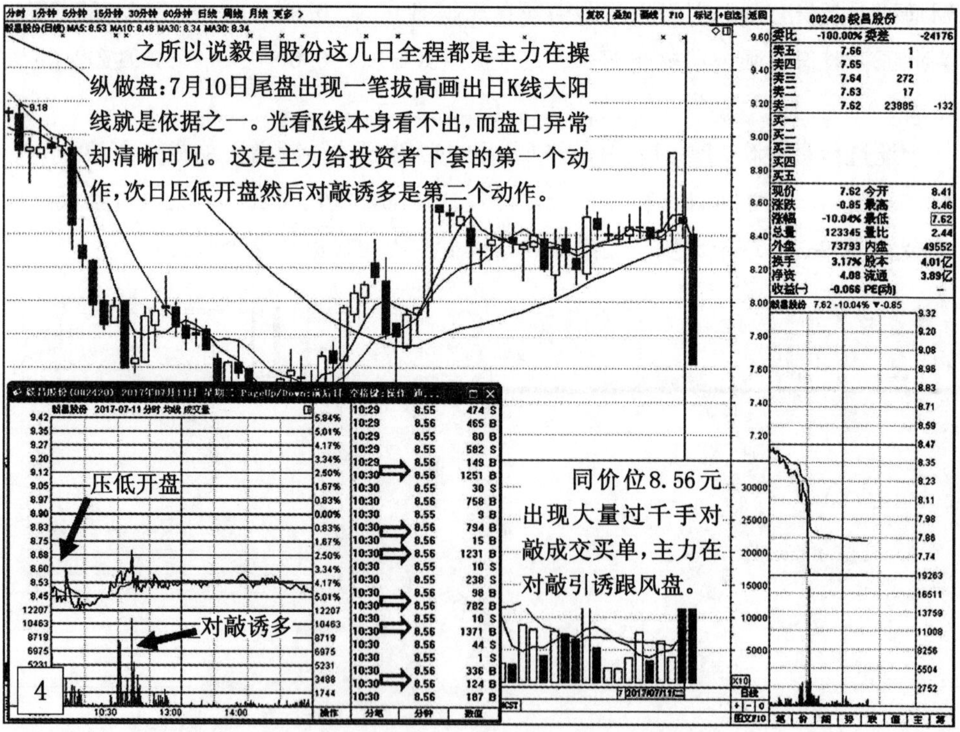
之所以说毅昌股份这几日全程都是主力在操纵做盘:7月10日尾盘出现一笔拔高画出日K线大阳线就是依据之一。光看K线本身看不出,而盘口异常却清晰可见。这是主力给投资者下套的第一个动作,次日压低开盘然后对敲诱多是第二个动作。
压低开盘
对敲诱多
同价位8.56元出现大量过千手对敲成交买单,主力在对敲引诱跟风盘。
4

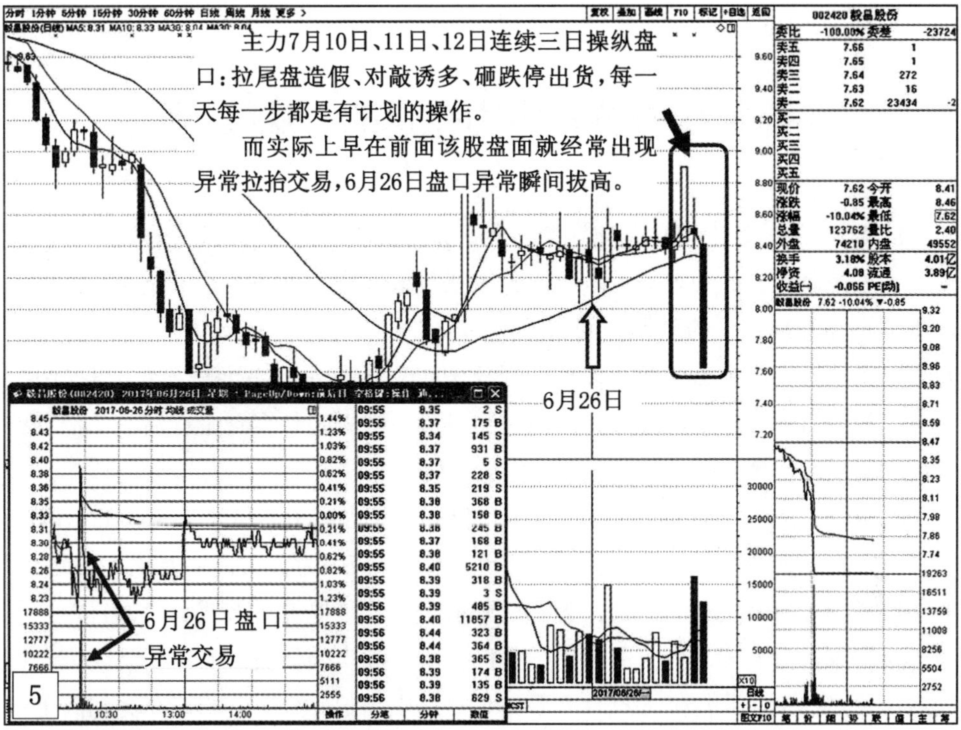
主力7月10日、11日、12日连续三日操纵盘口：拉尾盘造假、对敲诱多、砸跌停出货，每一天每一步都是有计划的操作。
而实际上早在前面该股盘面就经常出现异常拉抬交易，6月26日盘口异常瞬间拔高。
6月26日
6月26日盘口异常交易
5
002420 毅昌股份

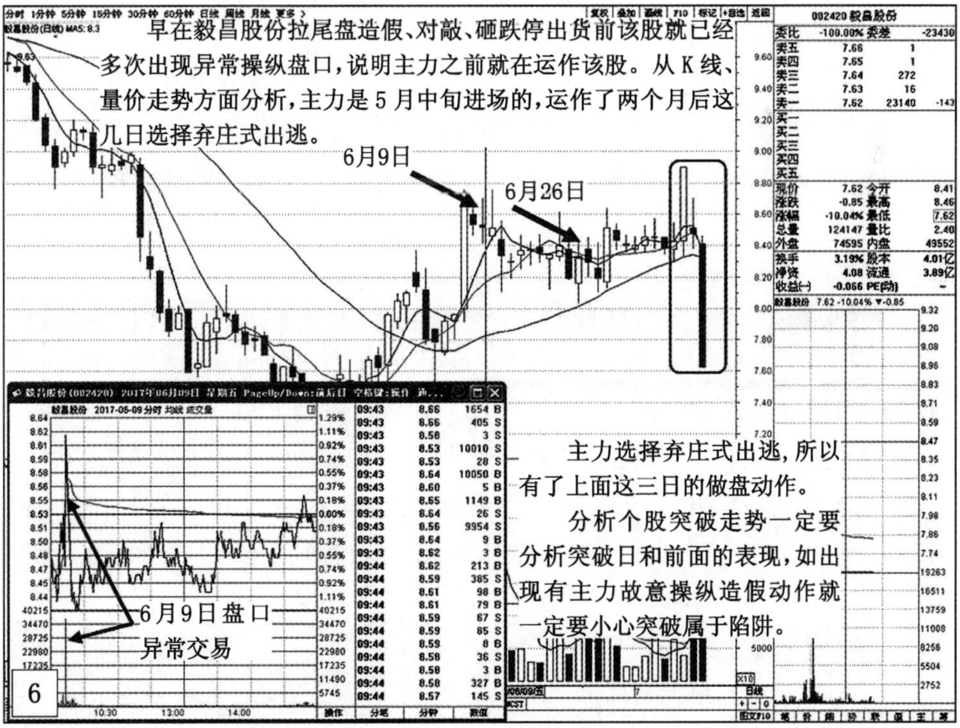
早在毅昌股份拉尾盘造假、对敲、砸跌停出货前该股就已经多次出现异常操纵盘口，说明主力之前就在运作该股。从K线、量价走势方面分析，主力是5月中旬进场的，运作了两个月后这几日选择弃庄式出逃。
6月9日
6月26日
主力选择弃庄式出逃，所以有了上面这三日的做盘动作。
分析个股突破走势一定要分析突破日和前面的表现，如出现有主力故意操纵造假动作就一定要小心突破属于陷阱。
6月9日盘口异常交易
6
002420 毅昌股份

全面综合分析主力撤退的方法技巧

股票市场中会买是赚钱的前提，会卖则是赚多少，以及回避风险能力的体现。并不是掌握高成功率的买入方法就能在股票市场上无往不利，只有掌握好的卖出方法才能决定你的赚钱和回避风险的能力。真正掌握每一项看盘分析方法，都要从市场原理、主力做盘原理深入理解才能学以致用，用而精！

数据分析非常重要，它能让你清楚一只股票当天是什么资金在活动，活动的目的和对后市表现影响如何。

亚夏汽车2015年8月13日大跌日公开数据，亮点在中国国际金融股份有限公司广州天河路证券营业部。该营业部主力盘中买入721万元，同时卖出1.21亿元。同一股票同一日既买又卖，这行为有两种情况：一是单纯对敲或者对倒行为，二是为拉高或护盘而买，为出货而卖出，所以既买又卖同日出现并不矛盾，因为机构在出货过程中需要拉高或进行必要的护盘。中国国际金融公司广州天河路证券营业部主力，8月13日盘中的既买又卖属于哪一种情况？这就要看当日目标股票盘口表现情况分析研判。

深圳证券市场中小企业板交易公开信息(2015年08月13日)
亚夏汽车(代码002607) 跌幅偏离值:-8.45% 成交量:6651万股 成交金额:79438万元

买入金额最大的前5名

营业部或交易单元名称	买入金额(元)	卖出金额(元)
机构专用	9348387.00	0.00
国信证券股份有限公司浙江分公司	8006249.00	279127.00
东莞证券股份有限公司河源建设大道证券营业部	7247470.00	20509.00
中国国际金融股份有限公司广州天河路证券营业部	7219693.40	121410594.64
国金证券股份有限公司上海互联网证券分公司	7132316.44	2078932.40

卖出金额最大的前5名

营业部或交易单元名称	买入金额(元)	卖出金额(元)
中国国际金融股份有限公司广州天河路证券营业部	7219693.40	121410594.64

光大证券股份有限公司郑州金水路证券营业部	219356.00	65040770.27
齐鲁证券有限公司福州湖东路证券营业部	59256.00	49827809.91
光大证券股份有限公司宁波中山西路证券营业部	27775.00	32827460.45
第一创业证券股份有限公司上海巨野路证券营业部	391445.00	32548556.80

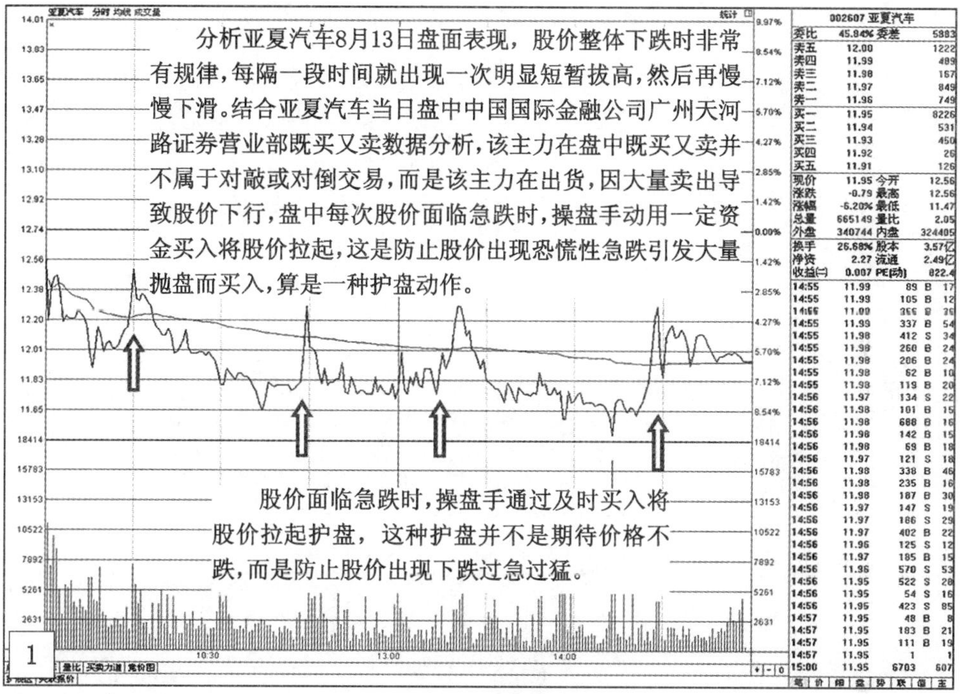

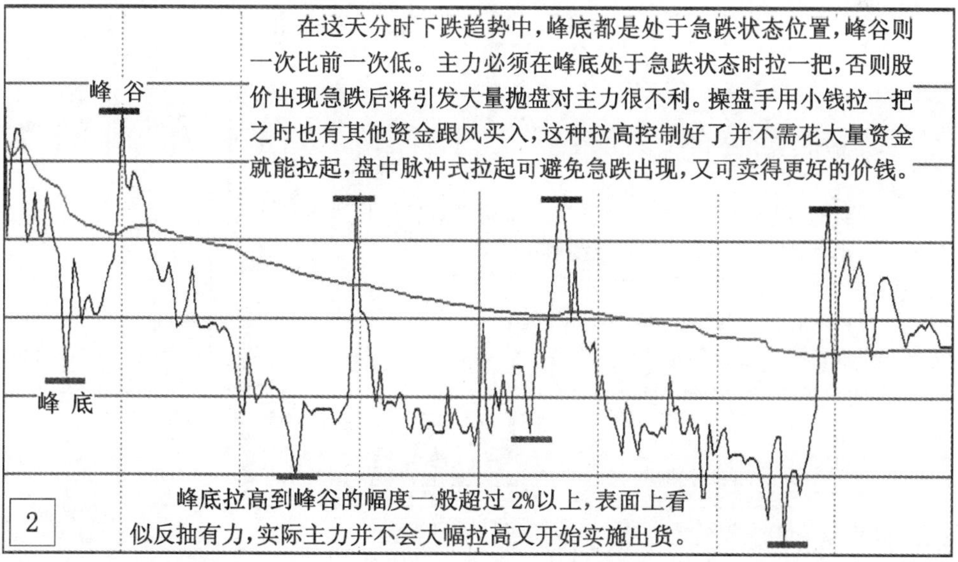

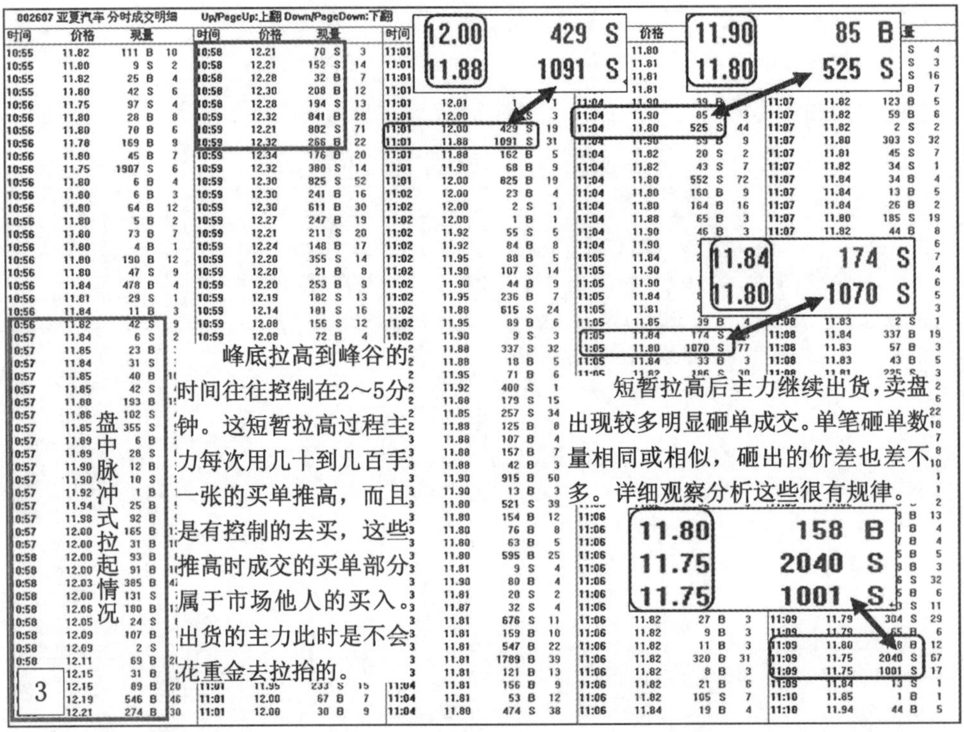

002607 亚夏汽车 分时成交明细 Up/PageUp:上翻 Down/PageDown:下翻
12.00 429 S
11.88 1091 S
11.90 85 B
11.80 525 S
11.84 174 S
11.80 1070 S
11.80 158 B
11.75 2040 S
11.75 1001 S
盘中脉冲式拉起情况
峰底拉高到峰谷的时间往往控制在2～5分钟。这短暂拉高过程主力每次用几十到几百手一张的买单推高，而且是有控制的去买，这些推高时成交的买单部分属于市场他人的买入。出货的主力此时是不会花重金去拉抬的。
短暂拉高后主力继续出货，卖盘出现较多明显砸单成交。单笔砸单数量相同或相似，砸出的价差也差不多。详细观察分析这些很有规律。
3

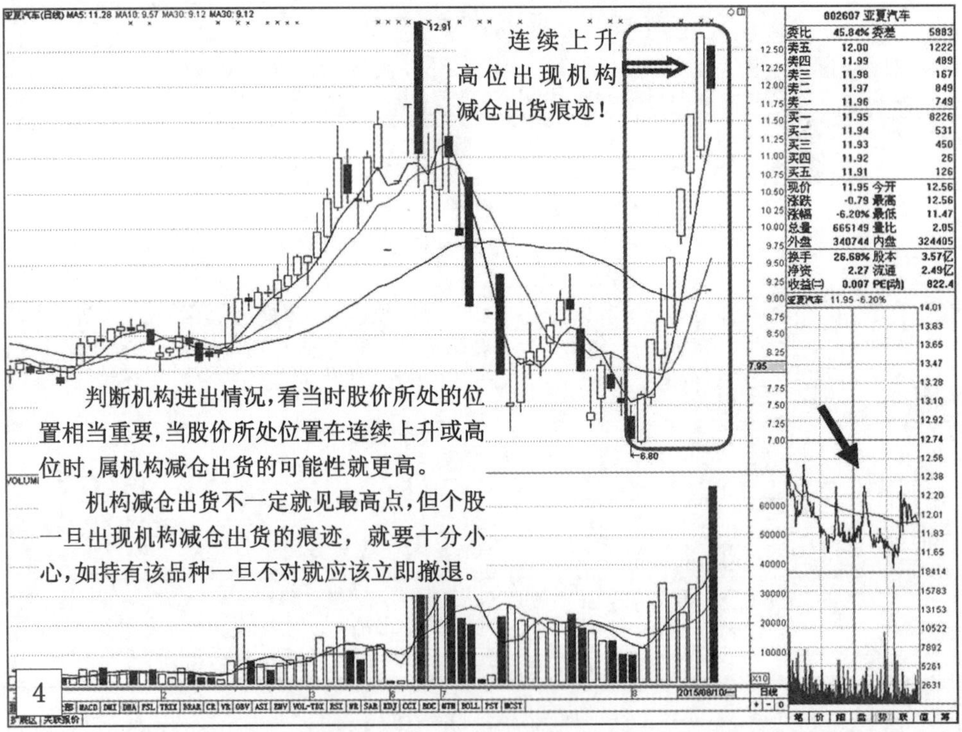

连续上升
高位出现机构
减仓出货痕迹！
判断机构进出情况，看当时股价所处的位置相当重要，当股价所处位置在连续上升或高位时，属机构减仓出货的可能性就更高。
机构减仓出货不一定就见最高点，但个股一旦出现机构减仓出货的痕迹，就要十分小心，如持有该品种一旦不对就应该立即撤退。
002607 亚夏汽车
4

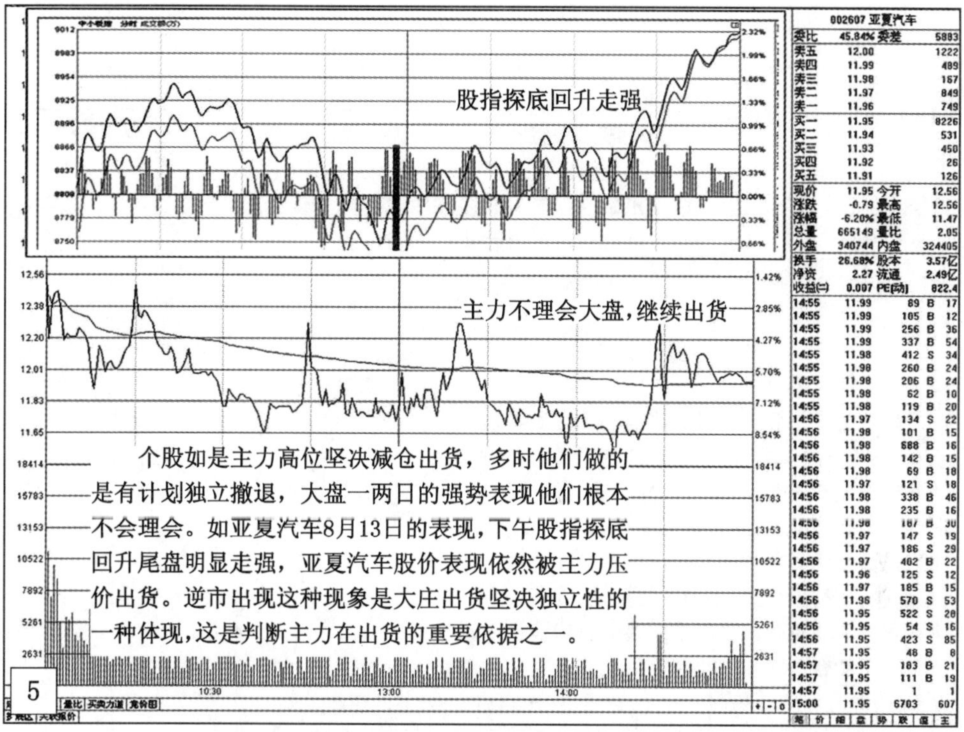

识别个股反弹主力出货见顶的技巧

股票涨多了就会跌，同样股票跌多了也会涨，这是市场自然规律！股票跌多了会涨，而能涨多少这是个难题，这关系到能不能跟进，或者涨到什么幅度就要抛。股价上涨时抛早了没多少利润，抛迟了利润可能已经没有了，也就是说在解决了能不能买后，一旦所买的股票上升，能不能在恰当的时机抛出获利了结相当重要。要做到在恰当时机抛出，就要了解影响股价上涨和见顶因素，这两点是分析判断在恰当时机抛出的关键。

个股中大资金的进出是影响股价涨跌的重要因素，掌握操盘大资金机构的性质同样是影响股价涨跌的关键，专门做短线的机构所运作的资金一般以短炒为主，他们做盘直来直往，拿到货就拉，拉高就出，中间干脆利索，这类机构大部分单次做盘拉升幅度有限。当你了解到所持个股，或者准备买的个股属于短线机构在运作，那么短线盈利目标就不要定的过高。短炒机构做盘拉升后一旦开始派货，投资者就要择机卖出。你不走主力走，主力进场拿货和拉升时股价在其影响下上涨，主力拉高后减仓派发，股价在其影响下就会跌。如何获悉短炒机构开始派货？可以通过盘口和分时走势表现分析辨别。下面就围绕这一主题展开一些经验之谈。

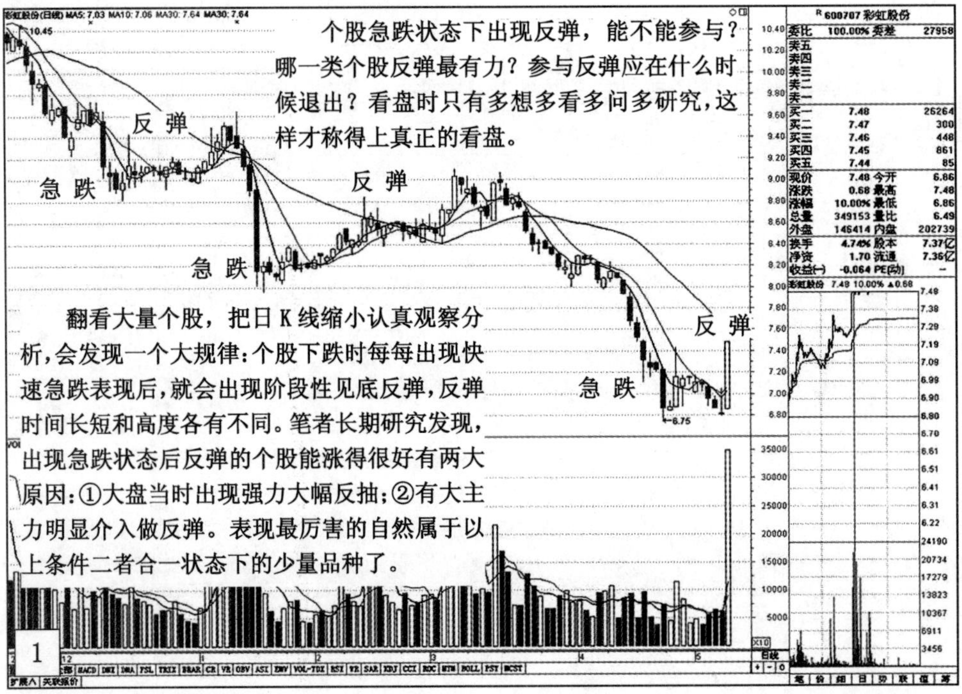

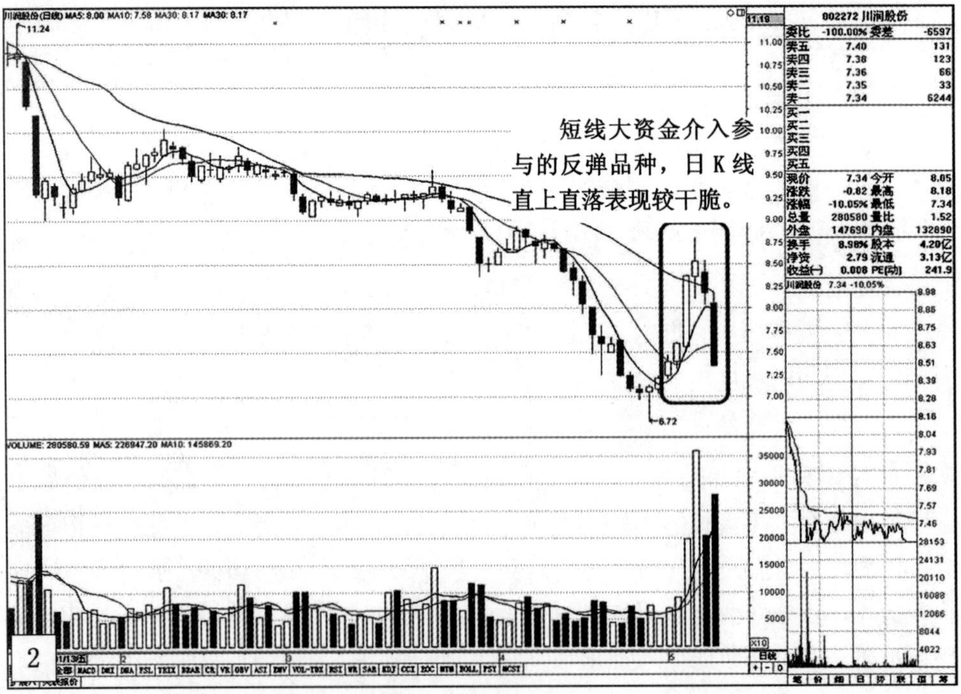

对于个股出现急跌表现后的反弹，有大资金介入的品种大都表现出较强的反弹，其中以超短线机构大资金介入的品种最明显。

因为短线机构做盘效率高，他们拿货、拉升、出货一气呵成，中间没有什么洗盘横盘等环节，股价表现直上直下，买到这样的股票能快速实现赢利，拿着这样的股票要见好就收，他们既直上也直下。如何发现这种股票？具体方法技巧将在金印股票高级盘口语言课程中详细讲解，在这里先重点讲解如何辨别这类个股主力拉升结束开始出货技巧，让投资者在参与做反弹时能认清形势，及时获利了结。

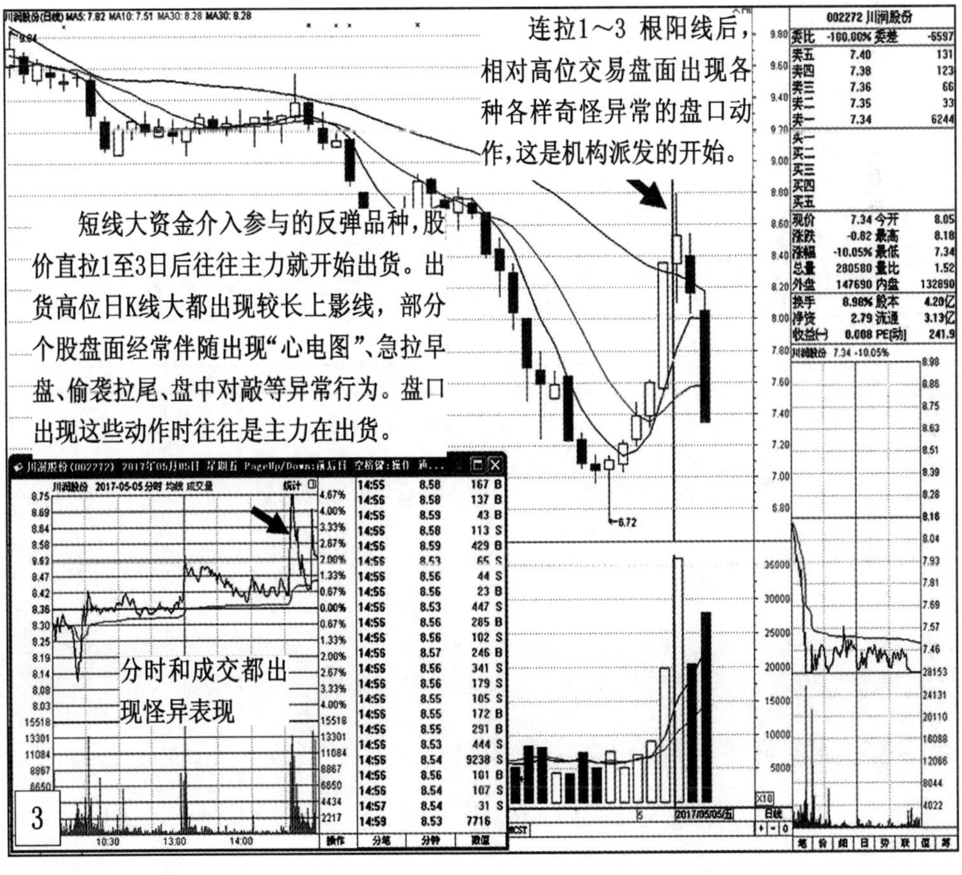

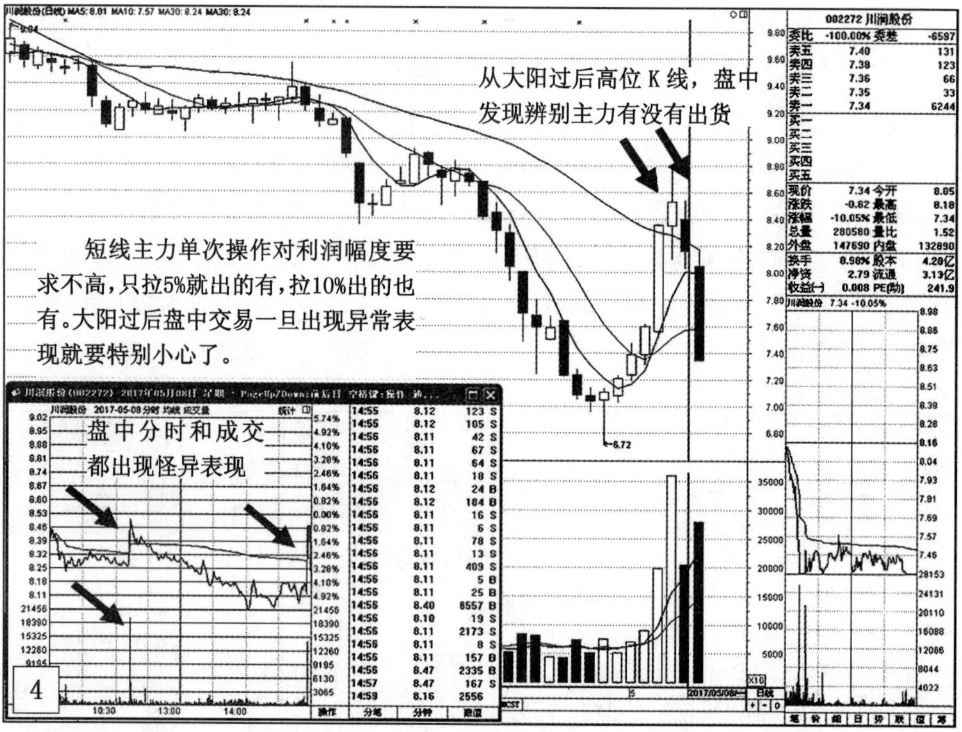
从大阳过后高位 K 线，盘中发现辨别主力有没有出货
短线主力单次操作对利润幅度要求不高，只拉5%就出的有，拉10%出的也有。大阳过后盘中交易一旦出现异常表现就要特别小心了。
盘中分时和成交都出现怪异表现
4

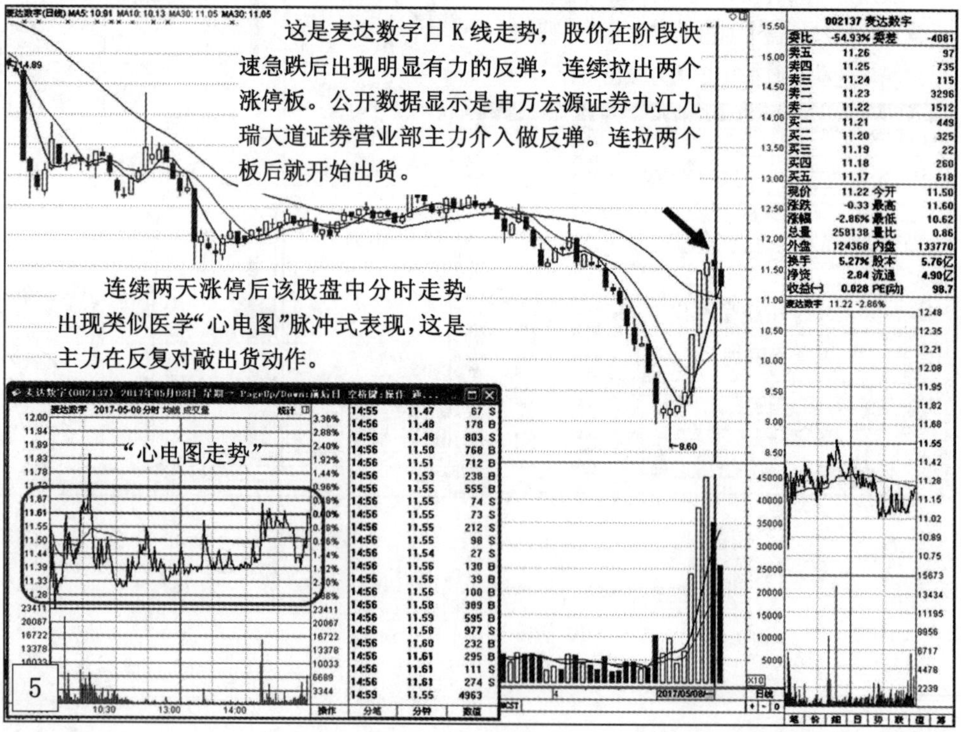
这是麦达数字日 K 线走势，股价在阶段快速急跌后出现明显有力的反弹，连续拉出两个涨停板。公开数据显示是申万宏源证券九江九瑞大道证券营业部主力介入做反弹。连拉两个板后就开始出货。
连续两天涨停后该股盘中分时走势出现类似医学“心电图”脉冲式表现，这是主力在反复对敲出货动作。
“心电图走势”
5

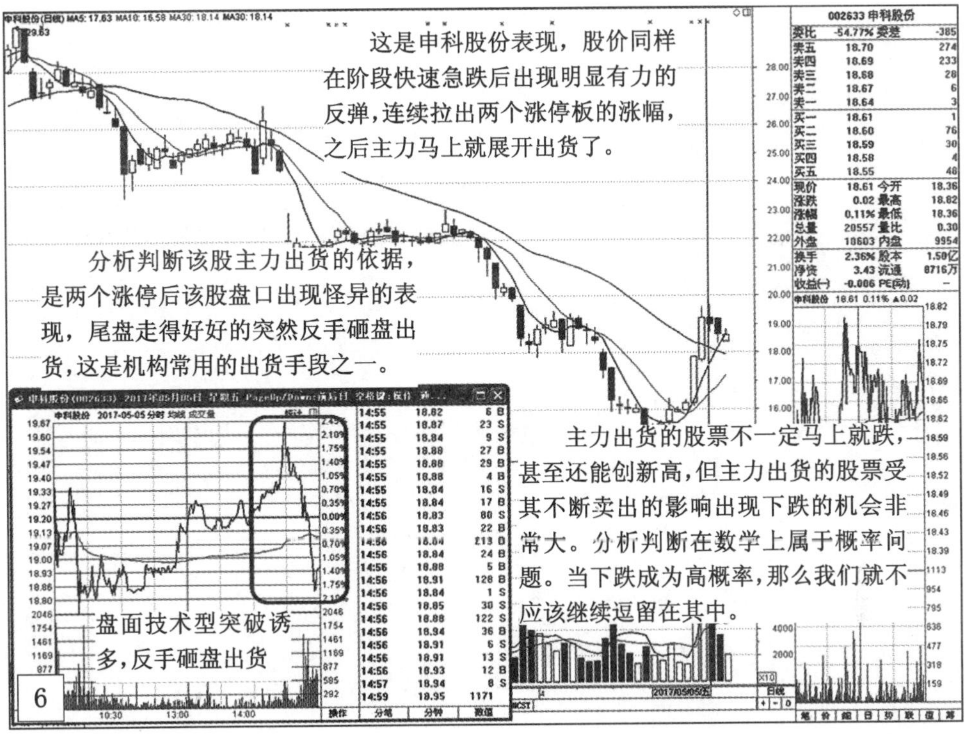

主力逆市反手做空之细节

股市是非线性波动，没有规律可言，此话只是个人片面一家之言。先不说股市自身波动是否属非线性波动有没有规律，个股中短线波动中人为干预操作就有规律可言。主力连续大量买卖直接影响价格涨跌，主力的操作做盘多时有规律可言。在主力操盘手做盘一连串动作中，每个动作步骤都是连环紧扣有先后之分的。这些做盘手法在个股中出现时大都表现出同样或十分相似的盘面特征，这些是人为影响下的局部规律，反复出现在不同个股中就成为市场规律。

东华科技盘中就出现一段明显的主力做盘规律。既出现在其他个股中又出现在东华科技盘面中的规律细节步骤是这样的：主力第一步在股价横盘期间在买一和卖一之间同时挂出大单制造夹盘盘口；第二步通过对敲分批消化卖盘；第三步将股价推高，分时创全天新高；第四步反手做空打压出货。这四大步骤出现在其他个股中也都是如此规律。下面通过东华科技盘面表现带领各位熟悉主力具体操盘细节。

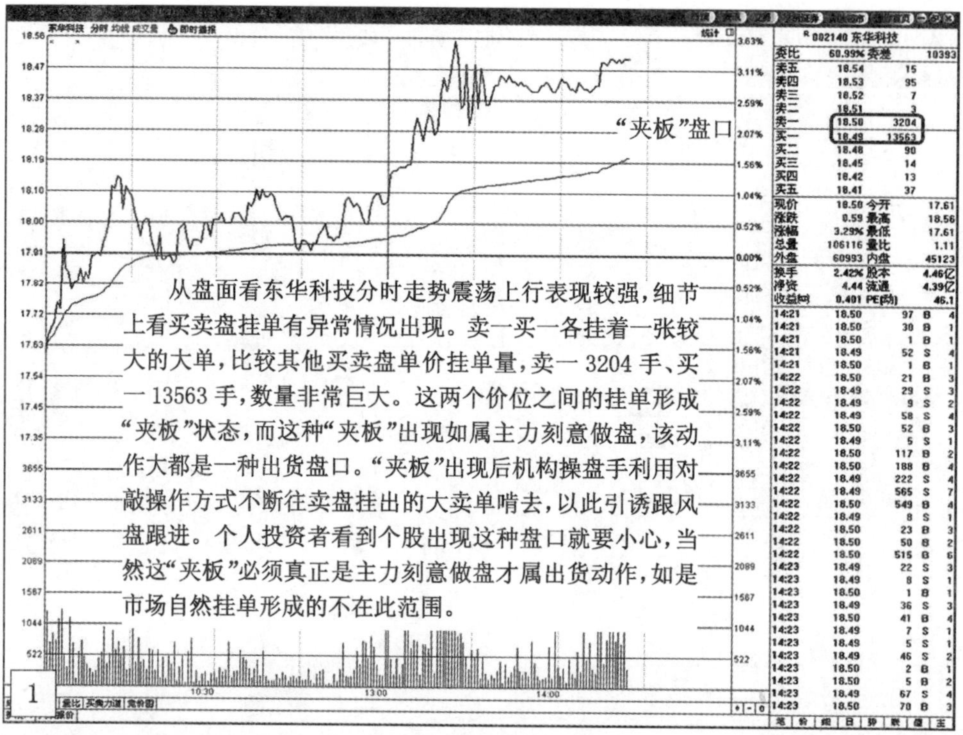

从盘面看东华科技分时走势震荡上行表现较强，细节上看买卖盘挂单有异常情况出现。卖一买一各挂着一张较大的大单，比较其他买卖盘单价挂单量，卖一3204手、买一13563手，数量非常巨大。这两个价位之间的挂单形成“夹板”状态，而这种“夹板”出现如属主力刻意做盘，该动作大都是一种出货盘口。“夹板”出现后机构操盘手利用对敲操作方式不断往卖盘挂出的大卖单啃去，以此引诱跟风盘跟进。个人投资者看到个股出现这种盘口就要小心，当然这“夹板”必须真正是主力刻意做盘才属出货动作，如是市场自然挂单形成的不在此范围。

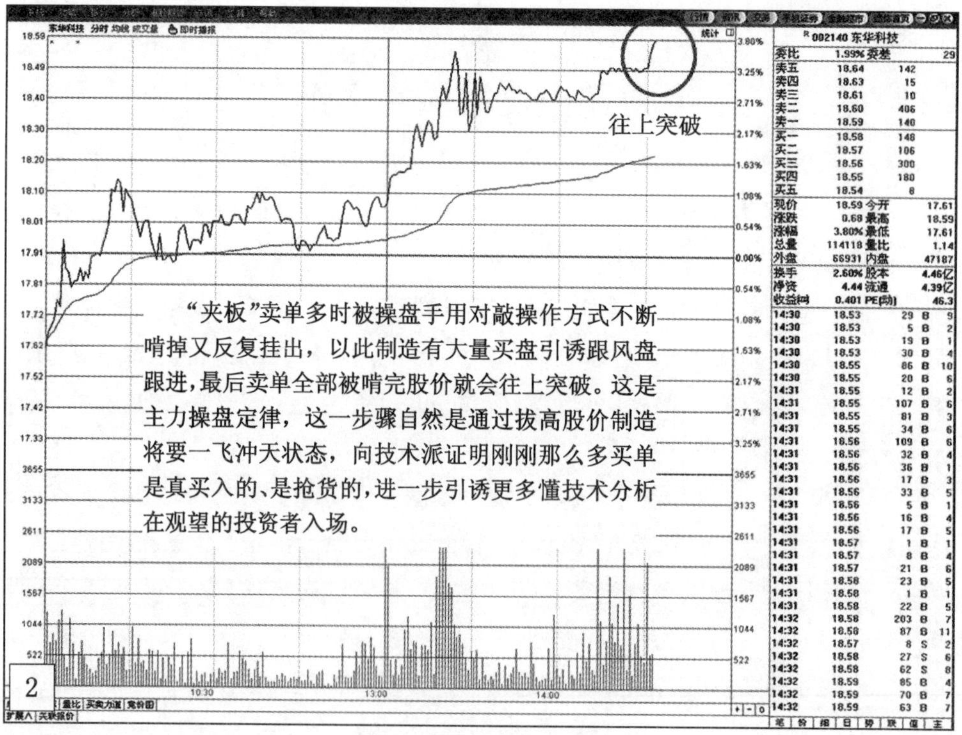

“夹板”卖单多时被操盘手用对敲操作方式不断啃掉又反复挂出，以此制造有大量买盘引诱跟风盘跟进，最后卖单全部被啃完股价就会往上突破。这是主力操盘定律，这一步骤自然是通过拔高股价制造将要一飞冲天状态，向技术派证明刚刚那么多买单是真买入的、是抢货的，进一步引诱更多懂技术分析在观望的投资者入场。

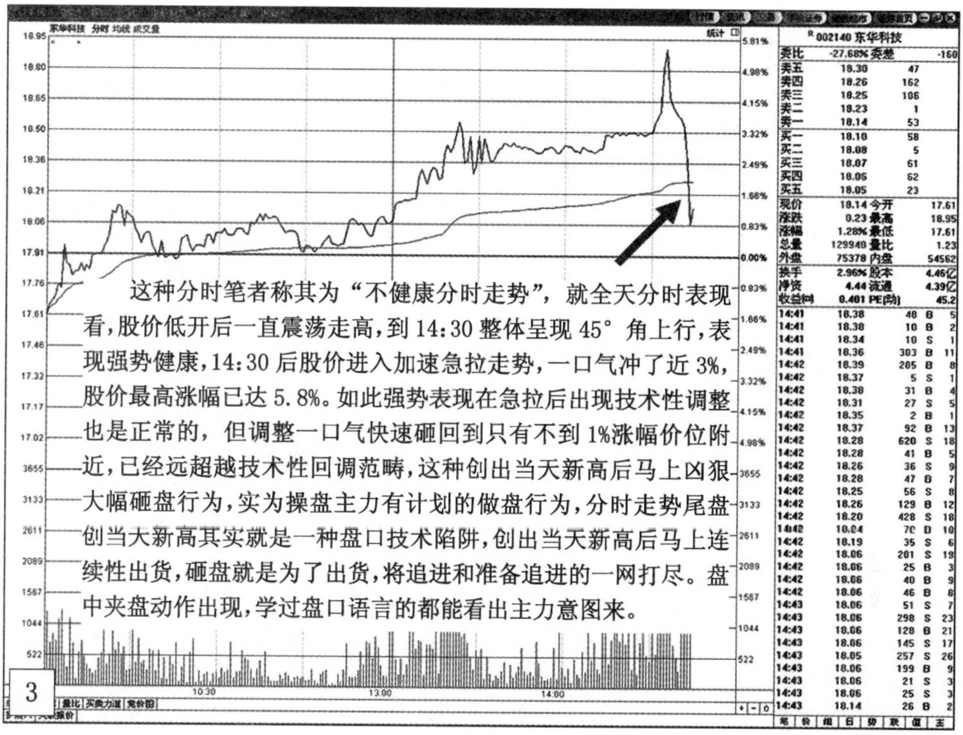

这种分时笔者称其为“不健康分时走势”，就全天分时表现看，股价低开后一直震荡走高，到14:30整体呈现45°角上行，表现强势健康，14:30后股价进入加速急拉走势，一口气冲了近3%，股价最高涨幅已达5.8%。如此强势表现在急拉后出现技术性调整也是正常的，但调整一口气快速砸回到只有不到1%涨幅价位附近，已经远超越技术性回调范畴，这种创出当天新高后马上凶狠大幅砸盘行为，实为操盘主力有计划的做盘行为，分时走势尾盘创当大新高其实就是一种盘口技术陷阱，创出当天新高后马上连续性出货，砸盘就是为了出货，将追进和准备追进的一网打尽。盘中夹盘动作出现，学过盘口语言的都能看出主力意图来。

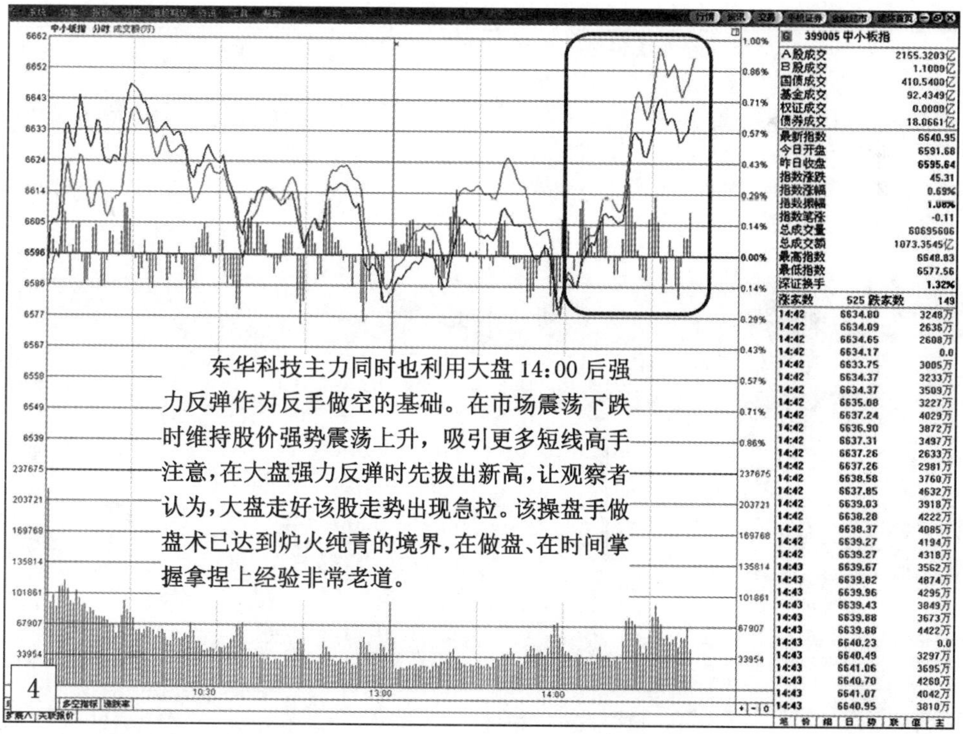

东华科技主力同时也利用大盘14:00后强力反弹作为反手做空的基础。在市场震荡下跌时维持股价强势震荡上升，吸引更多短线高手注意，在大盘强力反弹时先拔出新高，让观察者认为，大盘走好该股走势出现急拉。该操盘手做盘术已达到炉火纯青的境界，在做盘、在时间掌握拿捏上经验非常老道。

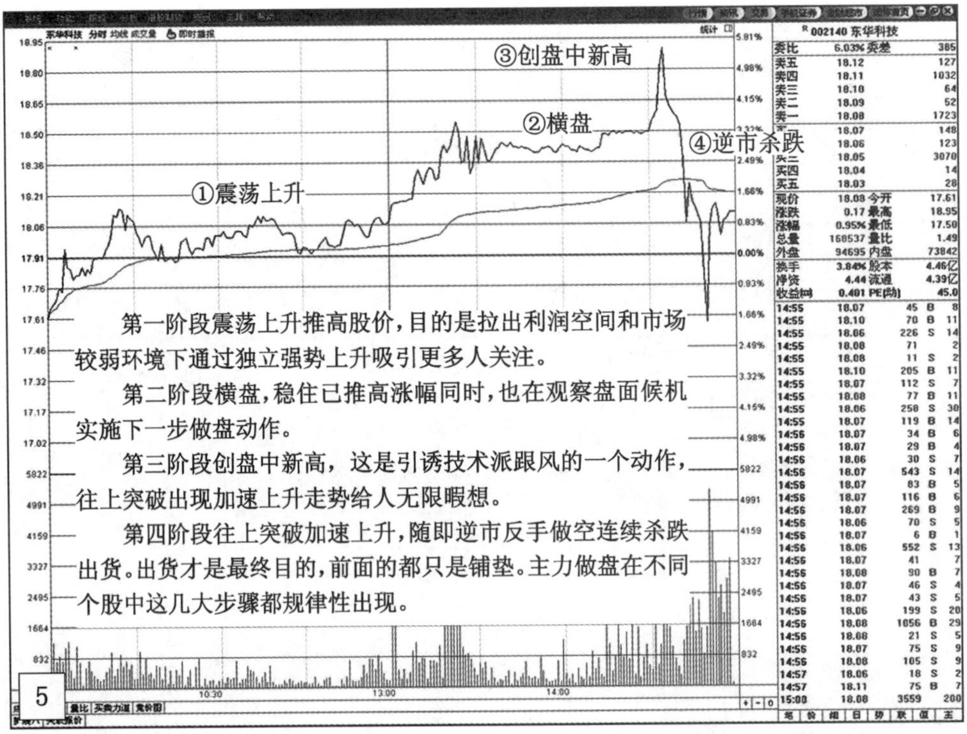
③创盘中新高
②横盘
④逆市杀跌
①震荡上升
第一阶段震荡上升推高股价，目的是拉出利润空间和市场较弱环境下通过独立强势上升吸引更多人关注。
第二阶段横盘，稳住已推高涨幅同时，也在观察盘面候机实施下一步做盘动作。
第三阶段创盘中新高，这是引诱技术派跟风的一个动作，往上突破出现加速上升走势给人无限暇想。
第四阶段往上突破加速上升，随即逆市反手做空连续杀跌出货。出货才是最终目的，前面的都只是铺垫。主力做盘在不同个股中这几大步骤都规律性出现。
5

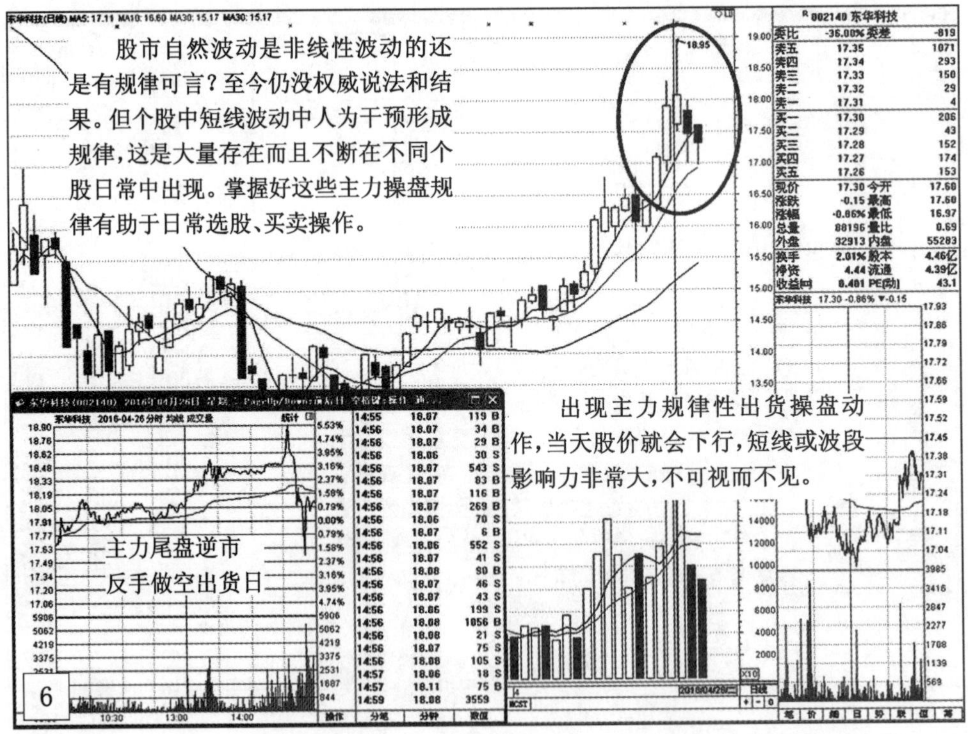
股市自然波动是非线性波动的还是有规律可言？至今仍没权威说法和结果。但个股中短线波动中人为干预形成规律，这是大量存在而且不断在不同个股日常中出现。掌握好这些主力操盘规律有助于日常选股、买卖操作。
出现主力规律性出货操盘动作，当天股价就会下行，短线或波段影响力非常大，不可视而不见。
主力尾盘逆市
反手做空出货日
6

龙头股见顶盘口走势特征

股票市场什么方法最赚钱？恐怕这不能简单回答清楚，但市场中有一种方法能在较短的时间赚快钱，这就是做龙头股，特别是做连续涨停的龙头股。龙头股不一定都会连续涨停，但连续涨停的龙头股一定是市场当时最热门、最牛、最受市场欢迎的品种。追连续涨停的股自然是市场中赚钱最快的方法。

追涨停操作较极端，此法只适合市场上少量职业投资者，一旦成功掌握这种看似极端的操作方法与规律，股市就成为他们的提款机。笔者近年也深入研究这一领域，有些经验可以和各位共同探讨进步。本节要谈的是连续涨停龙头股见顶盘口特征。

连续涨停个股一旦见顶，见顶当日股价将出现大幅波动。股价震幅巨大、从涨停到跌停也常见。龙头股表现出龙头风范后大部分都以连续大阳线方式上行，小部分则以连续涨停方式上升。龙头股将在哪一天见顶这是难以准确预知的。见顶日的分析可以通过盘口与其他表现进行综合研断，其中最容易的是从龙头股盘口分时表现入手去研判。

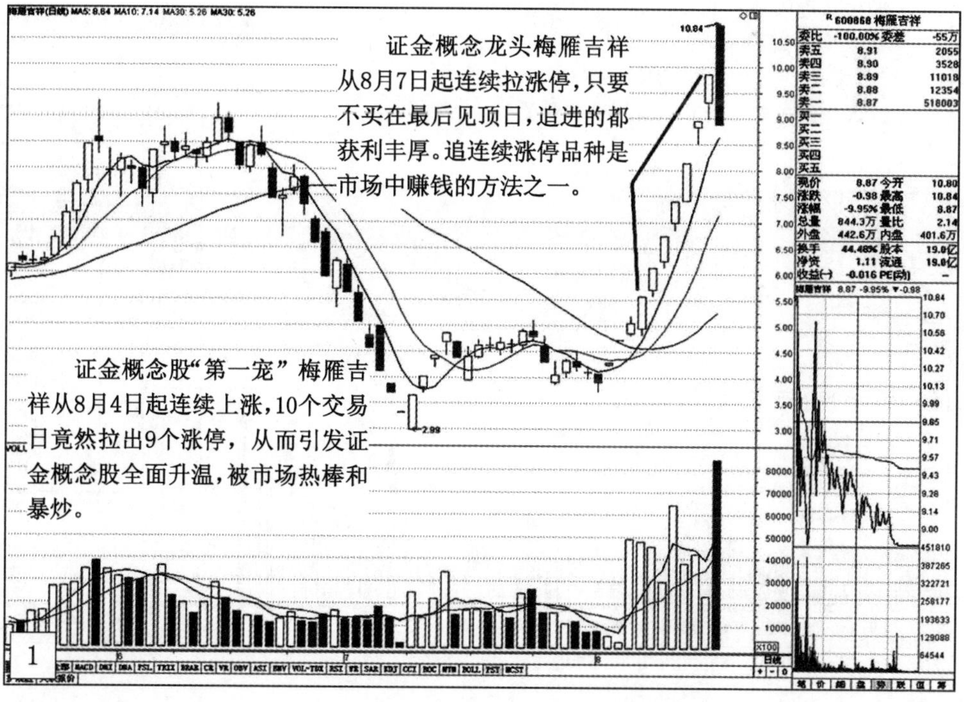

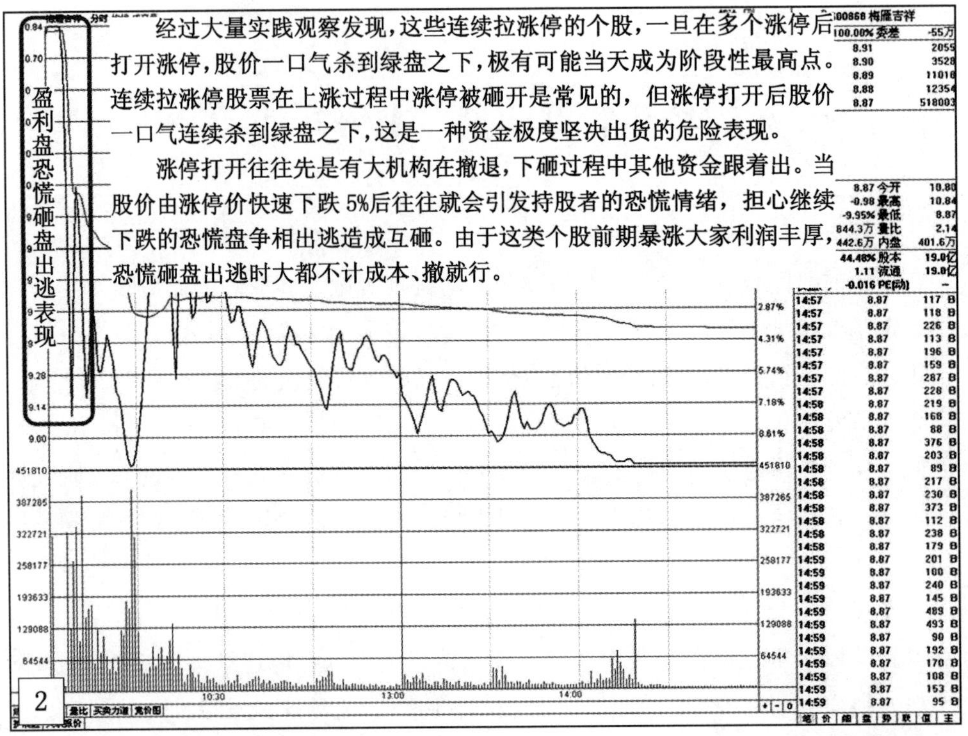

经过大量实践观察发现，这些连续拉涨停的个股，一旦在多个涨停后打开涨停，股价一口气杀到绿盘之下，极有可能当天成为阶段性最高点。连续拉涨停股票在上涨过程中涨停被砸开是常见的，但涨停打开后股价一口气连续杀到绿盘之下，这是一种资金极度坚决出货的危险表现。

涨停打开往往先是有大机构在撤退，下砸过程中其他资金跟着出。当股价由涨停价快速下跌5%后往往就会引发持股者的恐慌情绪，担心继续下跌的恐慌盘争相出逃造成互砸。由于这类个股前期暴涨大家利润丰厚，恐慌砸盘出逃时大都不计成本、撤就行。

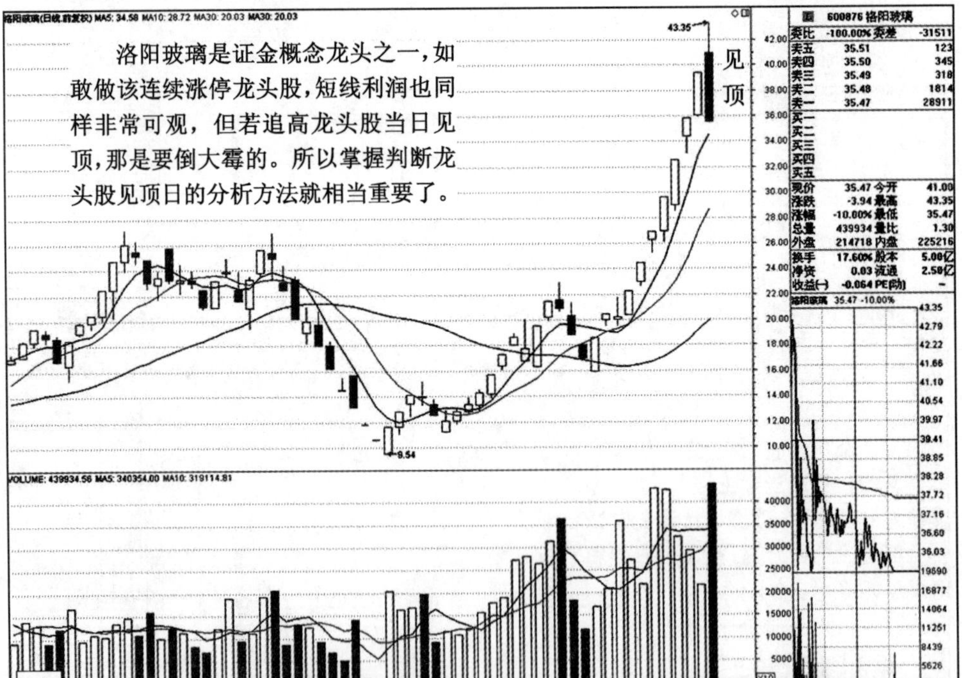

洛阳玻璃是证金概念龙头之一，如敢做该连续涨停龙头股，短线利润也同样非常可观，但若追高龙头股当日见顶，那是要倒大霉的。所以掌握判断龙头股见顶日的分析方法就相当重要了。

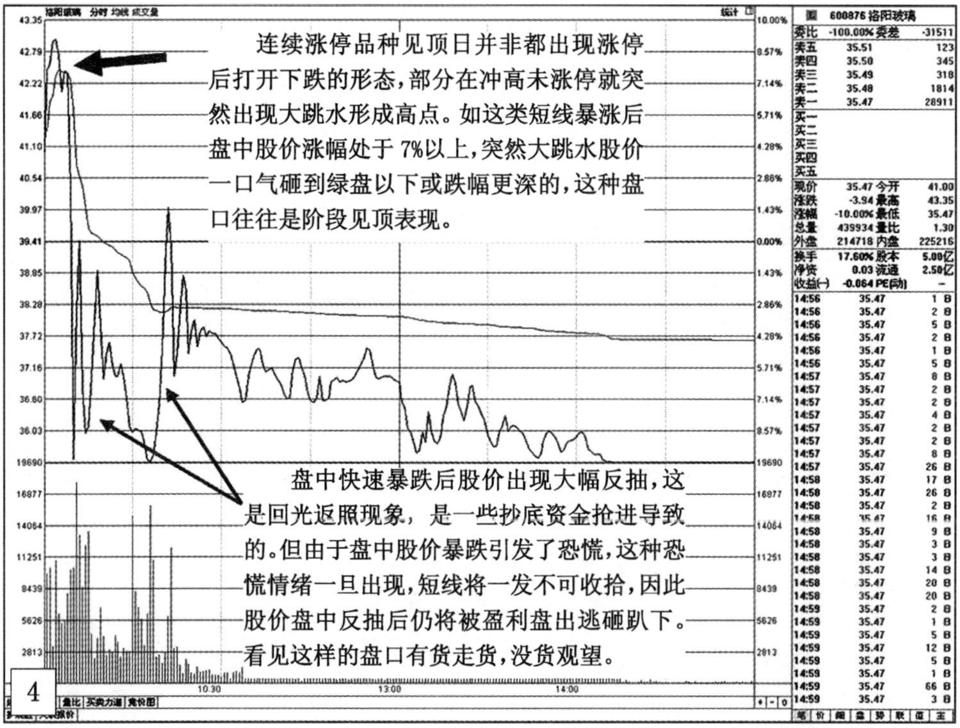

洛阳玻璃 分时 均线 成交量
连续涨停品种见顶日并非都出现涨停后打开下跌的形态，部分在冲高未涨停就突然出现大跳水形成高点。如这类短线暴涨后盘中股价涨幅处于7%以上，突然大跳水股价一口气砸到绿盘以下或跌幅更深的，这种盘口往往是阶段见顶表现。
盘中快速暴跌后股价出现大幅反抽，这是回光返照现象，是一些抄底资金抢进导致的。但由于盘中股价暴跌引发了恐慌，这种恐慌情绪一旦出现，短线将一发不可收拾，因此股价盘中反抽后仍将被盈利盘出逃砸趴下。看见这样的盘口有货走货，没货观望。
600876 洛阳玻璃
4

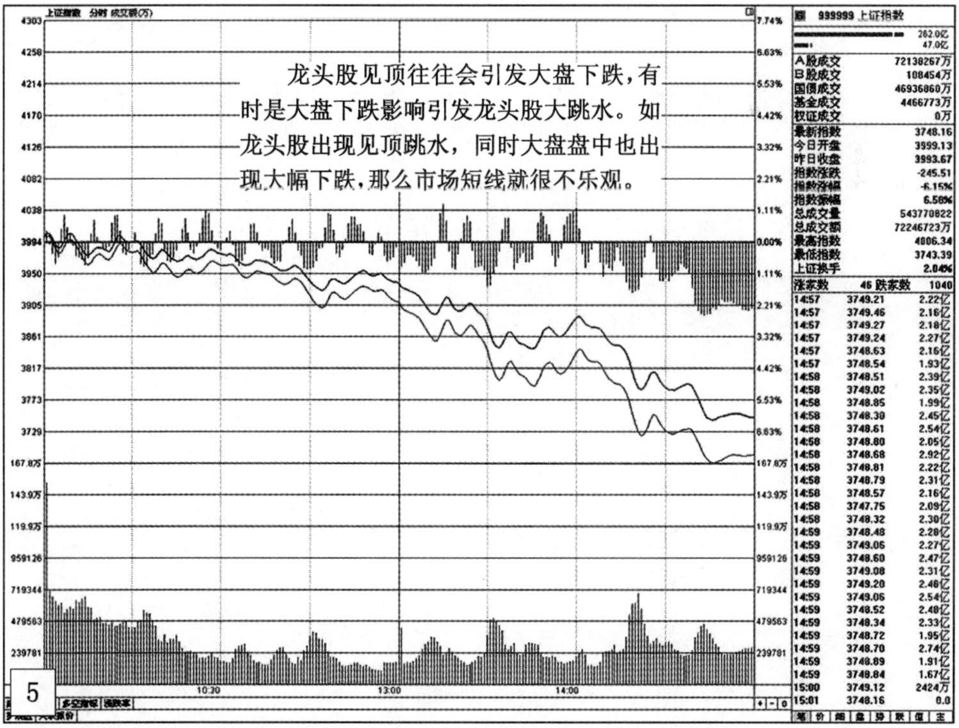

上证指数 分时 成交额(万)
龙头股见顶往往会引发大盘下跌，有时是大盘下跌影响引发龙头股大跳水。如龙头股出现见顶跳水，同时大盘盘中也出现大幅下跌，那么市场短线就很不乐观。
999999 上证指数
5

主力清仓式砸盘出货特征

清仓有两种意义：①原义：清理(查察)仓库；②引申义：全部售出。清仓这个词运用范围较多，如超市“清仓”、股票“清仓”等。

商品清仓常指将货物全部售出，股票“清仓”同样指将手上某只股票或者账户里的股票全部卖掉，不再持有。在商业行为中，商品清仓一般都伴随着降价处理行为，将价钱调低甚至亏损、不计成本抛售是最见的清仓手段。商品清仓时生意人谋求的是快速抛售回笼资金。股票市场同样存在“清仓”行为，一般散户清仓卖出对股价影响有限，如果大户或机构清仓对股价影响明显，大机构或主力清仓对股价影响就更大了。股票清仓与商品清仓原理同样，清仓时一般都伴随降价行为，卖出价钱调得很低甚至亏损、不计成本脱手。

股市中大机构或主力清仓对股价影响非常大，因为清仓行为大都发生在销售尾段，经过前面大量卖出，大部分筹码已经兑现可观利润，剩余的尾货实际已经全是利润，可以不计成本快速出手。当尽快脱手全部兑现成为目的，那么砸盘出货则是有多少接盘砸多少，没有接盘往更低的价位砸是常用手段。被大机构或主力清仓的个股，股价跌得又急又猛，短线跌幅惊人。另有些主力清仓走人并非是出货尾声，而是因为其他原因弃庄出逃，这种个股同样短线跌幅惊人，而且砸盘发生的非常突然。

下面通过鞍重股份表现去剖析一个短线主力清仓式砸盘出货实例。

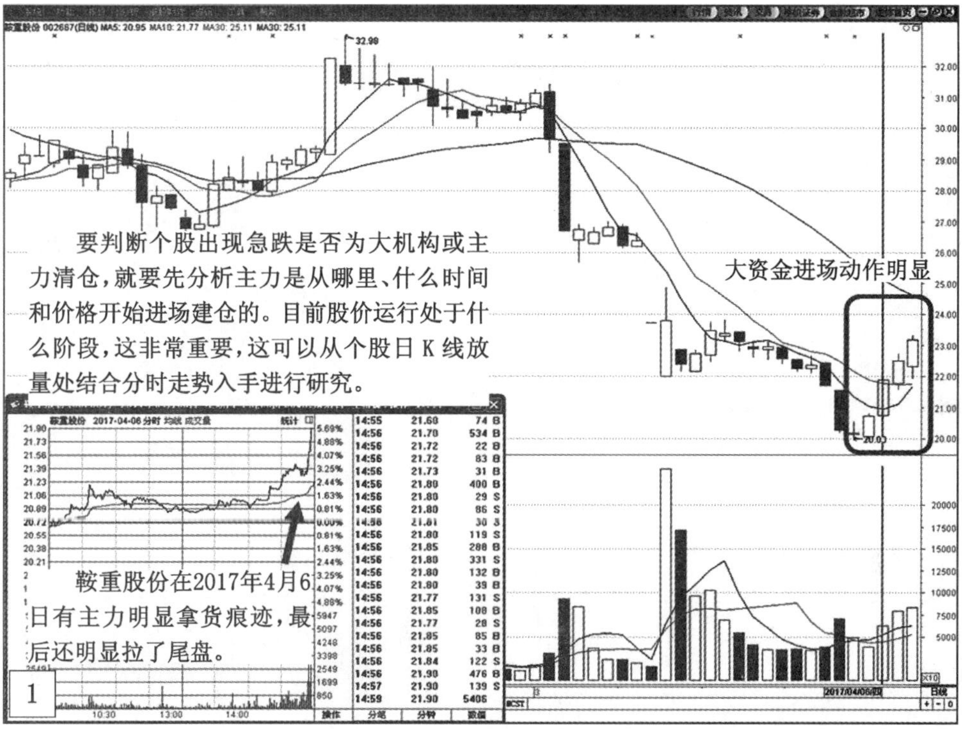
要判断个股出现急跌是否为大机构或主力清仓，就要先分析主力是从哪里、什么时间和价格开始进场建仓的。目前股价运行处于什么阶段，这非常重要，这可以从个股日K线放量处结合分时走势入手进行研究。
大资金进场动作明显
鞍重股份在2017年4月6日有主力明显拿货痕迹，最后还明显拉了尾盘。
1

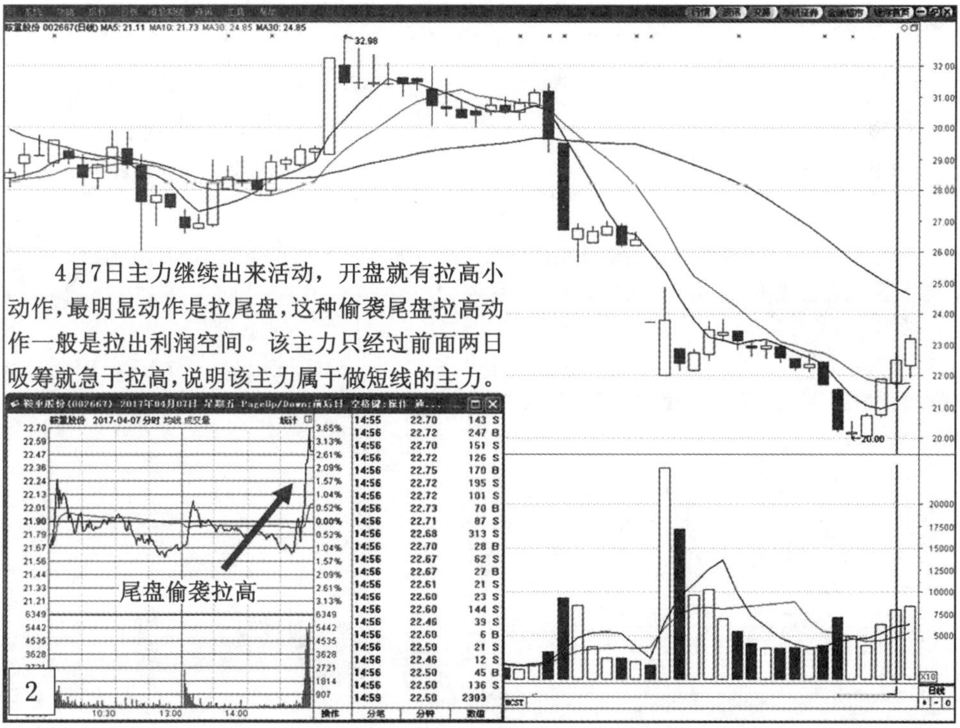
4月7日主力继续出来活动，开盘就有拉高小动作，最明显动作是拉尾盘，这种偷袭尾盘拉高动作一般是拉出利润空间。该主力只经过前面两日吸筹就急于拉高，说明该主力属于做短线的主力。
尾盘偷袭拉高
2

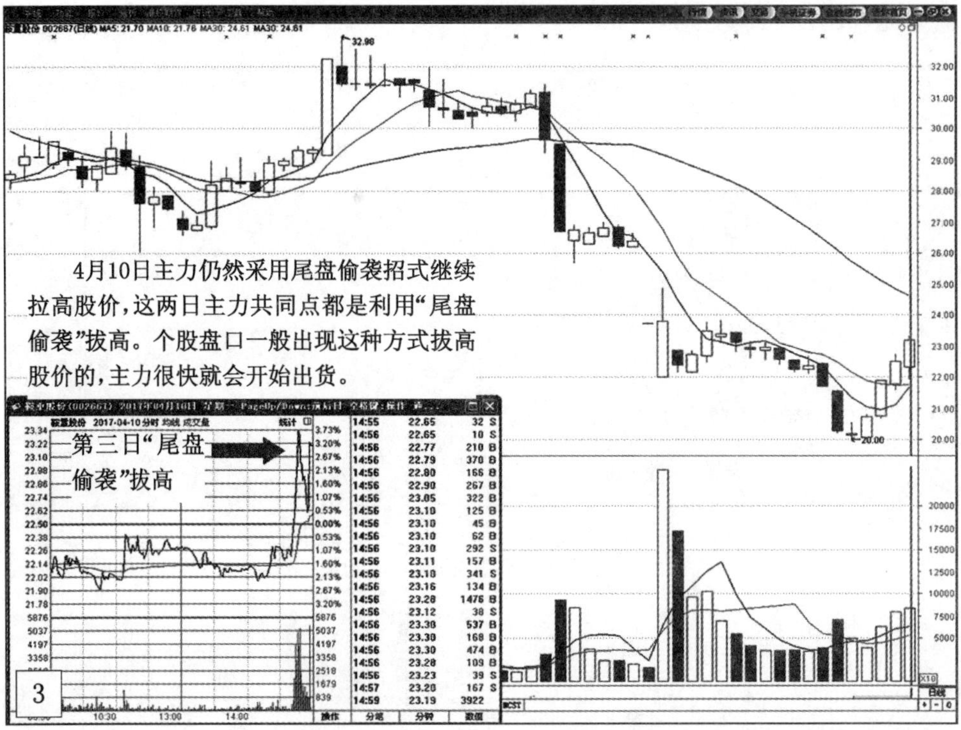
4月10日主力仍然采用尾盘偷袭招式继续拉高股价，这两日主力共同点都是利用“尾盘偷袭”拔高。个股盘口一般出现这种方式拔高股价的，主力很快就会开始出货。
第三日“尾盘偷袭”拔高
3

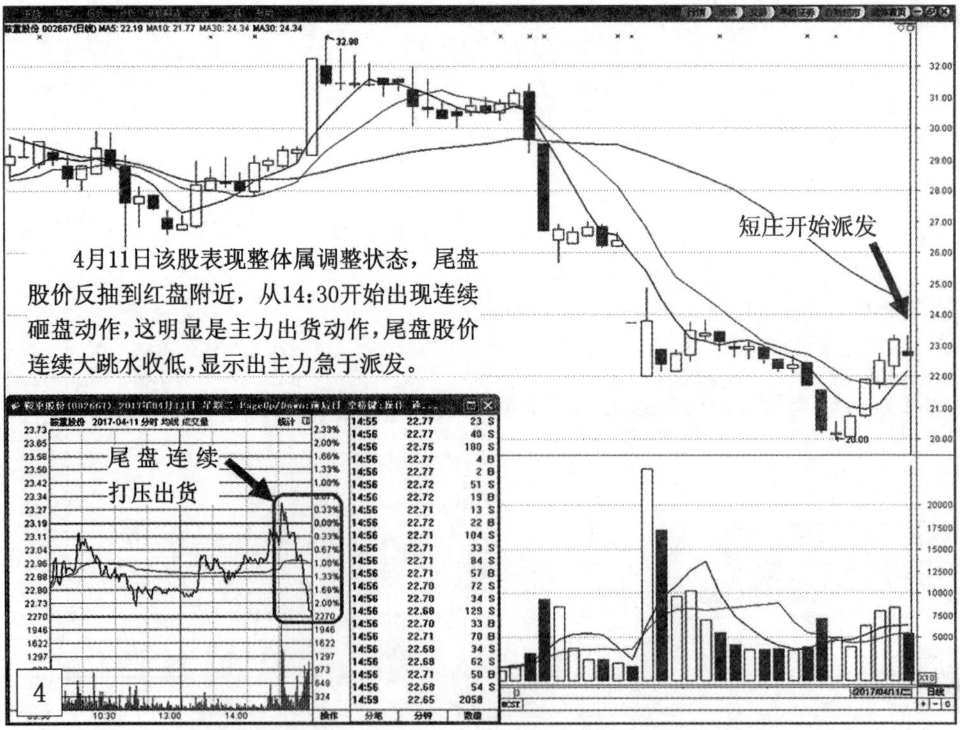
4月11日该股表现整体属调整状态，尾盘股价反抽到红盘附近，从14:30开始出现连续砸盘动作，这明显是主力出货动作，尾盘股价连续大跳水收低，显示出主力急于派发。
短庄开始派发
尾盘连续打压出货
4

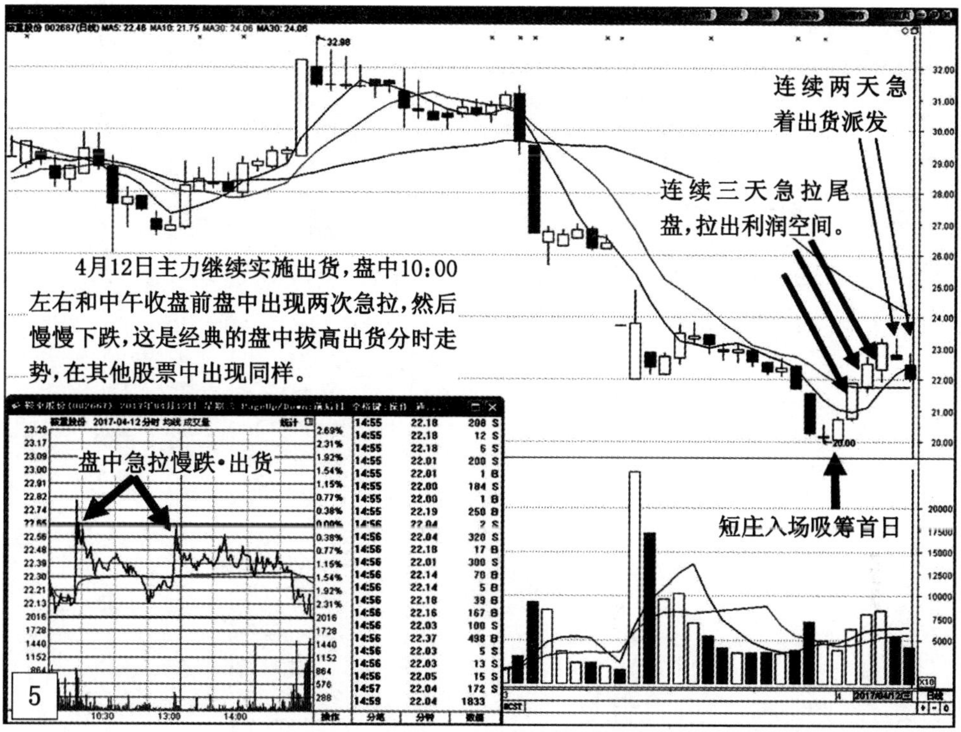
连续两天急着出货派发
连续三天急拉尾盘，拉出利润空间。
4月12日主力继续实施出货，盘中10：00左右和中午收盘前盘中出现两次急拉，然后慢慢下跌，这是经典的盘中拔高出货分时走势，在其他股票中出现同样。
盘中急拉慢跌•出货
短庄入场吸筹首日
5

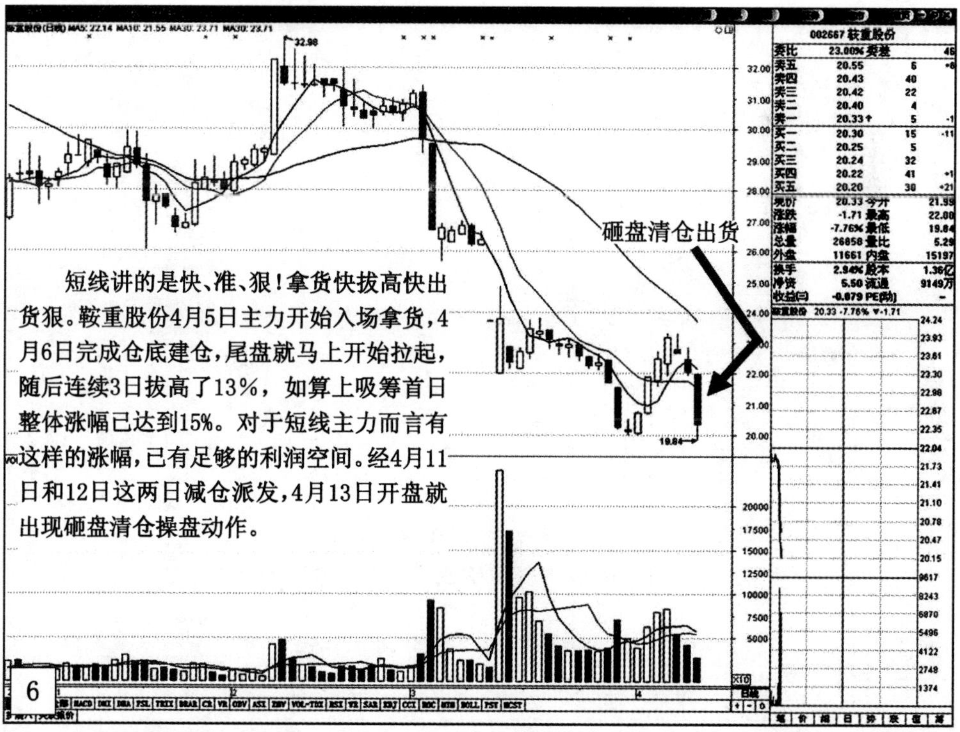
砸盘清仓出货
短线讲的是快、准、狠！拿货快拔高快出货狠。鞍重股份4月5日主力开始入场拿货，4月6日完成仓底建仓，尾盘就马上开始拉起，随后连续3日拔高了13%，如算上吸筹首日整体涨幅已达到15%。对于短线主力而言有这样的涨幅，已有足够的利润空间。经4月11日和12日这两日减仓派发，4月13日开盘就出现砸盘清仓操盘动作。
6

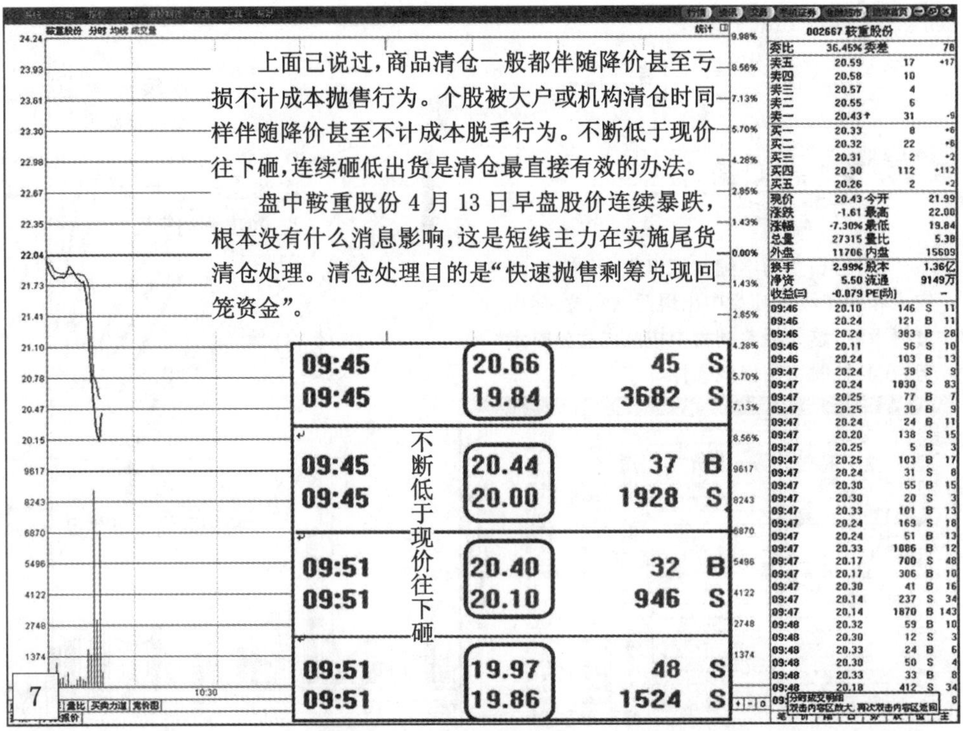

7

上面已说过，商品清仓一般都伴随降价甚至亏损不计成本抛售行为。个股被大户或机构清仓时同样伴随降价甚至不计成本脱手行为。不断低于现价往下砸，连续砸低出货是清仓最直接有效的办法。

盘中鞍重股份 4 月 13 日早盘股价连续暴跌，根本没有什么消息影响，这是短线主力在实施尾货清仓处理。清仓处理目的是“快速抛售剩筹兑现回笼资金”。

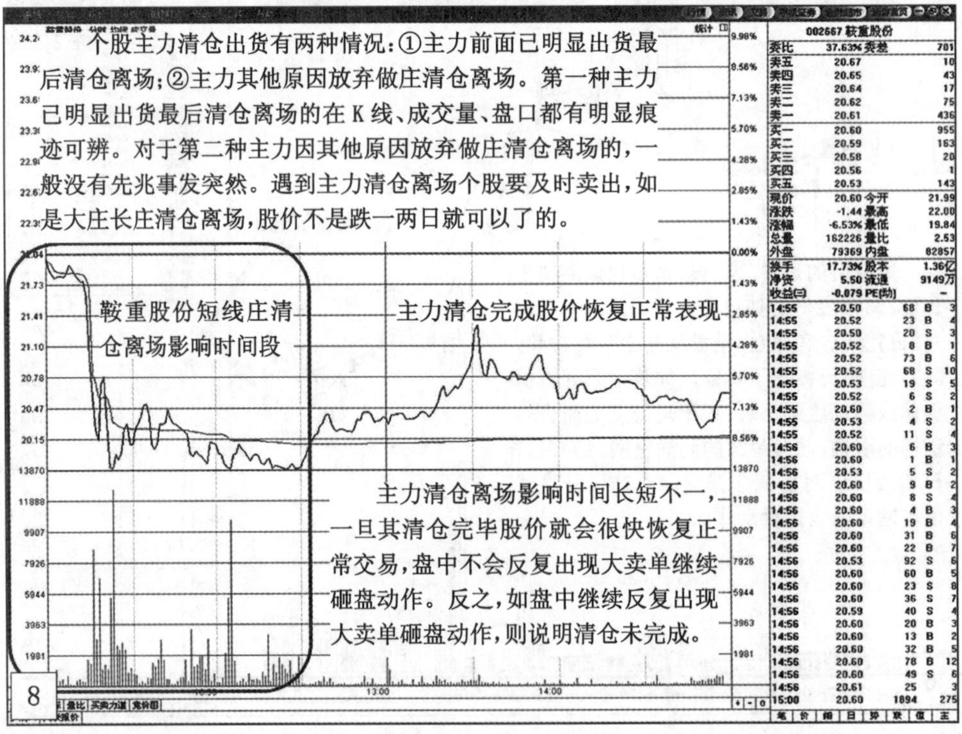

8

个股主力清仓出货有两种情况：①主力前面已明显出货最后清仓离场；②主力其他原因放弃做庄清仓离场。第一种主力已明显出货最后清仓离场的在 K 线、成交量、盘口都有明显痕迹可辨。对于第二种主力因其他原因放弃做庄清仓离场的，一般没有先兆事发突然。遇到主力清仓离场个股要及时卖出，如是大庄长庄清仓离场，股价不是跌一两日就可以了的。

主力清仓离场影响时间长短不一，一旦其清仓完毕股价就会很快恢复正常交易，盘中不会反复出现大卖单继续砸盘动作。反之，如盘中继续反复出现大卖单砸盘动作，则说明清仓未完成。

一种危险的资金撤退分时走势

中学化学课程中有一个知识点：从微观角度看，物质由分子构成，分子由原子构成，原子由原子核和核外电子构成，认识物质这种微观构成关系方了解物资的构成本质。要从本质上弄清楚一样东西，就要从最原始结构开始往上了解到最高级构成关系。

传统图表技术分析的分级构成也存在这种微观上从小到大的构成级别关系："单笔挂单→单笔成交→分时走势→单根K线→K线组合→K线形态→趋势→波浪→周期"。从构成列表中可以看出任何一个级别都是由前一级别演变而来的。了解这个有什么用？当然大有用处。如实践中要读解单根K线的意义，除了分析研究这根K线本身，更要往低一级别构成去做非常研究。仅仅看单根K线自身的信息量是有限的，K线的前一级别对应当天的分时所包含的信息量更庞大。分析单根K线含义时若懂得利用当天的分时配合进行研究功效更显著。

通常我们所说的分时走势是指指数或个股一天的分时表现，分析某一天的分时走势通常有两种分析方法：①全局分析；②局步分析。

全局分析就是看目标全日的分时走势，作全面的总结分析；局步分析就是利用分割或分段方式把目标股票某一天的分时走势分成若干个阶段进行研究分析。实际上研判个股一天的表现，全局分析和局步分析都是分析者必须要做的。局步分析笔者有小小心得想聊聊，局步分析的第一点就是要进行局步分割或分段，进行分割或分段的理由非常多，可以按照盘中一个完整的上升或者下行走势划分，也可以拿目标股票与指数表现对应划分，还可以进行强弱阶段等划分。另外如目标股票明显有机构在做盘还可以进行明显操纵和正常交易阶段划分。划分的原则可以按个人的需求去实施。

未收盘前盘中的分析往往属于局步分析，局步分析其实也是很有价值的。笔者观察发现大部分个股的主力机构出手操纵干预股价时都是进行局步操纵，实施全日操纵的只是少数。

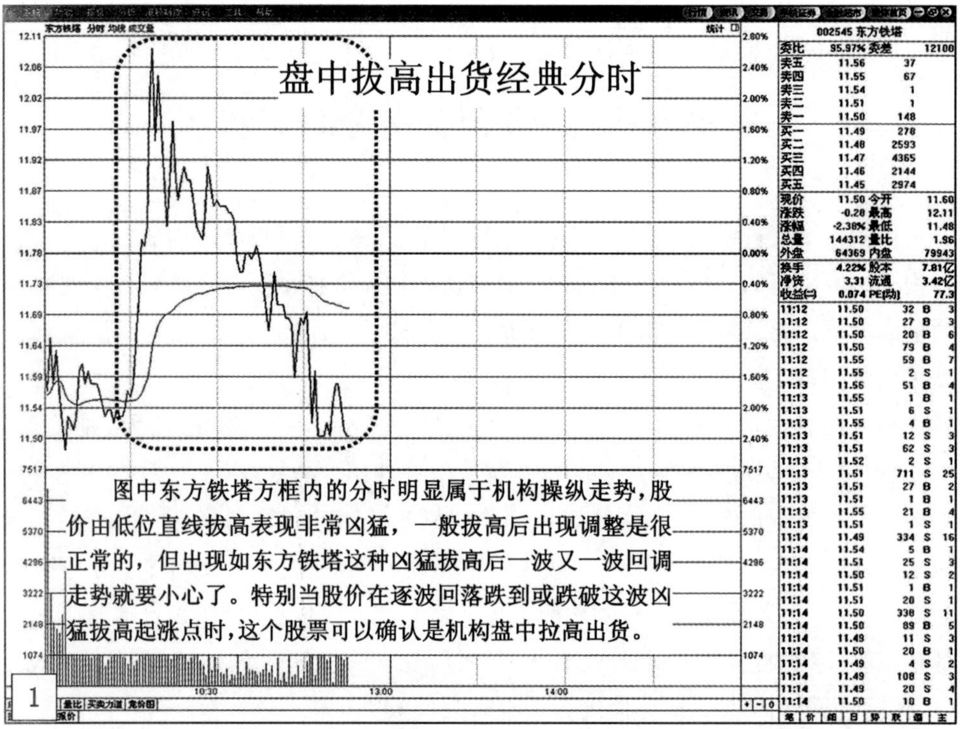
东方铁塔 分时 均线 成交量
盘中拔高出货经典分时
图中东方铁塔方框内的分时明显属于机构操纵走势，股价由低位直线拔高表现非常凶猛，一般拔高后出现调整是很正常的，但出现如东方铁塔这种凶猛拔高后一波又一波回调走势就要小心了。特别当股价在逐波回落跌到或跌破这波凶猛拔高起涨点时，这个股票可以确认是机构盘中拉高出货。
002545 东方铁塔
1

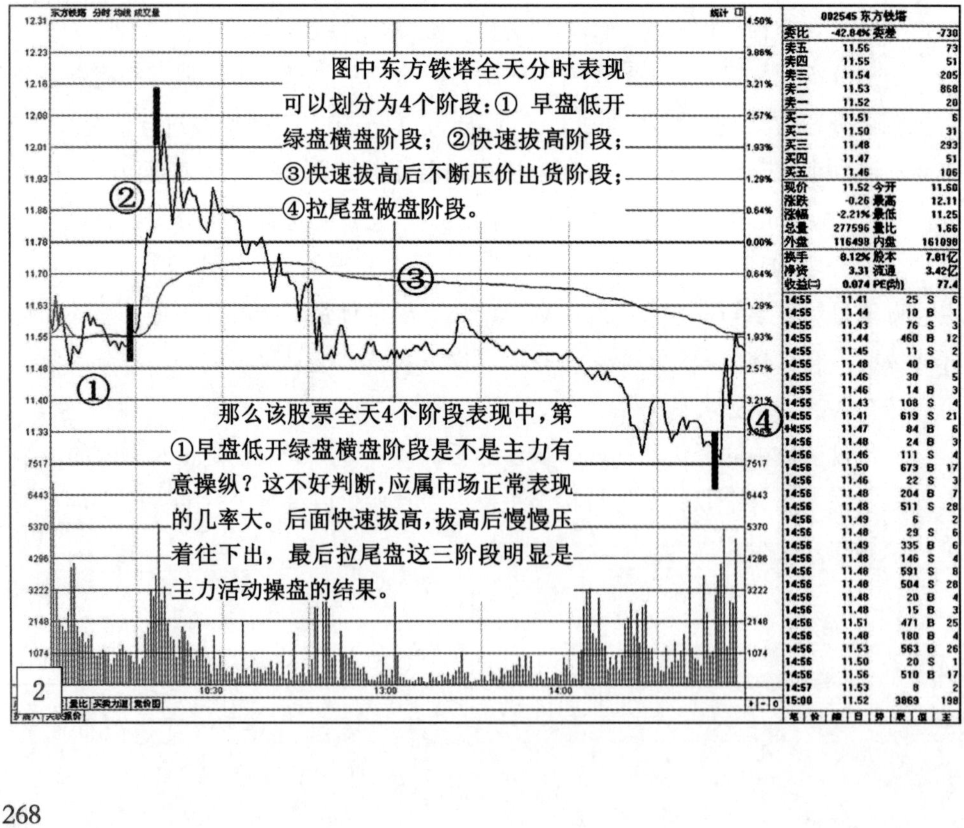
东方铁塔 分时 均线 成交量
图中东方铁塔全天分时表现可以划分为4个阶段：① 早盘低开绿盘横盘阶段；②快速拔高阶段；③快速拔高后不断压价出货阶段；④拉尾盘做盘阶段。
①
②
③
④
那么该股票全天4个阶段表现中，第①早盘低开绿盘横盘阶段是不是主力有意操纵？这不好判断，应属市场正常表现的几率大。后面快速拔高，拔高后慢慢压着往下出，最后拉尾盘这三阶段明显是主力活动操盘的结果。
002545 东方铁塔
2

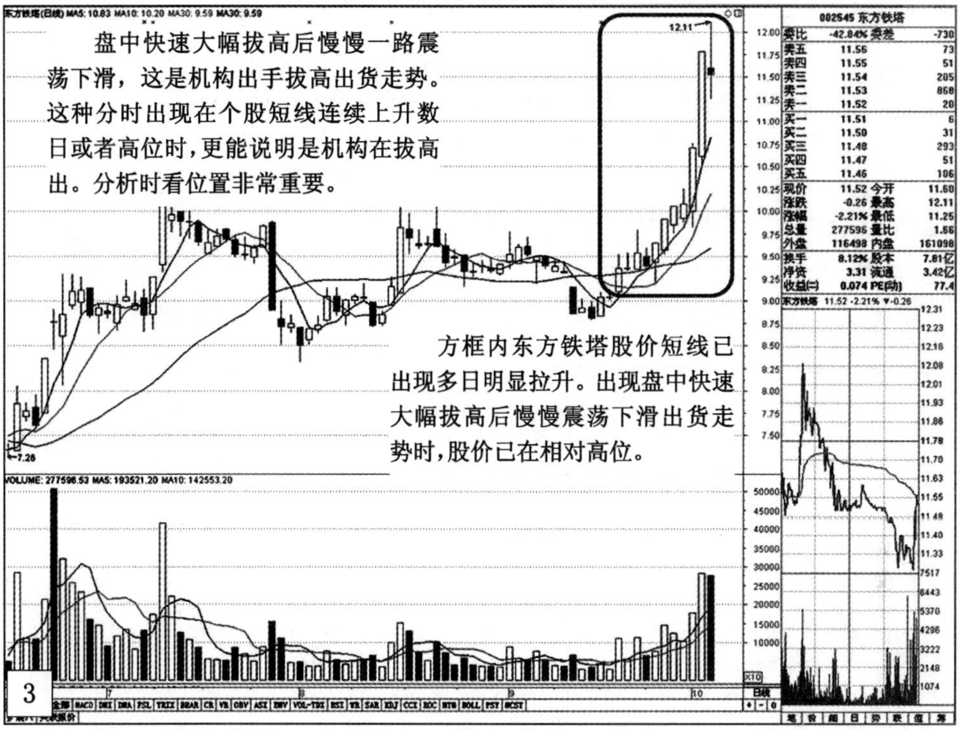
盘中快速大幅拔高后慢慢一路震荡下滑，这是机构出手拔高出货走势。这种分时出现在个股短线连续上升数日或者高位时，更能说明是机构在拔高出。分析时看位置非常重要。
方框内东方铁塔股价短线已出现多日明显拉升。出现盘中快速大幅拔高后慢慢震荡下滑出货走势时，股价已在相对高位。
3

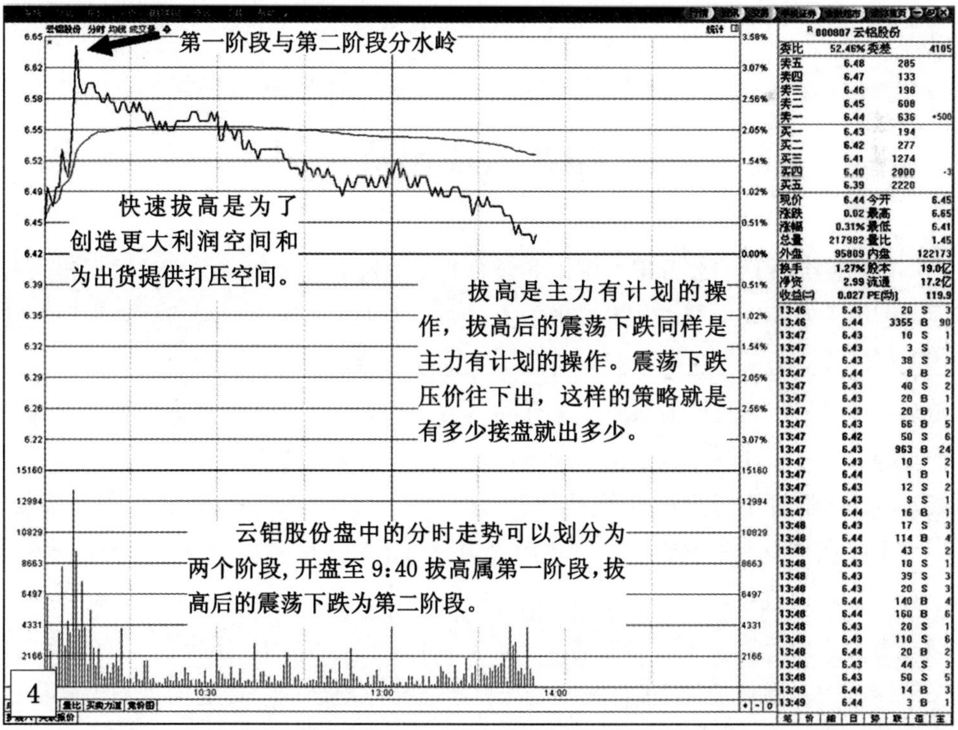
第一阶段与第二阶段分水岭
快速拔高是为了创造更大利润空间和为出货提供打压空间。
拔高是主力有计划的操作，拔高后的震荡下跌同样是主力有计划的操作。震荡下跌压价往下出，这样的策略就是有多少接盘就出多少。
云铝股份盘中的分时走势可以划分为两个阶段，开盘至 9:40 拔高属第一阶段，拔高后的震荡下跌为第二阶段。
4

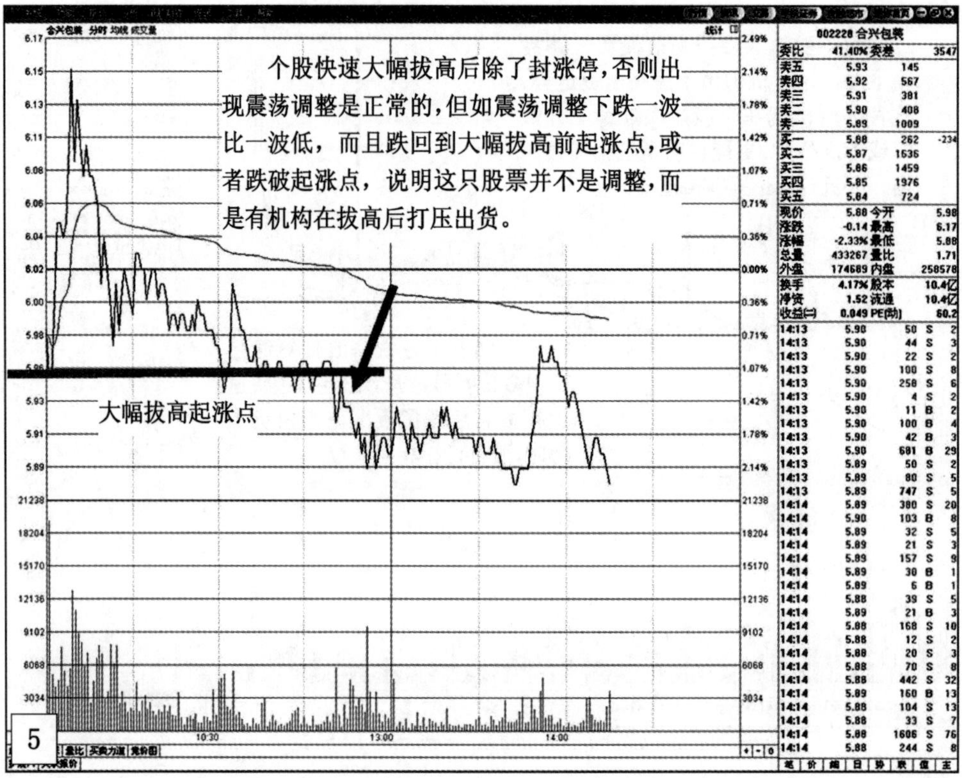

主力砸盘打压出货实例

在证监会查处的公开案件中，其公布的主力操纵股价如何买卖的数据相当有限，因此非专业人士难以从中看出主力是如何进出的。那么一般投资者想通过其他渠道了解主力买卖进出情况就更难了。正是因为不了解，所以对主力的操盘总是感觉很神秘。通过证监会查处公开的主力操纵案，公布的数据去了解主力这一途径相当困难。通过个股主力活动盘口结合当日公开数据分析，了解主力某日或某阶段的大概进出情况则相对容易一些。

个股在主力严重操纵日中，盘面表现分时走势一般都会出现较怪异的走势。经验丰富者通过盘面就可了解主力的一些做盘情况，如当日目标股票有公开数据，结合数据分析就更容易看清主力的动向以及操纵目的。下面以安德利为例，介绍该主力“温州帮”在9月28日是如何砸盘打压出逃的，让老问“主力出货谁去接货”这个问题的散户认识了解这一块的大概情况。

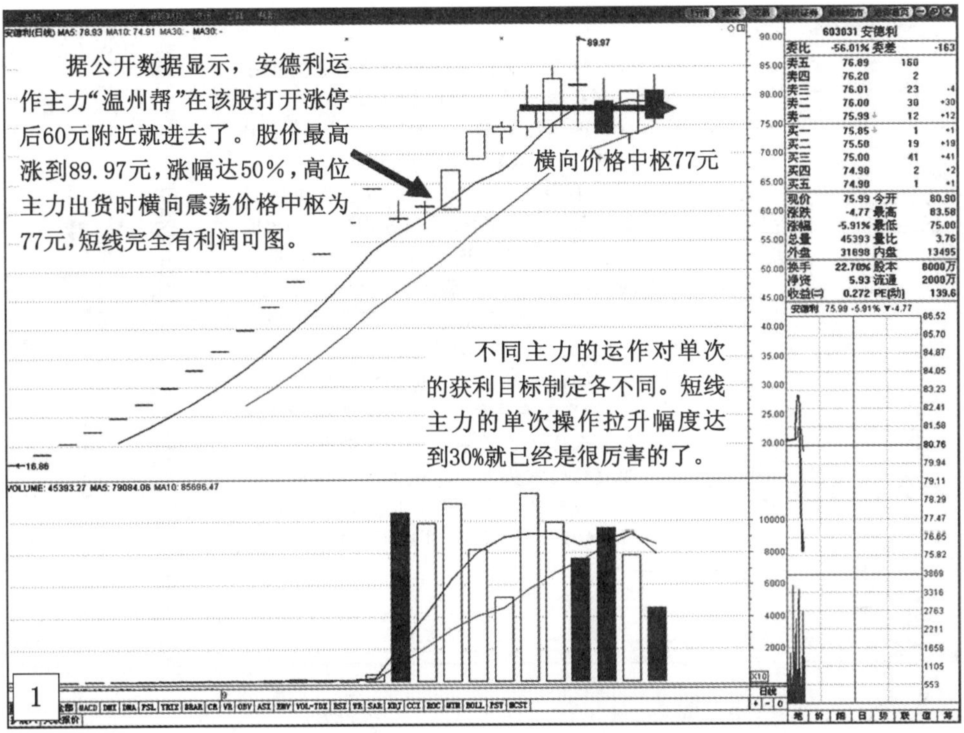
据公开数据显示，安德利运作主力“温州帮”在该股打开涨停后60元附近就进去了。股价最高涨到89.97元，涨幅达50%，高位主力出货时横向震荡价格中枢为77元，短线完全有利润可图。
横向价格中枢77元
不同主力的运作对单次的获利目标制定各不同。短线主力的单次操作拉升幅度达到30%就已经是很厉害的了。
1

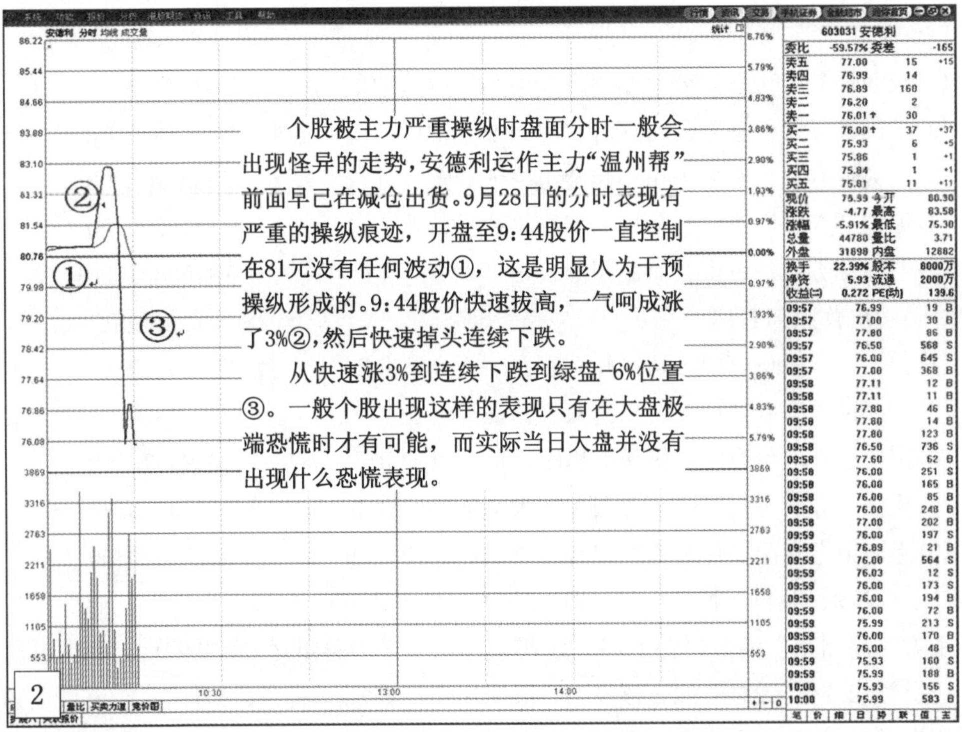
个股被主力严重操纵时盘面分时一般会出现怪异的走势，安德利运作主力“温州帮”前面早已在减仓出货。9月28日的分时表现有严重的操纵痕迹，开盘至9:44股价一直控制在81元没有任何波动①，这是明显人为干预操纵形成的。9:44股价快速拔高，一气呵成涨了3%②，然后快速掉头连续下跌。
从快速涨3%到连续下跌到绿盘-6%位置③。一般个股出现这样的表现只有在大盘极端恐慌时才有可能，而实际当日大盘并没有出现什么恐慌表现。
①
②
③
2

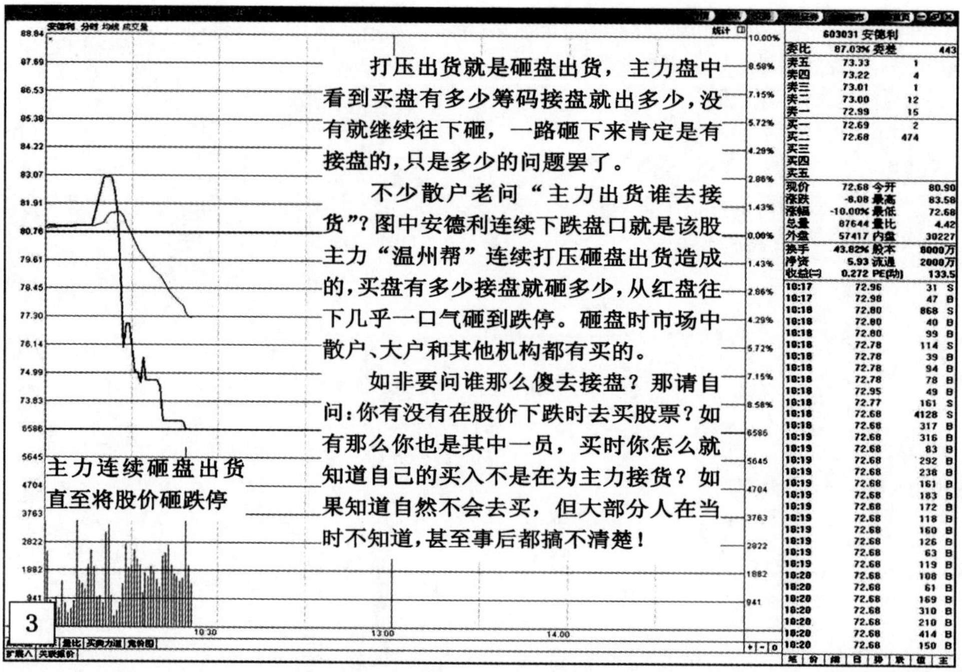

证券代码	证券简称	换手率%	成交量	成交金额(万元)
603031	安德利	84.70%	16939118	127872.26

买入营业部名称:	累计买入金额(元):
(1)长江证券股份有限公司泰州迎春西路证券营业部	36497786.00
(2)中泰证券股份有限公司上海甘河路证券营业部	36398806.00
(3)光大证券股份有限公司郑州金水路证券营业部	28628985.00
(4)爱建证券有限责任公司杭州富春路证券营业部	18170000.00
(5)财通证券股份有限公司湖州分公司	13553891.00

卖出营业部名称:	累计卖出金额(元):
(1)长江证券股份有限公司泰州迎春西路证券营业部	82940423.68
(2)华鑫证券有限责任公司乐清双雁路证券营业部	68612879.91
(3)国信证券股份有限公司乐清旭阳路证券营业部	66799376.00
(4)长江证券股份有限公司温州车站大道证券营业部	55150383.48
(5)上海证券有限责任公司温州月乐西街证券营业部	52734003.00

分析9月28日安德利公开数据，看卖出榜卖出第二至第五个证券营业部都是主力“温州帮”的常用营业部。这四家营业部卖出总量达到2.4亿元，占当日总成交额12.7亿元的18.9%。该股当日成交均价约在75元左右，2.4亿元卖出总金额相当于320万股左右。安德利的总股本8000万，流通盘2000万，这320万股是安德

利总股本的4%，是流通盘的16%，也就是说当日“温州帮”仅仅在这看得见的四家营业部的卖出量就占该股流通盘的16%，其他仓位的筹码有多少就难以统计了。

继续看公开数据，长江证券泰州迎春西路证券营业部卖出金额为8294万，买入金额3649万。盘口看这买入量估计是在跌停后为了打开跌停买入的，这个营业部属“温州帮”分仓的可能也是比较大的。不管它是不是“温州帮”分仓，仅卖出第二至第五这四家营业部的分仓量占比已经很惊人了。出货时主力态度坚决，出货手段厉害。

至于是谁在接盘？看公开数据买入第二至第五个证券营业部，上海、郑州、湖州等四大营业部共买入1个亿左右，这些应都是与主力“温州帮”无关的机构，其他的都是被大量的大户和散户接走了。交易过程中，每个机构都有他自己的选股标准，有的因为看不懂而去帮主力接盘，有的根本不管什么主力不主力的，只按照自己标准选股买卖。选到的若是主力出货的股票，直接变成接盘侠。

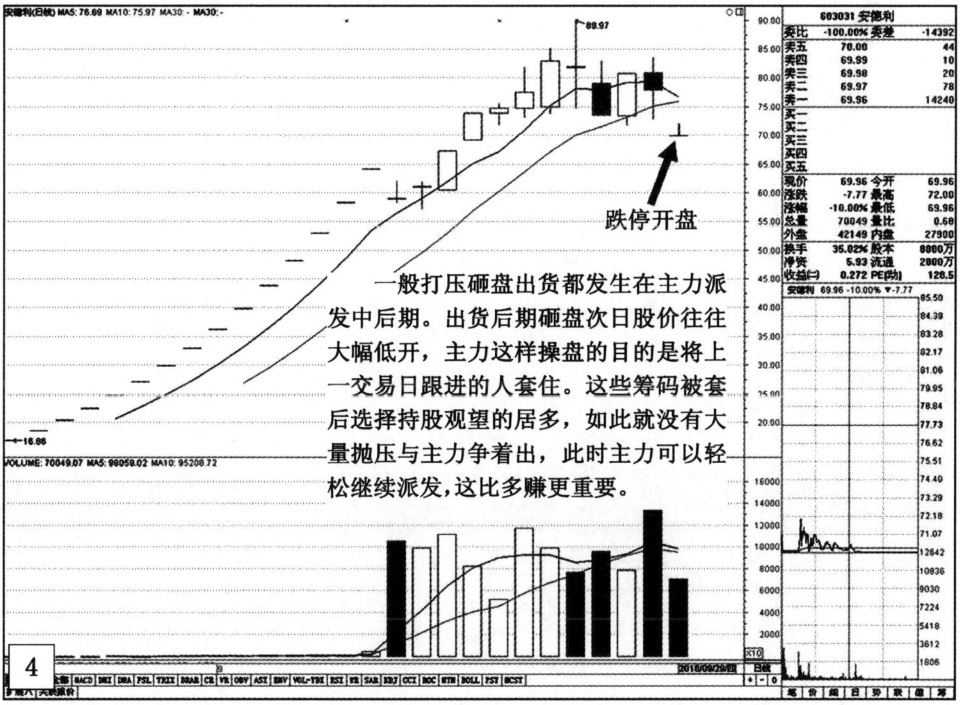

主力大单出小单进的操盘绝招

证券市场做分析对行情软件的一些功能和规则也需要了解，否则很多本来简单的东西就没法搞懂。现股票行情软件分时显示规则是这样的：“①交易中一分钟时间内，个股每一笔成交分时线都会如实在软件盘口中显示，但这一分钟没有结束就不做连线记录。②交易时间个股分时线的构成，以该股每一分钟最后那笔成交价作为记录价。从开盘第一分钟开始以每一分钟最后一笔的成交价进行连线直至收市，这就构成分时走势线。”分时线实质是由点与点连线而成的。

按照行情软件上述分时显示规则①，一只股票在每一分钟时间内，实际股价任何一次不同价的成交分时线在即时盘口中出现会使得分时线上下跳跃。盘中无论交易价是往上拔高还是往下砸，分时都马上就有相应的显示。成交越活跃的品种分时盘中反复上下跳动频率就越高。所有成交单都被软件永久记录下来(这就是成交明细数据)，但分时图在这一分钟内出现过的跳动并不被软件永久记录下来，这叫动态盘口。

按照行情软件上述分时显示规则②，个股分时线的构成，以每一分钟最后一笔的成交价作为永久记录和画线依据，也就是说个股分时线只负责记录该股每分钟最后一笔成交价。盘中一分钟内的交易除最后那笔成交价外，其他的成交价在分时走势中过后根本无迹可寻。因此一只股票在盘中某一分钟出现大涨或大跌分时不记录，到这一分钟结束最后一笔成交时如股价已恢复正常水平状态时，从分时图根本看不到刚才波动情况，这是由行情软件上述分时记录和连线规则造成的，有主力经常根据这种规则去做盘操纵股价！

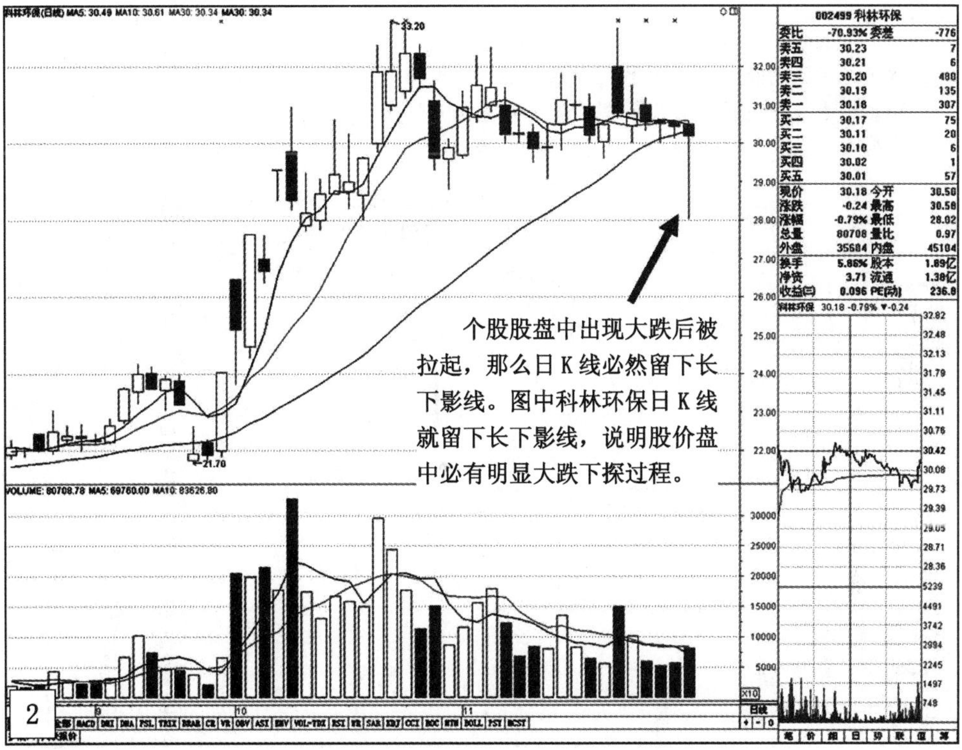
个股股盘中出现大跌后被拉起，那么日K线必然留下长下影线。图中科林环保日K线就留下长下影线，说明股价盘中必有明显大跌下探过程。
002499 科林环保
2

全天分时走势看不到下探痕迹，成交明细则保留有股价盘中大跌下探数据记录，9:30 出现一笔 4020 手卖单瞬间将股价由 30.50 元砸到 28.02 元，但由于这笔大卖单并不是 9:30 最后一笔，所以 28.02 元这个价没有记录在软件上。9:30 后一笔价格是 30.30 元，分时最后以该 30.30 元作为分时连线基准。
在上图中科林环保日K线出现长下影线，股价盘中应有明显大跌下探过程。
002499 科林环保 分时成交明
时间 价格 现量
09:25 30.50 62
09:30 30.50 4 B
09:30 30.48 351 B
09:30 30.50 139 B
09:30 30.50 37 S
09:30 28.02 4020 S
09:30 30.49 15 B
09:30 30.52 4 S
3

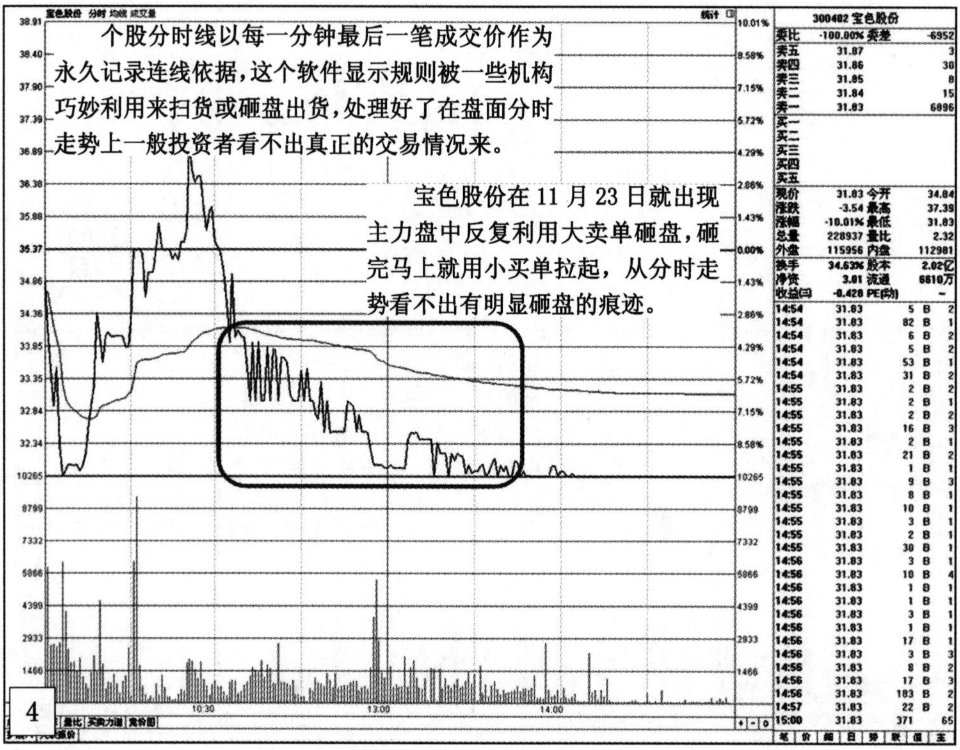
个股分时线以每一分钟最后一笔成交价作为永久记录连线依据，这个软件显示规则被一些机构巧妙利用来扫货或砸盘出货，处理好了在盘面分时走势上一般投资者看不出真正的交易情况来。
宝色股份在 11 月 23 日就出现主力盘中反复利用大卖单砸盘，砸完马上就用小买单拉起，从分时走势看不出有明显砸盘的痕迹。
4

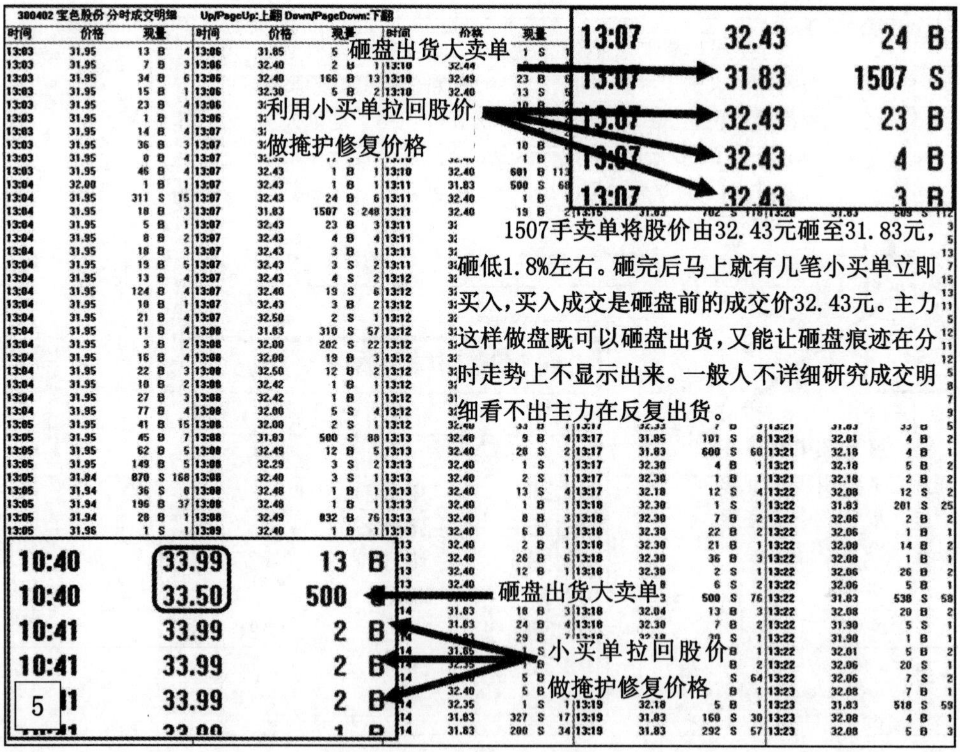
砸盘出货大卖单
利用小买单拉回股价做掩护修复价格
1507手卖单将股价由32.43元砸至31.83元，砸低1.8%左右。砸完后马上就有几笔小买单立即买入，买入成交是砸盘前的成交价32.43元。主力这样做盘既可以砸盘出货，又能让砸盘痕迹在分时走势上不显示出来。一般人不详细研究成交明细看不出主力在反复出货。
砸盘出货大卖单
小买单拉回股价做掩护修复价格
5

第八章　趋势形态应用

神奇的稳赚上升趋势(一)

股票市场中有两大派系：技术派和基本面派，这两大派的操盘思路和手法各不相同，但无论是哪一派，进入股市的目标都是一致的：实现资产不断增值获得收益。无论是用技术手段还是用基本面分析手段操盘，能达到预期收益就行，没必要为哪一派扣上好与坏的帽子。

技术分析方法中最常用的是图表分析，图表分析中有一门分析方法叫“形态学”，如三角形形态、凌形形态等就是形态学范畴。“趋势”深究也属于形态学中的一种，下面就围绕“趋势”这门学问展开分析研究。

个股或指数图表中的K线是技术分析的重要对象。单根K线绵绵不断关联后就形成波浪，股价在某阶段上升或下跌、出现明显连续性时就诞生趋势，趋势分为两种：上升趋势和下跌趋势。

A股市场因为之前没有做空机制，只有做多才能赚钱，所以大家只喜欢上升趋势。市场出现上升趋势时意味着大部分人在赚钱，出现下跌趋势时意味着大部分人都在亏损。现在A股市场已经推出股指期货和融资融券制度，如此既可以通过做多赚钱，也可以通过做空赚钱。但由于股指期货和融资融券门槛较高，广大投资者仍无法通过股指期货和融资融券做空盈利，所以大部分人还是只有在市场或个股的上升趋势中赚钱。

笔者认为：无论大市是上升状态还是下跌又或横盘，选择已形成上升趋势的个股作为操作目标，不失为一种较好的赢面大的操作方法，选择上升趋势个股作为目标的有多种好处。

(1)个股上升已经形成明显趋势，说明该股被市场看好并追捧，正是因为有大众的看好并追捧，它才能一路上升并维持到现在。

(2)研究基本面的个人和机构甚多，他们掌握个股基本面的大量数据和信息，当这个股票基本面向好，或者由一般转好、由坏转好时，基本面研究者不断获悉这些信息，这些个人或者机构就会根据基本面向好变化的预期不断买入，股价就会被慢慢推高最终出现和形成上升趋势，因此这些形成上升趋势的个股，部分是基本面向好而上升，部分是有潜在利好而上升，无论是哪一种利好都有机构通过各种手段获悉。选择这些形成上升趋势的个股，其实就是选择了其他机构已经深入研究，为我们进行了大量分析把关了基本面的品种。

(3)选择上升趋势个股为目标买在上升阶段中，买入后股价即成为阶段最高点的机会只是一个时点，而你买后股价继续上升的几率是一个时段。买在上升中途上山路的机会，远比买在上升阶段中最高点的几率高。

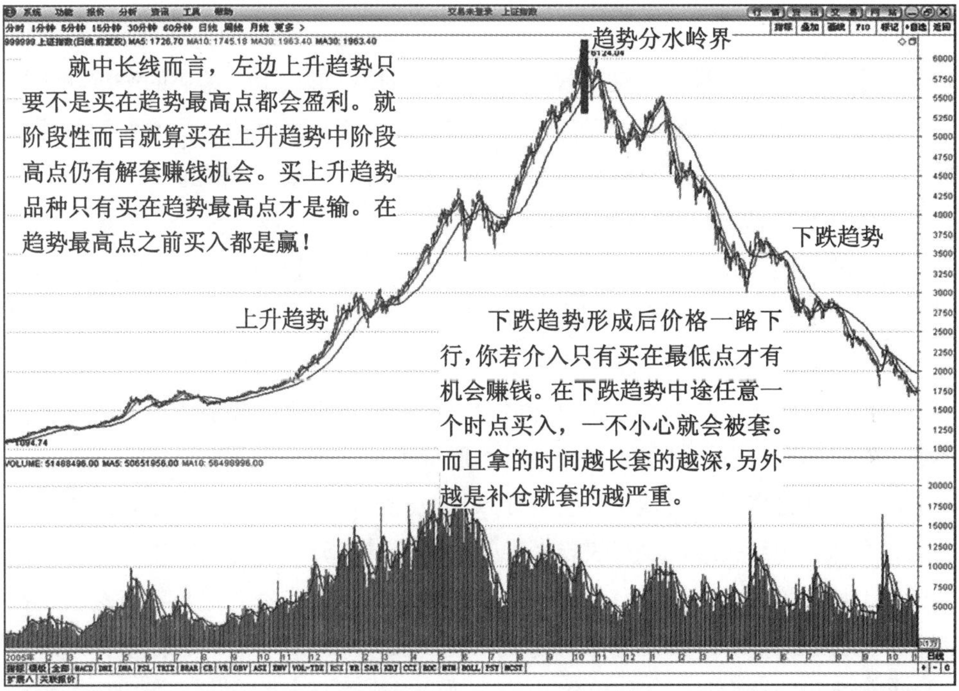

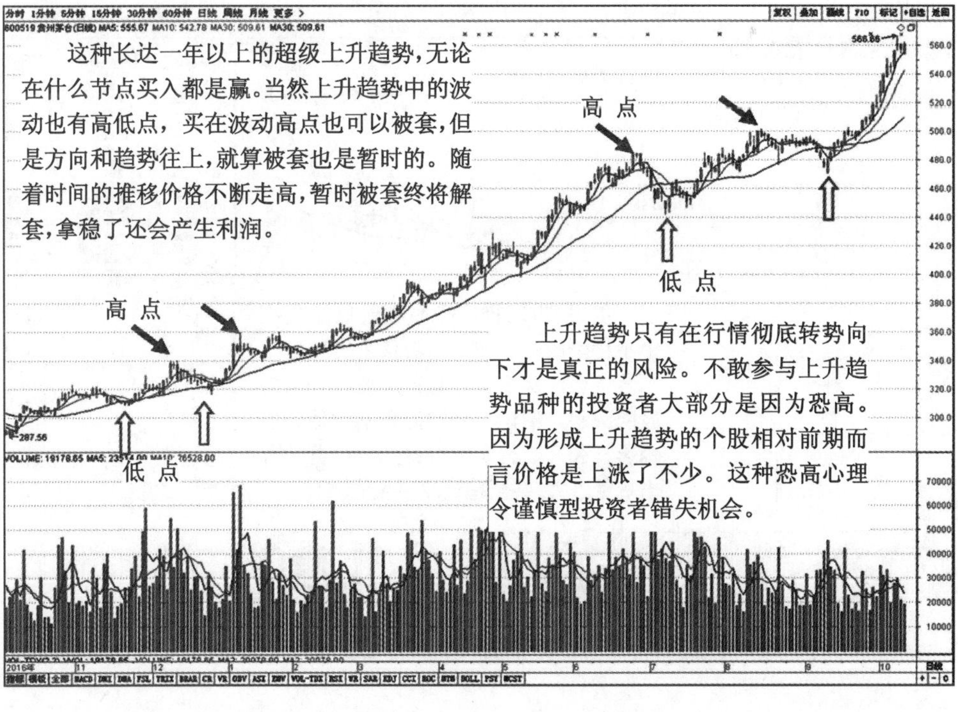

神奇的稳赚上升趋势(二)

无论大市是上升状态还是下跌又或横盘，选择已形成上升趋势的个股作为操作目标，都不失为一种较好的赢面大的操作方法。选择上升趋势个股作为目标的好处：①个股形成明显上升趋势说明被市场大众看好；②形成明显上升趋势个股基本面信息或蕴涵潜在利好；③选择上升趋势个股为目标赚钱成功几率高。

对于能形成上升趋势的个股，按照上升的性质可以划分为以下两种：

(1)市场推动型，是指目标股票因指数走好等原因影响，大量投资者与各路机构合力不断买入共同参与推动股价上行。

(2)主力+市场推动型，是指目标股票里面潜伏有主力，该股走上升趋势是由该主力在里面一手有计划的去干预引导的股价上行。推高过程中除了主力自己买入，市场其他投资者和其他机构也有介入，股价在双方合力下涨上去。这类个股因为有主力干预和引导，一般表现较独立，逆市表现动作也特别明显。

由市场力量推动形成上升趋势，一般当时指数也是走上升趋势的机会大。在市场非上升趋势走势下独立走上升趋势个股，部分明显有主力运作，下面就通过几个案例来说明这两种情况。

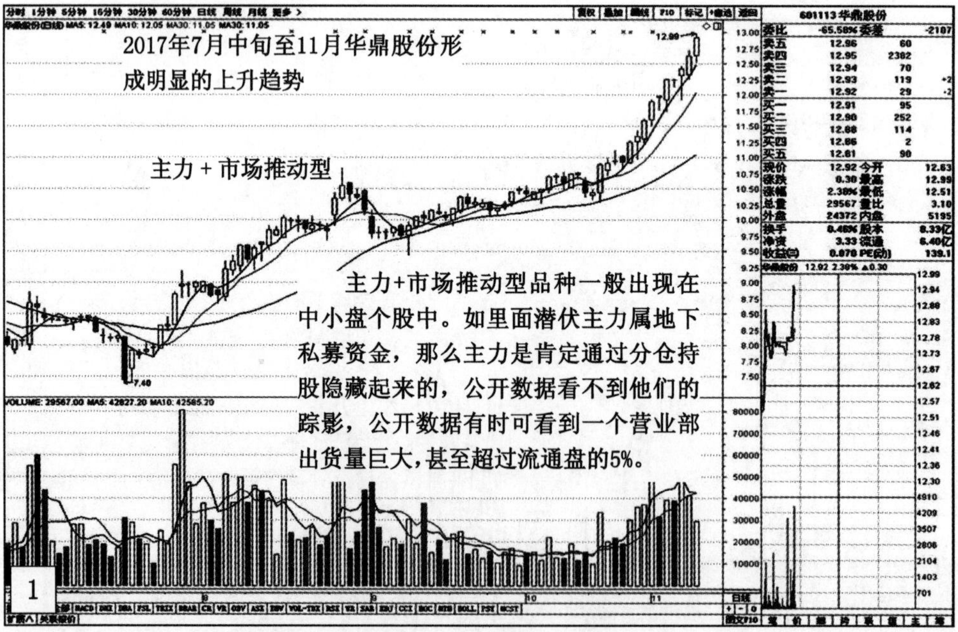

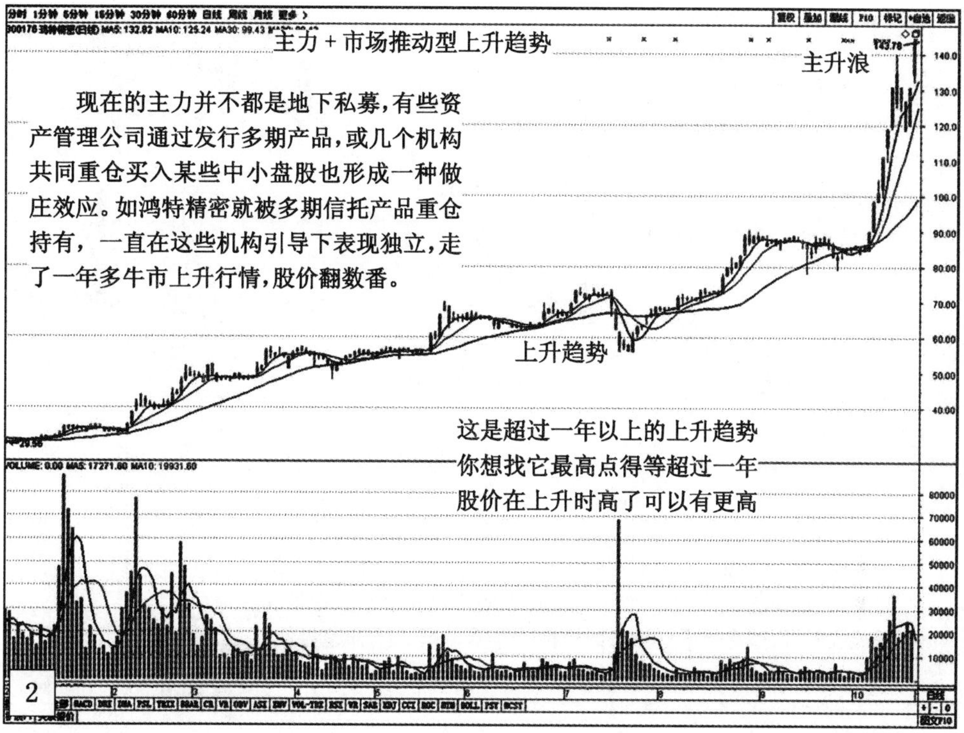
主力 + 市场推动型上升趋势
主升浪
现在的主力并不都是地下私募，有些资产管理公司通过发行多期产品，或几个机构共同重仓买入某些中小盘股也形成一种做庄效应。如鸿特精密就被多期信托产品重仓持有，一直在这些机构引导下表现独立，走了一年多牛市上升行情，股价翻数番。
上升趋势
这是超过一年以上的上升趋势
你想找它最高点得等超过一年
股价在上升时高了可以有更高
2

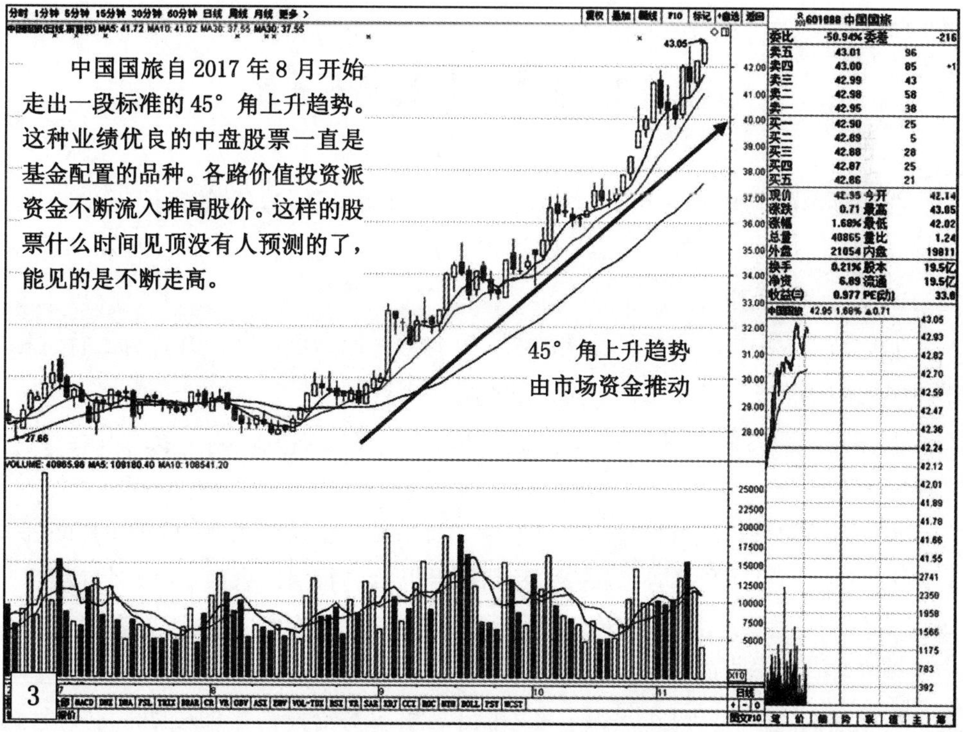
中国国旅自 2017 年 8 月开始走出一段标准的 45° 角上升趋势。这种业绩优良的中盘股票一直是基金配置的品种。各路价值投资派资金不断流入推高股价。这样的股票什么时间见顶没有人预测的了，能见的是不断走高。
45° 角上升趋势
由市场资金推动
3

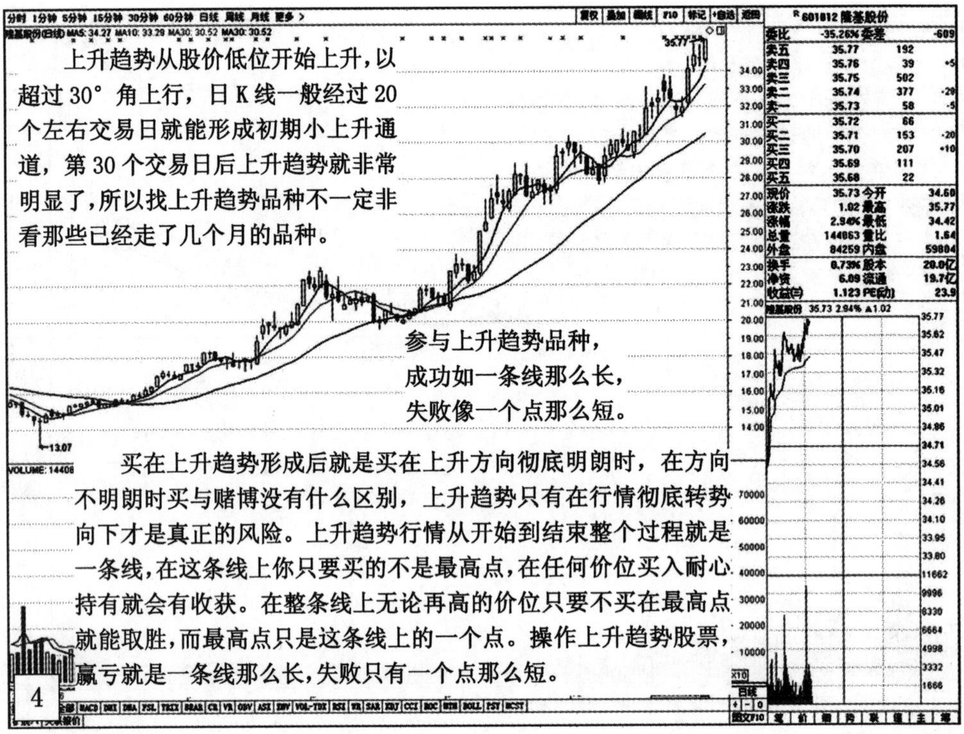

神奇的稳赚上升趋势(三)

选择已形成上升趋势个股作为操作目标，前期需要做大量的分析研究工作，了解各种不同形态上升趋势的各自特性，有利于选出更适合的目标品种和制定合适的操作和持股策略。

上升趋势大小之分有两种性质：①上升趋势时间跨度；②上升趋势上行过程中通道内的震幅。两者属于两个不同的概念，要区别对待！

上升趋势在时间跨度上可以分为三种：①小上升趋势；②一般上升趋势；③超级上升趋势。

小上升趋势是指从股价止跌回升开始到行情结束，整个上升趋势时间持续在3个月内的。一般上升趋势指从股价止跌回升开始到行情结束，上升趋势持续时间3个月以上至1年之内。超级上升趋势指整个上升趋势持续时间超过1年。

上升趋势持续时间越长机会就越多。小上升趋势也有机会，部分小上升趋势股价短期涨幅同样翻番甚至涨得更多，但小上升趋势给投资者介入的时间较短。

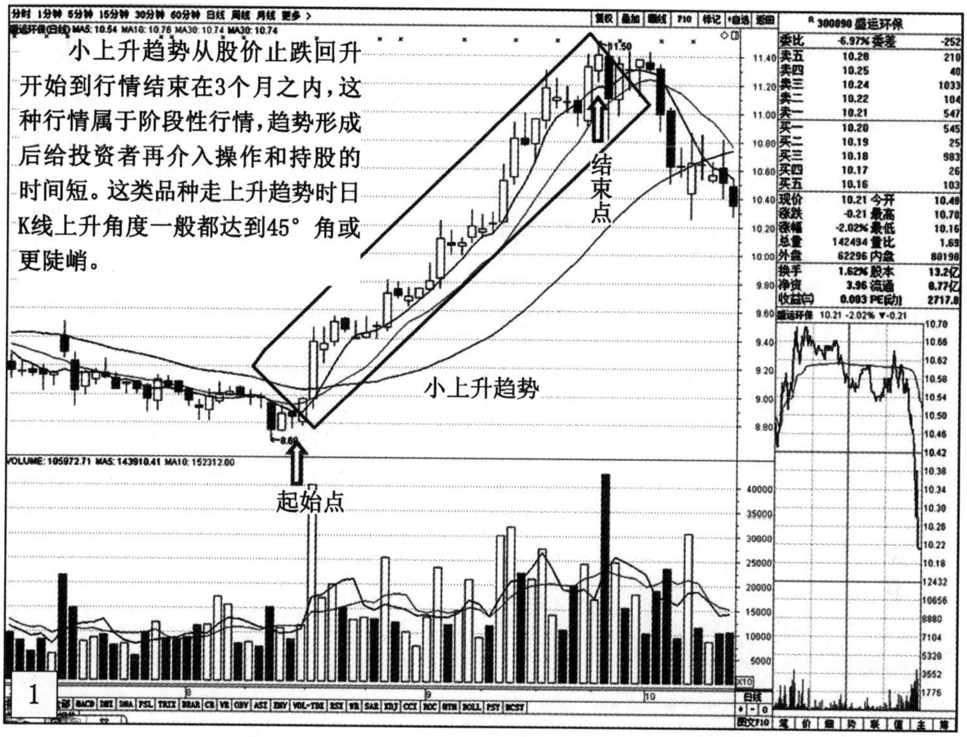
小上升趋势从股价止跌回升开始到行情结束在3个月之内，这种行情属于阶段性行情，趋势形成后给投资者再介入操作和持股的时间短。这类品种走上升趋势时日K线上升角度一般都达到45°角或更陡峭。
结束点
小上升趋势
起始点
300090 盛运环保
1

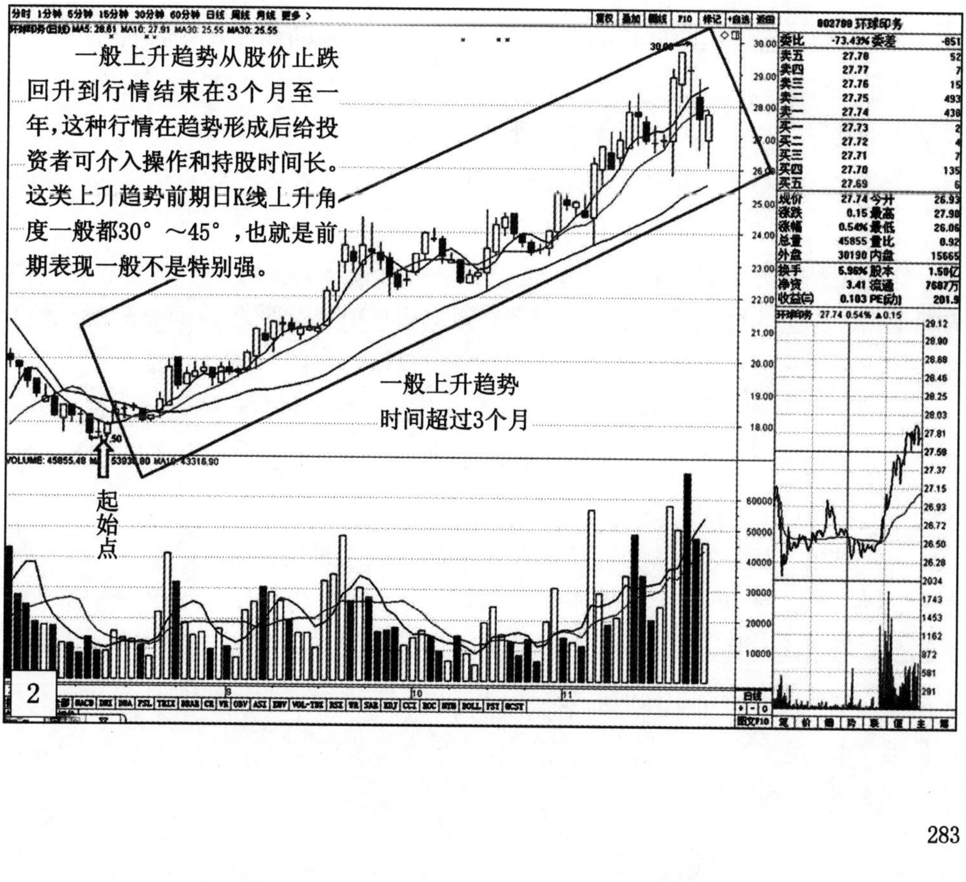
一般上升趋势从股价止跌回升到行情结束在3个月至一年，这种行情在趋势形成后给投资者可介入操作和持股时间长。这类上刀趋势前期日K线上升角度一般都30°～45°，也就是前期表现一般不是特别强。
一般上升趋势
时间超过3个月
起始点
002799 环球印务
2

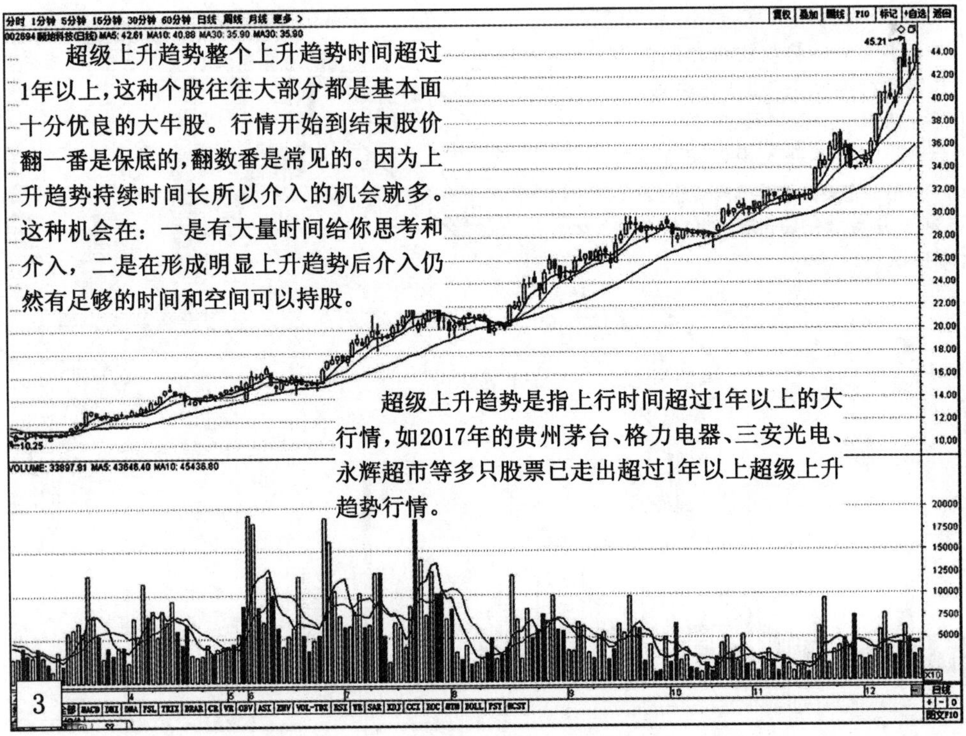

上升趋势除了时间跨度长短，自身上行过程中的波动震幅大小也不同。个股走上升趋势时根据股价在上升趋势中形成的上升通道大小，整体上可以分为三种状态：①线型上升通道；②锯齿型上升通道；③波浪型上升通道。

“线型上升通道”指在上升趋势中日K线连续上升表现流畅，整个上升通道内大部分时间股价上落波动不大、上升通道较窄，故称为线型上升通道。

“锯齿型上升通道”指在上升趋势中日K线连续上升表现并不流畅，整个上升通道内股价上落波动明显，比线型上升通道明显更宽。股价上落波动短线数日内会形成明显高低点，连续K线形状如锯齿状，故称之为锯齿型上升通道。

“波浪型上升通道”指在上升趋势中日K线呈现出阶段性大幅起落，通道内股价上落波动大。一段时间内日K线形成非常明显波段起落高低点，故称之为波浪型上升通道。

这三种上升趋势的区别在于上升通道内股价波动幅度状态，线型上升通道股价波动小，锯齿型上升通道股价波动明显增大，波浪型上升通道股价波动非常大。了解领悟这三种上升趋势的特征，对在不同上升通道内做差价和制定具体的操作持股策略具有非常积极的意义。

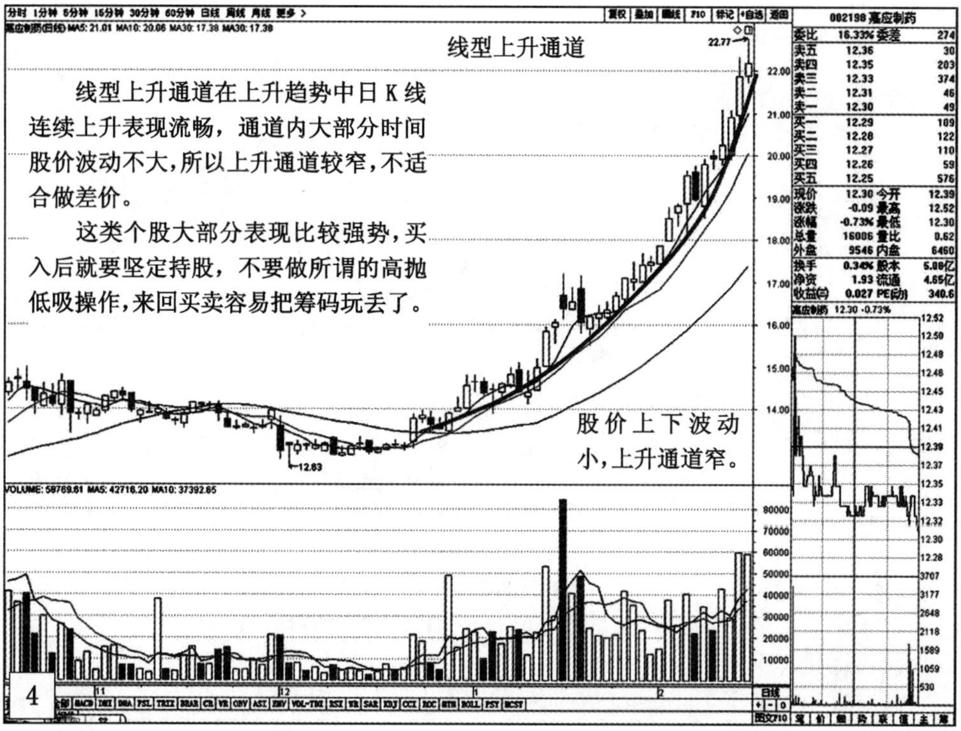
线型上升通道
线型上升通道在上升趋势中日K线连续上升表现流畅，通道内大部分时间股价波动不大，所以上升通道较窄，不适合做差价。
这类个股大部分表现比较强势，买入后就要坚定持股，不要做所谓的高抛低吸操作，来回买卖容易把筹码玩丢了。
股价上下波动小，上升通道窄。
4

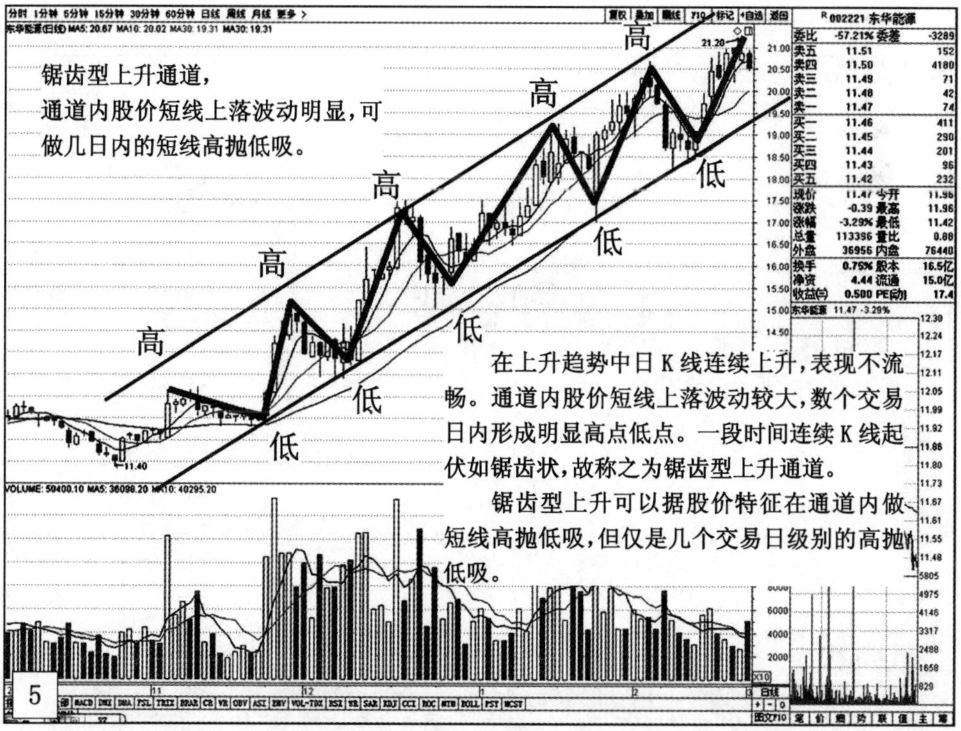
锯齿型上升通道，
通道内股价短线上落波动明显，可做几日内的短线高抛低吸。
高
高
高
高
高
高
低
低
低
低
低
在上升趋势中日K线连续上升，表现不流畅。通道内股价短线上落波动较大，数个交易日内形成明显高点低点。一段时间连续K线起伏如锯齿状，故称之为锯齿型上升通道。
锯齿型上升可以据股价特征在通道内做短线高抛低吸，但仅是几个交易日级别的高抛低吸。
5

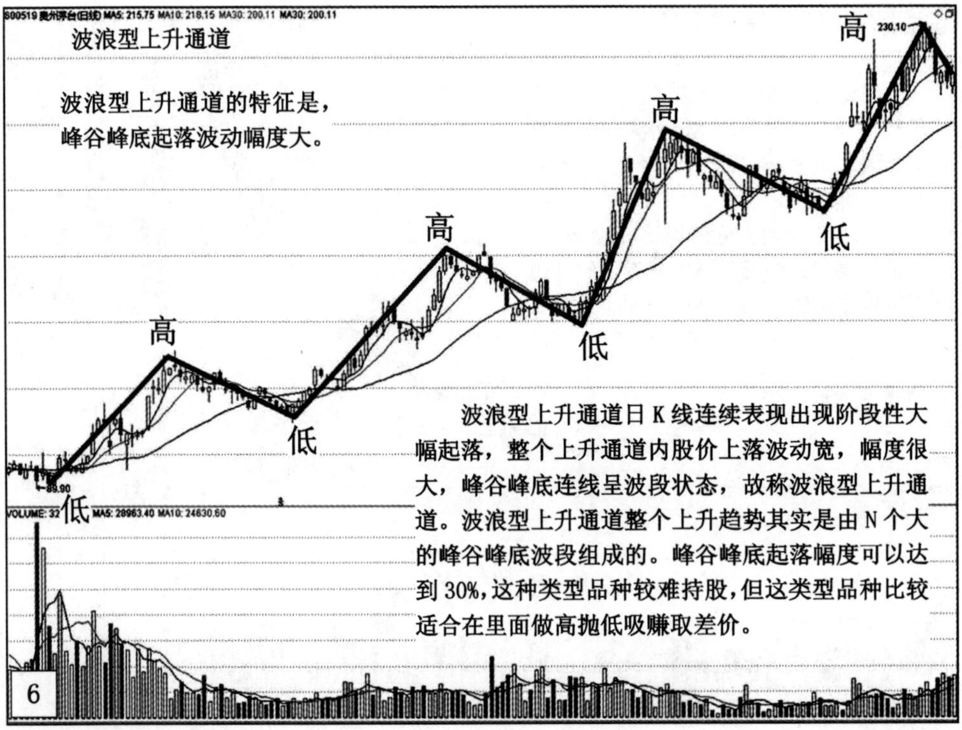

上升趋势的斜率角度之分：30°、45°、60°、接近90°。

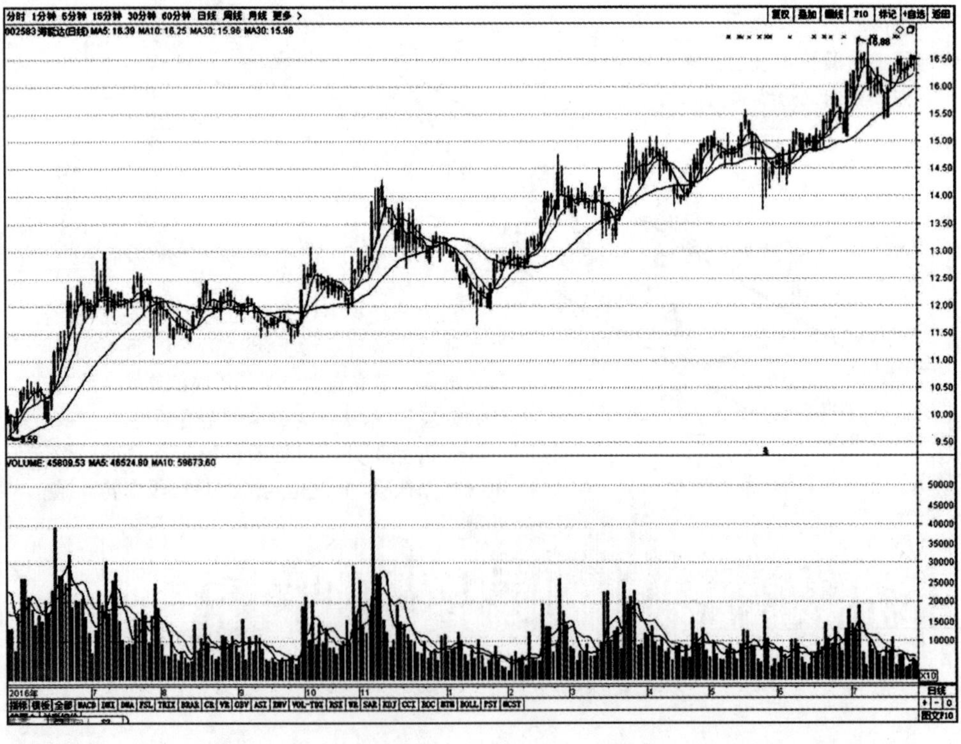

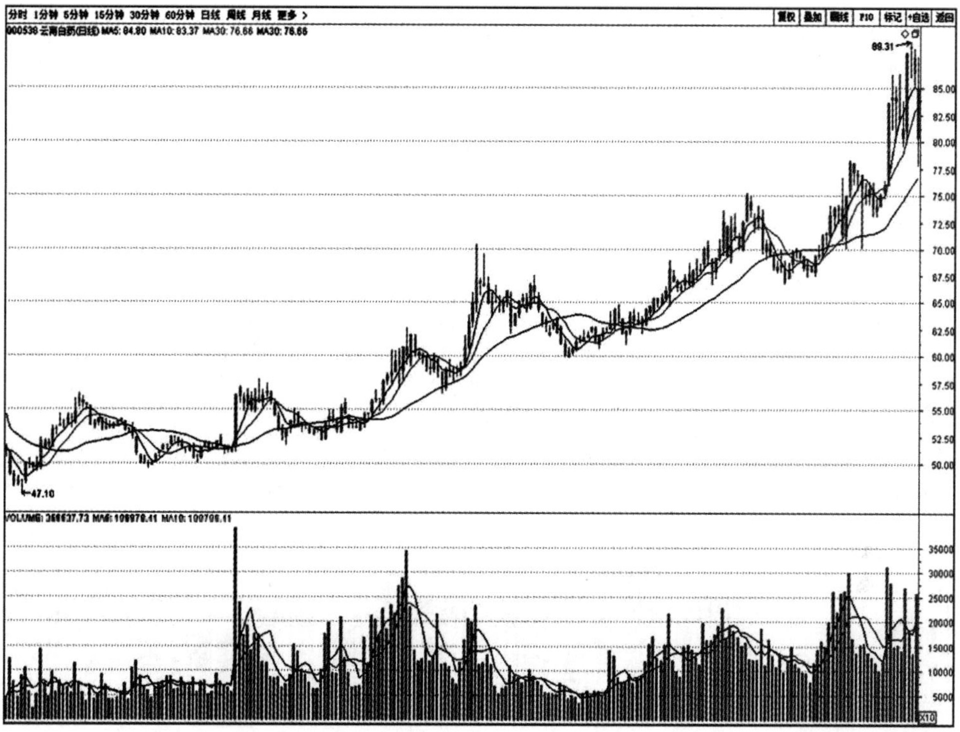

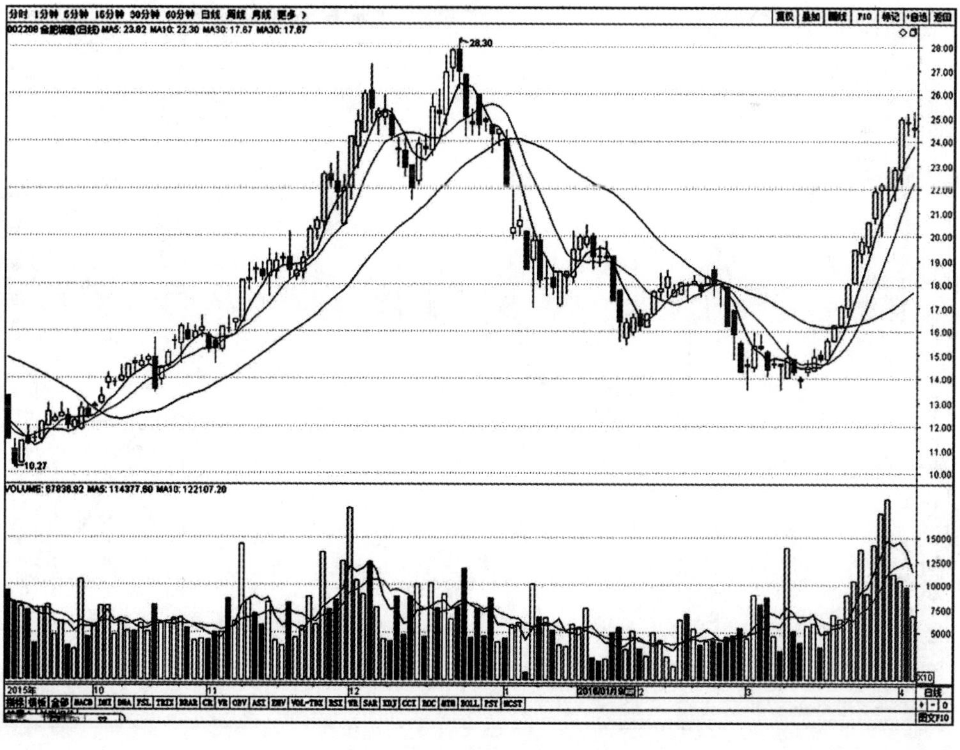

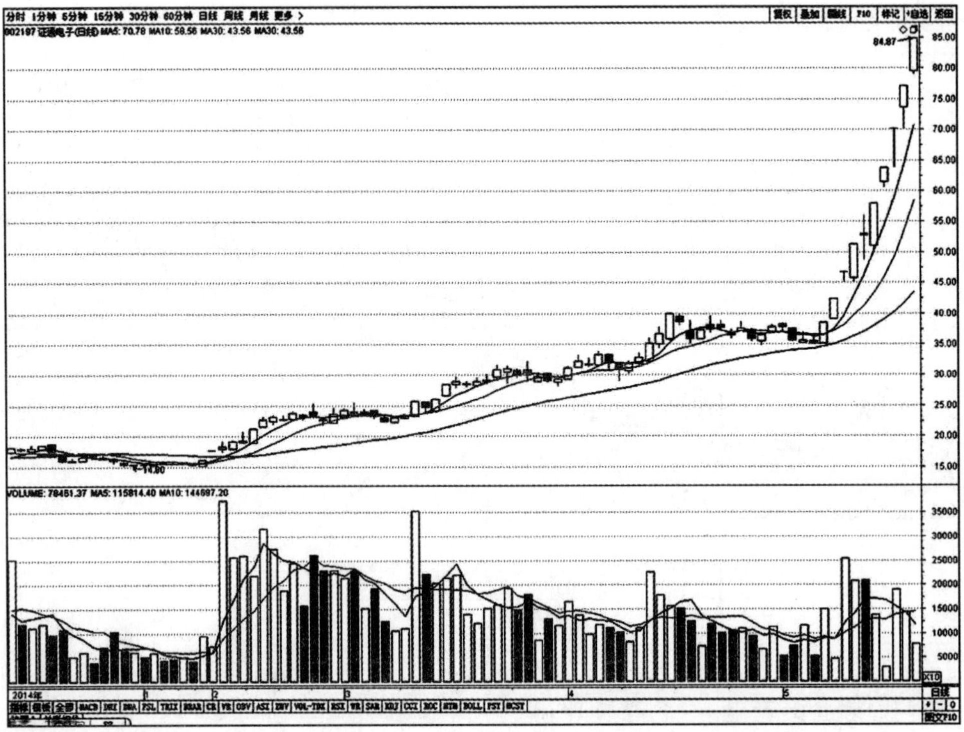

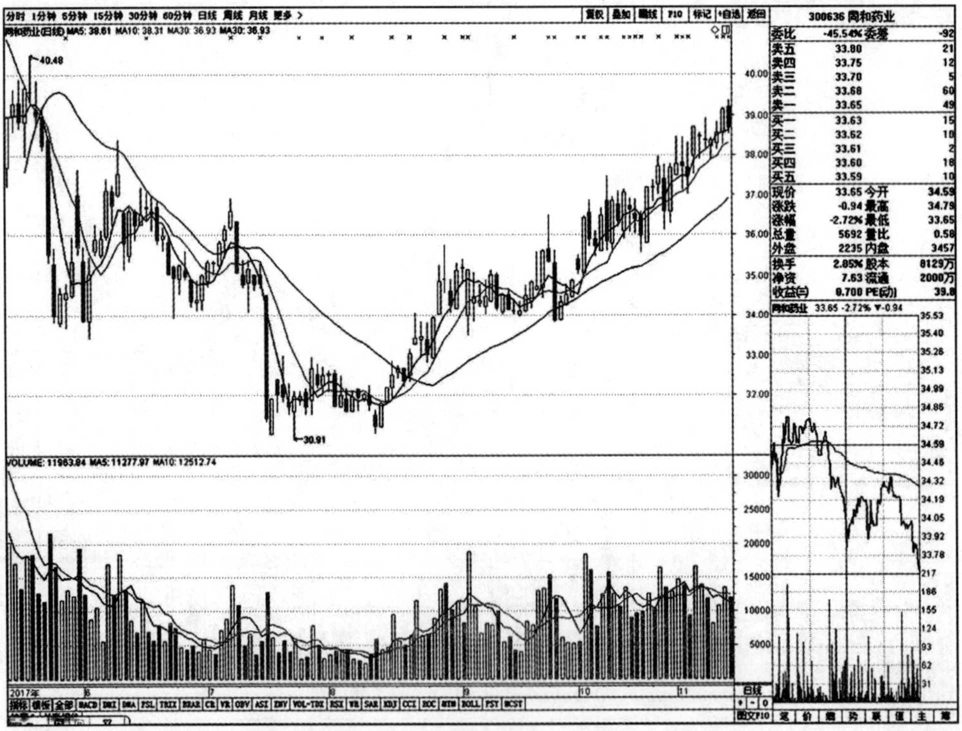

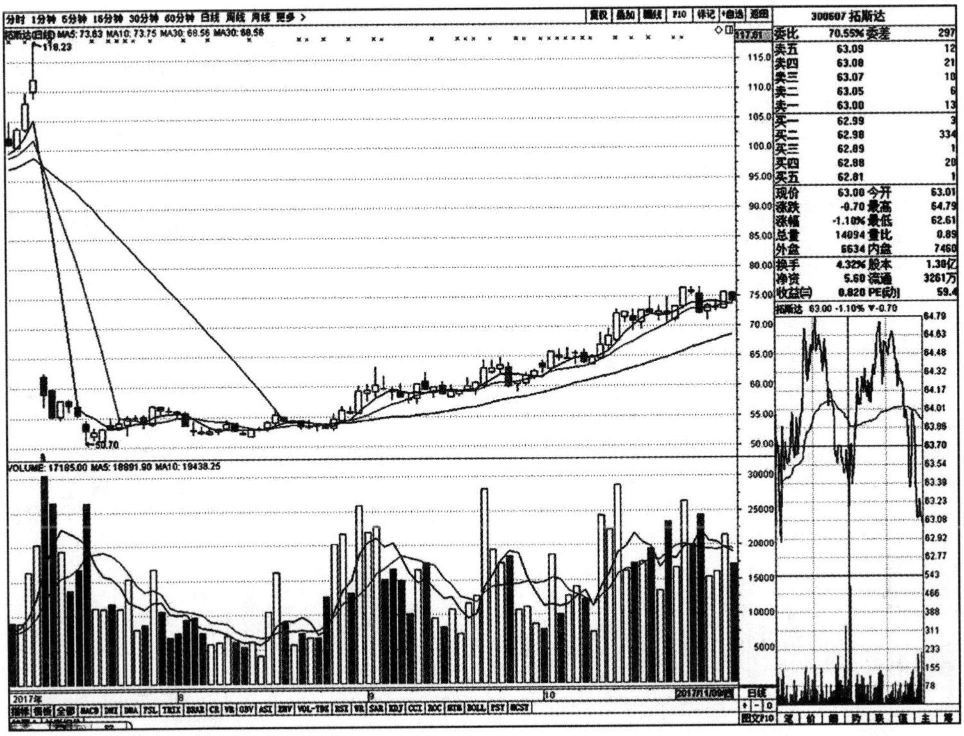
300607 拓斯达
拓斯达(日线) MA5: 73.83 MA10: 73.75 MA30: 68.56 MA30: 68.56
118.23
50.70
VOLUME: 17185.00 MA5: 18891.90 MA10: 19438.25
2017年
2017/11/09/四
委比 70.55% 委差 297
现价 63.00 今开 63.01
涨跌 -0.70 最高 64.79
涨幅 -1.10% 最低 62.61
总量 14094 量比 0.89
外盘 6634 内盘 7460
换手 4.32% 股本 1.30亿
净资 5.60 流通 3261万
收益(三) 0.828 PE(动) 59.4
拓斯达 63.00 -1.10% ▼-0.70

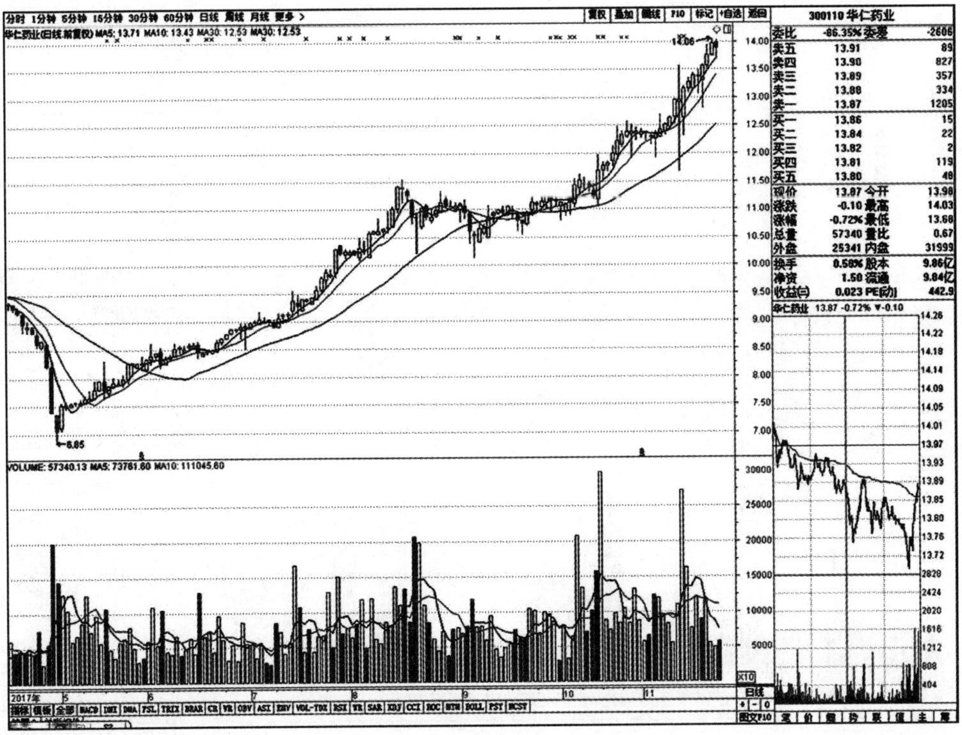
300110 华仁药业
华仁药业(日线 前复权) MA5: 13.71 MA10: 13.43 MA30: 12.53 MA30: 12.53
14.06
6.85
VOLUME: 57340.13 MA5: 73761.60 MA10: 111045.60
2017年
委比 -86.35% 委差 -2606
现价 13.87 今开 13.90
涨跌 -0.10 最高 14.03
涨幅 -0.72% 最低 13.68
总量 57340 量比 0.67
外盘 25341 内盘 31999
换手 0.58% 股本 9.86亿
净资 1.50 流通 9.84亿
收益(三) 0.023 PE(动) 442.9
华仁药业 13.87 -0.72% ▼-0.10

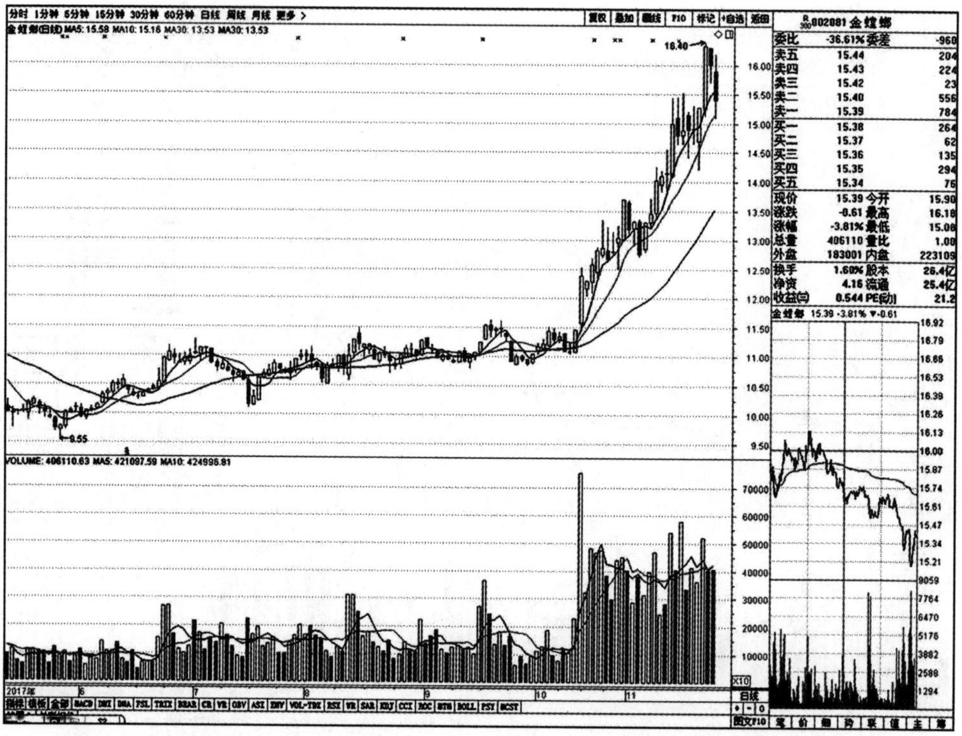

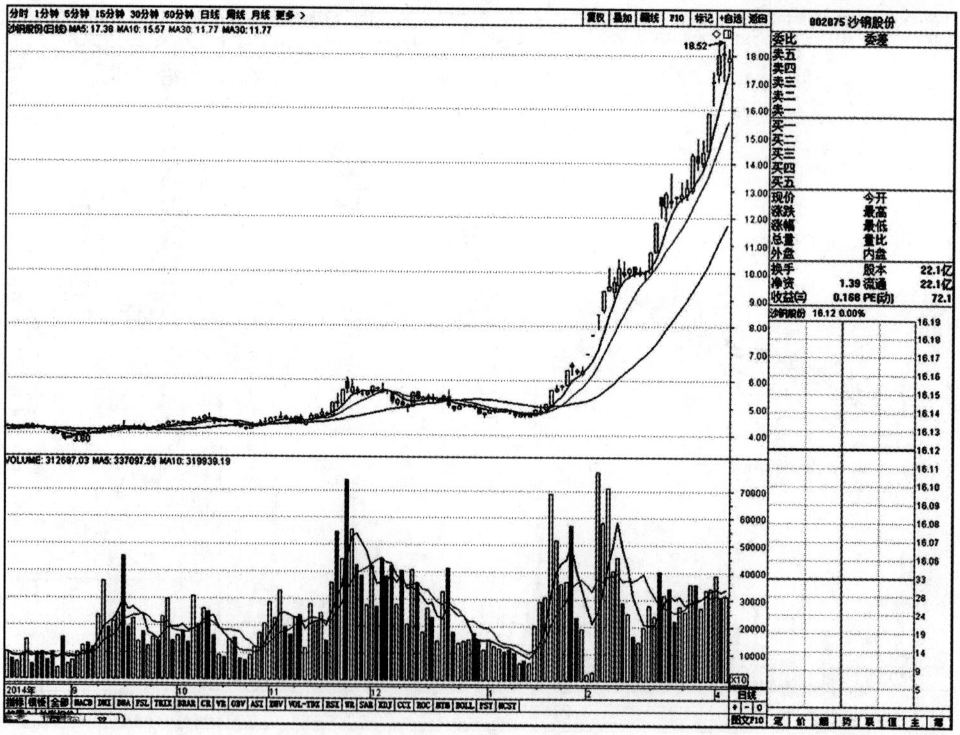

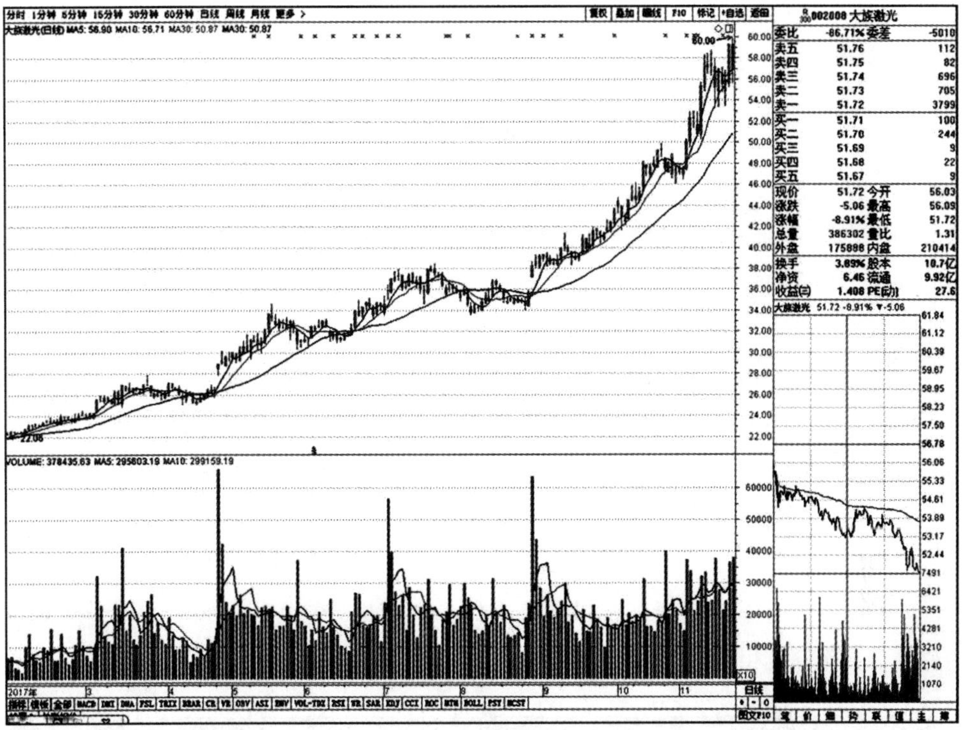
002008 大族激光
大族激光(日线) MA5: 56.90 MA10: 56.71 MA30: 50.87 MA30: 50.87
VOLUME: 378435.63 MA5: 295803.19 MA10: 299159.19

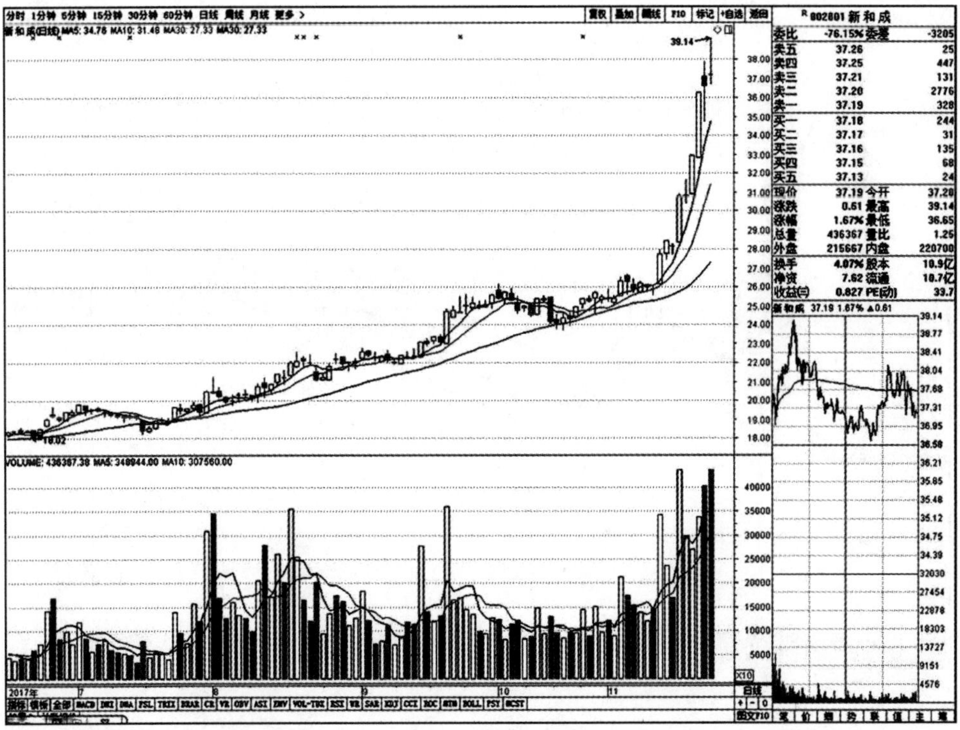
002001 新和成
新和成(日线) MA5: 34.78 MA10: 31.48 MA30: 27.33 MA30: 27.33
VOLUME: 436367.38 MA5: 348944.00 MA10: 307560.00

神奇的稳赚上升趋势(四)

选择形成明显上升趋势的个股作为目标，在上升趋势明朗时择机入场，一旦出现主升浪急拉时就能快速赚取丰厚的利润，要掌握这个要领需要掌握大量上升趋势形态的各种特征。

在上升趋势中个股日K线股价重心不断上移，但股价也是上下波动的。股价上下波动形成一条通道，通道的顶部高点连线叫上轨，这是压力线。通道的底部低点连线叫下轨，这是支撑线。了解压力线和支撑线的作用非常重要，它既是寻找高卖低买的重要参考，也是判断目标股票主升浪开始与趋势破位、行情结束的重要参考。

下面结合历史个股表现配以图表介绍个股日K线在上升趋势中的压力线和支撑线，以及向上和下跌转势的形态特征。

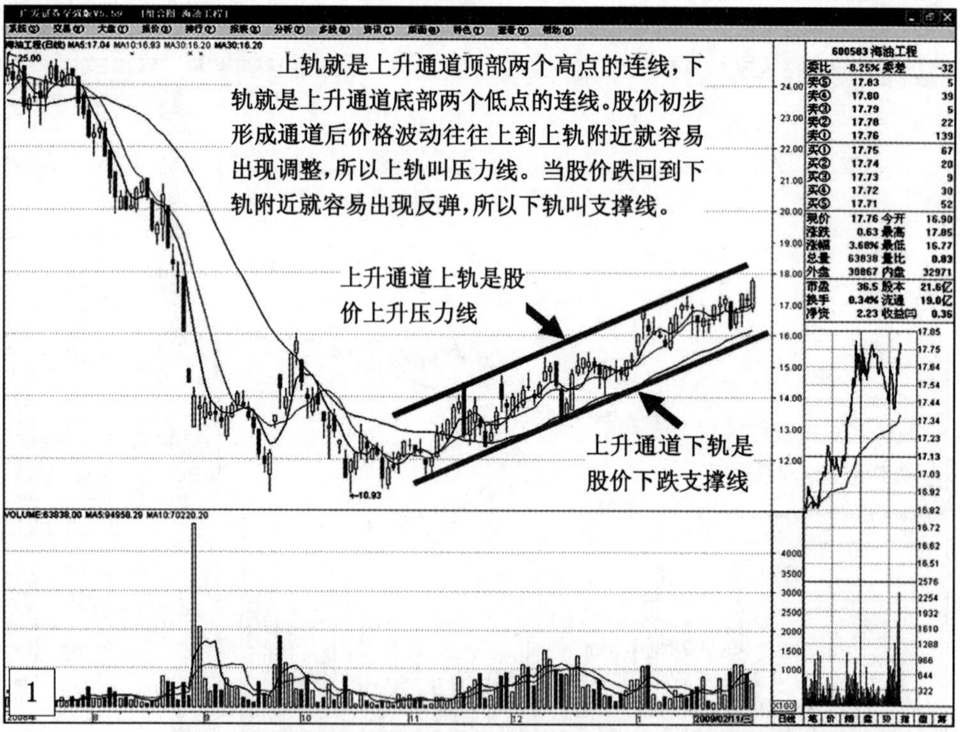

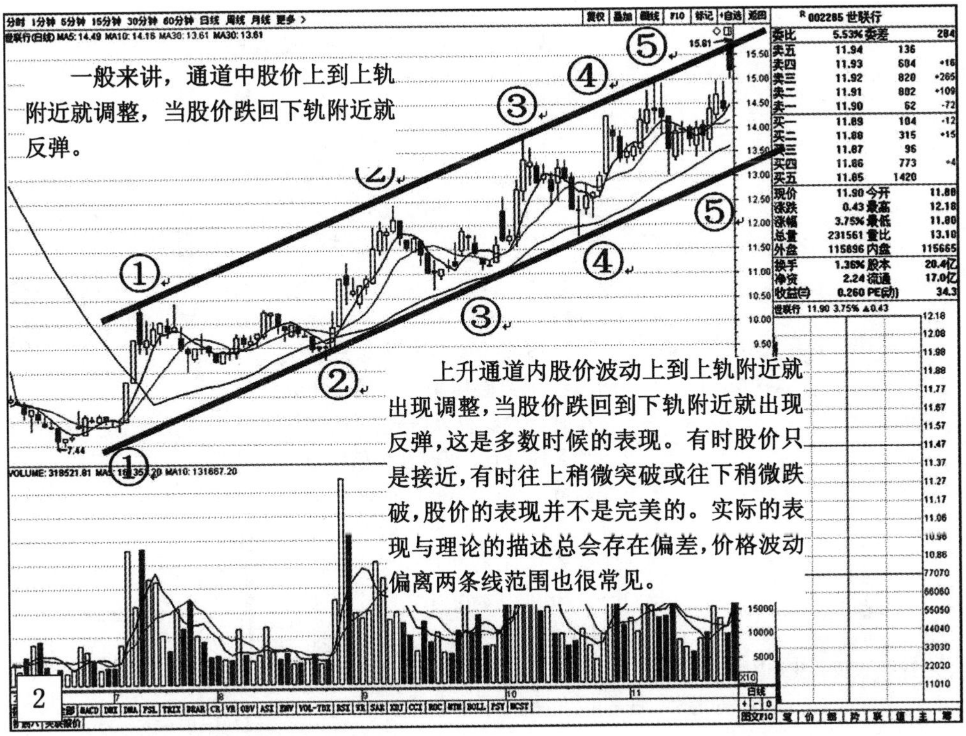
一般来讲，通道中股价上到上轨附近就调整，当股价跌回下轨附近就反弹。
上升通道内股价波动上到上轨附近就出现调整，当股价跌回到下轨附近就出现反弹，这是多数时候的表现。有时股价只是接近，有时往上稍微突破或往下稍微跌破，股价的表现并不是完美的。实际的表现与理论的描述总会存在偏差，价格波动偏离两条线范围也很常见。
2

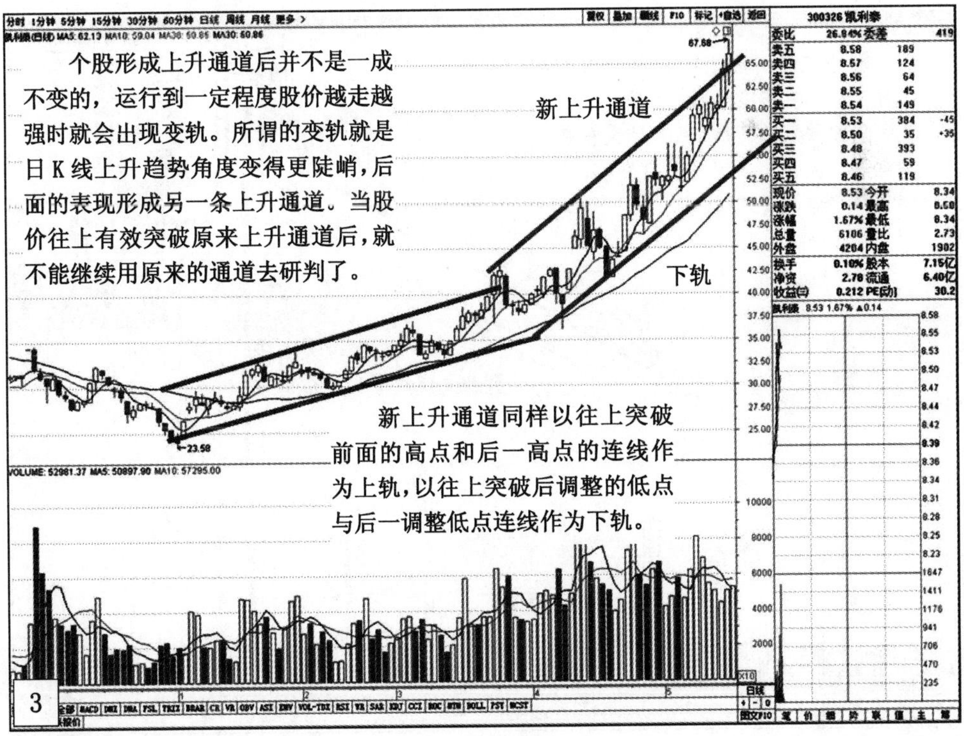
个股形成上升通道后并不是一成不变的，运行到一定程度股价越走越强时就会出现变轨。所谓的变轨就是日K线上升趋势角度变得更陡峭，后面的表现形成另一条上升通道。当股价往上有效突破原来上升通道后，就不能继续用原来的通道去研判了。
新上升通道
下轨
新上升通道同样以往上突破前面的高点和后一高点的连线作为上轨，以往上突破后调整的低点与后一调整低点连线作为下轨。
3

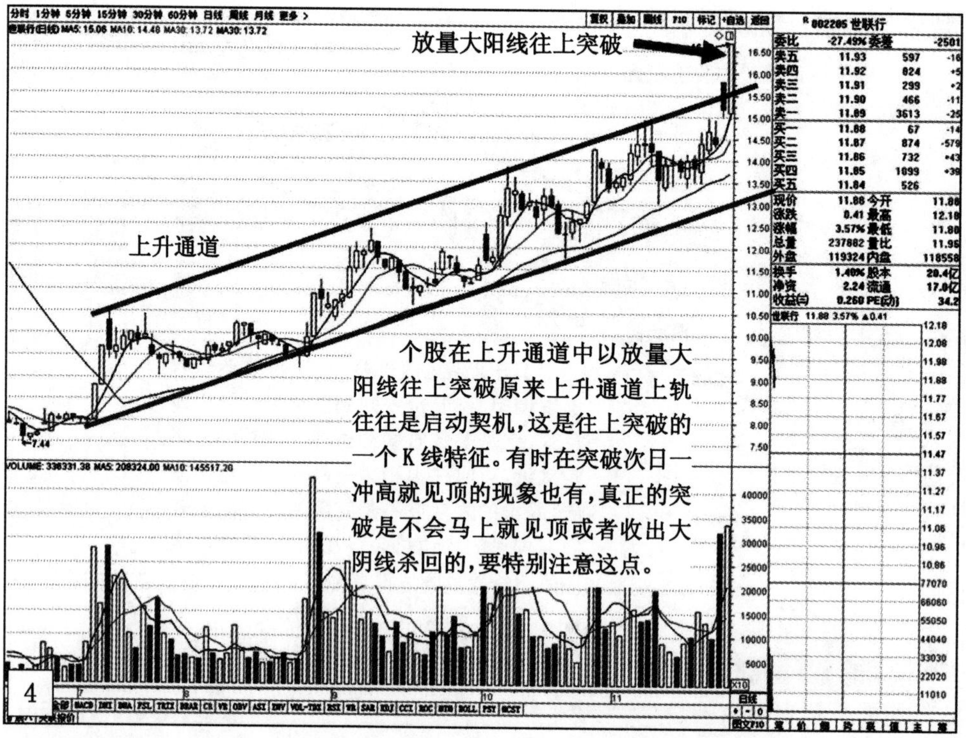

放量大阳线往上突破
上升通道
个股在上升通道中以放量大阳线往上突破原来上升通道上轨往往是启动契机，这是往上突破的一个K线特征。有时在突破次日一冲高就见顶的现象也有，真正的突破是不会马上就见顶或者收出大阴线杀回的，要特别注意这点。
4

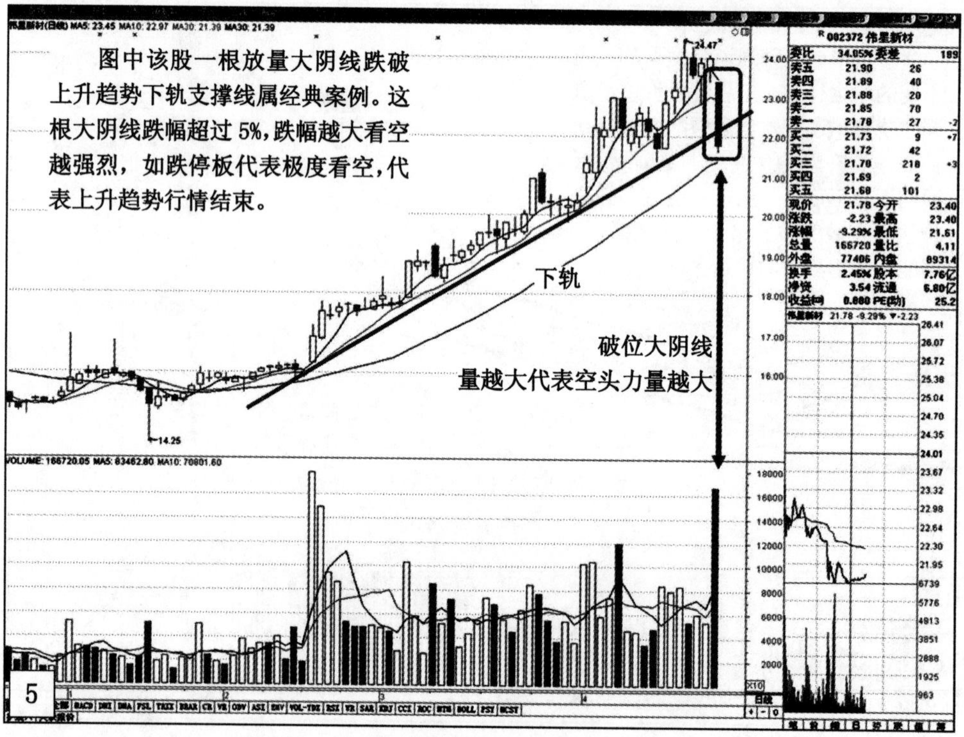

图中该股一根放量大阴线跌破上升趋势下轨支撑线属经典案例。这根大阴线跌幅超过5%，跌幅越大看空越强烈，如跌停板代表极度看空，代表上升趋势行情结束。
下轨
破位大阴线
量越大代表空头力量越大
5

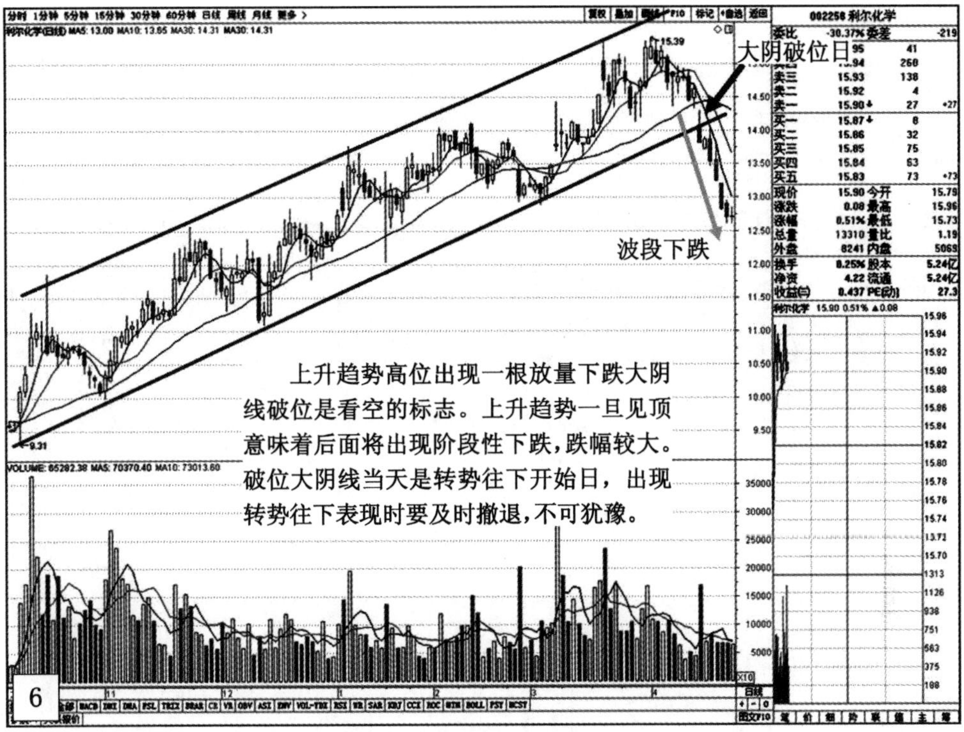

上升趋势中主力特殊洗盘特征

洗盘是主力做庄过程中的一个环节，特别是中长线主力运作的品种，洗盘行为必不可少。短线、超短线主力运作的品种洗盘动作出现较少，主力操作个股期间有计划的洗盘并不会频繁出现。相当多的投资者操作时手上的股票一跌就联想到是主力在洗盘，因看不懂或者是忍受不了股价下跌痛苦，散户给自己找个主力洗盘理由去自我安慰非常普遍。大部分股票多时股价下跌或者横盘并不是什么主力在洗盘，而是正常的随市场波动而波动。

主力主导的洗盘手法分有三大类别：一是先拉高后打压；二是直接将股价砸下去；三是控制性压制股价横盘，与投资者比耐心，折磨投资者。这三种是大方向洗盘手法的归类，每一种状态都会出现各种不同细节。如先拉高后打压洗盘中，这种洗盘可以在一个交易日内盘中实施，盘中先拉高股价后打压洗盘，也可以用在日K线级别中，先将股价拉高几日然后进行打压洗盘。如何拉高如何打压由主力根据自己的分析判断去决定。

真正属于主力主导的洗盘行为，股价在主力洗盘结束后往往大部分马上就拉起并创短期新高，因为主力洗盘目的大都是为拉高做清洗浮筹准备，洗完了就拉是最常见的。投资者盘中或当时若判断不了个股是否属于主力在主导洗盘，可看目标股票下跌后能否快速拉起，并创短期新高。

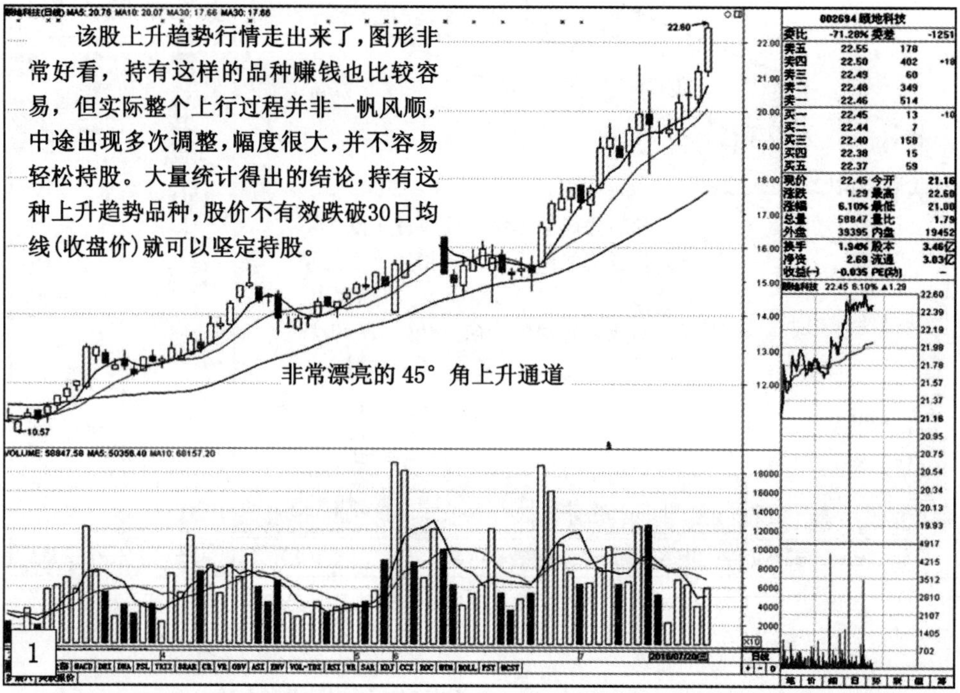

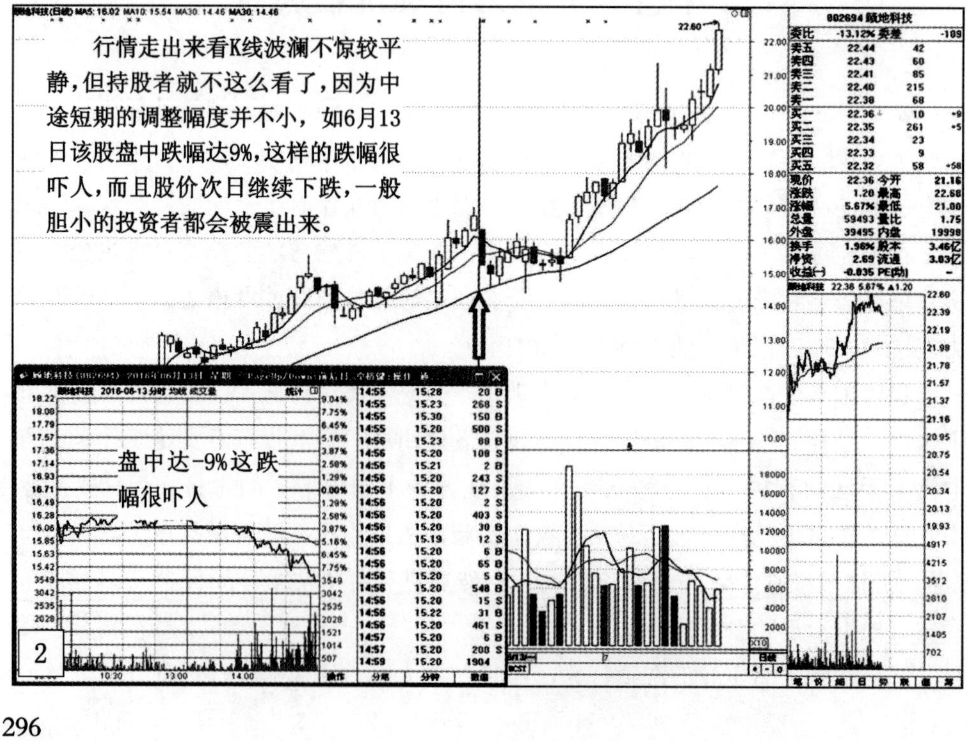

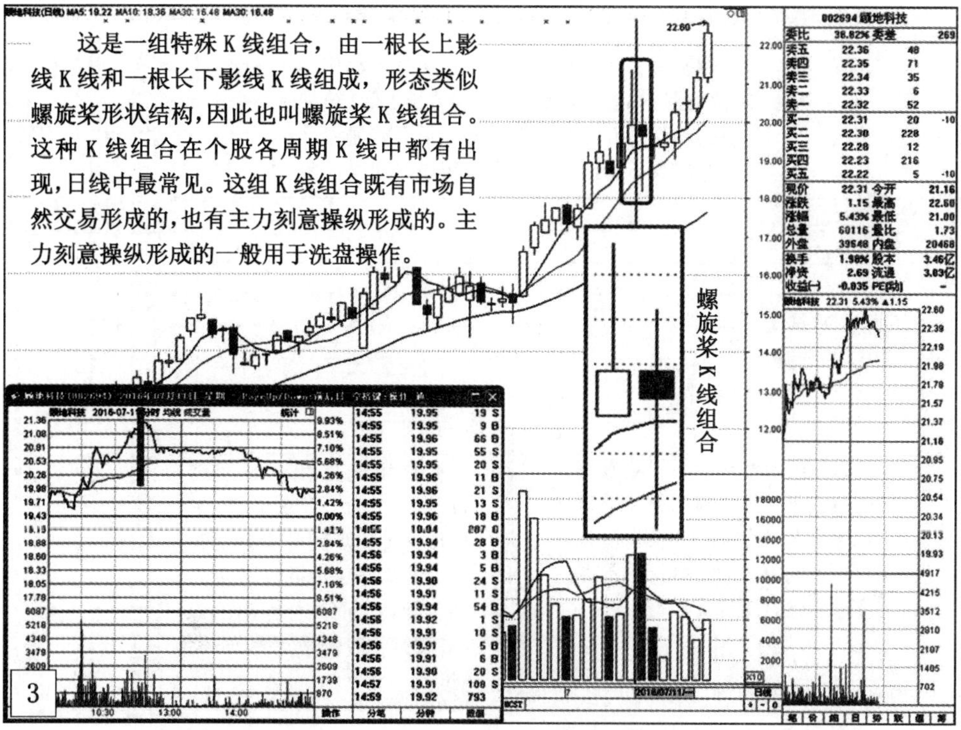
这是一组特殊K线组合，由一根长上影线K线和一根长下影线K线组成，形态类似螺旋桨形状结构，因此也叫螺旋桨K线组合。这种K线组合在个股各周期K线中都有出现，日线中最常见。这组K线组合既有市场自然交易形成的，也有主力刻意操纵形成的。主力刻意操纵形成的一般用于洗盘操作。
螺旋桨K线组合
3

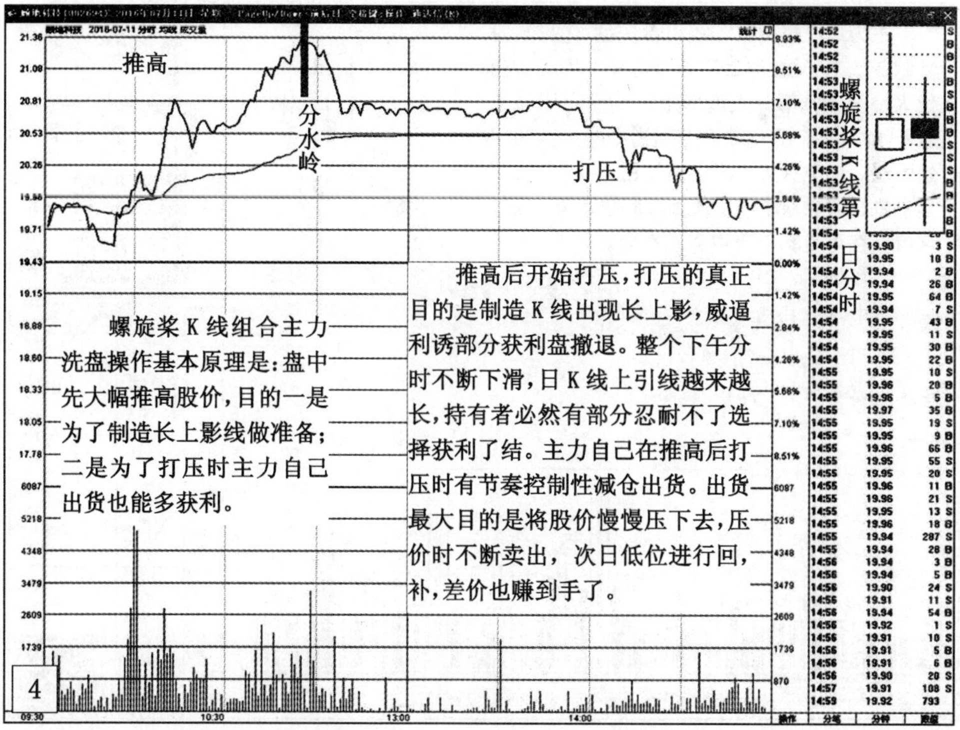
推高
分水岭
打压
螺旋桨K线第一日分时
螺旋桨K线组合主力洗盘操作基本原理是：盘中先大幅推高股价，目的一是为了制造长上影线做准备；二是为了打压时主力自己出货也能多获利。
推高后开始打压，打压的真正目的是制造K线出现长上影，威逼利诱部分获利盘撤退。整个下午分时不断下滑，日K线上引线越来越长，持有者必然有部分忍耐不了选择获利了结。主力自己在推高后打压时有节奏控制性减仓出货。出货最大目的是将股价慢慢压下去，压价时不断卖出，次日低位进行回补，差价也赚到手了。
4

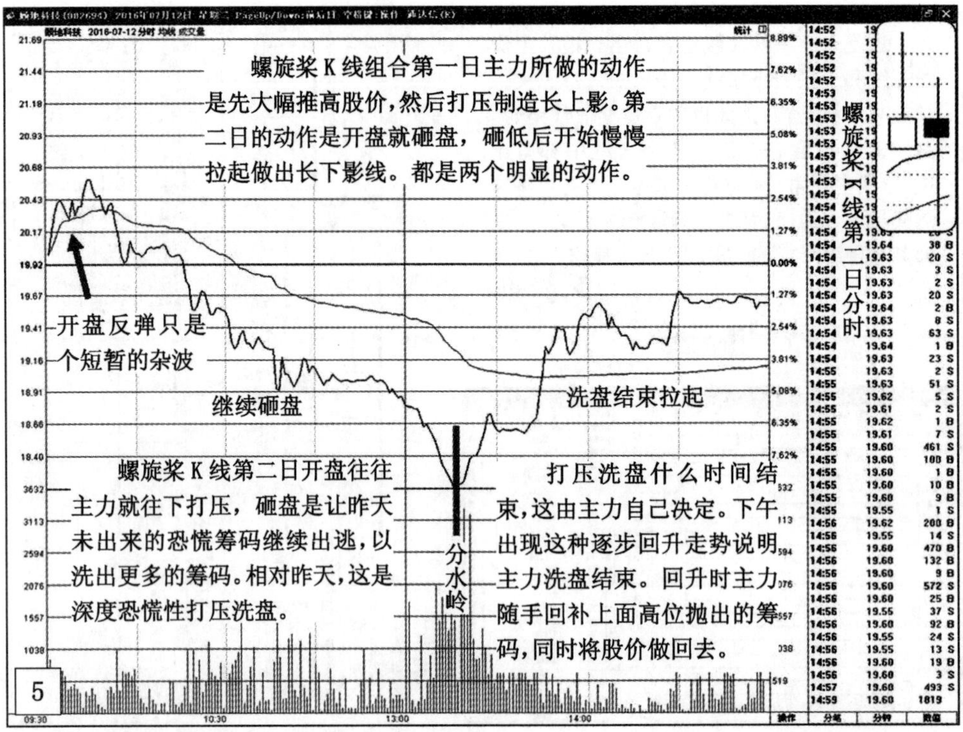
螺旋桨K线组合第一日主力所做的动作是先大幅推高股价，然后打压制造长上影。第二日的动作是开盘就砸盘，砸低后开始慢慢拉起做出长下影线。都是两个明显的动作。
螺旋桨K线第二日分时
开盘反弹只是个短暂的杂波
继续砸盘
洗盘结束拉起
螺旋桨K线第二日开盘往往主力就往下打压，砸盘是让昨天未出来的恐慌筹码继续出逃，以洗出更多的筹码。相对昨天，这是深度恐慌性打压洗盘。
分水岭
打压洗盘什么时间结束，这由主力自己决定。下午出现这种逐步回升走势说明主力洗盘结束。回升时主力随手回补上面高位抛出的筹码，同时将股价做回去。
5

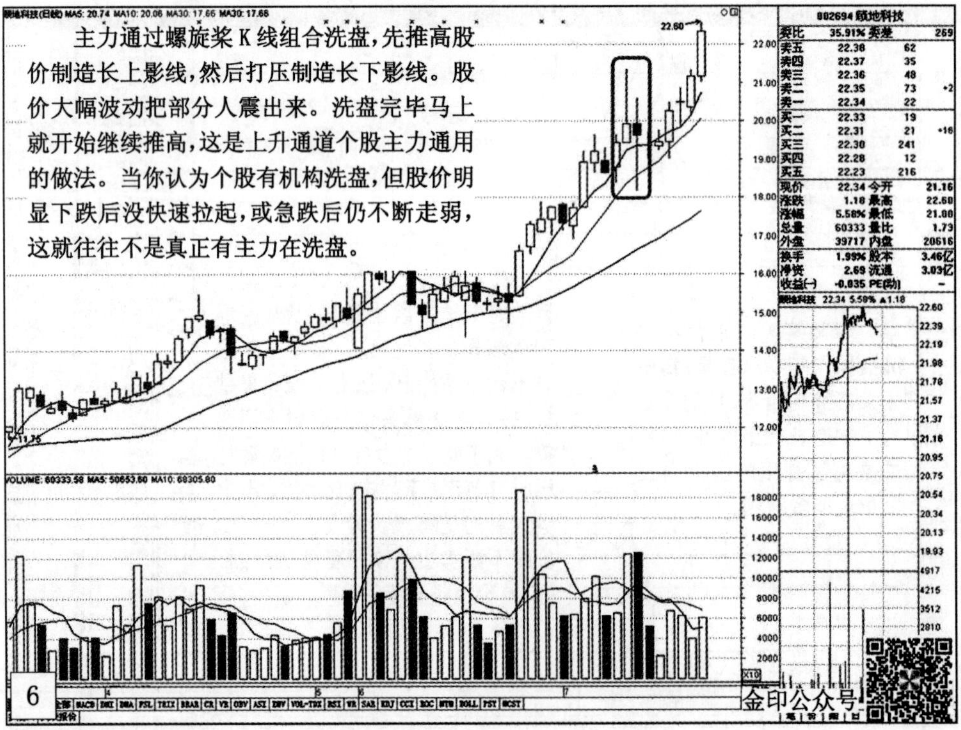
主力通过螺旋桨K线组合洗盘，先推高股价制造长上影线，然后打压制造长下影线。股价大幅波动把部分人震出来。洗盘完毕马上就开始继续推高，这是上升通道个股主力通用的做法。当你认为个股有机构洗盘，但股价明显下跌后没快速拉起，或急跌后仍不断走弱，这就往往不是真正有主力在洗盘。
6

揭秘上升趋势个股逃命信号

股票市场指数行情波动从大角度、长周期上看无非也就三种表现：上升趋势、下跌趋势、横向波动。笔者从多年实践经验看，没有一种方法在这三种市况中都适用和具有很好的适应性。一种方法或模型在任意市场状态使用，使用者必须要了解它的优劣性。无论指数处于何种波动状态形成上升通道的个股，都会有。当然在指数也处于上升趋势时出现的数量特别多，表现特别强，最后走出主升浪的也特多。指数处于下跌趋势时这类表现个股数量明显减少，表现一般，最后走出主升浪的很少。

走势形成上升趋势的个股，在指数处于下跌趋势状态时数量较少是肯定的，因为上升趋势这类个股的表现是长时间逆市上行。上升趋势个股在市场下跌时较容易发现。熊市中如果没有抓到并做好这些品种则很难实现盈利。牛市中这类股票也是跑赢大市发财致富的重要品种。比找到这些品种和上车更为重要的是操作时如何进行风险防范和识别风险。

牛股上涨能牛多长时间不是那么容易预测的。牛股发生转折转熊时有什么先兆？K线表现有什么明显特征？投资者实践中应学会对应的分析方法技巧。

形成上升趋势上升通道完好的个股有两个明显见顶特征：

(1)日K线收出巨量长上影线。

(2)日K线收出巨量大阴线。

这两点都是上升通道个股见顶的经典标志，是一种典型的见顶K线特征，而这种见顶也有阶段性暂时见顶和上升趋势彻底见顶之分。无论属于哪一种一旦出现见顶，股价短线下跌调整的幅度都很大，特别是在熊市，上升通道个股出现这两种见顶K线后十分危险。下面以上升通道个股收出巨量大阴线为例，介绍这方面的相关知识要点。

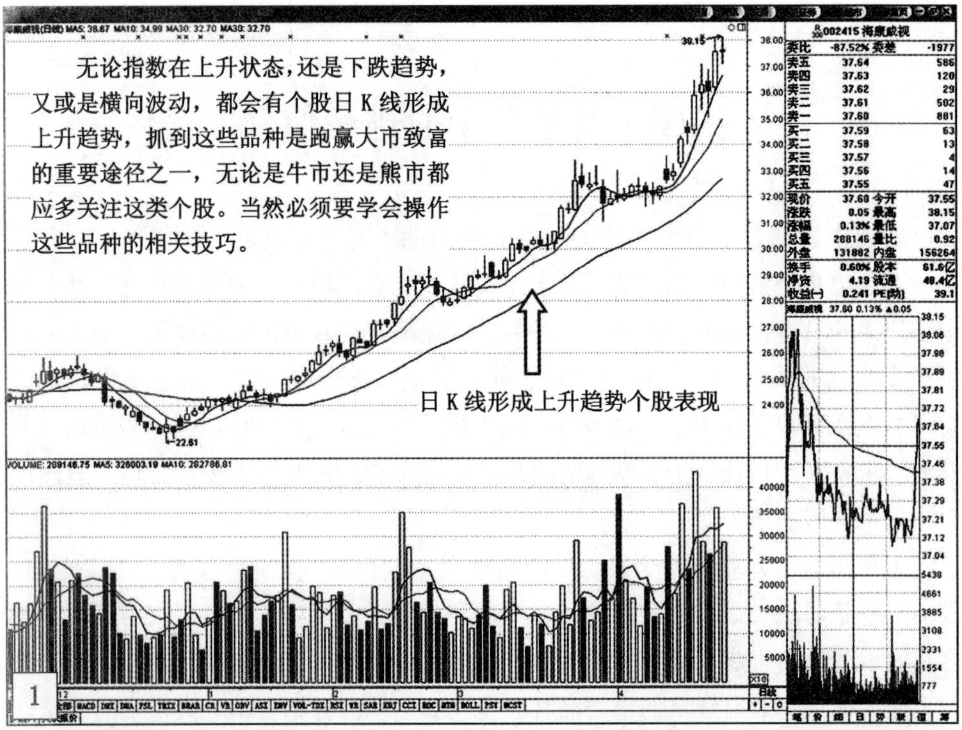

无论指数在上升状态，还是下跌趋势，又或是横向波动，都会有个股日K线形成上升趋势，抓到这些品种是跑赢大市致富的重要途径之一，无论是牛市还是熊市都应多关注这类个股。当然必须要学会操作这些品种的相关技巧。
日K线形成上升趋势个股表现
1

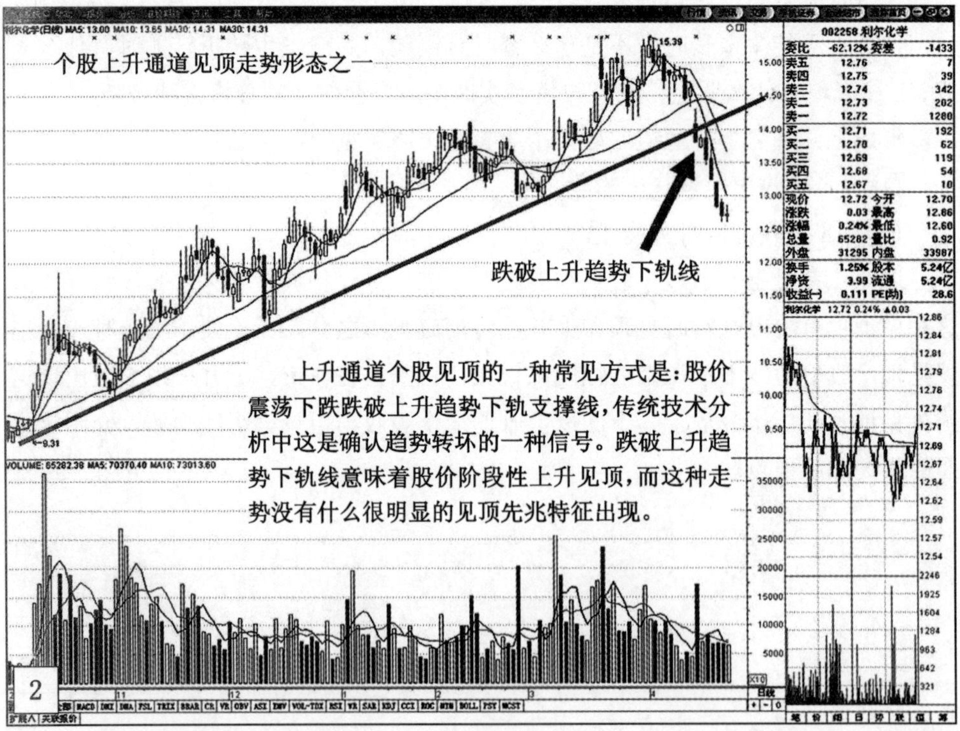

个股上升通道见顶走势形态之一
跌破上升趋势下轨线
上升通道个股见顶的一种常见方式是：股价震荡下跌跌破上升趋势下轨支撑线，传统技术分析中这是确认趋势转坏的一种信号。跌破上升趋势下轨线意味着股价阶段性上升见顶，而这种走势没有什么很明显的见顶先兆特征出现。
2

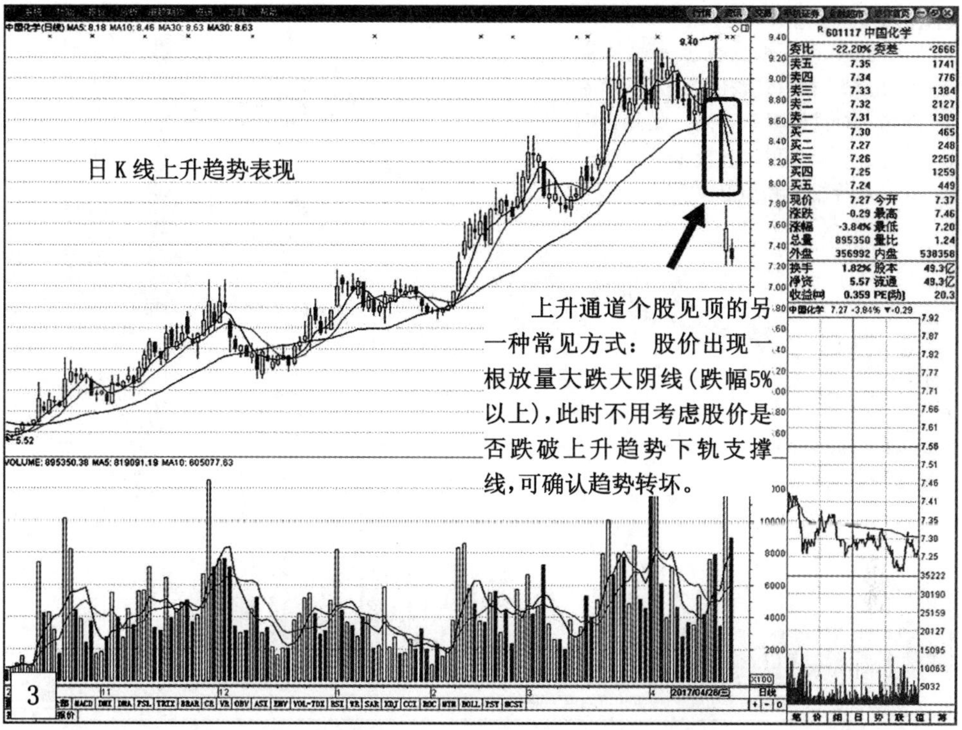

日K线上升趋势表现
上升通道个股见顶的另一种常见方式：股价出现一根放量大跌大阴线（跌幅5%以上），此时不用考虑股价是否跌破上升趋势下轨支撑线，可确认趋势转坏。
3

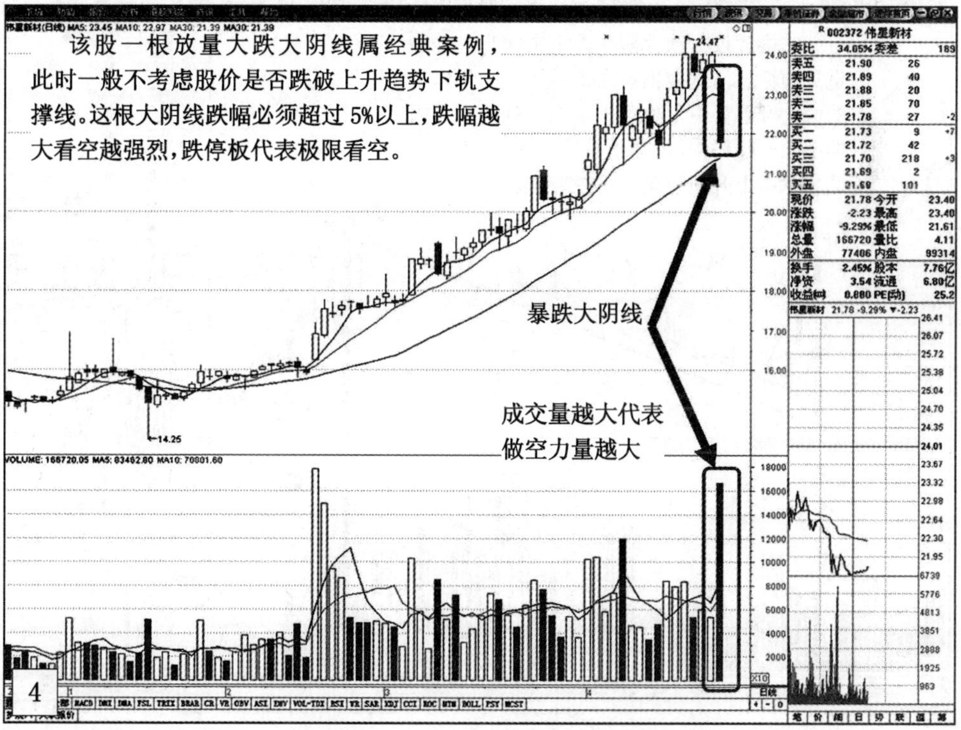

该股一根放量大跌大阴线属经典案例，此时一般不考虑股价是否跌破上升趋势下轨支撑线。这根大阴线跌幅必须超过5%以上，跌幅越大看空越强烈，跌停板代表极限看空。
暴跌大阴线
成交量越大代表做空力量越大
4

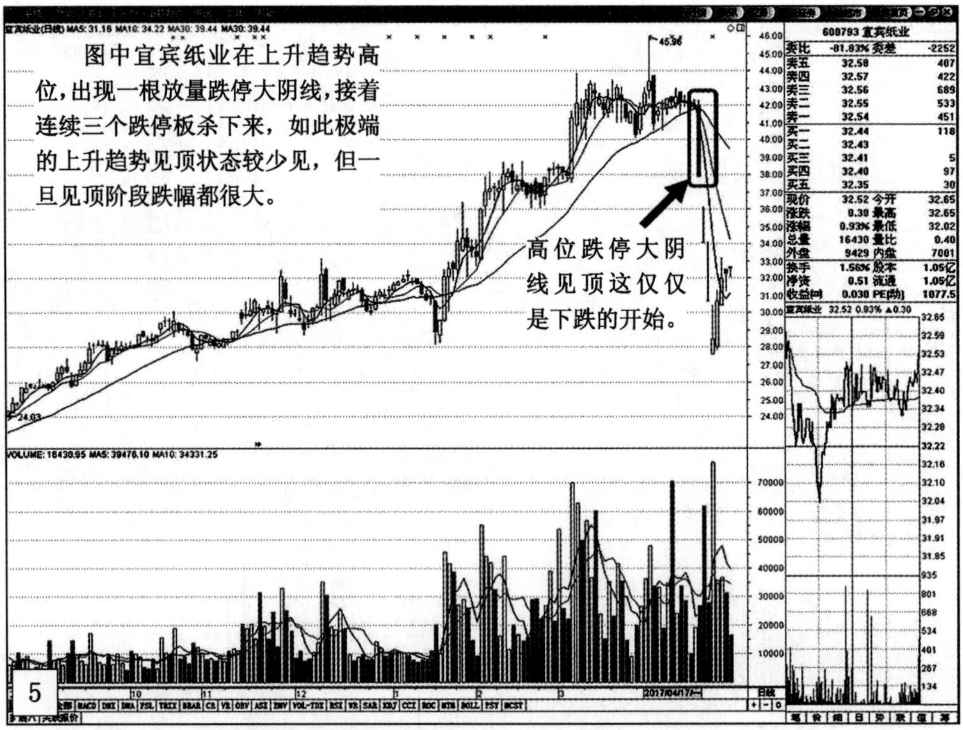
图中宜宾纸业在上升趋势高位，出现一根放量跌停大阴线，接着连续三个跌停板杀下来，如此极端的上升趋势见顶状态较少见，但一旦见顶阶段跌幅都很大。
高位跌停大阴线见顶这仅仅是下跌的开始。
5

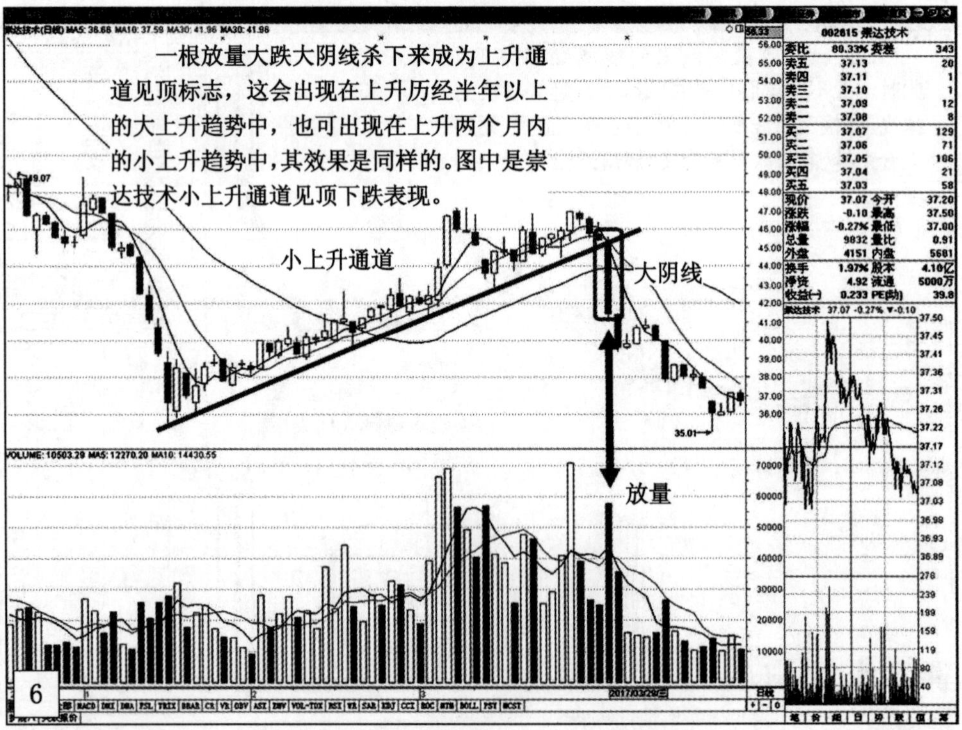
一根放量大跌大阴线杀下来成为上升通道见顶标志，这会出现在上升历经半年以上的大上升趋势中，也可出现在上升两个月内的小上升趋势中，其效果是同样的。图中是崇达技术小上升通道见顶下跌表现。
小上升通道
大阴线
放量
6

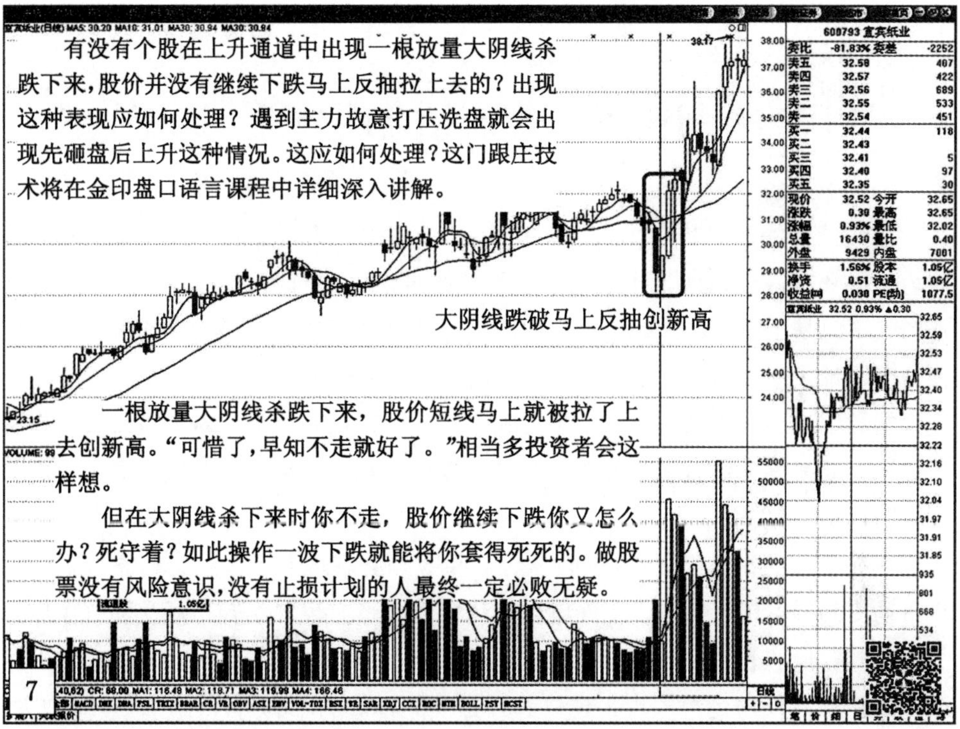
有没有个股在上升通道中出现一根放量大阴线杀跌下来，股价并没有继续下跌马上反抽拉上去的？出现这种表现应如何处理？遇到主力故意打压洗盘就会出现先砸盘后上升这种情况。这应如何处理？这门跟庄技术将在金印盘口语言课程中详细深入讲解。
大阴线跌破马上反抽创新高
一根放量大阴线杀跌下来，股价短线马上就被拉了上去创新高。“可惜了，早知不走就好了。”相当多投资者会这样想。
但在大阴线杀下来时你不走，股价继续下跌你又怎么办？死守着？如此操作一波下跌就能将你套得死死的。做股票没有风险意识，没有止损计划的人最终一定必败无疑。
7

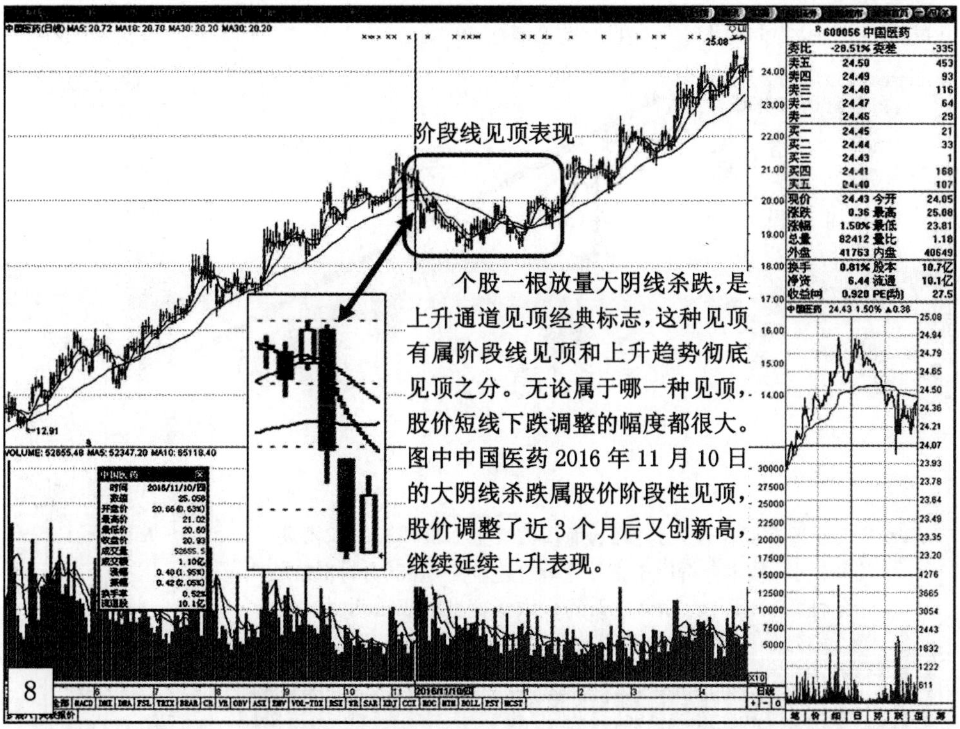
阶段线见顶表现
个股一根放量大阴线杀跌，是上升通道见顶经典标志，这种见顶有属阶段线见顶和上升趋势彻底见顶之分。无论属于哪一种见顶，股价短线下跌调整的幅度都很大。图中中国医药2016年11月10日的大阴线杀跌属股价阶段性见顶，股价调整了近3个月后又创新高，继续延续上升表现。
8

小趋势与形态结合的分析

指数处于上升趋势时，大方向往上越走越高，个股操作被套往往是暂时的，因为后面还有高点出现。指数处于下跌趋势时，大方向往下越走越低，个股操作被套就不只是一时了，因为股价后面越走越低越套越深。经验丰富的老手大都明白这个原理，但操作上能做到不行就撤的仍然只是少数。

指数上升趋势中有调整，处于下跌趋势中同样也有反弹。对于做短线的投资者而言只要大盘三日内走势安全就会入市操作。短线操作要求短线客对大市的分析判断能力特别高，对市场短期的表现要特别敏感，什么状态下是安全的，什么情况下是危险的得有自己的判断，这可从指数趋势表现入手，结合形态分析，结合市场交易气氛进行研判。下面就以趋势表现、形态表现结合市场交易气氛实盘分析研判行情的表现。

看指数几日内走势表现，建议看股指30分钟K线和60分钟K线，这些短周期K线表现比日K线更灵敏。当然15分钟以下更短周期K线建议不用看，这些过短周期K线实际作用和看盘口分时走势差不多。

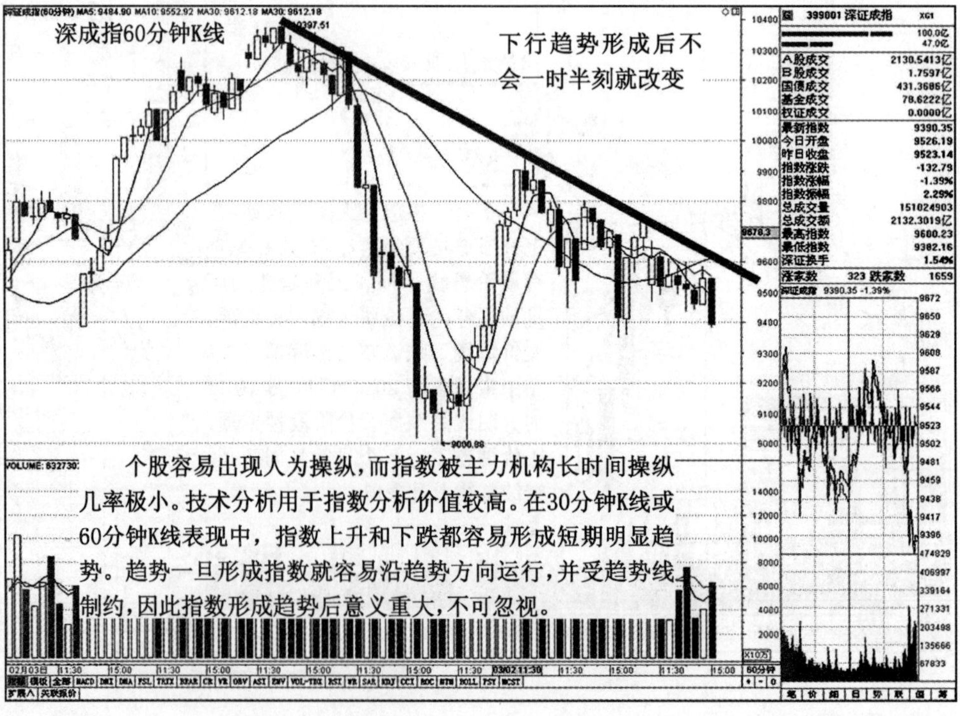

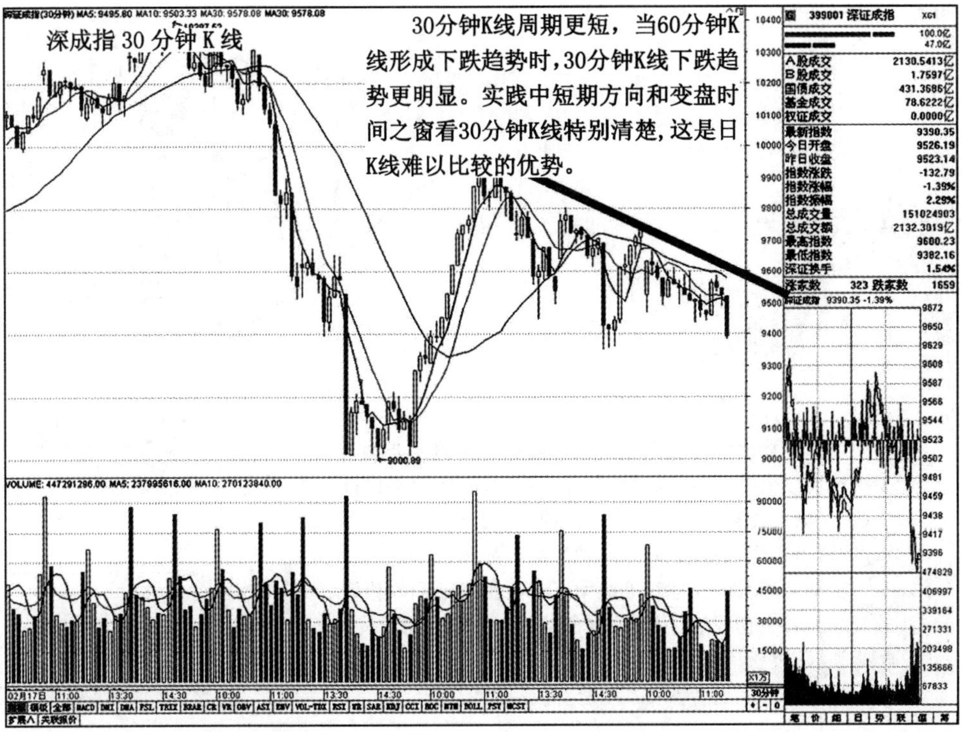
深成指 30 分钟 K 线
30分钟K线周期更短，当60分钟K线形成下跌趋势时，30分钟K线下跌趋势更明显。实践中短期方向和变盘时间之窗看30分钟K线特别清楚，这是日K线难以比较的优势。

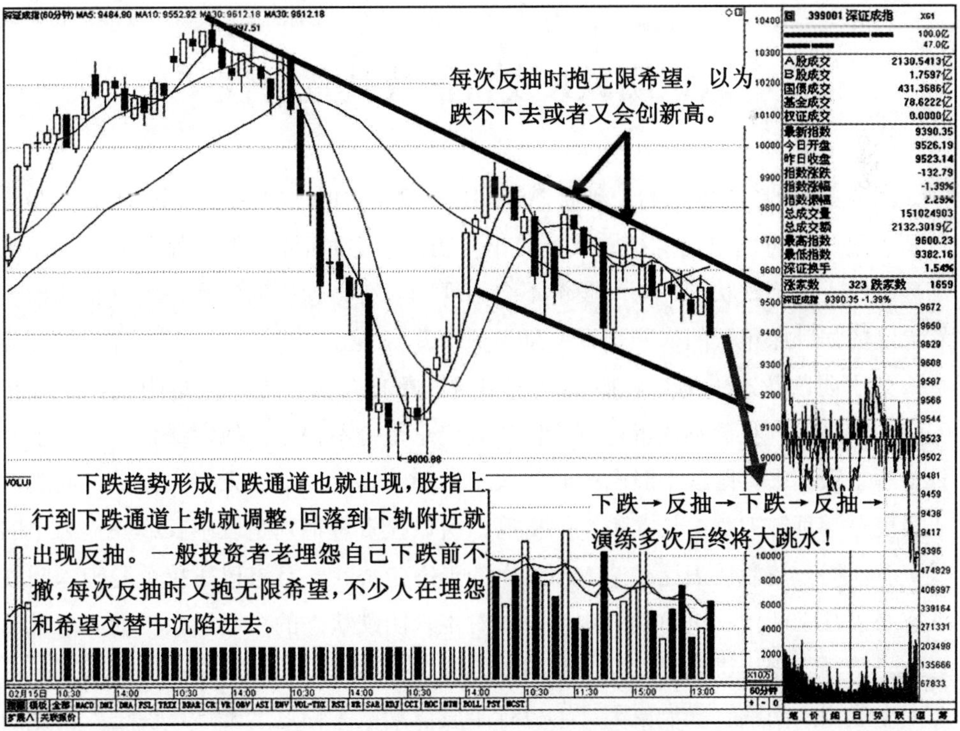
每次反抽时抱无限希望，以为跌不下去或者又会创新高。
下跌→反抽→下跌→反抽→
演练多次后终将大跳水！
下跌趋势形成下跌通道也就出现，股指上行到下跌通道上轨就调整，回落到下轨附近就出现反抽。一般投资者老埋怨自己下跌前不撤，每次反抽时又抱无限希望，不少人在埋怨和希望交替中沉陷进去。

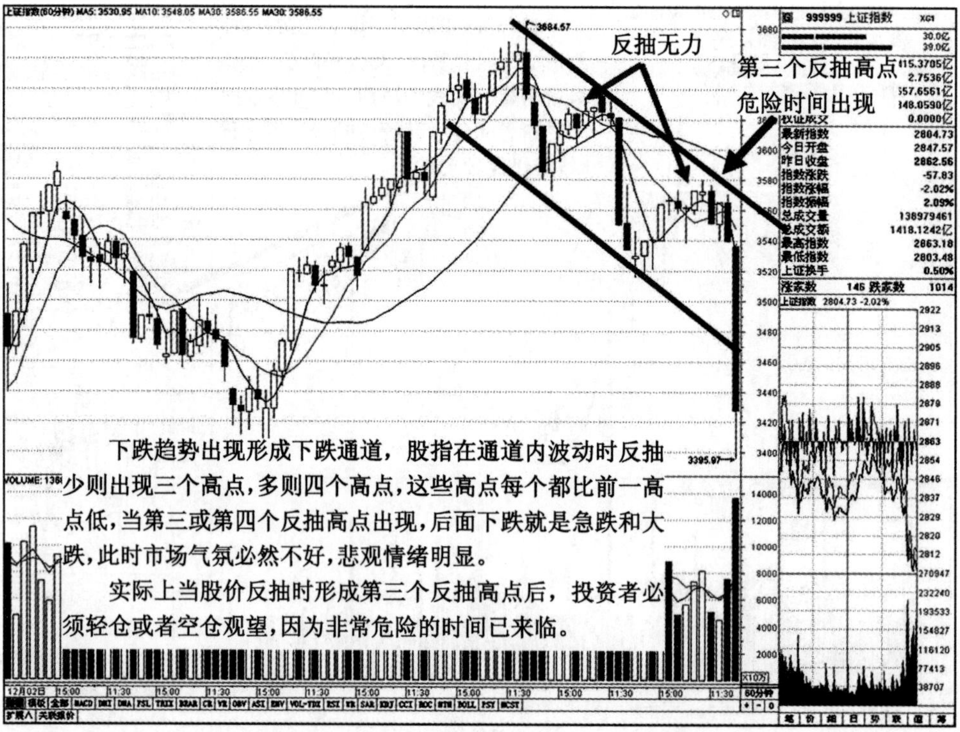

认识阴跌K线特征及其危害性

阴跌是个股K线下跌的一种状态，阴跌是熊市中普遍存在的常见现象，在指数和个股中都可以出现。指数或个股出现阴跌状态时K线处于一种阴多阳少绿肥红瘦绵绵不休下跌状态，期间股价不会出现明显有力像样的反弹，股价整体表现软绵绵的如卧床年久的病号奄奄一息。

处于阴跌状态下的个股股价大部分时间单日跌幅不大，大量阴线日跌幅在0.5%～2%之间。犹豫不决者持有这样的股票总是舍不得走，他们最怕一旦走了股价就马上涨回去。阴跌个股拿的时间长了累计跌幅巨大，令人损失惨重。阴跌对于股民是一种钝刀割肉长痛不止的折磨，所以投资者特别是以中长线操作为主的投资者，必须清醒认识这种杀人不见血的形态走势。一旦自己所持个股步入阴跌状态必须壮士断臂、快速割肉止损，面对步入阴跌状态的个股以敬畏的心理敬而远之。下面就来讲讲个股出现阴跌的原因和K线走势特征。

个股步入阴跌有三大原因：①目标个股前期被大幅过度暴炒，现进入价值回归之路，步入阴跌状态；②基本面不断恶化，股票被市场所遗弃，步入阴跌状态；③市场大环境熊市因素的影响导致批量个股步入阴跌状态。

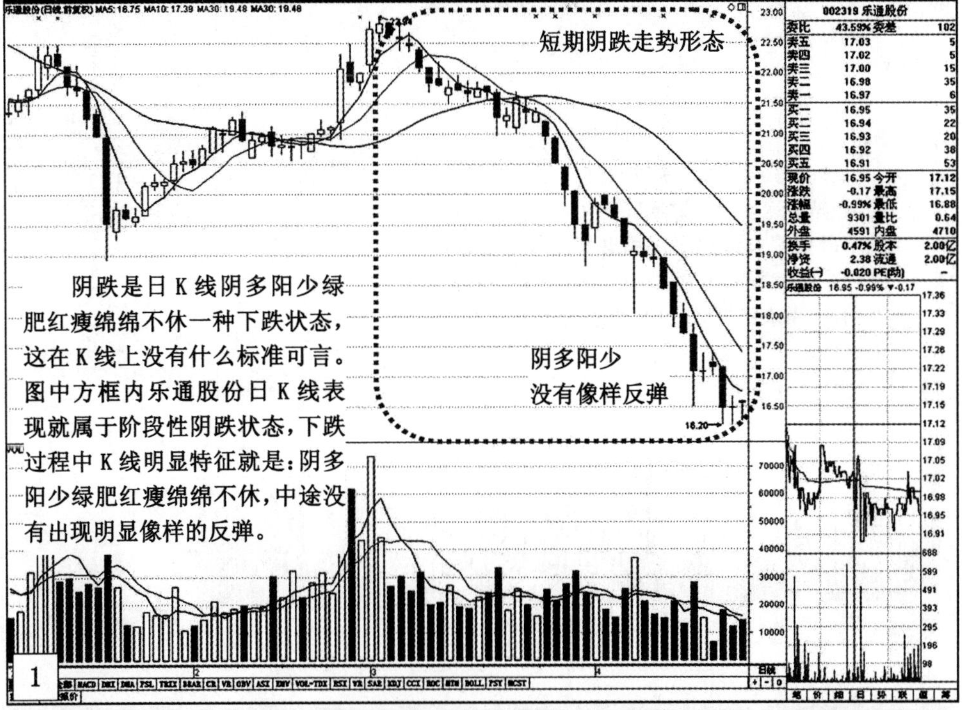

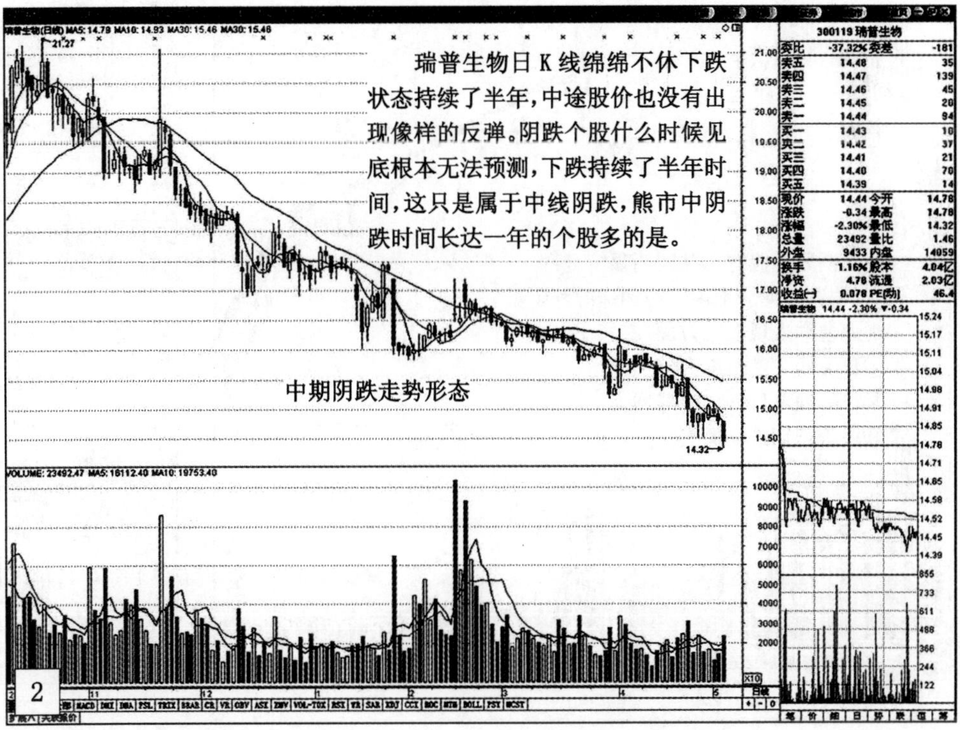

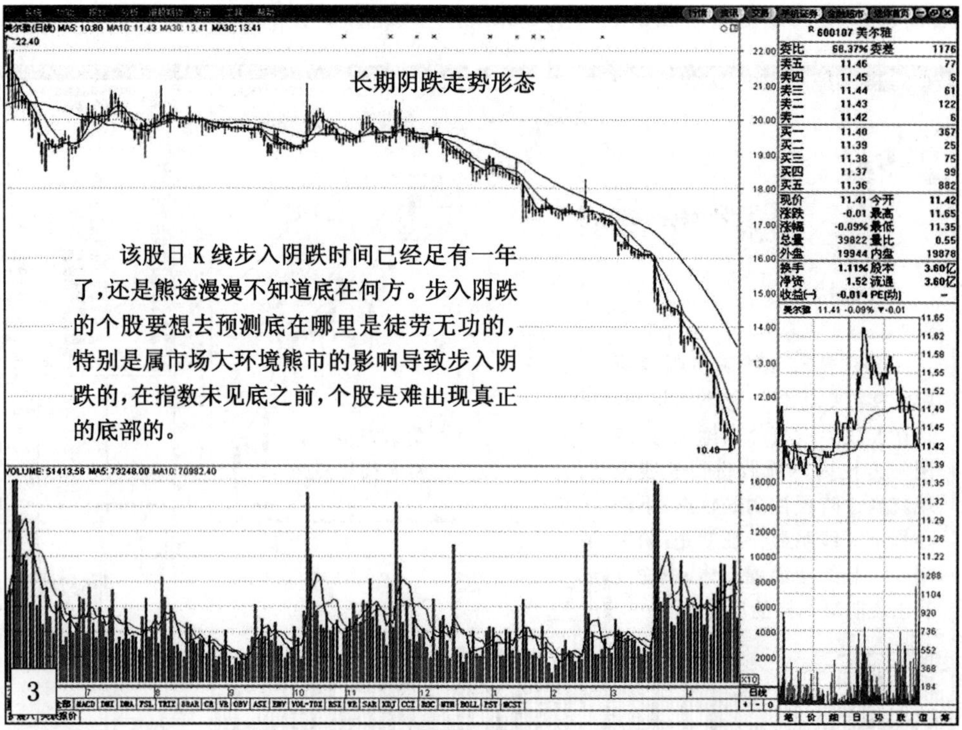
长期阴跌走势形态
该股日K线步入阴跌时间已经足有一年了，还是熊途漫漫不知道底在何方。步入阴跌的个股要想去预测底在哪里是徒劳无功的，特别是属市场大环境熊市的影响导致步入阴跌的，在指数未见底之前，个股是难出现真正的底部的。
600107 美尔雅
3

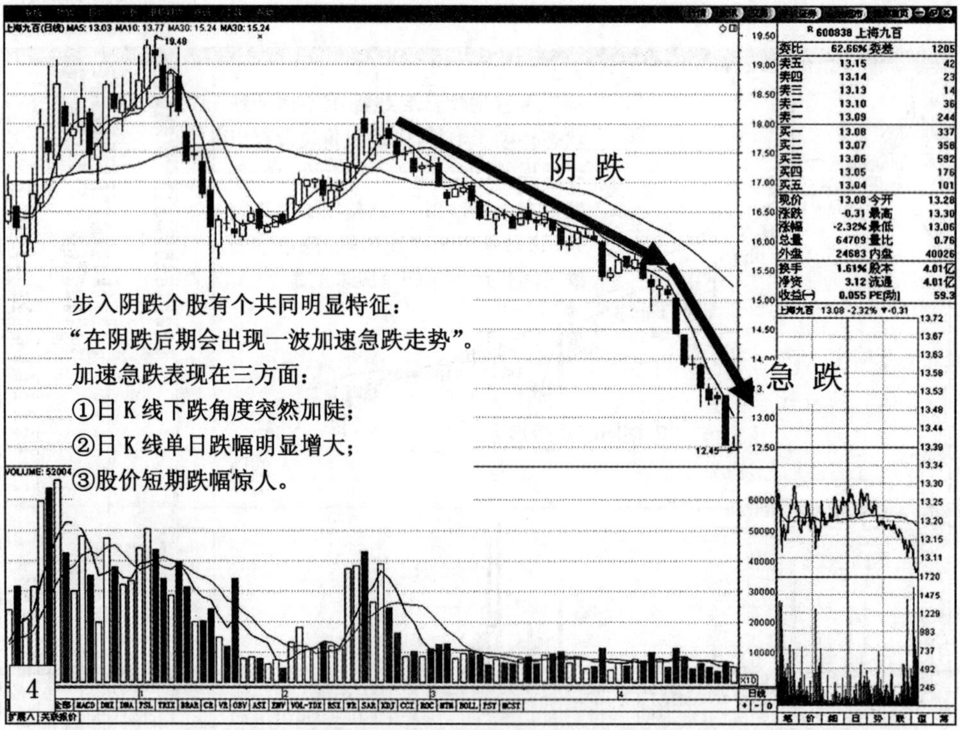
阴跌
急跌
步入阴跌个股有个共同明显特征：
“在阴跌后期会出现一波加速急跌走势”。
加速急跌表现在三方面：
①日K线下跌角度突然加陡；
②日K线单日跌幅明显增大；
③股价短期跌幅惊人。
600838 上海九百
4

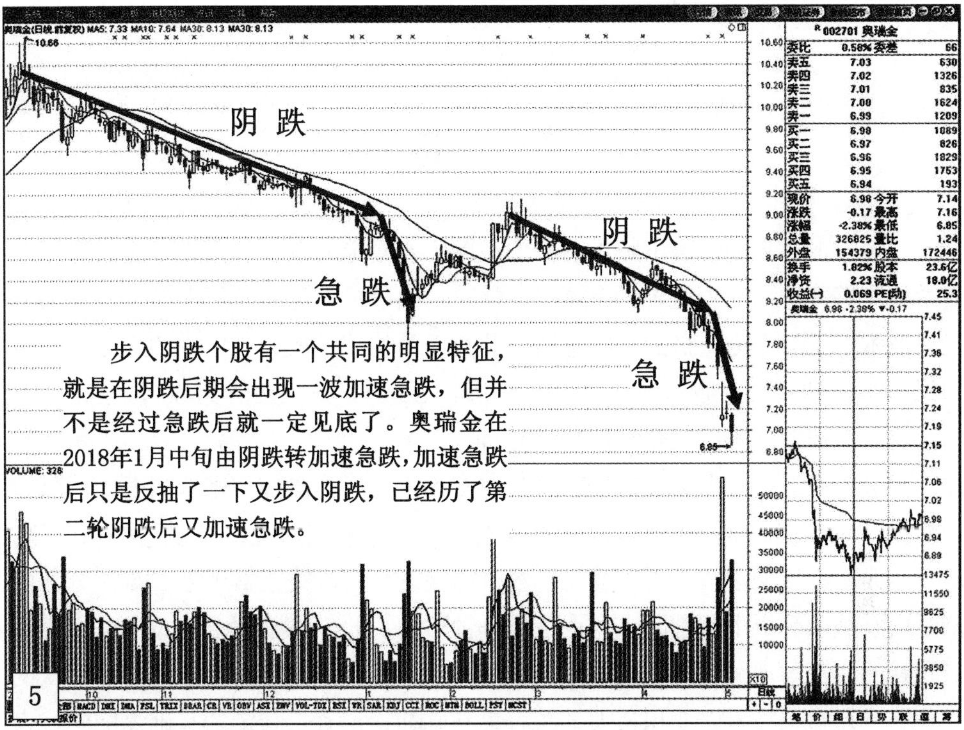
奥瑞金(日线 前复权) MA5: 7.33 MA10: 7.64 MA30: 8.13 MA30: 8.13
002701 奥瑞金
阴跌
急跌
阴跌
急跌
步入阴跌个股有一个共同的明显特征，就是在阴跌后期会出现一波加速急跌，但并不是经过急跌后就一定见底了。奥瑞金在2018年1月中旬由阴跌转加速急跌，加速急跌后只是反抽了一下又步入阴跌，已经历了第二轮阴跌后又加速急跌。
5

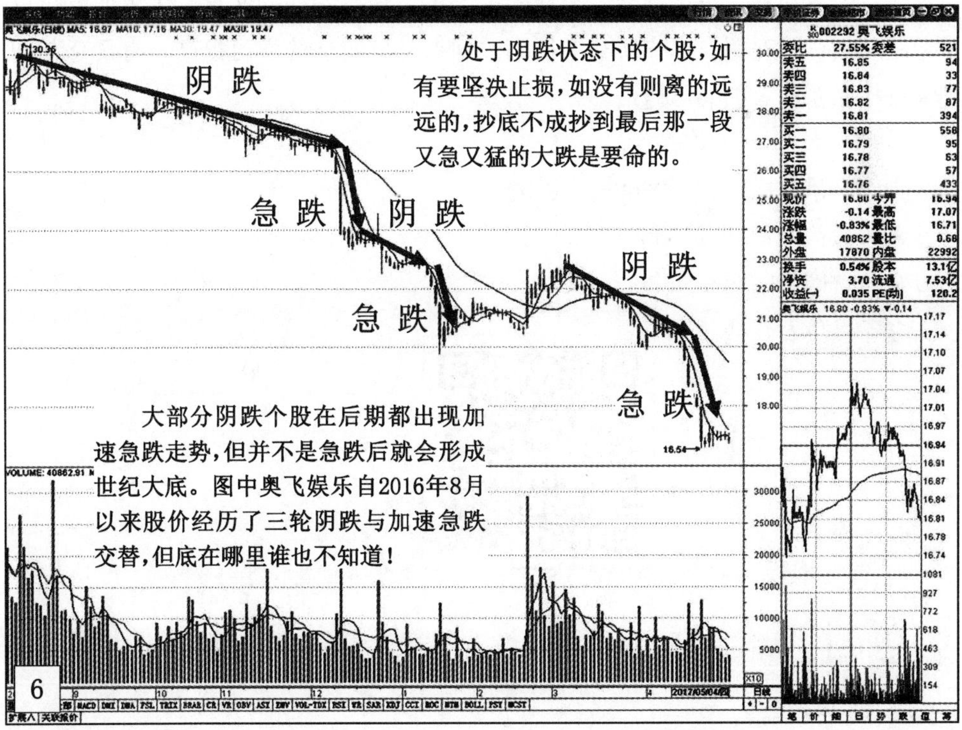
奥飞娱乐(日线) MA5: 16.97 MA10: 17.16 MA30: 19.47 MA30: 19.47
002292 奥飞娱乐
处于阴跌状态下的个股，如有要坚决止损，如没有则离的远远的，抄底不成抄到最后那一段又急又猛的大跌是要命的。
阴跌
急跌
阴跌
急跌
阴跌
急跌
大部分阴跌个股在后期都出现加速急跌走势，但并不是急跌后就会形成世纪大底。图中奥飞娱乐自2016年8月以来股价经历了三轮阴跌与加速急跌交替，但底在哪里谁也不知道！
6

后　记

十多年前认识的一位出版界朋友，在网上看到笔者发表的操盘日记，联系笔者希望能够整理出版，笔者考虑再三后觉得，出版成书能够让更多的读者学习到盘口技术，了解主力操盘的真实意图，顺势而为便能够成为股市中的赢家，与人与己都是一件快乐的事，所以就同意出版，也就有了《主力行为盘口解密》1～5辑，加上现在的这本，共有6本的系列专辑。

图书出版后有许多读者来信，反映在阅读主力行为盘口解密系列书时，盘口分析比较难掌握。书中例子看得清楚明白，但一到实盘就无从下手，不知所措。笔者认为，刚接触盘口分析的朋友，看盘出现这种情况是正常现象。盘口分析的确是所有技术分析中最难的，但也是最有价值的，要熟练掌握这种技能需要投资者长期的实践与训练，在实战中慢慢领悟。盘口语言是基础知识之上更高层次的知识，学习盘口技术先要积累大量的股票基础知识，有了一定的基础才能学好盘口语言。笔者在网上每周都会发表新的关于主力做盘手法的文章，读者朋友可以长期跟踪阅读，对照自己在实战中遇到的问题有针对性的学习提高。有疑惑与问题请直接联系作者的qq与微信。

金印联系方式：QQ：306881188

金印微信码：jytz10008

金印官网：http://www.jy1008.com

金印微信公众号：